中华人民共和国住房和城乡建设部

通用安装工程消耗量定额

TY 02-31-2015

第八册　工业管道工程

中 国 计 划 出 版 社

2015　北　　京

图书在版编目(CIP)数据
通用安装工程消耗量定额:TY02-31-2015.第8册,工业管道工程/住房和城乡建设部标准定额研究所主编.—北京:中国计划出版社,2015.7
ISBN 978-7-5182-0184-6

Ⅰ.①通… Ⅱ.①住… Ⅲ.①建筑安装-消耗定额-中国②管道工程-设备安装-消耗定额-中国 Ⅳ.①TU723.3

中国版本图书馆CIP数据核字(2015)第130329号

通用安装工程消耗量定额
TY 02-31-2015
第八册 工业管道工程
住房和城乡建设部标准定额研究所 主编

中国计划出版社出版
网址:www.jhpress.com
地址:北京市西城区木樨地北里甲11号国宏大厦C座3层
邮政编码:100038 电话:(010)63906433(发行部)
新华书店北京发行所发行
北京市科星印刷有限责任公司印刷

880mm×1230mm 1/16 29.25印张 897千字
2015年7月第1版 2015年7月第1次印刷
印数 1—5000册

ISBN 978-7-5182-0184-6
定价:161.00元

主编部门:中华人民共和国住房和城乡建设部

批准部门:中华人民共和国住房和城乡建设部

施行日期:2015 年 9 月 1 日

住房城乡建设部关于印发《房屋建筑与装饰工程消耗量定额》、《通用安装工程消耗量定额》、《市政工程消耗量定额》、《建设工程施工机械台班费用编制规则》、《建设工程施工仪器仪表台班费用编制规则》的通知

建标〔2015〕34 号

各省、自治区住房城乡建设厅，直辖市建委，国务院有关部门：

为贯彻落实《住房城乡建设部关于进一步推进工程造价管理改革的指导意见》（建标〔2014〕142 号），我部组织修订了《房屋建筑与装饰工程消耗量定额》（编号为 TY 01—31—2015）、《通用安装工程消耗量定额》（编号为 TY 02—31—2015）、《市政工程消耗量定额》（编号为 ZYA 1—31—2015）、《建设工程施工机械台班费用编制规则》以及《建设工程施工仪器仪表台班费用编制规则》，现印发给你们，自 2015 年 9 月 1 日起施行。执行中遇到的问题和有关建议请及时反馈我部标准定额司。

我部 1995 年发布的《全国统一建筑工程基础定额》，2002 年发布的《全国统一建筑装饰工程消耗量定额》，2000 年发布的《全国统一安装工程预算定额》，1999 年发布的《全国统一市政工程预算定额》，2001 年发布的《全国统一施工机械台班费用编制规则》，1999 年发布的《全国统一安装工程施工仪器仪表台班费用定额》同时废止。

以上定额及规则由我部标准定额研究所组织中国计划出版社出版发行。

中华人民共和国住房和城乡建设部

2015 年 3 月 4 日

总 说 明

一、《通用安装工程消耗量定额》共分十二册，包括：

第一册　机械设备安装工程

第二册　热力设备安装工程

第三册　静置设备与工艺金属结构制作安装工程

第四册　电气设备安装工程

第五册　建筑智能化工程

第六册　自动化控制仪表安装工程

第七册　通风空调工程

第八册　工业管道工程

第九册　消防工程

第十册　给排水、采暖、燃气工程

第十一册　通信设备及线路工程

第十二册　刷油、防腐蚀、绝热工程

二、《通用安装工程消耗量定额》(以下简称本定额)是完成规定计量单位分部分项工程所需的人工、材料、施工机械台班的消耗量标准；是各地区、部门工程造价管理机构编制建设工程定额确定消耗量、编制国有投资工程投资估算、设计概算、最高投标限价的依据。

三、本定额适用于工业与民用建筑的新建、扩建通用安装工程。

四、本定额以国家和有关部门发布的国家现行设计规范、施工及验收规范、技术操作规程、质量评定标准、产品标准和安全操作规程，现行工程量清单计价规范、计算规范和有关定额为依据编制，并参考了有关地区和行业标准、定额，以及典型工程设计、施工和其他资料。

五、本定额按正常施工条件，国内大多数施工企业采用的施工方法，机械化程度和合理的劳动组织及工期进行编制。

1. 设备、材料、成品、半成品、构配件完整无损，符合质量标准和设计要求，附有合格证书和实验记录。

2. 安装工程和土建工程之间的交叉作业正常。

3. 正常的气候、地理条件和施工环境。

4. 安装地点、建筑物、设备基础、预留孔洞等均符合安装要求。

六、关于人工：

1. 本定额的人工以合计工日表示，并分别列出普工、一般技工和高级技工的工日消耗量。

2. 本定额的人工包括基本用工、超运距用工、辅助用工和人工幅度差。

3. 本定额的人工每工日按 8 小时工作制计算。

七、关于材料：

1. 本定额中的材料包括施工中消耗的主要材料、辅助材料、周转材料和其他材料。

2. 本定额中材料消耗量包括净用量和损耗量。损耗量包括：从工地仓库、现场集中堆放地点(或现场加工地点)至操作(或安装)地点的施工场内运输损耗、施工操作损耗、施工现场堆放损耗等，规范(设计文件)规定的预留量、搭接量不在损耗率中考虑。

3. 本定额中的周转性材料按不同施工方法，不同类别、材质，计算出一次摊销量进入消耗量定额。

4. 对于用量少、低值易耗的零星材料，列为其他材料。

八、关于机械：

1. 本定额中的机械按常用机械、合理机械配备和施工企业的机械化装备程度，并结合工程实际综合确定。

2. 本定额的机械台班消耗量是按正常机械施工工效并考虑机械幅度差综合取定。

3. 凡单位价值2000元以内、使用年限在一年以内的不构成固定资产的施工机械，不列入机械台班消耗量，作为工具用具在建筑安装工程费中的企业管理费考虑，其消耗的燃料动力等列入材料。

九、关于仪器仪表：

1. 本定额的仪器仪表台班消耗量是按正常施工工效综合取定。

2. 凡单位价值2000元以内、使用年限在一年以内的不构成固定资产的仪器仪表，不列入仪器仪表台班消耗量。

十、关于水平和垂直运输：

1. 设备：包括自安装现场指定堆放地点运至安装地点的水平和垂直运输。

2. 材料、成品、半成品：包括自施工单位现场仓库或现场指定堆放地点运至安装地点的水平和垂直运输。

3. 垂直运输基准面：室内以室内地平面为基准面，室外以设计标高正负零平面为基准面。

十一、本定额未考虑施工与生产同时进行、有害身体健康的环境中施工时降效增加费，发生时另行计算。

十二、本定额适用于海拔2000m以下地区，超过上述情况时，由各地区、部门结合高原地区的特殊情况，自行制定调整办法。

十三、本定额注有"××以内"或"××以下"者，均包括××本身；"××以外"或"××以上"者，则不包括××本身。

十四、凡本说明未尽事宜，详见各册、章说明和附录。

册 说 明

一、第八册《工业管道工程》(以下简称本册定额)适用于厂区范围内的车间、装置、站、罐区及其相互之间各种生产用介质输送管道,厂区第一个连接点以内的生产用(包括生产与生活共用)给水、排水、蒸汽、燃气等输送管道的安装工程。其中给水以入口水表井为界;排水以厂区围墙外第一个污水井为界;蒸汽和燃气以入口第一个计量表(阀门)为界;锅炉房、水泵房以墙皮为界。

二、本册定额编制的主要技术依据有:

1.《通用安装工程工程量计算规范》GB 50856—2013;

2.《工业金属管道工程施工规范》GB 50235—2010;

3.《工业金属管道工程施工质量验收规范》GB 50184—2011;

4.《现场设备、工业管道焊接工程施工规范》GB 50236—2011;

5.《现场设备、工业管道焊接工程施工质量验收规范》GB 50683—2011;

6.《金属熔化焊焊接接头射线照相》GB/T 3323—2005;

7.《承压设备无损检测》JB/T 4730;

8.《气焊、焊条电弧焊、气体保护焊和高能束焊的推荐坡口》GB/T 985.1—2008;

9.《埋弧焊焊缝坡口的基本形式和尺寸》GB 986—1988;

10.《全国统一安装工程预算定额》第六册《工业管道工程》GYD—206—2000;

11.《全国统一安装工程基础定额》GJD—201 ~ 209—2006;

12.《施工机械台班费用编制规则》(2014 年);

13. 相关标准图集和技术手册。

三、本册定额管道压力等级的划分:

低压:$0 < P \leq 1.6$MPa;中压:$1.6 < P \leq 10$MPa;高压:10MPa $< P \leq$ 42MPa;蒸汽管道 $P \geq 9$MPa、工作温度≥500℃时为高压。

四、本册定额不包括下列内容:

1. 单体试运转所需的水、电、蒸汽、气体、油(油脂)、燃气等。

2. 配合联动试车费。

3. 管道安装后的充氮、防冻保护。

五、下列费用可按系数分别计取:

1. 厂区外 1km 至 10km 以内的管道安装项目,其人工、机械乘以系数 1.10,柴油发电机台班另计。

2. 整体封闭式(非盖板封闭)地沟的管道施工,其人工、机械乘以系数 1.20。

3. 超低碳不锈钢管执行不锈钢管项目,其人工、机械乘以系数 1.15,焊材可以替换,消耗量不变。

4. 本定额各种材质管道施工使用特殊焊材时,焊材可以替换,消耗量不变。

5. 低压螺旋卷管(管件)电弧焊项目执行中压相应项目,定额乘以系数 0.8。

6. 脚手架搭拆费按定额人工费的 10% 计算,其费用中人工费占 35% ;单独承担的埋地管道工程不计取脚手架搭拆费。

7. 操作高度增加费:以设计标高正负零平面为基准,安装高度超过 20m 时,超过部分工程量按定额人工、机械乘以下表系数。

系 数 表

操作物高度(m 以内)	≤30	≤50	>50
系数	1.20	1.50	协商

六、有关说明：

1. 生产、生活共用的给水、排水、蒸汽、燃气等输送管道，执行本册定额；生活用的各种管道执行第十册《给排水、采暖、燃气工程》相应项目。

2. 随设备供应预制成型的设备本体管道，其安装费包括在设备安装定额内；按材料或半成品供应的执行本册定额。

3. 预应力混凝土管道、管件安装执行《市政工程消耗量定额》相应项目。

4. 单件重 100kg 以上的管道支、吊架制作与安装，管道预制钢平台的搭拆执行第三册《静置设备与工艺金属结构制作安装工程》相应项目。

5. 地下管道的管沟、土石方及砌筑工程执行相关定额。

6. 刷油、绝热、防腐蚀、衬里，执行第十二册《刷油、防腐蚀、绝热工程》相应项目。

7. 管道安装按设计压力执行相应定额，管件、阀门、法兰按公称压力执行相应定额。

8. 方形补偿器安装，直管执行本册定额第一章相应项目，弯头执行第二章相应项目。

9. 本册定额已包括场内水平运输和垂直运输工作内容。

目　录

第一章　管道安装

第二章　管件连接

第三章　阀门安装

第四章　法兰安装

第五章　管道压力试验、吹扫与清洗

第六章　无损检测与焊口热处理

第七章　其　　他

附　录

第一章　管 道 安 装
（030801）

说　明

一、本章内容包括低压管道、中压管道、高压管道的安装。

二、本章不包括以下工作内容：

1. 管件连接；

2. 阀门安装；

3. 法兰安装；

4. 管道压力试验、吹扫与清洗；

5. 焊口无损检测、预热及后热、热处理、硬度测定、光谱分析；

6. 管道支吊架制作、安装。

三、有关说明：

1. 管廊及地下管网主材用量，按施工图净用量加规定的损耗量计算。

2. 法兰连接金属软管安装，包括两个垫片和两副法兰用螺栓的安装，螺栓材料量按施工图设计用量加规定的损耗量计算。

工程量计算规则

一、管道安装按不同压力、材质、连接形式,以“10m”为计量单位。

二、各种管道安装工程量,按设计管道中心线以“延长米”长度计算,不扣除阀门及各种管件所占长度。

三、加热套管安装按内、外管分别计算工程量,执行相应定额。

四、金属软管安装按不同连接形式,以“根”为计量单位。

一、低 压 管 道

1. 碳钢有缝钢管(螺纹连接)

工作内容:准备工作,管子切口,套丝,管口组对,管道连接。 **计量单位**:10m

定额编号				8-1-1	8-1-2	8-1-3	8-1-4	8-1-5	8-1-6
项目				公称直径(mm以内)					
				15	20	25	32	40	50
名称			单位	消耗量					
人工		合计工日	工日	0.475	0.525	0.598	0.655	0.711	0.799
	其中	普工	工日	0.120	0.131	0.149	0.163	0.178	0.200
		一般技工	工日	0.308	0.341	0.389	0.426	0.462	0.519
		高级技工	工日	0.047	0.053	0.060	0.066	0.071	0.080
材料		碳钢管	m	10.000	10.000	10.000	10.000	10.000	10.000
		氧气	m^3	—	—	0.009	0.013	0.016	0.019
		乙炔气	kg	—	—	0.004	0.005	0.006	0.007
		尼龙砂轮片 $\phi500\times25\times4$	片	0.004	0.005	0.006	0.008	0.009	0.011
		聚四氟乙烯生料带	m	0.518	0.636	0.801	0.989	1.130	1.342
		机油	kg	0.010	0.012	0.015	0.018	0.022	0.026
		棉纱头	kg	0.022	0.043	0.043	0.064	0.064	0.085
		其他材料费	%	1.000	1.000	1.000	1.000	1.000	1.000
机械		砂轮切割机 $\phi500$	台班	0.001	0.001	0.002	0.003	0.003	0.003
		管子切断套丝机 159mm	台班	0.018	0.018	0.018	0.020	0.020	0.020

2. 碳钢管(氧乙炔焊)

工作内容:准备工作,管子切口,坡口加工,坡口磨平,管口组对,焊接,管道安装。 **计量单位**:10m

定额编号				8-1-7	8-1-8	8-1-9	8-1-10	8-1-11	8-1-12
项目				公称直径(mm以内)					
				15	20	25	32	40	50
名称			单位	消耗量					
人工		合计工日	工日	0.427	0.461	0.553	0.618	0.677	0.745
	其中	普工	工日	0.106	0.115	0.138	0.154	0.169	0.187
		一般技工	工日	0.278	0.300	0.359	0.402	0.440	0.484
		高级技工	工日	0.043	0.046	0.056	0.062	0.068	0.074
材料		碳钢管	m	9.137	9.137	9.137	9.137	9.137	8.996
		碳钢气焊条 $\phi2$ 以内	kg	0.019	0.022	0.032	0.040	0.046	0.067
		氧气	m^3	0.044	0.054	0.080	0.106	0.120	0.177
		乙炔气	kg	0.018	0.021	0.031	0.040	0.046	0.067
		尼龙砂轮片 $\phi100\times16\times3$	片	0.003	0.004	0.056	0.070	0.089	0.107
		尼龙砂轮片 $\phi500\times25\times4$	片	0.004	0.005	0.006	0.008	0.009	0.011
		磨头	个	0.002	0.002	0.028	0.034	0.039	0.047
		电	kW·h	0.010	0.013	0.110	0.118	0.125	0.136
		钢丝 $\phi4.0$	kg	0.067	0.067	0.067	0.067	0.067	0.067
		破布	kg	0.088	0.088	0.177	0.194	0.194	0.221
		棉纱头	kg	0.003	0.006	0.006	0.008	0.008	0.010
		其他材料费	%	1.000	1.000	1.000	1.000	1.000	1.000
机械		砂轮切割机 $\phi500$	台班	0.001	0.001	0.002	0.003	0.003	0.003

3. 碳钢管(电弧焊)

工作内容:准备工作,管子切口,坡口加工,坡口磨平,管口组对,焊接,管口封闭,管道安装。

计量单位:10m

定额编号			8-1-13	8-1-14	8-1-15	8-1-16	8-1-17	8-1-18	8-1-19
项目			公称直径(mm 以内)						
			15	20	25	32	40	50	65
名称		单位	消耗量						
人工	合计工日	工日	0.392	0.424	0.510	0.572	0.627	0.701	0.898
	其中 普工	工日	0.098	0.105	0.127	0.143	0.156	0.175	0.225
	其中 一般技工	工日	0.255	0.276	0.332	0.372	0.408	0.456	0.583
	其中 高级技工	工日	0.039	0.043	0.051	0.057	0.063	0.070	0.090
材料	碳钢管	m	9.137	9.137	9.137	9.137	9.137	8.996	8.996
	低碳钢焊条 J427 ϕ3.2	kg	0.022	0.028	0.039	0.049	0.075	0.089	0.163
	氧气	m^3	0.001	0.001	0.001	0.006	0.006	0.009	0.211
	乙炔气	kg	0.001	0.001	0.001	0.002	0.002	0.003	0.070
	尼龙砂轮片 $\phi100 \times 16 \times 3$	片	0.038	0.049	0.086	0.096	0.134	0.155	0.200
	尼龙砂轮片 $\phi500 \times 25 \times 4$	片	0.002	0.002	0.004	0.005	0.006	0.007	—
	磨头	个	0.013	0.016	0.020	0.024	0.028	0.033	0.044
	电	kW·h	0.082	0.089	0.119	0.127	0.154	0.159	0.102
	钢丝 ϕ4.0	kg	0.065	0.070	0.071	0.072	0.073	0.074	0.075
	塑料布	m^2	0.149	0.158	0.165	0.175	0.196	0.216	0.318
	破布	kg	0.085	0.090	0.181	0.199	0.199	0.226	0.226
	棉纱头	kg	0.002	0.006	0.006	0.008	0.008	0.011	0.015
	其他材料费	%	1.000	1.000	1.000	1.000	1.000	1.000	1.000
机械	电焊机(综合)	台班	0.025	0.033	0.043	0.053	0.061	0.076	0.122
	砂轮切割机 ϕ500	台班	0.001	0.001	0.002	0.003	0.003	0.003	—
	电焊条烘干箱 $60 \times 50 \times 75(cm^3)$	台班	0.002	0.003	0.005	0.005	0.006	0.008	0.012
	电焊条恒温箱	台班	0.002	0.003	0.005	0.005	0.006	0.008	0.012

计量单位:10m

定额编号				8-1-20	8-1-21	8-1-22	8-1-23	8-1-24	8-1-25	8-1-26
项目				公称直径(mm 以内)						
				80	100	125	150	200	250	300
名称			单位	消耗量						
人工	合计工日		工日	1.061	1.186	1.399	1.646	1.886	2.379	2.642
	其中	普工	工日	0.264	0.296	0.350	0.411	0.472	0.595	0.661
		一般技工	工日	0.690	0.771	0.909	1.070	1.226	1.546	1.717
		高级技工	工日	0.107	0.119	0.140	0.165	0.188	0.238	0.264
材料	碳钢管		m	8.996	8.996	8.845	8.845	8.845	8.798	8.798
	低碳钢焊条 J427 $\phi3.2$		kg	0.225	0.325	0.393	0.625	0.992	1.625	2.205
	氧气		m^3	0.275	0.333	0.410	0.490	0.684	0.951	1.085
	乙炔气		kg	0.092	0.111	0.137	0.163	0.228	0.317	0.362
	尼龙砂轮片 $\phi100\times16\times3$		片	0.323	0.360	0.489	0.611	0.936	1.370	1.954
	磨头		个	0.052	0.066	—	—	—	—	—
	电		kW·h	0.126	0.160	0.215	0.243	0.352	0.457	0.561
	角钢(综合)		kg	—	—	—	—	0.137	0.137	0.138
	钢丝 $\phi4.0$		kg	0.076	0.077	0.077	0.078	0.079	0.080	0.081
	塑料布		m^2	0.266	0.314	0.368	0.431	0.560	0.713	0.878
	破布		kg	0.271	0.316	0.343	0.361	0.433	0.479	0.497
	棉纱头		kg	0.018	0.021	0.024	0.032	0.041	0.051	0.051
	其他材料费		%	1.000	1.000	1.000	1.000	1.000	1.000	1.000
机械	电焊机(综合)		台班	0.142	0.206	0.232	0.291	0.412	0.584	0.618
	汽车式起重机 8t		台班	—	0.005	0.007	0.009	0.015	0.025	0.030
	吊装机械(综合)		台班	—	0.065	0.083	0.084	0.107	0.149	0.149
	载重汽车 8t		台班	—	0.005	0.007	0.009	0.015	0.025	0.030
	电焊条烘干箱 $60\times50\times75(cm^3)$		台班	0.014	0.021	0.023	0.029	0.041	0.058	0.062
	电焊条恒温箱		台班	0.014	0.021	0.023	0.029	0.041	0.058	0.062

计量单位:10m

定额编号				8-1-27	8-1-28	8-1-29	8-1-30	8-1-31
项目				公称直径（mm 以内）				
				350	400	450	500	600
名称			单位	消耗量				
人工	合计工日		工日	2.896	3.315	4.041	4.851	5.661
	其中	普工	工日	0.725	0.829	1.011	1.212	1.415
		一般技工	工日	1.882	2.154	2.626	3.154	3.680
		高级技工	工日	0.289	0.332	0.404	0.485	0.566
材料	碳钢管		m	8.798	8.798	8.695	8.695	8.695
	低碳钢焊条 J427 ϕ3.2		kg	2.625	4.125	5.031	6.375	8.548
	氧气		m^3	1.300	1.698	1.970	2.175	2.617
	乙炔气		kg	0.433	0.566	0.657	0.725	0.872
	尼龙砂轮片 $\phi100\times16\times3$		片	2.163	3.185	3.756	4.313	5.129
	电		kW·h	0.663	0.783	0.907	1.055	1.296
	角钢(综合)		kg	0.138	0.138	0.138	0.138	0.138
	钢丝 ϕ4.0		kg	0.082	0.083	0.084	0.085	0.086
	塑料布		m^2	1.061	1.196	1.473	1.698	1.923
	破布		kg	0.524	0.542	0.614	0.696	0.778
	棉纱头		kg	0.061	0.068	0.075	0.084	0.092
	其他材料费		%	1.000	1.000	1.000	1.000	1.000
机械	电焊机（综合）		台班	0.651	0.737	0.867	0.958	1.049
	汽车式起重机 8t		台班	0.043	0.050	0.062	0.068	0.068
	吊装机械(综合)		台班	0.165	0.180	0.196	0.197	0.204
	载重汽车 8t		台班	0.043	0.050	0.062	0.068	0.068
	电焊条烘干箱 $60\times50\times75(cm^3)$		台班	0.065	0.074	0.087	0.096	0.105
	电焊条恒温箱		台班	0.065	0.074	0.087	0.096	0.105

4. 碳钢管(氩电联焊)

工作内容:准备工作,管子切口,坡口加工,坡口磨平,管口组对,焊接,管口封闭,管道安装。

计量单位:10m

定额编号			8-1-32	8-1-33	8-1-34	8-1-35	8-1-36	8-1-37	8-1-38
项目			公称直径(mm 以内)						
			15	20	25	32	40	50	65
名称		单位	消耗量						
人工	合计工日	工日	0.442	0.480	0.580	0.652	0.717	0.830	1.038
人工	其中 普工	工日	0.111	0.121	0.146	0.163	0.180	0.207	0.259
人工	其中 一般技工	工日	0.287	0.311	0.376	0.424	0.466	0.540	0.675
人工	其中 高级技工	工日	0.044	0.048	0.058	0.065	0.071	0.083	0.104
材料	碳钢管	m	9.137	9.137	9.137	9.137	9.137	8.996	8.996
材料	低碳钢焊条 J427 ϕ3.2	kg	0.001	0.001	0.001	0.002	0.002	0.044	0.113
材料	碳钢焊丝	kg	0.011	0.014	0.025	0.028	0.038	0.020	0.027
材料	氧气	m^3	0.001	0.001	0.001	0.006	0.006	0.009	0.195
材料	乙炔气	kg	0.001	0.001	0.001	0.002	0.002	0.003	0.065
材料	氩气	m^3	0.031	0.040	0.063	0.070	0.107	0.057	0.075
材料	铈钨棒	g	0.062	0.079	0.125	0.150	0.215	0.113	0.150
材料	尼龙砂轮片 $\phi100\times16\times3$	片	0.037	0.048	0.085	0.095	0.131	0.148	0.199
材料	尼龙砂轮片 $\phi500\times25\times4$	片	0.002	0.002	0.004	0.005	0.006	0.007	0.012
材料	磨头	个	0.013	0.016	0.020	0.024	0.028	0.033	0.044
材料	电	kW·h	0.083	0.090	0.121	0.130	0.155	0.161	0.108
材料	钢丝 ϕ4.0	kg	0.076	0.078	0.079	0.080	0.081	0.084	0.087
材料	塑料布	m^2	0.150	0.157	0.165	0.174	0.196	0.216	0.318
材料	破布	kg	0.090	0.090	0.181	0.199	0.199	0.226	0.253
材料	棉纱头	kg	0.003	0.006	0.006	0.008	0.008	0.011	0.015
材料	其他材料费	%	1.000	1.000	1.000	1.000	1.000	1.000	1.000
机械	电焊机(综合)	台班	0.003	0.004	0.007	0.008	0.009	0.053	0.065
机械	氩弧焊机 500A	台班	0.023	0.029	0.038	0.048	0.054	0.058	0.060
机械	砂轮切割机 ϕ500	台班	0.001	0.001	0.002	0.003	0.003	0.003	0.004
机械	电焊条烘干箱 $60\times50\times75(cm^3)$	台班	0.001	0.001	0.001	0.001	0.001	0.005	0.006
机械	电焊条恒温箱	台班	0.001	0.001	0.001	0.001	0.001	0.005	0.006

计量单位:10m

定额编号				8-1-39	8-1-40	8-1-41	8-1-42	8-1-43	8-1-44	8-1-45
项目				公称直径（mm 以内）						
				80	100	125	150	200	250	300
名称			单位	消耗量						
人工	合计工日		工日	1.224	1.475	1.600	1.765	2.021	2.552	2.854
	其中	普工	工日	0.307	0.369	0.400	0.442	0.505	0.639	0.713
		一般技工	工日	0.795	0.959	1.040	1.147	1.314	1.658	1.855
		高级技工	工日	0.122	0.147	0.160	0.176	0.202	0.255	0.286
材料	碳钢管		m	8.996	8.996	8.845	8.845	8.845	8.798	8.798
	低碳钢焊条 J427 ϕ3.2		kg	0.163	0.246	0.313	0.488	0.837	1.494	1.790
	碳钢焊丝		kg	0.031	0.041	0.048	0.057	0.080	0.098	0.119
	氧气		m^3	0.256	0.306	0.375	0.459	0.650	0.848	1.035
	乙炔气		kg	0.085	0.102	0.125	0.153	0.217	0.283	0.345
	氩气		m^3	0.088	0.113	0.131	0.160	0.223	0.275	0.333
	铈钨棒		g	0.175	0.227	0.263	0.320	0.445	0.550	0.665
	尼龙砂轮片 ϕ100×16×3		片	0.320	0.356	0.483	0.605	0.927	1.358	1.940
	尼龙砂轮片 ϕ500×25×4		片	0.016	0.020	0.027	—	—	—	—
	磨头		个	0.052	0.066	—	—	—	—	—
	电		kW·h	0.137	0.176	0.233	0.268	0.393	0.520	0.629
	角钢(综合)		kg	—	—	—	—	0.137	0.137	0.138
	钢丝 ϕ4.0		kg	0.089	0.095	0.099	0.104	0.114	0.123	0.133
	塑料布		m^2	0.267	0.314	0.369	0.431	0.560	0.713	0.878
	破布		kg	0.271	0.316	0.343	0.361	0.433	0.479	0.497
	棉纱头		kg	0.018	0.021	0.024	0.032	0.041	0.050	0.051
	其他材料费		%	1.000	1.000	1.000	1.000	1.000	1.000	1.000
机械	电焊机（综合）		台班	0.075	0.143	0.147	0.203	0.309	0.482	0.521
	氩弧焊机 500A		台班	0.071	0.089	0.106	0.127	0.176	0.217	0.224
	砂轮切割机 ϕ500		台班	0.005	0.009	0.009	—	—	—	—
	半自动切割机 100mm		台班	—	—	—	0.061	0.087	0.123	0.128
	汽车式起重机 8t		台班	—	0.005	0.008	0.011	0.017	0.029	0.036
	吊装机械(综合)		台班	—	0.065	0.084	0.084	0.106	0.149	0.149
	载重汽车 8t		台班	—	0.005	0.008	0.011	0.017	0.029	0.036
	电焊条烘干箱 60×50×75(cm^3)		台班	0.008	0.014	0.015	0.020	0.031	0.048	0.052
	电焊条恒温箱		台班	0.008	0.014	0.015	0.020	0.031	0.048	0.052

计量单位:10m

定额编号				8-1-46	8-1-47	8-1-48	8-1-49	8-1-50
项　目				公称直径（mm 以内）				
				350	400	450	500	600
名　称			单位	消　耗　量				
人工	合计工日		工日	3.440	3.584	4.359	5.212	6.199
	其中	普工	工日	0.860	0.895	1.090	1.304	1.549
		一般技工	工日	2.236	2.330	2.833	3.387	4.030
		高级技工	工日	0.344	0.359	0.436	0.521	0.620
材料	碳钢管		m	8.798	8.798	8.695	8.695	8.695
	低碳钢焊条 J427 ϕ3.2		kg	2.250	3.750	4.666	5.875	8.052
	碳钢焊丝		kg	0.138	0.156	0.176	0.194	0.232
	氧气		m^3	1.193	1.623	1.772	2.095	2.486
	乙炔气		kg	0.398	0.541	0.591	0.698	0.829
	氩气		m^3	0.388	0.435	0.491	0.544	0.649
	铈钨棒		g	0.763	0.869	0.983	1.088	1.298
	尼龙砂轮片 $\phi100\times16\times3$		片	2.148	3.163	3.734	4.291	5.100
	电		kW·h	0.747	0.880	1.020	1.180	1.449
	角钢(综合)		kg	0.138	0.138	0.138	0.138	0.138
	钢丝 ϕ4.0		kg	0.142	0.152	0.161	0.170	0.179
	塑料布		m^2	1.061	1.196	1.473	1.698	1.923
	棉纱头		kg	0.061	0.068	0.075	0.084	0.092
	破布		kg	0.524	0.542	0.614	0.696	0.778
	其他材料费		%	1.000	1.000	1.000	1.000	1.000
机械	电焊机（综合）		台班	0.559	0.633	0.765	0.845	0.926
	氩弧焊机 500A		台班	0.230	0.262	0.294	0.326	0.357
	半自动切割机 100mm		台班	0.132	0.143	0.164	0.186	0.207
	汽车式起重机 8t		台班	0.051	0.058	0.072	0.079	0.087
	吊装机械(综合)		台班	0.165	0.180	0.196	0.196	0.197
	载重汽车 8t		台班	0.051	0.058	0.072	0.079	0.087
	电焊条烘干箱 $60\times50\times75(cm^3)$		台班	0.056	0.064	0.077	0.084	0.093
	电焊条恒温箱		台班	0.056	0.064	0.077	0.084	0.093

5. 碳钢伴热管(氧乙炔焊)

工作内容:准备工作,管子切口,煨弯,管口组对,焊接,绑扎,管道安装。 **计量单位:**10m

定额编号			8-1-51	8-1-52	8-1-53	8-1-54	8-1-55	8-1-56
项目			用于装置内管道 公称直径(mm 以内)			用于外管廊管道 公称直径(mm 以内)		
			15	20	25	15	20	25
名称		单位	消耗量					
人工	合计工日	工日	1.990	2.403	2.789	1.023	1.127	1.250
其中	普工	工日	0.497	0.601	0.697	0.255	0.282	0.312
	一般技工	工日	1.294	1.562	1.813	0.666	0.732	0.813
	高级技工	工日	0.199	0.240	0.279	0.102	0.113	0.125
材料	碳钢管	m	10.200	10.200	10.200	10.150	10.150	10.150
	碳钢气焊条 $\phi2$ 以内	kg	0.033	0.041	0.059	0.022	0.027	0.038
	氧气	m^3	0.295	0.424	0.801	0.112	0.166	0.296
	乙炔气	kg	0.109	0.164	0.313	0.045	0.066	0.109
	尼龙砂轮片 $\phi100\times16\times3$	片	0.005	0.007	0.008	0.003	0.004	0.005
	尼龙砂轮片 $\phi500\times25\times4$	片	0.012	0.016	0.020	0.008	0.011	0.013
	磨头	个	0.003	0.056	0.050	0.002	0.028	0.033
	电	kW·h	0.019	0.035	0.032	0.013	0.016	0.021
	镀锌钢带	kg	0.801	1.017	1.328	0.801	1.017	1.328
	棉纱头	kg	0.004	0.012	0.010	0.003	0.006	0.007
	破布	kg	0.090	0.090	0.181	0.090	0.090	0.090
	其他材料费	%	1.000	1.000	1.000	1.000	1.000	1.000
机械	砂轮切割机 $\phi500$	台班	0.001	0.002	0.005	0.001	0.002	0.003

6. 碳钢伴热管(氩弧焊)

工作内容:准备工作,管子切口,煨弯,管口组对,焊接,绑扎,管道安装。 **计量单位:**10m

定额编号			8-1-57	8-1-58	8-1-59	8-1-60	8-1-61	8-1-62
项目			用于装置内管道 公称直径(mm 以内)			用于外管廊管道 公称直径(mm 以内)		
			15	20	25	15	20	25
名称		单位	消耗量					
人工	合计工日	工日	2.245	2.632	2.961	1.063	1.227	1.308
其中	普工	工日	0.561	0.658	0.741	0.266	0.308	0.327
	一般技工	工日	1.459	1.711	1.924	0.691	0.797	0.850
	高级技工	工日	0.225	0.263	0.296	0.106	0.122	0.131
材料	碳钢管	m	10.200	10.200	10.200	10.150	10.150	10.150
	碳钢氩弧焊丝	kg	0.046	0.057	0.091	0.031	0.037	0.055
	氧气	m^3	0.170	0.234	0.414	0.073	0.101	0.170
	乙炔气	kg	0.065	0.090	0.170	0.029	0.039	0.065
	氩气	m^3	0.063	0.080	0.127	0.042	0.053	0.085
	铈钨棒	g	0.125	0.159	0.255	0.085	0.106	0.170
	尼龙砂轮片 $\phi100\times16\times3$	片	0.005	0.007	0.008	0.003	0.004	0.005
	尼龙砂轮片 $\phi500\times25\times4$	片	0.012	0.016	0.020	0.008	0.011	0.013
	磨头	个	0.003	0.020	0.050	0.002	0.028	0.033
	电	kW·h	0.019	0.035	0.042	0.013	0.016	0.021
	镀锌钢带	kg	0.801	1.017	1.328	0.801	1.017	1.328
	棉纱头	kg	0.004	0.008	0.010	0.003	0.006	0.007
	破布	kg	0.090	0.090	0.181	0.090	0.090	0.181
	其他材料费	%	1.000	1.000	1.000	1.000	1.000	1.000
机械	氩弧焊机 500A	台班	0.026	0.034	0.046	0.016	0.025	0.030
	砂轮切割机 $\phi500$	台班	0.001	0.002	0.005	0.001	0.002	0.003

7. 碳钢板卷管(电弧焊)

工作内容:准备工作,管子切口,坡口加工,坡口磨平,管口组对,焊接,管道安装。 **计量单位**:10m

定额编号				8-1-63	8-1-64	8-1-65	8-1-66	8-1-67	8-1-68
项目				公称直径(mm 以内)					
				200	250	300	350	400	450
名称			单位	消耗量					
人工	合计工日		工日	1.497	1.748	2.075	2.530	2.939	3.598
	其中	普工	工日	0.375	0.437	0.519	0.634	0.734	0.900
		一般技工	工日	0.973	1.136	1.349	1.644	1.911	2.339
		高级技工	工日	0.149	0.175	0.207	0.252	0.294	0.359
材料	碳钢板卷管		m	9.287	9.287	9.287	9.287	9.287	9.193
	低碳钢焊条 J427 ϕ3.2		kg	0.787	0.984	1.173	2.145	2.427	2.725
	氧气		m^3	0.706	0.918	1.116	1.318	1.402	1.513
	乙炔气		kg	0.235	0.316	0.372	0.439	0.467	0.504
	尼龙砂轮片 $\phi100\times16\times3$		片	0.962	1.401	1.445	1.847	2.468	2.791
	电		kW·h	0.303	0.347	0.413	0.489	0.612	0.686
	角钢(综合)		kg	0.162	0.162	0.162	0.162	0.162	0.162
	棉纱头		kg	0.042	0.051	0.063	0.070	0.080	0.089
	破布		kg	0.013	0.016	0.018	0.022	0.024	0.028
	其他材料费		%	1.000	1.000	1.000	1.000	1.000	1.000
机械	电焊机(综合)		台班	0.210	0.262	0.313	0.429	0.485	0.545
	汽车式起重机 8t		台班	0.015	0.020	0.023	0.027	0.030	0.044
	吊装机械(综合)		台班	0.106	0.114	0.120	0.130	0.139	0.151
	载重汽车 8t		台班	0.015	0.020	0.023	0.027	0.030	0.044
	电焊条烘干箱 $60\times50\times75(cm^3)$		台班	0.021	0.026	0.031	0.043	0.049	0.055
	电焊条恒温箱		台班	0.021	0.026	0.031	0.043	0.049	0.055

计量单位:10m

定额编号				8-1-69	8-1-70	8-1-71	8-1-72	8-1-73	8-1-74
项目				公称直径(mm 以内)					
				500	600	700	800	900	1000
名称			单位	消耗量					
人工	合计工日		工日	4.199	5.066	5.947	6.805	7.634	8.541
	其中	普工	工日	1.050	1.266	1.487	1.700	1.908	2.135
		一般技工	工日	2.729	3.293	3.866	4.424	4.962	5.552
		高级技工	工日	0.420	0.507	0.594	0.681	0.764	0.854
材料	碳钢板卷管		m	9.193	9.193	9.090	9.090	9.090	8.996
	低碳钢焊条 J427 ϕ3.2		kg	3.018	5.338	6.110	7.798	8.758	10.846
	氧气		m^3	1.585	1.861	2.427	2.809	3.150	3.821
	乙炔气		kg	0.528	0.620	0.809	0.936	1.050	1.274
	碳精棒		kg	—	0.079	0.090	0.102	0.115	0.127
	尼龙砂轮片 $\phi100\times16\times3$		片	3.196	4.031	4.808	5.663	6.344	7.714
	电		kW·h	0.737	1.013	1.288	1.485	1.648	1.897
	角钢(综合)		kg	0.162	0.162	0.179	0.179	0.179	0.179
	六角螺栓(综合)		10 套	—	0.039	0.039	0.039	0.039	0.039
	棉纱头		kg	0.097	0.119	0.134	0.154	0.173	0.218
	破布		kg	0.031	0.037	0.042	0.048	0.053	0.058
	其他材料费		%	1.000	1.000	1.000	1.000	1.000	1.000
机械	电焊机(综合)		台班	0.604	0.837	1.003	1.146	1.287	1.442
	汽车式起重机 8t		台班	0.050	0.055	0.063	0.080	0.090	0.111
	吊装机械(综合)		台班	0.173	0.180	0.203	0.221	0.240	0.318
	载重汽车 8t		台班	0.050	0.055	0.063	0.080	0.090	0.111
	电焊条烘干箱 $60\times50\times75(cm^3)$		台班	0.060	0.084	0.100	0.115	0.139	0.144
	电焊条恒温箱		台班	0.060	0.084	0.100	0.115	0.139	0.144

计量单位:10m

定额编号				8-1-75	8-1-76	8-1-77	8-1-78	8-1-79	8-1-80
项目				公称直径（mm 以内）					
				1200	1400	1600	1800	2000	2200
名称			单位	消耗量					
人工	合计工日		工日	11.572	14.112	15.080	17.737	22.883	26.309
	其中	普工	工日	2.894	3.528	3.770	4.434	5.721	6.578
		一般技工	工日	7.521	9.173	9.802	11.529	14.874	17.100
		高级技工	工日	1.157	1.411	1.508	1.774	2.288	2.631
材料	碳钢板卷管		m	8.996	8.996	8.798	8.798	8.798	8.798
	低碳钢焊条 J427 ϕ3.2		kg	17.322	24.895	28.426	31.957	47.432	52.151
	氧气		m^3	5.451	7.329	8.437	9.394	15.160	16.569
	乙炔气		kg	1.817	2.443	2.812	3.131	5.053	5.523
	碳精棒		kg	0.203	0.237	0.270	0.303	0.450	0.494
	尼龙砂轮片 $\phi100\times16\times3$		片	12.281	16.576	18.459	21.403	31.761	34.915
	电		kW·h	3.054	3.698	4.220	4.746	7.043	7.743
	角钢(综合)		kg	0.314	0.314	0.380	0.380	0.505	0.617
	六角螺栓(综合)		10 套	0.051	0.051	0.100	0.100	0.134	0.134
	棉纱头		kg	0.302	0.349	0.400	0.447	0.589	0.648
	破布		kg	0.065	0.074	0.083	0.091	0.100	0.108
	其他材料费		%	1.000	1.000	1.000	1.000	1.000	1.000
机械	电焊机（综合）		台班	2.277	2.688	3.069	3.450	5.109	5.618
	汽车式起重机 8t		台班	0.133	0.155	0.212	0.318	0.352	0.388
	吊装机械(综合)		台班	0.382	0.442	0.529	0.635	0.733	0.880
	载重汽车 8t		台班	0.133	0.155	0.212	0.318	0.352	0.388
	电焊条烘干箱 $60\times50\times75(cm^3)$		台班	0.228	0.269	0.307	0.345	0.510	0.620
	电焊条恒温箱		台班	0.228	0.269	0.307	0.345	0.510	0.620

计量单位:10m

定额编号				8-1-81	8-1-82	8-1-83	8-1-84
项目				公称直径（mm 以内）			
				2400	2600	2800	3000
名称			单位	消耗量			
人工	合计工日		工日	29.734	35.400	40.149	44.609
	其中	普工	工日	7.434	8.850	10.036	11.152
		一般技工	工日	19.327	23.010	26.098	28.996
		高级技工	工日	2.973	3.540	4.015	4.461
材料	碳钢板卷管		m	8.798	8.798	8.798	8.798
	低碳钢焊条 J427 ϕ3.2		kg	56.870	74.959	80.706	86.452
	氧气		m^3	18.062	22.038	23.861	27.015
	乙炔气		kg	6.021	7.346	7.954	9.005
	碳精棒		kg	0.539	0.584	0.628	0.672
	尼龙砂轮片 $\phi100\times16\times3$		片	38.069	45.454	48.471	54.568
	电		kW·h	8.443	9.935	10.700	11.544
	角钢(综合)		kg	0.617	0.617	0.617	0.617
	六角螺栓(综合)		10 套	0.134	0.134	0.134	0.134
	棉纱头		kg	0.705	0.765	0.821	0.881
	破布		kg	0.117	0.126	0.134	0.151
	其他材料费		%	1.000	1.000	1.000	1.000
机械	电焊机（综合）		台班	6.127	7.591	8.188	8.768
	汽车式起重机 8t		台班	0.423	0.459	0.575	0.616
	吊装机械(综合)		台班	0.985	1.150	1.255	1.360
	载重汽车 8t		台班	0.423	0.459	0.575	0.616
	电焊条烘干箱 $60\times50\times75(cm^3)$		台班	0.613	0.759	0.819	0.877
	电焊条恒温箱		台班	0.613	0.759	0.819	0.877

8. 碳钢板卷管(氩电联焊)

工作内容:准备工作,管子切口,坡口加工,坡口磨平,管口组对,焊接,管口封闭,管道安装。

计量单位:10m

定额编号			8-1-85	8-1-86	8-1-87	8-1-88	8-1-89	8-1-90	8-1-91
项目			公称直径（mm 以内）						
			200	250	300	350	400	450	500
名称		单位	消耗量						
人工	合计工日	工日	1.792	2.091	2.483	3.027	3.773	4.619	5.390
人工	其中 普工	工日	0.447	0.523	0.620	0.757	0.943	1.154	1.347
人工	其中 一般技工	工日	1.165	1.359	1.614	1.968	2.452	3.002	3.504
人工	其中 高级技工	工日	0.180	0.209	0.249	0.302	0.378	0.463	0.539
材料	碳钢管	m	9.287	9.287	9.287	9.287	9.287	9.193	9.193
材料	低碳钢焊条 J427 ϕ3.2	kg	0.597	0.740	0.882	1.810	2.048	2.309	2.350
材料	碳钢焊丝	kg	0.101	0.101	0.150	0.175	0.199	0.225	0.228
材料	氧气	m^3	0.706	0.918	1.116	1.318	1.402	1.513	1.585
材料	乙炔气	kg	0.235	0.316	0.372	0.439	0.467	0.504	0.528
材料	氩气	m^3	0.283	0.283	0.283	0.490	0.556	0.629	0.655
材料	铈钨棒	g	0.566	0.566	0.566	0.980	1.113	1.259	1.279
材料	尼龙砂轮片 ϕ100×16×3	片	0.951	1.344	1.343	1.828	2.446	2.769	3.132
材料	电	kW·h	0.414	0.434	0.478	0.708	0.861	0.968	1.013
材料	角钢(综合)	kg	0.162	0.162	0.162	0.162	0.162	0.162	0.162
材料	棉纱头	kg	0.042	0.051	0.063	0.070	0.080	0.089	0.097
材料	破布	kg	0.013	0.016	0.018	0.022	0.024	0.028	0.031
材料	其他材料费	%	1.000	1.000	1.000	1.000	1.000	1.000	1.000
机械	电焊机（综合）	台班	0.144	0.173	0.213	0.288	0.330	0.370	0.410
机械	氩弧焊机 500A	台班	0.178	0.178	0.178	0.309	0.351	0.397	0.449
机械	汽车式起重机 8t	台班	0.014	0.018	0.021	0.025	0.028	0.041	0.046
机械	吊装机械(综合)	台班	0.098	0.105	0.111	0.120	0.128	0.139	0.159
机械	载重汽车 8t	台班	0.014	0.018	0.021	0.025	0.028	0.041	0.046
机械	电焊条烘干箱 60×50×75(cm^3)	台班	0.014	0.017	0.021	0.029	0.033	0.037	0.041
机械	电焊条恒温箱	台班	0.014	0.017	0.021	0.029	0.033	0.037	0.041

9. 碳钢板卷管(埋弧自动焊)

工作内容:准备工作,管子切口,坡口加工,坡口磨平,管口组对,焊接,管道安装。 **计量单位**:10m

定额编号			8-1-92	8-1-93	8-1-94	8-1-95	8-1-96
项目			公称直径(mm 以内)				
			600	700	800	900	1000
名称		单位	消耗量				
人工	合计工日	工日	4.457	5.199	5.994	6.722	7.467
人工	其中 普工	工日	1.114	1.300	1.498	1.681	1.866
人工	其中 一般技工	工日	2.897	3.379	3.896	4.369	4.854
人工	其中 高级技工	工日	0.446	0.520	0.600	0.672	0.747
材料	碳钢板卷管	m	9.193	9.090	9.090	9.090	8.996
材料	碳钢埋弧焊丝	kg	2.174	2.489	3.181	3.573	3.965
材料	埋弧焊剂	kg	3.261	3.734	4.772	5.360	5.948
材料	氧气	m^3	2.459	2.743	3.648	4.059	4.463
材料	乙炔气	kg	0.820	0.915	1.217	1.354	1.500
材料	碳精棒	kg	0.081	0.092	0.105	0.118	0.131
材料	尼龙砂轮片 $\phi100\times16\times3$	片	0.881	1.009	1.445	1.623	1.802
材料	电	kW·h	0.782	0.901	1.092	1.151	1.359
材料	角钢(综合)	kg	0.016	0.176	0.176	0.176	0.176
材料	六角螺栓(综合)	10 套	0.038	0.038	0.038	0.038	0.038
材料	棉纱头	kg	0.117	0.132	0.152	0.170	0.215
材料	破布	kg	0.036	0.042	0.047	0.053	0.058
材料	其他材料费	%	1.000	1.000	1.000	1.000	1.000
机械	自动埋弧焊机 1200A	台班	0.088	0.101	0.118	0.133	0.147
机械	汽车式起重机 8t	台班	0.055	0.063	0.080	0.090	0.111
机械	吊装机械(综合)	台班	0.180	0.203	0.221	0.240	0.318
机械	载重汽车 8t	台班	0.055	0.063	0.080	0.090	0.111

计量单位:10m

定额编号				8-1-97	8-1-98	8-1-99	8-1-100	8-1-101	8-1-102
项目				公称直径(mm 以内)					
				1200	1400	1600	1800	2000	2200
名称			单位	消耗量					
人工		合计工日	工日	9.885	12.248	14.627	17.314	21.882	25.337
	其中	普工	工日	2.472	3.062	3.658	4.327	5.470	6.335
		一般技工	工日	6.425	7.961	9.507	11.255	14.224	16.469
		高级技工	工日	0.988	1.225	1.462	1.732	2.188	2.533
材料		碳钢板卷管	m	8.996	8.996	8.798	8.798	8.798	8.798
		碳钢埋弧焊丝	kg	6.234	9.062	10.348	11.633	17.225	18.939
		埋弧焊剂	kg	9.351	13.593	15.522	17.450	25.837	28.409
		氧气	m^3	7.147	9.360	10.905	12.170	17.647	19.306
		乙炔气	kg	2.382	3.120	3.635	4.056	5.883	6.435
		碳精棒	kg	0.205	0.239	0.273	0.306	0.453	0.498
		尼龙砂轮片 $\phi100\times16\times3$	片	2.908	4.111	4.695	5.279	7.700	8.467
		电	kW·h	2.212	2.757	3.147	3.540	5.188	5.704
		角钢(综合)	kg	0.309	0.309	0.374	0.374	0.498	0.608
		六角螺栓(综合)	10 套	0.050	0.050	0.099	0.099	0.132	0.132
		棉纱头	kg	0.298	0.344	0.394	0.440	0.580	0.639
		破布	kg	0.064	0.073	0.081	0.090	0.098	0.107
		其他材料费	%	1.000	1.000	1.000	1.000	1.000	1.000
机械		自动埋弧焊机 1200A	台班	0.231	0.309	0.354	0.398	0.588	0.647
		汽车式起重机 8t	台班	0.133	0.155	0.212	0.318	0.352	0.388
		吊装机械(综合)	台班	0.382	0.442	0.529	0.635	0.733	0.880
		载重汽车 8t	台班	0.133	0.155	0.212	0.318	0.352	0.388

计量单位:10m

定额编号				8-1-103	8-1-104	8-1-105	8-1-106
项目				公称直径(mm 以内)			
				2400	2600	2800	3000
名称			单位	消耗量			
人工		合计工日	工日	28.789	33.886	38.746	43.283
	其中	普工	工日	7.197	8.472	9.686	10.821
		一般技工	工日	18.713	22.026	25.185	28.134
		高级技工	工日	2.879	3.388	3.875	4.328
材料		碳钢板卷管	m	8.798	8.798	8.798	8.798
		碳钢埋弧焊丝	kg	20.650	25.344	27.286	29.229
		埋弧焊剂	kg	30.980	38.014	40.929	43.839
		氧气	m^3	21.015	25.479	27.165	29.122
		乙炔气	kg	7.005	8.494	9.055	9.707
		碳精棒	kg	0.534	0.588	0.633	0.677
		尼龙砂轮片 $\phi100\times16\times3$	片	9.234	11.771	12.674	13.577
		电	kW·h	6.219	7.128	7.729	8.265
		角钢(综合)	kg	0.608	0.608	0.608	0.608
		六角螺栓(综合)	10 套	0.132	0.132	0.132	0.132
		棉纱头	kg	0.695	0.754	0.809	0.868
		破布	kg	0.115	0.124	0.132	0.141
		其他材料费	%	1.000	1.000	1.000	1.000
机械		自动埋弧焊机 1200A	台班	0.706	0.842	0.906	0.971
		汽车式起重机 8t	台班	0.423	0.459	0.575	0.616
		吊装机械(综合)	台班	0.985	1.150	1.255	1.360
		载重汽车 8t	台班	0.423	0.459	0.575	0.616

10. 不锈钢管(电弧焊)

工作内容:准备工作,管子切口,坡口加工,坡口磨平,管口组对,焊接,焊缝钝化,管口封闭,管道安装。

计量单位:10m

定额编号				8-1-107	8-1-108	8-1-109	8-1-110	8-1-111	8-1-112
项目				公称直径(mm 以内)					
				15	20	25	32	40	50
名称			单位	消耗量					
人工	合计工日		工日	0.551	0.613	0.690	0.772	0.977	1.129
	其中	普工	工日	0.138	0.153	0.173	0.193	0.244	0.283
		一般技工	工日	0.358	0.399	0.448	0.502	0.635	0.733
		高级技工	工日	0.055	0.061	0.069	0.077	0.098	0.113
材料	不锈钢管		m	9.250	9.250	9.250	9.250	9.156	9.156
	不锈钢焊条(综合)		kg	0.022	0.025	0.035	0.043	0.049	0.069
	尼龙砂轮片 $\phi100\times16\times3$		片	0.068	0.085	0.107	0.134	0.155	0.230
	尼龙砂轮片 $\phi500\times25\times4$		片	0.005	0.006	0.010	0.012	0.013	0.013
	电		kW·h	0.148	0.158	0.175	0.190	0.204	0.247
	丙酮		kg	0.012	0.013	0.016	0.021	0.025	0.030
	酸洗膏		kg	0.005	0.007	0.010	0.012	0.014	0.018
	水		t	0.002	0.002	0.003	0.003	0.003	0.005
	钢丝 $\phi4.0$		kg	0.066	0.067	0.068	0.069	0.070	0.073
	塑料布		m^2	0.136	0.143	0.149	0.158	0.178	0.195
	破布		kg	0.079	0.079	0.171	0.171	0.195	0.195
	棉纱头		kg	0.003	0.005	0.006	0.008	0.009	0.010
	其他材料费		%	1.000	1.000	1.000	1.000	1.000	1.000
机械	电焊机(综合)		台班	0.014	0.018	0.024	0.030	0.065	0.077
	砂轮切割机 $\phi500$		台班	0.001	0.001	0.003	0.003	0.003	0.004
	电动空气压缩机 $6m^3/min$		台班	0.002	0.002	0.002	0.002	0.002	0.002
	电焊条烘干箱 $60\times50\times75(cm^3)$		台班	0.002	0.002	0.002	0.003	0.006	0.008
	电焊条恒温箱		台班	0.002	0.002	0.002	0.003	0.006	0.008

计量单位:10m

定额编号			8-1-113	8-1-114	8-1-115	8-1-116	8-1-117	8-1-118
项　目			公称直径（mm 以内）					
			65	80	100	125	150	200
名　称		单位	消　耗　量					
人工	合计工日	工日	1.479	1.560	1.886	1.967	2.281	3.295
其中	普工	工日	0.369	0.390	0.472	0.492	0.570	0.823
	一般技工	工日	0.962	1.014	1.226	1.278	1.483	2.142
	高级技工	工日	0.148	0.156	0.188	0.197	0.228	0.330
材料	不锈钢管	m	9.156	8.958	8.958	8.958	8.817	8.817
	不锈钢焊条(综合)	kg	0.088	0.138	0.172	0.315	0.377	0.663
	尼龙砂轮片 $\phi100\times16\times3$	片	0.307	0.365	0.469	0.654	0.799	1.392
	尼龙砂轮片 $\phi500\times25\times4$	片	0.019	0.024	0.036	—	—	—
	电	kW·h	0.275	0.159	0.198	0.263	0.323	0.512
	丙酮	kg	0.039	0.046	0.059	0.068	0.082	0.113
	酸洗膏	kg	0.025	0.030	0.038	0.058	0.077	0.101
	水	t	0.007	0.009	0.010	0.012	0.014	0.019
	钢丝 $\phi4.0$	kg	0.076	0.078	0.083	0.087	0.091	0.100
	塑料布	m^2	0.221	0.242	0.285	0.334	0.391	0.508
	破布	kg	0.234	0.274	0.274	0.299	0.317	0.420
	棉纱头	kg	0.014	0.016	0.018	0.022	0.028	0.040
	其他材料费	%	1.000	1.000	1.000	1.000	1.000	1.000
机械	电焊机（综合）	台班	0.111	0.130	0.190	0.222	0.303	0.418
	砂轮切割机 $\phi500$	台班	0.007	0.007	0.013	—	—	—
	电动空气压缩机 $6m^3/min$	台班	0.002	0.002	0.002	0.002	0.002	0.002
	等离子切割机 400A	台班	—	0.061	0.080	0.105	0.126	0.175
	汽车式起重机 8t	台班	—	—	0.005	0.007	0.009	0.014
	吊装机械(综合)	台班	—	—	0.075	0.077	0.077	0.098
	载重汽车 8t	台班	—	—	0.005	0.007	0.009	0.014
	电动空气压缩机 $1m^3/min$	台班	—	0.061	0.080	0.105	0.126	0.175
	电焊条烘干箱 $60\times50\times75(cm^3)$	台班	0.011	0.013	0.019	0.022	0.030	0.042
	电焊条恒温箱	台班	0.011	0.013	0.019	0.022	0.030	0.042

计量单位:10m

定额编号				8-1-119	8-1-120	8-1-121	8-1-122	8-1-123	8-1-124
项目				公称直径(mm以内)					
				250	300	350	400	450	500
名称			单位	消耗量					
人工	合计工日		工日	4.010	4.686	5.320	5.935	6.550	7.165
	其中	普工	工日	1.002	1.172	1.330	1.484	1.638	1.792
		一般技工	工日	2.607	3.046	3.458	3.857	4.257	4.657
		高级技工	工日	0.401	0.468	0.532	0.594	0.655	0.716
材料	不锈钢管		m	8.817	8.817	8.817	8.817	8.817	8.817
	不锈钢焊条(综合)		kg	1.070	1.522	1.768	2.000	3.091	4.493
	尼龙砂轮片 φ100×16×3		片	1.969	2.676	3.154	3.568	4.984	6.642
	电		kW·h	0.658	0.806	0.926	1.046	1.260	1.523
	丙酮		kg	0.141	0.167	0.194	0.218	0.242	0.266
	酸洗膏		kg	0.152	0.182	0.199	0.247	0.294	0.342
	水		t	0.023	0.028	0.033	0.038	0.043	0.085
	钢丝 φ4.0		kg	0.109	0.117	0.126	0.135	0.144	0.158
	塑料布		m^2	0.646	0.796	0.962	1.084	1.207	1.329
	破布		kg	0.438	0.463	0.482	0.545	0.609	0.673
	棉纱头		kg	0.047	0.056	0.064	0.071	0.078	0.086
	其他材料费		%	1.000	1.000	1.000	1.000	1.000	1.000
机械	电焊机(综合)		台班	0.630	0.785	0.912	1.031	1.150	1.269
	电动空气压缩机 $6m^3/min$		台班	0.002	0.002	0.002	0.002	0.002	0.002
	等离子切割机 400A		台班	0.228	0.278	0.322	0.364	0.405	0.447
	汽车式起重机 8t		台班	0.024	0.033	0.037	0.042	0.048	0.059
	吊装机械(综合)		台班	0.137	0.137	0.152	0.166	0.179	0.187
	载重汽车 8t		台班	0.024	0.033	0.037	0.042	0.048	0.059
	电动空气压缩机 $1m^3/min$		台班	0.228	0.278	0.322	0.364	0.405	0.447
	电焊条烘干箱 60×50×75(cm^3)		台班	0.063	0.078	0.091	0.103	0.115	0.127
	电焊条恒温箱		台班	0.063	0.078	0.091	0.103	0.115	0.127

11. 不锈钢管(氩电联焊)

工作内容:准备工作,管子切口,坡口加工,管口组对,焊接,焊缝钝化,管口封闭,管道安装。

计量单位:10m

定额编号			8-1-125	8-1-126	8-1-127	8-1-128	8-1-129	8-1-130	8-1-131
项目			公称直径(mm 以内)						
			50	65	80	100	125	150	200
	名称	单位	消耗量						
人工	合计工日	工日	1.179	1.529	1.630	1.940	2.202	2.364	3.407
人工	其中 普工	工日	0.295	0.383	0.408	0.485	0.551	0.592	0.852
人工	其中 一般技工	工日	0.766	0.993	1.059	1.261	1.431	1.536	2.215
人工	其中 高级技工	工日	0.118	0.153	0.163	0.194	0.220	0.236	0.340
材料	不锈钢管	m	9.156	9.156	8.958	8.958	8.958	8.817	8.817
材料	不锈钢焊条(综合)	kg	0.065	0.083	0.096	0.124	0.144	0.298	0.488
材料	不锈钢焊丝 1Cr18Ni9Ti	kg	0.030	0.039	0.047	0.064	0.075	0.092	0.131
材料	氩气	m^3	0.083	0.109	0.132	0.178	0.213	0.259	0.365
材料	铈钨棒	g	0.154	0.199	0.235	0.304	0.357	0.428	0.591
材料	尼龙砂轮片 $\phi100\times16\times3$	片	0.093	0.120	0.162	0.208	0.294	0.378	0.593
材料	尼龙砂轮片 $\phi500\times25\times4$	片	0.013	0.019	0.024	0.036	—	—	—
材料	电	kW·h	0.063	0.080	0.099	0.121	0.143	0.184	0.269
材料	丙酮	kg	0.030	0.039	0.046	0.059	0.068	0.082	0.113
材料	酸洗膏	kg	0.018	0.025	0.030	0.038	0.058	0.077	0.101
材料	水	t	0.005	0.007	0.009	0.010	0.012	0.014	0.019
材料	钢丝 $\phi4.0$	kg	0.073	0.076	0.078	0.083	0.087	0.091	0.100
材料	塑料布	m^2	0.195	0.221	0.242	0.285	0.360	0.391	0.508
材料	破布	kg	0.195	0.234	0.274	0.274	0.299	0.317	0.420
材料	棉纱头	kg	0.010	0.014	0.016	0.018	0.022	0.028	0.040
材料	其他材料费	%	1.000	1.000	1.000	1.000	1.000	1.000	1.000
机械	氩弧焊机 500A	台班	0.062	0.080	0.093	0.135	0.159	0.186	0.254
机械	砂轮切割机 $\phi500$	台班	0.004	0.007	0.007	0.014	—	—	—
机械	普通车床 630×2000mm	台班	0.026	0.031	0.032	0.047	0.051	0.072	0.073
机械	电动空气压缩机 $6m^3/min$	台班	0.002	0.002	0.002	0.002	0.002	0.002	0.002
机械	电焊机(综合)	台班	0.051	0.065	0.077	0.109	0.127	0.212	0.339
机械	等离子切割机 400A	台班	—	—	—	—	0.013	0.015	0.022
机械	汽车式起重机 8t	台班	—	—	—	0.006	0.008	0.010	0.015
机械	吊装机械(综合)	台班	—	—	—	0.084	0.085	0.085	0.108
机械	载重汽车 8t	台班	—	—	—	0.006	0.008	0.010	0.015
机械	电动葫芦(单速)3t	台班	—	0.031	0.032	0.047	0.051	0.072	0.073
机械	电动空气压缩机 $1m^3/min$	台班	—	—	—	—	0.013	0.015	0.022
机械	电焊条烘干箱 $60\times50\times75(cm^3)$	台班	0.005	0.006	0.008	0.011	0.013	0.021	0.034
机械	电焊条恒温箱	台班	0.005	0.006	0.008	0.011	0.013	0.021	0.034

计量单位:10m

定额编号			8-1-132	8-1-133	8-1-134	8-1-135	8-1-136	8-1-137
项目			公称直径（mm 以内）					
			250	300	350	400	450	500
名称		单位	消耗量					
人工	合计工日	工日	4.077	4.746	5.364	5.964	6.564	7.165
其中	普工	工日	1.020	1.187	1.341	1.490	1.640	1.792
	一般技工	工日	2.650	3.085	3.487	3.877	4.267	4.657
	高级技工	工日	0.407	0.474	0.536	0.597	0.657	0.716
材料	不锈钢管	m	8.817	8.817	8.817	8.817	8.817	8.817
	不锈钢焊条(综合)	kg	1.168	1.720	1.997	2.259	2.521	2.783
	不锈钢焊丝 1Cr18Ni9Ti	kg	0.166	0.205	0.249	0.296	0.342	0.389
	氩气	m^3	0.462	0.572	0.698	0.828	0.997	1.165
	铈钨棒	g	0.732	0.871	1.017	1.153	1.288	1.425
	尼龙砂轮片 $\phi100 \times 16 \times 3$	片	1.086	1.376	1.807	2.058	2.309	2.561
	电	kW·h	0.407	0.497	0.519	0.584	0.649	0.714
	丙酮	kg	0.141	0.167	0.194	0.218	0.242	0.266
	酸洗膏	kg	0.152	0.182	0.199	0.247	0.314	0.382
	水	t	0.023	0.028	0.033	0.038	0.042	0.049
	钢丝 $\phi4.0$	kg	0.109	0.117	0.126	0.135	0.143	0.151
	塑料布	m^2	0.646	0.796	0.962	1.084	1.207	1.302
	破布	kg	0.438	0.463	0.482	0.545	0.609	0.671
	棉纱头	kg	0.047	0.056	0.064	0.071	0.079	0.086
	其他材料费	%	1.000	1.000	1.000	1.000	1.000	1.000
机械	电焊机（综合）	台班	0.544	0.712	0.826	0.934	1.095	1.255
	氩弧焊机 500A	台班	0.324	0.377	0.417	0.473	0.555	0.638
	等离子切割机 400A	台班	0.029	0.034	0.040	0.045	0.053	0.061
	普通车床 630×2000mm	台班	0.079	0.086	0.089	0.092	0.098	0.106
	汽车式起重机 8t	台班	0.026	0.036	0.041	0.046	0.054	0.063
	吊装机械(综合)	台班	0.151	0.151	0.168	0.183	0.209	0.233
	载重汽车 8t	台班	0.026	0.036	0.041	0.046	0.054	0.063
	电动葫芦(单速)3t	台班	0.079	0.086	0.089	0.092	0.098	0.106
	电动空气压缩机 $1m^3/min$	台班	0.029	0.034	0.040	0.045	0.052	0.060
	电动空气压缩机 $6m^3/min$	台班	0.002	0.002	0.002	0.002	0.002	0.002
	电焊条烘干箱 $60 \times 50 \times 75(cm^3)$	台班	0.054	0.071	0.082	0.093	0.110	0.126
	电焊条恒温箱	台班	0.054	0.071	0.082	0.093	0.110	0.126

12. 不锈钢管(氩弧焊)

工作内容:准备工作,管子切口,坡口加工,管口组对,焊接,焊缝钝化,管口封闭,管道安装。

计量单位:10m

定额编号			8-1-138	8-1-139	8-1-140	8-1-141	8-1-142	8-1-143
项目			公称直径(mm 以内)					
			15	20	25	32	40	50
名称		单位	消耗量					
人工	合计工日	工日	0.554	0.616	0.708	0.793	0.940	1.196
	其中 普工	工日	0.140	0.154	0.177	0.199	0.235	0.299
	其中 一般技工	工日	0.359	0.401	0.460	0.515	0.611	0.777
	其中 高级技工	工日	0.055	0.061	0.071	0.079	0.094	0.120
材料	不锈钢管	m	9.250	9.250	9.250	9.250	9.156	9.156
	不锈钢焊丝 1Cr18Ni9Ti	kg	0.010	0.014	0.018	0.023	0.034	0.053
	氩气	m^3	0.027	0.039	0.051	0.065	0.095	0.148
	铈钨棒	g	0.051	0.074	0.097	0.120	0.181	0.280
	尼龙砂轮片 $\phi100\times16\times3$	片	0.028	0.038	0.045	0.058	0.070	0.109
	尼龙砂轮片 $\phi500\times25\times4$	片	0.005	0.006	0.010	0.012	0.013	0.018
	电	kW·h	0.027	0.029	0.044	0.053	0.063	0.094
	丙酮	kg	0.012	0.013	0.016	0.021	0.025	0.039
	酸洗膏	kg	0.005	0.007	0.010	0.012	0.014	0.018
	水	t	0.002	0.002	0.003	0.003	0.003	0.006
	钢丝 $\phi4.0$	kg	0.066	0.067	0.068	0.069	0.070	0.075
	塑料布	m^2	0.136	0.143	0.149	0.158	0.178	0.180
	破布	kg	0.079	0.079	0.171	0.171	0.195	0.254
	棉纱头	kg	0.003	0.005	0.006	0.008	0.009	0.013
	其他材料费	%	1.000	1.000	1.000	1.000	1.000	1.000
机械	氩弧焊机 500A	台班	0.031	0.040	0.048	0.059	0.069	0.090
	砂轮切割机 $\phi500$	台班	0.001	0.001	0.003	0.003	0.003	0.004
	普通车床 630×2000mm	台班	—	—	—	—	0.025	0.028
	电动空气压缩机 $6m^3/min$	台班	0.002	0.002	0.002	0.002	0.002	0.002

计量单位:10m

定额编号				8-1-144	8-1-145	8-1-146	8-1-147	8-1-148	8-1-149
项目				公称直径(mm 以内)					
				65	80	100	125	150	200
名称			单位	消耗量					
人工	合计工日		工日	1.558	1.657	2.002	2.070	2.442	3.486
	其中	普工	工日	0.390	0.416	0.501	0.517	0.611	0.871
		一般技工	工日	1.012	1.076	1.301	1.346	1.587	2.266
		高级技工	工日	0.156	0.165	0.200	0.207	0.244	0.349
材料	不锈钢管		m	9.156	8.958	8.958	8.958	8.817	8.817
	不锈钢焊丝 1Cr18Ni9Ti		kg	0.081	0.098	0.130	0.152	0.249	0.388
	氩气		m^3	0.230	0.275	0.363	0.428	0.699	1.084
	铈钨棒		g	0.437	0.512	0.675	0.789	1.308	2.031
	尼龙砂轮片 $\phi100\times16\times3$		片	0.149	0.202	0.206	0.291	0.375	0.588
	尼龙砂轮片 $\phi500\times25\times4$		片	0.025	0.031	0.036	—	—	—
	电		kW·h	0.123	0.151	0.155	0.184	0.237	0.330
	丙酮		kg	0.051	0.590	0.059	0.068	0.082	0.113
	酸洗膏		kg	0.025	0.030	0.038	0.058	0.077	0.101
	水		t	0.009	0.010	0.010	0.012	0.014	0.019
	钢丝 $\phi4.0$		kg	0.077	0.080	0.083	0.087	0.091	0.100
	塑料布		m^2	0.200	0.250	0.285	0.334	0.391	0.508
	破布		kg	0.258	0.260	0.274	0.299	0.317	0.420
	棉纱头		kg	0.019	0.021	0.022	0.022	0.028	0.040
	其他材料费		%	1.000	1.000	1.000	1.000	1.000	1.000
机械	氩弧焊机 500A		台班	0.120	0.148	0.225	0.252	0.363	0.514
	砂轮切割机 $\phi500$		台班	0.008	0.008	0.015	—	—	—
	普通车床 630×2000mm		台班	0.034	0.037	0.049	0.050	0.071	0.072
	电动葫芦(单速)3t		台班	0.034	0.037	0.049	0.050	0.071	0.072
	电动空气压缩机 $6m^3/min$		台班	0.002	0.002	0.002	0.002	0.002	0.002
	等离子切割机 400A		台班	—	—	—	0.013	0.015	0.022
	汽车式起重机 8t		台班	—	—	0.006	0.008	0.010	0.015
	吊装机械(综合)		台班	—	—	0.083	0.084	0.084	0.107
	载重汽车 8t		台班	—	—	0.006	0.008	0.010	0.015
	电动空气压缩机 $1m^3/min$		台班	—	—	—	0.013	0.015	0.022

13. 不锈钢伴热管(电弧焊)

工作内容:准备工作,管子切口,煨弯,管口组对,焊接,焊缝钝化,绑扎,管道安装。　　**计量单位**:10m

定额编号				8-1-150	8-1-151	8-1-152	8-1-153	8-1-154	8-1-155
项目				用于装置内管道 公称直径(mm 以内)			用于外管廊管道 公称直径(mm 以内)		
				15	20	25	15	20	25
名称			单位	消耗量					
人工	合计工日		工日	2.274	2.743	3.181	1.162	1.285	1.427
	其中	普工	工日	0.568	0.686	0.795	0.290	0.322	0.357
		一般技工	工日	1.478	1.783	2.068	0.755	0.835	0.928
		高级技工	工日	0.228	0.274	0.318	0.117	0.128	0.142
材料	不锈钢管		m	10.200	10.200	10.200	10.150	10.150	10.150
	不锈钢焊条(综合)		kg	0.035	0.043	0.068	0.023	0.029	0.045
	尼龙砂轮片 $\phi100\times16\times3$		片	0.052	0.065	0.091	0.035	0.043	0.061
	尼龙砂轮片 $\phi500\times25\times4$		片	0.015	0.018	0.030	0.010	0.012	0.020
	电		kW·h	0.039	0.048	0.065	0.024	0.034	0.044
	不锈钢带 $\delta15\times1$		kg	0.086	1.088	1.420	0.086	1.088	1.420
	丙酮		kg	0.020	0.023	0.032	0.013	0.015	0.021
	酸洗膏		kg	0.006	0.008	0.011	0.006	0.008	0.011
	水		t	0.003	0.003	0.006	0.002	0.002	0.004
	钢丝 $\phi4.0$		kg	0.060	0.060	0.060	0.060	0.060	0.060
	破布		kg	0.080	0.080	0.172	0.079	0.079	0.171
	棉纱头		kg	0.004	0.008	0.009	0.003	0.006	0.007
	其他材料费		%	1.000	1.000	1.000	1.000	1.000	1.000
机械	电焊机(综合)		台班	0.025	0.032	0.044	0.017	0.021	0.029
	砂轮切割机 $\phi500$		台班	0.002	0.004	0.008	0.001	0.003	0.006
	电动空气压缩机 $6m^3/min$		台班	0.003	0.003	0.003	0.002	0.002	0.002
	电焊条烘干箱 $60\times50\times75(cm^3)$		台班	0.003	0.003	0.004	0.002	0.002	0.003
	电焊条恒温箱		台班	0.003	0.003	0.004	0.002	0.002	0.003

14. 不锈钢伴热管(氩弧焊)

工作内容:准备工作,管子切口,煨弯,管口组对,焊接,焊缝钝化,绑扎,管道安装。 **计量单位:**10m

定额编号				8-1-156	8-1-157	8-1-158	8-1-159	8-1-160	8-1-161
项目				用于装置内管道 公称直径(mm以内)			用于外管廊管道 公称直径(mm以内)		
				15	20	25	15	20	25
名称			单位	消耗量					
人工	合计工日		工日	2.499	2.927	3.293	1.265	1.349	1.518
	其中	普工	工日	0.624	0.732	0.824	0.317	0.337	0.381
		一般技工	工日	1.625	1.903	2.140	0.822	0.877	0.986
		高级技工	工日	0.250	0.292	0.329	0.126	0.135	0.151
材料	不锈钢管		m	10.200	10.200	10.200	10.150	10.150	10.150
	不锈钢焊丝 1Cr18Ni9Ti		kg	0.041	0.052	0.083	0.028	0.034	0.054
	氩气		m^3	0.140	0.146	0.166	0.135	0.144	0.164
	铈钨棒		g	0.108	0.135	0.193	0.073	0.092	0.150
	尼龙砂轮片 $\phi100\times16\times3$		片	0.063	0.079	0.110	0.057	0.080	0.113
	尼龙砂轮片 $\phi500\times25\times4$		片	0.018	0.022	0.036	0.015	0.021	0.038
	电		kW·h	0.039	0.048	0.065	0.024	0.034	0.044
	不锈钢带 $\delta15\times1$		kg	0.086	1.088	1.420	0.086	1.088	1.420
	丙酮		kg	0.020	0.023	0.032	0.013	0.015	0.021
	酸洗膏		kg	0.006	0.008	0.011	0.006	0.008	0.011
	水		t	0.003	0.003	0.006	0.002	0.002	0.004
	钢丝 $\phi4.0$		kg	0.060	0.060	0.060	0.060	0.060	0.060
	破布		kg	0.080	0.080	0.172	0.079	0.079	0.171
	棉纱头		kg	0.004	0.008	0.009	0.003	0.006	0.007
	其他材料费		%	1.000	1.000	1.000	1.000	1.000	1.000
机械	氩弧焊机 500A		台班	0.027	0.034	0.045	0.018	0.027	0.033
	砂轮切割机 $\phi500$		台班	0.002	0.004	0.008	0.001	0.003	0.006

15. 不锈钢板卷管(电弧焊)

工作内容:准备工作,管子切口,坡口加工,坡口磨平,管口组对,焊接,焊缝钝化,管道安装。

计量单位:10m

定额编号				8-1-162	8-1-163	8-1-164	8-1-165	8-1-166	8-1-167	8-1-168
项目				公称直径(mm 以内)						
				200	250	300	350	400	450	500
名称			单位	消耗量						
人工	合计工日		工日	2.718	3.200	3.779	4.349	4.987	5.890	6.666
	其中	普工	工日	0.679	0.800	0.944	1.087	1.246	1.472	1.666
		一般技工	工日	1.767	2.080	2.457	2.827	3.242	3.829	4.333
		高级技工	工日	0.272	0.320	0.378	0.435	0.499	0.589	0.667
材料	不锈钢板卷管		m	9.381	9.381	9.381	9.287	9.287	9.287	9.193
	不锈钢焊条(综合)		kg	0.570	0.712	0.848	0.985	1.112	1.953	2.162
	尼龙砂轮片 $\phi100\times16\times3$		片	0.512	0.639	0.761	0.884	1.000	1.514	1.677
	电		kW·h	0.478	0.597	0.724	0.845	0.952	1.227	1.361
	丙酮		kg	0.139	0.173	0.205	0.205	0.270	0.302	0.352
	酸洗膏		kg	0.105	0.159	0.190	0.208	0.258	0.290	0.328
	水		t	0.024	0.028	0.034	0.040	0.046	0.052	0.056
	角钢(综合)		kg	—	—	—	—	0.201	0.201	0.201
	破布		kg	0.014	0.018	0.020	0.024	0.026	0.030	0.034
	棉纱头		kg	0.047	0.057	0.068	0.086	0.091	0.101	0.115
	其他材料费		%	1.000	1.000	1.000	1.000	1.000	1.000	1.000
机械	电焊机(综合)		台班	0.246	0.307	0.366	0.424	0.479	0.647	0.717
	等离子切割机 400A		台班	0.208	0.259	0.308	0.358	0.405	0.462	0.512
	汽车式起重机 8t		台班	0.010	0.012	0.014	0.017	0.019	0.026	0.029
	吊装机械(综合)		台班	0.098	0.105	0.111	0.120	0.128	0.139	0.159
	载重汽车 8t		台班	0.010	0.012	0.014	0.017	0.019	0.026	0.029
	电动空气压缩机 $1m^3/min$		台班	0.208	0.259	0.308	0.358	0.405	0.462	0.512
	电动空气压缩机 $6m^3/min$		台班	0.002	0.002	0.002	0.002	0.002	0.004	0.004
	电焊条烘干箱 $60\times50\times75(cm^3)$		台班	0.025	0.030	0.037	0.042	0.048	0.065	0.072
	电焊条恒温箱		台班	0.025	0.030	0.037	0.042	0.048	0.065	0.072

计量单位:10m

定额编号				8-1-169	8-1-170	8-1-171	8-1-172	8-1-173	8-1-174	8-1-175
项目				公称直径（mm 以内）						
				600	700	800	900	1000	1200	1400
名称			单位	消耗量						
人工	合计工日		工日	8.600	9.887	11.471	13.034	14.727	18.250	21.944
	其中	普工	工日	2.150	2.473	2.868	3.259	3.683	4.562	5.487
		一般技工	工日	5.590	6.426	7.456	8.472	9.572	11.863	14.263
		高级技工	工日	0.860	0.988	1.147	1.303	1.472	1.825	2.194
材料	不锈钢板卷管		m	9.193	9.193	9.193	9.193	9.193	9.193	9.193
	不锈钢焊条(综合)		kg	4.576	5.237	8.346	9.373	10.401	12.456	18.132
	尼龙砂轮片 $\phi100\times16\times3$		片	2.624	3.002	4.813	5.405	5.997	7.181	10.830
	电		kW·h	2.085	2.391	2.933	3.292	3.649	4.413	5.431
	丙酮		kg	0.398	0.455	0.519	0.581	0.644	0.732	0.821
	酸洗膏		kg	0.105	0.499	0.636	0.755	0.883	1.011	1.138
	水		t	0.068	0.076	0.089	0.099	0.109	0.120	0.136
	角钢(综合)		kg	0.201	0.221	0.221	0.221	0.221	0.296	0.296
	破布		kg	0.040	0.046	0.052	0.058	0.064	0.070	0.080
	棉纱头		kg	0.134	0.151	0.175	0.194	0.243	0.292	0.337
	其他材料费		%	1.000	1.000	1.000	1.000	1.000	1.000	1.000
机械	电焊机（综合）		台班	1.379	1.578	1.798	2.020	2.242	2.684	3.161
	等离子切割机 400A		台班	0.620	0.709	0.848	0.952	1.055	1.262	1.541
	汽车式起重机 8t		台班	0.035	0.048	0.063	0.081	0.090	0.105	0.153
	吊装机械(综合)		台班	0.180	0.203	0.221	0.240	0.318	0.382	0.442
	载重汽车 8t		台班	0.035	0.048	0.063	0.081	0.090	0.105	0.153
	电动空气压缩机 $1m^3/min$		台班	0.620	0.709	0.848	0.952	1.055	1.262	1.541
	电动空气压缩机 $6m^3/min$		台班	0.004	0.004	0.006	0.006	0.006	0.007	0.008
	电焊条烘干箱 $60\times50\times75(cm^3)$		台班	0.138	0.158	0.180	0.202	0.224	0.268	0.316
	电焊条恒温箱		台班	0.138	0.158	0.180	0.202	0.224	0.268	0.316

16. 不锈钢板卷管(氩电联焊)

工作内容：准备工作，管子切口，坡口加工，坡口磨平，管口组对，焊接，焊缝钝化，管道安装。

计量单位：10m

定额编号			8-1-176	8-1-177	8-1-178	8-1-179	8-1-180	8-1-181	8-1-182
项目			公称直径（mm 以内）						
			200	250	300	350	400	450	500
名称		单位	消耗量						
人工	合计工日	工日	2.950	3.483	4.113	4.738	5.429	6.457	7.308
人工	其中 普工	工日	0.737	0.871	1.029	1.185	1.355	1.614	1.826
人工	其中 一般技工	工日	1.918	2.264	2.673	3.079	3.530	4.197	4.751
人工	其中 高级技工	工日	0.295	0.348	0.411	0.474	0.544	0.646	0.731
材料	不锈钢板卷管	m	9.381	9.381	9.381	9.287	9.287	9.287	9.193
材料	不锈钢焊条(综合)	kg	0.294	0.366	0.437	0.507	0.572	1.317	1.457
材料	不锈钢焊丝 1Cr18Ni9Ti	kg	0.187	0.234	0.281	0.326	0.368	0.413	0.458
材料	氩气	m^3	0.524	0.658	0.784	0.911	1.031	1.158	1.281
材料	铈钨棒	g	0.734	0.920	1.097	1.276	1.444	1.616	1.791
材料	尼龙砂轮片 $\phi100\times16\times3$	片	0.509	0.636	0.758	0.880	0.996	1.508	1.671
材料	电	kW·h	0.418	0.524	0.635	0.741	0.833	1.121	1.245
材料	丙酮	kg	0.139	0.173	0.205	0.205	0.270	0.302	0.352
材料	酸洗膏	kg	0.105	0.159	0.190	0.208	0.258	0.290	0.328
材料	水	t	0.024	0.028	0.034	0.040	0.046	0.052	0.056
材料	角钢(综合)	kg	—	—	—	—	0.201	0.201	0.201
材料	破布	kg	0.014	0.018	0.020	0.024	0.026	0.030	0.034
材料	棉纱头	kg	0.047	0.057	0.068	0.086	0.091	0.101	0.115
材料	其他材料费	%	1.000	1.000	1.000	1.000	1.000	1.000	1.000
机械	电焊机（综合）	台班	0.127	0.158	0.188	0.218	0.247	0.436	0.483
机械	氩弧焊机 500A	台班	0.243	0.304	0.367	0.426	0.483	0.545	0.603
机械	等离子切割机 400A	台班	0.208	0.259	0.308	0.358	0.405	0.462	0.520
机械	汽车式起重机 8t	台班	0.010	0.012	0.014	0.017	0.019	0.026	0.029
机械	吊装机械(综合)	台班	0.098	0.105	0.111	0.120	0.128	0.139	0.159
机械	载重汽车 8t	台班	0.010	0.012	0.014	0.017	0.019	0.026	0.029
机械	电动空气压缩机 $1m^3/min$	台班	0.208	0.259	0.308	0.358	0.405	0.462	0.520
机械	电动空气压缩机 $6m^3/min$	台班	0.002	0.002	0.002	0.002	0.002	0.004	0.004
机械	电焊条烘干箱 $60\times50\times75(cm^3)$	台班	0.013	0.016	0.019	0.022	0.025	0.044	0.048
机械	电焊条恒温箱	台班	0.013	0.016	0.019	0.022	0.025	0.044	0.048

计量单位:10m

定额编号				8-1-183	8-1-184	8-1-185	8-1-186	8-1-187	8-1-188	8-1-189
项目				公称直径（mm 以内）						
				600	700	800	900	1000	1200	1400
名称			单位	消耗量						
人工	合计工日		工日	8.651	9.947	11.816	13.427	15.175	18.817	22.930
	其中	普工	工日	2.163	2.488	2.954	3.356	3.794	4.705	5.733
		一般技工	工日	5.623	6.465	7.680	8.728	9.864	12.230	14.904
		高级技工	工日	0.865	0.994	1.182	1.343	1.517	1.882	2.293
材料	不锈钢板卷管		m	9.193	9.193	9.193	9.193	9.193	9.193	9.193
	不锈钢焊条(综合)		kg	2.347	2.682	5.366	6.022	6.680	7.993	13.388
	不锈钢焊丝 1Cr18Ni9Ti		kg	0.668	0.764	0.870	0.977	1.082	1.296	1.509
	氩气		m^3	1.872	2.141	2.433	2.733	3.033	3.632	4.224
	铈钨棒		g	2.131	2.440	2.769	3.112	3.455	4.142	4.814
	尼龙砂轮片 $\phi100\times16\times3$		片	2.494	2.853	4.597	5.162	5.727	6.858	10.361
	电		kW·h	1.622	1.863	2.447	2.748	3.044	3.687	4.714
	丙酮		kg	0.398	0.455	0.519	0.581	0.644	0.732	0.821
	酸洗膏		kg	0.406	0.499	0.636	0.755	0.883	1.011	1.138
	水		t	0.068	0.076	0.089	0.099	0.109	0.120	0.136
	角钢(综合)		kg	0.201	0.221	0.221	0.221	0.221	0.296	0.296
	破布		kg	0.040	0.046	0.052	0.058	0.064	0.070	0.080
	棉纱头		kg	0.134	0.151	0.175	0.194	0.243	0.292	0.337
	其他材料费		%	1.000	1.000	1.000	1.000	1.000	1.000	1.000
机械	电焊机（综合）		台班	0.707	0.808	1.156	1.298	1.439	1.722	2.308
	氩弧焊机 500A		台班	0.710	0.815	0.926	1.040	1.154	1.398	1.622
	等离子切割机 400A		台班	0.620	0.709	0.848	0.952	1.055	1.262	1.541
	汽车式起重机 8t		台班	0.035	0.048	0.063	0.081	0.090	0.105	0.153
	吊装机械(综合)		台班	0.180	0.203	0.221	0.240	0.318	0.382	0.442
	载重汽车 8t		台班	0.035	0.048	0.063	0.081	0.090	0.105	0.153
	电动空气压缩机 $1m^3/min$		台班	0.620	0.709	0.848	0.952	1.055	1.262	1.541
	电动空气压缩机 $6m^3/min$		台班	0.004	0.004	0.006	0.006	0.006	0.007	0.008
	电焊条烘干箱 $60\times50\times75(cm^3)$		台班	0.070	0.081	0.116	0.130	0.144	0.172	0.230
	电焊条恒温箱		台班	0.070	0.081	0.116	0.130	0.144	0.172	0.230

17. 合金钢管(电弧焊)

工作内容:准备工作,管子切口,坡口加工,管口组对,焊接,管口封闭,管道安装。　　**计量单位**:10m

定额编号			8-1-190	8-1-191	8-1-192	8-1-193	8-1-194	8-1-195	8-1-196
项目			公称直径(mm 以内)						
			15	20	25	32	40	50	65
名称		单位	消耗量						
人工	合计工日	工日	0.575	0.643	0.766	0.845	0.930	1.085	1.425
人工	其中 普工	工日	0.143	0.161	0.191	0.212	0.233	0.270	0.357
人工	其中 一般技工	工日	0.374	0.418	0.498	0.549	0.604	0.706	0.926
人工	其中 高级技工	工日	0.058	0.064	0.077	0.084	0.093	0.109	0.142
材料	合金钢管	m	9.250	9.250	9.250	9.250	9.250	9.250	9.250
材料	合金钢焊条	kg	0.027	0.034	0.053	0.067	0.075	0.105	0.187
材料	氧气	m^3	0.004	0.004	0.005	0.006	0.006	0.010	0.013
材料	乙炔气	kg	0.001	0.001	0.002	0.002	0.002	0.003	0.004
材料	尼龙砂轮片 $\phi100\times16\times3$	片	0.030	0.035	0.042	0.050	0.056	0.066	0.087
材料	尼龙砂轮片 $\phi500\times25\times4$	片	0.004	0.005	0.006	0.008	0.010	0.014	0.020
材料	磨头	个	0.021	0.023	0.029	0.033	0.040	0.048	0.064
材料	电	kW·h	0.027	0.037	0.043	0.053	0.064	0.072	0.107
材料	丙酮	kg	0.013	0.015	0.020	0.023	0.028	0.033	0.046
材料	钢丝 $\phi4.0$	kg	0.076	0.078	0.079	0.080	0.081	0.084	0.087
材料	塑料布	m^2	0.150	0.157	0.165	0.174	0.196	0.216	0.243
材料	破布	kg	0.090	0.090	0.181	0.199	0.199	0.226	0.253
材料	棉纱头	kg	0.003	0.006	0.006	0.008	0.008	0.012	0.015
材料	其他材料费	%	1.000	1.000	1.000	1.000	1.000	1.000	1.000
机械	电焊机(综合)	台班	0.025	0.031	0.048	0.059	0.068	0.084	0.136
机械	砂轮切割机 $\phi500$	台班	0.001	0.001	0.002	0.003	0.003	0.003	0.004
机械	普通车床 630×2000mm	台班	—	—	0.024	0.024	0.025	0.028	0.036
机械	电动葫芦(单速)3t	台班	—	—	—	—	—	—	0.036
机械	电焊条烘干箱 60×50×75(cm^3)	台班	0.002	0.003	0.005	0.006	0.007	0.009	0.014
机械	电焊条恒温箱	台班	0.002	0.003	0.005	0.006	0.007	0.009	0.014

计量单位:10m

定额编号			8-1-197	8-1-198	8-1-199	8-1-200	8-1-201	8-1-202	8-1-203
项目			公称直径(mm以内)						
			80	100	125	150	200	250	300
名称		单位	消耗量						
人工	合计工日	工日	1.529	1.814	1.877	2.102	2.991	3.626	3.951
其中	普工	工日	0.384	0.453	0.469	0.525	0.748	0.907	0.988
	一般技工	工日	0.993	1.179	1.220	1.367	1.944	2.356	2.568
	高级技工	工日	0.152	0.182	0.188	0.210	0.299	0.363	0.395
材料	合金钢管	m	8.958	8.958	8.958	8.817	8.817	8.817	8.817
	合金钢焊条	kg	0.220	0.412	0.458	0.580	0.995	1.956	2.393
	氧气	m^3	0.015	0.022	0.024	0.089	0.134	0.201	0.213
	乙炔气	kg	0.005	0.007	0.008	0.030	0.045	0.068	0.072
	尼龙砂轮片 $\phi100\times16\times3$	片	0.101	0.144	0.155	0.200	0.301	0.466	0.529
	尼龙砂轮片 $\phi500\times25\times4$	片	0.024	0.035	0.037	—	—	—	—
	磨头	个	0.074	0.090	—	—	—	—	—
	电	kW·h	0.126	0.190	0.208	0.235	0.321	0.444	0.504
	丙酮	kg	0.054	0.065	0.075	0.090	0.124	0.155	0.160
	钢丝 $\phi4.0$	kg	0.089	0.095	0.099	0.104	0.114	0.123	0.133
	塑料布	m^2	0.267	0.314	0.397	0.431	0.560	0.713	0.878
	破布	kg	0.271	0.316	0.343	0.361	0.433	0.479	0.497
	棉纱头	kg	0.018	0.021	0.024	0.033	0.041	0.051	0.057
	其他材料费	%	1.000	1.000	1.000	1.000	1.000	1.000	1.000
机械	电焊机(综合)	台班	0.161	0.239	0.267	0.323	0.457	0.646	0.683
	砂轮切割机 $\phi500$	台班	0.005	0.009	0.009	—	—	—	—
	半自动切割机 100mm	台班	—	—	—	0.007	0.010	0.014	0.014
	普通车床 630×2000mm	台班	0.038	0.064	0.065	0.065	0.068	0.069	0.071
	汽车式起重机 8t	台班	—	0.005	0.008	0.011	0.017	0.029	0.036
	吊装机械(综合)	台班	—	0.081	0.084	0.084	0.106	0.149	0.149
	载重汽车 8t	台班	—	0.005	0.008	0.011	0.017	0.029	0.036
	电动葫芦(单速) 3t	台班	0.038	0.064	0.065	0.065	0.068	0.069	0.071
	电焊条烘干箱 60×50×75(cm^3)	台班	0.016	0.024	0.026	0.033	0.046	0.064	0.068
	电焊条恒温箱	台班	0.016	0.024	0.026	0.033	0.046	0.064	0.068

计量单位:10m

定额编号			8-1-204	8-1-205	8-1-206	8-1-207	8-1-208
项目			公称直径（mm 以内）				
			350	400	450	500	600
名称		单位	消耗量				
人工	合计工日	工日	4.362	5.222	5.744	7.073	8.400
	其中 普工	工日	1.090	1.306	1.435	1.769	2.100
	其中 一般技工	工日	2.835	3.394	3.734	4.597	5.460
	其中 高级技工	工日	0.437	0.522	0.575	0.707	0.840
材料	合金钢管	m	8.817	8.817	8.817	8.817	8.817
	合金钢焊条	kg	2.828	3.200	4.735	5.235	5.733
	氧气	m^3	0.226	0.255	0.306	0.336	0.365
	乙炔气	kg	0.075	0.085	0.102	0.112	0.122
	尼龙砂轮片 $\phi100\times16\times3$	片	0.612	0.692	0.868	0.961	1.055
	电	kW·h	0.465	0.513	0.604	0.665	0.726
	丙酮	kg	0.162	0.185	0.208	0.230	0.253
	钢丝 $\phi4.0$	kg	0.142	0.152	0.161	0.170	0.179
	塑料布	m^2	1.061	1.196	1.473	1.698	1.923
	破布	kg	0.524	0.542	0.614	0.696	0.778
	棉纱头	kg	0.061	0.068	0.075	0.084	0.092
	其他材料费	%	1.000	1.000	1.000	1.000	1.000
机械	电焊机（综合）	台班	0.720	0.810	0.952	1.053	1.153
	半自动切割机 100mm	台班	0.014	0.016	0.018	0.022	0.025
	普通车床 630×2000mm	台班	0.071	0.073	0.091	0.096	0.099
	汽车式起重机 8t	台班	0.051	0.058	0.072	0.079	0.087
	吊装机械(综合)	台班	0.165	0.180	0.196	0.196	0.197
	载重汽车 8t	台班	0.051	0.058	0.072	0.079	0.087
	电动葫芦(单速)3t	台班	0.071	0.073	0.091	0.096	0.099
	电焊条烘干箱 60×50×75(cm^3)	台班	0.072	0.081	0.095	0.105	0.116
	电焊条恒温箱	台班	0.072	0.081	0.095	0.105	0.116

18. 合金钢管(氩电联焊)

工作内容:准备工作,管子切口,坡口加工,管口组对,焊接,管口封闭,管道安装。 计量单位:10m

定额编号				8-1-209	8-1-210	8-1-211	8-1-212	8-1-213	8-1-214	8-1-215
项目				公称直径(mm 以内)						
				50	65	80	100	125	150	200
名称			单位	消耗量						
人工	合计工日		工日	1.143	1.467	1.574	1.934	2.098	2.204	3.155
	其中	普工	工日	0.285	0.366	0.393	0.484	0.524	0.550	0.789
		一般技工	工日	0.743	0.954	1.024	1.257	1.364	1.433	2.051
		高级技工	工日	0.115	0.147	0.157	0.193	0.210	0.221	0.315
材料	合金钢管		m	9.250	9.250	8.958	8.958	8.958	8.817	8.817
	合金钢焊条		kg	0.073	0.092	0.108	0.281	0.339	0.396	0.733
	合金钢焊丝		kg	0.031	0.039	0.047	0.059	0.071	0.085	0.117
	氧气		m^3	0.010	0.013	0.015	0.022	0.024	0.089	0.134
	乙炔气		kg	0.003	0.004	0.005	0.007	0.008	0.030	0.045
	氩气		m^3	0.085	0.110	0.131	0.167	0.199	0.237	0.327
	铈钨棒		g	0.171	0.221	0.262	0.333	0.396	0.474	0.655
	尼龙砂轮片 $\phi100\times16\times3$		片	0.070	0.086	0.099	0.142	0.152	0.195	0.294
	尼龙砂轮片 $\phi500\times25\times4$		片	0.014	0.020	0.024	0.035	0.037	—	—
	磨头		个	0.048	0.064	0.074	0.090	—	—	—
	电		kW·h	0.067	0.077	0.091	0.155	0.160	0.190	0.265
	丙酮		kg	0.033	0.046	0.054	0.065	0.075	0.090	0.124
	钢丝 $\phi4.0$		kg	0.084	0.087	0.089	0.095	0.099	0.104	0.114
	塑料布		m^2	0.216	0.243	0.267	0.314	0.397	0.431	0.560
	破布		kg	0.226	0.253	0.271	0.316	0.343	0.361	0.433
	棉纱头		kg	0.012	0.015	0.018	0.021	0.024	0.033	0.041
	其他材料费		%	1.000	1.000	1.000	1.000	1.000	1.000	1.000
机械	氩弧焊机 500A		台班	0.048	0.062	0.074	0.093	0.112	0.133	0.183
	砂轮切割机 $\phi500$		台班	0.003	0.004	0.005	0.009	0.009	—	—
	普通车床 630×2000mm		台班	0.028	0.036	0.038	0.064	0.065	0.065	0.068
	电焊机(综合)		台班	0.059	0.074	0.087	0.169	0.173	0.228	0.343
	半自动切割机 100mm		台班	—	—	—	—	—	0.007	0.010
	汽车式起重机 8t		台班	—	—	—	0.005	0.008	0.011	0.017
	吊装机械(综合)		台班	—	—	—	0.081	0.084	0.084	0.106
	载重汽车 8t		台班	—	—	—	0.005	0.008	0.011	0.017
	电动葫芦(单速)3t		台班	—	0.036	0.038	0.064	0.065	0.065	0.068
	电焊条烘干箱 60×50×75(cm^3)		台班	0.006	0.008	0.009	0.017	0.017	0.022	0.034
	电焊条恒温箱		台班	0.006	0.008	0.009	0.017	0.017	0.022	0.034

计量单位:10m

定额编号			8-1-216	8-1-217	8-1-218	8-1-219	8-1-220	8-1-221	8-1-222
项目			公称直径(mm以内)						
			250	300	350	400	450	500	600
名称		单位	消耗量						
人工	合计工日	工日	3.897	3.997	4.642	5.548	6.127	7.516	8.905
人工	其中 普工	工日	0.974	0.999	1.161	1.387	1.532	1.878	2.227
人工	其中 一般技工	工日	2.533	2.598	3.017	3.606	3.982	4.886	5.788
人工	其中 高级技工	工日	0.390	0.400	0.464	0.555	0.613	0.752	0.890
材料	合金钢管	m	8.817	8.817	8.817	8.817	8.817	8.817	8.817
材料	合金钢焊条	kg	1.096	1.458	2.415	2.733	4.158	4.596	5.035
材料	合金钢焊丝	kg	0.125	0.133	0.153	0.174	0.195	0.217	0.239
材料	氧气	m^3	0.156	0.178	0.226	0.255	0.306	0.336	0.365
材料	乙炔气	kg	0.052	0.059	0.075	0.085	0.102	0.112	0.122
材料	氩气	m^3	0.349	0.372	0.429	0.487	0.548	0.607	0.667
材料	铈钨棒	g	0.700	0.744	0.859	0.975	1.096	1.215	1.334
材料	尼龙砂轮片 $\phi100\times16\times3$	片	0.413	0.517	0.598	0.678	0.850	0.940	1.030
材料	电	kW·h	0.290	0.347	0.417	0.457	0.548	0.604	0.660
材料	丙酮	kg	0.135	0.141	0.162	0.185	0.208	0.230	0.253
材料	钢丝 $\phi4.0$	kg	0.123	0.133	0.142	0.152	0.161	0.170	0.179
材料	塑料布	m^2	0.713	0.878	1.061	1.196	1.473	1.698	1.923
材料	破布	kg	0.479	0.497	0.524	0.542	0.614	0.696	0.778
材料	棉纱头	kg	0.050	0.050	0.061	0.068	0.075	0.084	0.092
材料	其他材料费	%	1.000	1.000	1.000	1.000	1.000	1.000	1.000
机械	电焊机(综合)	台班	0.413	0.484	0.619	0.696	0.840	0.929	1.040
机械	氩弧焊机 500A	台班	0.196	0.209	0.241	0.273	0.307	0.341	0.375
机械	半自动切割机 100mm	台班	0.011	0.012	0.014	0.016	0.018	0.022	0.025
机械	普通车床 630×2000mm	台班	0.069	0.069	0.071	0.073	0.091	0.096	0.099
机械	汽车式起重机 8t	台班	0.029	0.036	0.051	0.058	0.072	0.079	0.087
机械	吊装机械(综合)	台班	0.149	0.149	0.165	0.180	0.196	0.196	0.197
机械	载重汽车 8t	台班	0.029	0.036	0.051	0.058	0.072	0.079	0.087
机械	电动葫芦(单速)3t	台班	0.069	0.069	0.071	0.073	0.091	0.096	0.099
机械	电焊条烘干箱 60×50×75(cm^3)	台班	0.041	0.048	0.062	0.070	0.084	0.093	0.104
机械	电焊条恒温箱	台班	0.041	0.048	0.062	0.070	0.084	0.093	0.104

19. 合金钢管(氩弧焊)

工作内容:准备工作,管子切口,坡口加工,管口组对,焊接,管口封闭,管道安装。 **计量单位**:10m

定额编号			8-1-223	8-1-224	8-1-225	8-1-226	8-1-227	8-1-228	8-1-229
项目			公称直径(mm 以内)						
			15	20	25	32	40	50	65
	名称	单位	消耗量						
人工	合计工日	工日	0.666	0.746	0.883	0.975	1.073	1.249	1.635
人工 其中	普工	工日	0.166	0.186	0.221	0.244	0.269	0.312	0.410
人工 其中	一般技工	工日	0.433	0.485	0.574	0.634	0.697	0.812	1.062
人工 其中	高级技工	工日	0.067	0.075	0.088	0.097	0.107	0.125	0.163
材料	合金钢管	m	9.250	9.250	9.250	9.250	9.250	9.250	9.250
材料	合金钢焊丝	kg	0.013	0.016	0.025	0.032	0.036	0.050	0.089
材料	氧气	m^3	0.004	0.004	0.005	0.006	0.006	0.010	0.013
材料	乙炔气	kg	0.001	0.001	0.002	0.002	0.002	0.003	0.004
材料	氩气	m^3	0.035	0.045	0.071	0.088	0.101	0.140	0.251
材料	铈钨棒	g	0.070	0.089	0.142	0.177	0.202	0.280	0.500
材料	尼龙砂轮片 $\phi100\times16\times3$	片	0.038	0.045	0.054	0.065	0.076	0.090	0.129
材料	尼龙砂轮片 $\phi500\times25\times4$	片	0.004	0.005	0.006	0.008	0.010	0.014	0.020
材料	磨头	个	0.021	0.023	0.029	0.033	0.040	0.048	0.064
材料	电	kW·h	0.027	0.037	0.043	0.053	0.064	0.072	0.104
材料	丙酮	kg	0.013	0.015	0.020	0.023	0.028	0.033	0.046
材料	钢丝 $\phi4.0$	kg	0.076	0.078	0.079	0.080	0.081	0.084	0.087
材料	塑料布	m^2	0.150	0.157	0.165	0.174	0.196	0.216	0.243
材料	破布	kg	0.090	0.090	0.181	0.199	0.199	0.226	0.253
材料	棉纱头	kg	0.003	0.006	0.006	0.008	0.008	0.012	0.015
材料	其他材料费	%	1.000	1.000	1.000	1.000	1.000	1.000	1.000
机械	氩弧焊机 500A	台班	0.022	0.028	0.040	0.050	0.058	0.082	0.134
机械	砂轮切割机 $\phi500$	台班	0.001	0.001	0.002	0.003	0.003	0.004	0.005
机械	普通车床 630×2000mm	台班	—	—	0.024	0.024	0.025	0.034	0.043
机械	电动葫芦(单速)3t	台班	—	—	—	—	—	—	0.043

计量单位:10m

定额编号				8-1-230	8-1-231	8-1-232	8-1-233	8-1-234
项目				公称直径（mm 以内）				
				80	100	125	150	200
名称			单位	消耗量				
人工	合计工日		工日	1.753	2.192	2.283	2.436	2.587
	其中	普工	工日	0.439	0.548	0.571	0.609	0.646
		一般技工	工日	1.139	1.425	1.484	1.583	1.682
		高级技工	工日	0.175	0.219	0.228	0.244	0.259
材料	合金钢管		m	8.958	8.958	8.958	8.817	8.817
	合金钢焊丝		kg	0.105	0.178	0.213	0.287	0.361
	氧气		m^3	0.015	0.022	0.024	0.089	0.154
	乙炔气		kg	0.005	0.007	0.008	0.030	0.051
	氩气		m^3	0.294	0.501	0.597	0.804	1.011
	铈钨棒		g	0.587	1.001	1.193	1.608	2.024
	尼龙砂轮片 $\phi100\times16\times3$		片	0.149	0.218	0.266	0.329	0.393
	尼龙砂轮片 $\phi500\times25\times4$		片	0.024	0.035	0.037	—	—
	磨头		个	0.074	0.090	—	—	—
	电		kW·h	0.120	0.184	0.208	0.238	0.266
	丙酮		kg	0.054	0.065	0.075	0.090	0.095
	钢丝 $\phi4.0$		kg	0.089	0.095	0.099	0.104	0.110
	塑料布		m^2	0.267	0.314	0.397	0.431	0.465
	破布		kg	0.271	0.316	0.343	0.361	0.379
	棉纱头		kg	0.018	0.021	0.024	0.033	0.042
	其他材料费		%	1.000	1.000	1.000	1.000	1.000
机械	氩弧焊机 500A		台班	0.158	0.242	0.289	0.359	0.429
	砂轮切割机 $\phi500$		台班	0.007	0.010	0.010	—	—
	半自动切割机 100mm		台班	—	—	—	0.008	0.011
	普通车床 630×2000mm		台班	0.046	0.077	0.078	0.078	0.080
	汽车式起重机 8t		台班	—	0.007	0.009	0.013	0.016
	吊装机械(综合)		台班	—	0.095	0.100	0.100	0.103
	载重汽车 8t		台班	—	0.007	0.009	0.013	0.016
	电动葫芦(单速) 3t		台班	0.046	0.077	0.078	0.078	0.079

20. 铝及铝合金管(氩弧焊)

工作内容:准备工作,管子切口,坡口加工,坡口磨平,管口组对,焊前预热,焊接,焊缝酸洗,管道安装。

计量单位:10m

定额编号			8-1-235	8-1-236	8-1-237	8-1-238	8-1-239	8-1-240	8-1-241
项目			管外径(mm 以内)						
			18	25	30	40	50	60	70
	名称	单位	消耗量						
人工	合计工日	工日	0.347	0.396	0.431	0.510	0.576	0.700	0.783
人工	其中 普工	工日	0.087	0.099	0.108	0.128	0.144	0.175	0.196
人工	其中 一般技工	工日	0.225	0.257	0.280	0.331	0.374	0.455	0.509
人工	其中 高级技工	工日	0.035	0.040	0.043	0.051	0.058	0.070	0.078
材料	铝及铝合金管	m	10.000	10.000	10.000	10.000	9.880	9.880	9.880
材料	铝锰合金焊丝(丝 321) ϕ1~6	kg	0.003	0.004	0.005	0.010	0.013	0.017	0.020
材料	氧气	m^3	0.001	0.001	0.001	0.002	0.002	0.038	0.047
材料	乙炔气	kg	0.001	0.001	0.001	0.001	0.001	0.018	0.022
材料	氩气	m^3	0.009	0.011	0.015	0.029	0.036	0.046	0.054
材料	铈钨棒	g	0.017	0.023	0.030	0.058	0.072	0.092	0.107
材料	尼龙砂轮片 $\phi100\times16\times3$	片	0.001	0.001	0.010	0.014	0.018	0.022	0.026
材料	尼龙砂轮片 $\phi500\times25\times4$	片	0.002	0.002	0.002	0.005	0.005	0.005	0.006
材料	铁砂布	张	0.013	0.013	0.016	0.020	0.030	0.037	0.050
材料	电	kW·h	—	—	0.008	0.010	0.013	0.020	0.023
材料	氢氧化钠(烧碱)	kg	0.022	0.039	0.049	0.068	0.080	0.095	0.111
材料	硝酸	kg	0.009	0.011	0.014	0.020	0.024	0.029	0.034
材料	重铬酸钾 98%	kg	0.003	0.006	0.007	0.009	0.010	0.012	0.014
材料	水	t	0.002	0.003	0.003	0.003	0.005	0.005	0.007
材料	钢丝 ϕ4.0	kg	0.027	0.027	0.027	0.027	0.027	0.027	0.027
材料	破布	kg	0.018	0.019	0.025	0.026	0.038	0.038	0.040
材料	其他材料费	%	1.000	1.000	1.000	1.000	1.000	1.000	1.000
机械	氩弧焊机 500A	台班	0.006	0.008	0.011	0.018	0.022	0.028	0.032
机械	砂轮切割机 ϕ500	台班	0.001	0.001	0.001	0.002	0.003	0.003	0.004
机械	电动空气压缩机 $6m^3/min$	台班	0.002	0.002	0.002	0.002	0.002	0.002	0.002

计量单位:10m

定额编号			8-1-242	8-1-243	8-1-244	8-1-245	8-1-246	8-1-247	8-1-248
项目			管外径（mm 以内）						
			80	100	125	150	180	200	250
名称		单位	消耗量						
人工	合计工日	工日	1.119	1.359	1.677	1.873	2.469	2.791	3.153
	其中 普工	工日	0.280	0.339	0.419	0.469	0.617	0.698	0.789
	其中 一般技工	工日	0.727	0.884	1.090	1.217	1.605	1.814	2.049
	其中 高级技工	工日	0.112	0.136	0.168	0.187	0.247	0.279	0.315
材料	铝及铝合金管	m	9.880	9.880	9.880	9.880	9.880	9.880	9.880
	铝锰合金焊丝（丝 321）φ1～6	kg	0.034	0.037	0.046	0.084	0.098	0.124	0.164
	氧气	m^3	0.053	0.070	0.088	0.118	0.144	0.179	0.667
	乙炔气	kg	0.025	0.032	0.041	0.055	0.066	0.083	0.312
	氩气	m^3	0.093	0.099	0.125	0.227	0.264	0.332	0.436
	铈钨棒	g	0.186	0.199	0.250	0.454	0.527	0.664	0.871
	尼龙砂轮片 φ100×16×3	片	0.347	0.410	0.517	0.674	0.895	0.998	1.477
	铁砂布	张	0.059	0.075	0.096	0.106	0.114	0.114	0.283
	电	kW·h	0.060	0.070	0.096	0.113	0.146	0.166	0.219
	氢氧化钠（烧碱）	kg	0.128	0.160	0.187	0.258	0.335	0.357	0.417
	硝酸	kg	0.037	0.048	0.060	0.075	0.088	0.104	0.119
	重铬酸钾 98%	kg	0.015	0.019	0.024	0.031	0.036	0.043	0.048
	水	t	0.007	0.009	0.012	0.014	0.017	0.020	0.022
	钢丝 φ4.0	kg	0.027	0.027	0.027	0.027	0.027	0.027	0.027
	破布	kg	0.043	0.057	0.060	0.062	0.064	0.066	0.082
	其他材料费	%	1.000	1.000	1.000	1.000	1.000	1.000	1.000
机械	氩弧焊机 500A	台班	0.034	0.041	0.052	0.084	0.097	0.123	0.150
	等离子切割机 400A	台班	0.127	0.159	0.199	0.244	0.291	0.325	0.413
	汽车式起重机 8t	台班	—	—	—	0.004	0.004	0.004	0.005
	吊装机械(综合)	台班	—	—	—	0.061	0.066	0.066	0.075
	载重汽车 8t	台班	—	—	—	0.004	0.004	0.004	0.005
	电动空气压缩机 $1m^3/min$	台班	0.127	0.159	0.199	0.244	0.291	0.325	0.413
	电动空气压缩机 $6m^3/min$	台班	0.002	0.002	0.002	0.002	0.002	0.002	0.002

计量单位:10m

定额编号			8-1-249	8-1-250	8-1-251
项目			管外径(mm 以内)		
			300	350	410
名称		单位	消耗量		
人工	合计工日	工日	3.655	4.785	5.758
	其中 普工	工日	0.914	1.197	1.439
	其中 一般技工	工日	2.376	3.110	3.743
	其中 高级技工	工日	0.365	0.478	0.576
材料	铝及铝合金管	m	9.880	9.880	9.880
	铝锰合金焊丝(丝321)ϕ1~6	kg	0.236	0.473	0.765
	氧气	m^3	0.897	1.406	2.038
	乙炔气	kg	0.419	0.657	0.954
	氩气	m^3	0.635	1.287	2.097
	铈钨棒	g	1.271	2.573	4.195
	尼龙砂轮片 ϕ100×16×3	片	1.935	2.913	4.275
	铁砂布	张	0.237	0.368	0.418
	电	kW·h	0.284	0.430	0.533
	氢氧化钠(烧碱)	kg	0.477	0.534	0.624
	硝酸	kg	0.155	0.167	0.196
	重铬酸钾 98%	kg	0.063	0.068	0.078
	水	t	0.029	0.032	0.037
	钢丝 ϕ4.0	kg	0.027	0.027	0.027
	破布	kg	0.083	0.094	0.476
	其他材料费	%	1.000	1.000	1.000
机械	氩弧焊机 500A	台班	0.219	0.416	0.655
	等离子切割机 400A	台班	0.495	0.607	0.746
	汽车式起重机 8t	台班	0.007	0.010	0.016
	吊装机械(综合)	台班	0.079	0.085	0.091
	载重汽车 8t	台班	0.007	0.010	0.016
	电动空气压缩机 1m^3/min	台班	0.495	0.607	0.746
	电动空气压缩机 6m^3/min	台班	0.002	0.002	0.002

21. 铝及铝合金板卷管(氩弧焊)

工作内容:准备工作,管子切口,坡口加工,坡口磨平,管口组对,焊接,焊缝酸洗,管道安装。

计量单位:10m

定额编号				8-1-252	8-1-253	8-1-254	8-1-255	8-1-256	8-1-257	8-1-258
项目				管外径(mm 以内)						
				159	219	273	325	377	426	478
名称			单位	消耗量						
人工	合计工日		工日	2.372	2.776	2.924	3.502	4.201	4.782	5.581
	其中	普工	工日	0.593	0.694	0.732	0.876	1.051	1.196	1.395
		一般技工	工日	1.542	1.804	1.900	2.276	2.730	3.108	3.628
		高级技工	工日	0.237	0.278	0.292	0.350	0.420	0.478	0.558
材料	铝及铝合金板卷管		m	9.980	9.980	9.980	9.980	9.880	9.880	9.880
	铝锰合金焊丝(丝 321) $\phi1 \sim 6$		kg	0.097	0.134	0.167	0.200	0.295	0.333	0.374
	氧气		m^3	0.011	0.016	0.019	0.030	0.034	0.039	0.044
	乙炔气		kg	0.004	0.006	0.007	0.011	0.013	0.015	0.016
	氩气		m^3	0.264	0.364	0.455	0.542	0.800	0.904	1.015
	铈钨棒		g	0.527	0.728	0.909	1.083	1.599	1.809	2.030
	尼龙砂轮片 $\phi100 \times 16 \times 3$		片	0.746	1.037	1.298	1.550	2.156	2.441	2.743
	铁砂布		张	0.355	0.399	0.496	0.594	0.785	0.886	1.060
	电		kW·h	0.133	0.179	0.216	0.252	0.332	0.375	0.423
	氢氧化钠(烧碱)		kg	0.228	0.323	0.408	0.493	0.578	0.646	0.731
	硝酸		kg	0.075	0.104	0.134	0.155	0.167	0.196	0.228
	重铬酸钾 98%		kg	0.031	0.043	0.054	0.063	0.068	0.078	0.092
	水		t	0.014	0.020	0.026	0.029	0.032	0.037	0.044
	钢丝 $\phi4.0$		kg	0.039	0.039	0.039	0.039	0.039	0.039	0.039
	破布		kg	0.083	0.086	0.093	0.106	0.111	0.116	0.137
	其他材料费		%	1.000	1.000	1.000	1.000	1.000	1.000	1.000
机械	氩弧焊机 500A		台班	0.075	0.103	0.129	0.154	0.212	0.240	0.270
	等离子切割机 400A		台班	0.257	0.355	0.435	0.527	0.622	0.703	0.788
	汽车式起重机 8t		台班	—	—	0.005	0.006	0.008	0.010	0.011
	吊装机械(综合)		台班	0.065	0.070	0.075	0.079	0.085	0.091	0.099
	载重汽车 8t		台班	—	—	0.005	0.006	0.008	0.010	0.011
	电动空气压缩机 $1m^3/min$		台班	0.257	0.355	0.435	0.527	0.622	0.703	0.788
	电动空气压缩机 $6m^3/min$		台班	0.002	0.002	0.002	0.002	0.002	0.002	0.003

计量单位:10m

定额编号				8-1-259	8-1-260	8-1-261	8-1-262	8-1-263	8-1-264
项目				管外径(mm以内)					
				529	630	720	820	920	1020
名称			单位	消耗量					
人工	合计工日		工日	6.606	7.834	9.262	11.272	13.297	15.482
	其中	普工	工日	1.651	1.959	2.316	2.818	3.324	3.871
		一般技工	工日	4.294	5.092	6.020	7.327	8.643	10.063
		高级技工	工日	0.661	0.783	0.926	1.127	1.330	1.548
材料	铝及铝合金板卷管		m	9.780	9.780	9.780	9.780	9.780	9.780
	铝锰合金焊丝(丝321) ϕ1~6		kg	0.556	0.654	0.759	1.115	1.252	1.396
	氧气		m^3	0.044	0.057	0.060	0.065	0.072	0.097
	乙炔气		kg	0.017	0.022	0.023	0.025	0.028	0.037
	氩气		m^3	1.515	1.777	2.065	3.031	3.402	3.774
	铈钨棒		g	3.030	3.554	4.130	6.062	6.805	7.547
	尼龙砂轮片 $\phi100\times16\times3$		片	3.539	4.156	4.834	6.292	7.067	7.841
	铁砂布		张	1.107	1.395	1.552	1.725	1.903	2.086
	电		kW·h	0.486	0.569	0.662	0.813	0.949	1.052
	氢氧化钠(烧碱)		kg	0.731	0.935	1.063	1.204	1.346	1.488
	硝酸		kg	0.252	0.299	0.342	0.391	0.437	0.485
	重铬酸钾 98%		kg	0.102	0.121	0.138	0.158	0.177	0.196
	水		t	0.048	0.058	0.065	0.075	0.083	0.092
	钢丝 ϕ4.0		kg	0.039	0.039	0.039	0.039	0.039	0.039
	破布		kg	0.149	0.154	0.170	0.187	0.204	0.221
	其他材料费		%	1.000	1.000	1.000	1.000	1.000	1.000
机械	氩弧焊机 500A		台班	0.391	0.459	0.533	0.755	0.847	0.940
	等离子切割机 400A		台班	0.895	1.049	1.219	1.422	1.595	1.769
	汽车式起重机 8t		台班	0.014	0.017	0.019	0.026	0.029	0.032
	吊装机械(综合)		台班	0.113	0.128	0.144	0.157	0.170	0.226
	载重汽车 8t		台班	0.014	0.017	0.019	0.026	0.029	0.032
	电动空气压缩机 $1m^3$/min		台班	0.895	1.049	1.219	1.422	1.595	1.769
	电动空气压缩机 $6m^3$/min		台班	0.003	0.003	0.003	0.005	0.005	0.005

22. 铜及铜合金管(氧乙炔焊)

工作内容:准备工作,管子切口,坡口加工,坡口磨平,管口组对,焊前预热,焊接,管道安装。

计量单位:10m

定额编号				8-1-265	8-1-266	8-1-267	8-1-268	8-1-269	8-1-270	8-1-271
项目				管外径(mm 以内)						
				20	30	40	50	65	75	85
名称			单位	消耗量						
人工	合计工日		工日	0.534	0.709	0.866	1.083	1.249	1.340	1.403
	其中	普工	工日	0.134	0.177	0.216	0.271	0.312	0.335	0.351
		一般技工	工日	0.347	0.461	0.563	0.704	0.812	0.871	0.912
		高级技工	工日	0.053	0.071	0.087	0.108	0.125	0.134	0.140
材料	铜及铜合金管		m	10.000	10.000	10.000	10.000	10.000	9.880	9.880
	铜气焊丝		kg	0.013	0.021	0.029	0.036	0.084	0.095	0.110
	氧气		m^3	0.078	0.116	0.167	0.201	0.320	0.439	0.558
	乙炔气		kg	0.031	0.044	0.065	0.077	0.123	0.169	0.215
	尼龙砂轮片 $\phi100\times16\times3$		片	0.003	0.008	0.010	0.013	0.017	0.020	0.211
	尼龙砂轮片 $\phi500\times25\times4$		片	0.005	0.007	0.011	0.013	0.014	0.016	—
	铁砂布		张	0.012	0.015	0.026	0.032	0.048	0.056	0.056
	电		kW·h	0.010	0.013	0.018	0.020	0.025	0.028	0.033
	硼砂		kg	0.004	0.007	0.009	0.011	0.020	0.025	0.030
	钢丝 $\phi4.0$		kg	0.077	0.077	0.077	0.077	0.077	0.077	0.077
	破布		kg	0.100	0.100	0.220	0.220	0.250	0.280	0.280
	棉纱头		kg	0.003	0.006	0.009	0.009	0.012	0.015	0.015
	其他材料费		%	1.000	1.000	1.000	1.000	1.000	1.000	1.000
机械	砂轮切割机 $\phi500$		台班	0.001	0.002	0.003	0.004	0.005	0.006	—
	等离子切割机 400A		台班	—	—	—	—	—	—	0.016
	电动空气压缩机 $1m^3/min$		台班	—	—	—	—	—	—	0.016

计量单位:10m

定额编号				8-1-272	8-1-273	8-1-274	8-1-275	8-1-276	8-1-277	8-1-278
项目				管外径(mm 以内)						
				100	120	150	185	200	250	300
名称			单位	消耗量						
人工	合计工日		工日	1.567	1.606	1.857	2.349	2.566	3.069	3.639
	其中	普工	工日	0.391	0.401	0.464	0.587	0.641	0.767	0.910
		一般技工	工日	1.019	1.044	1.207	1.527	1.668	1.995	2.365
		高级技工	工日	0.157	0.161	0.186	0.235	0.257	0.307	0.364
材料	铜及铜合金管		m	9.880	9.880	9.880	9.880	9.880	9.880	9.880
	铜气焊丝		kg	0.175	0.210	0.263	0.325	0.350	0.440	0.527
	氧气		m^3	0.677	0.814	1.019	1.257	1.359	1.702	2.043
	乙炔气		kg	0.281	0.338	0.421	0.520	0.563	0.704	0.845
	尼龙砂轮片 $\phi100\times16\times3$		片	0.399	0.482	0.607	0.752	0.814	1.022	1.230
	铁砂布		张	0.071	0.082	0.109	0.145	0.160	0.226	0.292
	电		kW·h	0.083	0.093	0.116	0.138	0.151	0.186	0.231
	硼砂		kg	0.034	0.041	0.051	0.063	0.068	0.085	0.102
	破布		kg	0.300	0.350	0.380	0.400	0.400	0.480	0.530
	钢丝 $\phi4.0$		kg	0.077	0.077	0.077	0.077	0.077	0.077	0.077
	棉纱头		kg	0.018	0.023	0.026	0.034	0.036	0.045	0.054
	其他材料费		%	1.000	1.000	1.000	1.000	1.000	1.000	1.000
机械	等离子切割机 400A		台班	0.167	0.201	0.251	0.309	0.335	0.418	0.501
	汽车式起重机 8t		台班	0.005	0.006	0.007	0.009	0.010	0.012	0.018
	吊装机械(综合)		台班	0.076	0.078	0.078	0.099	0.099	0.139	0.139
	载重汽车 8t		台班	0.005	0.006	0.007	0.009	0.010	0.012	0.018
	电动空气压缩机 $1m^3/min$		台班	0.167	0.201	0.251	0.309	0.335	0.418	0.501

23. 铜及铜合金板卷管(氧乙炔焊)

工作内容:准备工作,管子切口,坡口加工,坡口磨平,管口组对,焊前预热,焊接,管道安装。

计量单位:10m

定额编号			8-1-279	8-1-280	8-1-281	8-1-282	8-1-283	8-1-284	8-1-285
项目			管外径(mm 以内)						
			155	205	255	305	355	405	505
名称		单位	消耗量						
人工	合计工日	工日	2.016	2.682	3.330	3.915	5.029	5.887	7.327
人工	其中 普工	工日	0.504	0.670	0.833	0.978	1.257	1.472	1.831
人工	其中 一般技工	工日	1.310	1.744	2.164	2.545	3.269	3.826	4.763
人工	其中 高级技工	工日	0.202	0.268	0.333	0.392	0.503	0.589	0.733
材料	铜及铜合金板卷管	m	9.980	9.980	9.980	9.980	9.980	9.780	9.780
材料	铜气焊丝	kg	0.296	0.392	0.563	0.674	0.918	1.047	1.308
材料	氧气	m^3	0.761	1.005	1.642	1.966	2.339	2.669	3.334
材料	乙炔气	kg	0.293	0.387	0.632	0.756	0.900	1.027	1.282
材料	尼龙砂轮片 $\phi100\times16\times3$	片	0.464	0.616	1.036	1.242	2.116	2.419	3.025
材料	铁砂布	张	0.243	0.357	0.505	0.604	0.787	0.894	1.231
材料	电	kW·h	0.098	0.128	0.189	0.216	0.320	0.365	0.455
材料	硼砂	kg	0.041	0.053	0.087	0.104	0.179	0.204	0.253
材料	钢丝 $\phi4.0$	kg	0.041	0.041	0.041	0.041	0.041	0.041	0.041
材料	破布	kg	0.042	0.050	0.053	0.058	0.061	0.063	0.081
材料	棉纱头	kg	0.017	0.022	0.027	0.032	0.037	0.043	0.054
材料	其他材料费	%	1.000	1.000	1.000	1.000	1.000	1.000	1.000
机械	等离子切割机 400A	台班	0.255	0.337	0.426	0.509	0.615	0.702	0.875
机械	汽车式起重机 8t	台班	0.006	0.008	0.013	0.015	0.018	0.020	0.025
机械	吊装机械(综合)	台班	0.078	0.099	0.139	0.139	0.154	0.168	0.184
机械	载重汽车 8t	台班	0.006	0.008	0.013	0.015	0.018	0.020	0.025
机械	电动空气压缩机 $1m^3/min$	台班	0.255	0.337	0.426	0.509	0.615	0.702	0.875

24. 成品衬里钢管安装(法兰连接)

工作内容:准备工作,管口组对,法兰连接,管道安装。　　**计量单位**:10m

定额编号				8-1-286	8-1-287	8-1-288	8-1-289	8-1-290	8-1-291
项目				公称直径（mm 以内）					
				32	40	50	65	80	100
名称			单位	消耗量					
人工	合计工日		工日	2.017	2.220	2.484	2.618	2.956	3.499
	其中	普工	工日	0.504	0.555	0.621	0.654	0.739	0.875
		一般技工	工日	1.311	1.443	1.615	1.702	1.921	2.274
		高级技工	工日	0.202	0.222	0.248	0.262	0.296	0.350
材料	成品衬里管道		m	10.000	10.000	10.000	10.000	10.000	10.000
	石棉橡胶板 低压 δ0.8~6		kg	0.783	1.175	1.370	1.576	2.277	2.976
	白铅油		kg	0.587	0.587	0.783	0.876	1.226	1.750
	清油 C01-1		kg	0.195	0.195	0.195	0.275	0.350	0.350
	破布		kg	0.693	0.890	0.958	0.983	1.029	1.317
	棉纱头		kg	0.040	0.040	0.050	0.055	0.067	0.078
	其他材料费		%	1.000	1.000	1.000	1.000	1.000	1.000
机械	汽车式起重机 8t		台班	—	—	—	—	—	0.003
	吊装机械(综合)		台班	—	—	—	—	—	0.028
	载重汽车 8t		台班	—	—	—	—	—	0.003

计量单位:10m

定额编号				8-1-292	8-1-293	8-1-294	8-1-295	8-1-296	8-1-297
项目				公称直径（mm 以内）					
				125	150	200	250	300	350
名称			单位	消耗量					
人工	合计工日		工日	3.654	4.108	5.121	6.368	7.455	7.853
	其中	普工	工日	0.914	1.027	1.280	1.591	1.865	1.963
		一般技工	工日	2.375	2.670	3.329	4.140	4.845	5.105
		高级技工	工日	0.365	0.411	0.512	0.637	0.745	0.785
材料	成品衬里管道		m	10.000	10.000	10.000	10.000	10.000	10.000
	石棉橡胶板 低压 δ0.8~6		kg	4.025	4.279	4.289	4.363	4.435	4.875
	白铅油		kg	2.101	2.140	2.210	2.217	2.270	2.257
	清油 C01-1		kg	0.350	0.459	0.390	0.444	0.554	0.451
	破布		kg	1.350	1.364	1.475	1.643	1.700	1.763
	棉纱头		kg	0.093	0.178	0.233	0.274	0.320	0.330
	其他材料费		%	1.000	1.000	1.000	1.000	1.000	1.000
机械	汽车式起重机 8t		台班	0.003	0.004	0.007	0.012	0.014	0.020
	吊装机械(综合)		台班	0.033	0.033	0.043	0.059	0.059	0.066
	载重汽车 8t		台班	0.003	0.004	0.007	0.012	0.014	0.020

计量单位:10m

定额编号			8-1-298	8-1-299	8-1-300
项目			公称直径(mm 以内)		
			400	450	500
名称		单位	消耗量		
人工	合计工日	工日	8.789	9.603	11.021
	其中 普工	工日	2.197	2.401	2.755
	其中 一般技工	工日	5.713	6.242	7.164
	其中 高级技工	工日	0.879	0.960	1.102
材料	成品衬里管道	m	10.000	10.000	10.000
	石棉橡胶板 低压 δ0.8~6	kg	6.229	7.312	7.492
	白铅油	kg	2.708	2.708	2.979
	清油 C01-1	kg	0.542	0.542	0.542
	破布	kg	1.899	2.079	2.374
	棉纱头	kg	0.372	0.414	0.456
	其他材料费	%	1.000	1.000	1.000
机械	汽车式起重机 8t	台班	0.023	0.029	0.032
	吊装机械(综合)	台班	0.072	0.079	0.079
	载重汽车 8t	台班	0.023	0.029	0.032

25. 金属软管安装(螺纹连接)

工作内容:准备工作,软管清理检查,管口连接,管道安装。 **计量单位:**根

定额编号			8-1-301	8-1-302	8-1-303	8-1-304	8-1-305	8-1-306
项目			公称直径(mm 以内)					
			15	20	25	32	40	50
名称		单位	消耗量					
人工	合计工日	工日	0.257	0.275	0.292	0.310	0.344	0.398
	其中 普工	工日	0.064	0.068	0.074	0.077	0.086	0.099
	其中 一般技工	工日	0.167	0.179	0.189	0.202	0.224	0.259
	其中 高级技工	工日	0.026	0.028	0.029	0.031	0.034	0.040
材料	金属软管	根	1.000	1.000	1.000	1.000	1.000	1.000
	聚四氟乙烯生料带	m	0.004	0.006	0.008	0.012	0.016	0.024
	机油	kg	0.010	0.012	0.014	0.016	0.020	0.023
	棉纱头	kg	0.001	0.002	0.003	0.003	0.004	0.004
	破布	kg	0.080	0.080	0.176	0.176	0.200	0.200
	其他材料费	%	1.000	1.000	1.000	1.000	1.000	1.000

26. 金属软管安装(法兰连接)

工作内容:准备工作,软管清理检查,管口连接,螺栓涂二硫化钼,管道安装。　　**计量单位:**根

定额编号			8-1-307	8-1-308	8-1-309	8-1-310	8-1-311	8-1-312
项目			公称直径（mm 以内）					
			15	20	25	32	40	50
名称		单位	消耗量					
人工	合计工日	工日	0.285	0.297	0.314	0.367	0.398	0.447
	其中 普工	工日	0.071	0.074	0.079	0.091	0.099	0.111
	其中 一般技工	工日	0.185	0.193	0.204	0.239	0.259	0.291
	其中 高级技工	工日	0.029	0.030	0.031	0.037	0.040	0.045
材料	金属软管	根	1.000	1.000	1.000	1.000	1.000	1.000
	石棉橡胶板 低压 δ0.8～6	kg	0.092	0.122	0.153	0.196	0.294	0.343
	二硫化钼	kg	0.002	0.002	0.002	0.002	0.002	0.002
	棉纱头	kg	0.001	0.002	0.003	0.003	0.004	0.004
	破布	kg	0.080	0.080	0.176	0.176	0.200	0.200
	其他材料费	%	1.000	1.000	1.000	1.000	1.000	1.000

计量单位:根

定额编号			8-1-313	8-1-314	8-1-315	8-1-316	8-1-317	8-1-318
项目			公称直径（mm 以内）					
			65	80	100	125	150	200
名称		单位	消耗量					
人工	合计工日	工日	0.505	0.520	0.577	0.649	0.730	1.006
	其中 普工	工日	0.126	0.130	0.144	0.162	0.183	0.251
	其中 一般技工	工日	0.328	0.338	0.375	0.422	0.474	0.654
	其中 高级技工	工日	0.051	0.052	0.058	0.065	0.073	0.101
材料	金属软管	根	1.000	1.000	1.000	1.000	1.000	1.000
	石棉橡胶板 低压 δ0.8～6	kg	0.394	0.569	0.744	1.006	1.070	1.072
	二硫化钼	kg	0.003	0.003	0.006	0.008	0.008	0.008
	棉纱头	kg	0.006	0.007	0.007	0.009	0.011	0.018
	破布	kg	0.024	0.028	0.028	0.304	0.320	0.424
	其他材料费	%	1.000	1.000	1.000	1.000	1.000	1.000
机械	汽车式起重机 8t	台班	—	—	0.002	0.002	0.004	0.006
	吊装机械(综合)	台班	—	—	0.012	0.012	0.014	0.020
	载重汽车 8t	台班	—	—	0.002	0.002	0.004	0.006

计量单位:根

定额编号				8-1-319	8-1-320
项目				公称直径(mm 以内)	
				250	300
名称			单位	消耗量	
人工	合计工日		工日	1.073	1.357
	其中	普工	工日	0.269	0.339
		一般技工	工日	0.697	0.882
		高级技工	工日	0.107	0.136
材料	金属软管		根	1.000	1.000
	石棉橡胶板 低压 δ0.8~6		kg	1.091	1.109
	二硫化钼		kg	0.018	0.018
	棉纱头		kg	0.020	0.042
	破布		kg	0.440	0.464
	其他材料费		%	1.000	1.000
机械	汽车式起重机 8t		台班	0.008	0.010
	吊装机械(综合)		台班	0.025	0.028
	载重汽车 8t		台班	0.008	0.010

27. 塑料管(热风焊)

工作内容:准备工作,管子切口,管口组对,焊接,管道安装。 计量单位:10m

定额编号				8-1-321	8-1-322	8-1-323	8-1-324	8-1-325	8-1-326	8-1-327
项目				管外径(mm 以内)						
				20	25	32	40	50	75	90
名称			单位	消耗量						
人工	合计工日		工日	0.482	0.516	0.564	0.649	0.856	1.157	1.315
	其中	普工	工日	0.121	0.129	0.141	0.162	0.214	0.289	0.328
		一般技工	工日	0.313	0.335	0.367	0.422	0.556	0.752	0.855
		高级技工	工日	0.048	0.052	0.056	0.065	0.086	0.116	0.132
材料	塑料管		m	10.000	10.000	10.000	10.000	10.000	10.000	10.000
	聚氯乙烯焊条(综合)		kg	0.002	0.003	0.004	0.006	0.010	0.021	0.029
	电阻丝		根	0.003	0.003	0.003	0.004	0.005	0.005	0.007
	电		kW·h	0.176	0.215	0.273	0.374	0.433	0.666	0.863
	铁砂布		张	—	—	—	—	1.000	1.500	1.500
	锯条(各种规格)		根	0.012	0.015	0.019	0.024	—	—	—
	木柴		kg	0.129	0.129	0.129	0.129	0.129	0.258	0.338
	棉纱头		kg	0.048	0.053	0.062	0.073	0.077	0.119	0.142
	其他材料费		%	1.000	1.000	1.000	1.000	1.000	1.000	1.000
机械	电动空气压缩机 0.6m^3/min		台班	0.046	0.056	0.071	0.097	0.113	0.174	0.224
	木工圆锯机 500mm		台班	—	—	—	—	0.001	0.001	0.001

计量单位:10m

定额编号				8-1-328	8-1-329	8-1-330	8-1-331	8-1-332	8-1-333
项目				管外径(mm以内)					
				110	125	150	180	200	250
名称			单位	消耗量					
人工	合计工日		工日	1.639	1.825	2.277	2.543	2.830	4.140
	其中	普工	工日	0.410	0.457	0.569	0.636	0.707	1.035
		一般技工	工日	1.065	1.186	1.480	1.653	1.840	2.691
		高级技工	工日	0.164	0.182	0.228	0.254	0.283	0.414
材料	塑料管		m	10.000	10.000	10.000	10.000	10.000	10.000
	聚氯乙烯焊条(综合)		kg	0.057	0.060	0.132	0.140	0.215	0.428
	铁砂布		张	1.500	2.000	2.000	2.000	2.000	2.500
	电阻丝		根	0.007	0.007	0.008	0.008	0.009	0.010
	电		kW·h	1.114	1.160	1.713	1.815	2.465	5.558
	木柴		kg	0.388	0.515	1.030	1.030	1.030	1.030
	木材		m^3	—	0.001	0.001	0.001	0.001	0.001
	棉纱头		kg	0.166	0.202	0.263	0.346	0.468	0.602
	其他材料费		%	1.000	1.000	1.000	1.000	1.000	1.000
机械	电动空气压缩机 0.6m^3/min		台班	0.290	0.302	0.445	0.472	0.641	1.446
	木工圆锯机 500mm		台班	0.001	0.001	0.001	0.001	0.002	0.002
	汽车式起重机 8t		台班	—	—	0.001	0.001	0.001	0.001
	载重汽车 8t		台班	—	—	0.001	0.001	0.001	0.001

28. 塑料管(承插粘接)

工作内容:准备工作,管子切口,管口组对,粘接,管道安装。

计量单位:10m

定额编号				8-1-334	8-1-335	8-1-336	8-1-337	8-1-338	8-1-339	8-1-340
项目				管外径(mm以内)						
				20	25	32	40	50	75	90
名称			单位	消耗量						
人工	合计工日		工日	0.385	0.406	0.433	0.479	0.596	0.795	0.850
	其中	普工	工日	0.096	0.101	0.108	0.120	0.148	0.198	0.213
		一般技工	工日	0.250	0.264	0.282	0.311	0.388	0.517	0.552
		高级技工	工日	0.039	0.041	0.043	0.048	0.060	0.080	0.085
材料	承插塑料管		m	10.000	10.000	10.000	10.000	10.000	10.000	10.000
	胶粘剂		kg	0.004	0.005	0.007	0.008	0.010	0.016	0.019
	铁砂布		张	—	—	—	—	1.000	1.500	1.500
	锯条(各种规格)		根	0.012	0.015	0.019	0.024	—	—	—
	丙酮		kg	0.006	0.008	0.010	0.012	0.015	0.023	0.028
	棉纱头		kg	0.052	0.058	0.068	0.080	0.086	0.132	0.157
	其他材料费		%	1.000	1.000	1.000	1.000	1.000	1.000	1.000
机械	木工圆锯机 500mm		台班	—	—	—	—	—	0.001	0.001

计量单位:10m

定额编号			8-1-341	8-1-342	8-1-343	8-1-344	8-1-345	8-1-346
项目			管外径（mm 以内）					
			110	125	150	180	200	250
名称		单位	消耗量					
人工	合计工日	工日	1.048	1.199	1.419	1.560	1.644	1.882
	其中 普工	工日	0.262	0.299	0.355	0.390	0.412	0.471
	其中 一般技工	工日	0.681	0.780	0.922	1.014	1.068	1.223
	其中 高级技工	工日	0.105	0.120	0.142	0.156	0.164	0.188
材料	承插塑料管	m	10.000	10.000	10.000	10.000	10.000	10.000
	铁砂布	张	1.500	2.000	2.000	2.000	2.000	2.500
	胶粘剂	kg	0.032	0.036	0.043	0.052	0.057	0.072
	丙酮	kg	0.047	0.054	0.065	0.077	0.086	0.108
	棉纱头	kg	0.183	0.221	0.286	0.374	0.499	0.640
	其他材料费	%	1.000	1.000	1.000	1.000	1.000	1.000
机械	木工圆锯机 500mm	台班	0.001	0.001	0.001	0.001	0.002	0.002
	汽车式起重机 8t	台班	—	—	0.001	0.001	0.001	0.001
	载重汽车 8t	台班	—	—	0.001	0.001	0.001	0.001

29. 金属骨架复合管(热熔焊)

工作内容:准备工作,管子切口,管口组对,热熔连接,管道安装。 计量单位:10m

定额编号			8-1-347	8-1-348	8-1-349	8-1-350	8-1-351	8-1-352
项目			管外径（mm 以内）					
			20	25	32	40	50	75
名称		单位	消耗量					
人工	合计工日	工日	0.682	0.730	0.809	0.920	1.413	1.912
	其中 普工	工日	0.171	0.182	0.202	0.230	0.353	0.478
	其中 一般技工	工日	0.443	0.475	0.526	0.598	0.919	1.243
	其中 高级技工	工日	0.068	0.073	0.081	0.092	0.141	0.191
材料	金属骨架复合管	m	10.000	10.000	10.000	10.000	10.000	10.000
	铁砂布	张	0.400	0.400	0.450	0.500	1.000	1.500
	锯条(各种规格)	根	0.012	0.015	0.019	0.024	0.024	0.027
	棉纱头	kg	0.048	0.053	0.062	0.073	0.077	0.119
	其他材料费	%	1.000	1.000	1.000	1.000	1.000	1.000
机械	热熔对接焊机 630mm	台班	0.050	0.061	0.078	0.106	0.143	0.215
	木工圆锯机 500mm	台班	0.001	0.001	0.001	0.001	0.001	0.001

计量单位:10m

定额编号				8-1-353	8-1-354	8-1-355	8-1-356	8-1-357	8-1-358
项目				管外径(mm以内)					
				90	110	125	150	180	200
名称			单位	消耗量					
人工	合计工日		工日	2.173	2.708	3.015	3.762	4.201	4.676
	其中	普工	工日	0.543	0.677	0.753	0.941	1.051	1.169
		一般技工	工日	1.413	1.760	1.960	2.445	2.730	3.039
		高级技工	工日	0.217	0.271	0.302	0.376	0.420	0.468
材料	金属骨架复合管		m	10.000	10.000	10.000	10.000	10.000	10.000
	铁砂布		张	1.500	2.035	2.678	3.560	4.132	4.675
	锯条(各种规格)		根	0.030	0.033	0.038	0.044	0.050	0.058
	棉纱头		kg	0.142	0.174	0.234	0.285	0.325	0.387
	其他材料费		%	1.000	1.000	1.000	1.000	1.000	1.000
机械	热熔对接焊机 630mm		台班	0.285	0.369	0.384	0.567	0.600	0.816
	木工圆锯机 500mm		台班	0.001	0.001	0.001	0.001	0.003	0.003
	汽车式起重机 8t		台班	—	0.001	0.001	0.001	0.001	0.001
	载重汽车 8t		台班	—	0.001	0.001	0.001	0.001	0.001

计量单位:10m

定额编号				8-1-359	8-1-360	8-1-361	8-1-362
项目				管外径(mm以内)			
				250	300	400	500
名称			单位	消耗量			
人工	合计工日		工日	6.840	7.388	9.604	12.485
	其中	普工	工日	1.710	1.847	2.401	3.122
		一般技工	工日	4.446	4.802	6.243	8.115
		高级技工	工日	0.684	0.739	0.960	1.248
材料	金属骨架复合管		m	10.000	10.000	10.000	10.000
	铁砂布		张	5.223	5.748	6.432	7.778
	锯条(各种规格)		根	0.067	0.074	0.089	0.100
	棉纱头		kg	0.435	0.500	0.587	0.783
	其他材料费		%	1.000	1.000	1.000	1.000
机械	热熔对接焊机 630mm		台班	1.839	1.985	2.581	3.356
	木工圆锯机 500mm		台班	0.003	0.003	0.004	0.005
	汽车式起重机 8t		台班	0.001	0.001	0.001	0.001
	载重汽车 8t		台班	0.001	0.001	0.001	0.001

30. 玻璃钢管(胶泥)

工作内容:准备工作,管子切口,坡口加工,管口连接,管道安装。 **计量单位:**10m

定额编号			8-1-363	8-1-364	8-1-365	8-1-366	8-1-367	8-1-368	8-1-369
项目			公称直径(mm以内)						
			25	40	50	80	100	125	150
名称		单位	消耗量						
人工	合计工日	工日	0.493	0.730	0.920	1.300	1.619	2.076	2.505
人工	其中 普工	工日	0.124	0.183	0.230	0.325	0.405	0.519	0.625
人工	其中 一般技工	工日	0.320	0.474	0.598	0.845	1.052	1.349	1.629
人工	其中 高级技工	工日	0.049	0.073	0.092	0.130	0.162	0.208	0.251
材料	玻璃钢管	m	10.000	10.000	10.000	10.000	10.000	10.000	10.000
材料	尼龙砂轮片 $\phi500\times25\times4$	片	0.006	0.013	0.018	0.028	0.041	0.048	0.058
材料	万能胶 环氧树脂	kg	0.007	0.013	0.017	0.026	0.033	0.040	0.046
材料	胶泥	kg	0.455	0.726	0.908	1.452	1.726	1.924	2.779
材料	乙二胺	kg	0.003	0.003	0.003	0.003	0.003	0.003	0.003
材料	玻璃布 $\delta0.2$	m^2	0.079	0.125	0.155	0.248	0.310	0.389	0.465
材料	棉纱头	kg	0.034	0.039	0.056	0.078	0.092	0.100	0.130
材料	其他材料费	%	1.000	1.000	1.000	1.000	1.000	1.000	1.000
机械	砂轮切割机 $\phi500$	台班	0.002	0.003	0.003	0.006	0.007	0.009	0.011
机械	汽车式起重机 8t	台班	—	—	—	—	0.001	0.001	0.001
机械	载重汽车 8t	台班	—	—	—	—	0.001	0.001	0.001

31. 螺旋卷管(氩电联焊)

工作内容:准备工作,管子切口,坡口加工,坡口磨平,管口组对,焊接,管口封闭,管道安装。

计量单位:10m

定额编号			8-1-370	8-1-371	8-1-372	8-1-373	8-1-374	8-1-375	8-1-376
项目			公称直径(mm以内)						
			200	250	300	350	400	450	500
名称		单位	消耗量						
人工	合计工日	工日	1.394	1.634	1.913	2.249	2.639	3.286	3.894
	其中 普工	工日	0.349	0.408	0.478	0.563	0.659	0.822	0.974
	其中 一般技工	工日	0.906	1.062	1.243	1.461	1.716	2.136	2.531
	其中 高级技工	工日	0.139	0.164	0.192	0.225	0.264	0.328	0.389
材料	低压螺旋卷管	m	9.287	9.287	9.287	9.287	9.287	9.193	9.193
	低碳钢焊条 J427 ϕ3.2	kg	0.317	0.394	0.469	0.963	1.089	1.229	1.250
	碳钢氩弧焊丝	kg	0.054	0.054	0.080	0.093	0.106	0.120	0.349
	氧气	m^3	0.327	0.434	0.518	0.618	0.651	0.710	0.738
	乙炔气	kg	0.109	0.150	0.173	0.206	0.217	0.237	0.246
	氩气	m^3	0.151	0.151	0.151	0.261	0.296	0.335	0.349
	铈钨棒	g	0.301	0.301	0.301	0.522	0.592	0.670	0.681
	尼龙砂轮片 $\phi100 \times 16 \times 3$	片	0.507	0.716	0.716	0.974	1.304	1.476	1.670
	电	kW·h	0.220	0.231	0.254	0.377	0.459	0.516	0.539
	角钢(综合)	kg	0.064	0.064	0.064	0.064	0.064	0.064	0.064
	破布	kg	0.012	0.015	0.017	0.021	0.021	0.022	0.026
	棉纱头	kg	0.026	0.033	0.040	0.045	0.051	0.057	0.062
	其他材料费	%	1.000	1.000	1.000	1.000	1.000	1.000	1.000
机械	电焊机(综合)	台班	0.087	0.089	0.093	0.191	0.216	0.243	0.307
	氩弧焊机 500A	台班	0.075	0.075	0.075	0.130	0.147	0.167	0.189
	汽车式起重机 8t	台班	0.012	0.019	0.022	0.026	0.029	0.036	0.040
	吊装机械(综合)	台班	0.076	0.081	0.086	0.093	0.099	0.107	0.123
	载重汽车 8t	台班	0.012	0.019	0.022	0.026	0.029	0.036	0.040
	电焊条烘干箱 $60 \times 50 \times 75(cm^3)$	台班	0.009	0.009	0.009	0.019	0.021	0.024	0.031
	电焊条恒温箱	台班	0.009	0.009	0.009	0.019	0.021	0.024	0.031

32. 承插铸铁管(石棉水泥接口)

工作内容:准备工作,检查及清扫管材,切管,管道安装,调制接口材料,接口,养护。 **计量单位**:10m

		定额编号		8-1-377	8-1-378	8-1-379	8-1-380	8-1-381	8-1-382
		项目		公称直径(mm 以内)					
				75	100	150	200	300	400
		名称	单位	消耗量					
人工		合计工日	工日	0.816	0.835	1.044	1.608	1.739	1.936
	其中	普工	工日	0.204	0.209	0.261	0.402	0.435	0.484
		一般技工	工日	0.530	0.543	0.679	1.045	1.130	1.258
		高级技工	工日	0.082	0.083	0.104	0.161	0.174	0.194
材料		铸铁管	m	10.000	10.000	10.000	10.000	10.000	10.000
		氧气	m^3	0.055	0.099	0.132	0.231	0.264	0.495
		乙炔气	kg	0.022	0.044	0.055	0.099	0.110	0.209
		白色硅酸盐水泥 32.5	kg	1.144	1.419	2.090	2.684	3.597	4.928
		填充绒	kg	0.500	0.611	0.899	1.166	1.554	2.131
		油麻	kg	0.231	0.284	0.420	0.536	0.725	0.987
		钢丝 ϕ4.0	kg	0.077	0.077	0.077	0.077	0.077	0.077
		破布	kg	0.290	0.350	0.400	0.480	0.550	0.600
		棉纱头	kg	0.006	0.009	0.014	0.018	0.025	0.034
		其他材料费	%	1.000	1.000	1.000	1.000	1.000	1.000
机械		汽车式起重机 8t	台班	—	0.041	0.041	0.041	0.041	0.041
		吊装机械(综合)	台班	—	0.002	0.002	0.007	0.020	0.041
		载重汽车 8t	台班	—	0.041	0.041	0.041	0.041	0.041

计量单位:10m

		定额编号		8-1-383	8-1-384	8-1-385	8-1-386	8-1-387	8-1-388
		项目		公称直径(mm 以内)					
				500	600	700	800	900	1000
		名称	单位	消耗量					
人工		合计工日	工日	2.462	2.830	3.939	4.088	5.273	5.440
	其中	普工	工日	0.615	0.708	0.985	1.022	1.318	1.360
		一般技工	工日	1.601	1.839	2.560	2.657	3.428	3.536
		高级技工	工日	0.246	0.283	0.394	0.409	0.527	0.544
材料		铸铁管	m	10.000	10.000	10.000	10.000	10.000	10.000
		氧气	m^3	0.627	0.759	0.891	0.990	1.100	1.232
		乙炔气	kg	0.264	0.319	0.374	0.407	0.462	0.517
		碳精棒	kg	0.059	0.071	0.103	0.118	0.159	0.177
		白色硅酸盐水泥 32.5	kg	6.952	8.635	10.428	12.342	14.377	17.886
		填充绒	kg	3.008	3.730	4.507	5.339	6.216	7.737
		油麻	kg	1.397	1.733	2.090	2.478	2.877	3.581
		钢丝 ϕ4.0	kg	0.077	0.077	0.077	0.077	0.077	0.077
		破布	kg	0.770	0.950	1.004	1.104	1.215	1.336
		棉纱头	kg	0.042	0.050	0.052	0.057	0.063	0.069
		其他材料费	%	1.000	1.000	1.000	1.000	1.000	1.000
机械		汽车式起重机 8t	台班	0.041	0.052	0.052	0.061	0.061	0.092
		吊装机械(综合)	台班	0.061	0.071	0.102	0.103	0.113	0.113
		载重汽车 8t	台班	0.041	0.052	0.052	0.061	0.061	0.092

计量单位:10m

定额编号			8-1-389	8-1-390	8-1-391
项目			公称直径(mm以内)		
			1200	1400	1600
名称		单位	消耗量		
人工	合计工日	工日	6.665	10.264	13.233
	其中 普工	工日	1.667	2.566	3.309
	一般技工	工日	4.332	6.672	8.601
	高级技工	工日	0.666	1.026	1.323
材料	铸铁管	m	10.000	10.000	10.000
	氧气	m^3	1.342	1.452	1.584
	乙炔气	kg	0.561	0.605	0.660
	碳精棒	kg	0.202	0.223	0.303
	白色硅酸盐水泥 32.5	kg	22.902	30.503	36.850
	填充绒	kg	9.901	13.187	15.940
	油麻	kg	4.589	6.111	7.382
	钢丝 ϕ4.0	kg	0.077	0.077	0.077
	破布	kg	1.486	1.636	1.786
	棉纱头	kg	0.075	0.081	0.087
	其他材料费	%	1.000	1.000	1.000
机械	汽车式起重机 8t	台班	0.092	0.113	0.133
	吊装机械(综合)	台班	0.113	0.133	0.133
	载重汽车 8t	台班	0.092	0.113	0.133

33. 承插铸铁管(青铅接口)

工作内容:准备工作,检查及清扫管材,切管,管道安装,化铅,打麻,打铅口。 计量单位:10m

定额编号			8-1-392	8-1-393	8-1-394	8-1-395	8-1-396	8-1-397
项目			公称直径(mm以内)					
			75	100	150	200	300	400
名称		单位	消耗量					
人工	合计工日	工日	0.899	0.917	1.151	1.759	1.881	2.278
	其中 普工	工日	0.225	0.229	0.288	0.440	0.470	0.569
	一般技工	工日	0.584	0.596	0.748	1.143	1.223	1.481
	高级技工	工日	0.090	0.092	0.115	0.176	0.188	0.228
材料	铸铁管	m	10.000	10.000	10.000	10.000	10.000	10.000
	氧气	m^3	0.055	0.099	0.132	0.231	0.264	0.495
	乙炔气	kg	0.022	0.044	0.055	0.099	0.110	0.209
	青铅(综合)	kg	6.215	7.736	11.381	14.639	19.617	26.892
	油麻	kg	0.229	0.284	0.418	0.539	0.720	0.987
	焦炭	kg	2.625	3.098	4.442	5.702	7.098	9.744
	木柴	kg	0.210	0.263	0.525	0.525	0.840	1.050
	钢丝 ϕ4.0	kg	0.077	0.077	0.077	0.077	0.077	0.077
	破布	kg	0.290	0.350	0.400	0.480	0.550	0.600
	棉纱头	kg	0.006	0.009	0.014	0.018	0.025	0.034
	其他材料费	%	1.000	1.000	1.000	1.000	1.000	1.000
机械	汽车式起重机 8t	台班	—	0.041	0.041	0.041	0.043	0.043
	吊装机械(综合)	台班	—	0.002	0.002	0.007	0.018	0.039
	载重汽车 8t	台班	—	0.041	0.041	0.041	0.043	0.043

计量单位:10m

定额编号			8-1-398	8-1-399	8-1-400	8-1-401	8-1-402
项目			公称直径（mm 以内）				
			500	600	700	800	900
名称		单位	消耗量				
人工	合计工日	工日	3.051	3.621	5.473	5.708	7.575
	其中 普工	工日	0.763	0.906	1.368	1.427	1.893
	一般技工	工日	1.983	2.353	3.558	3.710	4.924
	高级技工	工日	0.305	0.362	0.547	0.571	0.758
材料	铸铁管	m	10.000	10.000	10.000	10.000	10.000
	氧气	m^3	0.627	0.759	0.891	0.990	1.100
	乙炔气	kg	0.264	0.319	0.374	0.407	0.462
	青铅(综合)	kg	37.923	47.110	56.873	67.327	78.408
	油麻	kg	1.392	1.730	2.090	2.474	2.879
	焦炭	kg	12.663	15.414	18.900	22.365	24.507
	木柴	kg	1.260	1.260	1.470	1.470	1.890
	钢丝 ϕ4.0	kg	0.077	0.077	0.077	0.077	0.077
	破布	kg	0.770	0.950	1.004	1.104	1.215
	棉纱头	kg	0.042	0.050	0.052	0.057	0.063
	其他材料费	%	1.000	1.000	1.000	1.000	1.000
机械	汽车式起重机 8t	台班	0.043	0.052	0.052	0.061	0.061
	吊装机械(综合)	台班	0.059	0.071	0.102	0.103	0.113
	载重汽车 8t	台班	0.043	0.052	0.052	0.061	0.061

计量单位:10m

定额编号			8-1-403	8-1-404	8-1-405	8-1-406
项目			公称直径（mm 以内）			
			1000	1200	1400	1600
名称		单位	消耗量			
人工	合计工日	工日	7.871	9.759	14.027	17.467
	其中 普工	工日	1.968	2.440	3.507	4.366
	一般技工	工日	5.116	6.343	9.117	11.354
	高级技工	工日	0.787	0.976	1.403	1.747
材料	铸铁管	m	10.000	10.000	10.000	10.000
	氧气	m^3	1.232	1.342	1.452	1.584
	乙炔气	kg	0.517	0.561	0.605	0.660
	青铅(综合)	kg	97.621	124.950	166.439	201.074
	油麻	kg	3.585	4.589	6.113	7.386
	焦炭	kg	27.888	31.731	36.120	41.097
	木柴	kg	1.890	2.436	2.436	3.129
	钢丝 ϕ4.0	kg	0.077	0.077	0.077	0.077
	棉纱头	kg	0.069	0.075	0.081	0.087
	破布	kg	1.336	1.457	1.578	1.699
	其他材料费	%	1.000	1.000	1.000	1.000
机械	汽车式起重机 8t	台班	0.092	0.092	0.113	0.133
	吊装机械(综合)	台班	0.113	0.113	0.133	0.133
	载重汽车 8t	台班	0.092	0.092	0.113	0.133

34. 承插铸铁管(膨胀水泥接口)

工作内容：准备工作，检查及清扫管材，切管，管道安装，调制接口材料，接口，养护。　**计量单位**：10m

定额编号				8-1-407	8-1-408	8-1-409	8-1-410	8-1-411	8-1-412
项目				公称直径（mm 以内）					
				75	100	150	200	300	400
名称			单位	消耗量					
人工		合计工日	工日	0.719	0.738	0.934	1.494	1.684	1.744
	其中	普工	工日	0.180	0.184	0.234	0.374	0.422	0.437
		一般技工	工日	0.467	0.480	0.607	0.971	1.094	1.133
		高级技工	工日	0.072	0.074	0.093	0.149	0.168	0.174
材料		铸铁管	m	10.000	10.000	10.000	10.000	10.000	10.000
		氧气	m^3	0.055	0.099	0.132	0.231	0.264	0.495
		乙炔气	kg	0.022	0.044	0.055	0.099	0.110	0.209
		膨胀水泥	kg	1.749	2.178	3.201	4.114	5.500	7.546
		油麻	kg	0.231	0.284	0.420	0.536	0.725	0.987
		钢丝 φ4.0	kg	0.077	0.077	0.077	0.077	0.077	0.077
		破布	kg	0.290	0.350	0.400	0.480	0.550	0.600
		棉纱头	kg	0.006	0.009	0.014	0.018	0.025	0.034
		其他材料费	%	1.000	1.000	1.000	1.000	1.000	1.000
机械		汽车式起重机 8t	台班	—	0.041	0.041	0.043	0.043	0.052
		吊装机械(综合)	台班	—	0.002	0.002	0.005	0.018	0.030
		载重汽车 8t	台班	—	0.041	0.041	0.043	0.043	0.052

计量单位：10m

定额编号				8-1-413	8-1-414	8-1-415	8-1-416	8-1-417	8-1-418
项目				公称直径（mm 以内）					
				500	600	700	800	900	1000
名称			单位	消耗量					
人工		合计工日	工日	2.228	2.597	3.577	3.708	4.767	4.938
	其中	普工	工日	0.557	0.649	0.894	0.927	1.192	1.234
		一般技工	工日	1.448	1.688	2.325	2.410	3.098	3.210
		高级技工	工日	0.223	0.260	0.358	0.371	0.477	0.494
材料		铸铁管	m	10.000	10.000	10.000	10.000	10.000	10.000
		氧气	m^3	0.627	0.759	0.891	0.990	1.100	1.232
		乙炔气	kg	0.264	0.319	0.374	0.407	0.462	0.517
		膨胀水泥	kg	10.648	13.222	15.961	18.898	22.011	27.401
		油麻	kg	1.397	1.733	2.090	2.478	2.877	3.581
		钢丝 φ4.0	kg	0.077	0.077	0.077	0.077	0.077	0.077
		破布	kg	0.770	0.950	1.004	1.104	1.215	1.336
		棉纱头	kg	0.042	0.050	0.052	0.057	0.063	0.069
		其他材料费	%	1.000	1.000	1.000	1.000	1.000	1.000
机械		汽车式起重机 8t	台班	0.041	0.051	0.051	0.061	0.061	0.092
		吊装机械(综合)	台班	0.061	0.072	0.102	0.102	0.113	0.113
		载重汽车 8t	台班	0.041	0.051	0.051	0.061	0.061	0.092

计量单位:10m

定额编号			8-1-419	8-1-420	8-1-421
项目			公称直径(mm 以内)		
			1200	1400	1600
名称		单位	消耗量		
人工	合计工日	工日	6.055	8.020	10.108
其中	普工	工日	1.514	2.005	2.527
	一般技工	工日	3.936	5.213	6.570
	高级技工	工日	0.605	0.802	1.011
材料	铸铁管	m	10.000	10.000	10.000
	氧气	m^3	1.342	1.452	1.584
	乙炔气	kg	0.561	0.605	0.660
	膨胀水泥	kg	35.068	46.706	56.441
	油麻	kg	4.589	6.111	7.382
	钢丝 ϕ4.0	kg	0.077	0.077	0.077
	破布	kg	1.457	1.578	1.699
	棉纱头	kg	0.075	0.081	0.087
	其他材料费	%	1.000	1.000	1.000
机械	汽车式起重机 8t	台班	0.092	0.113	0.133
	吊装机械(综合)	台班	0.113	0.133	0.133
	载重汽车 8t	台班	0.092	0.113	0.133

35. 法兰铸铁管(法兰连接)

工作内容:准备工作,管子切口,管口组对,法兰连接,管道安装。　　**计量单位**:10m

定额编号				8-1-422	8-1-423	8-1-424	8-1-425	8-1-426	8-1-427	8-1-428
项目				公称直径(mm以内)						
				75	100	125	150	200	250	300
名称			单位	消耗量						
人工	合计工日		工日	1.133	1.201	1.435	1.635	1.998	2.610	2.990
	其中	普工	工日	0.283	0.300	0.358	0.410	0.499	0.653	0.748
		一般技工	工日	0.737	0.781	0.933	1.062	1.299	1.696	1.943
		高级技工	工日	0.113	0.120	0.144	0.163	0.200	0.261	0.299
材料	法兰铸铁管		m	10.000	10.000	10.000	10.000	10.000	10.000	10.000
	胶圈 ϕ100		个	2.575	2.575	—	—	—	—	—
	胶圈 ϕ150		个	—	—	2.575	2.575	—	—	—
	胶圈 ϕ200		个	—	—	—	—	2.575	—	—
	胶圈 ϕ300		个	—	—	—	—	—	2.575	2.575
	支撑圈 *DN*100		套	2.575	2.575	—	—	—	—	—
	支撑圈 *DN*150		套	—	—	2.575	2.575	—	—	—
	支撑圈 *DN*200		套	—	—	—	—	2.575	—	—
	支撑圈 *DN*300		套	—	—	—	—	—	2.575	2.575
	带帽螺栓 玛钢 M20×100		套	10.300	10.300	15.450	15.450	15.450	20.600	20.600
	白铅油		kg	0.239	0.341	0.409	0.595	0.753	0.826	0.908
	镀锌铁丝 ϕ4.0~2.8		kg	0.051	0.060	0.060	0.060	0.060	0.060	0.060
	镀锌铁丝 ϕ1.2~0.7		kg	0.020	0.024	0.028	0.028	0.034	0.047	0.048
	破布		kg	0.309	0.380	0.420	0.483	0.508	0.554	0.615
	其他材料费		%	1.000	1.000	1.000	1.000	1.000	1.000	1.000
机械	汽车式起重机 8t		台班	0.009	0.011	0.018	0.018	0.022	0.029	0.037
	载重汽车 8t		台班	0.009	0.011	0.018	0.018	0.022	0.029	0.037

计量单位:10m

定额编号			8-1-429	8-1-430	8-1-431	8-1-432	8-1-433
项目			公称直径(mm 以内)				
			350	400	450	500	600
名称		单位	消耗量				
人工	合计工日	工日	3.961	4.462	5.627	6.216	7.883
人工	其中 普工	工日	0.990	1.115	1.407	1.554	1.971
人工	其中 一般技工	工日	2.575	2.901	3.657	4.040	5.124
人工	其中 高级技工	工日	0.396	0.446	0.563	0.622	0.788
材料	法兰铸铁管	m	10.000	10.000	10.000	10.000	10.000
材料	胶圈 ϕ400	个	2.575	2.575	—	—	—
材料	胶圈 ϕ500	个	—	—	2.575	2.575	—
材料	胶圈 ϕ600	个	—	—	—	—	2.575
材料	支撑圈 *DN*400	套	2.575	2.575	—	—	—
材料	支撑圈 *DN*500	套	—	—	2.575	2.575	—
材料	支撑圈 *DN*600	套	—	—	—	—	2.575
材料	黑铅粉	kg	—	—	—	—	0.172
材料	碳精棒	kg	—	0.075	0.094	0.094	0.113
材料	带帽螺栓 玛钢 M20×100	套	25.750	25.750	—	—	—
材料	带帽螺栓 玛钢 M22×120	套	—	—	36.050	36.050	41.200
材料	白铅油	kg	0.734	0.891	0.891	0.980	—
材料	镀锌铁丝 ϕ4.0~2.8	kg	0.077	0.077	0.077	0.077	0.077
材料	镀锌铁丝 ϕ1.2~0.7	kg	0.062	0.062	0.076	0.076	0.096
材料	破布	kg	0.697	0.714	0.748	0.806	0.921
材料	其他材料费	%	1.000	1.000	1.000	1.000	1.000
机械	电焊机(综合)	台班	—	0.025	0.031	0.031	0.037
机械	汽车式起重机 8t	台班	0.045	0.054	0.065	0.075	0.099
机械	载重汽车 8t	台班	0.045	0.054	0.065	0.075	0.099
机械	电动空气压缩机 0.6m^3/min	台班	—	0.025	0.031	0.031	0.037

二、中 压 管 道

1.碳钢管(电弧焊)

工作内容:准备工作,管子切口,坡口加工,坡口磨平,管口组对,焊接,管道安装。　　**计量单位**:10m

定额编号				8-1-434	8-1-435	8-1-436	8-1-437	8-1-438	8-1-439	8-1-440
项目				公称直径(mm以内)						
				15	20	25	32	40	50	65
名称			单位	消耗量						
人工	合计工日		工日	0.539	0.605	0.669	0.753	0.841	0.931	1.136
	其中	普工	工日	0.135	0.151	0.167	0.189	0.210	0.232	0.284
		一般技工	工日	0.296	0.333	0.368	0.414	0.463	0.513	0.625
		高级技工	工日	0.108	0.121	0.134	0.150	0.168	0.186	0.227
材料	碳钢管		m	9.137	9.137	9.137	9.137	9.137	8.996	8.996
	低碳钢焊条 J427 ϕ3.2		kg	0.034	0.043	0.063	0.094	0.100	0.125	0.275
	氧气		m^3	0.001	0.001	0.001	0.010	0.011	0.014	0.309
	乙炔气		kg	0.001	0.001	0.001	0.003	0.003	0.004	0.103
	尼龙砂轮片 $\phi100\times16\times3$		片	0.057	0.073	0.123	0.159	0.219	0.227	0.272
	尼龙砂轮片 $\phi500\times25\times4$		片	0.003	0.003	0.005	0.006	0.007	0.011	—
	磨头		个	0.013	0.016	0.020	0.024	0.028	0.033	0.044
	电		kW·h	0.105	0.115	0.148	0.162	0.193	0.199	0.121
	钢丝 ϕ4.0		kg	0.069	0.069	0.070	0.070	0.070	0.071	0.071
	塑料布		m^2	0.149	0.158	0.165	0.175	0.196	0.216	0.318
	破布		kg	0.090	0.090	0.181	0.199	0.199	0.226	0.253
	棉纱头		kg	0.003	0.006	0.006	0.008	0.008	0.011	0.015
	其他材料费		%	1.000	1.000	1.000	1.000	1.000	1.000	1.000
机械	电焊机(综合)		台班	0.028	0.046	0.056	0.068	0.083	0.106	0.143
	砂轮切割机 ϕ500		台班	0.001	0.002	0.003	0.003	0.004	0.004	—
	电焊条烘干箱 $60\times50\times75(cm^3)$		台班	0.003	0.005	0.005	0.007	0.009	0.011	0.014
	电焊条恒温箱		台班	0.003	0.005	0.005	0.007	0.009	0.011	0.014

计量单位：10m

定额编号			8-1-441	8-1-442	8-1-443	8-1-444	8-1-445	8-1-446
项目			公称直径（mm 以内）					
			80	100	125	150	200	250
名称		单位	消耗量					
人工	合计工日	工日	1.406	1.610	1.624	1.740	2.416	2.961
	其中 普工	工日	0.352	0.402	0.406	0.435	0.604	0.740
	其中 一般技工	工日	0.773	0.886	0.893	0.957	1.329	1.629
	其中 高级技工	工日	0.281	0.322	0.325	0.348	0.483	0.592
材料	碳钢管	m	8.996	8.996	8.845	8.845	8.845	8.798
	低碳钢焊条 J427 ϕ3.2	kg	0.393	0.521	0.810	1.125	2.125	3.375
	氧气	m^3	0.350	0.438	0.573	0.734	0.983	1.368
	乙炔气	kg	0.117	0.146	0.191	0.245	0.328	0.456
	尼龙砂轮片 $\phi100\times16\times3$	片	0.358	0.479	0.688	0.959	1.478	2.127
	磨头	个	0.052	0.066	—	—	—	—
	电	kW·h	0.147	0.191	0.240	0.292	0.418	0.561
	角钢(综合)	kg	—	—	—	—	0.137	0.137
	钢丝 ϕ4.0	kg	0.072	0.072	0.073	0.073	0.075	0.075
	塑料布	m^2	0.266	0.306	0.369	0.431	0.560	0.713
	破布	kg	0.271	0.316	0.343	0.361	0.433	0.479
	棉纱头	kg	0.018	0.021	0.024	0.032	0.041	0.051
	其他材料费	%	1.000	1.000	1.000	1.000	1.000	1.000
机械	电焊机（综合）	台班	0.167	0.227	0.274	0.340	0.500	0.655
	汽车式起重机 8t	台班	—	0.009	0.012	0.014	0.025	0.043
	吊装机械(综合)	台班	—	0.074	0.100	0.100	0.128	0.178
	载重汽车 8t	台班	—	0.009	0.012	0.014	0.025	0.043
	电焊条烘干箱 $60\times50\times75(cm^3)$	台班	0.017	0.022	0.027	0.034	0.050	0.065
	电焊条恒温箱	台班	0.017	0.022	0.027	0.034	0.050	0.065

计量单位:10m

定额编号				8-1-447	8-1-448	8-1-449	8-1-450	8-1-451	8-1-452
项目				公称直径(mm以内)					
				300	350	400	450	500	600
名称			单位	消耗量					
人工	合计工日		工日	3.156	3.741	4.449	5.624	6.584	7.544
人工	其中	普工	工日	0.789	0.935	1.112	1.406	1.646	1.886
人工	其中	一般技工	工日	1.736	2.058	2.447	3.093	3.621	4.149
人工	其中	高级技工	工日	0.631	0.748	0.890	1.125	1.317	1.509
材料	碳钢管		m	8.798	8.798	8.798	8.695	8.695	8.695
材料	低碳钢焊条 J427 ϕ3.2		kg	4.750	6.750	8.750	9.750	13.286	17.042
材料	氧气		m^3	1.793	2.030	2.296	2.990	3.289	4.292
材料	乙炔气		kg	0.598	0.677	0.765	0.997	1.096	1.431
材料	尼龙砂轮片 $\phi100\times16\times3$		片	2.874	3.655	4.550	5.124	5.821	8.561
材料	电		kW·h	0.695	0.878	1.095	1.207	1.500	2.030
材料	角钢(综合)		kg	0.138	0.138	0.138	0.138	0.138	0.138
材料	钢丝 ϕ4.0		kg	0.076	0.077	0.078	0.080	0.081	0.082
材料	塑料布		m^2	0.878	1.062	1.197	1.476	1.701	1.980
材料	破布		kg	0.497	0.524	0.542	0.614	0.696	0.778
材料	棉纱头		kg	0.050	0.061	0.068	0.075	0.084	0.092
材料	其他材料费		%	1.000	1.000	1.000	1.000	1.000	1.000
机械	电焊机(综合)		台班	0.745	0.834	1.068	1.272	1.475	1.679
机械	汽车式起重机 8t		台班	0.059	0.069	0.088	0.110	0.134	0.157
机械	吊装机械(综合)		台班	0.178	0.198	0.216	0.236	0.236	0.245
机械	载重汽车 8t		台班	0.059	0.069	0.088	0.110	0.134	0.157
机械	电焊条烘干箱 $60\times50\times75(cm^3)$		台班	0.074	0.084	0.107	0.127	0.147	0.168
机械	电焊条恒温箱		台班	0.074	0.084	0.107	0.127	0.147	0.168

2. 碳钢管(氩电联焊)

工作内容:准备工作,管子切口,坡口加工,坡口磨平,管口组对,焊接,管口封闭,管道安装。

计量单位:10m

定额编号			8-1-453	8-1-454	8-1-455	8-1-456	8-1-457	8-1-458
项目			公称直径(mm以内)					
			15	20	25	32	40	50
名称		单位	消耗量					
人工	合计工日	工日	0.591	0.654	0.736	0.833	0.935	1.063
人工	其中 普工	工日	0.148	0.163	0.183	0.209	0.234	0.265
人工	其中 一般技工	工日	0.325	0.360	0.405	0.458	0.514	0.585
人工	其中 高级技工	工日	0.118	0.131	0.148	0.166	0.187	0.213
材料	碳钢管	m	9.137	9.137	9.137	9.137	9.137	8.996
材料	低碳钢焊条 J427 ϕ3.2	kg	0.001	0.001	0.003	0.004	0.004	0.059
材料	碳钢焊丝	kg	0.017	0.022	0.038	0.050	0.063	0.027
材料	氧气	m^3	0.001	0.001	0.001	0.009	0.011	0.014
材料	乙炔气	kg	0.001	0.001	0.001	0.003	0.003	0.004
材料	氩气	m^3	0.048	0.062	0.100	0.138	0.163	0.076
材料	铈钨棒	g	0.097	0.123	0.200	0.269	0.313	0.151
材料	尼龙砂轮片 $\phi100\times16\times3$	片	0.056	0.072	0.123	0.160	0.218	0.223
材料	尼龙砂轮片 $\phi500\times25\times4$	片	0.003	0.003	0.005	0.006	0.007	0.011
材料	磨头	个	0.013	0.016	0.020	0.024	0.028	0.033
材料	电	kW·h	0.105	0.115	0.150	0.165	0.199	0.208
材料	钢丝 ϕ4.0	kg	0.076	0.078	0.079	0.080	0.081	0.084
材料	塑料布	m^2	0.150	0.157	0.165	0.174	0.196	0.216
材料	破布	kg	0.090	0.090	0.181	0.199	0.199	0.226
材料	棉纱头	kg	0.003	0.006	0.006	0.008	0.008	0.011
材料	其他材料费	%	1.000	1.000	1.000	1.000	1.000	1.000
机械	电焊机(综合)	台班	0.005	0.005	0.009	0.010	0.016	0.080
机械	氩弧焊机 500A	台班	0.029	0.034	0.038	0.043	0.050	0.054
机械	砂轮切割机 ϕ500	台班	0.001	0.003	0.004	0.004	0.005	0.005
机械	电焊条烘干箱 $60\times50\times75(cm^3)$	台班	0.001	0.001	0.001	0.001	0.002	0.008
机械	电焊条恒温箱	台班	0.001	0.001	0.001	0.001	0.002	0.008

计量单位:10m

定额编号				8-1-459	8-1-460	8-1-461	8-1-462	8-1-463	8-1-464
项目				公称直径（mm 以内）					
				65	80	100	125	150	200
名称			单位	消耗量					
人工	合计工日		工日	1.295	1.546	1.795	1.859	1.943	2.689
	其中	普工	工日	0.324	0.387	0.449	0.464	0.485	0.673
		一般技工	工日	0.712	0.850	0.987	1.023	1.069	1.478
		高级技工	工日	0.259	0.309	0.359	0.372	0.389	0.538
材料	碳钢管		m	8.996	8.996	8.996	8.845	8.845	8.845
	低碳钢焊条 J427 ϕ3.2		kg	0.225	0.331	0.438	0.716	1.000	1.750
	碳钢焊丝		kg	0.028	0.029	0.039	0.044	0.054	0.075
	氧气		m^3	0.288	0.323	0.400	0.523	0.707	0.930
	乙炔气		kg	0.096	0.108	0.133	0.174	0.236	0.310
	氩气		m^3	0.076	0.081	0.109	0.125	0.150	0.213
	铈钨棒		g	0.151	0.163	0.218	0.250	0.300	0.425
	尼龙砂轮片 $\phi100\times16\times3$		片	0.269	0.355	0.474	0.682	0.950	1.466
	尼龙砂轮片 $\phi500\times25\times4$		片	0.016	0.021	0.029	0.038	—	—
	磨头		个	0.044	0.052	—	—	—	—
	电		kW·h	0.132	0.160	0.211	0.265	0.326	0.474
	角钢(综合)		kg	—	—	—	—	—	0.137
	钢丝 ϕ4.0		kg	0.087	0.089	0.095	0.099	0.104	0.114
	塑料布		m^2	0.243	0.267	0.314	0.369	0.431	0.560
	破布		kg	0.253	0.271	0.316	0.343	0.361	0.433
	棉纱头		kg	0.015	0.018	0.021	0.024	0.032	0.041
	其他材料费		%	1.000	1.000	1.000	1.000	1.000	1.000
机械	电焊机（综合）		台班	0.109	0.126	0.182	0.220	0.281	0.431
	氩弧焊机 500A		台班	0.056	0.067	0.086	0.102	0.123	0.169
	砂轮切割机 ϕ500		台班	0.007	0.008	0.011	0.011	—	—
	电焊条烘干箱 $60\times50\times75(cm^3)$		台班	0.011	0.012	0.019	0.022	0.028	0.043
	电焊条恒温箱		台班	0.011	0.012	0.019	0.022	0.028	0.043
	半自动切割机 100mm		台班	—	—	—	—	0.088	0.126
	汽车式起重机 8t		台班	—	—	0.011	0.014	0.017	0.029
	吊装机械(综合)		台班	—	—	0.073	0.100	0.100	0.128
	载重汽车 8t		台班	—	—	0.011	0.014	0.017	0.029

计量单位:10m

定额编号			8-1-465	8-1-466	8-1-467	8-1-468	8-1-469	8-1-470	8-1-471
项目			公称直径(mm 以内)						
			250	300	350	400	450	500	600
名称		单位	消耗量						
人工	合计工日	工日	3.298	3.526	4.167	4.942	5.320	7.268	9.216
人工	其中 普工	工日	0.825	0.882	1.042	1.235	1.330	1.818	2.304
人工	其中 一般技工	工日	1.814	1.939	2.292	2.718	2.926	3.997	5.069
人工	其中 高级技工	工日	0.659	0.705	0.833	0.989	1.064	1.453	1.843
材料	碳钢管	m	8.798	8.798	8.798	8.798	8.695	8.695	8.695
材料	低碳钢焊条 J427 ϕ3.2	kg	2.750	4.875	6.625	8.625	9.500	12.718	16.313
材料	碳钢焊丝	kg	0.095	0.113	0.133	0.163	0.188	0.244	0.316
材料	氧气	m^3	1.313	1.580	1.923	2.188	2.715	3.231	4.077
材料	乙炔气	kg	0.438	0.527	0.641	0.729	0.905	1.077	1.359
材料	氩气	m^3	0.263	0.316	0.375	0.435	0.475	0.684	0.884
材料	铈钨棒	g	0.525	0.638	0.738	0.869	0.950	1.368	1.769
材料	尼龙砂轮片 $\phi100\times16\times3$	片	2.114	2.853	3.633	4.483	5.099	5.788	8.519
材料	电	kW·h	0.628	0.783	0.978	1.150	1.320	1.662	2.240
材料	角钢(综合)	kg	0.137	0.138	0.138	0.138	0.138	0.138	0.138
材料	钢丝 ϕ4.0	kg	0.123	0.133	0.142	0.152	0.161	0.170	0.179
材料	塑料布	m^2	0.713	0.878	1.061	1.196	1.473	1.698	1.923
材料	破布	kg	0.479	0.497	0.524	0.542	0.614	0.696	0.778
材料	棉纱头	kg	0.050	0.050	0.061	0.068	0.075	0.084	0.092
材料	其他材料费	%	1.000	1.000	1.000	1.000	1.000	1.000	1.000
机械	电焊机(综合)	台班	0.580	0.670	0.760	0.981	1.233	1.363	1.493
机械	氩弧焊机 500A	台班	0.211	0.217	0.223	0.252	0.283	0.316	0.343
机械	电焊条烘干箱 $60\times50\times75(cm^3)$	台班	0.058	0.067	0.076	0.098	0.123	0.136	0.150
机械	电焊条恒温箱	台班	0.058	0.067	0.076	0.098	0.123	0.136	0.150
机械	半自动切割机 100mm	台班	0.162	0.170	0.178	0.206	0.240	0.256	0.272
机械	汽车式起重机 8t	台班	0.051	0.069	0.080	0.102	0.128	0.156	0.185
机械	吊装机械(综合)	台班	0.178	0.178	0.198	0.216	0.236	0.236	0.245
机械	载重汽车 8t	台班	0.051	0.069	0.080	0.102	0.128	0.156	0.185

3.螺旋卷管(电弧焊)

工作内容:准备工作,管子切口,坡口加工,坡口磨平,管口组对,焊接,管道安装。　　**计量单位**:10m

定额编号			8-1-472	8-1-473	8-1-474	8-1-475	8-1-476	8-1-477	8-1-478
项目			公称直径(mm以内)						
			200	250	300	350	400	450	500
名称		单位	消耗量						
人工	合计工日	工日	1.394	1.634	1.913	2.249	2.639	3.286	3.894
其中	普工	工日	0.348	0.408	0.479	0.563	0.659	0.822	0.973
	一般技工	工日	0.767	0.899	1.052	1.236	1.452	1.807	2.142
	高级技工	工日	0.279	0.327	0.382	0.450	0.528	0.657	0.779
材料	螺旋卷管	m	9.287	9.287	9.287	9.287	9.287	9.193	9.193
	低碳钢焊条 J427 ϕ3.2	kg	0.830	1.038	1.046	1.563	1.769	2.849	3.158
	氧气	m^3	0.451	0.551	0.601	0.746	0.814	1.021	1.100
	乙炔气	kg	0.150	0.184	0.200	0.249	0.271	0.340	0.367
	尼龙砂轮片 $\phi100\times16\times3$	片	0.693	0.830	1.097	1.382	1.564	2.043	2.339
	电	kW·h	0.192	0.235	0.279	0.332	0.375	0.477	0.499
	角钢(综合)	kg	0.080	0.080	0.080	0.080	0.080	0.080	0.080
	棉纱头	kg	0.033	0.041	0.050	0.056	0.064	0.071	0.077
	破布	kg	0.015	0.019	0.021	0.026	0.028	0.032	0.036
	其他材料费	%	1.000	1.000	1.000	1.000	1.000	1.000	1.000
机械	电焊机(综合)	台班	0.118	0.134	0.158	0.198	0.224	0.323	0.331
	汽车式起重机 8t	台班	0.015	0.023	0.027	0.032	0.036	0.045	0.050
	吊装机械(综合)	台班	0.095	0.101	0.107	0.116	0.123	0.134	0.153
	载重汽车 8t	台班	0.015	0.023	0.027	0.032	0.036	0.045	0.050
	电焊条烘干箱 $60\times50\times75(cm^3)$	台班	0.012	0.013	0.016	0.020	0.023	0.032	0.033
	电焊条恒温箱	台班	0.012	0.0i3	0.016	0.020	0.023	0.032	0.033

计量单位:10m

定额编号			8-1-479	8-1-480	8-1-481	8-1-482	8-1-483
项目			公称直径(mm以内)				
			600	700	800	900	1000
名称		单位	消耗量				
人工	合计工日	工日	4.684	5.472	6.224	7.011	7.775
其中	普工	工日	1.171	1.367	1.556	1.753	1.944
	一般技工	工日	2.576	3.010	3.423	3.856	4.276
	高级技工	工日	0.937	1.095	1.245	1.402	1.555
材料	螺旋卷管	m	9.193	9.090	9.090	9.090	8.996
	低碳钢焊条 J427 ϕ3.2	kg	4.233	5.001	6.939	7.797	8.655
	氧气	m^3	1.288	1.471	1.837	2.171	2.505
	乙炔气	kg	0.429	0.490	0.612	0.724	0.835
	碳精棒	kg	0.042	0.048	0.055	0.061	0.068
	尼龙砂轮片 $\phi100\times16\times3$	片	2.935	3.336	3.988	4.607	5.060
	电	kW·h	0.660	0.775	0.918	1.045	1.157
	角钢(综合)	kg	0.080	0.088	0.088	0.088	0.088
	六角螺栓(综合)	10套	0.019	0.019	0.019	0.019	0.019
	破布	kg	0.043	0.049	0.056	0.062	0.068
	棉纱头	kg	0.094	0.106	0.123	0.136	0.184
	其他材料费	%	1.000	1.000	1.000	1.000	1.000
机械	电焊机(综合)	台班	0.488	0.559	0.694	0.779	0.864
	汽车式起重机 8t	台班	0.053	0.060	0.076	0.093	0.103
	吊装机械(综合)	台班	0.139	0.157	0.171	0.186	0.246
	载重汽车 8t	台班	0.053	0.060	0.076	0.093	0.103
	电焊条烘干箱 $60\times50\times75(cm^3)$	台班	0.049	0.056	0.069	0.078	0.086
	电焊条恒温箱	台班	0.049	0.056	0.069	0.078	0.086

4. 螺旋卷管(氩电联焊)

工作内容:准备工作,管子切口,坡口加工,坡口磨平,管口组对,焊接,管口封闭,管道安装。

计量单位:10m

定额编号				8-1-484	8-1-485	8-1-486	8-1-487	8-1-488	8-1-489	8-1-490
项目				公称直径(mm 以内)						
				200	250	300	350	400	450	500
名称			单位	消耗量						
人工	合计工日		工日	1.742	2.043	2.391	2.811	3.299	4.107	4.867
	其中	普工	工日	0.436	0.510	0.597	0.703	0.824	1.026	1.215
		一般技工	工日	0.958	1.124	1.315	1.546	1.815	2.259	2.678
		高级技工	工日	0.348	0.409	0.479	0.562	0.660	0.822	0.974
材料	螺旋卷管		m	9.287	9.287	9.287	9.287	9.287	9.193	9.193
	低碳钢焊条 J427 ϕ3.2		kg	0.700	0.830	1.046	1.382	1.563	2.388	2.640
	碳钢氩弧焊丝		kg	0.054	0.066	0.080	0.093	0.106	0.120	0.130
	氧气		m^3	0.451	0.551	0.601	0.746	0.814	1.021	1.100
	乙炔气		kg	0.150	0.184	0.200	0.249	0.271	0.340	0.367
	氩气		m^3	0.151	0.185	0.222	0.261	0.296	0.335	0.365
	铈钨棒		g	0.301	0.370	0.445	0.522	0.592	0.670	0.730
	尼龙砂轮片 $\phi100\times16\times3$		片	0.680	0.817	1.088	1.372	1.552	2.022	2.317
	电		kW·h	0.265	0.321	0.379	0.455	0.515	0.636	0.684
	角钢(综合)		kg	0.080	0.080	0.080	0.080	0.080	0.080	0.080
	破布		kg	0.015	0.019	0.021	0.026	0.026	0.028	0.032
	棉纱头		kg	0.033	0.041	0.050	0.056	0.064	0.071	0.077
	其他材料费		%	1.000	1.000	1.000	1.000	1.000	1.000	1.000
机械	电焊机(综合)		台班	0.109	0.141	0.167	0.208	0.236	0.285	0.315
	氩弧焊机 500A		台班	0.075	0.092	0.110	0.130	0.147	0.167	0.189
	汽车式起重机 8t		台班	0.015	0.023	0.027	0.032	0.036	0.045	0.050
	吊装机械(综合)		台班	0.095	0.101	0.107	0.116	0.124	0.134	0.154
	载重汽车 8t		台班	0.015	0.019	0.027	0.032	0.036	0.045	0.050
	电焊条烘干箱 $60\times50\times75(cm^3)$		台班	0.011	0.014	0.017	0.021	0.023	0.029	0.031
	电焊条恒温箱		台班	0.011	0.011	0.017	0.021	0.023	0.029	0.031

5. 不锈钢管(电弧焊)

工作内容: 准备工作,管子切口,坡口加工,坡口磨平,管口组对,焊接,焊缝钝化,管口封闭,管道安装。

计量单位:10m

定额编号			8-1-491	8-1-492	8-1-493	8-1-494	8-1-495	8-1-496
项　目			公称直径(mm 以内)					
			15	20	25	32	40	50
名　称		单位	消　耗　量					
人工	合计工日	工日	0.684	0.702	0.726	0.804	0.909	1.255
人工	其中 普工	工日	0.171	0.176	0.182	0.201	0.227	0.314
人工	其中 一般技工	工日	0.376	0.386	0.399	0.442	0.500	0.690
人工	其中 高级技工	工日	0.137	0.140	0.145	0.161	0.182	0.251
材料	不锈钢管	m	9.250	9.250	9.250	9.250	9.156	9.156
材料	不锈钢焊条(综合)	kg	0.022	0.027	0.041	0.050	0.077	0.113
材料	尼龙砂轮片 $\phi100\times16\times3$	片	0.069	0.085	0.134	0.167	0.239	0.350
材料	尼龙砂轮片 $\phi500\times25\times4$	片	0.005	0.006	0.012	0.014	0.017	0.019
材料	电	kW·h	0.150	0.161	0.199	0.216	0.259	0.312
材料	丙酮	kg	0.012	0.014	0.019	0.022	0.026	0.031
材料	酸洗膏	kg	0.007	0.010	0.013	0.016	0.019	0.024
材料	水	t	0.002	0.002	0.002	0.003	0.003	0.005
材料	钢丝 $\phi4.0$	kg	0.069	0.070	0.071	0.072	0.073	0.076
材料	塑料布	m^2	0.121	0.148	0.155	0.164	0.185	0.203
材料	破布	kg	0.082	0.082	0.178	0.178	0.202	0.203
材料	棉纱头	kg	0.003	0.005	0.006	0.008	0.009	0.010
材料	其他材料费	%	1.000	1.000	1.000	1.000	1.000	1.000
机械	电焊机(综合)	台班	0.029	0.036	0.049	0.060	0.079	0.106
机械	砂轮切割机 $\phi500$	台班	0.001	0.001	0.004	0.004	0.005	0.006
机械	电动空气压缩机 $6m^3/min$	台班	0.002	0.002	0.002	0.002	0.002	0.002
机械	电焊条烘干箱 $60\times50\times75(cm^3)$	台班	0.003	0.003	0.005	0.006	0.008	0.011
机械	电焊条恒温箱	台班	0.003	0.003	0.005	0.006	0.008	0.011

计量单位:10m

定额编号				8-1-497	8-1-498	8-1-499	8-1-500	8-1-501	8-1-502
项目				公称直径(mm以内)					
				65	80	100	125	150	200
名称			单位	消耗量					
人工	合计工日		工日	1.681	1.783	2.083	2.119	2.392	3.560
	其中	普工	工日	0.420	0.445	0.520	0.529	0.598	0.890
		一般技工	工日	0.925	0.981	1.146	1.166	1.316	1.958
		高级技工	工日	0.336	0.357	0.417	0.424	0.478	0.712
材料	不锈钢管		m	9.156	8.958	8.958	8.958	8.817	8.817
	不锈钢焊条(综合)		kg	0.200	0.259	0.388	0.513	0.736	1.393
	尼龙砂轮片 $\phi100\times16\times3$		片	0.647	0.606	0.747	0.879	1.445	2.198
	尼龙砂轮片 $\phi500\times25\times4$		片	0.034	0.041	0.062	—	—	—
	电		kW·h	0.404	0.194	0.271	0.304	0.407	0.605
	丙酮		kg	0.041	0.048	0.061	0.071	0.085	0.117
	酸洗膏		kg	0.034	0.040	0.050	0.077	0.103	0.134
	水		t	0.007	0.009	0.010	0.012	0.015	0.020
	钢丝 $\phi4.0$		kg	0.079	0.081	0.086	0.090	0.095	0.104
	塑料布		m^2	0.229	0.251	0.296	0.347	0.406	0.527
	破布		kg	0.243	0.285	0.285	0.311	0.329	0.436
	棉纱头		kg	0.015	0.017	0.019	0.023	0.029	0.042
	其他材料费		%	1.000	1.000	1.000	1.000	1.000	1.000
机械	电焊机(综合)		台班	0.151	0.178	0.260	0.304	0.380	0.564
	砂轮切割机 $\phi500$		台班	0.011	0.014	0.017	—	—	—
	电动空气压缩机 $6m^3/min$		台班	0.002	0.002	0.002	0.002	0.002	0.002
	等离子切割机 400A		台班	—	0.064	0.084	0.110	0.136	0.196
	汽车式起重机 8t		台班	—	—	0.009	0.013	0.016	0.027
	吊装机械(综合)		台班	—	—	0.092	0.092	0.092	0.118
	载重汽车 8t		台班	—	—	0.009	0.013	0.016	0.027
	电动空气压缩机 $1m^3/min$		台班	—	0.064	0.084	0.110	0.136	0.196
	电焊条烘干箱 $60\times50\times75(cm^3)$		台班	0.015	0.018	0.026	0.030	0.038	0.056
	电焊条恒温箱		台班	0.015	0.018	0.026	0.030	0.038	0.056

计量单位:10m

定额编号				8-1-503	8-1-504	8-1-505	8-1-506	8-1-507	8-1-508
项　目				公称直径（mm 以内）					
				250	300	350	400	450	500
名　称			单位	消　耗　量					
人工	合计工日		工日	4.275	5.083	6.043	6.886	7.728	8.571
	其中	普工	工日	1.069	1.272	1.510	1.722	1.933	2.143
		一般技工	工日	2.351	2.795	3.324	3.787	4.250	4.714
		高级技工	工日	0.855	1.016	1.209	1.377	1.545	1.714
材料	不锈钢管		m	8.817	8.817	8.817	8.817	8.817	8.817
	不锈钢焊条(综合)		kg	2.289	3.476	5.213	7.146	9.610	10.635
	尼龙砂轮片 $\phi100\times16\times3$		片	3.363	4.447	5.736	7.236	9.019	10.022
	电		kW·h	0.820	1.026	1.285	1.556	1.879	2.081
	丙酮		kg	0.146	0.173	0.201	0.226	0.251	0.276
	酸洗膏		kg	0.203	0.242	0.265	0.329	0.393	0.457
	水		t	0.024	0.029	0.034	0.039	0.044	0.049
	钢丝 $\phi4.0$		kg	0.113	0.122	0.131	0.140	0.149	0.158
	塑料布		m^2	0.671	0.827	0.999	1.126	1.253	1.380
	破布		kg	0.455	0.481	0.500	0.566	0.632	0.698
	棉纱头		kg	0.049	0.058	0.066	0.074	0.082	0.090
	其他材料费		%	1.000	1.000	1.000	1.000	1.000	1.000
机械	电焊机（综合）		台班	0.776	1.026	1.399	1.801	2.202	2.603
	电动空气压缩机 $6m^3/min$		台班	0.002	0.002	0.002	0.002	0.002	0.002
	等离子切割机 400A		台班	0.257	0.323	0.391	0.465	0.539	0.613
	汽车式起重机 8t		台班	0.041	0.056	0.075	0.095	0.115	0.135
	吊装机械(综合)		台班	0.164	0.164	0.182	0.199	0.216	0.233
	载重汽车 8t		台班	0.041	0.056	0.075	0.095	0.115	0.135
	电动空气压缩机 $1m^3/min$		台班	0.257	0.323	0.391	0.465	0.539	0.613
	电焊条烘干箱 $60\times50\times75(cm^3)$		台班	0.077	0.103	0.140	0.180	0.220	0.261
	电焊条恒温箱		台班	0.077	0.103	0.140	0.180	0.220	0.261

6. 不锈钢管(氩电联焊)

工作内容:准备工作,管子切口,坡口加工,管口组对,焊接,焊缝钝化,管口封闭,管道安装。

计量单位:10m

定额编号			8-1-509	8-1-510	8-1-511	8-1-512	8-1-513	8-1-514
项目			公称直径(mm 以内)					
			50	65	80	100	125	150
名称		单位	消耗量					
人工	合计工日	工日	1.313	1.776	2.010	2.264	2.405	2.590
人工	其中 普工	工日	0.328	0.443	0.502	0.565	0.601	0.648
人工	其中 一般技工	工日	0.722	0.977	1.106	1.246	1.323	1.424
人工	其中 高级技工	工日	0.263	0.356	0.402	0.453	0.481	0.518
材料	不锈钢管	m	9.156	9.156	8.958	8.958	8.958	8.817
材料	不锈钢焊条(综合)	kg	0.115	0.232	0.273	0.499	0.584	0.864
材料	不锈钢焊丝 1Cr18Ni9Ti	kg	0.033	0.045	0.056	0.072	0.092	0.110
材料	氩气	m^3	0.093	0.124	0.157	0.202	0.257	0.308
材料	铈钨棒	g	0.156	0.194	0.231	0.299	0.354	0.424
材料	尼龙砂轮片 $\phi100\times16\times3$	片	0.059	0.088	0.104	0.150	0.176	0.239
材料	尼龙砂轮片 $\phi500\times25\times4$	片	0.019	0.034	0.041	0.062	—	—
材料	电	kW·h	0.086	0.123	0.141	0.201	0.237	0.282
材料	丙酮	kg	0.031	0.041	0.048	0.061	0.071	0.085
材料	酸洗膏	kg	0.020	0.034	0.040	0.050	0.077	0.103
材料	水	t	0.005	0.007	0.009	0.010	0.012	0.015
材料	钢丝 $\phi4.0$	kg	0.076	0.079	0.081	0.086	0.090	0.095
材料	塑料布	m^2	0.203	0.229	0.251	0.296	0.347	0.406
材料	破布	kg	0.203	0.243	0.285	0.285	0.311	0.329
材料	棉纱头	kg	0.010	0.015	0.017	0.019	0.023	0.029
材料	其他材料费	%	1.000	1.000	1.000	1.000	1.000	1.000
机械	氩弧焊机 500A	台班	0.065	0.081	0.095	0.125	0.148	0.172
机械	砂轮切割机 $\phi500$	台班	0.006	0.011	0.014	0.017	—	—
机械	普通车床 630×2000	台班	0.037	0.065	0.065	0.067	0.068	0.071
机械	电动空气压缩机 $6m^3/min$	台班	0.002	0.002	0.002	0.002	0.002	0.002
机械	电焊机(综合)	台班	0.071	0.116	0.137	0.203	0.237	0.312
机械	等离子切割机 400A	台班	—	—	—	—	0.012	0.015
机械	汽车式起重机 8t	台班	—	—	—	0.009	0.013	0.016
机械	吊装机械(综合)	台班	—	—	—	0.092	0.092	0.092
机械	载重汽车 8t	台班	—	—	—	0.009	0.013	0.016
机械	电动葫芦(单速)3t	台班	0.037	0.065	0.065	0.067	0.068	0.071
机械	电动空气压缩机 $1m^3/min$	台班	—	—	—	—	0.012	0.015
机械	电焊条烘干箱 $60\times50\times75(cm^3)$	台班	0.007	0.012	0.013	0.021	0.024	0.031
机械	电焊条恒温箱	台班	0.007	0.012	0.013	0.021	0.024	0.031

计量单位:10m

定额编号				8-1-515	8-1-516	8-1-517	8-1-518	8-1-519	8-1-520	8-1-521
项目				公称直径（mm 以内）						
				200	250	300	350	400	450	500
名称			单位	消耗量						
人工	合计工日		工日	3.771	4.433	5.181	6.108	7.068	8.028	8.987
	其中	普工	工日	0.943	1.107	1.295	1.528	1.767	2.007	2.246
		一般技工	工日	2.074	2.439	2.850	3.359	3.887	4.415	4.943
		高级技工	工日	0.754	0.887	1.036	1.221	1.414	1.606	1.798
材料	不锈钢管		m	8.817	8.817	8.817	8.817	8.817	8.817	8.817
	不锈钢焊条(综合)		kg	1.712	2.896	4.484	6.828	9.447	12.066	14.685
	不锈钢焊丝 1Cr18Ni9Ti		kg	0.156	0.195	0.238	0.276	0.346	0.416	0.486
	氩气		m^3	0.437	0.546	0.666	0.774	0.970	1.166	1.362
	铈钨棒		g	0.585	0.731	0.870	1.009	1.140	1.271	1.402
	尼龙砂轮片 $\phi 100\times16\times3$		片	0.410	0.573	0.758	0.991	1.321	1.651	1.981
	电		kW·h	0.405	0.551	0.669	0.790	0.991	1.192	1.393
	丙酮		kg	0.117	0.146	0.173	0.201	0.226	0.251	0.276
	酸洗膏		kg	0.134	0.203	0.242	0.265	0.323	0.419	0.515
	水		t	0.020	0.024	0.029	0.034	0.039	0.044	0.049
	钢丝 $\phi 4.0$		kg	0.104	0.113	0.122	0.131	0.140	0.149	0.158
	塑料布		m^2	0.527	0.671	0.827	0.999	1.126	1.253	1.380
	破布		kg	0.436	0.455	0.481	0.500	0.566	0.632	0.698
	棉纱头		kg	0.042	0.049	0.058	0.066	0.074	0.082	0.090
	其他材料费		%	1.000	1.000	1.000	1.000	1.000	1.000	1.000
机械	电焊机（综合）		台班	0.483	0.648	0.832	1.151	1.496	1.673	1.850
	氩弧焊机 500A		台班	0.234	0.299	0.350	0.379	0.428	0.434	0.439
	等离子切割机 400A		台班	0.022	0.029	0.036	0.044	0.052	0.054	0.056
	普通车床 630×2000		台班	0.080	0.095	0.117	0.148	0.187	0.205	0.223
	汽车式起重机 8t		台班	0.027	0.041	0.056	0.075	0.095	0.104	0.114
	吊装机械(综合)		台班	0.118	0.164	0.164	0.182	0.190	0.193	0.193
	载重汽车 8t		台班	0.027	0.041	0.056	0.075	0.095	0.104	0.114
	电动葫芦(单速)3t		台班	0.080	0.095	0.117	0.148	0.187	0.205	0.223
	电动空气压缩机 $1m^3/min$		台班	0.022	0.029	0.036	0.044	0.052	0.054	0.056
	电动空气压缩机 $6m^3/min$		台班	0.002	0.002	0.002	0.002	0.002	0.002	0.002
	电焊条烘干箱 $60\times50\times75(cm^3)$		台班	0.048	0.065	0.083	0.115	0.149	0.167	0.185
	电焊条恒温箱		台班	0.048	0.065	0.083	0.115	0.149	0.167	0.185

7. 不锈钢管(氩弧焊)

工作内容:准备工作,管子切口,坡口加工,管口组对,焊接,焊缝钝化,管口封闭,垂直运输,管道安装。

计量单位:10m

定额编号				8-1-522	8-1-523	8-1-524	8-1-525	8-1-526	8-1-527	8-1-528
项目				公称直径(mm 以内)						
				15	20	25	32	40	50	65
名称			单位	消耗量						
人工	合计工日		工日	0.729	0.753	0.764	0.855	0.968	1.364	1.857
	其中	普工	工日	0.183	0.188	0.192	0.214	0.241	0.342	0.465
		一般技工	工日	0.401	0.414	0.420	0.470	0.533	0.750	1.021
		高级技工	工日	0.145	0.151	0.152	0.171	0.194	0.272	0.371
材料	不锈钢管		m	9.250	9.250	9.250	9.250	9.156	9.156	9.156
	不锈钢焊丝 1Cr18Ni9Ti		kg	0.016	0.020	0.029	0.037	0.056	0.090	0.169
	氩气		m^3	0.044	0.055	0.083	0.102	0.158	0.254	0.473
	铈钨棒		g	0.085	0.105	0.153	0.190	0.292	0.478	0.891
	尼龙砂轮片 $\phi100\times16\times3$		片	0.027	0.033	0.042	0.053	0.062	0.078	0.124
	尼龙砂轮片 $\phi500\times25\times4$		片	0.005	0.006	0.012	0.014	0.017	0.019	0.034
	电		kW·h	0.033	0.043	0.053	0.065	0.081	0.103	0.151
	丙酮		kg	0.012	0.014	0.019	0.022	0.026	0.031	0.041
	酸洗膏		kg	0.007	0.010	0.013	0.016	0.019	0.024	0.034
	水		t	0.002	0.002	0.003	0.003	0.003	0.005	0.007
	钢丝 $\phi4.0$		kg	0.069	0.070	0.071	0.072	0.073	0.076	0.079
	塑料布		m^2	0.141	0.148	0.155	0.164	0.185	0.203	0.229
	破布		kg	0.082	0.082	0.178	0.178	0.202	0.203	0.243
	棉纱头		kg	0.003	0.005	0.006	0.008	0.009	0.010	0.015
	其他材料费		%	1.000	1.000	1.000	1.000	1.000	1.000	1.000
机械	氩弧焊机 500A		台班	0.032	0.041	0.052	0.065	0.087	0.122	0.190
	砂轮切割机 $\phi500$		台班	0.001	0.001	0.004	0.004	0.005	0.006	0.011
	普通车床 630×2000		台班	0.023	0.024	0.026	0.027	0.030	0.037	0.065
	电动葫芦(单速)3t		台班	—	—	—	—	—	0.037	0.065
	电动空气压缩机 $6m^3/min$		台班	0.002	0.002	0.002	0.002	0.002	0.002	0.002

计量单位:10m

定额编号			8-1-529	8-1-530	8-1-531	8-1-532	8-1-533
项目			公称直径(mm以内)				
			80	100	125	150	200
名称		单位	消耗量				
人工	合计工日	工日	2.083	2.406	2.503	2.797	4.048
	其中 普工	工日	0.520	0.601	0.625	0.699	1.012
	其中 一般技工	工日	1.146	1.324	1.377	1.538	2.227
	其中 高级技工	工日	0.417	0.481	0.501	0.560	0.809
材料	不锈钢管	m	8.958	8.958	8.958	8.817	8.817
	不锈钢焊丝 1Cr18Ni9Ti	kg	0.202	0.337	0.402	0.566	1.058
	氩气	m^3	0.566	0.944	1.124	1.586	2.964
	铈钨棒	g	1.049	1.783	2.088	2.980	5.640
	尼龙砂轮片 $\phi100\times16\times3$	片	0.147	0.211	0.248	0.336	0.578
	尼龙砂轮片 $\phi500\times25\times4$	片	0.041	0.062	—	—	—
	电	kW·h	0.174	0.259	0.307	0.385	0.634
	丙酮	kg	0.048	0.061	0.071	0.085	0.117
	酸洗膏	kg	0.040	0.050	0.077	0.103	0.134
	水	t	0.009	0.010	0.012	0.015	0.020
	钢丝 $\phi4.0$	kg	0.081	0.086	0.090	0.095	0.104
	塑料布	m^2	0.251	0.296	0.374	0.406	0.527
	破布	kg	0.285	0.285	0.311	0.329	0.436
	棉纱头	kg	0.017	0.019	0.023	0.029	0.042
	其他材料费	%	1.000	1.000	1.000	1.000	1.000
机械	氩弧焊机 500A	台班	0.223	0.355	0.416	0.559	0.996
	砂轮切割机 $\phi500$	台班	0.014	0.017	—	—	—
	等离子切割机 400A	台班	—	—	0.012	0.015	0.022
	普通车床 630×2000	台班	0.065	0.067	0.068	0.071	0.080
	汽车式起重机 8t	台班	—	0.009	0.013	0.016	0.027
	吊装机械(综合)	台班	—	0.092	0.092	0.092	0.118
	载重汽车 8t	台班	—	0.009	0.013	0.016	0.027
	电动葫芦(单速)3t	台班	0.065	0.067	0.068	0.071	0.080
	电动空气压缩机 $1m^3/min$	台班	—	—	0.012	0.015	0.022
	电动空气压缩机 $6m^3/min$	台班	0.002	0.002	0.002	0.002	0.002

8. 合金钢管(电弧焊)

工作内容:准备工作,管子切口,坡口加工,管口组对,焊接,管口封闭,管道安装。 **计量单位:**10m

定额编号				8-1-534	8-1-535	8-1-536	8-1-537	8-1-538	8-1-539
项目				公称直径(mm以内)					
				15	20	25	32	40	50
名称			单位	消耗量					
人工	合计工日		工日	0.751	0.857	0.930	1.037	1.144	1.354
	其中	普工	工日	0.187	0.214	0.232	0.260	0.286	0.338
		一般技工	工日	0.413	0.471	0.512	0.570	0.629	0.745
		高级技工	工日	0.151	0.172	0.186	0.207	0.229	0.271
材料	合金钢管		m	9.250	9.250	9.250	9.250	9.250	9.250
	合金钢焊条		kg	0.033	0.066	0.081	0.100	0.115	0.198
	氧气		m^3	0.005	0.006	0.007	0.008	0.012	0.013
	乙炔气		kg	0.002	0.002	0.002	0.003	0.004	0.004
	尼龙砂轮片 $\phi100\times16\times3$		片	0.032	0.038	0.044	0.052	0.058	0.075
	尼龙砂轮片 $\phi500\times25\times4$		片	0.004	0.005	0.008	0.011	0.013	0.019
	磨头		个	0.021	0.023	0.029	0.033	0.040	0.048
	电		kW·h	0.035	0.051	0.059	0.069	0.080	0.099
	丙酮		kg	0.013	0.015	0.020	0.023	0.036	0.036
	钢丝 $\phi4.0$		kg	0.076	0.078	0.079	0.080	0.081	0.084
	塑料布		m^2	0.150	0.157	0.165	0.174	0.196	0.216
	破布		kg	0.090	0.090	0.181	0.199	0.199	0.226
	棉纱头		kg	0.003	0.006	0.006	0.008	0.008	0.012
	其他材料费		%	1.000	1.000	1.000	1.000	1.000	1.000
机械	电焊机(综合)		台班	0.032	0.052	0.063	0.078	0.090	0.118
	砂轮切割机 $\phi500$		台班	0.001	0.001	0.003	0.003	0.004	0.004
	普通车床 630×2000		台班	0.023	0.026	0.027	0.029	0.030	0.041
	电动葫芦(单速)3t		台班	—	—	—	—	—	0.041
	电焊条烘干箱 60×50×75(cm^3)		台班	0.003	0.005	0.006	0.008	0.009	0.012
	电焊条恒温箱		台班	0.003	0.005	0.006	0.008	0.009	0.012

计量单位：10m

定额编号				8-1-540	8-1-541	8-1-542	8-1-543	8-1-544	8-1-545
项　　目				公称直径（mm 以内）					
				65	80	100	125	150	200
名　　称			单位	消　耗　量					
人工		合计工日	工日	1.798	1.943	2.295	2.432	2.507	3.631
人工	其中	普工	工日	0.449	0.485	0.574	0.608	0.628	0.908
人工	其中	一般技工	工日	0.989	1.069	1.262	1.337	1.378	1.997
人工	其中	高级技工	工日	0.360	0.389	0.459	0.487	0.501	0.726
材料		合金钢管	m	9.250	8.958	8.958	8.958	8.958	8.817
材料		合金钢焊条	kg	0.328	0.387	0.657	0.770	1.099	2.079
材料		氧气	m^3	0.022	0.024	0.033	0.037	0.141	0.216
材料		乙炔气	kg	0.007	0.008	0.011	0.013	0.048	0.072
材料		尼龙砂轮片 $\phi100\times16\times3$	片	0.106	0.123	0.172	0.202	0.269	0.455
材料		尼龙砂轮片 $\phi500\times25\times4$	片	0.030	0.035	0.049	0.057	—	—
材料		磨头	个	0.064	0.074	0.096	—	—	—
材料		电	kW·h	0.131	0.155	0.224	0.248	0.286	0.401
材料		丙酮	kg	0.046	0.056	0.067	0.078	0.093	0.129
材料		钢丝 $\phi4.0$	kg	0.087	0.089	0.095	0.099	0.104	0.114
材料		塑料布	m^2	0.243	0.267	0.314	0.369	0.431	0.560
材料		破布	kg	0.253	0.271	0.316	0.343	0.361	0.433
材料		棉纱头	kg	0.015	0.018	0.021	0.024	0.033	0.041
材料		其他材料费	%	1.000	1.000	1.000	1.000	1.000	1.000
机械		电焊机（综合）	台班	0.161	0.190	0.266	0.307	0.380	0.555
机械		砂轮切割机 $\phi500$	台班	0.006	0.008	0.011	0.011	—	—
机械		普通车床 630×2000	台班	0.065	0.065	0.066	0.067	0.070	0.080
机械		电动葫芦(单速)3t	台班	0.065	0.065	0.066	0.067	0.070	0.080
机械		半自动切割机 100mm	台班	—	—	—	—	0.010	0.015
机械		汽车式起重机 8t	台班	—	—	0.011	0.014	0.017	0.029
机械		吊装机械(综合)	台班	—	—	0.100	0.099	0.099	0.127
机械		载重汽车 8t	台班	—	—	0.011	0.014	0.017	0.029
机械		电焊条烘干箱 60×50×75(cm^3)	台班	0.016	0.019	0.026	0.031	0.038	0.056
机械		电焊条恒温箱	台班	0.016	0.019	0.026	0.031	0.038	0.056

计量单位:10m

定额编号			8-1-546	8-1-547	8-1-548	8-1-549	8-1-550	8-1-551	8-1-552
项目			公称直径（mm 以内）						
			250	300	350	400	450	500	600
名称		单位	消耗量						
人工	合计工日	工日	4.352	5.061	5.938	7.314	8.255	10.049	11.843
人工	其中 普工	工日	1.088	1.266	1.484	1.829	2.064	2.513	2.961
人工	其中 一般技工	工日	2.393	2.783	3.266	4.022	4.540	5.527	6.513
人工	其中 高级技工	工日	0.871	1.012	1.188	1.463	1.651	2.009	2.369
材料	合金钢管	m	8.817	8.817	8.817	8.817	8.817	8.817	8.817
材料	合金钢焊条	kg	3.415	5.189	7.780	10.666	14.343	15.874	17.403
材料	氧气	m^3	0.306	0.394	0.464	0.577	0.649	0.714	0.779
材料	乙炔气	kg	0.102	0.132	0.154	0.192	0.217	0.238	0.258
材料	尼龙砂轮片 $\phi100\times16\times3$	片	0.567	0.747	0.973	1.295	1.569	1.743	1.916
材料	电	kW·h	0.524	0.631	0.783	0.951	1.173	1.299	1.425
材料	丙酮	kg	0.160	0.190	0.220	0.250	0.281	0.310	0.339
材料	钢丝 $\phi4.0$	kg	0.123	0.133	0.142	0.152	0.161	0.170	0.179
材料	塑料布	m^2	0.713	0.878	1.061	1.196	1.473	1.698	1.923
材料	破布	kg	0.479	0.497	0.524	0.542	0.614	0.696	0.778
材料	棉纱头	kg	0.051	0.058	0.071	0.082	0.090	0.100	0.110
材料	其他材料费	%	1.000	1.000	1.000	1.000	1.000	1.000	1.000
机械	电焊机（综合）	台班	0.725	0.903	1.206	1.531	1.913	2.117	2.321
机械	普通车床 630×2000	台班	0.094	0.117	0.147	0.185	0.235	0.255	0.274
机械	电动葫芦(单速)3t	台班	0.094	0.117	0.147	0.185	—	—	—
机械	半自动切割机 100mm	台班	0.017	0.019	0.022	0.025	0.031	0.035	0.038
机械	汽车式起重机 8t	台班	0.051	0.069	0.080	0.102	0.127	0.156	0.184
机械	吊装机械(综合)	台班	0.177	0.177	0.197	0.215	0.234	0.234	0.234
机械	载重汽车 8t	台班	0.051	0.069	0.080	0.102	0.127	0.156	0.184
机械	电动单梁起重机 5t	台班	—	—	—	—	0.235	0.255	0.274
机械	电焊条烘干箱 60×50×75(cm^3)	台班	0.073	0.090	0.120	0.154	0.191	0.211	0.232
机械	电焊条恒温箱	台班	0.073	0.090	0.120	0.154	0.191	0.211	0.232

9. 合金钢管(氩电联焊)

工作内容:准备工作,管子切口,坡口加工,管口组对,焊接,管口封闭,管道安装。　　**计量单位**:10m

定额编号				8-1-553	8-1-554	8-1-555	8-1-556	8-1-557	8-1-558	8-1-559
项目				公称直径(mm以内)						
				50	65	80	100	125	150	200
名称			单位	消耗量						
人工	合计工日		工日	1.371	1.818	1.969	2.335	2.485	2.573	3.733
	其中	普工	工日	0.343	0.455	0.493	0.583	0.621	0.643	0.934
		一般技工	工日	0.754	1.000	1.082	1.285	1.367	1.415	2.053
		高级技工	工日	0.274	0.363	0.394	0.467	0.497	0.515	0.746
材料	合金钢管		m	9.250	9.250	8.958	8.958	8.958	8.958	8.817
	合金钢焊条		kg	0.140	0.240	0.282	0.516	0.603	0.892	1.768
	合金钢焊丝		kg	0.030	0.037	0.045	0.057	0.068	0.082	0.113
	氧气		m^3	0.013	0.022	0.024	0.033	0.037	0.124	0.216
	乙炔气		kg	0.004	0.007	0.008	0.011	0.013	0.041	0.072
	氩气		m^3	0.083	0.104	0.125	0.160	0.190	0.228	0.314
	铈钨棒		g	0.165	0.208	0.250	0.321	0.380	0.456	0.630
	尼龙砂轮片 $\phi100\times16\times3$		片	0.078	0.104	0.121	0.169	0.264	0.306	0.445
	尼龙砂轮片 $\phi500\times25\times4$		片	0.019	0.030	0.035	0.049	0.057	—	—
	磨头		个	0.048	0.064	0.074	0.096	—	—	—
	电		kW·h	0.086	0.112	0.131	0.198	0.219	0.254	0.363
	丙酮		kg	0.003	0.046	0.056	0.067	0.078	0.093	0.129
	钢丝 $\phi4.0$		kg	0.084	0.087	0.089	0.095	0.099	0.104	0.114
	塑料布		m^2	0.216	0.243	0.267	0.314	0.397	0.431	0.560
	破布		kg	0.226	0.253	0.271	0.316	0.343	0.361	0.433
	棉纱头		kg	0.012	0.015	0.018	0.021	0.024	0.033	0.041
	其他材料费		%	1.000	1.000	1.000	1.000	1.000	1.000	1.000
机械	氩弧焊机 500A		台班	0.046	0.058	0.070	0.090	0.106	0.127	0.176
	砂轮切割机 $\phi500$		台班	0.004	0.006	0.008	0.011	0.011	—	—
	普通车床 630×2000		台班	0.041	0.065	0.065	0.066	0.067	0.070	0.080
	电焊机(综合)		台班	0.089	0.123	0.145	0.216	0.249	0.316	0.479
	半自动切割机 100mm		台班	—	—	—	—	—	0.010	0.015
	电动葫芦(单速)3t		台班	0.041	0.065	0.065	0.066	0.067	0.070	0.080
	汽车式起重机 8t		台班	—	—	—	0.011	0.014	0.017	0.029
	吊装机械(综合)		台班	—	—	—	0.100	0.099	0.099	0.127
	载重汽车 8t		台班	—	—	—	0.011	0.014	0.017	0.029
	电焊条烘干箱 60×50×75(cm^3)		台班	0.008	0.012	0.015	0.022	0.025	0.032	0.048
	电焊条恒温箱		台班	0.008	0.012	0.015	0.022	0.025	0.032	0.048

计量单位:10m

定额编号				8-1-560	8-1-561	8-1-562	8-1-563	8-1-564	8-1-565	8-1-566
项目				公称直径(mm 以内)						
				250	300	350	400	450	500	600
名称			单位	消耗量						
人工	合计工日		工日	4.492	4.761	5.564	6.855	7.670	9.405	11.141
	其中	普工	工日	1.123	1.190	1.391	1.714	1.917	2.351	2.785
		一般技工	工日	2.471	2.619	3.060	3.770	4.219	5.173	6.128
		高级技工	工日	0.898	0.952	1.113	1.371	1.534	1.881	2.228
材料	合金钢管		m	8.817	8.817	8.817	8.817	8.817	8.817	8.817
	合金钢焊条		kg	4.037	4.780	7.279	10.072	13.637	15.093	16.548
	合金钢焊丝		kg	0.189	0.195	0.201	0.227	0.255	0.284	0.311
	氧气		m^3	0.413	0.420	0.493	0.615	0.691	0.760	0.828
	乙炔气		kg	0.138	0.141	0.163	0.205	0.231	0.254	0.277
	氩气		m^3	0.530	0.546	0.561	0.632	0.714	0.794	0.876
	铈钨棒		g	1.061	1.091	1.121	1.266	1.427	1.587	1.747
	尼龙砂轮片 $\phi100\times16\times3$		片	0.832	1.008	1.095	1.457	1.763	1.960	2.157
	电		kW·h	0.653	0.671	0.758	0.920	1.140	1.259	1.378
	丙酮		kg	0.216	0.200	0.228	0.257	0.291	0.321	0.352
	钢丝 $\phi4.0$		kg	0.166	0.179	0.192	0.205	0.218	0.229	0.241
	塑料布		m^2	0.962	1.186	1.432	1.614	1.989	2.292	2.597
	破布		kg	0.647	0.671	0.707	0.731	0.829	0.939	1.049
	棉纱头		kg	0.050	0.067	0.082	0.093	0.103	0.115	0.125
	其他材料费		%	1.000	1.000	1.000	1.000	1.000	1.000	1.000
机械	电焊机(综合)		台班	0.643	0.742	0.840	1.076	1.353	1.497	1.640
	氩弧焊机 500A		台班	0.219	0.226	0.232	0.262	0.295	0.328	0.363
	半自动切割机 100mm		台班	0.017	0.017	0.017	0.019	0.025	0.027	0.029
	普通车床 630×2000		台班	0.094	0.103	0.111	0.140	0.179	0.193	0.208
	汽车式起重机 8t		台班	0.051	0.069	0.080	0.102	0.127	0.156	0.184
	吊装机械(综合)		台班	0.177	0.177	0.197	0.215	0.234	0.234	0.234
	载重汽车 8t		台班	0.051	0.069	0.080	0.102	0.127	0.156	0.184
	电动单梁起重机 5t		台班	—	—	—	—	0.179	0.193	0.208
	电动葫芦(单速)3t		台班	0.094	0.103	0.111	0.140	—	—	—
	电焊条烘干箱 60×50×75(cm^3)		台班	0.064	0.074	0.084	0.107	0.135	0.150	0.164
	电焊条恒温箱		台班	0.064	0.074	0.084	0.107	0.135	0.150	0.164

10. 合金钢管(氩弧焊)

工作内容:准备工作,管子切口,坡口加工,管口组对,焊接,管口封闭,管道安装。　　**计量单位**:10m

定额编号			8-1-567	8-1-568	8-1-569	8-1-570	8-1-571	8-1-572
项　目			公称直径（mm 以内）					
			15	20	25	32	40	50
名　称		单位	消　耗　量					
人工	合计工日	工日	0.827	0.939	1.020	1.135	1.252	1.495
	其中 普工	工日	0.207	0.234	0.255	0.284	0.313	0.374
	其中 一般技工	工日	0.455	0.517	0.561	0.624	0.688	0.822
	其中 高级技工	工日	0.165	0.188	0.204	0.227	0.251	0.299
材料	合金钢管	m	9.250	9.250	9.250	9.250	9.250	9.250
	合金钢焊丝	kg	0.016	0.032	0.039	0.049	0.056	0.103
	氧气	m^3	0.005	0.006	0.007	0.008	0.012	0.013
	乙炔气	kg	0.002	0.002	0.002	0.003	0.004	0.004
	氩气	m^3	0.046	0.090	0.110	0.137	0.157	0.288
	铈钨棒	g	0.091	0.181	0.221	0.274	0.314	0.577
	尼龙砂轮片 $\phi100\times16\times3$	片	0.031	0.036	0.042	0.051	0.057	0.073
	尼龙砂轮片 $\phi500\times25\times4$	片	0.004	0.005	0.008	0.011	0.013	0.019
	磨头	个	0.021	0.023	0.029	0.033	0.040	0.048
	电	kW·h	0.035	0.048	0.056	0.067	0.077	0.102
	丙酮	kg	0.013	0.015	0.020	0.023	0.036	0.036
	钢丝 $\phi4.0$	kg	0.076	0.078	0.079	0.080	0.081	0.084
	塑料布	m^2	0.150	0.157	0.165	0.174	0.196	0.216
	破布	kg	0.090	0.090	0.181	0.199	0.199	0.226
	棉纱头	kg	0.003	0.006	0.006	0.008	0.008	0.012
	其他材料费	%	1.000	1.000	1.000	1.000	1.000	1.000
机械	氩弧焊机 500A	台班	0.026	0.040	0.050	0.060	0.070	0.118
	砂轮切割机 $\phi500$	台班	—	0.001	0.003	0.003	0.004	0.005
	普通车床 630×2000	台班	0.023	0.026	0.027	0.029	0.030	0.045
	电动葫芦(单速) 3t	台班	—	—	—	—	—	0.045

计量单位:10m

定额编号			8-1-573	8-1-574	8-1-575	8-1-576	8-1-577	8-1-578
项目			公称直径(mm 以内)					
			65	80	100	125	150	200
名称		单位	消耗量					
人工	合计工日	工日	2.006	2.170	2.605	2.837	2.924	3.012
人工	其中 普工	工日	0.502	0.542	0.651	0.708	0.731	0.754
人工	其中 一般技工	工日	1.103	1.194	1.433	1.561	1.608	1.656
人工	其中 高级技工	工日	0.401	0.434	0.521	0.568	0.585	0.602
材料	合金钢管	m	9.250	8.958	8.958	8.958	8.958	8.958
材料	合金钢焊丝	kg	0.171	0.202	0.328	0.391	0.555	0.720
材料	氧气	m^3	0.022	0.024	0.033	0.037	0.141	0.246
材料	乙炔气	kg	0.007	0.008	0.011	0.013	0.048	0.083
材料	氩气	m^3	0.479	0.564	0.919	1.094	1.556	2.019
材料	铈钨棒	g	0.958	1.129	1.837	2.188	3.112	4.035
材料	尼龙砂轮片 ϕ100×16×3	片	0.102	0.119	0.158	0.291	0.335	0.379
材料	尼龙砂轮片 ϕ500×25×4	片	0.030	0.035	0.049	0.057	—	—
材料	磨头	个	0.064	0.074	0.096	—	—	—
材料	电	kW·h	0.144	0.168	0.259	0.294	0.361	0.428
材料	丙酮	kg	0.046	0.056	0.067	0.078	0.093	0.110
材料	钢丝 ϕ4.0	kg	0.087	0.089	0.095	0.099	0.104	0.110
材料	塑料布	m^2	0.243	0.267	0.314	0.369	0.431	0.494
材料	破布	kg	0.253	0.271	0.316	0.343	0.361	0.379
材料	棉纱头	kg	0.015	0.018	0.021	0.024	0.033	0.042
材料	其他材料费	%	1.000	1.000	1.000	1.000	1.000	1.000
机械	氩弧焊机 500A	台班	0.183	0.215	0.302	0.360	0.490	0.622
机械	砂轮切割机 ϕ500	台班	0.007	0.008	0.011	0.011	—	—
机械	普通车床 630×2000	台班	0.065	0.065	0.066	0.067	0.070	0.073
机械	电动葫芦(单速)3t	台班	0.065	0.065	0.066	0.067	0.070	0.073
机械	半自动切割机 100mm	台班	—	—	—	—	0.010	0.012
机械	汽车式起重机 8t	台班	—	—	0.011	0.014	0.017	0.020
机械	吊装机械(综合)	台班	—	—	0.100	0.099	0.099	0.099
机械	载重汽车 8t	台班	—	—	0.011	0.014	0.017	0.020

11. 铜及铜合金管(氧乙炔焊)

工作内容:准备工作,管子切口,坡口加工,坡口磨平,管口组对,焊前预热,焊接,管道安装。

计量单位:10m

定额编号				8-1-579	8-1-580	8-1-581	8-1-582	8-1-583	8-1-584	8-1-585
项目				管外径(mm 以内)						
				20	30	40	50	65	75	85
名称			单位	消耗量						
人工	合计工日		工日	0.563	0.782	0.991	1.177	1.296	1.398	1.687
	其中	普工	工日	0.141	0.196	0.248	0.294	0.324	0.349	0.422
		一般技工	工日	0.309	0.430	0.545	0.648	0.713	0.769	0.928
		高级技工	工日	0.113	0.156	0.198	0.235	0.259	0.280	0.337
材料	铜管		m	10.000	10.000	10.000	10.000	10.000	9.880	9.880
	铜气焊丝		kg	0.033	0.051	0.068	0.086	0.113	0.132	0.223
	氧气		m^3	0.126	0.195	0.267	0.335	0.435	0.510	0.871
	乙炔气		kg	0.052	0.080	0.110	0.139	0.181	0.212	0.360
	尼龙砂轮片 $\phi100\times16\times3$		片	0.042	0.079	0.107	0.135	0.190	0.224	0.533
	尼龙砂轮片 $\phi500\times25\times4$		片	0.005	0.007	0.012	0.016	0.018	0.021	—
	铁砂布		张	0.020	0.026	0.031	0.036	0.049	0.058	0.058
	电		kW·h	0.096	0.118	0.131	0.143	0.156	0.164	0.173
	硼砂		kg	0.007	0.010	0.014	0.017	0.022	0.026	0.044
	钢丝 $\phi4.0$		kg	0.077	0.078	0.079	0.080	0.081	0.082	0.083
	破布		kg	0.100	0.100	0.220	0.220	0.250	0.280	0.280
	棉纱头		kg	0.003	0.006	0.009	0.009	0.012	0.015	0.016
	其他材料费		%	1.000	1.000	1.000	1.000	1.000	1.000	1.000
机械	砂轮切割机 $\phi500$		台班	0.001	0.002	0.004	0.005	0.007	0.008	—
	等离子切割机 400A		台班	—	—	—	—	—	—	0.145
	电动空气压缩机 $1m^3/min$		台班	—	—	—	—	—	—	0.145

计量单位:10m

定额编号				8-1-586	8-1-587	8-1-588	8-1-589	8-1-590	8-1-591	8-1-592
项目				管外径(mm 以内)						
				100	120	150	185	200	250	300
名称			单位	消耗量						
人工	合计工日		工日	1.738	1.960	2.270	2.871	3.428	4.143	4.962
	其中	普工	工日	0.434	0.490	0.568	0.718	0.857	1.035	1.241
		一般技工	工日	0.956	1.078	1.248	1.579	1.885	2.279	2.729
		高级技工	工日	0.348	0.392	0.454	0.574	0.686	0.829	0.992
材料	铜管		m	9.880	9.880	9.880	9.880	9.880	9.880	9.880
	铜气焊丝		kg	0.256	0.312	0.390	0.483	0.802	1.007	1.210
	氧气		m^3	0.988	1.191	1.495	1.858	2.949	3.702	4.439
	乙炔气		kg	0.408	0.493	0.619	0.768	1.214	1.521	1.827
	尼龙砂轮片 $\phi100\times16\times3$		片	0.606	0.791	0.998	1.240	1.705	2.147	2.588
	铁砂布		张	0.088	0.117	0.163	0.214	0.238	0.313	0.388
	电		kW·h	0.182	0.193	0.199	0.213	0.243	0.262	0.327
	硼砂		kg	0.049	0.060	0.075	0.092	0.156	0.196	0.235
	钢丝 $\phi4.0$		kg	0.077	0.085	0.086	0.087	0.088	0.089	0.090
	破布		kg	0.350	0.350	0.380	0.400	0.400	0.485	1.004
	棉纱头		kg	0.019	0.023	0.026	0.034	0.036	0.045	0.084
	其他材料费		%	1.000	1.000	1.000	1.000	1.000	1.000	1.000
机械	等离子切割机 400A		台班	0.169	0.204	0.255	0.315	0.357	0.446	0.536
	汽车式起重机 8t		台班	0.005	0.006	0.007	0.009	0.010	0.012	0.018
	吊装机械(综合)		台班	0.092	0.092	0.092	0.117	0.117	0.163	0.163
	载重汽车 8t		台班	0.005	0.006	0.007	0.009	0.010	0.012	0.018
	电动空气压缩机 $1m^3/min$		台班	0.169	0.204	0.255	0.315	0.357	0.446	0.536

12. 金属软管安装(螺纹连接)

工作内容:准备工作,软管清理检查,管口连接,管道安装。 **计量单位**:根

定额编号			8-1-593	8-1-594	8-1-595	8-1-596	8-1-597	8-1-598
项目			公称直径(mm 以内)					
			15	20	25	32	40	50
名称		单位	消耗量					
人工	合计工日	工日	0.395	0.423	0.448	0.477	0.529	0.613
人工	其中 普工	工日	0.099	0.105	0.111	0.120	0.132	0.153
人工	其中 一般技工	工日	0.217	0.233	0.247	0.262	0.291	0.337
人工	其中 高级技工	工日	0.079	0.085	0.090	0.095	0.106	0.123
材料	金属软管	根	1.000	1.000	1.000	1.000	1.000	1.000
材料	聚四氟乙烯生料带	m	0.518	0.636	0.801	0.989	1.130	1.342
材料	机油	kg	0.012	0.014	0.016	0.019	0.024	0.028
材料	棉纱头	kg	0.001	0.003	0.004	0.004	0.005	0.005
材料	破布	kg	0.096	0.096	0.211	0.211	0.240	0.240
材料	其他材料费	%	1.000	1.000	1.000	1.000	1.000	1.000

13. 金属软管安装(法兰连接)

工作内容:准备工作,软管清理检查,管口连接,螺栓涂二硫化钼,管道安装。 **计量单位**:根

定额编号			8-1-599	8-1-600	8-1-601	8-1-602	8-1-603	8-1-604
项目			公称直径(mm 以内)					
			15	20	25	32	40	50
名称		单位	消耗量					
人工	合计工日	工日	0.438	0.456	0.482	0.564	0.612	0.687
人工	其中 普工	工日	0.109	0.114	0.121	0.141	0.154	0.172
人工	其中 一般技工	工日	0.241	0.251	0.265	0.310	0.336	0.378
人工	其中 高级技工	工日	0.088	0.091	0.096	0.113	0.122	0.137
材料	金属软管	根	1.000	1.000	1.000	1.000	1.000	1.000
材料	石棉橡胶板 中压 δ0.8~6	kg	0.092	0.122	0.153	0.196	0.294	0.343
材料	二硫化钼	kg	0.003	0.003	0.003	0.003	0.003	0.003
材料	棉纱头	kg	0.001	0.003	0.004	0.004	0.005	0.005
材料	破布	kg	0.096	0.096	0.211	0.211	0.240	0.240
材料	其他材料费	%	1.000	1.000	1.000	1.000	1.000	1.000

计量单位:根

定额编号				8-1-605	8-1-606	8-1-607	8-1-608	8-1-609	8-1-610
项目				公称直径（mm 以内）					
				65	80	100	125	150	200
名称			单位	消耗量					
人工	合计工日		工日	0.777	0.799	0.888	0.998	1.122	1.546
	其中	普工	工日	0.195	0.200	0.222	0.249	0.281	0.386
		一般技工	工日	0.427	0.439	0.488	0.549	0.617	0.851
		高级技工	工日	0.155	0.160	0.178	0.200	0.224	0.309
材料	金属软管		根	1.000	1.000	1.000	1.000	1.000	1.000
	石棉橡胶板 中压 δ0.8～6		kg	0.394	0.569	0.744	1.006	1.070	1.072
	二硫化钼		kg	0.004	0.004	0.008	0.010	0.010	0.010
	棉纱头		kg	0.008	0.009	0.009	0.011	0.013	0.021
	破布		kg	0.029	0.034	0.034	0.365	0.384	0.509
	其他材料费		%	1.000	1.000	1.000	1.000	1.000	1.000
机械	汽车式起重机 8t		台班	—	—	0.002	0.003	0.004	0.006
	吊装机械(综合)		台班	—	—	0.017	0.017	0.020	0.028
	载重汽车 8t		台班	—	—	0.002	0.003	0.004	0.006

计量单位:根

定额编号				8-1-611	8-1-612
项目				公称直径（mm 以内）	
				250	300
名称			单位	消耗量	
人工	合计工日		工日	1.649	2.087
	其中	普工	工日	0.412	0.522
		一般技工	工日	0.907	1.148
		高级技工	工日	0.330	0.417
材料	金属软管		根	1.000	1.000
	石棉橡胶板 中压 δ0.8～6		kg	1.091	1.109
	二硫化钼		kg	0.021	0.021
	棉纱头		kg	0.024	0.051
	破布		kg	0.528	0.557
	其他材料费		%	1.000	1.000
机械	汽车式起重机 8t		台班	0.008	0.010
	吊装机械(综合)		台班	0.035	0.043
	载重汽车 8t		台班	0.008	0.010

三、高 压 管 道

1. 碳钢管(电弧焊)

工作内容:准备工作,管子切口,坡口加工,管口组对,焊接,管口封闭,管道安装。 **计量单位**:10m

定额编号		8-1-613	8-1-614	8-1-615	8-1-616	8-1-617	8-1-618	8-1-619
项目		公称直径(mm 以内)						
		15	20	25	32	40	50	65
名称	单位	消耗量						
人工 合计工日	工日	1.779	1.941	2.126	2.707	2.903	3.129	3.416
其中 普工	工日	0.357	0.387	0.426	0.541	0.579	0.625	0.684
其中 一般技工	工日	0.711	0.777	0.850	1.083	1.162	1.252	1.366
其中 高级技工	工日	0.711	0.777	0.850	1.083	1.162	1.252	1.366
材料 碳钢管	m	9.109	9.109	9.109	9.109	9.109	8.958	8.958
低碳钢焊条 J427 ϕ3.2	kg	0.085	0.139	0.231	0.336	0.390	0.606	1.046
尼龙砂轮片 $\phi100\times16\times3$	片	0.015	0.020	0.030	0.041	0.049	0.064	0.099
尼龙砂轮片 $\phi500\times25\times4$	片	0.006	0.010	0.015	0.020	0.025	0.037	0.055
磨头	个	0.002	0.021	0.026	0.032	0.037	0.044	0.058
电	kW·h	0.029	0.044	0.054	0.068	0.083	0.100	0.122
丙酮	kg	0.017	0.019	0.020	0.021	0.024	0.029	0.039
钢丝 ϕ4.0	kg	0.096	0.097	0.098	0.099	0.100	0.103	0.105
塑料布	m^2	0.136	0.143	0.150	0.159	0.179	0.196	0.222
破布	kg	0.116	0.116	0.232	0.255	0.255	0.290	0.325
棉纱头	kg	0.003	0.007	0.007	0.010	0.010	0.012	0.015
其他材料费	%	1.000	1.000	1.000	1.000	1.000	1.000	1.000
机械 电焊机(综合)	台班	0.040	0.056	0.072	0.093	0.109	0.134	0.182
砂轮切割机 ϕ500	台班	0.002	0.003	0.004	0.005	0.005	0.007	0.008
普通车床 630×2000	台班	0.029	0.039	0.059	0.060	0.061	0.063	0.068
电动葫芦(单速)3t	台班	—	—	0.059	0.060	0.061	0.063	0.068
电焊条烘干箱 $60\times50\times75(cm^3)$	台班	0.004	0.005	0.007	0.009	0.011	0.014	0.018
电焊条恒温箱	台班	0.004	0.005	0.007	0.009	0.011	0.014	0.018

计量单位:10m

定额编号				8-1-620	8-1-621	8-1-622	8-1-623	8-1-624	8-1-625	8-1-626
项目				公称直径（mm 以内）						
				80	100	125	150	200	250	300
名称			单位	消耗量						
人工	合计工日		工日	3.662	4.821	5.717	7.274	9.163	10.619	11.550
	其中	普工	工日	0.732	0.965	1.143	1.454	1.833	2.125	2.310
		一般技工	工日	1.465	1.928	2.287	2.910	3.665	4.247	4.620
		高级技工	工日	1.465	1.928	2.287	2.910	3.665	4.247	4.620
材料	碳钢管		m	8.958	8.958	8.817	8.817	8.817	8.761	8.761
	低碳钢焊条 J427 ϕ3.2		kg	1.491	2.332	4.024	6.327	9.847	14.437	16.393
	氧气		m^3	—	0.146	0.177	0.258	0.363	0.496	0.546
	乙炔气		kg	—	0.048	0.059	0.086	0.121	0.165	0.182
	尼龙砂轮片 $\phi100\times16\times3$		片	0.122	0.128	0.160	0.190	0.658	0.971	0.984
	尼龙砂轮片 $\phi500\times25\times4$		片	0.074	—	—	—	—	—	—
	磨头		个	0.068	0.087	—	—	—	—	—
	电		kW·h	0.146	0.251	0.333	0.458	0.703	1.020	1.100
	丙酮		kg	0.045	0.059	0.069	0.082	0.113	0.128	0.141
	角钢(综合)		kg	—	—	—	—	0.125	0.125	0.126
	钢丝 ϕ4.0		kg	0.107	0.112	0.116	0.121	0.130	0.138	0.147
	塑料布		m^2	0.243	0.286	0.336	0.393	0.510	0.649	0.800
	破布		kg	0.348	0.406	0.441	0.464	0.557	0.615	0.639
	棉纱头		kg	0.019	0.022	0.026	0.034	0.045	0.053	0.054
	其他材料费		%	1.000	1.000	1.000	1.000	1.000	1.000	1.000
机械	电焊机（综合）		台班	0.232	0.355	0.516	0.752	1.153	1.675	1.826
	砂轮切割机 ϕ500		台班	0.010	—	—	—	—	—	—
	半自动切割机 100mm		台班	—	—	—	0.013	0.021	0.046	0.048
	普通车床 630×2000		台班	0.074	0.086	0.180	0.196	0.293	0.354	0.397
	汽车式起重机 8t		台班	0.013	0.020	0.026	0.036	0.061	0.087	0.117
	吊装机械(综合)		台班	0.076	0.098	0.098	0.131	0.142	0.185	0.185
	载重汽车 8t		台班	0.013	0.020	0.026	0.036	0.061	0.087	0.117
	电动单梁起重机 5t		台班	—	—	—	—	—	0.354	0.397
	电动葫芦(单速)3t		台班	0.074	0.086	0.180	0.196	0.293	—	—
	电焊条烘干箱 $60\times50\times75(cm^3)$		台班	0.023	0.035	0.052	0.075	0.115	0.167	0.183
	电焊条恒温箱		台班	0.023	0.035	0.052	0.075	0.115	0.167	0.183

计量单位:10m

定额编号			8-1-627	8-1-628	8-1-629	8-1-630	8-1-631
项目			公称直径（mm 以内）				
			350	400	450	500	600
名称		单位	消耗量				
人工	合计工日	工日	13.500	15.464	17.834	20.075	22.314
人工	其中 普工	工日	2.700	3.094	3.566	4.015	4.464
人工	其中 一般技工	工日	5.400	6.185	7.134	8.030	8.925
人工	其中 高级技工	工日	5.400	6.185	7.134	8.030	8.925
材料	碳钢管	m	8.761	8.761	8.667	8.667	8.667
材料	低碳钢焊条 J427 $\phi3.2$	kg	22.253	29.748	38.982	47.437	55.891
材料	氧气	m^3	0.594	0.683	0.915	1.046	1.310
材料	乙炔气	kg	0.198	0.227	0.305	0.348	0.392
材料	尼龙砂轮片 $\phi100\times16\times3$	片	1.286	1.612	1.901	2.369	2.839
材料	电	kW·h	1.443	1.860	2.351	2.860	3.369
材料	丙酮	kg	0.148	0.167	0.189	0.208	0.227
材料	角钢(综合)	kg	0.126	0.126	0.126	0.126	0.126
材料	钢丝 $\phi4.0$	kg	0.156	0.164	0.173	0.181	0.189
材料	塑料布	m^2	0.967	1.089	1.342	1.547	1.752
材料	破布	kg	0.673	0.697	0.789	0.894	0.998
材料	棉纱头	kg	0.065	0.074	0.082	0.090	0.098
材料	其他材料费	%	1.000	1.000	1.000	1.000	1.000
机械	电焊机（综合）	台班	2.394	3.113	4.048	4.927	5.806
机械	半自动切割机 100mm	台班	0.059	0.066	0.081	0.108	0.134
机械	普通车床 630×2000	台班	0.439	0.480	0.597	0.650	0.704
机械	汽车式起重机 8t	台班	0.172	0.216	0.301	0.336	0.371
机械	吊装机械(综合)	台班	0.229	0.229	0.283	0.283	0.283
机械	载重汽车 8t	台班	0.172	0.216	0.301	0.336	0.371
机械	电动单梁起重机 5t	台班	0.439	0.480	0.597	0.650	0.704
机械	电焊条烘干箱 60×50×75(cm^3)	台班	0.239	0.311	0.405	0.493	0.581
机械	电焊条恒温箱	台班	0.239	0.311	0.405	0.493	0.581

2. 碳钢管(氩电联焊)

工作内容:准备工作,管子切口,坡口加工,管口组对,焊接,管口封闭,管道安装。　　**计量单位**:10m

定额编号			8-1-632	8-1-633	8-1-634	8-1-635	8-1-636	8-1-637	8-1-638
项目			公称直径(mm 以内)						
			15	20	25	32	40	50	65
名称		单位	消耗量						
人工	合计工日	工日	1.835	2.020	2.224	2.830	3.037	3.248	3.546
人工	其中 普工	工日	0.367	0.404	0.444	0.566	0.607	0.650	0.710
人工	其中 一般技工	工日	0.734	0.808	0.890	1.132	1.215	1.299	1.418
人工	其中 高级技工	工日	0.734	0.808	0.890	1.132	1.215	1.299	1.418
材料	碳钢管	m	9.109	9.109	9.109	9.109	9.109	8.958	8.958
材料	低碳钢焊条 J427 $\phi3.2$	kg	0.117	0.216	0.308	0.418	0.482	0.562	0.937
材料	碳钢焊丝	kg	0.020	0.024	0.028	0.031	0.035	0.037	0.050
材料	氩气	m^3	0.044	0.053	0.070	0.077	0.104	0.138	0.181
材料	铈钨棒	g	0.072	0.092	0.144	0.179	0.215	0.243	0.319
材料	尼龙砂轮片 $\phi100\times16\times3$	片	0.015	0.019	0.027	0.036	0.043	0.067	0.096
材料	尼龙砂轮片 $\phi500\times25\times4$	片	0.006	0.010	0.015	0.020	0.025	0.037	0.055
材料	磨头	个	0.002	0.021	0.026	0.032	0.037	0.044	0.058
材料	电	kW·h	0.032	0.054	0.071	0.085	0.105	0.105	0.114
材料	丙酮	kg	0.017	0.019	0.020	0.021	0.024	0.029	0.039
材料	钢丝 $\phi4.0$	kg	0.096	0.097	0.098	0.099	0.100	0.103	0.105
材料	塑料布	m^2	0.136	0.143	0.150	0.159	0.179	0.196	0.222
材料	破布	kg	0.116	0.116	0.232	0.255	0.255	0.290	0.325
材料	棉纱头	kg	0.003	0.007	0.007	0.010	0.010	0.012	0.015
材料	其他材料费	%	1.000	1.000	1.000	1.000	1.000	1.000	1.000
机械	电焊机(综合)	台班	0.007	0.010	0.013	0.016	0.020	0.125	0.165
机械	氩弧焊机 500A	台班	0.017	0.023	0.025	0.033	0.040	0.033	0.042
机械	砂轮切割机 $\phi500$	台班	0.003	0.004	0.006	0.007	0.007	0.007	0.008
机械	普通车床 630×2000	台班	0.038	0.051	0.051	0.053	0.059	0.063	0.068
机械	电动葫芦(单速)3t	台班	—	—	0.051	0.053	0.059	0.063	0.068
机械	电焊条烘干箱 $60\times50\times75(cm^3)$	台班	0.001	0.001	0.001	0.002	0.002	0.013	0.016
机械	电焊条恒温箱	台班	0.001	0.001	0.001	0.002	0.002	0.013	0.016

计量单位:10m

定额编号			8-1-639	8-1-640	8-1-641	8-1-642	8-1-643	8-1-644	8-1-645
项目			公称直径(mm 以内)						
			80	100	125	150	200	250	300
名称		单位	消耗量						
人工	合计工日	工日	3.801	5.012	5.943	7.547	9.524	11.053	11.979
	其中 普工	工日	0.759	1.002	1.189	1.509	1.906	2.211	2.397
	其中 一般技工	工日	1.521	2.005	2.377	3.019	3.809	4.421	4.791
	其中 高级技工	工日	1.521	2.005	2.377	3.019	3.809	4.421	4.791
材料	碳钢管	m	8.958	8.958	8.817	8.817	8.817	8.761	8.761
	低碳钢焊条 J427 $\phi3.2$	kg	1.177	2.587	4.839	7.669	11.956	17.556	20.032
	碳钢焊丝	kg	0.064	0.112	0.129	0.153	0.229	0.251	0.270
	氧气	m^3	—	0.190	0.230	0.336	0.472	0.531	0.589
	乙炔气	kg	—	0.063	0.077	0.112	0.157	0.177	0.196
	氩气	m^3	0.239	0.415	0.481	0.557	0.849	0.924	0.997
	铈钨棒	g	0.424	0.731	0.847	0.977	1.491	1.621	1.752
	尼龙砂轮片 $\phi100\times16\times3$	片	0.127	0.174	0.199	0.248	0.838	1.236	1.253
	尼龙砂轮片 $\phi500\times25\times4$	片	0.074	—	—	—	—	—	—
	磨头	个	0.068	0.113	—	—	—	—	—
	电	kW·h	0.134	0.307	0.411	0.570	0.877	1.269	1.370
	丙酮	kg	0.045	0.077	0.089	0.107	0.147	0.167	0.184
	角钢(综合)	kg	—	—	—	—	0.162	0.162	0.164
	钢丝 $\phi4.0$	kg	0.107	0.146	0.151	0.157	0.169	0.180	0.191
	塑料布	m^2	0.243	0.372	0.436	0.511	0.663	0.844	1.040
	破布	kg	0.348	0.528	0.574	0.604	0.724	0.800	0.830
	棉纱头	kg	0.019	0.029	0.034	0.044	0.058	0.069	0.070
	其他材料费	%	1.000	1.000	1.000	1.000	1.000	1.000	1.000
机械	电焊机(综合)	台班	0.203	0.326	0.482	0.704	1.082	1.573	1.724
	氩弧焊机 500A	台班	0.057	0.075	0.087	0.101	0.155	0.169	0.182
	砂轮切割机 $\phi500$	台班	0.010	—	—	—	—	—	—
	半自动切割机 100mm	台班	—	—	—	0.013	0.021	0.046	0.048
	普通车床 630×2000	台班	0.074	0.086	0.180	0.196	0.293	0.316	0.339
	汽车式起重机 8t	台班	0.013	0.020	0.026	0.036	0.061	0.087	0.117
	吊装机械(综合)	台班	0.076	0.098	0.098	0.131	0.142	0.185	0.185
	载重汽车 8t	台班	0.013	0.020	0.026	0.036	0.061	0.087	0.117
	电动单梁起重机 5t	台班	—	—	—	—	—	0.328	0.339
	电动葫芦(单速)3t	台班	0.074	0.086	0.180	0.196	0.293	—	—
	电焊条烘干箱 60×50×75(cm^3)	台班	0.021	0.033	0.048	0.071	0.109	0.158	0.172
	电焊条恒温箱	台班	0.021	0.033	0.048	0.071	0.109	0.158	0.172

计量单位:10m

定额编号				8-1-646	8-1-647	8-1-648	8-1-649	8-1-650
项目				公称直径(mm以内)				
				350	400	450	500	600
名称			单位	消耗量				
人工	合计工日		工日	13.989	16.007	18.406	20.728	23.050
	其中	普工	工日	2.797	3.201	3.680	4.146	4.610
		一般技工	工日	5.596	6.403	7.363	8.291	9.220
		高级技工	工日	5.596	6.403	7.363	8.291	9.220
材料	碳钢管		m	8.761	8.761	8.667	8.667	8.667
	低碳钢焊条 J427 ϕ3.2		kg	27.250	36.496	47.935	58.331	68.726
	碳钢焊丝		kg	0.315	0.358	0.363	0.449	0.537
	氧气		m^3	0.772	0.888	1.190	1.360	1.530
	乙炔气		kg	0.258	0.296	0.396	0.453	0.509
	氩气		m^3	1.163	1.321	1.340	1.657	1.973
	铈钨棒		g	2.050	2.324	2.358	2.919	3.479
	尼龙砂轮片 $\phi100\times16\times3$		片	1.635	2.050	2.417	3.014	3.609
	电		kW·h	1.801	2.323	2.937	3.573	4.209
	丙酮		kg	0.192	0.218	0.245	0.270	0.276
	角钢(综合)		kg	0.164	0.164	0.164	0.164	0.164
	钢丝 ϕ4.0		kg	0.202	0.214	0.225	0.235	0.245
	塑料布		m^2	1.256	1.416	1.744	2.011	2.279
	破布		kg	0.875	0.906	1.026	1.162	1.298
	棉纱头		kg	0.084	0.096	0.107	0.117	0.127
	其他材料费		%	1.000	1.000	1.000	1.000	1.000
机械	电焊机(综合)		台班	2.264	2.949	3.841	4.675	5.510
	氩弧焊机 500A		台班	0.211	0.241	0.244	0.302	0.359
	半自动切割机 100mm		台班	0.059	0.066	0.081	0.108	0.134
	普通车床 630×2000		台班	0.439	0.480	0.597	0.650	0.704
	汽车式起重机 8t		台班	0.172	0.216	0.301	0.336	0.371
	吊装机械(综合)		台班	0.229	0.229	0.283	0.283	0.283
	载重汽车 8t		台班	0.172	0.216	0.301	0.336	0.371
	电动单梁起重机 5t		台班	0.439	0.480	0.597	0.650	0.704
	电焊条烘干箱 $60\times50\times75(cm^3)$		台班	0.227	0.295	0.384	0.468	0.551
	电焊条恒温箱		台班	0.227	0.295	0.384	0.468	0.551

3. 不锈钢管(电弧焊)

工作内容:准备工作,管子切口,坡口加工,管口组对,焊接,焊缝钝化,管口封闭,管道安装。

计量单位:10m

定额编号				8-1-651	8-1-652	8-1-653	8-1-654	8-1-655	8-1-656
项目				公称直径(mm 以内)					
				15	20	25	32	40	50
名称			单位	消耗量					
人工	合计工日		工日	1.886	2.032	2.227	2.853	3.094	3.332
	其中	普工	工日	0.378	0.406	0.445	0.571	0.618	0.666
		一般技工	工日	0.754	0.813	0.891	1.141	1.238	1.333
		高级技工	工日	0.754	0.813	0.891	1.141	1.238	1.333
材料	不锈钢管		m	9.250	9.250	9.250	9.250	9.156	9.156
	不锈钢焊条(综合)		kg	0.068	0.103	0.173	0.218	0.295	0.413
	尼龙砂轮片 $\phi100\times16\times3$		片	0.029	0.038	0.052	0.068	0.086	0.118
	尼龙砂轮片 $\phi500\times25\times4$		片	0.008	0.011	0.020	0.024	0.030	0.034
	电		kW·h	0.019	0.024	0.037	0.044	0.054	0.066
	丙酮		kg	0.012	0.014	0.018	0.021	0.025	0.030
	酸洗膏		kg	0.008	0.011	0.015	0.018	0.022	0.027
	水		t	0.002	0.002	0.003	0.003	0.003	0.005
	钢丝 $\phi4.0$		kg	0.089	0.090	0.091	0.092	0.093	0.096
	塑料布		m^2	0.136	0.143	0.150	0.159	0.179	0.196
	破布		kg	0.108	0.108	0.236	0.236	0.268	0.269
	棉纱头		kg	0.003	0.006	0.007	0.009	0.011	0.012
	其他材料费		%	1.000	1.000	1.000	1.000	1.000	1.000
机械	电焊机(综合)		台班	0.042	0.054	0.080	0.100	0.119	0.144
	砂轮切割机 $\phi500$		台班	0.002	0.004	0.005	0.008	0.010	0.012
	普通车床 630×2000		台班	0.032	0.039	0.053	0.062	0.071	0.073
	电动葫芦(单速)3t		台班	—	—	—	0.049	0.071	0.073
	电动空气压缩机 $6m^3/min$		台班	0.002	0.002	0.002	0.002	0.002	0.002
	电焊条烘干箱 $60\times50\times75(cm^3)$		台班	0.004	0.005	0.008	0.010	0.012	0.015
	电焊条恒温箱		台班	0.004	0.005	0.008	0.010	0.012	0.015

计量单位:10m

定额编号			8-1-657	8-1-658	8-1-659	8-1-660	8-1-661	8-1-662
项　目			公称直径（mm 以内）					
			65	80	100	125	150	200
名　称		单位	消　耗　量					
人工	合计工日	工日	4.279	5.919	6.086	6.567	7.369	11.452
人工	其中 普工	工日	0.857	1.183	1.218	1.313	1.473	2.290
人工	其中 一般技工	工日	1.711	2.368	2.434	2.627	2.948	4.581
人工	其中 高级技工	工日	1.711	2.368	2.434	2.627	2.948	4.581
材料	不锈钢管	m	9.156	8.958	8.958	8.958	8.817	8.817
材料	不锈钢焊条(综合)	kg	0.594	1.052	1.630	2.784	4.238	8.757
材料	尼龙砂轮片 $\phi100\times16\times3$	片	0.178	0.238	0.325	0.457	0.635	1.248
材料	尼龙砂轮片 $\phi500\times25\times4$	片	0.056	0.074	—	—	—	—
材料	电	kW·h	0.093	0.124	0.168	0.243	0.346	0.648
材料	丙酮	kg	0.048	0.057	0.059	0.069	0.082	0.134
材料	酸洗膏	kg	0.038	0.045	0.057	0.086	0.116	0.151
材料	水	t	0.007	0.009	0.010	0.012	0.015	0.019
材料	钢丝 $\phi4.0$	kg	0.105	0.109	0.115	0.119	0.128	0.139
材料	塑料布	m^2	0.222	0.243	0.286	0.362	0.393	0.510
材料	破布	kg	0.377	0.386	0.399	0.411	0.434	0.689
材料	棉纱头	kg	0.021	0.024	0.024	0.025	0.032	0.055
材料	其他材料费	%	1.000	1.000	1.000	1.000	1.000	1.000
机械	电焊机（综合）	台班	0.208	0.278	0.375	0.546	0.775	1.450
机械	砂轮切割机 $\phi500$	台班	0.016	0.021	—	—	—	—
机械	普通车床 630×2000	台班	0.078	0.084	0.089	0.108	0.129	0.266
机械	电动葫芦(单速)3t	台班	0.078	0.084	0.089	0.108	0.129	0.266
机械	电动空气压缩机 $6m^3/min$	台班	0.002	0.002	0.002	0.002	0.002	0.002
机械	电焊条烘干箱 60×50×75(cm^3)	台班	0.021	0.028	0.038	0.054	0.078	0.145
机械	电焊条恒温箱	台班	0.021	0.028	0.038	0.054	0.078	0.145
机械	等离子切割机 400A	台班	—	—	0.014	0.017	0.022	0.039
机械	汽车式起重机 8t	台班	—	0.013	0.020	0.026	0.036	0.061
机械	吊装机械(综合)	台班	—	0.077	0.098	0.098	0.131	0.142
机械	载重汽车 8t	台班	—	0.013	0.020	0.026	0.036	0.061
机械	电动空气压缩机 $1m^3/min$	台班	—	—	0.014	0.017	0.022	0.039

计量单位:10m

定额编号			8-1-663	8-1-664	8-1-665	8-1-666	8-1-667	8-1-668
项目			公称直径（mm 以内）					
			250	300	350	400	450	500
名称		单位	消耗量					
人工	合计工日	工日	13.815	16.624	18.754	22.362	25.969	29.577
	其中 普工	工日	2.763	3.324	3.752	4.472	5.193	5.915
	其中 一般技工	工日	5.526	6.650	7.501	8.945	10.388	11.831
	其中 高级技工	工日	5.526	6.650	7.501	8.945	10.388	11.831
材料	不锈钢管	m	8.817	8.817	8.817	8.817	8.817	8.817
	不锈钢焊条(综合)	kg	13.247	19.561	26.721	30.735	34.749	38.763
	尼龙砂轮片 $\phi100\times16\times3$	片	1.806	2.727	3.362	4.096	4.831	5.566
	电	kW·h	0.937	1.383	1.814	2.120	2.427	2.734
	丙酮	kg	0.166	0.197	0.228	0.257	0.286	0.315
	酸洗膏	kg	0.229	0.273	0.299	0.370	0.441	0.512
	水	t	0.023	0.028	0.033	0.038	0.042	0.047
	钢丝 $\phi4.0$	kg	0.148	0.157	0.165	0.182	0.198	0.214
	塑料布	m^2	0.065	0.800	0.967	1.089	1.211	1.334
	破布	kg	0.717	0.758	0.786	0.962	1.139	1.315
	棉纱头	kg	0.065	0.077	0.088	0.103	0.117	0.131
	其他材料费	%	1.000	1.000	1.000	1.000	1.000	1.000
机械	电焊机（综合）	台班	2.098	3.098	4.056	4.749	5.442	6.134
	普通车床 630×2000	台班	0.437	0.530	0.643	0.739	0.835	0.932
	电动葫芦(单速)3t	台班	0.437	—	—	—	—	—
	电动空气压缩机 $6m^3/min$	台班	0.002	0.002	0.002	0.002	0.003	0.003
	等离子切割机 400A	台班	0.053	0.063	0.086	0.097	0.109	0.120
	汽车式起重机 8t	台班	0.088	0.114	0.170	0.242	0.314	0.387
	吊装机械(综合)	台班	0.185	0.185	0.229	0.229	0.280	0.280
	载重汽车 8t	台班	0.088	0.114	0.170	0.242	0.314	0.387
	电动单梁起重机 5t	台班	—	0.530	0.643	0.739	0.835	0.932
	电动空气压缩机 $1m^3/min$	台班	0.053	0.063	0.086	0.097	0.109	0.120
	电焊条烘干箱 $60\times50\times75(cm^3)$	台班	0.210	0.310	0.406	0.475	0.544	0.613
	电焊条恒温箱	台班	0.210	0.310	0.406	0.475	0.544	0.613

4. 不锈钢管(氩电联焊)

工作内容:准备工作,管子切口,坡口加工,管口组对,焊接,焊缝钝化,管口封闭,管道安装。

计量单位:10m

定额编号			8-1-669	8-1-670	8-1-671	8-1-672	8-1-673	8-1-674
项目			公称直径(mm 以内)					
			15	20	25	32	40	50
名称		单位	消耗量					
人工	合计工日	工日	1.888	2.039	2.247	2.878	3.138	3.397
人工	其中 普工	工日	0.378	0.407	0.451	0.576	0.626	0.679
人工	其中 一般技工	工日	0.755	0.816	0.898	1.151	1.256	1.359
人工	其中 高级技工	工日	0.755	0.816	0.898	1.151	1.256	1.359
材料	不锈钢管	m	9.250	9.250	9.250	9.250	9.156	9.156
材料	不锈钢焊条(综合)	kg	—	—	—	—	—	0.157
材料	不锈钢焊丝 1Cr18Ni9Ti	kg	0.030	0.032	0.035	0.037	0.039	0.041
材料	氩气	m^3	0.090	0.094	0.101	0.105	0.109	0.119
材料	铈钨棒	g	0.147	0.151	0.157	0.163	0.170	0.176
材料	尼龙砂轮片 $\phi100\times16\times3$	片	0.033	0.043	0.060	0.077	0.099	0.104
材料	尼龙砂轮片 $\phi500\times25\times4$	片	0.009	0.013	0.024	0.029	0.036	0.040
材料	电	kW·h	0.023	0.032	0.052	0.067	0.087	0.088
材料	丙酮	kg	0.014	0.016	0.022	0.025	0.030	0.036
材料	酸洗膏	kg	0.006	0.008	0.011	0.013	0.015	0.019
材料	水	t	0.002	0.002	0.003	0.003	0.003	0.006
材料	钢丝 $\phi4.0$	kg	0.106	0.107	0.108	0.109	0.111	0.114
材料	塑料布	m^2	0.162	0.170	0.178	0.189	0.213	0.234
材料	破布	kg	0.129	0.129	0.281	0.281	0.319	0.320
材料	棉纱头	kg	0.003	0.007	0.008	0.010	0.013	0.014
材料	其他材料费	%	1.000	1.000	1.000	1.000	1.000	1.000
机械	氩弧焊机 500A	台班	0.050	0.056	0.062	0.070	0.074	0.079
机械	电焊机(综合)	台班	—	—	—	—	—	0.089
机械	砂轮切割机 $\phi500$	台班	0.002	0.005	0.006	0.008	0.011	0.012
机械	普通车床 630×2000	台班	0.035	0.043	0.059	0.065	0.078	0.078
机械	电动葫芦(单速)3t	台班	—	—	—	0.065	0.078	0.078
机械	电动空气压缩机 $6m^3/min$	台班	0.002	0.002	0.002	0.002	0.002	0.002
机械	电焊条烘干箱 $60\times50\times75(cm^3)$	台班	—	—	—	—	—	0.009
机械	电焊条恒温箱	台班	—	—	—	—	—	0.009

计量单位:10m

定额编号			8-1-675	8-1-676	8-1-677	8-1-678	8-1-679	8-1-680
项目			公称直径（mm 以内）					
			65	80	100	125	150	200
名称		单位	消耗量					
人工	合计工日	工日	4.312	5.934	6.359	7.138	7.731	11.947
人工	其中 普工	工日	0.862	1.188	1.271	1.428	1.547	2.391
人工	其中 一般技工	工日	1.725	2.373	2.544	2.855	3.092	4.778
人工	其中 高级技工	工日	1.725	2.373	2.544	2.855	3.092	4.778
材料	不锈钢管	m	9.156	8.958	8.958	8.958	8.817	8.817
材料	不锈钢焊条(综合)	kg	0.589	0.821	1.454	2.801	4.293	8.550
材料	不锈钢焊丝 1Cr18Ni9Ti	kg	0.061	0.074	0.087	0.106	0.132	0.221
材料	氩气	m^3	0.170	0.207	0.244	0.299	0.371	0.619
材料	铈钨棒	g	0.214	0.225	0.250	0.291	0.377	0.646
材料	尼龙砂轮片 $\phi100\times16\times3$	片	0.207	0.261	0.318	0.492	0.683	1.289
材料	尼龙砂轮片 $\phi500\times25\times4$	片	0.067	0.089	—	—	—	—
材料	电	kW·h	0.093	0.116	0.136	0.225	0.319	0.578
材料	丙酮	kg	0.058	0.058	0.059	0.076	0.090	0.147
材料	酸洗膏	kg	0.026	0.032	0.057	0.086	0.116	0.151
材料	水	t	0.008	0.009	0.010	0.013	0.016	0.021
材料	钢丝 $\phi4.0$	kg	0.137	0.139	0.140	0.142	0.144	0.153
材料	塑料布	m^2	0.264	0.270	0.286	0.369	0.432	0.561
材料	破布	kg	0.459	0.538	0.540	0.585	0.630	0.758
材料	棉纱头	kg	0.025	0.026	0.029	0.033	0.035	0.061
材料	其他材料费	%	1.000	1.000	1.000	1.000	1.000	1.000
机械	电焊机（综合）	台班	0.177	0.219	0.304	0.454	0.649	1.173
机械	氩弧焊机 500A	台班	0.100	0.119	0.155	0.170	0.210	0.365
机械	砂轮切割机 $\phi500$	台班	0.016	0.021	—	—	—	—
机械	普通车床 630×2000	台班	0.078	0.084	0.089	0.108	0.129	0.266
机械	电动葫芦(单速)3t	台班	0.078	0.084	0.089	0.108	0.129	0.266
机械	电动空气压缩机 $6m^3/min$	台班	0.002	0.002	0.002	0.002	0.002	0.002
机械	等离子切割机 400A	台班	—	—	0.014	0.017	0.022	0.039
机械	汽车式起重机 8t	台班	—	—	0.020	0.026	0.036	0.061
机械	吊装机械(综合)	台班	—	0.090	0.098	0.098	0.131	0.142
机械	载重汽车 8t	台班	—	—	0.020	0.026	0.036	0.061
机械	电动空气压缩机 $1m^3/min$	台班	—	—	0.014	0.017	0.022	0.039
机械	电焊条烘干箱 $60\times50\times75(cm^3)$	台班	0.017	0.022	0.030	0.046	0.065	0.117
机械	电焊条恒温箱	台班	0.017	0.022	0.030	0.046	0.065	0.117

计量单位:10m

定额编号			8-1-681	8-1-682	8-1-683	8-1-684	8-1-685	8-1-686
项目			公称直径（mm 以内）					
			250	300	350	400	450	500
名称		单位	消耗量					
人工	合计工日	工日	13.950	16.721	18.929	23.028	26.595	30.162
人工	其中 普工	工日	2.790	3.343	3.787	4.606	5.319	6.032
人工	其中 一般技工	工日	5.580	6.689	7.571	9.211	10.638	12.065
人工	其中 高级技工	工日	5.580	6.689	7.571	9.211	10.638	12.065
材料	不锈钢管	m	8.817	8.817	8.817	8.817	8.817	8.817
材料	不锈钢焊条(综合)	kg	12.989	19.068	27.560	31.390	37.725	44.060
材料	不锈钢焊丝 1Cr18Ni9Ti	kg	0.278	0.378	0.409	0.450	0.528	0.607
材料	氩气	m^3	0.778	1.055	1.145	1.259	1.476	1.693
材料	铈钨棒	g	0.816	1.230	1.269	1.468	1.782	2.096
材料	尼龙砂轮片 $\phi100\times16\times3$	片	1.865	2.787	3.618	4.174	5.058	5.942
材料	电	kW·h	0.835	1.229	1.700	1.938	2.330	2.723
材料	丙酮	kg	0.038	0.217	0.251	0.257	0.286	0.333
材料	酸洗膏	kg	0.229	0.273	0.299	0.370	0.472	0.573
材料	水	t	0.026	0.031	0.036	0.038	0.043	0.047
材料	钢丝 $\phi4.0$	kg	0.163	0.172	0.182	0.190	0.198	0.206
材料	塑料布	m^2	0.714	0.880	1.063	1.089	1.212	1.336
材料	破布	kg	0.789	0.833	0.864	0.962	1.138	1.313
材料	棉纱头	kg	0.071	0.085	0.097	0.103	0.117	0.131
材料	其他材料费	%	1.000	1.000	1.000	1.000	1.000	1.000
机械	电焊机（综合）	台班	1.703	2.501	3.460	4.335	5.210	6.085
机械	氩弧焊机 500A	台班	0.459	0.658	0.664	0.855	1.047	1.239
机械	普通车床 630×2000	台班	0.437	0.519	0.643	0.798	0.952	1.108
机械	电动葫芦(单速)3t	台班	0.437	—	—	—	—	—
机械	电动空气压缩机 $6m^3/min$	台班	0.002	0.002	0.002	0.002	0.002	0.003
机械	等离子切割机 400A	台班	0.053	0.063	0.086	0.097	0.108	0.118
机械	汽车式起重机 8t	台班	0.088	0.114	0.170	0.242	0.314	0.385
机械	吊装机械(综合)	台班	0.185	0.185	0.229	0.229	0.280	0.280
机械	载重汽车 8t	台班	0.088	0.114	0.170	0.242	0.314	0.385
机械	电动单梁起重机 5t	台班	—	0.519	0.643	0.798	0.952	1.108
机械	电动空气压缩机 $1m^3/min$	台班	0.053	0.063	0.086	0.097	0.108	0.118
机械	电焊条烘干箱 $60\times50\times75(cm^3)$	台班	0.171	0.250	0.346	0.433	0.521	0.609
机械	电焊条恒温箱	台班	0.171	0.250	0.346	0.433	0.521	0.609

5. 合金钢管(电弧焊)

工作内容:准备工作,管子切口,坡口加工,管口组对,焊接,管口封闭,管道安装。 **计量单位:**10m

定额编号				8-1-687	8-1-688	8-1-689	8-1-690	8-1-691	8-1-692
项目				公称直径(mm 以内)					
				15	20	25	32	40	50
名称			单位	消耗量					
人工	合计工日		工日	1.005	1.982	2.130	2.727	2.927	3.146
	其中	普工	工日	0.201	0.396	0.426	0.545	0.585	0.630
		一般技工	工日	0.402	0.793	0.852	1.091	1.171	1.258
		高级技工	工日	0.402	0.793	0.852	1.091	1.171	1.258
材料	合金钢管		m	9.250	9.250	9.250	9.250	9.250	9.250
	合金钢焊条		kg	0.068	0.106	0.173	0.218	0.294	0.422
	尼龙砂轮片 $\phi100\times16\times3$		片	0.030	0.037	0.045	0.057	0.070	0.092
	尼龙砂轮片 $\phi500\times25\times4$		片	0.006	0.009	0.013	0.015	0.021	0.029
	磨头		个	0.019	0.021	0.026	0.030	0.037	0.044
	电		kW·h	0.039	0.054	0.063	0.080	0.093	0.112
	丙酮		kg	0.011	0.015	0.025	0.028	0.032	0.040
	钢丝 $\phi4.0$		kg	0.089	0.090	0.091	0.092	0.093	0.096
	塑料布		m^2	0.136	0.143	0.150	0.159	0.179	0.196
	破布		kg	0.106	0.106	0.213	0.234	0.234	0.266
	棉纱头		kg	0.003	0.006	0.006	0.009	0.009	0.013
	其他材料费		%	1.000	1.000	1.000	1.000	1.000	1.000
机械	电焊机(综合)		台班	0.046	0.060	0.077	0.097	0.115	0.145
	砂轮切割机 $\phi500$		台班	0.001	0.003	0.004	0.004	0.005	0.005
	普通车床 630×2000		台班	0.029	0.037	0.049	0.056	0.065	0.066
	电动葫芦(单速)3t		台班	—	—	—	0.056	0.065	0.066
	电焊条烘干箱 $60\times50\times75(cm^3)$		台班	0.004	0.006	0.008	0.009	0.011	0.015
	电焊条恒温箱		台班	0.004	0.006	0.008	0.009	0.011	0.015

计量单位:10m

定额编号			8-1-693	8-1-694	8-1-695	8-1-696	8-1-697	8-1-698
项目			公称直径(mm 以内)					
			65	80	100	125	150	200
名称		单位	消耗量					
人工	合计工日	工日	3.501	3.662	4.918	5.535	7.163	9.334
人工	其中 普工	工日	0.699	0.732	0.984	1.107	1.433	1.866
人工	其中 一般技工	工日	1.401	1.465	1.967	2.214	2.865	3.734
人工	其中 高级技工	工日	1.401	1.465	1.967	2.214	2.865	3.734
材料	合金钢管	m	9.250	8.958	8.958	8.958	8.958	8.817
材料	合金钢焊条	kg	0.842	1.244	1.626	2.755	4.180	9.132
材料	氧气	m^3	—	—	0.119	0.171	0.194	0.302
材料	乙炔气	kg	—	—	0.040	0.057	0.065	0.101
材料	尼龙砂轮片 $\phi100\times16\times3$	片	0.138	0.175	0.236	0.328	0.387	0.447
材料	尼龙砂轮片 $\phi500\times25\times4$	片	0.049	0.068	—	—	—	—
材料	磨头	个	0.058	0.068	0.087	—	—	—
材料	电	kW·h	0.153	0.180	0.287	0.372	0.489	0.837
材料	丙酮	kg	0.052	0.066	0.077	0.092	0.108	0.150
材料	钢丝 $\phi4.0$	kg	0.099	0.101	0.105	0.109	0.114	0.123
材料	塑料布	m^2	0.222	0.243	0.286	0.336	0.393	0.510
材料	破布	kg	0.298	0.319	0.372	0.404	0.426	0.564
材料	棉纱头	kg	0.015	0.018	0.021	0.025	0.033	0.045
材料	其他材料费	%	1.000	1.000	1.000	1.000	1.000	1.000
机械	电焊机(综合)	台班	0.202	0.245	0.341	0.478	0.665	1.232
机械	砂轮切割机 $\phi500$	台班	0.008	0.009	—	—	—	—
机械	普通车床 630×2000	台班	0.072	0.074	0.082	0.099	0.119	0.269
机械	电动葫芦(单速)3t	台班	0.072	0.074	0.082	0.099	0.119	0.269
机械	半自动切割机 100mm	台班	—	—	—	—	0.013	0.021
机械	汽车式起重机 8t	台班	—	0.013	0.020	0.026	0.036	0.061
机械	吊装机械(综合)	台班	—	0.076	0.098	0.098	0.131	0.142
机械	载重汽车 8t	台班	—	0.013	0.020	0.026	0.036	0.061
机械	电焊条烘干箱 60×50×75(cm^3)	台班	0.020	0.024	0.034	0.048	0.066	0.123
机械	电焊条恒温箱	台班	0.020	0.024	0.034	0.048	0.066	0.123

计量单位:10m

定额编号			8-1-699	8-1-700	8-1-701	8-1-702	8-1-703	8-1-704	8-1-705
项目			公称直径（mm 以内）						
			250	300	350	400	450	500	600
名称		单位	消耗量						
人工	合计工日	工日	11.015	11.818	13.216	16.088	17.980	20.861	23.743
	其中 普工	工日	2.203	2.364	2.644	3.218	3.596	4.171	4.749
	其中 一般技工	工日	4.406	4.727	5.286	6.435	7.192	8.345	9.497
	其中 高级技工	工日	4.406	4.727	5.286	6.435	7.192	8.345	9.497
材料	合金钢管	m	8.817	8.817	8.817	8.817	8.817	8.817	8.817
	合金钢焊条	kg	13.550	15.015	19.331	27.263	31.092	43.516	55.940
	氧气	m^3	0.377	0.453	0.490	0.683	0.781	0.872	0.963
	乙炔气	kg	0.126	0.151	0.164	0.227	0.260	0.290	0.321
	尼龙砂轮片 $\phi100\times16\times3$	片	0.455	0.461	1.618	1.998	2.322	2.933	3.544
	电	kW·h	1.176	1.212	1.453	1.901	2.174	2.916	3.659
	丙酮	kg	0.158	0.170	0.196	0.196	0.196	0.225	0.254
	钢丝 $\phi4.0$	kg	0.132	0.140	0.149	0.158	0.166	0.174	0.183
	塑料布	m^2	0.649	0.800	0.967	1.089	1.342	1.547	1.752
	破布	kg	0.564	0.585	0.617	0.639	0.724	0.819	0.916
	棉纱头	kg	0.053	0.053	0.064	0.073	0.079	0.089	0.099
	其他材料费	%	1.000	1.000	1.000	1.000	1.000	1.000	1.000
机械	电焊机（综合）	台班	1.773	1.877	2.380	3.144	3.588	4.980	6.372
	普通车床 630×2000	台班	0.365	0.372	0.418	0.527	0.576	0.715	0.854
	电动葫芦(单速)3t	台班	0.279	—	—	—	—	—	—
	半自动切割机 100mm	台班	0.041	0.048	0.052	0.066	0.075	0.090	0.106
	汽车式起重机 8t	台班	0.087	0.117	0.172	0.216	0.301	0.336	0.371
	吊装机械(综合)	台班	0.185	0.185	0.229	0.229	0.283	0.283	0.283
	载重汽车 8t	台班	0.087	0.117	0.172	0.216	0.301	0.336	0.371
	电动单梁起重机 5t	台班	0.126	0.372	0.418	0.527	0.576	0.715	0.854
	电焊条烘干箱 60×50×75(cm^3)	台班	0.177	0.188	0.238	0.314	0.359	0.498	0.637
	电焊条恒温箱	台班	0.177	0.188	0.238	0.314	0.359	0.498	0.637

6. 合金钢管(氩电联焊)

工作内容:准备工作,管子切口,坡口加工,管口组对,焊接,管口封闭,管道安装。　　**计量单位**:10m

定额编号			8-1-706	8-1-707	8-1-708	8-1-709	8-1-710	8-1-711
项目			公称直径(mm以内)					
			15	20	25	32	40	50
名称		单位	消耗量					
人工	合计工日	工日	1.006	1.992	2.155	2.759	2.977	3.172
人工	其中 普工	工日	0.200	0.398	0.431	0.551	0.597	0.634
人工	其中 一般技工	工日	0.403	0.797	0.862	1.104	1.190	1.269
人工	其中 高级技工	工日	0.403	0.797	0.862	1.104	1.190	1.269
材料	合金钢管	m	9.250	9.250	9.250	9.250	9.250	9.250
材料	合金钢焊条	kg	0.326	0.331	0.337	0.349	0.353	0.374
材料	合金钢焊丝	kg	0.014	0.015	0.017	0.019	0.021	0.023
材料	氩气	m^3	0.048	0.050	0.055	0.058	0.061	0.064
材料	铈钨棒	g	0.114	0.116	0.119	0.123	0.126	0.128
材料	尼龙砂轮片 $\phi100\times16\times3$	片	0.029	0.036	0.045	0.055	0.068	0.096
材料	尼龙砂轮片 $\phi500\times25\times4$	片	0.006	0.009	0.013	0.015	0.021	0.029
材料	磨头	个	0.019	0.021	0.026	0.030	0.037	0.044
材料	电	kW·h	0.039	0.058	0.073	0.095	0.107	0.114
材料	丙酮	kg	0.011	0.015	0.025	0.025	0.025	0.040
材料	钢丝 $\phi4.0$	kg	0.089	0.090	0.091	0.092	0.093	0.096
材料	塑料布	m^2	0.136	0.143	0.150	0.159	0.179	0.196
材料	破布	kg	0.106	0.106	0.213	0.234	0.234	0.266
材料	棉纱头	kg	0.003	0.006	0.006	0.009	0.009	0.013
材料	其他材料费	%	1.000	1.000	1.000	1.000	1.000	1.000
机械	电焊机(综合)	台班	0.005	0.007	0.008	0.011	0.014	0.131
机械	氩弧焊机 500A	台班	0.035	0.038	0.041	0.044	0.046	0.047
机械	砂轮切割机 $\phi500$	台班	0.001	0.004	0.005	0.005	0.007	0.007
机械	普通车床 630×2000	台班	0.037	0.046	0.061	0.066	0.070	0.071
机械	电动葫芦(单速)3t	台班	—	—	—	0.066	0.070	0.071
机械	电焊条烘干箱 60×50×75(cm^3)	台班	0.001	0.001	0.001	0.001	0.002	0.013
机械	电焊条恒温箱	台班	0.001	0.001	0.001	0.001	0.002	0.013

计量单位:10m

定额编号				8-1-712	8-1-713	8-1-714	8-1-715	8-1-716	8-1-717
项目				公称直径（mm 以内）					
				65	80	100	125	150	200
名称			单位	消耗量					
人工	合计工日		工日	3.490	3.662	4.968	5.586	7.188	9.836
	其中	普工	工日	0.698	0.732	0.994	1.118	1.436	1.966
		一般技工	工日	1.396	1.465	1.987	2.234	2.876	3.935
		高级技工	工日	1.396	1.465	1.987	2.234	2.876	3.935
材料	合金钢管		m	9.250	8.958	8.958	8.958	8.958	8.817
	合金钢焊条		kg	0.740	1.115	1.602	2.778	3.993	8.922
	合金钢焊丝		kg	0.028	0.032	0.050	0.052	0.064	0.100
	氧气		m^3	—	—	0.131	0.188	0.213	0.332
	乙炔气		kg	—	—	0.044	0.063	0.071	0.111
	氩气		m^3	0.077	0.091	0.139	0.147	0.179	0.278
	铈钨棒		g	0.156	0.182	0.279	0.294	0.359	0.557
	尼龙砂轮片 $\phi100\times16\times3$		片	0.135	0.171	0.254	0.353	0.459	0.460
	尼龙砂轮片 $\phi500\times25\times4$		片	0.049	0.068	—	—	—	—
	磨头		个	0.058	0.068	0.096	—	—	—
	电		kW·h	0.144	0.170	0.300	0.394	0.501	0.860
	丙酮		kg	0.052	0.066	0.085	0.101	0.119	0.165
	钢丝 $\phi4.0$		kg	0.099	0.101	0.116	0.120	0.126	0.135
	塑料布		m^2	0.222	0.243	0.315	0.369	0.432	0.561
	破布		kg	0.298	0.319	0.410	0.445	0.468	0.562
	棉纱头		kg	0.015	0.018	0.023	0.028	0.036	0.049
	其他材料费		%	1.000	1.000	1.000	1.000	1.000	1.000
机械	电焊机（综合）		台班	0.180	0.222	0.311	0.443	0.587	1.108
	氩弧焊机 500A		台班	0.048	0.057	0.078	0.083	0.101	0.157
	砂轮切割机 $\phi500$		台班	0.008	0.009	—	—	—	—
	普通车床 630×2000		台班	0.072	0.077	0.082	0.099	0.119	0.269
	电动葫芦(单速)3t		台班	0.072	0.077	0.082	0.099	0.119	0.269
	半自动切割机 100mm		台班	—	—	—	—	0.013	0.021
	汽车式起重机 8t		台班	—	0.013	0.020	0.026	0.036	0.061
	吊装机械(综合)		台班	—	0.076	0.098	0.098	0.131	0.142
	载重汽车 8t		台班	—	0.013	0.020	0.026	0.036	0.061
	电焊条烘干箱 $60\times50\times75(cm^3)$		台班	0.018	0.022	0.031	0.044	0.059	0.111
	电焊条恒温箱		台班	0.018	0.022	0.031	0.044	0.059	0.111

计量单位:10m

定额编号				8-1-718	8-1-719	8-1-720	8-1-721	8-1-722	8-1-723	8-1-724
项目				公称直径（mm 以内）						
				250	300	350	400	450	500	600
名称			单位	消耗量						
人工	合计工日		工日	11.680	12.485	13.980	16.982	19.294	21.944	24.595
	其中	普工	工日	2.336	2.497	2.796	3.396	3.858	4.390	4.919
		一般技工	工日	4.672	4.994	5.592	6.793	7.718	8.777	9.838
		高级技工	工日	4.672	4.994	5.592	6.793	7.718	8.777	9.838
材料	合金钢管		m	8.817	8.817	8.817	8.817	8.817	8.817	8.817
	合金钢焊条		kg	13.942	15.525	19.988	28.302	35.214	45.279	55.342
	合金钢焊丝		kg	0.105	0.111	0.146	0.147	0.166	0.184	0.203
	氧气		m^3	0.415	0.498	0.539	0.751	0.859	0.959	1.058
	乙炔气		kg	0.138	0.166	0.180	0.250	0.286	0.319	0.353
	氩气		m^3	0.294	0.310	0.408	0.411	0.463	0.515	0.567
	铈钨棒		g	0.589	0.619	0.815	0.822	0.927	1.031	1.136
	尼龙砂轮片 $\phi100\times16\times3$		片	0.494	0.500	1.741	2.151	2.739	3.157	3.573
	电		kW·h	1.245	1.283	1.534	2.011	2.442	3.082	3.722
	丙酮		kg	0.206	0.208	0.216	0.216	0.216	0.248	0.281
	钢丝 $\phi4.0$		kg	0.145	0.154	0.164	0.173	0.183	0.192	0.201
	塑料布		m^2	0.714	0.880	1.063	1.198	1.476	1.702	1.928
	破布		kg	0.620	0.644	0.679	0.702	0.796	0.901	1.007
	棉纱头		kg	0.059	0.059	0.070	0.080	0.087	0.098	0.109
	其他材料费		%	1.000	1.000	1.000	1.000	1.000	1.000	1.000
机械	电焊机（综合）		台班	1.667	1.774	2.247	2.979	3.688	4.726	5.766
	氩弧焊机 500A		台班	0.166	0.173	0.230	0.231	0.261	0.291	0.320
	普通车床 630×2000		台班	0.365	0.372	0.418	0.527	0.576	0.715	0.854
	电动葫芦(单速)3t		台班	0.348	—	—	—	—	—	—
	半自动切割机 100mm		台班	0.041	0.048	0.052	0.066	0.075	0.090	0.106
	汽车式起重机 8t		台班	0.087	0.117	0.172	0.216	0.301	0.336	0.371
	吊装机械(综合)		台班	0.185	0.185	0.229	0.229	0.283	0.283	0.283
	载重汽车 8t		台班	0.087	0.117	0.172	0.216	0.301	0.336	0.371
	电动单梁起重机 5t		台班	0.126	0.372	0.418	0.527	0.576	0.715	0.854
	电焊条烘干箱 60×50×75(cm^3)		台班	0.167	0.177	0.225	0.298	0.369	0.473	0.576
	电焊条恒温箱		台班	0.167	0.177	0.225	0.298	0.369	0.473	0.576

第二章　管 件 连 接
(030802)

说　明

一、本章与第一章直管安装配套使用。

二、关于下列各项费用的规定：

1. 在管道上安装的仪表一次部件，执行本章管件连接相应项目定额乘以系数0.7。

2. 仪表的温度计扩大管制作与安装，执行本章管件连接相应项目定额乘以系数1.5。

3. 焊接盲板执行本章管件连接相应项目定额乘以系数0.6。

工程量计算规则

一、各种管件连接均按不同压力、材质、连接形式,不分种类,以“10 个”为计量单位。

二、各种管道(在现场加工)在主管上挖眼接管三通、摔制异径管,应按不同压力、材质、规格均以主管径执行管件连接相应项目,不另计制作费和主材费。

三、挖眼接管三通支线管径小于主管径 1/2 时,不计算管件工程量;在主管上挖眼焊接管接头、凸台等配件,按配件管径计算管件工程量。

四、定额中已综合考虑了弯头、三通、异径管、管帽、管接头等管口含量的差异,使用定额时按设计图纸用量,不分种类,执行同一定额。

五、全加热套管的外套管件安装,定额按两半管件考虑的,包括两道纵缝和两个环缝。两半封闭短管执行两半管件项目。

六、半加热外套管摔口后焊在内套管上,每个焊口按一个管件计算。外套碳钢管如焊在不锈钢管内套管上时,焊口间需加不锈钢短管衬垫,每处焊口按两个管件计算,衬垫短管按设计长度计算。如设计无规定时,按 50mm 长度计算其价值。

一、低 压 管 件

1. 碳钢管件（螺纹连接）

工作内容：准备工作，管子切口，套丝，管件安装。　　　**计量单位**：10 个

定额编号				8-2-1	8-2-2	8-2-3	8-2-4	8-2-5	8-2-6
项目				公称直径（mm 以内）					
				15	20	25	32	40	50
名称			单位	消耗量					
人工	合计工日		工日	1.222	1.530	1.957	2.273	2.790	3.520
	其中	普工	工日	0.306	0.382	0.489	0.568	0.698	0.880
		一般技工	工日	0.794	0.995	1.272	1.478	1.813	2.288
		高级技工	工日	0.122	0.153	0.196	0.227	0.279	0.352
材料	低压碳钢螺纹连接管件		个	10.100	10.100	10.100	10.100	10.100	10.100
	氧气		m^3	0.001	0.001	0.212	0.307	0.354	0.425
	乙炔气		kg	0.001	0.001	0.083	0.118	0.137	0.163
	尼龙砂轮片 ϕ500×25×4		片	0.090	0.118	0.146	0.184	0.215	0.307
	机油		kg	0.153	0.177	0.203	0.238	0.297	0.342
	聚四氟乙烯生料带		m	4.145	5.087	6.406	7.913	9.043	10.739
	棉纱头		kg	0.021	0.043	0.043	0.064	0.064	0.079
	其他材料费		%	1.000	1.000	1.000	1.000	1.000	1.000
机械	砂轮切割机 ϕ500		台班	0.008	0.018	0.040	0.061	0.066	0.081
	管子切断套丝机 159mm		台班	0.297	0.297	0.297	0.330	0.330	0.330

2. 碳钢管件（氧乙炔焊）

工作内容：准备工作，管子切口，坡口加工，坡口磨平，管口组对，焊接。　　　**计量单位**：10 个

定额编号				8-2-7	8-2-8	8-2-9	8-2-10	8-2-11	8-2-12
项目				公称直径（mm 以内）					
				15	20	25	32	40	50
名称			单位	消耗量					
人工	合计工日		工日	1.486	1.945	2.164	2.383	2.601	2.820
	其中	普工	工日	0.371	0.486	0.542	0.596	0.650	0.705
		一般技工	工日	0.966	1.264	1.406	1.549	1.691	1.833
		高级技工	工日	0.149	0.195	0.216	0.238	0.260	0.282
材料	碳钢对焊管件		个	10.000	10.000	10.000	10.000	10.000	10.000
	碳钢气焊条 ϕ2 以内		kg	0.245	0.297	0.441	0.540	0.618	0.932
	氧气		m^3	0.590	0.732	1.086	1.433	1.628	2.445
	乙炔气		kg	0.236	0.283	0.425	0.548	0.621	0.932
	尼龙砂轮片 ϕ100×16×3		片	0.020	0.024	0.175	0.218	0.250	0.405
	尼龙砂轮片 ϕ500×25×4		片	0.090	0.118	0.146	0.184	0.215	0.307
	磨头		个	0.024	0.307	0.371	0.458	0.524	0.623
	电		kW·h	0.143	0.190	0.861	0.938	1.033	1.235
	破布		kg	0.021	0.021	0.021	0.021	0.021	0.043
	棉纱头		kg	0.021	0.043	0.043	0.064	0.064	0.079
	其他材料费		%	1.000	1.000	1.000	1.000	1.000	1.000
机械	砂轮切割机 ϕ500		台班	0.008	0.018	0.040	0.061	0.066	0.081

3. 碳钢管件(电弧焊)

工作内容:准备工作,管子切口,坡口加工,坡口磨平,管口组对,焊接。 **计量单位**:10 个

定额编号				8-2-13	8-2-14	8-2-15	8-2-16	8-2-17	8-2-18	8-2-19
项目				公称直径(mm 以内)						
				15	20	25	32	40	50	65
名称			单位	消耗量						
人工	合计工日		工日	0.835	1.093	1.686	2.020	2.395	2.856	3.610
	其中	普工	工日	0.210	0.274	0.421	0.505	0.598	0.714	0.903
		一般技工	工日	0.542	0.710	1.096	1.313	1.557	1.856	2.346
		高级技工	工日	0.083	0.109	0.169	0.202	0.240	0.286	0.361
材料	碳钢对焊管件		个	10.000	10.000	10.000	10.000	10.000	10.000	10.000
	低碳钢焊条 J427 $\phi3.2$		kg	0.346	0.442	0.626	0.780	1.196	1.422	2.600
	氧气		m^3	0.001	0.001	0.001	0.087	0.094	0.109	2.197
	乙炔气		kg	0.001	0.001	0.001	0.028	0.031	0.035	0.732
	尼龙砂轮片 $\phi100\times16\times3$		片	0.430	0.546	0.878	1.002	1.392	1.582	3.206
	尼龙砂轮片 $\phi500\times25\times4$		片	0.082	0.099	0.143	0.180	0.237	0.294	—
	磨头		个	0.200	0.260	0.314	0.388	0.444	0.528	0.704
	电		kW·h	0.796	0.880	1.160	1.274	1.644	1.678	1.628
	破布		kg	0.021	0.021	0.021	0.021	0.021	0.043	0.043
	棉纱头		kg	0.021	0.043	0.043	0.064	0.064	0.079	0.107
	其他材料费		%	1.000	1.000	1.000	1.000	1.000	1.000	1.000
机械	电焊机(综合)		台班	0.333	0.427	0.560	0.687	0.796	0.986	1.587
	砂轮切割机 $\phi500$		台班	0.008	0.018	0.040	0.061	0.066	0.081	—
	电焊条烘干箱 $60\times50\times75(cm^3)$		台班	0.034	0.043	0.056	0.069	0.079	0.099	0.158
	电焊条恒温箱		台班	0.034	0.043	0.056	0.069	0.079	0.099	0.158

计量单位:10 个

定额编号				8-2-20	8-2-21	8-2-22	8-2-23	8-2-24	8-2-25	8-2-26
项目				公称直径(mm 以内)						
				80	100	125	150	200	250	300
名称			单位	消耗量						
人工	合计工日		工日	4.109	5.214	5.831	8.131	10.498	14.658	16.644
	其中	普工	工日	1.027	1.304	1.458	2.033	2.625	3.664	4.162
		一般技工	工日	2.671	3.389	3.790	5.285	6.823	9.528	10.818
		高级技工	工日	0.411	0.521	0.583	0.813	1.050	1.466	1.664
材料	碳钢对焊管件		个	10.000	10.000	10.000	10.000	10.000	10.000	10.000
	低碳钢焊条 J427 $\phi3.2$		kg	3.600	5.196	6.280	10.000	15.872	26.000	32.402
	氧气		m^3	2.831	3.516	4.380	5.196	7.203	10.043	11.415
	乙炔气		kg	0.944	1.172	1.460	1.732	2.401	3.348	3.805
	尼龙砂轮片 $\phi100\times16\times3$		片	5.168	5.762	7.824	9.774	14.982	21.920	31.270
	磨头		个	0.824	1.056	—	—	—	—	—
	电		kW·h	2.016	2.554	3.436	3.888	5.624	7.312	8.970
	角钢(综合)		kg	—	—	—	—	1.794	1.794	2.360
	破布		kg	0.064	0.064	0.086	0.107	0.150	0.193	0.214
	棉纱头		kg	0.128	0.150	0.180	0.223	0.300	0.364	0.428
	其他材料费		%	1.000	1.000	1.000	1.000	1.000	1.000	1.000
机械	电焊机(综合)		台班	1.852	2.691	3.048	3.859	5.390	7.628	9.135
	汽车式起重机 8t		台班	—	0.012	0.012	0.012	0.012	0.022	0.031
	载重汽车 8t		台班	—	0.012	0.012	0.012	0.012	0.022	0.031
	电焊条烘干箱 $60\times50\times75(cm^3)$		台班	0.185	0.269	0.305	0.386	0.539	0.763	0.914
	电焊条恒温箱		台班	0.185	0.269	0.305	0.386	0.539	0.763	0.914

计量单位：10 个

定额编号				8-2-27	8-2-28	8-2-29	8-2-30	8-2-31
项目				公称直径（mm 以内）				
				350	400	450	500	600
名称			单位	消耗量				
人工	合计工日		工日	19.676	22.205	26.080	29.030	37.740
	其中	普工	工日	4.919	5.552	6.520	7.258	9.435
		一般技工	工日	12.789	14.433	16.952	18.869	24.531
		高级技工	工日	1.968	2.220	2.608	2.903	3.774
材料	碳钢对焊管件		个	10.000	10.000	10.000	10.000	10.000
	低碳钢焊条 J427 ϕ3.2		kg	42.000	66.000	80.494	102.000	136.764
	氧气		m^3	13.600	17.500	20.400	23.000	27.739
	乙炔气		kg	4.533	5.833	6.800	7.667	9.246
	尼龙砂轮片 $\phi100\times16\times3$		片	34.610	50.960	60.096	69.000	82.062
	电		kW·h	10.606	12.520	14.506	16.880	20.742
	角钢(综合)		kg	2.360	2.360	2.360	2.360	2.360
	破布		kg	0.257	0.278	0.317	0.361	0.397
	棉纱头		kg	0.492	0.552	0.629	0.717	0.789
	其他材料费		%	1.000	1.000	1.000	1.000	1.000
机械	电焊机（综合）		台班	11.130	12.594	14.815	16.377	21.291
	汽车式起重机 8t		台班	0.047	0.060	0.092	0.150	0.373
	载重汽车 8t		台班	0.047	0.060	0.092	0.150	0.373
	电焊条烘干箱 $60\times50\times75(cm^3)$		台班	1.113	1.259	1.481	1.637	2.129
	电焊条恒温箱		台班	1.113	1.259	1.481	1.637	2.129

4. 碳钢管件（氩电联焊）

工作内容：准备工作，管子切口，坡口加工，坡口磨平，管口组对，焊接。　　　　**计量单位**：10 个

定额编号			8-2-32	8-2-33	8-2-34	8-2-35	8-2-36	8-2-37	8-2-38
项　目			公称直径（mm 以内）						
			15	20	25	32	40	50	65
名　称		单位	消　耗　量						
人工	合计工日	工日	0.892	1.169	1.787	2.146	2.544	2.986	3.914
人工	其中 普工	工日	0.223	0.292	0.446	0.536	0.637	0.746	0.979
人工	其中 一般技工	工日	0.580	0.760	1.162	1.395	1.653	1.941	2.544
人工	其中 高级技工	工日	0.089	0.117	0.179	0.215	0.254	0.299	0.391
材料	碳钢对焊管件	个	10.000	10.000	10.000	10.000	10.000	10.000	10.000
材料	低碳钢焊条 J427 ϕ3.2	kg	0.009	0.014	0.017	0.021	0.028	0.709	1.800
材料	碳钢焊丝	kg	0.178	0.226	0.400	0.440	0.612	0.323	0.426
材料	氧气	m^3	0.001	0.001	0.001	0.087	0.094	0.109	1.560
材料	乙炔气	kg	0.001	0.001	0.001	0.028	0.031	0.035	0.520
材料	氩气	m^3	0.496	0.634	1.000	1.120	1.716	0.904	1.200
材料	铈钨棒	g	0.992	1.268	2.000	2.400	3.432	1.809	2.400
材料	尼龙砂轮片 $\phi100 \times 16 \times 3$	片	0.414	0.526	0.854	0.982	1.352	1.469	3.186
材料	尼龙砂轮片 $\phi500 \times 25 \times 4$	片	0.082	0.099	0.143	0.180	0.237	0.294	0.468
材料	磨头	个	0.200	0.260	0.314	0.388	0.444	0.528	0.704
材料	电	kW·h	0.808	0.896	1.194	1.312	1.650	1.713	1.732
材料	破布	kg	0.021	0.021	0.021	0.021	0.021	0.043	0.043
材料	棉纱头	kg	0.021	0.043	0.043	0.064	0.064	0.079	0.107
材料	其他材料费	%	1.000	1.000	1.000	1.000	1.000	1.000	1.000
机械	电焊机（综合）	台班	0.048	0.063	0.080	0.094	0.118	0.738	0.846
机械	氩弧焊机 500A	台班	0.301	0.386	0.499	0.620	0.709	0.726	0.777
机械	砂轮切割机 ϕ500	台班	0.008	0.018	0.040	0.061	0.066	0.081	0.102
机械	电焊条烘干箱 $60 \times 50 \times 75(cm^3)$	台班	0.005	0.006	0.008	0.009	0.012	0.074	0.084
机械	电焊条恒温箱	台班	0.005	0.006	0.008	0.009	0.012	0.074	0.084

计量单位:10 个

定额编号				8-2-39	8-2-40	8-2-41	8-2-42	8-2-43	8-2-44	8-2-45
项目				公称直径（mm 以内）						
				80	100	125	150	200	250	300
名称			单位	消耗量						
人工	合计工日		工日	4.484	5.789	6.316	8.524	11.267	15.913	18.187
	其中	普工	工日	1.121	1.447	1.579	2.131	2.816	3.979	4.546
		一般技工	工日	2.915	3.763	4.105	5.541	7.324	10.343	11.822
		高级技工	工日	0.448	0.579	0.632	0.852	1.127	1.591	1.819
材料	碳钢对焊管件		个	10.000	10.000	10.000	10.000	10.000	10.000	10.000
	低碳钢焊条 J427 ϕ3.2		kg	2.600	3.940	5.000	7.800	13.392	23.900	28.642
	碳钢焊丝		kg	0.500	0.648	0.760	0.916	1.272	1.560	1.900
	氧气		m^3	2.044	2.450	3.000	4.763	6.855	9.100	10.896
	乙炔气		kg	0.681	0.817	1.000	1.588	2.285	3.033	3.632
	氩气		m^3	1.400	1.814	2.100	2.560	3.562	4.400	5.320
	铈钨棒		g	2.800	3.628	4.200	5.120	7.124	8.800	10.640
	尼龙砂轮片 $\phi100\times16\times3$		片	5.118	5.690	7.724	9.674	14.836	21.720	31.044
	尼龙砂轮片 $\phi500\times25\times4$		片	0.650	0.790	1.076	—	—	—	—
	磨头		个	0.824	1.056	—	—	—	—	—
	电		kW·h	2.196	2.816	3.726	4.288	6.280	8.312	10.062
	角钢(综合)		kg	—	—	—	—	1.794	1.794	2.360
	破布		kg	0.064	0.064	0.086	0.107	0.150	0.193	0.214
	棉纱头		kg	0.128	0.150	0.180	0.223	0.300	0.364	0.428
	其他材料费		%	1.000	1.000	1.000	1.000	1.000	1.000	1.000
机械	电焊机（综合）		台班	0.982	1.876	1.917	2.718	4.044	6.299	7.551
	氩弧焊机 500A		台班	0.919	1.170	1.392	1.664	2.298	2.843	3.415
	砂轮切割机 ϕ500		台班	0.121	0.192	0.201	—	—	—	—
	半自动切割机 100mm		台班	—	—	—	0.521	0.728	1.042	1.143
	汽车式起重机 8t		台班	—	0.012	0.012	0.012	0.012	0.022	0.031
	载重汽车 8t		台班	—	0.012	0.012	0.012	0.012	0.022	0.031
	电焊条烘干箱 $60\times50\times75(cm^3)$		台班	0.098	0.188	0.192	0.272	0.405	0.630	0.755
	电焊条恒温箱		台班	0.098	0.188	0.192	0.272	0.405	0.630	0.755

计量单位:10 个

定额编号				8-2-46	8-2-47	8-2-48	8-2-49	8-2-50
项目				公称直径（mm 以内）				
				350	400	450	500	600
名称			单位	消耗量				
人工	合计工日		工日	21.687	24.508	28.938	32.163	41.812
	其中	普工	工日	5.421	6.127	7.234	8.041	10.453
		一般技工	工日	14.097	15.930	18.810	20.906	27.178
		高级技工	工日	2.169	2.451	2.894	3.216	4.181
材料	碳钢对焊管件		个	10.000	10.000	10.000	10.000	10.000
	低碳钢焊条 J427 $\phi3.2$		kg	36.000	60.000	74.660	94.000	128.826
	碳钢焊丝		kg	2.200	2.488	2.808	3.100	3.708
	氧气		m^3	12.500	16.746	18.574	22.200	26.399
	乙炔气		kg	4.167	5.582	6.191	7.400	8.800
	氩气		m^3	6.200	6.960	7.862	8.700	10.382
	铈钨棒		g	12.200	13.900	15.724	17.400	20.764
	尼龙砂轮片 $\phi100\times16\times3$		片	34.370	50.600	59.750	68.660	81.598
	电		kW·h	11.946	14.080	16.324	18.880	23.180
	角钢(综合)		kg	2.360	2.360	2.360	2.360	2.360
	破布		kg	0.257	0.278	0.317	0.361	0.397
	棉纱头		kg	0.492	0.552	0.629	0.717	0.789
	其他材料费		%	1.000	1.000	1.000	1.000	1.000
机械	电焊机（综合）		台班	9.560	10.819	13.074	14.455	19.225
	氩弧焊机 500A		台班	3.941	4.471	5.026	5.571	7.409
	半自动切割机 100mm		台班	1.442	1.572	1.806	2.057	2.735
	汽车式起重机 8t		台班	0.047	0.060	0.092	0.150	0.373
	载重汽车 8t		台班	0.047	0.060	0.092	0.150	0.373
	电焊条烘干箱 $60\times50\times75(cm^3)$		台班	0.956	1.082	1.307	1.445	1.922
	电焊条恒温箱		台班	0.956	1.082	1.307	1.445	1.922

5. 碳钢板卷管件（电弧焊）

工作内容：准备工作，管子切口，坡口加工，坡口磨平，管口组对，焊接。 **计量单位**：10 个

定额编号				8-2-51	8-2-52	8-2-53	8-2-54	8-2-55	8-2-56
项目				公称直径（mm 以内）					
				200	250	300	350	400	450
名称			单位	消耗量					
人工	合计工日		工日	6.446	7.994	9.915	12.641	14.269	16.305
	其中	普工	工日	1.613	1.999	2.479	3.160	3.568	4.077
		一般技工	工日	4.189	5.196	6.445	8.217	9.274	10.598
		高级技工	工日	0.644	0.799	0.991	1.264	1.427	1.630
材料	碳钢板卷管件		个	10.000	10.000	10.000	10.000	10.000	10.000
	低碳钢焊条 J427 $\phi3.2$		kg	10.092	12.610	15.034	27.506	31.110	34.940
	氧气		m^3	5.560	7.054	8.800	10.262	11.042	11.767
	乙炔气		kg	1.854	2.418	2.933	3.421	3.681	3.922
	尼龙砂轮片 $\phi100\times16\times3$		片	12.304	17.916	18.482	23.624	31.563	35.702
	电		kW·h	3.874	4.438	5.286	6.256	7.837	8.785
	角钢(综合)		kg	2.001	2.001	2.001	2.001	2.001	2.001
	破布		kg	0.127	0.164	0.181	0.218	0.236	0.269
	棉纱头		kg	0.254	0.309	0.363	0.417	0.468	0.533
	其他材料费		%	1.000	1.000	1.000	1.000	1.000	1.000
机械	电焊机（综合）		台班	2.427	3.030	3.612	4.958	5.606	6.296
	汽车式起重机 8t		台班	0.005	0.008	0.012	0.016	0.028	0.035
	载重汽车 8t		台班	0.005	0.008	0.012	0.016	0.028	0.035
	电焊条烘干箱 $60\times50\times75(cm^3)$		台班	0.242	0.303	0.361	0.496	0.561	0.630
	电焊条恒温箱		台班	0.242	0.303	0.361	0.496	0.561	0.630

计量单位：10 个

定额编号				8-2-57	8-2-58	8-2-59	8-2-60	8-2-61	8-2-62
项目				公称直径（mm 以内）					
				500	600	700	800	900	1000
名称			单位	消耗量					
人工	合计工日		工日	18.058	19.117	21.852	25.121	28.158	31.652
	其中	普工	工日	4.514	4.780	5.463	6.280	7.039	7.913
		一般技工	工日	11.738	12.426	14.204	16.329	18.303	20.574
		高级技工	工日	1.806	1.911	2.185	2.512	2.816	3.165
材料	碳钢板卷管件		个	10.000	10.000	10.000	10.000	10.000	10.000
	低碳钢焊条 J427 $\phi3.2$		kg	38.698	68.436	78.330	99.970	112.282	139.054
	氧气		m^3	12.448	14.656	18.568	21.800	24.300	29.499
	乙炔气		kg	4.149	4.885	6.189	7.267	8.100	9.833
	尼龙砂轮片 $\phi100\times16\times3$		片	40.885	51.567	61.498	72.436	81.158	98.670
	电		kW·h	9.440	12.977	16.488	19.010	21.096	24.280
	角钢(综合)		kg	2.001	2.001	2.201	2.201	2.201	2.201
	六角螺栓(综合)		10 套	—	0.480	0.480	0.480	0.480	0.480
	破布		kg	0.306	0.337	0.377	0.422	0.473	0.530
	棉纱头		kg	0.608	0.669	0.750	0.839	0.940	1.053
	其他材料费		%	1.000	1.000	1.000	1.000	1.000	1.000
机械	电焊机（综合）		台班	6.975	12.335	14.119	16.135	18.123	20.322
	汽车式起重机 8t		台班	0.043	0.062	0.082	0.107	0.169	0.209
	载重汽车 8t		台班	0.043	0.062	0.082	0.107	0.169	0.209
	电焊条烘干箱 $60\times50\times75(cm^3)$		台班	0.698	1.234	1.412	1.613	1.812	2.032
	电焊条恒温箱		台班	0.698	1.234	1.412	1.613	1.812	2.032

计量单位:10 个

定额编号				8-2-63	8-2-64	8-2-65	8-2-66	8-2-67	8-2-68
项目				公称直径（mm 以内）					
				1200	1400	1600	1800	2000	2200
名称			单位	消耗量					
人工	合计工日		工日	38.696	45.958	52.525	59.200	65.971	72.683
	其中	普工	工日	9.673	11.489	13.132	14.800	16.492	18.169
		一般技工	工日	25.153	29.873	34.141	38.480	42.882	47.245
		高级技工	工日	3.870	4.596	5.252	5.920	6.597	7.269
材料	碳钢板卷管件		个	10.000	10.000	10.000	10.000	10.000	10.000
	低碳钢焊条 J427 $\phi3.2$		kg	166.554	239.372	273.324	307.282	341.236	375.188
	氧气		m^3	36.029	47.513	54.583	60.930	67.637	73.143
	乙炔气		kg	12.010	15.838	18.194	20.310	22.546	24.381
	尼龙砂轮片 $\phi100\times16\times3$		片	118.084	159.380	177.486	205.796	228.494	251.184
	电		kW·h	29.368	35.556	40.574	45.638	50.672	55.706
	角钢(综合)		kg	2.942	2.942	3.562	3.562	3.562	4.343
	六角螺栓(综合)		10 套	0.480	0.480	0.941	0.941	0.941	0.941
	破布		kg	0.594	0.665	0.744	0.833	0.934	1.046
	棉纱头		kg	1.179	1.320	1.479	1.657	1.855	2.078
	其他材料费		%	1.000	1.000	1.000	1.000	1.000	1.000
机械	电焊机（综合）		台班	24.339	28.762	32.843	36.922	41.002	45.083
	汽车式起重机 8t		台班	0.300	0.488	0.663	0.806	0.995	1.204
	载重汽车 8t		台班	0.300	0.488	0.663	0.806	0.995	1.204
	电焊条烘干箱 $60\times50\times75(cm^3)$		台班	2.434	2.877	3.284	3.692	4.100	4.509
	电焊条恒温箱		台班	2.434	2.877	3.284	3.692	4.100	4.509

计量单位:10 个

定额编号				8-2-69	8-2-70	8-2-71	8-2-72
项目				公称直径（mm 以内）			
				2400	2600	2800	3000
名称			单位	消耗量			
人工	合计工日		工日	79.387	94.624	103.066	110.438
	其中	普工	工日	19.848	23.655	25.767	27.610
		一般技工	工日	51.601	61.506	66.993	71.784
		高级技工	工日	7.938	9.463	10.306	11.044
材料	碳钢板卷管件		个	10.000	10.000	10.000	10.000
	低碳钢焊条 J427 $\phi3.2$		kg	409.140	539.274	580.616	621.958
	氧气		m^3	79.742	97.921	105.911	118.686
	乙炔气		kg	26.581	32.640	35.304	39.562
	尼龙砂轮片 $\phi100\times16\times3$		片	273.878	327.008	348.710	392.576
	电		kW·h	60.744	71.476	76.978	83.050
	角钢(综合)		kg	4.343	4.343	4.343	4.343
	六角螺栓(综合)		10 套	0.941	0.941	0.941	0.941
	破布		kg	1.171	1.312	1.469	1.645
	棉纱头		kg	2.328	2.607	2.920	3.270
	其他材料费		%	1.000	1.000	1.000	1.000
机械	电焊机（综合）		台班	49.162	61.389	65.568	70.802
	汽车式起重机 8t		台班	1.432	1.680	1.948	2.235
	载重汽车 8t		台班	1.432	1.680	1.948	2.235
	电焊条烘干箱 $60\times50\times75(cm^3)$		台班	4.916	6.139	6.557	7.080
	电焊条恒温箱		台班	4.916	6.139	6.557	7.080

6. 碳钢板卷管件（氩电联焊）

工作内容：准备工作，管子切口，坡口加工，坡口磨平，管口组对，焊接。 **计量单位**：10 个

定额编号			8-2-73	8-2-74	8-2-75	8-2-76	8-2-77	8-2-78	8-2-79
项目			公称直径（mm 以内）						
			200	250	300	350	400	450	500
名称		单位	消耗量						
人工	合计工日	工日	9.120	11.401	13.769	16.696	18.440	20.653	23.256
人工	其中 普工	工日	2.280	2.850	3.442	4.175	4.610	5.164	5.814
人工	其中 一般技工	工日	5.928	7.411	8.950	10.852	11.986	13.424	15.116
人工	其中 高级技工	工日	0.912	1.140	1.377	1.669	1.844	2.065	2.326
材料	碳钢板卷管件	个	10.000	10.000	10.000	10.000	10.000	10.000	10.000
材料	低碳钢焊条 J427 ϕ3.2	kg	7.650	9.491	11.306	23.210	26.252	29.608	30.122
材料	碳钢氩弧焊丝	kg	1.296	1.296	1.926	2.244	2.548	2.882	2.920
材料	氧气	m^3	5.560	7.054	8.800	10.262	11.042	11.767	12.448
材料	乙炔气	kg	1.854	2.418	2.933	3.421	3.681	3.922	4.149
材料	氩气	m^3	3.628	3.628	3.628	6.284	7.134	8.070	8.400
材料	铈钨棒	g	7.256	7.256	7.256	12.568	14.268	16.140	16.400
材料	尼龙砂轮片 $\phi100\times16\times3$	片	12.166	17.186	17.186	23.378	31.285	35.414	40.061
材料	电	kW·h	5.296	5.558	6.116	9.068	11.027	12.403	12.970
材料	角钢(综合)	kg	2.061	2.061	2.061	2.061	2.061	2.061	2.061
材料	破布	kg	0.127	0.164	0.181	0.218	0.236	0.269	0.306
材料	棉纱头	kg	0.254	0.309	0.363	0.417	0.468	0.533	0.608
材料	其他材料费	%	1.000	1.000	1.000	1.000	1.000	1.000	1.000
机械	电焊机（综合）	台班	2.220	2.500	3.300	4.500	5.100	5.950	6.400
机械	氩弧焊机 500A	台班	2.061	2.061	2.061	3.569	4.054	4.584	5.191
机械	汽车式起重机 8t	台班	0.005	0.008	0.012	0.016	0.028	0.035	0.043
机械	载重汽车 8t	台班	0.005	0.008	0.012	0.016	0.028	0.035	0.043
机械	电焊条烘干箱 $60\times50\times75(cm^3)$	台班	0.222	0.250	0.330	0.450	0.510	0.595	0.640
机械	电焊条恒温箱	台班	0.222	0.250	0.330	0.450	0.510	0.595	0.640

7. 碳钢板卷管件（埋弧自动焊）

工作内容：准备工作，管子切口，坡口加工，坡口磨平，管口组对，焊接。

计量单位：10个

定额编号			8-2-80	8-2-81	8-2-82	8-2-83	8-2-84
项目			公称直径（mm以内）				
			600	700	800	900	1000
	名称	单位	消耗量				
人工	合计工日	工日	14.564	16.678	19.210	21.499	24.223
其中	普工	工日	3.642	4.170	4.803	5.375	6.055
其中	一般技工	工日	9.466	10.841	12.486	13.974	15.746
其中	高级技工	工日	1.456	1.667	1.921	2.150	2.422
材料	碳钢板卷管件	个	10.000	10.000	10.000	10.000	10.000
材料	碳钢埋弧焊丝	kg	28.994	33.191	38.571	43.329	53.411
材料	埋弧焊剂	kg	40.790	46.700	53.263	59.830	74.391
材料	氧气	m^3	21.581	23.573	28.683	31.770	37.462
材料	乙炔气	kg	7.195	7.858	9.561	10.592	12.648
材料	尼龙砂轮片 $\phi100\times16\times3$	片	7.557	8.651	10.861	12.200	15.086
材料	电	kW·h	7.115	8.197	9.552	10.674	12.170
材料	角钢(综合)	kg	2.201	2.201	2.201	2.201	2.201
材料	六角螺栓(综合)	10套	0.480	0.480	0.480	0.480	0.480
材料	破布	kg	0.337	0.377	0.422	0.473	0.530
材料	棉纱头	kg	0.669	0.750	0.840	0.940	1.053
材料	其他材料费	%	1.000	1.000	1.000	1.000	1.000
机械	自动埋弧焊机 1200A	台班	1.743	2.013	2.295	2.572	2.888
机械	汽车式起重机 8t	台班	0.062	0.082	0.107	0.169	0.209
机械	载重汽车 8t	台班	0.062	0.082	0.107	0.169	0.209

计量单位：10个

定额编号			8-2-85	8-2-86	8-2-87	8-2-88	8-2-89
项目			公称直径（mm以内）				
			1200	1400	1600	1800	2000
	名称	单位	消耗量				
人工	合计工日	工日	30.125	37.005	42.297	47.741	53.275
其中	普工	工日	7.531	9.252	10.573	11.936	13.319
其中	一般技工	工日	19.582	24.053	27.494	31.031	34.628
其中	高级技工	工日	3.012	3.700	4.230	4.774	5.328
材料	碳钢板卷管件	个	10.000	10.000	10.000	10.000	10.000
材料	碳钢埋弧焊丝	kg	63.971	91.677	104.677	117.675	130.675
材料	埋弧焊剂	kg	89.108	129.547	147.924	166.295	184.672
材料	氧气	m^3	45.294	58.039	68.382	76.046	83.705
材料	乙炔气	kg	15.099	19.346	22.794	25.349	27.902
材料	尼龙砂轮片 $\phi100\times16\times3$	片	18.074	25.261	28.851	32.441	36.031
材料	电	kW·h	14.929	18.580	21.203	23.862	26.495
材料	角钢(综合)	kg	2.942	2.942	3.562	3.562	3.562
材料	六角螺栓(综合)	10套	0.480	0.480	0.941	0.941	0.941
材料	破布	kg	0.594	0.665	0.745	0.834	0.934
材料	棉纱头	kg	1.179	1.320	1.504	1.657	1.855
材料	其他材料费	%	1.000	1.000	1.000	1.000	1.000
机械	自动埋弧焊机 1200A	台班	3.562	4.516	5.153	5.805	6.445
机械	汽车式起重机 8t	台班	0.300	0.488	0.663	0.806	0.995
机械	载重汽车 8t	台班	0.300	0.488	0.663	0.806	0.995

计量单位:10 个

定额编号			8-2-90	8-2-91	8-2-92	8-2-93	8-2-94
项目			公称直径(mm 以内)				
			2200	2400	2600	2800	3000
名称		单位	消耗量				
人工	合计工日		工日	58.743	64.199	73.151	80.343	86.053
	其中	普工	工日	14.685	16.051	18.288	20.086	21.514
		一般技工	工日	38.183	41.729	47.548	52.223	55.934
		高级技工	工日	5.875	6.419	7.315	8.034	8.605
材料	碳钢板卷管件		个	10.000	10.000	10.000	10.000	10.000
	碳钢埋弧焊丝		kg	143.674	156.672	190.942	205.579	220.213
	埋弧焊剂		kg	203.049	221.426	271.713	292.539	313.366
	氧气		m^3	91.365	99.389	119.747	128.413	137.272
	乙炔气		kg	30.455	33.128	39.916	42.804	45.755
	尼龙砂轮片 $\phi100\times16\times3$		片	39.620	43.210	54.673	58.870	63.068
	电		kW·h	29.134	31.772	36.364	39.542	42.256
	角钢(综合)		kg	4.343	4.343	4.343	4.343	4.343
	六角螺栓(综合)		10 套	0.941	0.941	0.941	0.941	0.941
	破布		kg	1.046	1.171	1.312	1.469	1.645
	棉纱头		kg	2.078	2.328	2.608	2.920	3.271
	其他材料费		%	1.000	1.000	1.000	1.000	1.000
机械	自动埋弧焊机 1200A		台班	7.090	7.731	8.950	9.747	10.415
	汽车式起重机 8t		台班	1.204	1.432	1.680	1.948	2.236
	载重汽车 8t		台班	1.204	1.432	1.680	1.948	2.236

8. 不锈钢管件(电弧焊)

工作内容:准备工作,管子切口,坡口加工,坡口磨平,管口组对,焊接,焊缝钝化。 **计量单位**:10 个

定额编号				8-2-95	8-2-96	8-2-97	8-2-98	8-2-99	8-2-100
项目				公称直径(mm 以内)					
				15	20	25	32	40	50
名称			单位	消耗量					
人工	合计工日		工日	1.012	1.374	1.800	2.173	2.631	3.098
	其中	普工	工日	0.253	0.344	0.450	0.543	0.658	0.774
		一般技工	工日	0.658	0.893	1.170	1.413	1.710	2.014
		高级技工	工日	0.101	0.137	0.180	0.217	0.263	0.310
材料	不锈钢对焊管件		个	10.000	10.000	10.000	10.000	10.000	10.000
	不锈钢焊条(综合)		kg	0.356	0.400	0.558	0.688	0.788	1.096
	尼龙砂轮片 $\phi100\times16\times3$		片	0.724	0.892	1.128	1.398	1.634	2.306
	尼龙砂轮片 $\phi500\times25\times4$		片	0.115	0.133	0.208	0.257	0.296	0.302
	电		kW·h	1.352	1.466	1.660	1.840	2.012	2.444
	丙酮		kg	0.150	0.171	0.235	0.278	0.321	0.385
	酸洗膏		kg	0.086	0.105	0.140	0.173	0.215	0.269
	水		t	0.021	0.021	0.043	0.043	0.043	0.064
	破布		kg	0.021	0.021	0.021	0.021	0.021	0.043
	棉纱头		kg	0.021	0.043	0.043	0.064	0.064	0.079
	其他材料费		%	1.000	1.000	1.000	1.000	1.000	1.000
机械	电焊机(综合)		台班	0.182	0.230	0.315	0.392	0.834	0.993
	砂轮切割机 $\phi500$		台班	0.011	0.028	0.061	0.068	0.074	0.079
	电动空气压缩机 $6m^3/min$		台班	0.022	0.022	0.022	0.022	0.022	0.022
	电焊条烘干箱 $60\times50\times75(cm^3)$		台班	0.018	0.023	0.032	0.039	0.084	0.099
	电焊条恒温箱		台班	0.018	0.023	0.032	0.039	0.084	0.099

计量单位：10 个

定额编号			8-2-101	8-2-102	8-2-103	8-2-104	8-2-105	8-2-106
项目			公称直径（mm 以内）					
			65	80	100	125	150	200
名称		单位	消耗量					
人工	合计工日	工日	5.008	5.601	6.175	6.885	8.515	11.532
人工	其中 普工	工日	1.251	1.400	1.545	1.721	2.129	2.883
人工	其中 一般技工	工日	3.256	3.641	4.013	4.475	5.535	7.496
人工	其中 高级技工	工日	0.501	0.560	0.617	0.689	0.851	1.153
材料	不锈钢对焊管件	个	10.000	10.000	10.000	10.000	10.000	10.000
材料	不锈钢焊条(综合)	kg	1.414	2.212	2.754	5.036	6.034	10.600
材料	尼龙砂轮片 $\phi100\times16\times3$	片	3.064	5.844	7.500	10.470	12.784	22.272
材料	尼龙砂轮片 $\phi500\times25\times4$	片	0.433	0.531	0.781	—	—	—
材料	电	kW·h	2.760	2.544	3.160	4.210	5.162	8.184
材料	丙酮	kg	0.514	0.599	0.770	0.895	1.070	1.477
材料	酸洗膏	kg	0.367	0.430	0.551	0.847	1.137	1.482
材料	水	t	0.086	0.107	0.128	0.150	0.193	0.257
材料	破布	kg	0.043	0.064	0.064	0.086	0.107	0.150
材料	棉纱头	kg	0.107	0.128	0.150	0.180	0.223	0.300
材料	其他材料费	%	1.000	1.000	1.000	1.000	1.000	1.000
机械	电焊机（综合）	台班	1.422	1.669	2.194	2.824	3.831	5.384
机械	砂轮切割机 $\phi500$	台班	0.152	0.161	0.277	—	—	—
机械	等离子切割机 400A	台班	—	0.407	0.527	0.871	1.050	1.459
机械	汽车式起重机 8t	台班	—	—	0.011	0.011	0.011	0.011
机械	载重汽车 8t	台班	—	—	0.011	0.011	0.011	0.011
机械	电动空气压缩机 $1m^3$/min	台班	—	0.407	0.527	0.871	1.050	1.459
机械	电动空气压缩机 $6m^3$/min	台班	0.022	0.022	0.022	0.022	0.022	0.022
机械	电焊条烘干箱 $60\times50\times75(cm^3)$	台班	0.142	0.167	0.220	0.283	0.383	0.538
机械	电焊条恒温箱	台班	0.142	0.167	0.220	0.283	0.383	0.538

计量单位:10 个

定额编号				8-2-107	8-2-108	8-2-109	8-2-110	8-2-111	8-2-112
项目				公称直径(mm 以内)					
				250	300	350	400	450	500
名称			单位	消耗量					
人工	合计工日		工日	15.709	19.041	21.916	24.677	28.132	32.071
	其中	普工	工日	3.927	4.761	5.479	6.169	7.033	8.018
		一般技工	工日	10.211	12.376	14.245	16.040	18.286	20.846
		高级技工	工日	1.571	1.904	2.192	2.468	2.813	3.207
材料	不锈钢对焊管件		个	10.000	10.000	10.000	10.000	10.000	10.000
	不锈钢焊条(综合)		kg	17.120	24.348	28.284	31.996	49.448	71.888
	尼龙砂轮片 $\phi100\times16\times3$		片	31.508	42.816	50.470	57.092	79.748	106.272
	电		kW·h	10.534	12.890	14.812	16.742	20.164	24.362
	丙酮		kg	1.840	2.183	2.525	2.846	3.244	3.699
	酸洗膏		kg	2.236	2.662	2.917	3.616	4.122	4.699
	水		t	0.300	0.364	0.428	0.492	0.561	0.639
	破布		kg	0.193	0.214	0.257	0.278	0.317	0.361
	棉纱头		kg	0.364	0.428	0.492	0.552	0.629	0.717
	其他材料费		%	1.000	1.000	1.000	1.000	1.000	1.000
机械	电焊机(综合)		台班	7.685	9.891	11.415	13.284	15.675	18.496
	等离子切割机 400A		台班	1.897	2.316	2.632	3.037	3.584	4.229
	汽车式起重机 8t		台班	0.020	0.028	0.043	0.055	0.065	0.078
	载重汽车 8t		台班	0.020	0.028	0.043	0.055	0.065	0.078
	电动空气压缩机 $1m^3/min$		台班	1.897	2.316	2.686	3.037	3.584	4.229
	电动空气压缩机 $6m^3/min$		台班	0.022	0.022	0.022	0.022	0.022	0.022
	电焊条烘干箱 $60\times50\times75(cm^3)$		台班	0.768	0.989	1.141	1.328	1.568	1.850
	电焊条恒温箱		台班	0.768	0.989	1.141	1.328	1.568	1.850

9. 不锈钢管件（氩电联焊）

工作内容：准备工作，管子切口，坡口加工，坡口磨平，管口组对，焊接，焊缝钝化。 **计量单位**：10 个

定额编号				8-2-113	8-2-114	8-2-115	8-2-116	8-2-117	8-2-118	8-2-119
项目				公称直径（mm 以内）						
				50	65	80	100	125	150	200
名称			单位	消耗量						
人工	合计工日		工日	3.960	5.051	5.650	8.084	9.125	11.239	14.986
	其中	普工	工日	0.990	1.263	1.412	2.021	2.281	2.810	3.746
		一般技工	工日	2.574	3.283	3.673	5.255	5.931	7.305	9.741
		高级技工	工日	0.396	0.505	0.565	0.808	0.913	1.124	1.499
材料	不锈钢对焊管件		个	10.000	10.000	10.000	10.000	10.000	10.000	10.000
	不锈钢焊条(综合)		kg	0.631	0.972	1.265	1.622	1.892	4.266	7.537
	不锈钢焊丝 1Cr18Ni9Ti		kg	0.387	0.507	0.616	0.830	0.991	1.207	1.691
	氩气		m^3	1.083	1.421	1.727	2.326	2.773	3.379	4.734
	铈钨棒		g	2.012	2.602	3.069	3.980	4.674	5.585	7.657
	尼龙砂轮片 $\phi100\times16\times3$		片	1.004	1.211	1.507	1.939	2.266	2.880	4.817
	尼龙砂轮片 $\phi500\times25\times4$		片	0.302	0.433	0.531	0.781	—	—	—
	电		kW·h	0.818	1.039	1.319	1.578	1.879	2.428	3.737
	丙酮		kg	0.385	0.514	0.599	0.770	0.895	1.070	1.477
	酸洗膏		kg	0.269	0.367	0.430	0.551	0.847	1.137	1.482
	水		t	0.064	0.086	0.107	0.128	0.150	0.193	0.257
	破布		kg	0.043	0.043	0.064	0.064	0.086	0.107	0.150
	棉纱头		kg	0.079	0.107	0.128	0.150	0.180	0.223	0.300
	其他材料费		%	1.000	1.000	1.000	1.000	1.000	1.000	1.000
机械	电焊机（综合）		台班	0.637	0.733	0.989	1.269	1.741	2.466	4.399
	氩弧焊机 500A		台班	0.768	0.921	1.201	1.575	1.862	2.168	2.614
	砂轮切割机 $\phi500$		台班	0.079	0.152	0.161	0.277	—	—	—
	普通车床 630×2000		台班	0.171	0.203	0.214	0.282	0.306	0.431	0.453
	电动空气压缩机 $6m^3/min$		台班	0.022	0.022	0.022	0.022	0.022	0.022	0.022
	电焊条烘干箱 $60\times50\times75(cm^3)$		台班	0.064	0.073	0.099	0.127	0.174	0.246	0.440
	电焊条恒温箱		台班	0.064	0.073	0.099	0.127	0.174	0.246	0.440
	等离子切割机 400A		台班	—	—	—	—	0.256	0.308	0.436
	汽车式起重机 8t		台班	—	—	—	0.011	0.011	0.011	0.011
	载重汽车 8t		台班	—	—	—	0.011	0.011	0.011	0.011
	电动葫芦(单速)3t		台班	—	0.203	0.214	0.282	0.306	0.431	0.453
	电动空气压缩机 $1m^3/min$		台班	—	—	—	—	0.256	0.308	0.436

计量单位:10 个

定额编号				8-2-120	8-2-121	8-2-122	8-2-123	8-2-124	8-2-125
项目				公称直径(mm 以内)					
				250	300	350	400	450	500
名称			单位	消耗量					
人工	合计工日		工日	19.582	23.461	26.688	29.849	34.028	38.792
	其中	普工	工日	4.896	5.865	6.672	7.462	8.507	9.698
		一般技工	工日	12.728	15.250	17.347	19.402	22.118	25.215
		高级技工	工日	1.958	2.346	2.669	2.985	3.403	3.879
材料	不锈钢对焊管件		个	10.000	10.000	10.000	10.000	10.000	10.000
	不锈钢焊条(综合)		kg	15.269	22.476	26.112	29.536	34.852	41.126
	不锈钢焊丝 1Cr18Ni9Ti		kg	2.157	2.671	3.257	3.867	4.563	5.384
	氩气		m^3	6.039	7.477	9.119	10.826	12.775	15.074
	铈钨棒		g	9.562	11.385	13.289	15.074	17.787	20.989
	尼龙砂轮片 $\phi100\times16\times3$		片	6.726	9.084	10.584	11.999	13.679	15.594
	电		kW·h	5.293	6.499	6.768	7.656	7.656	8.361
	丙酮		kg	1.840	2.183	2.525	2.846	3.244	3.699
	酸洗膏		kg	2.236	2.662	2.917	3.616	4.122	4.699
	水		t	0.300	0.364	0.428	0.492	0.561	0.639
	破布		kg	0.193	0.214	0.257	0.278	0.317	0.478
	棉纱头		kg	0.364	0.428	0.492	0.552	0.629	0.717
	其他材料费		%	1.000	1.000	1.000	1.000	1.000	1.000
机械	电焊机(综合)		台班	6.342	8.407	9.967	11.997	14.156	16.705
	氩弧焊机 500A		台班	3.787	4.402	4.868	5.738	6.771	7.989
	等离子切割机 400A		台班	0.558	0.681	0.790	0.893	1.053	1.243
	普通车床 630×2000		台班	0.479	0.518	0.534	0.549	0.566	0.583
	汽车式起重机 8t		台班	0.020	0.028	0.043	0.055	0.065	0.078
	载重汽车 8t		台班	0.020	0.028	0.043	0.055	0.065	0.078
	电动葫芦(单速)3t		台班	0.479	0.518	0.534	0.549	0.566	0.583
	电动空气压缩机 $1m^3/min$		台班	0.558	0.681	0.790	0.893	1.053	1.243
	电动空气压缩机 $6m^3/min$		台班	0.022	0.022	0.022	0.022	0.022	0.022
	电焊条烘干箱 60×50×75(cm^3)		台班	0.634	0.841	0.997	1.200	1.416	1.671
	电焊条恒温箱		台班	0.634	0.841	0.997	1.200	1.416	1.671

10. 不锈钢管件（氩弧焊）

工作内容：准备工作，管子切口，坡口加工，坡口磨平，管口组对，焊接，焊缝钝化。　　**计量单位**：10 个

定额编号				8-2-126	8-2-127	8-2-128	8-2-129	8-2-130	8-2-131
项目				公称直径（mm 以内）					
				15	20	25	32	40	50
名称			单位	消耗量					
人工	合计工日		工日	1.235	1.488	2.122	2.564	3.301	4.088
	其中	普工	工日	0.309	0.372	0.531	0.641	0.825	1.022
		一般技工	工日	0.803	0.967	1.379	1.667	2.146	2.657
		高级技工	工日	0.123	0.149	0.212	0.256	0.330	0.409
材料	不锈钢对焊管件		个	10.000	10.000	10.000	10.000	10.000	10.000
	不锈钢焊丝 1Cr18Ni9Ti		kg	0.124	0.197	0.244	0.334	0.445	0.745
	氩气		m^3	0.349	0.526	0.683	0.845	1.248	1.485
	铈钨棒		g	0.672	0.873	1.271	1.571	2.363	2.816
	尼龙砂轮片 $\phi100\times16\times3$		片	0.375	0.488	0.603	0.668	0.743	1.004
	尼龙砂轮片 $\phi500\times25\times4$		片	0.111	0.133	0.223	0.257	0.296	0.302
	电		kW·h	0.350	0.393	0.571	0.695	0.797	0.931
	丙酮		kg	0.150	0.171	0.235	0.278	0.321	0.385
	酸洗膏		kg	0.086	0.105	0.140	0.173	0.215	0.269
	水		t	0.021	0.021	0.043	0.043	0.043	0.064
	破布		kg	0.021	0.021	0.021	0.021	0.021	0.043
	棉纱头		kg	0.021	0.043	0.043	0.064	0.064	0.079
	其他材料费		%	1.000	1.000	1.000	1.000	1.000	1.000
机械	氩弧焊机 500A		台班	0.394	0.468	0.623	0.766	0.890	1.273
	砂轮切割机 $\phi500$		台班	0.011	0.028	0.061	0.068	0.074	0.079
	普通车床 630×2000		台班	—	—	—	—	0.166	0.171
	电动空气压缩机 $6m^3/min$		台班	0.022	0.022	0.022	0.022	0.022	0.022

计量单位:10 个

定额编号				8-2-132	8-2-133	8-2-134	8-2-135	8-2-136	8-2-137
项　目				公称直径(mm 以内)					
				65	80	100	125	150	200
名　称			单位	消　耗　量					
人工	合计工日		工日	5.280	5.984	8.099	9.124	11.337	15.802
	其中	普工	工日	1.320	1.496	2.024	2.281	2.834	3.951
		一般技工	工日	3.432	3.890	5.265	5.931	7.369	10.271
		高级技工	工日	0.528	0.598	0.810	0.912	1.134	1.580
材料	不锈钢对焊管件		个	10.000	10.000	10.000	10.000	10.000	10.000
	不锈钢焊丝 1Cr18Ni9Ti		kg	1.040	1.310	1.695	1.997	3.261	5.063
	氩气		m^3	2.313	2.769	4.747	5.590	9.131	14.178
	铈钨棒		g	4.387	5.153	8.821	10.306	17.090	26.545
	尼龙砂轮片 $\phi100\times16\times3$		片	1.211	1.421	1.911	2.234	2.838	4.304
	尼龙砂轮片 $\phi500\times25\times4$		片	0.433	0.531	0.781	—	—	—
	电		kW·h	1.222	1.535	2.041	2.423	3.112	4.280
	丙酮		kg	0.514	0.599	0.770	0.895	1.070	1.477
	酸洗膏		kg	0.367	0.430	0.551	0.847	1.137	1.482
	水		t	0.086	0.107	0.128	0.150	0.193	0.257
	破布		kg	0.043	0.064	0.064	0.086	0.107	0.150
	棉纱头		kg	0.107	0.128	0.150	0.180	0.223	0.300
	其他材料费		%	1.000	1.000	1.000	1.000	1.000	1.000
机械	氩弧焊机 500A		台班	1.503	1.991	2.638	3.406	4.262	6.060
	砂轮切割机 $\phi500$		台班	0.152	0.161	0.277	—	—	—
	等离子切割机 400A		台班	—	—	—	0.256	0.308	0.429
	普通车床 630×2000		台班	0.203	0.236	0.282	0.306	0.431	0.440
	汽车式起重机 8t		台班	—	—	0.011	0.011	0.011	0.011
	载重汽车 8t		台班	—	—	0.011	0.011	0.011	0.011
	电动葫芦(单速)3t		台班	0.203	0.236	0.282	0.306	0.431	0.440
	电动空气压缩机 $1m^3/min$		台班	—	—	—	0.256	0.308	0.429
	电动空气压缩机 $6m^3/min$		台班	0.022	0.022	0.022	0.022	0.022	0.022

11. 不锈钢板卷管件（电弧焊）

工作内容：准备工作，管子切口，坡口加工，坡口磨平，管口组对，焊接，焊缝钝化。 **计量单位：**10 个

定额编号				8-2-138	8-2-139	8-2-140	8-2-141	8-2-142	8-2-143	8-2-144
项目				公称直径（mm 以内）						
				200	250	300	350	400	450	500
名称			单位	消耗量						
人工	合计工日		工日	8.501	10.593	13.183	15.292	17.311	21.272	23.642
	其中	普工	工日	2.125	2.649	3.295	3.822	4.328	5.317	5.911
		一般技工	工日	5.526	6.885	8.569	9.940	11.252	13.827	15.367
		高级技工	工日	0.850	1.059	1.319	1.530	1.731	2.128	2.364
材料	不锈钢板卷管件		个	10.000	10.000	10.000	10.000	10.000	10.000	10.000
	不锈钢焊条（综合）		kg	5.677	7.085	8.438	9.790	11.067	19.433	21.514
	尼龙砂轮片 $\phi100\times16\times3$		片	3.057	3.820	4.554	5.287	5.980	8.850	9.801
	电		kW·h	3.433	4.279	5.256	6.096	6.887	8.865	9.822
	丙酮		kg	1.381	1.721	2.041	2.361	2.681	3.001	3.502
	酸洗膏		kg	1.386	2.091	2.489	2.727	3.381	3.805	4.304
	水		t	0.240	0.280	0.340	0.400	0.460	0.520	0.560
	角钢（综合）		kg	—	—	—	—	2.001	2.001	2.001
	破布		kg	0.140	0.180	0.200	0.240	0.260	0.300	0.340
	棉纱头		kg	0.280	0.340	0.400	0.540	0.540	0.600	0.700
	其他材料费		%	1.000	1.000	1.000	1.000	1.000	1.000	1.000
机械	电焊机（综合）		台班	2.460	3.068	3.656	4.240	4.794	6.474	7.168
	等离子切割机 400A		台班	1.309	1.632	1.944	2.255	2.547	2.910	3.221
	汽车式起重机 8t		台班	0.005	0.008	0.012	0.016	0.028	0.035	0.043
	载重汽车 8t		台班	0.005	0.008	0.012	0.016	0.028	0.035	0.043
	电动空气压缩机 $1m^3/min$		台班	1.309	1.632	1.944	2.255	2.547	2.910	3.221
	电动空气压缩机 $6m^3/min$		台班	0.020	0.020	0.020	0.020	0.020	0.040	0.040
	电焊条烘干箱 $60\times50\times75(cm^3)$		台班	0.246	0.307	0.365	0.424	0.480	0.647	0.717
	电焊条恒温箱		台班	0.246	0.307	0.365	0.424	0.480	0.647	0.717

计量单位:10 个

定额编号			8-2-145	8-2-146	8-2-147	8-2-148	8-2-149	8-2-150	8-2-151
项目			公称直径(mm 以内)						
			600	700	800	900	1000	1200	1400
名称		单位	消耗量						
人工	合计工日	工日	32.697	37.586	43.465	48.648	53.981	66.003	78.208
	其中 普工	工日	8.175	9.397	10.867	12.161	13.495	16.501	19.551
	其中 一般技工	工日	21.253	24.431	28.252	31.622	35.088	42.902	50.836
	其中 高级技工	工日	3.269	3.758	4.346	4.865	5.398	6.600	7.821
材料	不锈钢板卷管件	个	10.000	10.000	10.000	10.000	10.000	10.000	10.000
	不锈钢焊条(综合)	kg	45.524	52.096	83.017	93.234	103.455	123.891	180.351
	尼龙砂轮片 $\phi100\times16\times3$	片	14.381	16.452	26.141	29.351	32.567	39.001	58.627
	电	kW·h	15.813	18.164	21.733	24.376	27.024	32.793	39.705
	丙酮	kg	3.962	4.522	5.162	5.783	6.403	7.283	8.164
	酸洗膏	kg	5.215	6.549	8.360	9.405	10.450	12.540	14.630
	水	t	0.680	0.760	0.880	0.980	1.080	1.200	1.329
	角钢(综合)	kg	2.001	2.201	2.201	2.201	2.201	2.941	2.941
	破布	kg	0.400	0.460	0.520	0.580	0.640	0.710	0.787
	棉纱头	kg	0.800	0.900	1.040	1.161	1.281	1.521	1.761
	其他材料费	%	1.000	1.000	1.000	1.000	1.000	1.000	1.000
机械	电焊机(综合)	台班	13.789	15.779	17.979	20.193	22.404	26.831	31.605
	等离子切割机 400A	台班	3.904	4.460	5.343	5.995	6.647	7.950	9.707
	汽车式起重机 8t	台班	0.062	0.082	0.107	0.169	0.209	0.300	0.488
	载重汽车 8t	台班	0.062	0.082	0.107	0.169	0.209	0.300	0.488
	电动空气压缩机 $1m^3/min$	台班	3.904	4.460	5.343	5.995	6.647	7.950	9.707
	电动空气压缩机 $6m^3/min$	台班	0.040	0.040	0.060	0.060	0.060	0.067	0.074
	电焊条烘干箱 $60\times50\times75(cm^3)$	台班	1.379	1.578	1.798	2.020	2.240	2.683	3.161
	电焊条恒温箱	台班	1.379	1.578	1.798	2.020	2.240	2.683	3.161

12. 不锈钢板卷管件（氩电联焊）

工作内容：准备工作，管子切口，坡口加工，坡口磨平，管口组对，焊接，焊缝钝化。　　**计量单位：**10个

定额编号				8-2-152	8-2-153	8-2-154	8-2-155	8-2-156
项目				公称直径（mm以内）				
				200	250	300	350	400
名称			单位	消耗量				
人工	合计工日		工日	8.673	10.817	13.403	15.560	17.615
	其中	普工	工日	2.168	2.705	3.351	3.890	4.404
		一般技工	工日	5.637	7.031	8.712	10.114	11.450
		高级技工	工日	0.868	1.081	1.340	1.556	1.761
材料	不锈钢板卷管件		个	10.000	10.000	10.000	10.000	10.000
	不锈钢焊条(综合)		kg	2.925	3.646	4.342	5.040	5.697
	不锈钢焊丝 1Cr18Ni9Ti		kg	1.861	2.335	2.785	3.239	3.664
	氩气		m^3	5.210	6.539	7.798	9.070	10.259
	铈钨棒		g	7.307	9.156	10.913	12.694	14.366
	尼龙砂轮片 $\phi100\times16\times3$		片	3.057	3.820	4.554	5.287	5.980
	电		kW·h	2.834	3.529	4.360	5.059	5.719
	丙酮		kg	1.381	1.721	2.041	2.361	2.681
	酸洗膏		kg	1.386	2.091	2.489	2.727	3.381
	水		t	0.240	0.280	0.340	0.400	0.460
	角钢(综合)		kg	—	—	—	—	2.001
	破布		kg	0.140	0.180	0.200	0.240	0.260
	棉纱头		kg	0.280	0.340	0.400	0.540	0.540
	其他材料费		%	1.000	1.000	1.000	1.000	1.000
机械	电焊机（综合）		台班	1.266	1.578	1.880	2.184	2.468
	氩弧焊机 500A		台班	2.424	3.036	3.672	4.268	4.832
	等离子切割机 400A		台班	1.309	1.632	1.944	2.255	2.547
	汽车式起重机 8t		台班	0.005	0.008	0.012	0.016	0.028
	载重汽车 8t		台班	0.005	0.008	0.012	0.016	0.028
	电动空气压缩机 $1m^3/min$		台班	1.309	1.632	1.944	2.255	2.547
	电动空气压缩机 $6m^3/min$		台班	0.020	0.020	0.020	0.020	0.020
	电焊条烘干箱 $60\times50\times75(cm^3)$		台班	0.127	0.157	0.188	0.218	0.246
	电焊条恒温箱		台班	0.127	0.157	0.188	0.218	0.246

计量单位:10 个

定额编号				8-2-157	8-2-158	8-2-159	8-2-160	8-2-161
项目				公称直径（mm 以内）				
				450	500	600	700	800
名称			单位	消耗量				
人工	合计工日		工日	21.931	24.368	35.699	41.045	50.320
	其中	普工	工日	5.483	6.091	8.925	10.263	12.581
		一般技工	工日	14.255	15.840	23.204	26.678	32.707
		高级技工	工日	2.193	2.437	3.570	4.104	5.032
材料	不锈钢板卷管件		个	10.000	10.000	10.000	10.000	10.000
	不锈钢焊条(综合)		kg	13.094	14.497	23.336	26.682	53.370
	不锈钢焊丝 1Cr18Ni9Ti		kg	4.112	4.552	6.649	7.607	8.646
	氩气		m^3	11.513	12.746	18.618	21.302	24.207
	铈钨棒		g	16.079	17.816	21.202	24.271	27.540
	尼龙砂轮片 $\phi100\times16\times3$		片	8.850	9.801	14.381	16.452	26.135
	电		kW·h	7.803	8.644	11.206	12.888	16.905
	丙酮		kg	3.001	3.502	3.962	4.522	5.162
	酸洗膏		kg	3.805	4.304	5.215	6.549	8.360
	水		t	0.520	0.560	0.680	0.760	0.880
	角钢(综合)		kg	2.001	2.001	2.001	2.201	2.201
	破布		kg	0.300	0.340	0.400	0.460	0.520
	棉纱头		kg	0.600	0.700	0.800	0.900	1.040
	其他材料费		%	1.000	1.000	1.000	1.000	1.000
机械	电焊机（综合）		台班	4.362	4.830	7.070	8.080	11.562
	氩弧焊机 500A		台班	5.448	6.038	7.102	8.154	9.262
	等离子切割机 400A		台班	2.910	3.221	3.904	4.460	5.343
	汽车式起重机 8t		台班	0.035	0.043	0.062	0.082	0.107
	载重汽车 8t		台班	0.035	0.043	0.062	0.082	0.107
	电动空气压缩机 $1m^3/min$		台班	2.910	3.221	3.904	4.460	5.343
	电动空气压缩机 $6m^3/min$		台班	0.040	0.040	0.040	0.040	0.060
	电焊条烘干箱 $60\times50\times75(cm^3)$		台班	0.436	0.483	0.707	0.808	1.156
	电焊条恒温箱		台班	0.436	0.483	0.707	0.808	1.156

计量单位:10 个

定额编号				8-2-162	8-2-163	8-2-164	8-2-165
项目				公称直径 (mm 以内)			
				900	1000	1200	1400
名称			单位	消耗量			
人工	合计工日		工日	56.312	62.481	76.455	93.730
	其中	普工	工日	14.078	15.620	19.114	23.432
		一般技工	工日	36.603	40.613	49.696	60.925
		高级技工	工日	5.631	6.248	7.645	9.373
材料	不锈钢板卷管件		个	10.000	10.000	10.000	10.000
	不锈钢焊条(综合)		kg	59.901	66.438	79.510	133.174
	不锈钢焊丝 1Cr18Ni9Ti		kg	9.710	10.773	12.904	15.005
	氩气		m^3	27.188	30.166	36.132	42.013
	铈钨棒		g	30.958	34.367	41.203	47.878
	尼龙砂轮片 $\phi100\times16\times3$		片	29.351	32.567	39.001	58.627
	电		kW·h	18.949	20.998	25.569	32.602
	丙酮		kg	5.783	6.403	7.283	8.164
	酸洗膏		kg	9.405	10.450	12.540	14.630
	水		t	0.980	1.080	1.200	1.329
	角钢(综合)		kg	2.201	2.201	2.941	2.941
	破布		kg	0.580	0.640	0.710	0.787
	棉纱头		kg	1.161	1.281	1.521	1.761
	其他材料费		%	1.000	1.000	1.000	1.000
机械	电焊机 (综合)		台班	12.976	14.388	17.220	23.072
	氩弧焊机 500A		台班	10.400	11.540	13.978	16.224
	等离子切割机 400A		台班	5.995	6.647	7.950	9.707
	汽车式起重机 8t		台班	0.169	0.209	0.300	0.488
	载重汽车 8t		台班	0.169	0.209	0.300	0.488
	电动空气压缩机 $1m^3/min$		台班	5.995	6.647	7.950	9.707
	电动空气压缩机 $6m^3/min$		台班	0.060	0.060	0.067	0.074
	电焊条烘干箱 $60\times50\times75(cm^3)$		台班	1.298	1.439	1.722	2.307
	电焊条恒温箱		台班	1.298	1.439	1.722	2.307

13. 合金钢管件（电弧焊）

工作内容：准备工作，管子切口，坡口加工，管口组对，焊接。　　**计量单位**：10个

定额编号			8-2-166	8-2-167	8-2-168	8-2-169	8-2-170	8-2-171	8-2-172
项目			公称直径（mm以内）						
			15	20	25	32	40	50	65
名称		单位	消耗量						
人工	合计工日	工日	1.012	1.402	2.036	2.413	2.755	3.211	4.380
人工	其中 普工	工日	0.253	0.350	0.508	0.603	0.689	0.803	1.095
人工	其中 一般技工	工日	0.658	0.912	1.324	1.569	1.791	2.087	2.847
人工	其中 高级技工	工日	0.101	0.140	0.204	0.241	0.275	0.321	0.438
材料	合金钢对焊管件	个	10.000	10.000	10.000	10.000	10.000	10.000	10.000
材料	合金钢焊条	kg	0.335	0.427	0.680	0.840	0.961	1.333	2.388
材料	氧气	m^3	0.050	0.054	0.066	0.078	0.085	0.118	0.170
材料	乙炔气	kg	0.017	0.019	0.021	0.026	0.028	0.040	0.057
材料	尼龙砂轮片 $\phi100\times16\times3$	片	0.262	0.328	0.432	0.529	0.604	0.732	1.017
材料	尼龙砂轮片 $\phi500\times25\times4$	片	0.090	0.118	0.146	0.184	0.215	0.307	0.448
材料	磨头	个	0.274	0.307	0.371	0.434	0.524	0.623	0.831
材料	电	kW·h	0.324	0.430	0.555	0.668	0.778	0.935	1.363
材料	丙酮	kg	0.165	0.189	0.260	0.307	0.354	0.425	0.590
材料	破布	kg	0.021	0.021	0.021	0.021	0.021	0.043	0.043
材料	棉纱头	kg	0.021	0.043	0.043	0.064	0.064	0.079	0.107
材料	其他材料费	%	1.000	1.000	1.000	1.000	1.000	1.000	1.000
机械	电焊机（综合）	台班	0.260	0.330	0.528	0.654	0.745	0.936	1.580
机械	砂轮切割机 $\phi500$	台班	0.008	0.018	0.040	0.061	0.066	0.081	0.102
机械	普通车床 630×2000	台班	—	0.159	0.162	0.164	0.166	0.191	0.239
机械	电动葫芦(单速)3t	台班	—	—	—	—	—	—	0.239
机械	电焊条烘干箱 60×50×75(cm^3)	台班	0.026	0.033	0.053	0.065	0.075	0.094	0.158
机械	电焊条恒温箱	台班	0.026	0.033	0.053	0.065	0.075	0.094	0.158

计量单位:10 个

定额编号				8-2-173	8-2-174	8-2-175	8-2-176	8-2-177	8-2-178	8-2-179
项目				公称直径（mm 以内）						
				80	100	125	150	200	250	300
名称			单位	消耗量						
人工	合计工日		工日	5.106	6.581	7.025	7.685	12.210	16.581	19.021
	其中	普工	工日	1.276	1.645	1.756	1.922	3.052	4.145	4.756
		一般技工	工日	3.319	4.278	4.566	4.995	7.937	10.778	12.363
		高级技工	工日	0.511	0.658	0.703	0.768	1.221	1.658	1.902
材料	合金钢对焊管件		个	10.000	10.000	10.000	10.000	10.000	10.000	10.000
	合金钢焊条		kg	2.799	5.251	5.813	7.356	12.654	24.886	29.689
	氧气		m^3	0.189	0.286	0.319	1.694	2.597	3.893	4.374
	乙炔气		kg	0.064	0.094	0.106	0.563	0.865	1.298	1.457
	尼龙砂轮片 $\phi100\times16\times3$		片	1.194	1.768	1.897	2.485	3.795	5.971	7.148
	尼龙砂轮片 $\phi500\times25\times4$		片	0.531	0.785	0.832	—	—	—	—
	磨头		个	0.972	1.180	—	—	—	—	—
	电		kW·h	1.600	2.432	2.675	3.043	4.177	5.792	6.754
	丙酮		kg	0.708	0.850	0.991	1.180	1.628	2.030	2.407
	破布		kg	0.064	0.064	0.860	0.107	0.150	0.193	0.214
	棉纱头		kg	0.128	0.150	0.180	0.223	0.300	0.364	0.428
	其他材料费		%	1.000	1.000	1.000	1.000	1.000	1.000	1.000
机械	电焊机（综合）		台班	1.852	2.747	3.111	3.847	5.470	7.770	9.268
	砂轮切割机 $\phi500$		台班	0.121	0.192	0.201	—	—	—	—
	半自动切割机 100mm		台班	—	—	—	0.154	0.212	0.309	0.328
	普通车床 630×2000		台班	0.256	0.314	0.381	0.439	0.458	0.509	0.523
	汽车式起重机 8t		台班	—	0.012	0.012	0.012	0.012	0.022	0.031
	载重汽车 8t		台班	—	0.012	0.012	0.012	0.012	0.022	0.031
	电动葫芦(单速)3t		台班	0.256	0.314	0.381	0.439	0.458	0.509	0.523
	电焊条烘干箱 60×50×75(cm^3)		台班	0.185	0.275	0.311	0.385	0.547	0.777	0.927
	电焊条恒温箱		台班	0.185	0.275	0.311	0.385	0.547	0.777	0.927

计量单位:10 个

定额编号				8-2-180	8-2-181	8-2-182	8-2-183	8-2-184
项　目				公称直径（mm 以内）				
				350	400	450	500	600
名　称			单位	消　耗　量				
人工	合计工日		工日	21.915	23.837	28.120	31.125	40.912
	其中	普工	工日	5.478	5.959	7.030	7.782	10.228
		一般技工	工日	14.245	15.494	18.278	20.231	26.593
		高级技工	工日	2.192	2.384	2.812	3.112	4.091
材料	合金钢对焊管件		个	10.000	10.000	10.000	10.000	10.000
	合金钢焊条		kg	47.231	53.447	79.289	87.655	149.014
	氧气		m^3	5.599	6.296	7.564	8.323	11.236
	乙炔气		kg	1.867	2.098	2.522	2.774	3.468
	尼龙砂轮片 $\phi100\times16\times3$		片	9.917	11.663	14.667	16.253	24.380
	电		kW·h	7.930	8.731	10.257	11.338	15.080
	丙酮		kg	2.785	3.162	3.564	3.941	4.926
	破布		kg	0.257	0.278	0.317	0.361	0.397
	棉纱头		kg	0.492	0.552	0.629	0.717	0.789
	其他材料费		%	1.000	1.000	1.000	1.000	1.000
机械	电焊机（综合）		台班	11.542	13.059	15.367	16.988	22.593
	半自动切割机 100mm		台班	0.396	0.444	0.511	0.598	0.795
	普通车床 630×2000		台班	0.622	0.646	0.808	0.846	1.126
	汽车式起重机 8t		台班	0.047	0.060	0.092	0.150	0.382
	载重汽车 8t		台班	0.047	0.060	0.092	0.150	0.382
	电动葫芦(单速)3t		台班	0.622	0.646	0.808	0.846	1.126
	电焊条烘干箱 60×50×75(cm^3)		台班	1.154	1.306	1.537	1.698	2.259
	电焊条恒温箱		台班	1.154	1.306	1.537	1.698	2.259

14. 合金钢管件（氩电联焊）

工作内容： 准备工作，管子切口，坡口加工，管口组对，焊接。 **计量单位：** 10个

定额编号		8-2-185	8-2-186	8-2-187	8-2-188	8-2-189	8-2-190	8-2-191
项目		公称直径（mm以内）						
		50	65	80	100	125	150	200
名称	单位	消耗量						
人工 合计工日	工日	3.640	4.736	5.566	8.147	8.791	10.599	13.852
其中 普工	工日	0.910	1.184	1.391	2.036	2.198	2.650	3.463
其中 一般技工	工日	2.366	3.078	3.618	5.296	5.714	6.889	9.004
其中 高级技工	工日	0.364	0.474	0.557	0.815	0.879	1.060	1.385
材料 合金钢对焊管件	个	10.000	10.000	10.000	10.000	10.000	10.000	10.000
合金钢焊条	kg	0.911	1.156	1.352	3.431	3.488	4.956	9.230
合金钢焊丝	kg	0.399	0.517	0.611	0.779	0.925	1.107	1.529
氧气	m^3	0.118	0.170	0.189	0.286	0.319	1.694	2.597
乙炔气	kg	0.040	0.057	0.064	0.094	0.106	0.563	0.865
氩气	m^3	1.116	1.447	1.711	2.181	2.591	3.099	4.281
铈钨棒	g	2.233	2.893	3.422	4.361	5.183	6.197	8.562
尼龙砂轮片 $\phi100\times16\times3$	片	0.706	0.996	1.168	1.728	1.857	2.431	3.715
尼龙砂轮片 $\phi500\times25\times4$	片	0.307	0.448	0.531	0.785	0.832	—	—
磨头	个	0.623	0.831	0.972	1.180	—	—	—
电	kW·h	0.769	0.959	1.125	1.986	2.063	2.426	3.447
丙酮	kg	0.425	0.590	0.708	0.850	0.991	1.180	1.628
破布	kg	0.043	0.043	0.064	0.064	0.086	0.107	0.150
棉纱头	kg	0.079	0.107	0.128	0.150	0.180	0.233	0.300
其他材料费	%	1.000	1.000	1.000	1.000	1.000	1.000	1.000
机械 电焊机（综合）	台班	0.603	0.764	0.895	1.850	1.867	2.595	3.989
氩弧焊机 500A	台班	0.627	0.813	0.962	1.225	1.454	1.741	2.404
砂轮切割机 $\phi500$	台班	0.081	0.102	0.121	0.192	0.201	—	—
普通车床 630×2000	台班	0.191	0.239	0.256	0.314	0.381	0.439	0.458
电动葫芦（单速）3t	台班	—	0.239	0.256	0.314	0.381	0.439	0.458
电焊条烘干箱 60×50×75（cm^3）	台班	0.060	0.077	0.090	0.185	0.187	0.259	0.399
电焊条恒温箱	台班	0.060	0.077	0.090	0.185	0.187	0.259	0.399
半自动切割机 100mm	台班	—	—	—	—	—	0.154	0.212
汽车式起重机 8t	台班	—	—	—	0.012	0.012	0.012	0.012
载重汽车 8t	台班	—	—	—	0.012	0.012	0.012	0.012

计量单位:10 个

定额编号				8-2-192	8-2-193	8-2-194	8-2-195	8-2-196	8-2-197	8-2-198
项　目				公称直径（mm 以内）						
				250	300	350	400	450	500	600
名　称			单位	消　耗　量						
人工	合计工日		工日	19.081	21.986	25.638	28.017	33.181	36.739	47.760
	其中	普工	工日	4.770	5.496	6.409	7.004	8.295	9.185	11.940
		一般技工	工日	12.403	14.291	16.665	18.211	21.568	23.880	31.044
		高级技工	工日	1.908	2.199	2.564	2.802	3.318	3.674	4.776
材料	合金钢对焊管件		个	10.000	10.000	10.000	10.000	10.000	10.000	10.000
	合金钢焊条		kg	20.204	24.100	40.167	45.456	69.415	76.742	130.461
	合金钢焊丝		kg	1.893	2.273	2.622	2.976	3.344	3.708	5.006
	氧气		m^3	3.893	4.374	5.599	6.296	7.564	8.323	11.236
	乙炔气		kg	1.298	1.457	1.867	2.098	2.522	2.774	3.468
	氩气		m^3	5.301	6.363	7.342	8.333	9.364	10.382	12.978
	铈钨棒		g	10.601	12.725	14.684	16.666	18.729	20.763	25.954
	尼龙砂轮片 $\phi100\times16\times3$		片	5.841	6.995	9.693	11.411	14.351	15.902	23.853
	电		kW·h	5.074	5.893	7.081	7.770	9.319	10.299	13.698
	丙酮		kg	2.030	2.407	2.785	3.162	3.564	3.941	4.927
	破布		kg	0.193	0.214	0.257	0.278	0.317	0.361	0.397
	棉纱头		kg	0.364	0.428	0.492	0.552	0.629	0.717	0.789
	其他材料费		%	1.000	1.000	1.000	1.000	1.000	1.000	1.000
机械	电焊机（综合）		台班	6.309	7.529	9.815	11.108	13.452	14.875	19.783
	氩弧焊机 500A		台班	2.976	3.574	4.121	4.679	5.257	5.829	7.753
	普通车床 630×2000		台班	0.509	0.523	0.622	0.646	0.808	0.846	1.126
	电动葫芦(单速)3t		台班	0.509	0.523	0.622	0.646	0.808	0.846	1.126
	电焊条烘干箱 60×50×75(cm^3)		台班	0.630	0.753	0.982	1.111	1.345	1.487	1.978
	电焊条恒温箱		台班	0.630	0.753	0.982	1.111	1.345	1.487	1.978
	半自动切割机 100mm		台班	0.309	0.328	0.396	0.444	0.511	0.598	0.795
	汽车式起重机 8t		台班	0.022	0.031	0.047	0.060	0.092	0.150	0.382
	载重汽车 8t		台班	0.022	0.031	0.047	0.060	0.092	0.150	0.382

15. 合金钢管件（氩弧焊）

工作内容：准备工作，管子切口，坡口加工，管口组对，焊接。 **计量单位：**10 个

定额编号			8-2-199	8-2-200	8-2-201	8-2-202	8-2-203	8-2-204	8-2-205
项目			公称直径（mm 以内）						
			15	20	25	32	40	50	65
名称		单位	消耗量						
人工	合计工日	工日	0.996	1.680	2.017	2.387	2.721	3.741	5.177
人工	其中 普工	工日	0.248	0.420	0.504	0.597	0.680	0.935	1.294
人工	其中 一般技工	工日	0.648	1.092	1.311	1.551	1.769	2.432	3.365
人工	其中 高级技工	工日	0.100	0.168	0.202	0.239	0.272	0.374	0.518
材料	合金钢对焊管件	个	10.000	10.000	10.000	10.000	10.000	10.000	10.000
材料	合金钢焊丝	kg	0.195	0.249	0.353	0.439	0.673	0.875	0.975
材料	氧气	m^3	0.050	0.054	0.066	0.078	0.085	0.118	0.170
材料	乙炔气	kg	0.017	0.019	0.021	0.026	0.028	0.040	0.057
材料	氩气	m^3	0.455	0.581	0.932	1.156	1.322	2.185	3.271
材料	铈钨棒	g	0.911	1.161	1.864	2.313	2.643	3.663	6.542
材料	尼龙砂轮片 ϕ100×16×3	片	0.255	0.316	0.415	0.512	0.583	0.706	0.982
材料	尼龙砂轮片 ϕ500×25×4	片	0.090	0.118	0.146	0.184	0.215	0.307	0.448
材料	磨头	个	0.274	0.307	0.371	0.434	0.524	0.623	0.831
材料	电	kW·h	0.335	0.448	0.549	0.668	0.775	0.911	1.303
材料	丙酮	kg	0.165	0.189	0.260	0.307	0.354	0.425	0.590
材料	破布	kg	0.021	0.021	0.021	0.021	0.021	0.043	0.043
材料	棉纱头	kg	0.021	0.043	0.043	0.064	0.064	0.079	0.107
材料	其他材料费	%	1.000	1.000	1.000	1.000	1.000	1.000	1.000
机械	氩弧焊机 500A	台班	0.287	0.367	0.523	0.651	0.745	0.890	1.459
机械	砂轮切割机 ϕ500	台班	0.008	0.018	0.040	0.061	0.066	0.081	0.102
机械	普通车床 630×2000	台班	—	—	0.162	0.164	0.166	0.191	0.239
机械	电动葫芦（单速）3t	台班	—	—	—	—	—	—	0.239

计量单位:10 个

定额编号			8-2-206	8-2-207	8-2-208	8-2-209	8-2-210
项目			公称直径(mm 以内)				
			80	100	125	150	200
名称		单位	消耗量				
人工	合计工日	工日	6.031	8.845	9.278	11.350	14.755
	其中 普工	工日	1.508	2.211	2.319	2.837	3.689
	其中 一般技工	工日	3.920	5.749	6.031	7.378	9.591
	其中 高级技工	工日	0.603	0.885	0.928	1.135	1.475
材料	合金钢对焊管件	个	10.000	10.000	10.000	10.000	10.000
	合金钢焊丝	kg	1.371	2.423	2.827	3.797	6.455
	氧气	m^3	0.189	0.286	0.319	1.694	2.287
	乙炔气	kg	0.064	0.094	0.106	0.563	0.704
	氩气	m^3	3.840	6.785	7.919	10.634	13.293
	铈钨棒	g	7.679	13.570	15.838	21.268	26.585
	尼龙砂轮片 $\phi100\times16\times3$	片	1.152	1.553	1.810	2.347	3.521
	尼龙砂轮片 $\phi500\times25\times4$	片	0.531	0.785	0.832	—	—
	电	kW·h	1.529	2.423	2.714	3.100	4.123
	丙酮	kg	0.708	0.850	0.991	1.180	1.475
	磨头	个	0.972	1.180	—	—	—
	破布	kg	0.064	0.064	0.086	0.107	0.150
	棉纱头	kg	0.128	0.150	0.180	0.223	0.300
	其他材料费	%	1.000	1.000	1.000	1.000	1.000
机械	氩弧焊机 500A	台班	1.712	2.735	3.192	3.959	5.265
	砂轮切割机 $\phi500$	台班	0.121	0.192	0.201	—	—
	半自动切割机 100mm	台班	—	—	—	0.154	0.205
	普通车床 630×2000	台班	0.256	0.314	0.381	0.439	0.584
	汽车式起重机 8t	台班	—	0.012	0.012	0.012	0.012
	载重汽车 8t	台班	—	0.012	0.012	0.012	0.012
	电动葫芦(单速)3t	台班	0.256	0.314	0.381	0.439	0.584

16. 铝及铝合金管件（氩弧焊）

工作内容：准备工作，管子切口，坡口加工，坡口磨平，管口组对，焊前预热，焊接，焊缝酸洗。

计量单位：10 个

定额编号				8-2-211	8-2-212	8-2-213	8-2-214	8-2-215	8-2-216
项目				管外径（mm 以内）					
				18	25	30	40	50	60
名称			单位	消耗量					
人工	合计工日		工日	0.629	0.827	0.954	1.323	1.625	2.526
	其中	普工	工日	0.157	0.206	0.239	0.331	0.406	0.631
		一般技工	工日	0.409	0.538	0.620	0.860	1.056	1.642
		高级技工	工日	0.063	0.083	0.095	0.132	0.163	0.253
材料	低压铝及铝合金管件		个	10.000	10.000	10.000	10.000	10.000	10.000
	铝焊丝（丝 301）ϕ3.0		kg	0.040	0.054	0.069	0.136	0.169	0.216
	氧气		m^3	0.011	0.013	0.016	0.020	0.025	0.473
	乙炔气		kg	0.004	0.004	0.007	0.009	0.009	0.218
	氩气		m^3	0.112	0.149	0.194	0.381	0.475	0.607
	铈钨棒		g	0.223	0.299	0.388	0.763	0.950	1.213
	尼龙砂轮片 $\phi100\times16\times3$		片	—	—	0.322	0.402	0.503	0.628
	尼龙砂轮片 $\phi500\times25\times4$		片	0.029	0.034	0.048	0.085	0.090	0.109
	电		kW·h	—	—	0.106	0.141	0.169	0.264
	氢氧化钠（烧碱）		kg	0.290	0.513	0.647	0.892	1.048	1.293
	硝酸		kg	0.112	0.178	0.178	0.268	0.312	0.379
	重铬酸钾 98%		kg	0.045	0.089	0.089	0.112	0.134	0.156
	水		t	0.022	0.045	0.045	0.045	0.067	0.067
	破布		kg	0.134	0.134	0.134	0.156	0.268	0.268
	其他材料费		%	1.000	1.000	1.000	1.000	1.000	1.000
机械	氩弧焊机 500A		台班	0.080	0.107	0.139	0.235	0.293	0.363
	砂轮切割机 ϕ500		台班	0.004	0.006	0.024	0.037	0.050	0.067
	电动空气压缩机 $6m^3/min$		台班	0.022	0.022	0.022	0.022	0.022	0.022

计量单位:10 个

定额编号			8-2-217	8-2-218	8-2-219	8-2-220	8-2-221	8-2-222
项目			管外径(mm 以内)					
			70	80	100	125	150	180
名称		单位	消耗量					
人工	合计工日	工日	2.802	4.493	5.298	7.220	9.210	11.187
其中	普工	工日	0.701	1.123	1.324	1.805	2.303	2.797
	一般技工	工日	1.821	2.921	3.444	4.693	5.986	7.271
	高级技工	工日	0.280	0.449	0.530	0.722	0.921	1.119
材料	低压铝及铝合金管件	个	10.000	10.000	10.000	10.000	10.000	10.000
	铝焊丝(丝 301) ϕ3.0	kg	0.252	0.431	0.466	0.584	1.084	1.260
	氧气	m^3	0.573	0.641	0.928	1.158	1.585	1.932
	乙炔气	kg	0.266	0.297	0.428	0.535	0.731	0.892
	氩气	m^3	0.705	1.207	1.305	1.637	3.035	3.528
	铈钨棒	g	1.409	2.413	2.609	3.274	6.069	7.057
	尼龙砂轮片 ϕ100×16×3	片	0.786	0.982	1.257	1.585	2.136	2.577
	尼龙砂轮片 ϕ500×25×4	片	0.125	—	—	—	—	—
	电	kW·h	0.287	0.538	0.626	0.903	1.064	1.328
	氢氧化钠(烧碱)	kg	1.450	1.673	2.096	2.453	3.390	4.393
	硝酸	kg	0.446	0.491	0.624	0.781	0.981	1.160
	重铬酸钾 98%	kg	0.178	0.201	0.245	0.312	0.401	0.468
	水	t	0.890	0.100	0.112	0.156	0.178	0.223
	破布	kg	0.268	0.290	0.424	0.424	0.447	0.461
	其他材料费	%	1.000	1.000	1.000	1.000	1.000	1.000
机械	氩弧焊机 500A	台班	0.421	0.442	0.533	0.668	1.111	1.292
	砂轮切割机 ϕ500	台班	0.074	—	—	—	—	—
	等离子切割机 400A	台班	—	1.001	1.299	1.624	1.984	2.382
	汽车式起重机 8t	台班	—	—	0.010	0.010	0.010	0.010
	载重汽车 8t	台班	—	—	0.010	0.010	0.010	0.010
	电动空气压缩机 1m^3/min	台班	—	1.001	1.299	1.624	1.984	2.382
	电动空气压缩机 6m^3/min	台班	0.022	0.022	0.022	0.022	0.022	0.022

计量单位:10 个

定额编号			8-2-223	8-2-224	8-2-225	8-2-226	8-2-227
项目			管外径（mm 以内）				
			200	250	300	350	410
名称		单位	消耗量				
人工	合计工日	工日	13.258	17.025	22.434	35.411	47.054
	其中 普工	工日	3.314	4.257	5.609	8.853	11.764
	其中 一般技工	工日	8.618	11.066	14.582	23.017	30.585
	其中 高级技工	工日	1.326	1.702	2.243	3.541	4.705
材料	低压铝及铝合金管件	个	10.000	10.000	10.000	10.000	10.000
	铝焊丝(丝 301) ϕ3.0	kg	1.557	2.106	2.977	6.028	9.825
	氧气	m^3	2.352	6.458	7.242	9.100	11.606
	乙炔气	kg	1.086	3.014	3.380	4.247	5.416
	氩气	m^3	4.357	5.898	8.336	16.877	27.512
	铈钨棒	g	8.715	11.797	16.671	33.753	55.023
	尼龙砂轮片 $\phi100\times16\times3$	片	3.191	4.312	5.774	8.954	13.090
	电	kW·h	1.600	2.010	2.614	4.124	5.040
	氢氧化钠（烧碱）	kg	4.683	5.464	6.262	7.002	8.184
	硝酸	kg	1.360	1.561	2.029	2.185	2.565
	重铬酸钾 98%	kg	0.558	0.624	0.825	0.892	1.026
	水	t	0.268	0.290	0.379	0.424	0.491
	破布	kg	0.491	0.557	0.602	0.691	0.736
	其他材料费	%	1.000	1.000	1.000	1.000	1.000
机械	氩弧焊机 500A	台班	1.595	2.015	2.847	5.405	8.508
	等离子切割机 400A	台班	2.646	3.363	4.037	4.954	6.087
	汽车式起重机 8t	台班	0.010	0.018	0.026	0.039	0.050
	载重汽车 8t	台班	0.010	0.018	0.026	0.039	0.050
	电动空气压缩机 $1m^3$/min	台班	2.646	3.363	4.037	4.954	6.087
	电动空气压缩机 $6m^3$/min	台班	0.022	0.022	0.022	0.022	0.022

17. 铝及铝合金板卷管件（氩弧焊）

工作内容：准备工作，管子切口，坡口加工，坡口磨平，管口组对，焊前预热，焊接，焊缝酸洗。

计量单位：10 个

定额编号				8-2-228	8-2-229	8-2-230	8-2-231	8-2-232	8-2-233	8-2-234
项目				管外径（mm 以内）						
				159	219	273	325	377	426	478
名称			单位	消耗量						
人工	合计工日		工日	8.956	12.049	13.717	17.053	21.769	24.700	27.811
	其中	普工	工日	2.239	3.012	3.429	4.264	5.442	6.175	6.953
		一般技工	工日	5.821	7.832	8.916	11.084	14.150	16.055	18.077
		高级技工	工日	0.896	1.205	1.372	1.705	2.177	2.470	2.781
材料	低压铝及铝合金板卷管件		个	10.000	10.000	10.000	10.000	10.000	10.000	10.000
	铝焊丝（丝 301）ϕ3.0		kg	1.263	1.744	2.177	2.595	3.830	4.332	4.863
	氧气		m^3	0.150	0.210	0.260	0.397	0.461	0.520	0.584
	乙炔气		kg	0.057	0.080	0.100	0.153	0.178	0.201	0.212
	氩气		m^3	3.536	4.884	6.097	7.264	10.725	12.130	13.616
	铈钨棒		g	7.073	9.768	12.193	14.528	21.450	24.259	27.232
	尼龙砂轮片 $\phi100\times16\times3$		片	2.577	3.581	4.484	5.354	7.449	8.432	9.476
	铁砂布		张	1.550	2.143	2.668	3.192	4.218	4.765	5.358
	电		kW·h	1.233	1.640	1.978	2.272	3.029	3.424	3.849
	氢氧化钠（烧碱）		kg	3.055	4.332	5.472	6.612	7.752	8.664	9.804
	硝酸		kg	1.003	1.391	1.596	2.075	2.234	2.622	3.055
	重铬酸钾 98%		kg	0.410	0.570	0.638	0.844	0.912	1.049	1.231
	水		t	0.182	0.274	0.296	0.388	0.433	0.502	0.593
	破布		kg	0.456	0.502	0.524	0.684	0.707	0.752	0.912
	其他材料费		%	1.000	1.000	1.000	1.000	1.000	1.000	1.000
机械	氩弧焊机 500A		台班	0.996	1.376	1.716	2.045	2.819	3.188	3.577
	等离子切割机 400A		台班	2.135	2.942	3.101	4.368	5.157	5.826	6.536
	汽车式起重机 8t		台班	0.005	0.005	0.008	0.012	0.016	0.028	0.035
	载重汽车 8t		台班	0.005	0.005	0.008	0.012	0.016	0.028	0.035
	电动空气压缩机 $1m^3/min$		台班	2.135	2.942	3.101	4.368	5.157	5.826	6.536
	电动空气压缩机 $6m^3/min$		台班	0.023	0.023	0.023	0.023	0.023	0.023	0.046

计量单位:10 个

定额编号				8-2-235	8-2-236	8-2-237	8-2-238	8-2-239	8-2-240
项目				管外径（mm 以内）					
				529	630	720	820	920	1020
名称			单位	消耗量					
人工	合计工日		工日	32.483	38.027	44.079	55.320	64.330	71.391
	其中	普工	工日	8.121	9.506	11.020	13.830	16.083	17.848
		一般技工	工日	21.114	24.718	28.651	35.958	41.814	46.404
		高级技工	工日	3.248	3.803	4.408	5.532	6.433	7.139
材料	低压铝及铝合金板卷管件		个	10.000	10.000	10.000	10.000	10.000	10.000
	铝焊丝（丝 301）ϕ3.0		kg	7.257	8.511	9.891	14.519	16.297	18.076
	氧气		m^3	0.591	0.766	0.869	0.871	0.964	1.297
	乙炔气		kg	0.230	0.294	0.322	0.335	0.372	0.499
	氩气		m^3	20.319	23.831	27.693	40.652	45.632	50.611
	铈钨棒		g	40.639	47.661	55.386	81.305	91.264	101.223
	尼龙砂轮片 $\phi100\times16\times3$		片	12.227	14.357	16.700	21.735	24.412	27.089
	铁砂布		张	5.928	7.501	8.710	10.055	11.400	12.722
	电		kW·h	4.333	5.082	5.903	7.296	8.673	9.614
	氢氧化钠（烧碱）		kg	9.804	12.540	14.250	16.142	18.058	19.950
	硝酸		kg	3.374	4.013	4.583	5.244	5.860	6.498
	重铬酸钾 98%		kg	1.368	1.619	1.847	2.120	2.371	2.622
	水		t	0.638	0.775	0.866	1.003	1.117	1.231
	破布		kg	0.958	1.000	1.140	1.277	1.414	1.528
	其他材料费		%	1.000	1.000	1.000	1.000	1.000	1.000
机械	氩弧焊机 500A		台班	5.192	6.087	7.076	10.017	11.243	12.470
	等离子切割机 400A		台班	7.421	8.698	10.101	11.793	13.232	14.669
	汽车式起重机 8t		台班	0.043	0.062	0.082	0.107	0.170	0.210
	载重汽车 8t		台班	0.043	0.062	0.082	0.107	0.170	0.210
	电动空气压缩机 $1m^3/min$		台班	7.421	8.698	10.101	11.793	13.232	14.669
	电动空气压缩机 $6m^3/min$		台班	0.046	0.046	0.046	0.068	0.068	0.068

18. 铜及铜合金管件（氧乙炔焊）

工作内容：准备工作，管子切口，坡口加工，坡口磨平，管口组对，焊前预热，焊接。　　**计量单位**：10 个

定额编号			8-2-241	8-2-242	8-2-243	8-2-244	8-2-245	8-2-246	8-2-247
项目			管外径（mm 以内）						
			20	30	40	50	65	75	85
名称		单位	消耗量						
人工	合计工日	工日	1.994	2.973	3.717	4.094	4.955	5.252	6.195
其中	普工	工日	0.499	0.743	0.929	1.024	1.238	1.313	1.548
其中	一般技工	工日	1.296	1.933	2.416	2.661	3.221	3.414	4.027
其中	高级技工	工日	0.199	0.297	0.372	0.409	0.496	0.525	0.620
材料	低压铜及铜合金管件	个	10.000	10.000	10.000	10.000	10.000	10.000	10.000
材料	铜气焊丝	kg	0.162	0.243	0.353	0.423	0.951	1.113	1.295
材料	氧气	m^3	0.950	1.403	2.081	2.607	3.188	3.851	4.440
材料	乙炔气	kg	0.365	0.540	0.800	1.003	1.226	1.481	1.708
材料	尼龙砂轮片 $\phi500\times25\times4$	片	0.093	0.135	0.216	0.250	0.280	0.315	—
材料	硼砂	kg	0.040	0.081	0.110	0.133	0.283	0.344	0.385
材料	铁砂布	张	0.157	0.202	0.336	0.426	0.650	0.739	0.739
材料	电	kW·h	0.118	0.169	0.226	0.272	0.328	0.367	0.440
材料	棉纱头	kg	0.022	0.045	0.067	0.067	0.090	0.112	0.112
材料	其他材料费	%	1.000	1.000	1.000	1.000	1.000	1.000	1.000
机械	砂轮切割机 $\phi500$	台班	0.009	0.044	0.067	0.081	0.108	0.120	—
机械	等离子切割机 400A	台班	—	—	—	—	—	—	0.330
机械	电动空气压缩机 $1m^3/min$	台班	—	—	—	—	—	—	0.330

计量单位：10 个

定额编号			8-2-248	8-2-249	8-2-250	8-2-251	8-2-252	8-2-253	8-2-254
项目			管外径（mm 以内）						
			100	120	150	185	200	250	300
名称		单位	消耗量						
人工	合计工日	工日	7.200	8.747	9.795	11.788	12.731	14.353	18.388
其中	普工	工日	1.800	2.187	2.450	2.947	3.183	3.589	4.597
其中	一般技工	工日	4.680	5.685	6.366	7.662	8.275	9.329	11.952
其中	高级技工	工日	0.720	0.875	0.979	1.179	1.273	1.435	1.839
材料	低压铜及铜合金管件	个	10.000	10.000	10.000	10.000	10.000	10.000	10.000
材料	铜气焊丝	kg	2.317	3.336	4.170	5.143	5.560	6.977	8.367
材料	氧气	m^3	5.348	6.834	8.051	10.389	13.518	16.923	20.018
材料	乙炔气	kg	2.057	2.629	3.097	3.996	5.199	6.509	7.700
材料	尼龙砂轮片 $\phi100\times16\times3$	片	1.262	1.526	1.920	2.380	2.577	3.235	3.892
材料	硼砂	kg	0.448	0.538	0.672	0.829	0.896	1.120	1.344
材料	铁砂布	张	0.941	1.075	1.434	1.904	2.106	2.979	3.853
材料	电	kW·h	0.813	0.913	1.092	1.308	1.414	1.713	2.176
材料	棉纱头	kg	0.134	0.179	0.202	0.269	0.291	0.358	0.426
材料	其他材料费	%	1.000	1.000	1.000	1.000	1.000	1.000	1.000
机械	等离子切割机 400A	台班	1.368	1.642	2.053	2.532	2.738	3.421	4.105
机械	汽车式起重机 8t	台班	0.010	0.010	0.010	0.010	0.010	0.018	0.026
机械	载重汽车 8t	台班	0.010	0.010	0.010	0.010	0.010	0.018	0.026
机械	电动空气压缩机 $1m^3/min$	台班	1.368	1.642	2.053	2.532	2.738	3.421	4.105

19. 铜及铜合金板卷管件（氧乙炔焊）

工作内容:准备工作,管子切口,坡口加工,坡口磨平,管口组对,焊前预热,焊接。 **计量单位**:10 个

定额编号			8-2-255	8-2-256	8-2-257	8-2-258	8-2-259	8-2-260	8-2-261
项目			管外径（mm 以内）						
			155	205	255	305	355	405	505
名称		单位	消耗量						
人工	合计工日	工日	9.191	11.976	14.428	18.889	21.851	26.496	31.166
人工	其中 普工	工日	2.298	2.994	3.607	4.722	5.463	6.624	7.791
人工	其中 一般技工	工日	5.974	7.784	9.378	12.278	14.203	17.222	20.258
人工	其中 高级技工	工日	0.919	1.198	1.443	1.889	2.185	2.650	3.117
材料	铜及铜合金板卷管件	个	10.000	10.000	10.000	10.000	10.000	10.000	10.000
材料	铜气焊丝	kg	3.729	4.930	7.168	8.568	9.977	11.388	14.202
材料	氧气	m^3	7.745	9.521	15.594	19.362	22.542	25.736	30.265
材料	乙炔气	kg	2.979	3.662	6.000	7.447	8.670	9.898	11.641
材料	尼龙砂轮片 $\phi100\times16\times3$	片	1.814	2.413	3.996	4.792	8.334	9.529	11.917
材料	硼砂	kg	0.542	0.701	1.153	1.379	2.373	2.712	3.367
材料	铁砂布	张	1.446	2.124	3.006	3.593	4.678	5.311	7.322
材料	电	kW·h	0.961	1.228	1.741	2.008	2.911	3.326	4.146
材料	棉纱头	kg	0.226	0.294	0.362	0.429	0.497	0.565	0.723
材料	其他材料费	%	1.000	1.000	1.000	1.000	1.000	1.000	1.000
机械	等离子切割机 400A	台班	2.097	2.774	3.514	4.202	5.064	5.780	7.205
机械	汽车式起重机 8t	台班	0.005	0.005	0.008	0.012	0.016	0.028	0.043
机械	载重汽车 8t	台班	0.005	0.005	0.008	0.012	0.016	0.028	0.043
机械	电动空气压缩机 $1m^3/min$	台班	2.097	2.774	3.514	4.202	5.064	5.780	7.205

20. 加热外套碳钢管件(两半)(电弧焊)

工作内容:准备工作,管子切口,坡口加工,坡口磨平,管口组对,焊接。　　**计量单位**:10 个

定额编号			8-2-262	8-2-263	8-2-264	8-2-265	8-2-266	8-2-267
项目			公称直径(mm 以内)					
			32	40	50	65	80	100
名称		单位	消耗量					
人工	合计工日	工日	3.761	4.460	5.317	6.721	7.649	9.706
人工	其中 普工	工日	0.941	1.115	1.329	1.681	1.912	2.426
人工	其中 一般技工	工日	2.444	2.899	3.456	4.368	4.972	6.309
人工	其中 高级技工	工日	0.376	0.446	0.532	0.672	0.765	0.971
材料	碳钢两半管件	片	20.000	20.000	20.000	20.000	20.000	20.000
材料	低碳钢焊条 J427 ϕ3.2	kg	1.508	1.731	2.395	4.287	5.072	9.441
材料	氧气	m^3	0.087	0.094	0.109	2.341	2.653	3.977
材料	乙炔气	kg	0.028	0.031	0.035	0.780	0.886	1.326
材料	尼龙砂轮片 $\phi100\times16\times3$	片	1.574	2.032	2.821	4.361	5.233	8.562
材料	尼龙砂轮片 $\phi500\times25\times4$	片	0.184	0.215	0.307	—	—	—
材料	磨头	个	0.801	0.917	1.090	1.454	1.702	2.181
材料	电	kW·h	2.152	2.390	2.901	2.901	2.901	3.990
材料	破布	kg	0.042	0.042	0.086	0.086	0.128	0.128
材料	棉纱头	kg	0.128	0.128	0.158	0.214	0.256	0.300
材料	其他材料费	%	1.000	1.000	1.000	1.000	1.000	1.000
机械	电焊机(综合)	台班	1.203	1.393	1.727	2.777	3.241	4.710
机械	砂轮切割机 ϕ500	台班	0.061	0.066	0.081	—	—	—
机械	电焊条烘干箱 $60\times50\times75(cm^3)$	台班	0.121	0.140	0.172	0.277	0.324	0.471
机械	电焊条恒温箱	台班	0.121	0.140	0.172	0.277	0.324	0.471
机械	汽车式起重机 8t	台班	—	—	—	—	—	0.012
机械	载重汽车 8t	台班	—	—	—	—	—	0.012

计量单位:10 个

定额编号				8-2-268	8-2-269	8-2-270	8-2-271	8-2-272	8-2-273
项　目				公称直径（mm 以内）					
				125	150	200	250	300	350
名　称			单位	消　耗　量					
人工	合计工日		工日	10.856	15.139	19.543	27.290	30.985	36.631
	其中	普工	工日	2.714	3.785	4.886	6.822	7.745	9.158
		一般技工	工日	7.056	9.840	12.703	17.739	20.141	23.810
		高级技工	工日	1.086	1.514	1.954	2.729	3.099	3.663
材料	碳钢两半管件		片	20.000	20.000	20.000	20.000	20.000	20.000
	低碳钢焊条 J427 ϕ3.2		kg	10.465	13.815	22.753	44.744	53.381	84.604
	氧气		m^3	4.092	5.435	7.539	11.225	12.679	16.609
	乙炔气		kg	1.363	1.811	2.515	3.743	4.228	5.537
	尼龙砂轮片 $\phi100\times16\times3$		片	9.218	13.811	21.266	35.543	42.489	65.081
	电		kW·h	4.480	6.039	8.209	11.576	13.977	16.252
	角钢(综合)		kg	—	—	1.794	1.794	2.360	2.360
	破布		kg	0.172	0.214	0.300	0.386	0.428	0.514
	棉纱头		kg	0.360	0.446	0.600	0.728	0.856	0.984
	其他材料费		%	1.000	1.000	1.000	1.000	1.000	1.000
机械	电焊机（综合）		台班	5.335	6.753	9.433	13.350	15.987	19.478
	汽车式起重机 8t		台班	0.012	0.012	0.012	0.022	0.031	0.047
	载重汽车 8t		台班	0.012	0.012	0.012	0.022	0.031	0.047
	电焊条烘干箱 $60\times50\times75(cm^3)$		台班	0.533	0.675	0.943	1.335	1.599	1.947
	电焊条恒温箱		台班	0.533	0.675	0.943	1.335	1.599	1.947

计量单位:10 个

定额编号				8-2-274	8-2-275	8-2-276	8-2-277
项　目				公称直径（mm 以内）			
				400	450	500	600
名　称			单位	消　耗　量			
人工	合计工日		工日	41.338	48.553	54.045	70.259
	其中	普工	工日	10.334	12.139	13.510	17.565
		一般技工	工日	26.870	31.559	35.130	45.668
		高级技工	工日	4.134	4.855	5.405	7.026
材料	碳钢两半管件		片	20.000	20.000	20.000	20.000
	低碳钢焊条 J427 ϕ3.2		kg	95.738	141.651	156.598	266.211
	氧气		m^3	18.314	21.313	24.710	33.359
	乙炔气		kg	6.105	7.105	8.238	10.298
	尼龙砂轮片 $\phi100\times16\times3$		片	72.528	94.350	104.419	156.628
	电		kW·h	18.392	21.792	24.078	32.023
	角钢(综合)		kg	2.360	2.360	2.360	2.360
	破布		kg	0.556	0.634	0.722	0.794
	棉纱头		kg	1.104	1.258	1.434	1.578
	其他材料费		%	1.000	1.000	1.000	1.000
机械	电焊机（综合）		台班	22.039	25.926	28.661	38.119
	汽车式起重机 8t		台班	0.060	0.092	0.150	0.373
	载重汽车 8t		台班	0.060	0.092	0.150	0.373
	电焊条烘干箱 $60\times50\times75(cm^3)$		台班	2.204	2.593	2.866	3.812
	电焊条恒温箱		台班	2.204	2.593	2.866	3.812

21. 加热外套不锈钢管件(两半)(电弧焊)

工作内容:准备工作,管子切口,坡口加工,坡口磨平,管口组对,焊接,焊缝钝化。　　**计量单位**:10个

定额编号			8-2-278	8-2-279	8-2-280	8-2-281	8-2-282	8-2-283
项目			公称直径(mm以内)					
			32	40	50	65	80	100
名称		单位	消耗量					
人工	合计工日	工日	3.804	6.034	6.301	8.838	9.802	10.806
其中	普工	工日	0.951	1.509	1.576	2.209	2.451	2.701
	一般技工	工日	2.473	3.922	4.095	5.745	6.371	7.024
	高级技工	工日	0.380	0.603	0.630	0.884	0.980	1.081
材料	不锈钢两半管件	片	20.000	20.000	20.000	20.000	20.000	20.000
	不锈钢焊条(综合)	kg	1.045	1.570	1.869	2.921	3.430	5.861
	尼龙砂轮片 $\phi100\times16\times3$	片	1.338	3.255	3.877	6.176	7.662	11.277
	尼龙砂轮片 $\phi500\times25\times4$	片	0.257	0.296	0.302	0.433	0.531	0.781
	电	kW·h	1.010	3.648	3.995	5.182	5.182	5.182
	丙酮	kg	0.487	0.562	0.674	0.899	1.049	1.348
	酸洗膏	kg	0.304	0.377	0.470	0.642	0.753	0.964
	水	t	0.075	0.075	0.112	0.150	0.187	0.225
	破布	kg	0.037	0.037	0.075	0.075	0.112	0.112
	棉纱头	kg	0.112	0.112	0.139	0.187	0.225	0.262
	其他材料费	%	1.000	1.000	1.000	1.000	1.000	1.000
机械	电焊机(综合)	台班	0.686	1.459	1.738	2.489	2.922	4.280
	砂轮切割机 $\phi500$	台班	0.068	0.074	0.079	0.152	0.161	0.277
	等离子切割机 400A	台班	—	—	—	—	0.407	0.527
	汽车式起重机 8t	台班	—	—	—	—	—	0.011
	载重汽车 8t	台班	—	—	—	—	—	0.011
	电动空气压缩机 $1m^3/min$	台班	—	—	—	—	0.712	0.923
	电动空气压缩机 $6m^3/min$	台班	0.038	0.038	0.038	0.038	0.038	0.038
	电焊条烘干箱 $60\times50\times75(cm^3)$	台班	0.069	0.146	0.174	0.249	0.292	0.428
	电焊条恒温箱	台班	0.069	0.146	0.174	0.249	0.292	0.428

计量单位:10 个

定额编号				8-2-284	8-2-285	8-2-286	8-2-287	8-2-288	8-2-289
项目				公称直径（mm 以内）					
				125	150	200	250	300	350
名称			单位	消耗量					
人工	合计工日		工日	12.049	14.901	20.181	27.491	33.322	38.352
	其中	普工	工日	3.012	3.726	5.045	6.873	8.331	9.588
		一般技工	工日	7.832	9.685	13.118	17.869	21.659	24.929
		高级技工	工日	1.205	1.490	2.018	2.749	3.332	3.835
材料	不锈钢两半管件		片	20.000	20.000	20.000	20.000	20.000	20.000
	不锈钢焊条(综合)		kg	6.850	12.006	16.587	34.069	48.453	56.284
	尼龙砂轮片 $\phi100 \times 16 \times 3$		片	14.355	20.048	31.155	59.104	79.653	97.367
	电		kW·h	5.985	7.444	10.270	15.143	18.460	20.081
	丙酮		kg	1.565	1.873	2.584	3.221	3.820	4.419
	酸洗膏		kg	1.483	1.990	2.594	3.914	4.659	5.105
	水		t	0.262	0.337	0.449	0.524	0.637	0.749
	破布		kg	0.150	0.187	0.262	0.337	0.375	0.449
	棉纱头		kg	0.315	0.389	0.524	0.637	0.749	0.861
	其他材料费		%	1.000	1.000	1.000	1.000	1.000	1.000
机械	电焊机（综合）		台班	5.000	6.819	9.556	14.216	17.692	20.551
	等离子切割机 400A		台班	0.871	1.050	1.459	1.897	2.316	2.686
	汽车式起重机 8t		台班	0.011	0.011	0.011	0.020	0.028	0.043
	载重汽车 8t		台班	0.011	0.011	0.011	0.020	0.028	0.043
	电动空气压缩机 $1m^3/min$		台班	1.524	1.838	2.554	3.320	4.053	4.701
	电动空气压缩机 $6m^3/min$		台班	0.038	0.038	0.038	0.038	0.038	0.038
	电焊条烘干箱 $60 \times 50 \times 75(cm^3)$		台班	0.500	0.682	0.955	1.421	1.769	2.055
	电焊条恒温箱		台班	0.500	0.682	0.955	1.421	1.769	2.055

计量单位:10 个

定额编号				8-2-290	8-2-291	8-2-292
项目				公称直径（mm 以内）		
				400	450	500
名称			单位	消耗量		
人工	合计工日		工日	43.186	49.232	56.124
	其中	普工	工日	10.796	12.308	14.031
		一般技工	工日	28.071	32.001	36.481
		高级技工	工日	4.319	4.923	5.612
材料	不锈钢两半管件		片	20.000	20.000	20.000
	不锈钢焊条(综合)		kg	63.669	75.129	88.653
	尼龙砂轮片 $\phi100 \times 16 \times 3$		片	110.549	126.026	143.666
	电		kW·h	22.689	25.865	29.487
	丙酮		kg	4.981	5.678	6.473
	酸洗膏		kg	6.327	7.213	8.212
	水		t	0.861	0.982	1.119
	破布		kg	0.487	0.555	0.633
	棉纱头		kg	0.966	1.140	1.299
	其他材料费		%	1.000	1.000	1.000
机械	电焊机（综合）		台班	23.247	27.431	32.369
	等离子切割机 400A		台班	3.037	3.584	4.229
	汽车式起重机 8t		台班	0.055	0.065	0.078
	载重汽车 8t		台班	0.055	0.065	0.078
	电动空气压缩机 $1m^3/min$		台班	5.015	5.918	6.983
	电动空气压缩机 $6m^3/min$		台班	0.038	0.038	0.038
	电焊条烘干箱 $60 \times 50 \times 75(cm^3)$		台班	2.325	2.743	3.237
	电焊条恒温箱		台班	2.325	2.743	3.237

22.塑料管件（热风焊）

工作内容：准备工作，管子切口，坡口加工，管口组对，焊接。　　**计量单位**：10个

定额编号			8-2-293	8-2-294	8-2-295	8-2-296	8-2-297	8-2-298	8-2-299
项　目			管外径（mm以内）						
			20	25	32	40	50	75	90
名　称		单位	消　耗　量						
人工	合计工日	工日	0.749	0.901	1.125	1.521	2.025	2.834	3.711
人工	其中 普工	工日	0.187	0.225	0.281	0.380	0.506	0.709	0.928
人工	其中 一般技工	工日	0.487	0.586	0.731	0.989	1.316	1.842	2.412
人工	其中 高级技工	工日	0.075	0.090	0.113	0.152	0.203	0.283	0.371
材料	塑料管件	个	10.000	10.000	10.000	10.000	10.000	10.000	10.000
材料	聚氯乙烯焊条(综合)	kg	0.018	0.022	0.028	0.046	0.080	0.164	0.230
材料	锯条(各种规格)	根	0.149	0.187	0.238	0.303	0.305	—	—
材料	铁砂布	张	—	—	—	—	—	6.000	6.000
材料	电	kW·h	1.404	1.716	2.184	2.988	3.464	5.328	6.904
材料	电阻丝	根	0.022	0.026	0.026	0.032	0.042	0.042	0.056
材料	棉纱头	kg	0.028	0.036	0.044	0.056	0.072	0.106	0.120
材料	木柴	kg	1.030	1.030	1.030	1.030	1.030	2.060	3.100
材料	其他材料费	%	1.000	1.000	1.000	1.000	1.000	1.000	1.000
机械	木工圆锯机 500mm	台班	—	—	—	—	—	0.010	0.010
机械	电动空气压缩机 0.6m³/min	台班	0.362	0.442	0.562	0.769	0.892	1.372	1.778

计量单位：10个

定额编号			8-2-300	8-2-301	8-2-302	8-2-303	8-2-304	8-2-305
项　目			管外径（mm以内）					
			110	125	150	180	200	250
名　称		单位	消　耗　量					
人工	合计工日	工日	4.732	4.869	6.952	7.468	9.528	18.182
人工	其中 普工	工日	1.183	1.217	1.738	1.867	2.382	4.546
人工	其中 一般技工	工日	3.076	3.165	4.519	4.854	6.193	11.818
人工	其中 高级技工	工日	0.473	0.487	0.695	0.747	0.953	1.818
材料	塑料管件	个	10.000	10.000	10.000	10.000	10.000	10.000
材料	聚氯乙烯焊条(综合)	kg	0.476	0.476	1.025	1.117	1.997	3.340
材料	铁砂布	张	6.000	8.000	8.000	8.968	8.968	12.700
材料	电	kW·h	9.282	9.282	13.330	14.520	19.434	43.421
材料	电阻丝	根	0.056	0.058	0.066	0.066	0.068	0.076
材料	棉纱头	kg	0.134	0.152	0.182	0.220	0.244	0.304
材料	木柴	kg	3.100	4.120	8.240	8.240	8.240	8.240
材料	其他材料费	%	1.000	1.000	1.000	1.000	1.000	1.000
机械	木工圆锯机 500mm	台班	0.010	0.010	0.010	0.015	0.020	0.020
机械	汽车式起重机 8t	台班	0.008	0.008	0.008	0.010	0.010	0.018
机械	载重汽车 8t	台班	0.008	0.008	0.008	0.010	0.010	0.018
机械	电动空气压缩机 0.6m³/min	台班	2.391	2.391	3.433	3.740	5.005	11.184

23. 塑料管件（承插粘接）

工作内容：准备工作，管子切口，坡口加工，管口组对，粘接。 **计量单位：**10 个

定额编号				8-2-306	8-2-307	8-2-308	8-2-309	8-2-310	8-2-311	8-2-312
项目				管外径（mm 以内）						
				20	25	32	40	50	75	90
名称			单位	消耗量						
人工	合计工日		工日	0.265	0.319	0.389	0.501	0.845	1.236	1.474
	其中	普工	工日	0.066	0.080	0.097	0.125	0.211	0.309	0.369
		一般技工	工日	0.172	0.207	0.253	0.326	0.549	0.803	0.958
		高级技工	工日	0.027	0.032	0.039	0.050	0.085	0.124	0.147
材料	承插塑料管件		个	10.000	10.000	10.000	10.000	10.000	10.000	10.000
	胶粘剂		kg	0.034	0.042	0.052	0.066	0.082	0.124	0.148
	锯条(各种规格)		根	0.149	0.187	0.238	0.303	0.305	—	—
	铁砂布		张	—	—	—	—	—	6.000	6.000
	丙酮		kg	0.050	0.062	0.076	0.098	0.122	0.184	0.220
	棉纱头		kg	0.028	0.036	0.044	0.056	0.072	0.106	0.120
	其他材料费		%	1.000	1.000	1.000	1.000	1.000	1.000	1.000
机械	木工圆锯机 500mm		台班	—	—	—	—	—	0.010	0.010

计量单位：10 个

定额编号				8-2-313	8-2-314	8-2-315	8-2-316	8-2-317	8-2-318
项目				管外径（mm 以内）					
				110	125	150	180	200	250
名称			单位	消耗量					
人工	合计工日		工日	1.786	2.056	2.615	2.968	3.390	4.574
	其中	普工	工日	0.446	0.514	0.653	0.742	0.847	1.144
		一般技工	工日	1.161	1.336	1.700	1.929	2.204	2.973
		高级技工	工日	0.179	0.206	0.262	0.297	0.339	0.457
材料	承插塑料管件		个	10.000	10.000	10.000	10.000	10.000	10.000
	胶粘剂		kg	0.252	0.286	0.344	0.412	0.458	0.572
	铁砂布		张	6.000	8.000	8.000	8.000	8.968	12.700
	丙酮		kg	0.378	0.428	0.516	0.618	0.688	0.860
	棉纱头		kg	0.134	0.152	0.182	0.220	0.244	0.304
	其他材料费		%	1.000	1.000	1.000	1.000	1.000	1.000
机械	木工圆锯机 500mm		台班	0.010	0.010	0.010	0.015	0.020	0.020
	汽车式起重机 8t		台班	0.008	0.008	0.008	0.010	0.010	0.018
	载重汽车 8t		台班	0.008	0.008	0.008	0.010	0.010	0.018

24. 金属骨架复合管件（热熔焊）

工作内容：准备工作，管子切口，坡口加工，管口组对，热熔连接。　　**计量单位**：10 个

定额编号			8-2-319	8-2-320	8-2-321	8-2-322	8-2-323	8-2-324
项目			管外径（mm 以内）					
			20	25	32	40	50	65
名称		单位	消耗量					
人工	合计工日	工日	0.797	0.958	1.199	1.948	2.191	2.730
	其中 普工	工日	0.199	0.240	0.300	0.487	0.548	0.683
	其中 一般技工	工日	0.518	0.622	0.779	1.266	1.424	1.774
	其中 高级技工	工日	0.080	0.096	0.120	0.195	0.219	0.273
材料	低压金属骨架复合管件	个	10.000	10.000	10.000	10.000	10.000	10.000
	锯条(各种规格)	根	0.149	0.179	0.215	0.257	0.309	0.371
	铁砂布	张	5.000	5.000	5.000	5.000	5.000	5.000
	棉纱头	kg	0.028	0.036	0.044	0.056	0.072	0.086
	其他材料费	%	1.000	1.000	1.000	1.000	1.000	1.000
机械	热熔对接焊机 630mm	台班	0.715	0.865	1.096	1.488	2.030	2.786
	木工圆锯机 500mm	台班	0.004	0.005	0.006	0.006	0.007	0.007

计量单位：10 个

定额编号			8-2-325	8-2-326	8-2-327	8-2-328	8-2-329	8-2-330
项目			管外径（mm 以内）					
			76	90	114	140	166	218
名称		单位	消耗量					
人工	合计工日	工日	3.193	4.243	5.304	6.497	7.371	11.907
	其中 普工	工日	0.799	1.061	1.327	1.624	1.843	2.976
	其中 一般技工	工日	2.075	2.758	3.447	4.223	4.791	7.740
	其中 高级技工	工日	0.319	0.424	0.530	0.650	0.737	1.191
材料	低压金属骨架复合管件	个	10.000	10.000	10.000	10.000	10.000	10.000
	锯条(各种规格)	根	0.445	0.534	0.641	0.769	0.923	1.107
	铁砂布	张	5.000	5.000	6.000	7.200	8.640	10.368
	棉纱头	kg	0.104	0.124	0.149	0.179	0.215	0.258
	其他材料费	%	1.000	1.000	1.000	1.000	1.000	1.000
机械	热熔对接焊机 630mm	台班	3.113	4.014	5.193	5.423	7.963	8.447
	木工圆锯机 500mm	台班	0.008	0.008	0.008	0.008	0.012	0.016
	汽车式起重机 8t	台班	—	—	0.009	0.009	0.009	0.010
	载重汽车 8t	台班	—	—	0.009	0.009	0.009	0.010

计量单位:10 个

定额编号				8-2-331	8-2-332	8-2-333	8-2-334
项目				管外径（mm 以内）			
				250	300	400	500
名称			单位	消耗量			
人工	合计工日		工日	18.865	21.696	28.204	35.255
	其中	普工	工日	4.716	5.424	7.052	8.813
		一般技工	工日	12.262	14.102	18.332	22.916
		高级技工	工日	1.887	2.170	2.820	3.526
材料	低压金属骨架复合管件		个	10.000	10.000	10.000	10.000
	锯条(各种规格)		根	1.328	1.594	1.913	2.296
	铁砂布		张	12.442	14.930	17.916	21.499
	棉纱头		kg	0.310	0.371	0.446	0.535
	其他材料费		%	1.000	1.000	1.000	1.000
机械	热熔对接焊机 630mm		台班	25.396	29.205	37.967	47.458
	木工圆锯机 500mm		台班	0.016	0.018	0.025	0.031
	汽车式起重机 8t		台班	0.018	0.031	0.043	0.075
	载重汽车 8t		台班	0.018	0.031	0.043	0.075

25. 玻璃钢管件（胶泥）

工作内容:准备工作,管子切口,坡口加工,坡口磨平,管口组对,管口连接。

计量单位:10 个

定额编号				8-2-335	8-2-336	8-2-337	8-2-338	8-2-339	8-2-340	8-2-341
项目				公称直径（mm 以内）						
				25	40	50	80	100	125	150
名称			单位	消耗量						
人工	合计工日		工日	1.666	2.700	3.387	5.013	6.278	8.494	10.207
	其中	普工	工日	0.416	0.675	0.846	1.253	1.569	2.124	2.552
		一般技工	工日	1.083	1.755	2.202	3.259	4.081	5.521	6.634
		高级技工	工日	0.167	0.270	0.339	0.501	0.628	0.849	1.021
材料	玻璃钢管件		个	10.000	10.000	10.000	10.000	10.000	10.000	10.000
	胶泥		kg	2.760	4.400	5.500	8.800	10.460	11.660	16.840
	尼龙砂轮片 $\phi500\times25\times4$		片	0.061	0.125	0.177	0.279	0.406	0.482	0.580
	乙二胺		kg	0.020	0.020	0.020	0.020	0.020	0.020	0.020
	环氧树脂		kg	0.040	0.080	0.100	0.160	0.200	0.240	0.280
	玻璃布 $\delta0.2$		m^2	0.480	0.760	0.940	1.500	1.880	2.360	2.820
	其他材料费		%	1.000	1.000	1.000	1.000	1.000	1.000	1.000
机械	砂轮切割机 $\phi500$		台班	0.024	0.038	0.043	0.069	0.086	0.113	0.133
	汽车式起重机 8t		台班	—	—	—	—	0.009	0.009	0.009
	载重汽车 8t		台班	—	—	—	—	0.009	0.009	0.009

26. 螺旋卷管件（氩电联焊）

工作内容：准备工作，管子切口，坡口加工，坡口磨平，管口组对，焊接。　　**计量单位：**10 个

定额编号			8-2-342	8-2-343	8-2-344	8-2-345	8-2-346	8-2-347	8-2-348
项目			公称直径（mm 以内）						
			200	250	300	350	400	450	500
名称		单位	消耗量						
人工	合计工日	工日	8.430	10.539	12.726	15.432	17.044	19.090	21.496
人工	其中 普工	工日	2.107	2.635	3.181	3.858	4.261	4.773	5.374
人工	其中 一般技工	工日	5.480	6.850	8.272	10.031	11.079	12.408	13.972
人工	其中 高级技工	工日	0.843	1.054	1.273	1.543	1.704	1.909	2.150
材料	低压螺旋卷管件	个	10.000	10.000	10.000	10.000	10.000	10.000	10.000
材料	低碳钢焊条 J427 ϕ3.2	kg	7.650	9.491	11.306	23.210	26.252	29.608	30.122
材料	碳钢氩弧焊丝	kg	1.296	1.296	1.926	2.244	2.548	2.882	2.920
材料	氧气	m^3	5.560	7.054	8.800	10.262	11.042	11.767	12.448
材料	乙炔气	kg	1.854	2.418	2.933	3.421	3.681	3.922	4.149
材料	氩气	m^3	3.628	3.628	3.628	6.284	7.134	8.070	8.400
材料	铈钨棒	g	7.256	7.256	7.256	12.568	14.268	16.140	16.400
材料	尼龙砂轮片 $\phi100\times16\times3$	片	12.166	17.186	17.186	23.378	31.285	35.414	40.061
材料	电	kW·h	5.296	5.558	6.116	9.068	11.027	12.403	12.970
材料	角钢（综合）	kg	1.736	1.736	1.736	1.736	1.736	1.736	1.736
材料	破布	kg	0.102	0.131	0.146	0.175	0.189	0.216	0.245
材料	棉纱头	kg	0.204	0.248	0.291	0.335	0.375	0.428	0.488
材料	其他材料费	%	1.000	1.000	1.000	1.000	1.000	1.000	1.000
机械	电焊机（综合）	台班	3.825	3.900	4.084	8.380	9.482	10.691	13.520
机械	氩弧焊机 500A	台班	2.478	2.478	2.478	4.290	4.872	5.509	6.240
机械	汽车式起重机 8t	台班	0.005	0.007	0.011	0.015	0.026	0.032	0.040
机械	载重汽车 8t	台班	0.005	0.007	0.011	0.015	0.026	0.032	0.040
机械	电焊条烘干箱 $60\times50\times75$（cm^3）	台班	0.383	0.390	0.408	0.838	0.948	1.069	1.352
机械	电焊条恒温箱	台班	0.383	0.390	0.408	0.838	0.948	1.069	1.352

27. 承插铸铁管件(石棉水泥接口)

工作内容:准备工作,管子切口,管口组对,管口连接。 **计量单位**:10 个

定额编号			8-2-349	8-2-350	8-2-351	8-2-352	8-2-353	8-2-354	8-2-355
项目			公称直径(mm 以内)						
			75	100	150	200	300	400	500
名称		单位	消耗量						
人工	合计工日	工日	5.300	5.470	7.460	9.331	11.971	15.271	20.361
其中	普工	工日	1.325	1.367	1.865	2.333	2.993	3.818	5.090
	一般技工	工日	3.445	3.556	4.849	6.065	7.781	9.926	13.235
	高级技工	工日	0.530	0.547	0.746	0.933	1.197	1.527	2.036
材料	铸铁管件	个	10.000	10.000	10.000	10.000	10.000	10.000	10.000
	氧气	m^3	0.440	0.750	1.010	1.830	2.640	4.950	6.270
	乙炔气	kg	0.180	0.310	0.420	0.750	1.100	2.070	2.640
	碳精棒	kg	—	—	—	—	0.940	0.940	1.180
	白色硅酸盐水泥 32.5	kg	9.130	11.350	16.700	21.470	35.970	49.280	69.520
	填充绒	kg	3.650	4.530	6.660	8.570	14.350	19.680	27.780
	油麻	kg	1.830	2.840	3.340	4.310	7.250	9.870	13.970
	其他材料费	%	1.000	1.000	1.000	1.000	1.000	1.000	1.000
机械	汽车式起重机 8t	台班	—	0.010	0.010	0.010	0.012	0.029	0.044
	载重汽车 8t	台班	—	0.010	0.010	0.010	0.012	0.029	0.044

计量单位:10 个

定额编号			8-2-356	8-2-357	8-2-358	8-2-359
项目			公称直径(mm 以内)			
			600	700	800	900
名称		单位	消耗量			
人工	合计工日	工日	25.441	37.282	38.692	54.013
其中	普工	工日	6.360	9.321	9.673	13.503
	一般技工	工日	16.537	24.233	25.150	35.109
	高级技工	工日	2.544	3.728	3.869	5.401
材料	铸铁管件	个	10.000	10.000	10.000	10.000
	氧气	m^3	7.590	8.910	9.900	11.000
	乙炔气	kg	3.190	3.740	4.070	4.620
	碳精棒	kg	1.410	2.060	2.360	3.180
	白色硅酸盐水泥 32.5	kg	86.350	104.280	123.420	143.770
	填充绒	kg	34.440	41.620	49.300	57.400
	油麻	kg	17.330	20.900	24.780	28.770
	其他材料费	%	1.000	1.000	1.000	1.000
机械	汽车式起重机 8t	台班	0.064	0.084	0.110	0.173
	载重汽车 8t	台班	0.064	0.084	0.110	0.173

计量单位:10 个

定额编号				8-2-360	8-2-361	8-2-362	8-2-363
项　目				公称直径（mm 以内）			
				1000	1200	1400	1600
名　称			单位	消　耗　量			
人工	合计工日		工日	56.163	80.165	114.657	159.579
	其中	普工	工日	14.041	20.042	28.664	39.894
		一般技工	工日	36.506	52.107	74.527	103.727
		高级技工	工日	5.616	8.016	11.466	15.958
材料	铸铁管件		个	10.000	10.000	10.000	10.000
	氧气		m^3	12.320	13.420	14.520	15.840
	乙炔气		kg	5.170	5.610	6.050	6.600
	碳精棒		kg	3.530	3.880	4.230	4.580
	白色硅酸盐水泥 32.5		kg	178.860	229.020	305.030	368.500
	填充绒		kg	71.440	91.430	121.770	147.190
	油麻		kg	35.810	45.890	61.110	73.820
	其他材料费		%	1.000	1.000	1.000	1.000
机械	汽车式起重机 8t		台班	0.214	0.307	0.500	0.680
	载重汽车 8t		台班	0.214	0.307	0.500	0.680

28. 承插铸铁管件（青铅接口）

工作内容：准备工作，管子切口，管口处理，管件安装，化铅，接口。

计量单位:10 个

定额编号				8-2-364	8-2-365	8-2-366	8-2-367	8-2-368	8-2-369	8-2-370
项　目				公称直径（mm 以内）						
				75	100	150	200	300	400	500
名　称			单位	消　耗　量						
人工	合计工日		工日	6.020	6.220	8.330	10.761	12.471	18.411	26.632
	其中	普工	工日	1.505	1.555	2.082	2.691	3.118	4.603	6.658
		一般技工	工日	3.913	4.043	5.415	6.994	8.106	11.967	17.311
		高级技工	工日	0.602	0.622	0.833	1.076	1.247	1.841	2.663
材料	铸铁管件		个	10.000	10.000	10.000	10.000	10.000	10.000	10.000
	青铅(综合)		kg	49.720	61.880	91.040	117.120	196.170	268.920	379.230
	氧气		m^3	0.440	0.750	1.010	1.830	2.640	4.950	6.270
	乙炔气		kg	0.180	0.310	0.420	0.750	1.100	2.070	2.640
	碳精棒		kg	—	—	—	—	—	0.940	1.180
	油麻		kg	1.830	2.270	3.340	4.310	7.200	9.870	13.920
	焦炭		kg	21.000	24.780	35.490	45.570	70.980	97.440	126.630
	木柴		kg	1.760	2.200	4.400	4.400	8.800	11.000	13.200
	其他材料费		%	1.000	1.000	1.000	1.000	1.000	1.000	1.000
机械	汽车式起重机 8t		台班	—	0.010	0.010	0.010	0.012	0.029	0.044
	载重汽车 8t		台班	—	0.010	0.010	0.010	0.012	0.029	0.044

计量单位:10 个

定额编号			8-2-371	8-2-372	8-2-373	8-2-374
项目			公称直径（mm 以内）			
			600	700	800	900
名称		单位	消耗量			
人工	合计工日	工日	33.302	53.363	55.763	78.015
其中	普工	工日	8.326	13.341	13.941	19.505
	一般技工	工日	21.646	34.686	36.246	50.709
	高级技工	工日	3.330	5.336	5.576	7.801
材料	铸铁管件	个	10.000	10.000	10.000	10.000
	青铅(综合)	kg	471.100	568.770	673.270	784.080
	氧气	m^3	7.590	8.910	9.900	11.000
	乙炔气	kg	3.190	3.740	4.070	4.620
	碳精棒	kg	1.410	2.060	2.360	3.180
	油麻	kg	17.300	20.900	24.740	28.790
	焦炭	kg	154.140	189.000	223.650	245.070
	木柴	kg	13.200	15.400	15.400	19.800
	其他材料费	%	1.000	1.000	1.000	1.000
机械	汽车式起重机 8t	台班	0.064	0.084	0.110	0.173
	载重汽车 8t	台班	0.064	0.084	0.110	0.173

计量单位:10 个

定额编号			8-2-375	8-2-376	8-2-377	8-2-378
项目			公称直径（mm 以内）			
			1000	1200	1400	1600
名称		单位	消耗量			
人工	合计工日	工日	80.165	108.176	150.829	211.562
其中	普工	工日	20.042	27.043	37.707	52.890
	一般技工	工日	52.107	70.315	98.039	137.516
	高级技工	工日	8.016	10.818	15.083	21.156
材料	铸铁管件	个	10.000	10.000	10.000	10.000
	青铅(综合)	kg	976.210	1249.500	1664.390	2010.740
	氧气	m^3	12.320	13.420	14.520	15.840
	乙炔气	kg	5.170	5.610	6.050	6.600
	碳精棒	kg	3.530	3.880	4.230	4.580
	油麻	kg	35.850	45.890	61.130	73.860
	焦炭	kg	278.880	317.310	361.200	410.970
	木柴	kg	19.800	25.520	25.520	32.780
	其他材料费	%	1.000	1.000	1.000	1.000
机械	汽车式起重机 8t	台班	0.214	0.307	0.500	0.680
	载重汽车 8t	台班	0.214	0.307	0.500	0.680

29. 承插铸铁管件（膨胀水泥接口）

工作内容：准备工作，管子切口，管口处理，管件安装，调制接口材料，接口，养护。 **计量单位**：10 个

定额编号				8-2-379	8-2-380	8-2-381	8-2-382	8-2-383	8-2-384	8-2-385
项目				公称直径（mm 以内）						
				75	100	150	200	300	400	500
名称			单位	消耗量						
人工	合计工日		工日	4.530	4.650	6.500	8.430	9.351	13.091	17.971
	其中	普工	工日	1.132	1.162	1.625	2.107	2.338	3.273	4.493
		一般技工	工日	2.945	3.023	4.225	5.480	6.078	8.509	11.681
		高级技工	工日	0.453	0.465	0.650	0.843	0.935	1.309	1.797
材料	铸铁管件		个	10.000	10.000	10.000	10.000	10.000	10.000	10.000
	氧气		m^3	0.440	0.750	1.010	1.830	2.640	4.950	6.270
	乙炔气		kg	0.180	0.310	0.420	0.750	1.100	2.070	2.640
	碳精棒		kg	—	—	—	—	—	0.940	1.180
	膨胀水泥		kg	13.990	17.400	25.590	32.870	55.000	75.460	106.480
	油麻		kg	1.830	2.270	3.340	4.310	7.250	9.870	13.970
	其他材料费		%	1.000	1.000	1.000	1.000	1.000	1.000	1.000
机械	汽车式起重机 8t		台班	—	0.010	0.010	0.010	0.012	0.029	0.044
	载重汽车 8t		台班	—	0.010	0.010	0.010	0.012	0.029	0.044

计量单位：10 个

定额编号				8-2-386	8-2-387	8-2-388	8-2-389
项目				公称直径（mm 以内）			
				600	700	800	900
名称			单位	消耗量			
人工	合计工日		工日	23.681	34.292	35.872	47.383
	其中	普工	工日	5.920	8.573	8.968	11.846
		一般技工	工日	15.393	22.290	23.317	30.799
		高级技工	工日	2.368	3.429	3.587	4.738
材料	铸铁管件		个	10.000	10.000	10.000	10.000
	氧气		m^3	7.590	8.910	9.900	11.000
	乙炔气		kg	3.190	3.740	4.070	4.620
	碳精棒		kg	1.410	2.060	2.360	3.180
	膨胀水泥		kg	132.220	159.610	188.980	220.110
	油麻		kg	17.330	20.900	24.780	28.770
	其他材料费		%	1.000	1.000	1.000	1.000
机械	汽车式起重机 8t		台班	0.064	0.084	0.110	0.173
	载重汽车 8t		台班	0.064	0.084	0.110	0.173

计量单位:10 个

定额编号			8-2-390	8-2-391	8-2-392	8-2-393
项目			公称直径（mm 以内）			
			1000	1200	1400	1600
名称		单位	消耗量			
人工	合计工日	工日	52.533	71.504	99.326	149.209
	其中 普工	工日	13.134	17.876	24.831	37.302
	其中 一般技工	工日	34.146	46.478	64.562	96.986
	其中 高级技工	工日	5.253	7.150	9.933	14.921
材料	铸铁管件	个	10.000	10.000	10.000	10.000
	氧气	m^3	12.320	13.420	14.520	15.840
	乙炔气	kg	5.170	5.610	6.050	6.600
	碳精棒	kg	3.530	3.880	4.230	4.580
	膨胀水泥	kg	274.010	350.680	467.060	564.410
	油麻	kg	35.810	45.890	61.110	73.820
	其他材料费	%	1.000	1.000	1.000	1.000
机械	汽车式起重机 8t	台班	0.214	0.307	0.500	0.680
	载重汽车 8t	台班	0.214	0.307	0.500	0.680

30. 法兰铸铁管件（法兰连接）

工作内容:准备工作,管口组对,管件连接。 计量单位:10 个

定额编号			8-2-394	8-2-395	8-2-396	8-2-397	8-2-398	8-2-399	8-2-400
项目			公称直径（mm 以内）						
			75	100	125	150	200	250	300
名称		单位	消耗量						
人工	合计工日	工日	0.341	0.395	0.499	0.567	0.611	0.801	0.965
	其中 普工	工日	0.085	0.098	0.125	0.141	0.153	0.200	0.241
	其中 一般技工	工日	0.222	0.257	0.324	0.369	0.397	0.521	0.627
	其中 高级技工	工日	0.034	0.040	0.050	0.057	0.061	0.080	0.097
材料	法兰铸铁管件	个	10.000	10.000	10.000	10.000	10.000	10.000	10.000
	石棉橡胶板 低压 δ0.8 ~ 6.0	kg	0.260	0.340	0.460	0.560	0.660	0.740	0.800
	白铅油	kg	0.140	0.200	0.240	0.280	0.340	0.400	0.500
	清油 C01 - 1	kg	0.040	0.040	0.040	0.060	0.060	0.080	0.100
	破布	kg	0.040	0.060	0.060	0.060	0.060	0.080	0.100
	其他材料费	%	1.000	1.000	1.000	1.000	1.000	1.000	1.000
机械	汽车式起重机 8t	台班	—	0.010	0.010	0.010	0.010	0.018	0.026
	载重汽车 8t	台班	—	0.010	0.010	0.010	0.010	0.018	0.026

计量单位:10 个

定额编号			8-2-401	8-2-402	8-2-403	8-2-404	8-2-405
项目			公称直径（mm 以内）				
			350	400	450	500	600
名称		单位	消耗量				
人工	合计工日	工日	1.128	1.405	1.550	1.973	2.279
	其中 普工	工日	0.282	0.351	0.387	0.493	0.570
	其中 一般技工	工日	0.733	0.913	1.008	1.283	1.481
	其中 高级技工	工日	0.113	0.141	0.155	0.197	0.228
材料	法兰铸铁管件	个	10.000	10.000	10.000	10.000	10.000
	石棉橡胶板 低压 δ0.8～6.0	kg	1.080	1.380	1.620	1.660	1.680
	碳精棒	kg	—	0.940	0.940	1.180	1.410
	黑铅粉	kg	—	—	—	—	0.120
	白铅油	kg	0.500	0.600	0.600	0.660	—
	清油 C01－1	kg	0.100	0.120	0.120	0.120	0.360
	破布	kg	0.100	0.120	0.120	0.140	0.140
	其他材料费	%	1.000	1.000	1.000	1.000	1.000
机械	电焊机（综合）	台班	—	0.301	0.301	0.382	0.452
	汽车式起重机 8t	台班	0.039	0.050	0.076	0.125	0.163
	载重汽车 8t	台班	0.039	0.050	0.076	0.125	0.163
	电动空气压缩机 0.6m³/min	台班	—	0.301	0.301	0.382	0.452

二、中 压 管 件

1. 碳钢管件（电弧焊）

工作内容：准备工作，管子切口，坡口加工，坡口磨平，管口组对，焊接。 **计量单位**：10 个

定额编号				8-2-406	8-2-407	8-2-408	8-2-409	8-2-410	8-2-411	8-2-412
项目				公称直径（mm 以内）						
				15	20	25	32	40	50	65
名称			单位	消耗量						
人工	合计工日		工日	1.200	1.641	2.145	2.546	3.259	3.726	4.374
	其中	普工	工日	0.300	0.411	0.536	0.637	0.815	0.931	1.093
		一般技工	工日	0.660	0.902	1.180	1.400	1.792	2.050	2.406
		高级技工	工日	0.240	0.328	0.429	0.509	0.652	0.745	0.875
材料	碳钢对焊管件		个	10.000	10.000	10.000	10.000	10.000	10.000	10.000
	低碳钢焊条 J427 φ3.2		kg	0.538	0.686	1.000	1.498	1.600	2.000	4.400
	氧气		m^3	0.001	0.001	0.001	0.125	0.137	0.184	3.167
	乙炔气		kg	0.001	0.001	0.001	0.042	0.045	0.061	1.056
	尼龙砂轮片 φ100×16×3		片	0.596	0.758	1.194	1.546	2.104	2.226	4.356
	尼龙砂轮片 φ500×25×4		片	0.104	0.127	0.180	0.247	0.290	0.425	—
	磨头		个	0.200	0.260	0.314	0.388	0.444	0.528	0.704
	电		kW·h	1.000	1.132	1.452	1.636	1.972	2.056	1.934
	破布		kg	0.021	0.021	0.021	0.021	0.021	0.043	0.043
	棉纱头		kg	0.021	0.043	0.043	0.064	0.064	0.079	0.107
	其他材料费		%	1.000	1.000	1.000	1.000	1.000	1.000	1.000
机械	电焊机（综合）		台班	0.355	0.514	0.629	0.780	0.895	1.215	1.675
	砂轮切割机 φ500		台班	0.008	0.043	0.063	0.080	0.087	0.103	—
	电焊条烘干箱 60×50×75(cm^3)		台班	0.036	0.051	0.063	0.078	0.090	0.121	0.167
	电焊条恒温箱		台班	0.036	0.051	0.063	0.078	0.090	0.121	0.167

计量单位:10 个

定 额 编 号			8-2-413	8-2-414	8-2-415	8-2-416	8-2-417	8-2-418
项　　目			公称直径（mm 以内）					
			80	100	125	150	200	250
名　　称		单位	消 耗 量					
人工	合计工日	工日	4.965	6.337	8.183	9.516	13.579	17.933
	其中 普工	工日	1.241	1.585	2.045	2.379	3.395	4.483
	其中 一般技工	工日	2.731	3.485	4.501	5.234	7.468	9.863
	其中 高级技工	工日	0.993	1.267	1.637	1.903	2.716	3.587
材料	碳钢对焊管件	个	10.000	10.000	10.000	10.000	10.000	10.000
	低碳钢焊条 J427 $\phi3.2$	kg	6.280	8.340	12.960	18.000	34.000	54.000
	氧气	m^3	3.691	4.700	6.204	7.750	10.500	14.700
	乙炔气	kg	1.230	1.567	2.068	2.583	3.500	4.900
	尼龙砂轮片 $\phi100\times16\times3$	片	5.722	7.656	11.004	15.336	23.648	34.024
	磨头	个	0.824	1.056	—	—	—	—
	电	kW·h	2.344	3.056	3.836	4.668	6.680	8.974
	角钢(综合)	kg	—	—	—	—	1.794	1.794
	破布	kg	0.064	0.064	0.086	0.107	0.150	0.193
	棉纱头	kg	0.128	0.150	0.180	0.223	0.300	0.364
	其他材料费	%	1.000	1.000	1.000	1.000	1.000	1.000
机械	电焊机（综合）	台班	1.971	2.722	3.189	4.045	5.988	7.804
	汽车式起重机 8t	台班	—	0.012	0.012	0.012	0.012	0.022
	载重汽车 8t	台班	—	0.012	0.012	0.012	0.012	0.022
	电焊条烘干箱 $60\times50\times75(cm^3)$	台班	0.197	0.273	0.319	0.404	0.599	0.780
	电焊条恒温箱	台班	0.197	0.273	0.319	0.404	0.599	0.780

计量单位:10 个

定 额 编 号			8-2-419	8-2-420	8-2-421	8-2-422	8-2-423	8-2-424
项　　目			公称直径（mm 以内）					
			300	350	400	450	500	600
名　　称		单位	消 耗 量					
人工	合计工日	工日	22.451	25.931	31.683	38.641	42.738	55.559
	其中 普工	工日	5.613	6.483	7.921	9.660	10.684	13.890
	其中 一般技工	工日	12.348	14.262	17.425	21.253	23.506	30.557
	其中 高级技工	工日	4.490	5.186	6.337	7.728	8.548	11.112
材料	碳钢对焊管件	个	10.000	10.000	10.000	10.000	10.000	10.000
	低碳钢焊条 J427 $\phi3.2$	kg	76.000	108.000	140.000	156.000	212.573	272.675
	氧气	m^3	18.900	21.200	24.640	31.600	35.558	46.231
	乙炔气	kg	6.300	7.067	8.213	10.533	11.853	15.410
	尼龙砂轮片 $\phi100\times16\times3$	片	45.980	58.484	72.800	81.980	93.130	136.975
	电	kW·h	11.120	14.050	17.518	19.312	23.992	32.482
	角钢(综合)	kg	2.360	2.360	2.360	2.360	2.360	2.360
	破布	kg	0.214	0.257	0.278	0.317	0.361	0.397
	棉纱头	kg	0.428	0.492	0.552	0.629	0.717	0.789
	其他材料费	%	1.000	1.000	1.000	1.000	1.000	1.000
机械	电焊机（综合）	台班	9.823	13.388	17.237	21.598	23.902	31.790
	汽车式起重机 8t	台班	0.031	0.047	0.060	0.091	0.148	0.379
	载重汽车 8t	台班	0.031	0.047	0.060	0.091	0.148	0.379
	电焊条烘干箱 $60\times50\times75(cm^3)$	台班	0.983	1.339	1.723	2.160	2.390	3.179
	电焊条恒温箱	台班	0.983	1.339	1.723	2.160	2.390	3.179

2. 碳钢管件（氩电联焊）

工作内容：准备工作，管子切口，坡口加工，坡口磨平，管口组对，焊接。 **计量单位**：10 个

定额编号			8-2-425	8-2-426	8-2-427	8-2-428	8-2-429	8-2-430	8-2-431
项目			公称直径（mm 以内）						
			15	20	25	32	40	50	65
名称		单位	消耗量						
人工	合计工日	工日	1.259	1.684	2.205	2.613	3.349	4.019	4.944
	其中 普工	工日	0.315	0.421	0.551	0.653	0.837	1.005	1.236
	其中 一般技工	工日	0.692	0.926	1.213	1.437	1.842	2.210	2.719
	其中 高级技工	工日	0.252	0.337	0.441	0.523	0.670	0.804	0.989
材料	碳钢对焊管件	个	10.000	10.000	10.000	10.000	10.000	10.000	10.000
	低碳钢焊条 J427 ϕ3.2	kg	—	—	—	—	—	0.947	3.600
	碳钢焊丝	kg	0.276	0.352	0.600	0.800	1.000	0.432	0.440
	氧气	m^3	0.001	0.001	0.001	0.125	0.137	0.184	2.300
	乙炔气	kg	0.001	0.001	0.001	0.042	0.045	0.061	0.767
	氩气	m^3	0.772	0.986	1.600	2.200	2.600	1.208	1.220
	铈钨棒	g	1.544	1.974	3.200	4.300	5.000	2.416	2.420
	尼龙砂轮片 $\phi100 \times 16 \times 3$	片	0.576	0.734	1.194	1.552	2.084	2.175	4.296
	尼龙砂轮片 $\phi500 \times 25 \times 4$	片	0.104	0.127	0.180	0.247	0.290	0.425	0.637
	磨头	个	0.200	0.260	0.314	0.388	0.444	0.528	0.704
	电	kW·h	1.002	1.134	1.472	1.682	2.062	2.204	2.114
	破布	kg	0.021	0.021	0.021	0.021	0.021	0.043	0.043
	棉纱头	kg	0.021	0.043	0.043	0.064	0.064	0.079	0.107
	其他材料费	%	1.000	1.000	1.000	1.000	1.000	1.000	1.000
机械	电焊机（综合）	台班	—	—	—	—	—	0.866	1.222
	氩弧焊机 500A	台班	0.316	0.498	0.610	0.754	0.866	0.574	0.725
	砂轮切割机 ϕ500	台班	0.008	0.043	0.063	0.080	0.087	0.103	0.134
	电焊条烘干箱 $60 \times 50 \times 75$ (cm^3)	台班	—	—	—	—	—	0.086	0.122
	电焊条恒温箱	台班	—	—	—	—	—	0.086	0.122

计量单位:10 个

定额编号				8-2-432	8-2-433	8-2-434	8-2-435	8-2-436	8-2-437
项　目				公称直径（mm 以内）					
				80	100	125	150	200	250
名　称			单位	消耗量					
人工	合计工日		工日	5.688	6.767	8.625	9.617	13.849	18.342
人工	其中	普工	工日	1.422	1.692	2.156	2.404	3.462	4.586
人工	其中	一般技工	工日	3.128	3.722	4.744	5.290	7.617	10.088
人工	其中	高级技工	工日	1.138	1.353	1.725	1.923	2.770	3.668
材料	碳钢对焊管件		个	10.000	10.000	10.000	10.000	10.000	10.000
材料	低碳钢焊条 J427 ϕ3.2		kg	5.300	7.000	11.460	16.000	28.000	44.000
材料	碳钢焊丝		kg	0.460	0.620	0.700	0.860	1.200	1.520
材料	氧气		m^3	2.580	3.200	4.180	7.460	10.000	14.100
材料	乙炔气		kg	0.860	1.067	1.393	2.487	3.333	4.700
材料	氩气		m^3	1.300	1.740	2.000	2.400	3.400	4.200
材料	铈钨棒		g	2.600	3.480	4.000	4.800	6.800	8.400
材料	尼龙砂轮片 ϕ100×16×3		片	5.682	7.576	10.904	15.206	23.448	33.824
材料	尼龙砂轮片 ϕ500×25×4		片	0.858	1.152	1.500	—	—	—
材料	磨头		个	0.824	1.056	—	—	—	—
材料	电		kW·h	2.564	3.376	4.236	5.208	7.580	10.054
材料	角钢(综合)		kg	—	—	—	—	1.794	1.794
材料	破布		kg	0.064	0.064	0.086	0.107	0.150	0.193
材料	棉纱头		kg	0.128	0.150	0.180	0.223	0.300	0.364
材料	其他材料费		%	1.000	1.000	1.000	1.000	1.000	1.000
机械	电焊机（综合）		台班	1.438	2.136	2.500	3.285	5.093	6.833
机械	氩弧焊机 500A		台班	0.868	1.115	1.323	1.586	2.191	2.734
机械	砂轮切割机 ϕ500		台班	0.158	0.233	0.250	—	—	—
机械	半自动切割机 100mm		台班	—	—	—	0.742	1.079	1.344
机械	汽车式起重机 8t		台班	—	0.012	0.012	0.012	0.012	0.022
机械	载重汽车 8t		台班	—	0.012	0.012	0.012	0.012	0.022
机械	电焊条烘干箱 60×50×75（cm^3）		台班	0.144	0.214	0.250	0.328	0.509	0.684
机械	电焊条恒温箱		台班	0.144	0.214	0.250	0.328	0.509	0.684

计量单位：10 个

定额编号				8-2-438	8-2-439	8-2-440	8-2-441	8-2-442	8-2-443
项目				公称直径（mm 以内）					
				300	350	400	450	500	600
名称			单位	消耗量					
人工	合计工日		工日	22.970	26.509	32.132	38.906	43.081	56.006
	其中	普工	工日	5.743	6.627	8.033	9.726	10.770	14.002
		一般技工	工日	12.633	14.580	17.673	21.399	23.695	30.803
		高级技工	工日	4.594	5.302	6.426	7.781	8.616	11.201
材料	碳钢对焊管件		个	10.000	10.000	10.000	10.000	10.000	10.000
	低碳钢焊条 J427 ϕ3.2		kg	78.000	106.000	138.000	152.000	203.485	261.011
	碳钢焊丝		kg	1.800	2.120	2.600	3.000	3.908	5.054
	氧气		m^3	16.800	20.100	23.506	28.600	34.697	44.004
	乙炔气		kg	5.600	6.700	7.835	9.533	11.566	14.668
	氩气		m^3	5.060	6.000	6.960	7.600	10.943	14.151
	铈钨棒		g	10.200	11.800	13.900	15.200	21.886	28.302
	尼龙砂轮片 ϕ100×16×3		片	45.640	58.124	71.720	81.580	92.601	136.303
	电		kW·h	12.520	15.650	18.398	21.112	26.590	35.845
	角钢(综合)		kg	2.360	2.360	2.360	2.360	2.360	2.360
	破布		kg	0.214	0.257	0.278	0.317	0.361	0.397
	棉纱头		kg	0.428	0.492	0.552	0.629	0.717	0.789
	其他材料费		%	1.000	1.000	1.000	1.000	1.000	1.000
机械	电焊机（综合）		台班	8.766	12.134	15.766	19.892	22.014	29.280
	氩弧焊机 500A		台班	3.258	3.778	4.268	4.809	5.352	7.118
	半自动切割机 100mm		台班	1.624	1.895	2.191	2.581	2.769	3.683
	汽车式起重机 8t		台班	0.031	0.047	0.060	0.091	0.148	0.370
	载重汽车 8t		台班	0.031	0.047	0.060	0.091	0.148	0.370
	电焊条烘干箱 60×50×75（cm^3）		台班	0.877	1.213	1.576	1.989	2.202	2.928
	电焊条恒温箱		台班	0.877	1.213	1.576	1.989	2.202	2.928

3. 螺旋卷管件（电弧焊）

工作内容：准备工作，管子切口，坡口加工，坡口磨平，管口组对，焊接。　　**计量单位：**10 个

定额编号			8-2-444	8-2-445	8-2-446	8-2-447	8-2-448	8-2-449	8-2-450
项目			公称直径（mm 以内）						
			200	250	300	350	400	450	500
名称		单位	消耗量						
人工	合计工日	工日	7.623	9.799	12.080	14.421	16.266	18.585	20.561
	其中 普工	工日	1.906	2.449	3.020	3.605	4.066	4.646	5.140
	其中 一般技工	工日	4.192	5.390	6.644	7.932	8.947	10.222	11.309
	其中 高级技工	工日	1.525	1.960	2.416	2.884	3.253	3.717	4.112
材料	螺旋卷管件	个	10.000	10.000	10.000	10.000	10.000	10.000	10.000
	低碳钢焊条 J427 ϕ3.2	kg	19.993	25.023	25.200	37.664	42.622	68.658	76.086
	氧气	m^3	7.800	9.600	10.300	12.496	13.787	17.086	18.556
	乙炔气	kg	2.600	3.200	3.433	4.165	4.596	5.695	6.185
	尼龙砂轮片 $\phi100\times16\times3$	片	16.616	19.916	26.302	33.158	37.520	48.989	56.096
	电	kW·h	4.620	5.650	6.700	7.966	9.004	11.466	11.998
	角钢(综合)	kg	2.006	2.006	2.006	2.006	2.006	2.006	2.006
	破布	kg	0.128	0.164	0.182	0.218	0.236	0.269	0.307
	棉纱头	kg	0.255	0.309	0.364	0.418	0.469	0.535	0.609
	其他材料费	%	1.000	1.000	1.000	1.000	1.000	1.000	1.000
机械	电焊机（综合）	台班	3.900	4.420	5.200	6.529	7.389	10.660	10.920
	汽车式起重机 8t	台班	0.005	0.009	0.013	0.018	0.031	0.038	0.047
	载重汽车 8t	台班	0.005	0.009	0.013	0.018	0.031	0.038	0.047
	电焊条烘干箱 $60\times50\times75(cm^3)$	台班	0.390	0.442	0.520	0.653	0.739	1.066	1.092
	电焊条恒温箱	台班	0.390	0.442	0.520	0.653	0.739	1.066	1.092

计量单位：10 个

定额编号			8-2-451	8-2-452	8-2-453	8-2-454	8-2-455
项目			公称直径（mm 以内）				
			600	700	800	900	1000
名称		单位	消耗量				
人工	合计工日	工日	25.379	29.087	33.068	37.019	41.006
	其中 普工	工日	6.345	7.272	8.267	9.254	10.252
	其中 一般技工	工日	13.958	15.998	18.187	20.361	22.553
	其中 高级技工	工日	5.076	5.817	6.614	7.404	8.201
材料	螺旋卷管件	个	10.000	10.000	10.000	10.000	10.000
	低碳钢焊条 J427 ϕ3.2	kg	102.000	120.495	167.196	187.870	208.544
	氧气	m^3	21.844	24.729	31.000	36.000	42.000
	乙炔气	kg	7.281	8.243	10.333	12.000	14.000
	尼龙砂轮片 $\phi100\times16\times3$	片	70.394	80.018	95.668	110.518	121.374
	电	kW·h	15.848	18.624	22.050	25.120	27.804
	碳精棒	kg	1.010	1.154	1.314	1.474	1.639
	角钢(综合)	kg	2.207	2.207	2.207	2.207	2.207
	六角螺栓(综合)	10 套	0.481	0.481	0.481	0.481	0.481
	破布	kg	0.337	0.378	0.423	0.474	0.531
	棉纱头	kg	0.671	0.751	0.842	0.942	1.056
	其他材料费	%	1.000	1.000	1.000	1.000	1.000
机械	电焊机（综合）	台班	16.120	18.460	22.880	25.709	28.538
	汽车式起重机 8t	台班	0.068	0.090	0.117	0.185	0.229
	载重汽车 8t	台班	0.068	0.090	0.117	0.185	0.229
	电焊条烘干箱 $60\times50\times75(cm^3)$	台班	1.612	1.846	2.288	2.571	2.854
	电焊条恒温箱	台班	1.612	1.846	2.288	2.571	2.854

4. 螺旋卷管件（氩电联焊）

工作内容：准备工作，管子切口，坡口加工，坡口磨平，管口组对，焊接。 **计量单位**：10 个

定额编号				8-2-456	8-2-457	8-2-458	8-2-459	8-2-460	8-2-461	8-2-462
项目				公称直径（mm 以内）						
				200	250	300	350	400	450	500
名称			单位	消耗量						
人工	合计工日		工日	10.538	13.173	15.908	19.290	21.305	23.862	26.870
	其中	普工	工日	2.634	3.293	3.977	4.822	5.326	5.966	6.718
		一般技工	工日	5.796	7.245	8.749	10.610	11.718	13.124	14.778
		高级技工	工日	2.108	2.635	3.182	3.858	4.261	4.772	5.374
材料	螺旋卷管件		个	10.000	10.000	10.000	10.000	10.000	10.000	10.000
	低碳钢焊条 J427 ϕ3.2		kg	16.869	20.000	25.200	33.290	37.674	57.532	63.604
	碳钢氩弧焊丝		kg	1.296	1.600	1.926	2.244	2.548	2.882	3.142
	氧气		m^3	7.800	9.600	10.300	12.496	13.787	17.086	18.556
	乙炔气		kg	2.600	3.200	3.433	4.165	4.596	5.695	6.185
	氩气		m^3	3.628	4.460	5.360	6.284	7.134	8.070	8.798
	铈钨棒		g	7.256	8.920	10.720	12.568	14.268	16.140	17.596
	尼龙砂轮片 $\phi100\times16\times3$		片	16.316	19.596	26.102	32.896	37.226	48.485	55.560
	电		kW·h	6.360	7.710	9.100	10.950	12.386	15.290	16.434
	角钢(综合)		kg	2.169	2.169	2.169	2.169	2.169	2.169	2.169
	破布		kg	0.128	0.164	0.182	0.218	0.236	0.269	0.307
	棉纱头		kg	0.255	0.309	0.364	0.418	0.469	0.535	0.609
	其他材料费		%	1.000	1.000	1.000	1.000	1.000	1.000	1.000
机械	电焊机（综合）		台班	4.940	6.370	7.540	9.409	10.647	12.893	14.258
	氩弧焊机 500A		台班	2.478	3.042	3.640	4.290	4.872	5.509	6.240
	汽车式起重机 8t		台班	0.006	0.009	0.014	0.018	0.032	0.040	0.050
	载重汽车 8t		台班	0.006	0.009	0.014	0.018	0.032	0.040	0.050
	电焊条烘干箱 $60\times50\times75(cm^3)$		台班	0.494	0.637	0.754	0.941	1.065	1.289	1.426
	电焊条恒温箱		台班	0.494	0.637	0.754	0.941	1.065	1.289	1.426

5. 不锈钢管件（电弧焊）

工作内容：准备工作，管子切口，坡口加工，坡口磨平，管口组对，焊接，焊缝钝化。　　**计量单位**：10 个

定额编号				8-2-463	8-2-464	8-2-465	8-2-466	8-2-467	8-2-468	8-2-469
项目				公称直径（mm 以内）						
				15	20	25	32	40	50	65
名称			单位	消耗量						
人工	合计工日		工日	1.558	1.750	2.426	2.918	3.518	4.529	4.849
	其中	普工	工日	0.390	0.437	0.606	0.729	0.880	1.132	1.212
		一般技工	工日	0.857	0.963	1.335	1.605	1.934	2.491	2.667
		高级技工	工日	0.311	0.350	0.485	0.584	0.704	0.906	0.970
材料	不锈钢对焊管件		个	10.000	10.000	10.000	10.000	10.000	10.000	10.000
	不锈钢焊条(综合)		kg	0.356	0.438	0.648	0.802	1.228	1.800	3.200
	尼龙砂轮片 $\phi100\times16\times3$		片	0.730	0.896	1.346	1.670	2.340	3.362	5.956
	尼龙砂轮片 $\phi500\times25\times4$		片	0.111	0.133	0.256	0.296	0.362	0.403	0.718
	电		kW·h	1.384	1.496	1.862	2.056	2.496	3.056	3.968
	丙酮		kg	0.150	0.171	0.235	0.278	0.321	0.385	0.514
	酸洗膏		kg	0.103	0.126	0.168	0.208	0.258	0.322	0.441
	水		t	0.021	0.021	0.043	0.043	0.043	0.064	0.086
	破布		kg	0.021	0.021	0.021	0.021	0.021	0.043	0.043
	棉纱头		kg	0.021	0.043	0.043	0.064	0.064	0.079	0.107
	其他材料费		%	1.000	1.000	1.000	1.000	1.000	1.000	1.000
机械	电焊机（综合）		台班	0.368	0.454	0.614	0.760	0.997	1.338	1.907
	砂轮切割机 $\phi500$		台班	0.011	0.028	0.075	0.081	0.104	0.134	0.226
	电动空气压缩机 $6m^3/min$		台班	0.021	0.021	0.021	0.021	0.021	0.021	0.021
	电焊条烘干箱 $60\times50\times75(cm^3)$		台班	0.037	0.045	0.062	0.076	0.099	0.134	0.190
	电焊条恒温箱		台班	0.037	0.045	0.062	0.076	0.099	0.134	0.190

计量单位:10 个

定额编号				8-2-470	8-2-471	8-2-472	8-2-473	8-2-474
项目				公称直径（mm 以内）				
				80	100	125	150	200
名称			单位	消耗量				
人工	合计工日		工日	5.682	7.367	8.687	9.636	13.639
	其中	普工	工日	1.420	1.841	2.172	2.409	3.410
		一般技工	工日	3.125	4.052	4.778	5.300	7.501
		高级技工	工日	1.137	1.474	1.737	1.927	2.728
材料	不锈钢对焊管件		个	10.000	10.000	10.000	10.000	10.000
	不锈钢焊条(综合)		kg	4.144	6.200	8.200	11.782	36.620
	尼龙砂轮片 $\phi100\times16\times3$		片	9.690	11.946	14.068	23.116	53.806
	尼龙砂轮片 $\phi500\times25\times4$		片	0.884	1.329	—	—	—
	电		kW·h	3.100	4.340	4.864	6.514	13.126
	丙酮		kg	0.599	0.770	0.895	1.072	1.477
	酸洗膏		kg	0.516	0.661	1.017	1.365	1.778
	水		t	0.107	0.128	0.150	0.193	0.257
	破布		kg	0.064	0.064	0.086	0.107	0.150
	棉纱头		kg	0.128	0.150	0.180	0.223	0.300
	其他材料费		%	1.000	1.000	1.000	1.000	1.000
机械	电焊机（综合）		台班	2.245	3.272	3.831	4.785	7.099
	砂轮切割机 $\phi500$		台班	0.300	0.371	—	—	—
	等离子切割机 400A		台班	0.417	0.548	0.904	1.110	1.601
	汽车式起重机 8t		台班	—	0.011	0.011	0.011	0.011
	载重汽车 8t		台班	—	0.011	0.011	0.011	0.011
	电动空气压缩机 $1m^3/min$		台班	0.417	0.548	0.904	1.110	1.601
	电动空气压缩机 $6m^3/min$		台班	0.021	0.021	0.021	0.021	0.021
	电焊条烘干箱 $60\times50\times75(cm^3)$		台班	0.224	0.327	0.383	0.479	0.710
	电焊条恒温箱		台班	0.224	0.327	0.383	0.479	0.710

计量单位:10个

定额编号			8-2-475	8-2-476	8-2-477	8-2-478	8-2-479	8-2-480
项目			公称直径(mm以内)					
			250	300	350	400	450	500
名称		单位	消耗量					
人工	合计工日	工日	17.578	22.123	28.278	34.891	39.776	45.344
	其中 普工	工日	4.394	5.531	7.069	8.723	9.943	11.336
	其中 一般技工	工日	9.668	12.168	15.553	19.190	21.877	24.939
	其中 高级技工	工日	3.516	4.424	5.656	6.978	7.956	9.069
材料	不锈钢对焊管件	个	10.000	10.000	10.000	10.000	10.000	10.000
	不锈钢焊条(综合)	kg	41.640	55.620	83.404	114.340	153.764	170.164
	尼龙砂轮片 $\phi100\times16\times3$	片	9.383	71.148	91.776	115.768	144.310	160.356
	电	kW·h	10.892	16.410	20.556	24.898	30.068	33.298
	丙酮	kg	1.840	2.183	2.525	2.846	3.244	3.699
	酸洗膏	kg	2.684	3.195	3.500	4.339	5.424	6.780
	水	t	0.300	0.364	0.428	0.492	0.561	0.639
	破布	kg	0.193	0.214	0.257	0.278	0.317	0.361
	棉纱头	kg	0.364	0.428	0.492	0.552	0.629	0.717
	其他材料费	%	1.000	1.000	1.000	1.000	1.000	1.000
机械	电焊机(综合)	台班	9.111	12.907	17.168	22.651	26.728	31.539
	等离子切割机 400A	台班	2.092	2.638	3.189	3.799	4.483	5.290
	汽车式起重机 8t	台班	0.019	0.028	0.042	0.054	0.064	0.076
	载重汽车 8t	台班	0.019	0.028	0.042	0.054	0.064	0.076
	电动空气压缩机 $1m^3/min$	台班	2.092	2.638	3.189	3.799	4.483	5.290
	电动空气压缩机 $6m^3/min$	台班	0.021	0.021	0.021	0.021	0.021	0.021
	电焊条烘干箱 $60\times50\times75(cm^3)$	台班	0.911	1.291	1.717	2.265	2.673	3.154
	电焊条恒温箱	台班	0.911	1.291	1.717	2.265	2.673	3.154

6. 不锈钢管件（氩电联焊）

工作内容：准备工作，管子切口，坡口加工，坡口磨平，管口组对，焊接，焊缝钝化。 **计量单位**：10 个

定额编号				8-2-481	8-2-482	8-2-483	8-2-484	8-2-485	8-2-486	8-2-487
项目				公称直径（mm 以内）						
				50	65	80	100	125	150	200
名称			单位	消耗量						
人工	合计工日		工日	4.544	6.422	7.335	8.793	11.101	12.559	17.256
	其中	普工	工日	1.137	1.605	1.834	2.199	2.775	3.139	4.315
		一般技工	工日	2.499	3.532	4.034	4.836	6.106	6.908	9.490
		高级技工	工日	0.908	1.285	1.467	1.758	2.220	2.512	3.451
材料	不锈钢对焊管件		个	10.000	10.000	10.000	10.000	10.000	10.000	10.000
	不锈钢焊条(综合)		kg	1.445	2.923	3.439	6.283	7.357	10.875	21.556
	不锈钢焊丝 1Cr18Ni9Ti		kg	0.449	0.559	0.706	0.912	1.156	1.385	1.962
	氩气		m^3	1.168	1.564	1.977	2.553	3.236	3.878	5.496
	铈钨棒		g	1.965	2.444	2.910	3.762	4.460	5.333	7.370
	尼龙砂轮片 $\phi100\times16\times3$		片	1.053	1.584	1.877	2.690	3.174	4.297	7.379
	尼龙砂轮片 $\phi500\times25\times4$		片	0.403	0.718	0.884	1.329	—	—	—
	电		kW·h	1.088	1.551	1.771	2.531	3.004	3.559	5.104
	丙酮		kg	0.385	0.514	0.599	0.770	0.895	1.072	1.477
	酸洗膏		kg	0.322	0.441	0.516	0.661	1.017	1.365	1.778
	水		t	0.064	0.086	0.107	0.128	0.150	0.193	0.257
	破布		kg	0.043	0.043	0.064	0.064	0.086	0.107	0.150
	棉纱头		kg	0.079	0.107	0.128	0.150	0.180	0.223	0.300
	其他材料费		%	1.000	1.000	1.000	1.000	1.000	1.000	1.000
机械	电焊机（综合）		台班	0.892	1.462	1.719	2.553	2.988	3.929	6.093
	氩弧焊机 500A		台班	0.820	1.023	1.196	1.569	1.868	2.166	2.945
	砂轮切割机 $\phi500$		台班	0.134	0.226	0.300	0.371	—	—	—
	普通车床 630×2000		台班	0.238	0.422	0.424	0.434	0.439	0.458	0.520
	电动葫芦(单速)3t		台班	0.238	0.422	0.424	0.434	0.439	0.458	0.520
	电动空气压缩机 $6m^3/min$		台班	0.021	0.021	0.021	0.021	0.021	0.021	0.021
	电焊条烘干箱 $60\times50\times75(cm^3)$		台班	0.089	0.146	0.172	0.255	0.299	0.393	0.609
	电焊条恒温箱		台班	0.089	0.146	0.172	0.255	0.299	0.393	0.609
	等离子切割机 400A		台班	—	—	—	—	0.266	0.326	0.471
	汽车式起重机 8t		台班	—	—	—	0.011	0.011	0.011	0.011
	载重汽车 8t		台班	—	—	—	0.011	0.011	0.011	0.011
	电动空气压缩机 $1m^3/min$		台班	—	—	—	—	0.266	0.326	0.471

计量单位:10 个

定额编号			8-2-488	8-2-489	8-2-490	8-2-491	8-2-492	8-2-493
项目			公称直径（mm 以内）					
			250	300	350	400	450	500
名称		单位	消耗量					
人工	合计工日	工日	21.032	25.216	31.312	37.892	47.365	59.206
	其中 普工	工日	5.259	6.304	7.828	9.474	11.841	14.802
	其中 一般技工	工日	11.567	13.869	17.221	20.840	26.051	32.563
	其中 高级技工	工日	4.206	5.043	6.263	7.578	9.473	11.841
材料	不锈钢对焊管件	个	10.000	10.000	10.000	10.000	10.000	10.000
	不锈钢焊条(综合)	kg	36.453	56.443	88.091	124.274	171.498	236.667
	不锈钢焊丝 1Cr18Ni9Ti	kg	2.452	2.996	3.478	4.359	5.449	6.811
	氩气	m^3	6.865	8.389	9.737	12.207	15.259	19.073
	铈钨棒	g	9.202	10.953	12.703	14.347	17.934	22.417
	尼龙砂轮片 $\phi100\times16\times3$	片	8.237	10.908	14.255	19.005	25.277	33.618
	电	kW·h	6.930	8.416	9.929	12.465	15.581	19.477
	丙酮	kg	1.840	2.183	2.525	2.846	3.131	3.444
	酸洗膏	kg	2.684	3.195	3.500	4.339	5.424	6.780
	水	t	0.300	0.364	0.428	0.492	0.561	0.639
	破布	kg	0.193	0.214	0.257	0.278	0.317	0.361
	棉纱头	kg	0.364	0.428	0.492	0.552	0.629	0.717
	其他材料费	%	1.000	1.000	1.000	1.000	1.000	1.000
机械	电焊机（综合）	台班	8.171	12.623	15.582	20.995	27.293	35.480
	氩弧焊机 500A	台班	3.767	4.413	5.072	5.404	6.377	7.525
	等离子切割机 400A	台班	0.615	0.776	1.117	1.758	2.075	2.448
	普通车床 630×2000	台班	0.618	0.762	0.959	1.211	1.430	1.687
	汽车式起重机 8t	台班	0.019	0.028	0.042	0.054	0.064	0.076
	载重汽车 8t	台班	0.019	0.028	0.042	0.054	0.064	0.076
	电动葫芦(单速)3t	台班	0.618	0.762	0.959	1.211	1.430	1.687
	电动空气压缩机 $1m^3/min$	台班	0.615	0.776	0.937	1.117	1.318	1.555
	电动空气压缩机 $6m^3/min$	台班	0.021	0.021	0.021	0.021	0.021	0.021
	电焊条烘干箱 60×50×75(cm^3)	台班	0.817	1.262	1.558	2.100	2.729	3.548
	电焊条恒温箱	台班	0.817	1.262	1.558	2.100	2.729	3.548

7. 不锈钢管件（氩弧焊）

工作内容：准备工作，管子切口，坡口加工，坡口磨平，管口组对，焊接，焊缝钝化。　　**计量单位**：10 个

定额编号				8-2-494	8-2-495	8-2-496	8-2-497	8-2-498	8-2-499
项目				公称直径（mm 以内）					
				15	20	25	32	40	50
名称			单位	消耗量					
人工	合计工日		工日	1.593	1.772	2.589	3.064	3.658	4.591
人工	其中	普工	工日	0.397	0.443	0.647	0.766	0.915	1.148
人工	其中	一般技工	工日	0.877	0.975	1.424	1.685	2.011	2.525
人工	其中	高级技工	工日	0.319	0.354	0.518	0.613	0.732	0.918
材料	不锈钢对焊管件		个	10.000	10.000	10.000	10.000	10.000	10.000
材料	不锈钢焊丝 1Cr18Ni9Ti		kg	0.201	0.248	0.370	0.460	0.713	1.141
材料	氩气		m^3	0.563	0.696	1.038	1.288	1.997	3.195
材料	铈钨棒		g	1.066	1.318	1.930	2.397	3.681	6.018
材料	尼龙砂轮片 $\phi100\times16\times3$		片	0.340	0.417	0.533	0.661	0.785	0.982
材料	尼龙砂轮片 $\phi500\times25\times4$		片	0.111	0.133	0.256	0.296	0.362	0.403
材料	电		kW·h	0.409	0.463	0.678	0.829	1.012	1.308
材料	丙酮		kg	0.150	0.171	0.257	0.278	0.321	0.385
材料	酸洗膏		kg	0.103	0.126	0.168	0.208	0.258	0.322
材料	水		t	0.021	0.021	0.043	0.043	0.043	0.064
材料	破布		kg	0.021	0.021	0.021	0.021	0.021	0.043
材料	棉纱头		kg	0.021	0.043	0.043	0.064	0.064	0.079
材料	其他材料费		%	1.000	1.000	1.000	1.000	1.000	1.000
机械	氩弧焊机 500A		台班	0.409	0.492	0.659	0.813	1.085	1.541
机械	砂轮切割机 $\phi500$		台班	0.011	0.028	0.075	0.081	0.104	0.134
机械	普通车床 630×2000		台班	0.150	0.154	0.167	0.173	0.197	0.238
机械	电动葫芦（单速）3t		台班	—	—	—	—	—	0.238
机械	电动空气压缩机 $6m^3/min$		台班	0.021	0.021	0.021	0.021	0.021	0.021

计量单位:10 个

定额编号				8-2-500	8-2-501	8-2-502	8-2-503	8-2-504	8-2-505
项目				公称直径（mm 以内）					
				65	80	100	125	150	200
名称			单位	消耗量					
人工	合计工日		工日	6.655	7.590	10.612	11.827	14.167	21.779
	其中	普工	工日	1.664	1.898	2.653	2.957	3.542	5.445
		一般技工	工日	3.660	4.174	5.837	6.505	7.791	11.978
		高级技工	工日	1.331	1.518	2.122	2.365	2.834	4.356
材料	不锈钢对焊管件		个	10.000	10.000	10.000	10.000	10.000	10.000
	不锈钢焊丝 1Cr18Ni9Ti		kg	2.125	2.544	4.248	5.053	7.130	13.324
	氩气		m^3	5.951	7.126	11.894	14.145	19.966	37.307
	铈钨棒		g	11.218	13.208	22.444	26.279	37.510	70.992
	尼龙砂轮片 $\phi100\times16\times3$		片	1.560	1.849	2.651	3.127	4.235	7.272
	尼龙砂轮片 $\phi500\times25\times4$		片	0.718	0.884	1.329	—	—	—
	电		kW·h	1.884	2.164	3.279	3.887	4.857	8.001
	丙酮		kg	0.514	0.599	0.770	0.895	1.072	1.477
	酸洗膏		kg	0.441	0.516	0.661	1.017	1.365	1.778
	水		t	0.086	0.107	0.128	0.150	0.193	0.257
	破布		kg	0.043	0.064	0.064	0.086	0.107	0.150
	棉纱头		kg	0.107	0.128	0.150	0.180	0.223	0.300
	其他材料费		%	1.000	1.000	1.000	1.000	1.000	1.000
机械	氩弧焊机 500A		台班	2.401	2.808	4.460	5.237	7.028	12.524
	砂轮切割机 $\phi500$		台班	0.226	0.300	0.371	—	—	—
	等离子切割机 400A		台班	—	—	—	0.266	0.326	0.471
	普通车床 630×2000		台班	0.422	0.424	0.434	0.439	0.458	0.520
	汽车式起重机 8t		台班	—	—	0.011	0.011	0.011	0.011
	载重汽车 8t		台班	—	—	0.011	0.011	0.011	0.011
	电动葫芦(单速)3t		台班	0.422	0.424	0.434	0.439	0.458	0.520
	电动空气压缩机 $1m^3/min$		台班	—	—	—	0.266	0.326	0.471
	电动空气压缩机 $6m^3/min$		台班	0.021	0.021	0.021	0.021	0.021	0.021

8. 合金钢管件（电弧焊）

工作内容：准备工作，管子切口，坡口加工，管口组对，焊接。 计量单位：10 个

定额编号				8-2-506	8-2-507	8-2-508	8-2-509	8-2-510	8-2-511
项　目				公称直径（mm 以内）					
				15	20	25	32	40	50
名　称			单位	消耗量					
人工	合计工日		工日	1.488	1.815	2.406	2.839	3.293	4.126
	其中	普工	工日	0.372	0.454	0.602	0.710	0.823	1.032
		一般技工	工日	0.818	0.998	1.323	1.561	1.811	2.269
		高级技工	工日	0.298	0.363	0.481	0.568	0.659	0.825
材料	合金钢对焊管件		个	10.000	10.000	10.000	10.000	10.000	10.000
	合金钢焊条		kg	0.434	0.861	1.055	1.307	1.499	2.579
	氧气		m^3	0.066	0.080	0.094	0.111	0.151	0.172
	乙炔气		kg	0.021	0.026	0.031	0.038	0.050	0.057
	尼龙砂轮片 $\phi100\times16\times3$		片	0.283	0.366	0.446	0.555	0.637	0.857
	尼龙砂轮片 $\phi500\times25\times4$		片	0.090	0.151	0.189	0.240	0.280	0.426
	磨头		个	0.274	0.307	0.371	0.434	0.524	0.623
	电		kW·h	0.419	0.632	0.727	0.876	1.030	1.274
	丙酮		kg	0.165	0.189	0.260	0.307	0.472	0.519
	破布		kg	0.021	0.021	0.021	0.021	0.021	0.043
	棉纱头		kg	0.021	0.043	0.043	0.064	0.064	0.079
	其他材料费		%	1.000	1.000	1.000	1.000	1.000	1.000
机械	电焊机（综合）		台班	0.335	0.567	0.691	0.859	0.983	1.337
	砂轮切割机 $\phi500$		台班	0.008	0.043	0.063	0.080	0.087	0.103
	普通车床 630×2000		台班	0.156	0.177	0.184	0.196	0.203	0.278
	电动葫芦（单速）3t		台班	—	—	—	—	—	0.278
	电焊条烘干箱 $60\times50\times75(cm^3)$		台班	0.033	0.056	0.069	0.086	0.098	0.134
	电焊条恒温箱		台班	0.033	0.056	0.069	0.086	0.098	0.134

计量单位:10 个

定额编号				8-2-512	8-2-513	8-2-514	8-2-515	8-2-516	8-2-517
项目				公称直径（mm 以内）					
				65	80	100	125	150	200
名称			单位	消耗量					
人工	合计工日		工日	5.506	6.427	9.048	9.906	10.648	14.433
	其中	普工	工日	1.377	1.607	2.261	2.477	2.661	3.608
		一般技工	工日	3.028	3.535	4.977	5.448	5.857	7.938
		高级技工	工日	1.101	1.285	1.810	1.981	2.130	2.887
材料	合金钢对焊管件		个	10.000	10.000	10.000	10.000	10.000	10.000
	合金钢焊条		kg	4.293	5.055	8.595	10.065	14.363	27.178
	氧气		m^3	0.286	0.321	0.432	0.484	2.688	4.197
	乙炔气		kg	0.094	0.106	0.144	0.160	0.896	1.399
	尼龙砂轮片 $\phi100\times16\times3$		片	1.256	1.487	2.126	2.758	3.389	5.808
	尼龙砂轮片 $\phi500\times25\times4$		片	0.654	0.778	1.077	1.270	—	—
	磨头		个	0.831	0.972	1.246	—	—	—
	电		kW·h	1.671	1.992	2.883	3.221	3.702	5.199
	丙酮		kg	0.590	0.732	0.873	1.015	1.227	1.676
	破布		kg	0.043	0.064	0.064	0.086	0.107	0.150
	棉纱头		kg	0.107	0.128	0.150	0.180	0.223	0.300
	其他材料费		%	1.000	1.000	1.000	1.000	1.000	1.000
机械	电焊机（综合）		台班	1.842	2.167	2.995	3.507	4.450	6.586
	砂轮切割机 $\phi500$		台班	0.134	0.158	0.233	0.250	—	—
	半自动切割机 100mm		台班	—	—	—	—	0.220	0.337
	普通车床 630×2000		台班	0.433	0.435	0.445	0.450	0.469	0.533
	汽车式起重机 8t		台班	—	—	0.012	0.012	0.012	0.012
	载重汽车 8t		台班	—	—	0.012	0.012	0.012	0.012
	电动葫芦(单速)3t		台班	0.433	0.435	0.445	0.450	0.469	0.533
	电焊条烘干箱 60×50×75(cm^3)		台班	0.185	0.217	0.300	0.350	0.445	0.659
	电焊条恒温箱		台班	0.185	0.217	0.300	0.350	0.445	0.659

计量单位:10 个

定额编号			8-2-518	8-2-519	8-2-520	8-2-521	8-2-522	8-2-523	8-2-524
项目			公称直径（mm 以内）						
			250	300	350	400	450	500	600
名称		单位	消耗量						
人工	合计工日	工日	18.805	22.361	26.986	32.063	39.431	43.621	56.707
	其中 普工	工日	4.701	5.590	6.747	8.015	9.858	10.906	14.177
	其中 一般技工	工日	10.343	12.299	14.842	17.635	21.687	23.991	31.189
	其中 高级技工	工日	3.761	4.472	5.397	6.413	7.886	8.724	11.341
材料	合金钢对焊管件	个	10.000	10.000	10.000	10.000	10.000	10.000	10.000
	合金钢焊条	kg	44.651	67.824	101.699	139.426	187.497	207.494	352.740
	氧气	m^3	5.861	7.594	8.962	11.217	12.674	13.968	18.857
	乙炔气	kg	1.960	2.530	2.988	3.739	4.224	4.656	5.820
	尼龙砂轮片 $\phi100\times16\times3$	片	8.102	10.721	14.009	18.675	22.649	25.186	37.779
	电	kW·h	6.820	8.209	10.228	12.401	15.293	16.920	22.504
	丙酮	kg	2.100	2.478	2.879	3.257	3.682	4.059	5.074
	破布	kg	0.193	0.214	0.257	0.278	0.317	0.361	0.397
	棉纱头	kg	0.364	0.428	0.492	0.552	0.629	0.717	0.789
	其他材料费	%	1.000	1.000	1.000	1.000	1.000	1.000	1.000
机械	电焊机（综合）	台班	8.584	10.806	14.727	18.962	23.758	26.292	34.179
	半自动切割机 100mm	台班	0.383	0.440	0.478	0.545	0.687	0.755	1.003
	普通车床 630×2000	台班	0.634	0.780	0.983	1.242	1.584	1.708	2.272
	汽车式起重机 8t	台班	0.022	0.031	0.047	0.060	0.091	0.148	0.370
	载重汽车 8t	台班	0.022	0.031	0.047	0.060	0.091	0.148	0.370
	电动单梁起重机 5t	台班	—	—	—	—	1.584	1.708	2.272
	电动葫芦(单速)3t	台班	0.634	0.780	0.983	1.242	—	—	—
	电焊条烘干箱 60×50×75(cm^3)	台班	0.859	1.081	1.473	1.896	2.376	2.629	3.418
	电焊条恒温箱	台班	0.859	1.081	1.473	1.896	2.376	2.629	3.418

9. 合金钢管件（氩电联焊）

工作内容：准备工作，管子切口，坡口加工，管口组对，焊接。　　　　**计量单位：**10 个

定额编号				8-2-525	8-2-526	8-2-527	8-2-528	8-2-529	8-2-530	8-2-531
项目				公称直径（mm 以内）						
				15	20	25	32	40	50	65
名称			单位	消耗量						
人工	合计工日		工日	1.492	1.857	2.447	2.880	3.335	4.179	5.766
	其中	普工	工日	0.374	0.465	0.612	0.720	0.834	1.045	1.442
		一般技工	工日	0.820	1.021	1.346	1.584	1.834	2.298	3.171
		高级技工	工日	0.298	0.371	0.489	0.576	0.667	0.836	1.153
材料	合金钢对焊管件		个	10.000	10.000	10.000	10.000	10.000	10.000	10.000
	合金钢焊条		kg	—	—	—	—	—	1.836	3.134
	合金钢焊丝		kg	0.212	0.422	0.517	0.640	0.734	0.385	0.486
	氧气		m^3	0.661	0.054	0.094	0.111	0.151	0.172	0.286
	乙炔气		kg	0.021	0.026	0.031	0.038	0.050	0.057	0.094
	氩气		m^3	0.595	1.182	1.447	1.791	2.056	1.076	1.362
	铈钨棒		g	1.189	2.365	2.893	3.582	4.111	2.152	2.723
	尼龙砂轮片 $\phi100\times16\times3$		片	0.165	0.189	0.257	0.444	0.555	0.885	1.230
	尼龙砂轮片 $\phi500\times25\times4$		片	0.090	0.118	0.189	0.240	0.280	0.426	0.654
	磨头		个	0.274	0.307	0.371	0.434	0.524	0.623	0.831
	电		kW·h	0.419	0.531	0.704	0.840	0.995	1.084	1.422
	丙酮		kg	0.165	0.198	0.260	0.307	0.472	0.519	0.590
	破布		kg	0.021	0.021	0.021	0.021	0.021	0.043	0.043
	棉纱头		kg	0.021	0.043	0.043	0.064	0.064	0.079	0.107
	其他材料费		%	1.000	1.000	1.000	1.000	1.000	1.000	1.000
机械	电焊机（综合）		台班	—	—	—	—	—	0.952	1.344
	氩弧焊机 500A		台班	0.333	0.522	0.641	0.792	0.909	0.600	0.758
	砂轮切割机 $\phi500$		台班	0.008	0.018	0.063	0.080	0.087	0.103	0.134
	普通车床 630×2000		台班	0.156	0.177	0.184	0.196	0.203	0.278	0.433
	电动葫芦（单速）3t		台班	—	—	—	—	—	0.278	0.433
	电焊条烘干箱 $60\times50\times75(cm^3)$		台班	—	—	—	—	—	0.095	0.134
	电焊条恒温箱		台班	—	—	—	—	—	0.095	0.134

计量单位:10 个

定额编号				8-2-532	8-2-533	8-2-534	8-2-535	8-2-536	8-2-537	8-2-538
项目				公称直径(mm 以内)						
				80	100	125	150	200	250	300
名称			单位	消耗量						
人工	合计工日		工日	6.749	9.568	10.531	11.493	15.739	20.593	24.600
	其中	普工	工日	1.687	2.391	2.633	2.873	3.935	5.148	6.150
		一般技工	工日	3.712	5.263	5.792	6.321	8.656	11.326	13.530
		高级技工	工日	1.350	1.914	2.106	2.299	3.148	4.119	4.920
材料	合金钢对焊管件		个	10.000	10.000	10.000	10.000	10.000	10.000	10.000
	合金钢焊条		kg	3.686	6.740	7.892	11.661	23.116	39.089	60.529
	合金钢焊丝		kg	0.583	0.748	0.887	1.064	1.470	1.834	2.185
	氧气		m^3	0.321	0.432	0.484	2.688	4.197	5.861	7.594
	乙炔气		kg	0.106	0.144	0.160	0.896	1.399	1.960	2.530
	氩气		m^3	1.633	2.096	2.485	2.981	4.116	5.135	6.119
	铈钨棒		g	3.266	4.191	4.970	5.961	8.232	10.271	12.239
	尼龙砂轮片 $\phi100\times16\times3$		片	1.454	2.079	2.697	3.316	5.683	7.925	10.490
	尼龙砂轮片 $\phi500\times25\times4$		片	0.778	1.077	1.270	—	—	—	—
	磨头		个	0.972	1.246	—	—	—	—	—
	电		kW·h	1.701	2.562	2.847	3.287	4.706	6.285	8.209
	丙酮		kg	0.732	0.873	1.015	1.227	1.676	2.100	2.478
	破布		kg	0.064	0.064	0.086	0.107	0.150	0.193	0.214
	棉纱头		kg	0.128	0.150	0.180	0.223	0.300	0.364	0.428
	其他材料费		%	1.000	1.000	1.000	1.000	1.000	1.000	1.000
机械	电焊机(综合)		台班	1.581	2.349	2.751	3.612	5.603	7.517	9.641
	氩弧焊机 500A		台班	0.909	1.167	1.385	1.660	2.294	2.859	3.409
	砂轮切割机 $\phi500$		台班	0.158	0.233	0.250	—	—	—	—
	半自动切割机 100mm		台班	—	—	—	0.220	0.337	0.383	0.440
	普通车床 630×2000		台班	0.435	0.445	0.450	0.469	0.533	0.634	0.780
	汽车式起重机 8t		台班	—	0.012	0.012	0.012	0.012	0.022	0.031
	载重汽车 8t		台班	—	0.012	0.012	0.012	0.012	0.022	0.031
	电动葫芦(单速)3t		台班	0.435	0.445	0.450	0.469	0.533	0.634	0.780
	电焊条烘干箱 60×50×75(cm^3)		台班	0.158	0.235	0.275	0.361	0.560	0.752	0.964
	电焊条恒温箱		台班	0.158	0.235	0.275	0.361	0.560	0.752	0.964

计量单位:10 个

定额编号				8-2-539	8-2-540	8-2-541	8-2-542	8-2-543
项　目				公称直径（mm 以内）				
				350	400	450	500	600
名　称			单位	消　耗　量				
人工	合计工日		工日	29.551	34.901	42.579	47.134	61.273
	其中	普工	工日	7.388	8.726	10.644	11.783	15.318
		一般技工	工日	16.253	19.195	23.419	25.924	33.700
		高级技工	工日	5.910	6.980	8.516	9.427	12.255
材料	合金钢对焊管件		个	10.000	10.000	10.000	10.000	10.000
	合金钢焊条		kg	92.167	131.067	172.688	191.106	324.880
	合金钢焊丝		kg	2.535	2.863	3.226	3.590	6.103
	氧气		m^3	8.962	11.217	12.674	13.968	18.857
	乙炔气		kg	2.988	3.739	4.224	4.656	5.820
	氩气		m^3	7.097	8.015	9.034	10.051	12.563
	铈钨棒		g	14.193	16.029	18.068	20.102	25.128
	尼龙砂轮片 $\phi100\times16\times3$		片	13.707	19.451	22.158	24.641	36.962
	电		kW·h	10.228	12.401	15.293	16.920	22.504
	丙酮		kg	2.879	3.257	3.682	4.059	5.074
	破布		kg	0.257	0.278	0.317	0.361	0.397
	棉纱头		kg	0.492	0.552	0.629	0.717	0.789
	其他材料费		%	1.000	1.000	1.000	1.000	1.000
机械	电焊机（综合）		台班	13.347	17.342	21.883	24.215	32.207
	氩弧焊机 500A		台班	3.952	4.464	5.031	5.598	7.445
	半自动切割机 100mm		台班	0.478	0.545	0.687	0.755	1.003
	普通车床 630×2000		台班	0.983	1.242	1.584	1.708	2.272
	汽车式起重机 8t		台班	0.047	0.060	0.091	0.148	0.370
	载重汽车 8t		台班	0.047	0.060	0.091	0.148	0.370
	电动单梁起重机 5t		台班	—	—	1.584	1.708	2.272
	电动葫芦(单速)3t		台班	0.983	1.242	—	—	—
	电焊条烘干箱 60×50×75(cm^3)		台班	1.335	1.734	2.188	2.421	3.221
	电焊条恒温箱		台班	1.335	1.734	2.188	2.421	3.221

10. 合金钢管件(氩弧焊)

工作内容:准备工作,管子切口,坡口加工,管口组对,焊接。 **计量单位**:10 个

定额编号				8-2-544	8-2-545	8-2-546	8-2-547	8-2-548	8-2-549	8-2-550
项目				公称直径(mm 以内)						
				15	20	25	32	40	50	65
	名称		单位	消耗量						
人工	合计工日		工日	1.530	2.180	2.456	2.906	3.367	4.341	5.828
人工	其中	普工	工日	0.383	0.545	0.614	0.727	0.842	1.085	1.457
人工	其中	一般技工	工日	0.841	1.199	1.351	1.598	1.852	2.388	3.205
人工	其中	高级技工	工日	0.306	0.436	0.491	0.581	0.673	0.868	1.166
材料	合金钢对焊管件		个	10.000	10.000	10.000	10.000	10.000	10.000	10.000
材料	合金钢焊丝		kg	0.212	0.422	0.517	0.640	0.734	1.345	2.237
材料	氧气		m^3	0.066	0.078	0.094	0.111	0.151	0.172	0.286
材料	乙炔气		kg	0.021	0.022	0.031	0.038	0.050	0.057	0.094
材料	氩气		m^3	0.595	1.182	1.447	1.791	2.056	3.767	6.263
材料	铈钨棒		g	1.189	2.365	2.893	3.582	4.111	7.533	12.527
材料	尼龙砂轮片 $\phi100\times16\times3$		片	0.274	0.387	0.432	0.536	0.616	0.826	1.211
材料	尼龙砂轮片 $\phi500\times25\times4$		片	0.090	0.118	0.189	0.240	0.280	0.426	0.654
材料	磨头		个	0.274	0.307	0.371	0.434	0.524	0.623	0.831
材料	电		kW·h	0.419	0.531	0.704	0.840	0.995	1.297	1.832
材料	丙酮		kg	0.165	0.189	0.260	0.307	0.472	0.517	0.590
材料	破布		kg	0.021	0.021	0.021	0.021	0.021	0.043	0.043
材料	棉纱头		kg	0.021	0.043	0.043	0.064	0.064	0.079	0.107
材料	其他材料费		%	1.000	1.000	1.000	1.000	1.000	1.000	1.000
机械	氩弧焊机 500A		台班	0.333	0.522	0.641	0.792	0.909	1.390	2.165
机械	砂轮切割机 $\phi500$		台班	0.008	0.018	0.063	0.080	0.087	0.103	0.134
机械	普通车床 630×2000		台班	0.156	0.177	0.184	0.196	0.203	0.278	0.433
机械	电动葫芦(单速)3t		台班	—	—	—	—	—	0.278	0.433

计量单位:10 个

定额编号			8-2-551	8-2-552	8-2-553	8-2-554	8-2-555
项目			公称直径（mm 以内）				
			80	100	125	150	200
名称		单位	消耗量				
人工	合计工日	工日	6.809	10.126	11.153	12.682	14.457
	其中 普工	工日	1.702	2.532	2.788	3.171	3.615
	其中 一般技工	工日	3.745	5.569	6.134	6.975	7.951
	其中 高级技工	工日	1.362	2.025	2.231	2.536	2.891
材料	合金钢对焊管件	个	10.000	10.000	10.000	10.000	10.000
	合金钢焊丝	kg	2.634	4.444	5.186	7.351	8.673
	氧气	m^3	0.321	0.432	0.484	2.688	3.064
	乙炔气	kg	0.106	0.144	0.160	0.896	1.021
	氩气	m^3	7.375	12.443	14.523	20.582	23.463
	铈钨棒	g	14.750	24.885	29.046	41.163	46.926
	尼龙砂轮片 $\phi100\times16\times3$	片	1.433	2.006	2.549	3.093	3.526
	尼龙砂轮片 $\phi500\times25\times4$	片	0.778	1.077	1.270	—	—
	磨头	个	0.972	1.246	—	—	—
	电	kW·h	2.182	3.420	3.842	4.706	5.553
	丙酮	kg	0.732	0.873	1.015	1.227	1.399
	破布	kg	0.064	0.064	0.086	0.107	0.150
	棉纱头	kg	0.128	0.150	0.180	0.223	0.300
	其他材料费	%	1.000	1.000	1.000	1.000	1.000
机械	氩弧焊机 500A	台班	2.550	4.075	4.757	6.464	7.628
	砂轮切割机 $\phi500$	台班	0.158	0.233	0.250	—	—
	半自动切割机 100mm	台班	—	—	—	0.220	0.260
	普通车床 630×2000	台班	0.435	0.445	0.450	0.469	0.554
	汽车式起重机 8t	台班	—	0.012	0.012	0.012	0.014
	载重汽车 8t	台班	—	0.012	0.012	0.012	0.014
	电动葫芦（单速）3t	台班	0.435	0.445	0.450	0.469	0.554

11. 铜及铜合金管件（氧乙炔焊）

工作内容：准备工作，管子切口，坡口加工，坡口磨平，管口组对，焊前预热，焊接。　　**计量单位**：10个

定额编号			8-2-556	8-2-557	8-2-558	8-2-559	8-2-560	8-2-561	8-2-562
项目			管外径（mm以内）						
			20	30	40	50	65	75	85
名称		单位	消耗量						
人工	合计工日	工日	2.329	3.569	4.459	4.911	5.944	6.298	7.432
人工	其中 普工	工日	0.582	0.892	1.115	1.228	1.486	1.574	1.859
人工	其中 一般技工	工日	1.281	1.963	2.452	2.701	3.269	3.464	4.087
人工	其中 高级技工	工日	0.466	0.714	0.892	0.982	1.189	1.260	1.486
材料	中压铜及铜合金管件	个	10.000	10.000	10.000	10.000	10.000	10.000	10.000
材料	铜气焊丝	kg	0.220	0.420	0.580	0.980	1.280	1.500	2.160
材料	氧气	m^3	1.330	1.964	2.913	3.650	4.463	5.391	6.216
材料	乙炔气	kg	0.512	0.755	1.120	1.404	1.717	2.073	2.391
材料	尼龙砂轮片 $\phi100\times16\times3$	片	0.200	0.300	0.309	0.391	0.515	0.606	1.638
材料	尼龙砂轮片 $\phi500\times25\times4$	片	0.093	0.135	0.249	0.325	0.368	0.414	—
材料	硼砂	kg	0.044	0.089	0.121	0.146	0.311	0.378	0.424
材料	铁砂布	张	0.269	0.336	0.403	0.470	0.650	0.762	0.900
材料	电	kW·h	0.151	0.901	1.029	1.132	1.268	1.356	1.356
材料	棉纱头	kg	0.022	0.045	0.067	0.067	0.090	0.112	0.134
材料	其他材料费	%	1.000	1.000	1.000	1.000	1.000	1.000	1.000
机械	砂轮切割机 $\phi500$	台班	0.009	0.044	0.079	0.107	0.142	0.156	—
机械	等离子切割机 400A	台班	—	—	—	—	—	—	1.215
机械	电动空气压缩机 $1m^3/min$	台班	—	—	—	—	—	—	1.215

计量单位：10个

定额编号			8-2-563	8-2-564	8-2-565	8-2-566	8-2-567	8-2-568	8-2-569
项目			管外径（mm以内）						
			100	120	150	185	200	250	300
名称		单位	消耗量						
人工	合计工日	工日	7.367	9.149	11.324	13.616	15.271	17.217	22.057
人工	其中 普工	工日	1.842	2.287	2.831	3.404	3.818	4.305	5.514
人工	其中 一般技工	工日	4.052	5.032	6.228	7.489	8.399	9.469	12.132
人工	其中 高级技工	工日	1.473	1.830	2.265	2.723	3.054	3.443	4.411
材料	中压铜及铜合金管件	个	10.000	10.000	10.000	10.000	10.000	10.000	10.000
材料	铜气焊丝	kg	2.450	3.500	4.380	5.420	9.160	11.500	13.820
材料	氧气	m^3	6.417	8.200	9.661	12.467	16.222	20.308	24.022
材料	乙炔气	kg	2.468	3.154	3.716	4.795	6.239	7.810	9.239
材料	尼龙砂轮片 $\phi100\times16\times3$	片	1.854	2.249	2.841	3.530	5.049	6.364	7.679
材料	硼砂	kg	0.650	0.784	0.986	1.210	2.061	2.576	3.091
材料	铁砂布	张	1.165	1.546	2.150	2.822	3.136	4.122	5.107
材料	电	kW·h	1.356	1.356	1.419	1.701	1.968	2.380	3.012
材料	棉纱头	kg	0.134	0.179	0.202	0.269	0.291	0.358	0.426
材料	其他材料费	%	1.000	1.000	1.000	1.000	1.000	1.000	1.000
机械	等离子切割机 400A	台班	1.412	1.694	2.119	2.614	2.972	3.713	4.457
机械	汽车式起重机 8t	台班	0.010	0.010	0.010	0.010	0.010	0.018	0.026
机械	载重汽车 8t	台班	0.010	0.010	0.010	0.010	0.010	0.018	0.026
机械	电动空气压缩机 $1m^3/min$	台班	1.412	1.694	2.119	2.614	2.972	3.713	4.457

三、高 压 管 件

1. 碳钢管件（电弧焊）

工作内容：准备工作，管子切口，坡口加工，坡口磨平，管口组对，焊接。　　**计量单位**：10 个

定额编号				8-2-570	8-2-571	8-2-572	8-2-573	8-2-574	8-2-575	8-2-576
项目				公称直径（mm 以内）						
				15	20	25	32	40	50	65
名称			单位	消耗量						
人工	合计工日		工日	1.482	2.094	2.762	3.269	3.871	4.487	4.995
	其中	普工	工日	0.296	0.418	0.554	0.655	0.775	0.899	0.999
		一般技工	工日	0.593	0.838	1.104	1.307	1.548	1.794	1.998
		高级技工	工日	0.593	0.838	1.104	1.307	1.548	1.794	1.998
材料	碳钢对焊管件		个	10.000	10.000	10.000	10.000	10.000	10.000	10.000
	低碳钢焊条 J427 ϕ3.2		kg	0.800	1.652	2.758	3.996	4.644	7.210	12.390
	尼龙砂轮片 ϕ100×16×3		片	0.180	0.250	0.362	0.496	0.602	0.774	1.196
	尼龙砂轮片 ϕ500×25×4		片	0.121	0.196	0.301	0.427	0.512	0.750	1.145
	磨头		个	0.020	0.260	0.314	0.388	0.444	0.528	0.704
	电		kW·h	0.367	0.518	0.654	0.830	1.021	1.213	1.489
	丙酮		kg	0.216	0.230	0.242	0.260	0.292	0.350	0.474
	破布		kg	0.021	0.021	0.021	0.021	0.021	0.043	0.043
	棉纱头		kg	0.021	0.043	0.043	0.064	0.064	0.079	0.107
	其他材料费		%	1.000	1.000	1.000	1.000	1.000	1.000	1.000
机械	电焊机（综合）		台班	0.398	0.552	0.719	0.929	1.081	1.331	1.894
	砂轮切割机 ϕ500		台班	0.033	0.070	0.090	0.102	0.111	0.138	0.152
	普通车床 630×2000		台班	0.175	0.235	0.353	0.357	0.362	0.374	0.404
	电动葫芦（单速）3t		台班	—	—	0.353	0.357	0.362	0.374	0.404
	电焊条烘干箱 60×50×75（cm^3）		台班	0.040	0.055	0.072	0.093	0.108	0.133	0.190
	电焊条恒温箱		台班	0.040	0.055	0.072	0.093	0.108	0.133	0.190

计量单位:10 个

定额编号			8-2-577	8-2-578	8-2-579	8-2-580	8-2-581	8-2-582	8-2-583
项目			公称直径(mm 以内)						
			80	100	125	150	200	250	300
名称		单位	消耗量						
人工	合计工日	工日	5.866	9.606	13.197	17.151	26.229	37.359	52.626
人工	其中 普工	工日	1.172	1.922	2.639	3.429	5.245	7.471	10.526
人工	其中 一般技工	工日	2.347	3.842	5.279	6.861	10.492	14.944	21.050
人工	其中 高级技工	工日	2.347	3.842	5.279	6.861	10.492	14.944	21.050
材料	碳钢对焊管件	个	10.000	10.000	10.000	10.000	10.000	10.000	10.000
材料	低碳钢焊条 J427 φ3.2	kg	17.525	27.811	48.551	76.533	119.214	175.111	269.048
材料	氧气	m^3	—	3.024	3.653	5.339	7.508	10.252	11.699
材料	乙炔气	kg	—	1.008	1.218	1.780	2.503	3.417	3.891
材料	尼龙砂轮片 φ100×16×3	片	1.464	1.865	2.795	3.984	6.427	9.483	12.966
材料	尼龙砂轮片 φ500×25×4	片	1.546	—	—	—	—	—	—
材料	磨头	个	0.824	1.056	—	—	—	—	—
材料	电	kW·h	1.756	3.037	4.063	5.601	8.585	12.434	17.947
材料	丙酮	kg	0.558	0.716	0.838	1.000	1.380	1.720	2.040
材料	角钢(综合)	kg	—	—	—	—	1.520	1.520	2.000
材料	破布	kg	0.064	0.064	0.086	0.107	0.150	0.193	0.214
材料	棉纱头	kg	0.128	0.150	0.180	0.223	0.300	0.364	0.428
材料	其他材料费	%	1.000	1.000	1.000	1.000	1.000	1.000	1.000
机械	电焊机(综合)	台班	2.436	3.629	5.468	8.068	12.384	18.015	26.655
机械	砂轮切割机 φ500	台班	0.183	—	—	—	—	—	—
机械	半自动切割机 100mm	台班	—	—	—	0.263	0.416	0.888	1.179
机械	普通车床 630×2000	台班	0.441	0.509	1.070	1.169	1.744	2.104	2.661
机械	汽车式起重机 8t	台班	0.009	0.016	0.031	0.043	0.064	0.107	0.150
机械	载重汽车 8t	台班	0.009	0.016	0.031	0.043	0.064	0.107	0.150
机械	电动单梁起重机 5t	台班	—	—	—	—	—	2.104	2.661
机械	电动葫芦(单速)3t	台班	0.441	0.509	1.070	1.169	1.744	—	—
机械	电焊条烘干箱 60×50×75(cm^3)	台班	0.244	0.363	0.547	0.807	1.238	1.802	2.666
机械	电焊条恒温箱	台班	0.244	0.363	0.547	0.807	1.238	1.802	2.666

计量单位:10 个

定额编号				8-2-584	8-2-585	8-2-586	8-2-587	8-2-588
项目				公称直径(mm 以内)				
				350	400	450	500	600
名称			单位	消耗量				
人工	合计工日		工日	70.221	88.837	108.457	132.943	172.825
	其中	普工	工日	14.045	17.767	21.691	26.589	34.567
		一般技工	工日	28.088	35.535	43.383	53.177	69.129
		高级技工	工日	28.088	35.535	43.383	53.177	69.129
材料	碳钢对焊管件		个	10.000	10.000	10.000	10.000	10.000
	低碳钢焊条 J427 $\phi3.2$		kg	379.674	507.933	642.628	803.579	1366.084
	氧气		m^3	15.342	17.641	23.647	27.025	36.484
	乙炔气		kg	5.114	5.880	7.882	9.008	11.260
	尼龙砂轮片 $\phi100\times16\times3$		片	17.595	22.056	25.232	32.120	40.150
	电		kW·h	24.174	31.224	38.475	47.731	63.482
	丙酮		kg	2.360	2.660	3.000	3.300	3.630
	角钢(综合)		kg	2.000	2.000	2.000	2.000	2.000
	破布		kg	0.257	0.278	0.317	0.361	0.397
	棉纱头		kg	0.492	0.552	0.629	0.717	0.789
	其他材料费		%	1.000	1.000	1.000	1.000	1.000
机械	电焊机(综合)		台班	36.272	47.259	59.790	74.765	99.437
	半自动切割机 100mm		台班	1.452	1.638	1.989	2.658	3.534
	普通车床 630×2000		台班	3.444	3.776	4.688	5.106	6.791
	汽车式起重机 8t		台班	0.194	0.249	0.305	0.377	0.501
	载重汽车 8t		台班	0.194	0.249	0.305	0.377	0.501
	电动单梁起重机 5t		台班	3.444	3.776	4.688	5.106	6.791
	电焊条烘干箱 60×50×75(cm^3)		台班	3.627	4.726	5.979	7.476	9.943
	电焊条恒温箱		台班	3.627	4.726	5.979	7.476	9.943

2. 碳钢管件（氩电联焊）

工作内容：准备工作，管子切口，坡口加工，坡口磨平，管口组对，焊接。 计量单位：10个

定额编号			8-2-589	8-2-590	8-2-591	8-2-592	8-2-593	8-2-594	8-2-595
项目			公称直径（mm以内）						
			15	20	25	32	40	50	65
名称		单位	消耗量						
人工	合计工日	工日	1.516	2.338	3.145	3.730	4.395	4.766	5.289
人工	其中 普工	工日	0.302	0.468	0.629	0.744	0.877	0.952	1.059
人工	其中 一般技工	工日	0.607	0.935	1.258	1.493	1.759	1.907	2.115
人工	其中 高级技工	工日	0.607	0.935	1.258	1.493	1.759	1.907	2.115
材料	碳钢对焊管件	个	10.000	10.000	10.000	10.000	10.000	10.000	10.000
材料	低碳钢焊条 J427 ϕ3.2	kg	—	—	—	—	—	6.680	11.058
材料	碳钢焊丝	kg	0.416	0.862	1.246	1.572	1.816	0.240	0.316
材料	氩气	m^3	1.164	2.414	3.488	4.402	5.084	0.672	0.884
材料	铈钨棒	g	2.328	4.828	6.976	8.804	10.168	1.344	1.768
材料	尼龙砂轮片 $\phi100\times16\times3$	片	0.170	0.240	0.330	0.440	0.520	0.820	1.170
材料	尼龙砂轮片 $\phi500\times25\times4$	片	0.121	0.196	0.301	0.427	0.512	0.750	1.145
材料	磨头	个	0.020	0.260	0.314	0.388	0.444	0.528	0.704
材料	电	kW·h	0.382	0.629	0.835	1.047	1.268	1.268	1.394
材料	丙酮	kg	0.216	0.230	0.242	0.260	0.292	0.350	0.474
材料	破布	kg	0.021	0.021	0.021	0.021	0.021	0.043	0.043
材料	棉纱头	kg	0.021	0.043	0.043	0.064	0.064	0.079	0.107
材料	其他材料费	%	1.000	1.000	1.000	1.000	1.000	1.000	1.000
机械	电焊机（综合）	台班	—	—	—	—	—	1.233	1.691
机械	氩弧焊机 500A	台班	0.432	0.796	1.102	1.391	1.605	0.379	0.496
机械	砂轮切割机 ϕ500	台班	0.033	0.070	0.090	0.102	0.111	0.138	0.152
机械	普通车床 630×2000	台班	0.175	0.235	0.353	0.357	0.362	0.374	0.404
机械	电动葫芦（单速）3t	台班	—	—	0.353	0.357	0.362	0.374	0.404
机械	电焊条烘干箱 $60\times50\times75(cm^3)$	台班	—	—	—	—	—	0.123	0.169
机械	电焊条恒温箱	台班	—	—	—	—	—	0.123	0.169

计量单位:10 个

定额编号			8-2-596	8-2-597	8-2-598	8-2-599	8-2-600	8-2-601	8-2-602
项　目			公称直径(mm 以内)						
			80	100	125	150	200	250	300
名　称		单位	消　耗　量						
人工	合计工日	工日	6.223	10.103	13.797	17.769	27.188	37.465	54.452
人工	其中 普工	工日	1.245	2.019	2.759	3.553	5.436	7.493	10.890
人工	其中 一般技工	工日	2.489	4.042	5.519	7.108	10.876	14.986	21.781
人工	其中 高级技工	工日	2.489	4.042	5.519	7.108	10.876	14.986	21.781
材料	碳钢对焊管件	个	10.000	10.000	10.000	10.000	10.000	10.000	10.000
材料	低碳钢焊条 J427 $\phi3.2$	kg	13.963	23.472	44.861	71.297	111.272	153.454	258.171
材料	碳钢焊丝	kg	0.418	0.550	0.645	0.743	1.134	1.484	1.847
材料	氧气	m^3	—	3.707	4.450	5.339	7.508	10.252	11.699
材料	乙炔气	kg	—	1.236	1.483	1.780	2.503	3.417	3.891
材料	氩气	m^3	1.171	1.540	1.804	2.080	3.175	4.154	5.170
材料	铈钨棒	g	2.343	3.080	3.608	4.160	6.349	8.308	10.341
材料	尼龙砂轮片 $\phi100\times16\times3$	片	1.540	1.808	2.744	3.904	6.291	8.691	12.958
材料	尼龙砂轮片 $\phi500\times25\times4$	片	1.546	—	—	—	—	—	—
材料	磨头	个	0.824	1.056	—	—	—	—	—
材料	电	kW·h	1.613	2.866	3.865	5.341	8.200	11.385	17.436
材料	丙酮	kg	0.558	0.716	0.838	1.000	1.380	1.720	2.040
材料	角钢(综合)	kg	—	—	—	—	1.520	1.520	2.000
材料	破布	kg	0.064	0.064	0.086	0.107	0.150	0.193	0.214
材料	棉纱头	kg	0.128	0.150	0.180	0.223	0.300	0.364	0.428
材料	其他材料费	%	1.000	1.000	1.000	1.000	1.000	1.000	1.000
机械	电焊机(综合)	台班	2.135	3.261	5.052	7.517	11.560	15.787	25.576
机械	氩弧焊机 500A	台班	0.658	0.865	1.013	1.168	1.784	2.335	2.905
机械	砂轮切割机 $\phi500$	台班	0.183	—	—	—	—	—	—
机械	半自动切割机 100mm	台班	—	—	—	0.263	0.416	0.888	1.179
机械	普通车床 630×2000	台班	0.441	0.509	1.070	1.169	1.744	2.104	2.661
机械	汽车式起重机 8t	台班	0.009	0.016	0.031	0.043	0.064	0.107	0.150
机械	载重汽车 8t	台班	0.009	0.016	0.031	0.043	0.064	0.107	0.150
机械	电动单梁起重机 5t	台班	—	—	—	—	—	2.104	2.661
机械	电动葫芦(单速)3t	台班	0.441	0.509	1.070	1.169	1.744	—	—
机械	电焊条烘干箱 60×50×75(cm^3)	台班	0.213	0.326	0.505	0.752	1.156	1.579	2.558
机械	电焊条恒温箱	台班	0.213	0.326	0.505	0.752	1.156	1.579	2.558

计量单位:10 个

定额编号			8-2-603	8-2-604	8-2-605	8-2-606	8-2-607
项目			公称直径(mm 以内)				
			350	400	450	500	600
名称		单位	消耗量				
人工	合计工日	工日	71.252	89.100	109.231	133.181	173.134
	其中 普工	工日	14.252	17.820	21.847	26.637	34.628
	其中 一般技工	工日	28.500	35.640	43.692	53.272	69.253
	其中 高级技工	工日	28.500	35.640	43.692	53.272	69.253
材料	碳钢对焊管件	个	10.000	10.000	10.000	10.000	10.000
	低碳钢焊条 J427 ϕ3.2	kg	354.590	469.502	609.684	755.731	1284.743
	碳钢焊丝	kg	2.178	2.440	2.488	3.082	5.239
	氧气	m^3	15.342	17.641	23.647	25.404	34.295
	乙炔气	kg	5.114	5.880	7.882	8.468	10.585
	氩气	m^3	6.098	6.831	6.839	8.629	10.786
	铈钨棒	g	12.197	13.662	13.667	17.257	21.571
	尼龙砂轮片 $\phi100 \times 16 \times 3$	片	17.075	21.144	24.760	31.248	39.060
	电	kW·h	23.047	29.538	37.030	45.640	60.701
	丙酮	kg	2.360	2.660	3.000	3.300	3.630
	角钢(综合)	kg	2.000	2.000	2.000	2.000	2.000
	破布	kg	0.257	0.278	0.317	0.361	0.397
	棉纱头	kg	0.492	0.552	0.629	0.717	0.789
	其他材料费	%	1.000	1.000	1.000	1.000	1.000
机械	电焊机(综合)	台班	33.876	43.682	56.725	70.314	93.517
	氩弧焊机 500A	台班	3.426	3.839	3.840	4.849	6.449
	半自动切割机 100mm	台班	1.452	1.638	1.989	2.498	3.323
	普通车床 630×2000	台班	3.444	3.776	4.688	5.106	6.791
	汽车式起重机 8t	台班	0.194	0.249	0.305	0.377	0.501
	载重汽车 8t	台班	0.194	0.249	0.305	0.377	0.501
	电动单梁起重机 5t	台班	3.444	3.776	4.688	5.106	6.791
	电焊条烘干箱 60×50×75(cm^3)	台班	3.388	4.368	5.673	7.031	9.352
	电焊条恒温箱	台班	3.388	4.368	5.673	7.031	9.352

3. 不锈钢管件（电弧焊）

工作内容：准备工作，管子切口，坡口加工，坡口磨平，管口组对，焊接，焊缝钝化。　**计量单位：**10个

定额编号				8-2-608	8-2-609	8-2-610	8-2-611	8-2-612	8-2-613
项目				公称直径（mm以内）					
				15	20	25	32	40	50
名称			单位	消耗量					
人工	合计工日		工日	2.094	2.698	3.569	4.576	5.326	6.182
	其中	普工	工日	0.418	0.540	0.713	0.916	1.064	1.236
		一般技工	工日	0.838	1.079	1.428	1.830	2.131	2.473
		高级技工	工日	0.838	1.079	1.428	1.830	2.131	2.473
材料	不锈钢对焊管件		个	10.000	10.000	10.000	10.000	10.000	10.000
	不锈钢焊条（综合）		kg	0.824	1.248	2.104	2.642	3.584	5.018
	尼龙砂轮片 $\phi100\times16\times3$		片	0.350	0.454	0.630	0.824	1.046	1.438
	尼龙砂轮片 $\phi500\times25\times4$		片	0.155	0.217	0.423	0.503	0.617	0.690
	电		kW·h	0.231	0.297	0.433	0.543	0.644	0.785
	丙酮		kg	0.140	0.160	0.220	0.260	0.300	0.360
	酸洗膏		kg	0.120	0.147	0.197	0.243	0.302	0.377
	水		t	0.020	0.020	0.040	0.040	0.040	0.060
	破布		kg	0.021	0.021	0.021	0.021	0.021	0.043
	棉纱头		kg	0.021	0.043	0.043	0.064	0.064	0.079
	其他材料费		%	1.000	1.000	1.000	1.000	1.000	1.000
机械	电焊机（综合）		台班	0.490	0.636	0.918	1.153	1.370	1.667
	砂轮切割机 $\phi500$		台班	0.050	0.090	0.117	0.141	0.188	0.229
	普通车床 630×2000		台班	0.188	0.235	0.319	0.366	0.424	0.432
	电动葫芦（单速）3t		台班	—	—	—	0.366	0.424	0.432
	电动空气压缩机 $6m^3/min$		台班	0.021	0.021	0.021	0.021	0.021	0.021
	电焊条烘干箱 $60\times50\times75(cm^3)$		台班	0.049	0.064	0.092	0.115	0.137	0.166
	电焊条恒温箱		台班	0.049	0.064	0.092	0.115	0.137	0.166

计量单位:10 个

定额编号			8-2-614	8-2-615	8-2-616	8-2-617	8-2-618	8-2-619
项目			公称直径（mm 以内）					
			65	80	100	125	150	200
名称		单位	消耗量					
人工	合计工日	工日	8.967	11.045	14.636	18.284	23.102	39.176
	其中 普工	工日	1.793	2.209	2.926	3.658	4.620	7.836
	其中 一般技工	工日	3.587	4.418	5.855	7.313	9.241	15.670
	其中 高级技工	工日	3.587	4.418	5.855	7.313	9.241	15.670
材料	不锈钢对焊管件	个	10.000	10.000	10.000	10.000	10.000	10.000
	不锈钢焊条(综合)	kg	7.129	12.646	19.820	33.816	51.534	106.039
	尼龙砂轮片 $\phi100\times16\times3$	片	2.138	2.867	3.954	5.548	7.714	12.106
	尼龙砂轮片 $\phi500\times25\times4$	片	1.094	1.561	—	—	—	—
	电	kW·h	1.115	1.492	2.033	2.966	4.212	7.847
	丙酮	kg	0.595	0.717	0.720	0.836	1.002	1.380
	酸洗膏	kg	0.515	0.603	0.773	1.188	1.595	2.078
	水	t	0.080	0.100	0.120	0.140	0.180	0.240
	破布	kg	0.043	0.064	0.064	0.086	0.107	0.150
	棉纱头	kg	0.107	0.128	0.150	0.180	0.223	0.300
	其他材料费	%	1.000	1.000	1.000	1.000	1.000	1.000
机械	电焊机（综合）	台班	2.368	3.168	4.327	6.304	8.951	16.685
	砂轮切割机 $\phi500$	台班	0.296	0.406	—	—	—	—
	等离子切割机 400A	台班	—	—	0.272	0.345	0.433	0.645
	普通车床 630×2000	台班	0.458	0.488	0.529	0.634	0.768	1.713
	汽车式起重机 8t	台班	—	0.009	0.016	0.031	0.043	0.064
	载重汽车 8t	台班	—	0.009	0.016	0.031	0.043	0.064
	电动葫芦(单速)3t	台班	0.458	0.488	0.529	0.634	0.768	1.713
	电动空气压缩机 $1m^3/min$	台班	—	—	0.272	0.345	0.433	0.645
	电动空气压缩机 $6m^3/min$	台班	0.021	0.021	0.021	0.021	0.021	0.021
	电焊条烘干箱 60×50×75(cm^3)	台班	0.236	0.316	0.432	0.630	0.896	1.669
	电焊条恒温箱	台班	0.236	0.316	0.432	0.630	0.896	1.669

计量单位:10 个

定额编号			8-2-620	8-2-621	8-2-622	8-2-623	8-2-624	8-2-625
项目			公称直径(mm 以内)					
			250	300	350	400	450	500
名称		单位	消耗量					
人工	合计工日	工日	51.123	70.070	82.833	101.123	126.405	158.006
	其中 普工	工日	10.225	14.014	16.565	20.223	25.281	31.600
	其中 一般技工	工日	20.449	28.028	33.134	40.450	50.562	63.203
	其中 高级技工	工日	20.449	28.028	33.134	40.450	50.562	63.203
材料	不锈钢对焊管件	个	10.000	10.000	10.000	10.000	10.000	10.000
	不锈钢焊条(综合)	kg	162.583	234.078	323.009	371.374	512.496	707.245
	尼龙砂轮片 $\phi100\times16\times3$	片	17.755	26.070	32.498	39.461	49.326	61.658
	电	kW·h	11.508	16.563	21.904	25.633	33.323	43.320
	丙酮	kg	1.720	2.040	2.360	2.660	2.926	3.219
	酸洗膏	kg	3.135	3.732	4.089	5.069	5.576	6.133
	水	t	0.280	0.340	0.400	0.460	0.506	0.556
	破布	kg	0.180	0.214	0.257	0.278	0.317	0.361
	棉纱头	kg	0.340	0.428	0.492	0.552	0.629	0.717
	其他材料费	%	1.000	1.000	1.000	1.000	1.000	1.000
机械	电焊机(综合)	台班	24.467	35.227	46.577	54.500	70.850	92.104
	等离子切割机 400A	台班	0.970	1.199	1.570	1.961	2.549	3.314
	普通车床 630×2000	台班	2.486	2.972	3.717	4.512	5.865	7.625
	汽车式起重机 8t	台班	0.107	0.150	0.194	0.249	0.324	0.421
	载重汽车 8t	台班	0.107	0.150	0.194	0.249	0.324	0.421
	电动单梁起重机 5t	台班	—	2.972	3.717	4.512	5.865	7.625
	电动葫芦(单速)3t	台班	2.486	—	—	—	—	—
	电动空气压缩机 $1m^3/min$	台班	0.970	1.199	1.570	1.961	2.549	3.314
	电动空气压缩机 $6m^3/min$	台班	0.021	0.021	0.021	0.021	0.021	0.021
	电焊条烘干箱 $60\times50\times75(cm^3)$	台班	2.447	3.523	4.658	5.450	7.085	9.211
	电焊条恒温箱	台班	2.447	3.523	4.658	5.450	7.085	9.211

4. 不锈钢管件（氩电联焊）

工作内容：准备工作，管子切口，坡口加工，坡口磨平，管口组对，焊接，焊缝钝化。 **计量单位**：10 个

定额编号				8-2-626	8-2-627	8-2-628	8-2-629	8-2-630	8-2-631
项目				公称直径（mm 以内）					
				15	20	25	32	40	50
名称			单位	消耗量					
人工	合计工日		工日	2.105	2.778	3.798	4.866	5.694	6.884
	其中	普工	工日	0.419	0.556	0.758	0.974	1.138	1.378
		一般技工	工日	0.843	1.111	1.520	1.946	2.278	2.753
		高级技工	工日	0.843	1.111	1.520	1.946	2.278	2.753
材料	不锈钢对焊管件		个	10.000	10.000	10.000	10.000	10.000	10.000
	不锈钢焊条(综合)		kg	—	—	—	—	—	5.636
	不锈钢焊丝 1Cr18Ni9Ti		kg	0.432	0.656	1.092	1.378	1.878	0.528
	氩气		m^3	1.210	1.838	3.058	3.858	5.260	7.336
	铈钨棒		g	2.308	3.496	5.892	7.404	10.048	14.056
	尼龙砂轮片 $\phi100\times16\times3$		片	0.336	0.438	0.608	0.794	1.010	1.386
	尼龙砂轮片 $\phi500\times25\times4$		片	0.155	0.217	0.423	0.503	0.503	0.503
	电		kW·h	0.237	0.332	0.533	0.674	0.876	1.183
	丙酮		kg	0.140	0.160	0.220	0.260	0.300	0.360
	酸洗膏		kg	0.120	0.147	0.197	0.243	0.302	0.377
	水		t	0.020	0.020	0.040	0.040	0.040	0.060
	破布		kg	0.021	0.021	0.021	0.021	0.021	0.043
	棉纱头		kg	0.021	0.043	0.043	0.064	0.064	0.079
	其他材料费		%	1.000	1.000	1.000	1.000	1.000	1.000
机械	电焊机（综合）		台班	—	—	—	—	—	1.818
	氩弧焊机 500A		台班	0.595	0.830	1.286	1.635	2.097	2.780
	砂轮切割机 $\phi500$		台班	0.050	0.090	0.117	0.141	0.141	0.141
	普通车床 630×2000		台班	0.188	0.235	0.319	0.366	0.424	0.432
	电动葫芦(单速)3t		台班	—	—	—	0.366	0.424	0.432
	电动空气压缩机 $6m^3/min$		台班	0.021	0.021	0.021	0.021	0.021	0.021
	电焊条烘干箱 $60\times50\times75(cm^3)$		台班	—	—	—	—	—	0.182
	电焊条恒温箱		台班	—	—	—	—	—	0.182

计量单位:10 个

定额编号			8-2-632	8-2-633	8-2-634	8-2-635	8-2-636	8-2-637
项目			公称直径(mm 以内)					
			65	80	100	125	150	200
名称		单位	消耗量					
人工	合计工日	工日	9.453	11.364	14.831	18.355	24.519	39.863
人工	其中 普工	工日	1.891	2.274	2.967	3.671	4.903	7.971
人工	其中 一般技工	工日	3.781	4.545	5.932	7.342	9.808	15.946
人工	其中 高级技工	工日	3.781	4.545	5.932	7.342	9.808	15.946
材料	不锈钢对焊管件	个	10.000	10.000	10.000	10.000	10.000	10.000
材料	不锈钢焊条(综合)	kg	6.164	10.853	17.688	31.259	48.464	100.949
材料	不锈钢焊丝 1Cr18Ni9Ti	kg	0.634	0.780	1.060	1.184	1.766	2.806
材料	氩气	m^3	1.775	2.181	2.968	3.315	4.106	6.456
材料	铈钨棒	g	2.246	2.658	3.036	3.245	4.168	7.335
材料	尼龙砂轮片 $\phi100\times16\times3$	片	2.170	2.734	3.868	5.485	7.548	10.222
材料	尼龙砂轮片 $\phi500\times25\times4$	片	1.094	1.561	—	—	—	—
材料	电	kW·h	1.183	1.223	1.650	2.496	3.527	6.537
材料	丙酮	kg	0.595	0.717	0.720	0.836	1.002	1.380
材料	酸洗膏	kg	0.515	0.603	0.773	1.188	1.595	2.078
材料	水	t	0.080	0.100	0.120	0.140	0.180	0.240
材料	破布	kg	0.043	0.064	0.064	0.086	0.107	0.150
材料	棉纱头	kg	0.107	0.128	0.150	0.180	0.223	0.300
材料	其他材料费	%	1.000	1.000	1.000	1.000	1.000	1.000
机械	电焊机(综合)	台班	2.090	2.596	3.514	5.302	7.503	13.903
机械	氩弧焊机 500A	台班	1.181	1.406	1.795	1.976	2.429	3.998
机械	砂轮切割机 $\phi500$	台班	0.296	0.406	—	—	—	—
机械	等离子切割机 400A	台班	—	—	0.272	0.345	0.433	0.645
机械	普通车床 630×2000	台班	0.458	0.488	0.529	0.634	0.768	1.713
机械	汽车式起重机 8t	台班	—	0.009	0.016	0.031	0.043	0.064
机械	载重汽车 8t	台班	—	0.009	0.016	0.031	0.043	0.064
机械	电动葫芦(单速)3t	台班	0.458	0.488	0.529	0.634	0.768	1.713
机械	电动空气压缩机 $1m^3/min$	台班	—	—	0.272	0.345	0.433	0.645
机械	电动空气压缩机 $6m^3/min$	台班	0.021	0.021	0.021	0.021	0.021	0.021
机械	电焊条烘干箱 $60\times50\times75(cm^3)$	台班	0.209	0.260	0.352	0.530	0.750	1.390
机械	电焊条恒温箱	台班	0.209	0.260	0.352	0.530	0.750	1.390

计量单位:10 个

定额编号			8-2-638	8-2-639	8-2-640	8-2-641	8-2-642	8-2-643
项目			公称直径（mm 以内）					
			250	300	350	400	450	500
名称		单位	消耗量					
人工	合计工日	工日	52.697	71.674	83.897	108.425	135.531	169.414
	其中 普工	工日	10.537	14.334	16.779	21.687	27.107	33.884
	一般技工	工日	21.080	28.670	33.559	43.369	54.212	67.765
	高级技工	工日	21.080	28.670	33.559	43.369	54.212	67.765
材料	不锈钢对焊管件	个	10.000	10.000	10.000	10.000	10.000	10.000
	不锈钢焊条(综合)	kg	149.133	211.104	298.132	386.290	533.080	735.651
	不锈钢焊丝 1Cr18Ni9Ti	kg	2.918	3.908	4.166	5.161	7.122	9.829
	氩气	m^3	8.172	10.942	11.666	14.450	19.941	27.519
	铈钨棒	g	9.400	13.619	13.731	18.060	24.923	34.393
	尼龙砂轮片 $\phi100\times16\times3$	片	14.967	21.609	27.390	35.963	49.629	68.488
	电	kW·h	9.609	13.604	18.397	23.839	30.991	40.288
	丙酮	kg	1.720	2.040	2.360	2.660	2.926	3.219
	酸洗膏	kg	3.135	3.732	4.089	5.069	5.576	6.133
	水	t	0.280	0.340	0.400	0.460	0.506	0.557
	破布	kg	0.193	0.214	0.257	0.278	0.317	0.361
	棉纱头	kg	0.364	0.428	0.492	0.552	0.629	0.717
	其他材料费	%	1.000	1.000	1.000	1.000	1.000	1.000
机械	电焊机（综合）	台班	20.436	28.931	39.122	50.689	65.895	85.664
	氩弧焊机 500A	台班	5.075	7.141	8.182	9.352	12.157	15.805
	等离子切割机 400A	台班	0.970	1.199	1.570	1.961	2.549	3.314
	普通车床 630×2000	台班	2.486	2.972	3.717	4.512	5.865	7.625
	汽车式起重机 8t	台班	0.107	0.150	0.194	0.249	0.324	0.421
	载重汽车 8t	台班	0.107	0.150	0.194	0.249	0.324	0.421
	电动单梁起重机 5t	台班	—	2.972	3.717	4.512	5.865	7.625
	电动葫芦(单速)3t	台班	2.486	—	—	—	—	—
	电动空气压缩机 $1m^3/min$	台班	0.970	1.199	1.570	1.961	2.549	3.314
	电动空气压缩机 $6m^3/min$	台班	0.021	0.021	0.021	0.021	0.021	0.021
	电焊条烘干箱 60×50×75(cm^3)	台班	2.044	2.893	3.912	5.069	6.590	8.566
	电焊条恒温箱	台班	2.044	2.893	3.912	5.069	6.590	8.566

5. 合金钢管件（电弧焊）

工作内容：准备工作，管子切口，坡口加工，管口组对，焊接。 **计量单位**：10 个

定额编号				8-2-644	8-2-645	8-2-646	8-2-647	8-2-648	8-2-649
项目				公称直径（mm 以内）					
				15	20	25	32	40	50
名称			单位	消耗量					
人工	合计工日		工日	1.788	2.585	3.058	3.766	4.394	5.127
	其中	普工	工日	0.356	0.517	0.612	0.752	0.878	1.025
		一般技工	工日	0.716	1.034	1.223	1.507	1.758	2.051
		高级技工	工日	0.716	1.034	1.223	1.507	1.758	2.051
材料	合金钢对焊管件		个	10.000	10.000	10.000	10.000	10.000	10.000
	合金钢焊条		kg	0.800	1.260	2.046	2.570	3.484	4.880
	尼龙砂轮片 $\phi100\times16\times3$		片	0.254	0.342	0.450	0.584	0.744	1.012
	尼龙砂轮片 $\phi500\times25\times4$		片	0.114	0.176	0.253	0.327	0.432	0.600
	磨头		个	0.232	0.260	0.314	0.368	0.444	0.528
	电		kW·h	0.445	0.637	0.742	0.944	1.110	1.346
	丙酮		kg	0.252	0.280	0.300	0.340	0.388	0.480
	破布		kg	0.021	0.021	0.021	0.021	0.021	0.043
	棉纱头		kg	0.021	0.043	0.043	0.064	0.064	0.079
	其他材料费		%	1.000	1.000	1.000	1.000	1.000	1.000
机械	电焊机（综合）		台班	0.439	0.569	0.753	0.946	1.138	1.402
	砂轮切割机 $\phi500$		台班	0.027	0.063	0.083	0.093	0.106	0.111
	普通车床 630×2000		台班	0.173	0.218	0.291	0.334	0.389	0.396
	电动葫芦(单速)3t		台班	—	—	—	0.334	0.389	0.396
	电焊条烘干箱 $60\times50\times75(cm^3)$		台班	0.044	0.057	0.076	0.094	0.114	0.140
	电焊条恒温箱		台班	0.044	0.057	0.076	0.094	0.114	0.140

计量单位:10 个

定额编号			8-2-650	8-2-651	8-2-652	8-2-653	8-2-654	8-2-655
项目			公称直径(mm 以内)					
			65	80	100	125	150	200
名称		单位	消耗量					
人工	合计工日	工日	6.677	7.616	11.886	14.973	19.219	32.397
	其中 普工	工日	1.335	1.524	2.378	2.995	3.845	6.481
	其中 一般技工	工日	2.671	3.046	4.754	5.989	7.687	12.958
	其中 高级技工	工日	2.671	3.046	4.754	5.989	7.687	12.958
材料	合金钢对焊管件	个	10.000	10.000	10.000	10.000	10.000	10.000
	合金钢焊条	kg	9.902	14.451	19.272	32.881	50.112	107.184
	氧气	m^3	—	—	2.450	3.540	3.997	6.235
	乙炔气	kg	—	—	0.817	1.180	1.332	2.078
	尼龙砂轮片 $\phi100\times16\times3$	片	1.570	1.978	2.766	3.877	5.270	8.123
	尼龙砂轮片 $\phi500\times25\times4$	片	1.013	1.390	—	—	—	—
	磨头	个	0.704	0.824	1.056	—	—	—
	电	kW·h	1.834	2.144	3.465	4.491	5.789	9.619
	丙酮	kg	0.640	0.800	0.940	1.120	1.320	1.820
	破布	kg	0.043	0.064	0.064	0.086	0.107	0.150
	棉纱头	kg	0.107	0.128	0.150	0.180	0.223	0.300
	其他材料费	%	1.000	1.000	1.000	1.000	1.000	1.000
机械	电焊机(综合)	台班	2.009	2.429	3.242	4.719	6.702	12.428
	砂轮切割机 $\phi500$	台班	0.149	0.180	—	—	—	—
	半自动切割机 100mm	台班	—	—	—	—	0.255	0.408
	普通车床 630×2000	台班	0.426	0.460	0.484	0.593	0.704	1.601
	汽车式起重机 8t	台班	—	0.009	0.016	0.031	0.043	0.064
	载重汽车 8t	台班	—	0.009	0.016	0.031	0.043	0.064
	电动葫芦(单速)3t	台班	0.426	0.460	0.484	0.593	0.704	1.601
	电焊条烘干箱 60×50×75(cm^3)	台班	0.201	0.243	0.325	0.472	0.670	1.243
	电焊条恒温箱	台班	0.201	0.243	0.325	0.472	0.670	1.243

计量单位:10 个

定额编号				8-2-656	8-2-657	8-2-658	8-2-659	8-2-660	8-2-661	8-2-662
项目				公称直径（mm 以内）						
				250	300	350	400	450	500	600
名称			单位	消耗量						
人工	合计工日		工日	43.604	58.954	69.720	89.238	108.014	135.460	176.098
	其中	普工	工日	8.720	11.792	13.944	17.846	21.602	27.090	35.220
		一般技工	工日	17.442	23.581	27.888	35.696	43.206	54.185	70.439
		高级技工	工日	17.442	23.581	27.888	35.696	43.206	54.185	70.439
材料	合金钢对焊管件		个	10.000	10.000	10.000	10.000	10.000	10.000	10.000
	合金钢焊条		kg	164.125	245.305	319.751	434.805	565.365	730.645	1242.097
	氧气		m^3	9.491	11.699	14.019	17.641	20.478	24.300	32.805
	乙炔气		kg	3.164	3.891	4.673	5.880	6.826	8.100	10.125
	尼龙砂轮片 $\phi100\times16\times3$		片	12.027	16.006	21.355	27.792	33.872	44.384	55.480
	电		kW·h	14.288	19.650	23.832	30.894	38.034	48.310	64.252
	丙酮		kg	2.280	2.700	2.860	3.120	3.120	3.580	4.475
	破布		kg	0.193	0.214	0.257	0.278	0.317	0.361	0.397
	棉纱头		kg	0.364	0.428	0.492	0.552	0.629	0.717	0.789
	其他材料费		%	1.000	1.000	1.000	1.000	1.000	1.000	1.000
机械	电焊机（综合）		台班	18.574	26.733	34.847	45.693	57.864	74.779	99.456
	半自动切割机 100mm		台班	0.814	1.179	1.381	1.638	1.881	2.397	3.188
	普通车床 630×2000		台班	2.170	2.836	3.374	4.041	4.658	5.487	7.297
	汽车式起重机 8t		台班	0.107	0.150	0.194	0.249	0.305	0.377	0.502
	载重汽车 8t		台班	0.107	0.150	0.194	0.249	0.305	0.377	0.502
	电动单梁起重机 5t		台班	0.764	2.836	3.374	4.041	4.658	5.487	7.297
	电动葫芦(单速)3t		台班	1.620	—	—	—	—	—	—
	电焊条烘干箱 60×50×75(cm^3)		台班	1.858	2.673	3.485	4.569	5.787	7.478	9.945
	电焊条恒温箱		台班	1.858	2.673	3.485	4.569	5.787	7.478	9.945

6. 合金钢管件(氩电联焊)

工作内容:准备工作,管子切口,坡口加工,管口组对,焊接。 **计量单位**:10个

定额编号				8-2-663	8-2-664	8-2-665	8-2-666	8-2-667	8-2-668
项目				公称直径(mm以内)					
				15	20	25	32	40	50
名称			单位	消耗量					
人工	合计工日		工日	1.805	2.693	3.350	4.148	4.970	5.783
	其中	普工	工日	0.361	0.539	0.668	0.828	0.994	1.157
		一般技工	工日	0.722	1.077	1.341	1.660	1.988	2.313
		高级技工	工日	0.722	1.077	1.341	1.660	1.988	2.313
材料	合金钢对焊管件		个	10.000	10.000	10.000	10.000	10.000	10.000
	合金钢焊丝		kg	0.416	0.658	1.066	1.340	1.816	2.184
	氩气		m^3	1.164	1.842	2.984	3.752	5.084	6.116
	铈钨棒		g	2.328	3.684	5.968	7.504	10.168	12.232
	尼龙砂轮片 $\phi100\times16\times3$		片	0.244	0.330	0.434	0.564	0.718	0.880
	尼龙砂轮片 $\phi500\times25\times4$		片	0.114	0.176	0.253	0.327	0.432	0.600
	磨头		个	0.232	0.260	0.314	0.368	0.444	0.528
	电		kW·h	0.450	0.687	0.873	1.110	1.371	1.638
	丙酮		kg	0.252	0.280	0.300	0.340	0.388	0.480
	破布		kg	0.021	0.021	0.021	0.021	0.021	0.043
	棉纱头		kg	0.021	0.043	0.043	0.064	0.064	0.079
	其他材料费		%	1.000	1.000	1.000	1.000	1.000	1.000
机械	氩弧焊机 500A		台班	0.454	0.672	1.031	1.299	1.686	2.027
	砂轮切割机 $\phi500$		台班	0.027	0.063	0.083	0.093	0.106	0.111
	普通车床 630×2000		台班	0.173	0.218	0.291	0.334	0.389	0.396
	电动葫芦(单速)3t		台班	—	—	—	0.334	0.389	0.396

计量单位:10 个

定额编号			8-2-669	8-2-670	8-2-671	8-2-672	8-2-673	8-2-674
项目			公称直径(mm 以内)					
			65	80	100	125	150	200
名称		单位	消耗量					
人工	合计工日	工日	6.998	8.069	12.470	15.636	19.951	33.528
	其中 普工	工日	1.400	1.611	2.494	3.128	3.991	6.706
	其中 一般技工	工日	2.799	3.229	4.988	6.254	7.980	13.411
	其中 高级技工	工日	2.799	3.229	4.988	6.254	7.980	13.411
材料	合金钢对焊管件	个	10.000	10.000	10.000	10.000	10.000	10.000
	合金钢焊条	kg	8.971	13.360	17.602	30.524	46.754	103.396
	合金钢焊丝	kg	0.338	0.494	0.851	1.588	1.752	2.132
	氧气	m^3	—	—	2.450	3.540	3.997	6.235
	乙炔气	kg	—	—	0.817	1.180	1.332	2.078
	氩气	m^3	0.946	1.104	1.540	1.645	2.506	3.171
	铈钨棒	g	1.892	2.208	3.080	3.289	4.212	6.342
	尼龙砂轮片 $\phi100\times16\times3$	片	1.536	1.974	2.766	3.849	5.270	8.995
	尼龙砂轮片 $\phi500\times25\times4$	片	1.013	1.390	—	—	—	—
	磨头	个	0.704	0.824	1.056	—	—	—
	丙酮	kg	0.640	0.800	0.940	1.120	1.320	1.820
	电	kW·h	1.713	2.040	3.465	4.333	5.689	9.619
	破布	kg	0.043	0.064	0.064	0.086	0.107	0.150
	棉纱头	kg	0.107	0.128	0.150	0.180	0.223	0.300
	其他材料费	%	1.000	1.000	1.000	1.000	1.000	1.000
机械	电焊机(综合)	台班	1.759	2.213	2.893	4.382	6.172	11.642
	氩弧焊机 500A	台班	0.556	0.648	0.905	0.967	1.239	1.863
	砂轮切割机 $\phi500$	台班	0.149	0.180	—	—	—	—
	半自动切割机 100mm	台班	—	—	—	—	0.255	0.408
	普通车床 630×2000	台班	0.426	0.460	0.484	0.593	0.704	1.601
	汽车式起重机 8t	台班	—	0.009	0.016	0.031	0.043	0.064
	载重汽车 8t	台班	—	0.009	0.016	0.031	0.043	0.064
	电动葫芦(单速)3t	台班	0.426	0.460	0.484	0.593	0.704	1.387
	电焊条烘干箱 60×50×75(cm^3)	台班	0.176	0.221	0.290	0.438	0.617	1.164
	电焊条恒温箱	台班	0.176	0.221	0.290	0.438	0.617	1.164

计量单位:10 个

定额编号				8-2-675	8-2-676	8-2-677	8-2-678	8-2-679	8-2-680	8-2-681
项目				公称直径（mm 以内）						
				250	300	350	400	450	500	600
名称			单位	消耗量						
人工	合计工日		工日	47.081	66.728	74.415	95.003	114.323	141.790	184.327
	其中	普工	工日	9.415	13.346	14.883	19.001	22.863	28.358	36.865
		一般技工	工日	18.833	26.691	29.766	38.001	45.730	56.716	73.731
		高级技工	工日	18.833	26.691	29.766	38.001	45.730	56.716	73.731
材料	合金钢对焊管件		个	10.000	10.000	10.000	10.000	10.000	10.000	10.000
	合金钢焊条		kg	158.454	259.080	311.327	427.185	558.676	722.818	1228.791
	合金钢焊丝		kg	2.284	2.580	2.883	3.199	3.327	3.537	6.013
	氧气		m^3	9.491	11.699	14.019	17.641	20.478	24.300	32.805
	乙炔气		kg	3.164	3.891	4.673	5.880	6.826	8.100	10.125
	氩气		m^3	4.554	5.266	6.812	7.157	7.859	8.284	10.355
	铈钨棒		g	8.408	10.532	12.224	12.315	15.718	15.769	19.711
	尼龙砂轮片 $\phi100\times16\times3$		片	13.243	20.266	23.269	29.007	36.945	37.894	56.841
	电		kW·h	13.722	20.359	22.682	29.772	36.268	45.957	61.123
	丙酮		kg	2.280	2.700	2.860	3.120	3.120	3.580	4.475
	破布		kg	0.193	0.214	0.257	0.278	0.317	0.361	0.397
	棉纱头		kg	0.364	0.428	0.492	0.552	0.629	0.717	0.789
	其他材料费		%	1.000	1.000	1.000	1.000	1.000	1.000	1.000
机械	电焊机（综合）		台班	17.366	28.233	32.403	43.312	54.107	69.779	92.806
	氩弧焊机 500A		台班	2.443	3.095	3.594	3.621	4.620	4.683	6.229
	半自动切割机 100mm		台班	0.814	1.179	1.381	1.638	1.881	2.397	3.187
	普通车床 630×2000		台班	2.170	2.836	3.374	4.041	4.658	5.487	7.297
	汽车式起重机 8t		台班	0.107	0.150	0.194	0.249	0.305	0.377	0.501
	载重汽车 8t		台班	0.107	0.150	0.194	0.249	0.305	0.377	0.501
	电动单梁起重机 5t		台班	0.764	2.836	3.374	4.041	4.658	5.487	7.297
	电动葫芦(单速)3t		台班	1.406	—	—	—	—	—	—
	电焊条烘干箱 60×50×75(cm^3)		台班	1.736	2.823	3.240	4.331	5.411	6.978	9.281
	电焊条恒温箱		台班	1.736	2.823	3.240	4.331	5.411	6.978	9.281

第三章　阀 门 安 装

（030803）

说　明

一、本章内容包括低压阀门、中压阀门、高压阀门等安装及安全阀调试。

二、本章各种阀门安装(调节阀门除外)均包括壳体压力试验和密封试验工作内容。

三、本章各种阀门安装不包括阀体磁粉检测和阀杆密封填料更换工作内容。

四、关于下列各项费用的规定:

1. 阀门安装不做壳体压力试验和密封试验时,定额乘以系数0.6。

2. 仪表流量计安装,执行阀门安装相应项目定额乘以系数0.6。

3. 限流孔板、八字盲板执行阀门安装相应项目定额乘以系数0.4。

五、有关说明:

1. 法兰阀门安装包括一个垫片和一副法兰用螺栓的安装。

2. 焊接阀门是按碳钢焊接编制的,设计为其他材质,焊材可替换,消耗量不变。

3. 阀门壳体压力试验和密封试验是按水考虑的,如设计要求其他介质,可按实计算。

4. 法兰阀门安装使用垫片是按石棉橡胶板考虑的,实际施工与定额不同时,可替换。

5. 齿轮、液压传动、电动阀门安装已包括齿轮、液压传动、电动机安装,检查接线执行其他册相应定额。

工程量计算规则

一、各种阀门按不同压力、连接形式,以“个”为计量单位。

二、各种法兰阀门安装与配套法兰的安装,分别计算工程量。

三、阀门安装中螺栓材料量按施工图设计用量加规定的损耗量。

四、减压阀安装按高压侧直径执行相应项目。

一、低压阀门

1.螺纹阀门

工作内容:准备工作,阀门壳体压力试验和密封试验,管子切口,套丝,阀门安装。　　**计量单位**:个

定额编号				8-3-1	8-3-2	8-3-3	8-3-4	8-3-5	8-3-6
项　目				公称直径(mm以内)					
				15	20	25	32	40	50
名　称			单位	消　耗　量					
人工	合计工日		工日	0.236	0.255	0.297	0.377	0.415	0.465
	其中	普工	工日	0.059	0.063	0.074	0.094	0.104	0.116
		一般技工	工日	0.153	0.166	0.193	0.245	0.270	0.302
		高级技工	工日	0.024	0.026	0.030	0.038	0.041	0.047
材料	螺纹阀门		个	1.020	1.020	1.010	1.010	1.010	1.010
	低碳钢焊条 J427 φ3.2		kg	0.165	0.165	0.165	0.165	0.165	0.165
	氧气		m^3	0.141	0.141	0.141	0.141	0.141	0.141
	乙炔气		kg	0.047	0.047	0.047	0.047	0.047	0.047
	尼龙砂轮片 φ500×25×4		片	0.008	0.010	0.012	0.016	0.018	0.026
	石棉橡胶板 低压 δ0.8~6.0		kg	0.034	0.050	0.084	0.101	0.140	0.168
	聚四氟乙烯生料带		m	0.415	0.509	0.641	0.791	0.904	1.074
	热轧厚钢板 δ20		kg	0.007	0.009	0.010	0.014	0.016	0.020
	六角螺栓带螺母 M12×55		套	0.160	0.160	0.160	—	—	—
	六角螺栓带螺母 M16×65		套	—	—	—	0.160	0.160	—
	六角螺栓带螺母 M16×70		套	—	—	—	—	—	0.160
	无缝钢管 φ22×2.5		m	0.010	0.010	0.010	0.010	0.010	0.010
	输水软管 φ25		m	0.020	0.020	0.020	0.020	0.020	0.020
	螺纹截止阀 J11T-16 *DN*15		个	0.020	0.020	0.020	0.020	0.020	0.020
	压力表 Y-100 0~6MPa		块	0.020	0.020	0.020	0.020	0.020	0.020
	压力表补芯		个	0.020	0.020	0.020	0.020	0.020	0.020
	机油		kg	0.007	0.009	0.011	0.014	0.017	0.021
	水		kg	0.004	0.008	0.017	0.036	0.070	0.140
	其他材料费		%	1.000	1.000	1.000	1.000	1.000	1.000
机械	电焊机(综合)		台班	0.034	0.034	0.034	0.034	0.034	0.034
	试压泵 60MPa		台班	0.016	0.016	0.016	0.016	0.032	0.032
	砂轮切割机 φ500		台班	0.001	0.002	0.003	0.006	0.007	0.008
	电焊条烘干箱 60×50×75(cm^3)		台班	0.004	0.004	0.004	0.004	0.004	0.004
	电焊条恒温箱		台班	0.004	0.004	0.004	0.004	0.004	0.004
	管子切断套丝机 159mm		台班	0.029	0.029	0.029	0.032	0.032	0.032

2. 承插焊阀门

工作内容：准备工作，阀门壳体压力试验和密封试验，管子切口，管口组对，焊接，阀门安装。

计量单位：个

定额编号				8-3-7	8-3-8	8-3-9	8-3-10	8-3-11	8-3-12
项目				公称直径（mm 以内）					
				15	20	25	32	40	50
名称			单位	消耗量					
人工	合计工日		工日	0.211	0.231	0.260	0.308	0.343	0.394
	其中	普工	工日	0.053	0.058	0.065	0.077	0.086	0.099
		一般技工	工日	0.137	0.150	0.169	0.200	0.223	0.256
		高级技工	工日	0.021	0.023	0.026	0.031	0.034	0.039
材料	焊接阀门		个	1.000	1.000	1.000	1.000	1.000	1.000
	低碳钢焊条 J427 ϕ3.2		kg	0.209	0.214	0.228	0.247	0.259	0.282
	氧气		m^3	0.141	0.141	0.141	0.148	0.149	0.150
	乙炔气		kg	0.047	0.047	0.047	0.049	0.050	0.050
	尼龙砂轮片 $\phi100\times16\times3$		片	0.003	0.004	0.005	0.007	0.019	0.023
	尼龙砂轮片 $\phi500\times25\times4$		片	0.008	0.010	0.012	0.016	0.018	0.026
	石棉橡胶板 低压 δ0.8～6.0		kg	0.034	0.050	0.084	0.101	0.140	0.168
	磨头		块	0.020	0.026	0.031	0.039	0.044	0.053
	电		kW·h	0.025	0.028	0.038	0.043	0.055	0.065
	热轧厚钢板 δ20		kg	0.007	0.009	0.010	0.014	0.016	0.020
	六角螺栓带螺母 M16×65		套	—	—	—	0.160	0.160	—
	六角螺栓带螺母 M16×70		套	—	—	—	—	—	0.160
	无缝钢管 $\phi22\times2.5$		m	0.010	0.010	0.010	0.010	0.010	0.010
	输水软管 ϕ25		m	0.020	0.020	0.020	0.020	0.020	0.020
	螺纹截止阀 J11T－16 *DN*15		个	0.020	0.020	0.020	0.020	0.020	0.020
	压力表 Y－100 0～6MPa		块	0.020	0.020	0.020	0.020	0.020	0.020
	压力表补芯		个	0.020	0.020	0.020	0.020	0.020	0.020
	水		kg	0.004	0.008	0.017	0.036	0.070	0.140
	棉纱头		kg	0.002	0.003	0.004	0.006	0.006	0.007
	其他材料费		%	1.000	1.000	1.000	1.000	1.000	1.000
机械	电焊机（综合）		台班	0.065	0.068	0.080	0.091	0.100	0.115
	砂轮切割机 ϕ500		台班	0.001	0.002	0.003	0.006	0.007	0.008
	试压泵 60MPa		台班	0.016	0.016	0.016	0.016	0.032	0.032
	电焊条烘干箱 $60\times50\times75(cm^3)$		台班	0.007	0.007	0.008	0.010	0.010	0.011
	电焊条恒温箱		台班	0.007	0.007	0.008	0.010	0.010	0.011

3. 法兰阀门

工作内容：准备工作，阀门壳体压力试验和密封试验，阀门安装。　　**计量单位**：个

定额编号			8-3-13	8-3-14	8-3-15	8-3-16	8-3-17	8-3-18	8-3-19
项　目			公称直径（mm 以内）						
			15	20	25	32	40	50	65
名　称		单位	消　耗　量						
人工	合计工日	工日	0.291	0.291	0.291	0.308	0.308	0.325	0.475
人工	其中 普工	工日	0.073	0.073	0.073	0.077	0.077	0.081	0.118
人工	其中 一般技工	工日	0.189	0.189	0.189	0.200	0.200	0.211	0.309
人工	其中 高级技工	工日	0.029	0.029	0.029	0.031	0.031	0.033	0.048
材料	法兰阀门	个	1.000	1.000	1.000	1.000	1.000	1.000	1.000
材料	低碳钢焊条 J427 ϕ3.2	kg	0.165	0.165	0.165	0.165	0.165	0.165	0.165
材料	氧气	m^3	0.141	0.141	0.141	0.141	0.141	0.141	0.141
材料	乙炔气	kg	0.047	0.047	0.047	0.047	0.047	0.047	0.047
材料	石棉橡胶板 低压 δ0.8～6.0	kg	0.010	0.020	0.040	0.040	0.060	0.070	0.090
材料	热轧厚钢板 δ20	kg	0.007	0.009	0.010	0.014	0.016	0.020	0.025
材料	六角螺栓带螺母 M12×55	套	0.160	0.160	0.160	—	—	—	—
材料	六角螺栓带螺母 M16×65	套	—	—	—	0.160	0.160	—	—
材料	六角螺栓带螺母 M16×70	套	—	—	—	—	—	0.160	0.160
材料	无缝钢管 ϕ22×2.5	m	0.010	0.010	0.010	0.010	0.010	0.010	0.010
材料	输水软管 ϕ25	m	0.020	0.020	0.020	0.020	0.020	0.020	0.020
材料	螺纹截止阀 J11T－16 *DN*15	个	0.020	0.020	0.020	0.020	0.020	0.020	0.020
材料	压力表 Y－100 0～6MPa	块	0.020	0.020	0.020	0.020	0.020	0.020	0.020
材料	压力表补芯	个	0.020	0.020	0.020	0.020	0.020	0.020	0.020
材料	二硫化钼	kg	0.002	0.002	0.002	0.004	0.004	0.004	0.004
材料	水	kg	0.004	0.008	0.017	0.036	0.070	0.140	0.302
材料	其他材料费	%	1.000	1.000	1.000	1.000	1.000	1.000	1.000
机械	电焊机（综合）	台班	0.034	0.034	0.034	0.034	0.034	0.034	0.034
机械	试压泵 60MPa	台班	0.016	0.016	0.016	0.016	0.032	0.032	0.036
机械	电焊条烘干箱 60×50×75(cm^3)	台班	0.004	0.004	0.004	0.004	0.004	0.004	0.004
机械	电焊条恒温箱	台班	0.004	0.004	0.004	0.004	0.004	0.004	0.004

计量单位:个

定额编号			8-3-20	8-3-21	8-3-22	8-3-23	8-3-24	8-3-25	8-3-26
项目			公称直径（mm 以内）						
			80	100	125	150	200	250	300
名称		单位	消耗量						
人工	合计工日	工日	0.516	0.685	0.840	0.910	1.871	2.864	3.320
人工	其中 普工	工日	0.129	0.171	0.210	0.228	0.468	0.716	0.830
人工	其中 一般技工	工日	0.335	0.445	0.546	0.591	1.216	1.862	2.158
人工	其中 高级技工	工日	0.052	0.069	0.084	0.091	0.187	0.286	0.332
材料	法兰阀门	个	1.000	1.000	1.000	1.000	1.000	1.000	1.000
材料	低碳钢焊条 J427 $\phi3.2$	kg	0.165	0.165	0.165	0.165	0.165	0.165	0.165
材料	氧气	m^3	0.159	0.204	0.273	0.312	0.447	0.627	0.750
材料	乙炔气	kg	0.053	0.068	0.091	0.104	0.149	0.209	0.250
材料	石棉橡胶板 低压 $\delta0.8\sim6.0$	kg	0.130	0.170	0.230	0.280	0.330	0.370	0.400
材料	热轧厚钢板 $\delta20$	kg	0.030	0.036	0.047	0.061	0.088	0.128	0.165
材料	六角螺栓带螺母 M16×70	套	0.320	—	—	—	—	—	—
材料	六角螺栓带螺母 M20×80	套	—	0.320	—	—	—	—	—
材料	六角螺栓带螺母 M22×85	套	—	—	0.320	—	—	—	—
材料	六角螺栓带螺母 M22×90	套	—	—	—	0.320	—	—	—
材料	六角螺栓带螺母 M27×95	套	—	—	—	—	0.480	—	—
材料	六角螺栓带螺母 M27×105	套	—	—	—	—	—	0.480	—
材料	六角螺栓带螺母 M27×115	套	—	—	—	—	—	—	0.640
材料	无缝钢管 $\phi22\times2.5$	m	0.010	0.010	0.010	0.010	0.010	0.010	0.010
材料	输水软管 $\phi25$	m	0.020	0.020	0.020	0.020	0.020	0.020	0.020
材料	螺纹截止阀 J11T-16 *DN*15	个	0.020	0.020	0.020	0.020	0.020	0.020	0.020
材料	压力表 Y-100 0~6MPa	块	0.020	0.020	0.020	0.020	0.020	0.020	0.020
材料	压力表补芯	个	0.020	0.020	0.020	0.020	0.020	0.020	0.020
材料	二硫化钼	kg	0.006	0.006	0.013	0.013	0.013	0.019	0.029
材料	水	kg	0.563	1.099	2.148	3.711	8.796	17.181	29.687
材料	其他材料费	%	1.000	1.000	1.000	1.000	1.000	1.000	1.000
机械	电焊机（综合）	台班	0.034	0.034	0.034	0.034	0.034	0.034	0.034
机械	汽车式起重机 8t	台班	—	0.011	0.011	0.011	0.011	0.011	0.011
机械	吊装机械(综合)	台班	—	0.068	0.068	0.068	0.068	0.080	0.080
机械	载重汽车 8t	台班	—	0.011	0.011	0.011	0.011	0.011	0.011
机械	试压泵 60MPa	台班	0.041	0.048	0.088	0.128	0.128	0.128	0.128
机械	电焊条烘干箱 60×50×75(cm^3)	台班	0.004	0.004	0.004	0.004	0.004	0.004	0.004
机械	电焊条恒温箱	台班	0.004	0.004	0.004	0.004	0.004	0.004	0.004

计量单位:个

定额编号				8-3-27	8-3-28	8-3-29	8-3-30	8-3-31	8-3-32	8-3-33
项目				公称直径(mm 以内)						
				350	400	450	500	600	700	800
名称			单位	消耗量						
人工	合计工日		工日	3.520	3.973	4.712	5.331	6.486	8.630	10.532
	其中	普工	工日	0.880	0.994	1.178	1.333	1.621	2.158	2.633
		一般技工	工日	2.288	2.582	3.063	3.465	4.216	5.609	6.846
		高级技工	工日	0.352	0.397	0.471	0.533	0.649	0.863	1.053
材料	法兰阀门		个	1.000	1.000	1.000	1.000	1.000	1.000	1.000
	低碳钢焊条 J427 ϕ3.2		kg	0.165	0.165	0.165	0.165	0.165	0.165	0.165
	氧气		m^3	0.820	0.910	1.078	1.130	1.275	1.455	1.590
	乙炔气		kg	0.270	0.300	0.360	0.380	0.425	0.485	0.530
	石棉橡胶板 低压 δ0.8~6.0		kg	0.540	0.690	0.810	0.830	0.840	1.030	1.160
	热轧厚钢板 δ20		kg	0.211	0.262	—	—	—	—	—
	热轧厚钢板 δ30		kg	—	—	0.479	0.582	0.826	0.969	1.217
	六角螺栓带螺母 M27×120		套	0.640	—	—	—	—	—	—
	六角螺栓带螺母 M30×130		套	—	0.640	—	—	—	—	—
	六角螺栓带螺母 M30×140		套	—	—	0.800	—	—	—	—
	六角螺栓带螺母 M36×150		套	—	—	—	0.800	—	—	—
	六角螺栓带螺母 M36×160		套	—	—	—	—	0.800	—	—
	六角螺栓带螺母 M42×170		套	—	—	—	—	—	0.960	—
	六角螺栓带螺母 M42×180		套	—	—	—	—	—	—	0.960
	无缝钢管 ϕ22×2.5		m	0.010	0.010	0.010	0.010	0.010	0.010	0.010
	输水软管 ϕ25		m	0.020	0.020	0.020	0.020	0.020	0.020	0.020
	螺纹截止阀 J11T-16 *DN*15		个	0.020	0.020	0.020	0.020	0.020	0.020	0.020
	压力表 Y-100 0~6MPa		块	0.020	0.020	0.020	0.020	0.020	0.020	0.020
	压力表补芯		个	0.020	0.020	0.020	0.020	0.020	0.020	0.020
	二硫化钼		kg	0.029	0.038	0.038	0.038	0.056	0.067	0.101
	水		kg	47.144	70.371	100.197	137.445	237.510	281.484	377.510
	其他材料费		%	1.000	1.000	1.000	1.000	1.000	1.000	1.000
机械	电焊机(综合)		台班	0.034	0.034	0.034	0.034	0.034	0.034	0.034
	汽车式起重机 8t		台班	0.026	0.033	0.034	0.035	0.052	0.065	0.104
	吊装机械(综合)		台班	0.125	0.125	0.159	0.159	0.285	0.342	0.399
	载重汽车 8t		台班	0.026	0.033	0.034	0.035	0.052	0.065	0.104
	试压泵 60MPa		台班	0.143	0.159	0.175	0.191	0.191	0.207	0.223
	电焊条烘干箱 60×50×75(cm^3)		台班	0.004	0.004	0.004	0.004	0.004	0.004	0.004
	电焊条恒温箱		台班	0.004	0.004	0.004	0.004	0.004	0.004	0.004

计量单位:个

定额编号			8-3-34	8-3-35	8-3-36	8-3-37	8-3-38	8-3-39	8-3-40
项目			公称直径（mm 以内）						
			900	1000	1200	1400	1600	1800	2000
名称		单位	消耗量						
人工	合计工日	工日	12.049	13.930	19.222	21.512	23.979	27.273	29.790
人工	其中 普工	工日	3.012	3.482	4.805	5.378	5.995	6.818	7.447
人工	其中 一般技工	工日	7.832	9.055	12.495	13.983	15.586	17.728	19.364
人工	其中 高级技工	工日	1.205	1.393	1.922	2.151	2.398	2.727	2.979
材料	法兰阀门	个	1.000	1.000	1.000	1.000	1.000	1.000	1.000
材料	低碳钢焊条 J427 $\phi3.2$	kg	0.165	0.165	0.292	0.292	0.292	0.567	0.567
材料	氧气	m^3	1.785	2.160	2.790	3.480	3.975	4.470	4.965
材料	乙炔气	kg	0.595	0.720	0.930	1.160	1.325	1.490	1.655
材料	石棉橡胶板 低压 $\delta0.8 \sim 6.0$	kg	1.300	1.310	1.460	2.160	2.450	2.600	2.900
材料	热轧厚钢板 $\delta30$	kg	1.468	1.843	2.025	2.562	3.212	3.936	4.733
材料	六角螺栓带螺母 M42×180	套	0.960	0.960	0.960	0.960	0.960	0.960	0.960
材料	无缝钢管 $\phi22 \times 2.5$	m	0.015	0.015	0.015	0.015	0.015	0.015	0.015
材料	输水软管 $\phi25$	m	0.040	0.040	0.040	0.040	0.040	0.040	0.040
材料	螺纹截止阀 J11T-16 *DN*15	个	0.020	0.020	0.020	0.020	0.020	0.020	0.020
材料	压力表 Y-100 0~6MPa	块	0.020	0.020	0.020	0.020	0.020	0.020	0.020
材料	压力表补芯	个	0.020	0.020	0.020	0.020	0.020	0.020	0.020
材料	二硫化钼	kg	0.101	0.118	0.134	0.151	0.175	0.208	0.240
材料	水	kg	463.316	549.780	950.012	1508.598	2251.900	3206.308	4398.226
材料	其他材料费	%	1.000	1.000	1.000	1.000	1.000	1.000	1.000
机械	电焊机（综合）	台班	0.034	0.034	0.604	0.604	0.604	1.173	1.173
机械	汽车式起重机 8t	台班	0.118	0.154	0.207	0.237	0.279	0.338	0.391
机械	吊装机械(综合)	台班	0.456	0.626	0.717	0.820	0.900	0.979	1.071
机械	载重汽车 8t	台班	0.118	0.154	0.207	0.237	0.279	0.338	0.391
机械	试压泵 60MPa	台班	0.223	0.223	0.239	0.239	0.239	0.239	0.239
机械	电焊条烘干箱 60×50×75(cm^3)	台班	0.004	0.004	0.060	0.060	0.060	0.118	0.118
机械	电焊条恒温箱	台班	0.004	0.004	0.060	0.060	0.060	0.118	0.118

4. 齿轮、液压传动、电动阀门

工作内容:准备工作,阀门壳体压力试验和密封试验,阀门调试,阀门安装。 **计量单位:**个

定额编号				8-3-41	8-3-42	8-3-43	8-3-44	8-3-45	8-3-46	8-3-47
项目				公称直径(mm以内)						
				100	125	150	200	250	300	350
名称			单位	消耗量						
人工	合计工日		工日	1.099	1.358	1.428	2.088	2.971	3.526	4.216
	其中	普工	工日	0.275	0.339	0.357	0.522	0.743	0.881	1.054
		一般技工	工日	0.714	0.883	0.928	1.357	1.931	2.292	2.740
		高级技工	工日	0.110	0.136	0.143	0.209	0.297	0.353	0.422
材料	齿轮、液压、电动阀门		个	1.000	1.000	1.000	1.000	1.000	1.000	1.000
	低碳钢焊条 J427 $\phi3.2$		kg	0.165	0.165	0.165	0.165	0.165	0.165	0.165
	氧气		m^3	0.204	0.273	0.312	0.447	0.627	0.750	0.820
	乙炔气		kg	0.068	0.091	0.104	0.149	0.209	0.250	0.270
	石棉橡胶板 低压 $\delta0.8\sim6.0$		kg	0.170	0.230	0.280	0.330	0.370	0.400	0.540
	热轧厚钢板 $\delta20$		kg	0.036	0.047	0.061	0.088	0.128	0.165	—
	六角螺栓带螺母 M20×80		套	0.320	—	—	—	—	—	—
	六角螺栓带螺母 M22×85		套	—	0.320	—	—	—	—	—
	六角螺栓带螺母 M22×90		套	—	—	0.320	—	—	—	—
	六角螺栓带螺母 M27×95		套	—	—	—	0.480	—	—	—
	六角螺栓带螺母 M27×105		套	—	—	—	—	0.480	—	—
	六角螺栓带螺母 M27×115		套	—	—	—	—	—	0.640	—
	六角螺栓带螺母 M27×120		套	—	—	—	—	—	—	0.640
	无缝钢管 $\phi22\times2.5$		m	0.010	0.010	0.010	0.010	0.010	0.010	0.010
	输水软管 $\phi25$		m	0.020	0.020	0.020	0.020	0.020	0.020	0.020
	螺纹截止阀 J11T-16 *DN*15		个	0.020	0.020	0.020	0.020	0.020	0.020	0.020
	压力表 Y-100 0~6MPa		块	0.020	0.020	0.020	0.020	0.020	0.020	0.020
	压力表补芯		个	0.020	0.020	0.020	0.020	0.020	0.020	0.020
	二硫化钼		kg	0.006	0.006	0.009	0.013	0.019	0.029	0.029
	水		kg	1.099	2.148	3.711	8.796	17.181	29.687	47.144
	其他材料费		%	1.000	1.000	1.000	1.000	1.000	1.000	1.000
机械	电焊机(综合)		台班	0.034	0.034	0.034	0.034	0.034	0.034	0.034
	汽车式起重机 8t		台班	0.013	0.013	0.013	0.013	0.013	0.013	0.026
	吊装机械(综合)		台班	0.083	0.083	0.083	0.083	0.096	0.096	0.150
	载重汽车 8t		台班	0.013	0.013	0.013	0.013	0.013	0.013	0.026
	试压泵 60MPa		台班	0.048	0.088	0.128	0.128	0.128	0.128	0.143
	电焊条烘干箱 60×50×75(cm^3)		台班	0.004	0.004	0.004	0.004	0.004	0.004	0.004
	电焊条恒温箱		台班	0.004	0.004	0.004	0.004	0.004	0.004	0.004

计量单位：个

定额编号			8-3-48	8-3-49	8-3-50	8-3-51	8-3-52	8-3-53	8-3-54
项目			公称直径（mm 以内）						
			400	450	500	600	700	800	900
名称		单位	消耗量						
人工	合计工日	工日	5.182	6.018	6.659	7.884	10.114	12.762	15.097
人工	其中 普工	工日	1.296	1.504	1.665	1.972	2.529	3.191	3.774
人工	其中 一般技工	工日	3.368	3.912	4.328	5.124	6.574	8.295	9.813
人工	其中 高级技工	工日	0.518	0.602	0.666	0.788	1.011	1.276	1.510
材料	齿轮、液压、电动阀门	个	1.000	1.000	1.000	1.000	1.000	1.000	1.000
材料	低碳钢焊条 J427 ϕ3.2	kg	0.165	0.165	0.165	0.165	0.165	0.165	0.165
材料	氧气	m^3	0.910	1.078	1.130	1.275	1.455	1.590	1.785
材料	乙炔气	kg	0.300	0.360	0.380	0.425	0.485	0.530	0.595
材料	石棉橡胶板 低压 δ0.8～6.0	kg	0.690	0.810	0.830	0.840	1.030	1.160	1.300
材料	热轧厚钢板 δ20	kg	0.262	—	—	—	—	—	—
材料	热轧厚钢板 δ30	kg	—	0.479	0.582	0.826	0.969	1.217	1.468
材料	六角螺栓带螺母 M30×130	套	0.640	—	—	—	—	—	—
材料	六角螺栓带螺母 M30×140	套	—	0.800	—	—	—	—	—
材料	六角螺栓带螺母 M36×150	套	—	—	0.800	—	—	—	—
材料	六角螺栓带螺母 M36×160	套	—	—	—	0.800	—	—	—
材料	六角螺栓带螺母 M42×170	套	—	—	—	—	0.960	—	—
材料	六角螺栓带螺母 M42×180	套	—	—	—	—	—	0.960	0.960
材料	无缝钢管 ϕ22×2.5	m	0.010	0.010	0.010	0.010	0.010	0.010	0.010
材料	输水软管 ϕ25	m	0.020	0.020	0.020	0.020	0.020	0.020	0.020
材料	螺纹截止阀 J11T－16 *DN*15	个	0.020	0.020	0.020	0.020	0.020	0.020	0.020
材料	压力表 Y－100 0～6MPa	块	0.020	0.020	0.020	0.020	0.020	0.020	0.020
材料	压力表补芯	个	0.020	0.020	0.020	0.020	0.020	0.020	0.020
材料	二硫化钼	kg	0.038	0.038	0.038	0.056	0.067	0.101	0.101
材料	水	kg	70.371	100.197	137.445	237.510	281.484	377.510	463.316
材料	其他材料费	%	1.000	1.000	1.000	1.000	1.000	1.000	1.000
机械	电焊机（综合）	台班	0.034	0.034	0.034	0.034	0.034	0.034	0.034
机械	汽车式起重机 8t	台班	0.033	0.034	0.035	0.052	0.065	0.104	0.118
机械	吊装机械(综合)	台班	0.150	0.191	0.191	0.342	0.410	0.478	0.547
机械	载重汽车 8t	台班	0.033	0.034	0.035	0.052	0.065	0.104	0.118
机械	试压泵 60MPa	台班	0.159	0.175	0.191	0.191	0.207	0.223	0.223
机械	电焊条烘干箱 60×50×75(cm^3)	台班	0.004	0.004	0.004	0.004	0.004	0.004	0.004
机械	电焊条恒温箱	台班	0.004	0.004	0.004	0.004	0.004	0.004	0.004

计量单位:个

定额编号				8-3-55	8-3-56	8-3-57	8-3-58	8-3-59	8-3-60
项目				公称直径(mm以内)					
				1000	1200	1400	1600	1800	2000
名称			单位	消耗量					
人工	合计工日		工日	17.654	23.081	25.505	29.178	33.359	38.283
	其中	普工	工日	4.414	5.770	6.377	7.295	8.340	9.571
		一般技工	工日	11.475	15.003	16.578	18.965	21.683	24.884
		高级技工	工日	1.765	2.308	2.550	2.918	3.336	3.828
材料	齿轮、液压、电动阀门		个	1.000	1.000	1.000	1.000	1.000	1.000
	低碳钢焊条 J427 $\phi3.2$		kg	0.165	0.292	0.292	0.292	0.567	0.567
	氧气		m^3	2.160	2.790	3.480	3.975	4.470	4.965
	乙炔气		kg	0.720	0.930	1.160	1.325	1.490	1.655
	石棉橡胶板 低压 $\delta0.8\sim6.0$		kg	1.310	1.460	2.160	2.450	2.600	2.900
	热轧厚钢板 $\delta30$		kg	1.843	2.025	2.562	3.212	3.936	4.733
	六角螺栓带螺母 M42×180		套	0.960	0.960	0.960	0.960	0.960	0.960
	无缝钢管 $\phi22\times2.5$		m	0.015	0.015	0.015	0.015	0.015	0.015
	输水软管 $\phi25$		m	0.040	0.040	0.040	0.040	0.040	0.040
	螺纹截止阀 J11T-16 *DN*15		个	0.020	0.020	0.020	0.020	0.020	0.020
	压力表 Y-100 0~6MPa		块	0.020	0.020	0.020	0.020	0.020	0.020
	压力表补芯		个	0.020	0.020	0.020	0.020	0.020	0.020
	二硫化钼		kg	0.118	0.134	0.151	0.175	0.208	0.240
	水		kg	549.780	950.012	1508.598	2251.900	3206.308	4398.226
	其他材料费		%	1.000	1.000	1.000	1.000	1.000	1.000
机械	电焊机(综合)		台班	0.034	0.604	0.604	0.604	1.173	1.173
	汽车式起重机 8t		台班	0.154	0.207	0.237	0.279	0.338	0.391
	吊装机械(综合)		台班	0.615	0.861	0.984	1.080	1.175	1.285
	载重汽车 8t		台班	0.154	0.207	0.237	0.279	0.338	0.391
	试压泵 60MPa		台班	0.223	0.239	0.239	0.239	0.239	0.239
	电焊条烘干箱 60×50×75(cm^3)		台班	0.004	0.060	0.060	0.060	0.118	0.118
	电焊条恒温箱		台班	0.004	0.060	0.060	0.060	0.118	0.118

5.调节阀门

工作内容:准备工作,阀门安装。

计量单位:个

定额编号				8-3-61	8-3-62	8-3-63	8-3-64	8-3-65	8-3-66	8-3-67
项目				公称直径(mm 以内)						
				20	25	32	40	50	65	80
名称			单位	消耗量						
人工	合计工日		工日	0.377	0.377	0.377	0.377	0.377	0.665	0.686
	其中	普工	工日	0.094	0.094	0.094	0.094	0.094	0.166	0.171
		一般技工	工日	0.245	0.245	0.245	0.245	0.245	0.432	0.446
		高级技工	工日	0.038	0.038	0.038	0.038	0.038	0.067	0.069
材料	调节阀门		个	1.000	1.000	1.000	1.000	1.000	1.000	1.000
	石棉橡胶板 低压 δ0.8~6.0		kg	0.020	0.040	0.040	0.060	0.070	0.090	0.130
	二硫化钼		kg	0.002	0.002	0.004	0.004	0.004	0.006	0.006
	其他材料费		%	1.000	1.000	1.000	1.000	1.000	1.000	1.000
机械	汽车式起重机 8t		台班	—	—	—	—	0.006	0.006	0.006
	吊装机械(综合)		台班	—	—	—	—	0.034	0.034	0.034
	载重汽车 8t		台班	—	—	—	—	0.006	0.006	0.006

计量单位:个

定额编号				8-3-68	8-3-69	8-3-70	8-3-71	8-3-72	8-3-73
项目				公称直径(mm 以内)					
				100	125	150	200	250	300
名称			单位	消耗量					
人工	合计工日		工日	1.008	1.236	1.274	1.715	2.547	2.865
	其中	普工	工日	0.252	0.308	0.319	0.429	0.636	0.716
		一般技工	工日	0.655	0.804	0.828	1.115	1.656	1.862
		高级技工	工日	0.101	0.124	0.127	0.171	0.255	0.287
材料	调节阀门		个	1.000	1.000	1.000	1.000	1.000	1.000
	石棉橡胶板 低压 δ0.8~6		kg	0.170	0.230	0.280	0.330	0.370	0.400
	二硫化钼		kg	0.006	0.013	0.013	0.013	0.019	0.029
	其他材料费		%	1.000	1.000	1.000	1.000	1.000	1.000
机械	汽车式起重机 8t		台班	0.011	0.011	0.011	0.011	0.011	0.011
	吊装机械(综合)		台班	0.068	0.068	0.068	0.068	0.080	0.080
	载重汽车 8t		台班	0.011	0.011	0.011	0.011	0.011	0.011

计量单位:个

定额编号			8-3-74	8-3-75	8-3-76	8-3-77
项　目			公称直径（mm 以内）			
			350	400	450	500
名　称		单位	消　耗　量			
人工	合计工日	工日	2.913	3.332	3.795	4.122
	其中 普工	工日	0.728	0.833	0.950	1.031
	其中 一般技工	工日	1.894	2.166	2.466	2.679
	其中 高级技工	工日	0.291	0.333	0.379	0.412
材料	调节阀门	个	1.000	1.000	1.000	1.000
	石棉橡胶板 低压 δ0.8～6.0	kg	0.540	0.690	0.810	0.830
	二硫化钼	kg	0.029	0.038	0.038	0.038
	其他材料费	%	1.000	1.000	1.000	1.000
机械	汽车式起重机 8t	台班	0.026	0.033	0.034	0.035
	吊装机械(综合)	台班	0.125	0.125	0.159	0.159
	载重汽车 8t	台班	0.026	0.033	0.034	0.035

6. 安全阀门（螺纹连接）

工作内容：准备工作，阀门壳体压力试验和密封试验，管子切口，套丝，阀门安装。　　**计量单位：**个

定额编号				8-3-78	8-3-79	8-3-80	8-3-81	8-3-82	8-3-83
项目				公称直径（mm 以内）					
				15	20	25	32	40	50
名称			单位	消耗量					
人工		合计工日	工日	0.397	0.435	0.514	0.696	0.771	0.884
人工	其中	普工	工日	0.099	0.110	0.129	0.174	0.193	0.221
人工	其中	一般技工	工日	0.258	0.282	0.334	0.452	0.501	0.575
人工	其中	高级技工	工日	0.040	0.043	0.051	0.070	0.077	0.088
材料		安全阀门	个	1.000	1.000	1.000	1.000	1.000	1.000
材料		低碳钢焊条 J427 $\phi3.2$	kg	0.165	0.165	0.165	0.165	0.165	0.165
材料		氧气	m^3	0.141	0.141	0.141	0.141	0.141	0.141
材料		乙炔气	kg	0.047	0.047	0.047	0.047	0.047	0.047
材料		尼龙砂轮片 $\phi500\times25\times4$	片	0.008	0.010	0.014	0.018	0.024	0.030
材料		石棉橡胶板 低压 $\delta0.8\sim6.0$	kg	0.055	0.083	0.138	0.165	0.228	0.276
材料		聚四氟乙烯生料带	m	0.142	0.188	0.236	0.302	0.376	0.472
材料		青铅(综合)	kg	0.050	0.050	0.050	0.050	0.050	0.050
材料		机油	kg	0.007	0.009	0.011	0.014	0.017	0.021
材料		热轧厚钢板 $\delta20$	kg	0.007	0.009	0.010	0.014	0.016	0.020
材料		六角螺栓带螺母 M12×55	套	0.160	0.160	0.160	—	—	—
材料		六角螺栓带螺母 M16×65	套	—	—	—	0.160	0.160	—
材料		六角螺栓带螺母 M16×70	套	—	—	—	—	—	0.160
材料		镀锌铁丝 $\phi1.2\sim1.6$	kg	0.500	0.500	0.500	0.500	0.500	0.500
材料		无缝钢管 $\phi22\times2.5$	m	0.010	0.010	0.010	0.010	0.010	0.010
材料		输水软管 $\phi25$	m	0.020	0.020	0.020	0.020	0.020	0.020
材料		螺纹截止阀 J11T－16 *DN*15	个	0.020	0.020	0.020	0.020	0.020	0.020
材料		压力表 Y－100 0～6MPa	块	0.020	0.020	0.020	0.020	0.020	0.020
材料		压力表补芯	个	0.020	0.020	0.020	0.020	0.020	0.020
材料		水	kg	0.004	0.008	0.017	0.036	0.070	0.140
材料		其他材料费	%	1.000	1.000	1.000	1.000	1.000	1.000
机械		电焊机（综合）	台班	0.034	0.034	0.034	0.034	0.034	0.034
机械		汽车式起重机 8t	台班	—	—	—	—	—	0.006
机械		吊装机械(综合)	台班	—	—	—	—	—	0.034
机械		载重汽车 8t	台班	—	—	—	—	—	0.006
机械		砂轮切割机 $\phi500$	台班	0.001	0.002	0.006	0.007	0.008	0.009
机械		试压泵 60MPa	台班	0.032	0.032	0.032	0.035	0.059	0.064
机械		电焊条烘干箱 $60\times50\times75(cm^3)$	台班	0.004	0.004	0.004	0.004	0.004	0.004
机械		电焊条恒温箱	台班	0.004	0.004	0.004	0.004	0.004	0.004

计量单位：个

定额编号			8-3-84	8-3-85	8-3-86	8-3-87	8-3-88	8-3-89
项目			公称直径（mm 以内）					
			65	80	100	125	150	200
名称		单位	消耗量					
人工	合计工日	工日	0.990	1.268	1.760	2.173	2.242	3.107
	其中 普工	工日	0.247	0.317	0.440	0.544	0.561	0.776
	其中 一般技工	工日	0.644	0.824	1.144	1.412	1.457	2.020
	其中 高级技工	工日	0.099	0.127	0.176	0.217	0.224	0.311
材料	安全阀门	个	1.000	1.000	1.000	1.000	1.000	1.000
	低碳钢焊条 J427 ϕ3.2	kg	0.165	0.165	0.165	0.165	0.165	0.165
	氧气	m^3	0.099	0.159	0.204	0.273	0.312	0.447
	乙炔气	kg	0.044	0.053	0.068	0.091	0.104	0.149
	石棉橡胶板 低压 δ0.8～6.0	kg	0.100	0.130	0.170	0.230	0.280	0.330
	青铅(综合)	kg	0.050	0.050	0.050	—	—	—
	热轧厚钢板 δ20	kg	0.018	0.030	0.036	0.047	0.061	0.088
	六角螺栓带螺母 M16×70	套	0.320	0.320	—	—	—	—
	六角螺栓带螺母 M20×80	套	—	—	0.320	—	—	—
	六角螺栓带螺母 M22×85	套	—	—	—	0.320	—	—
	六角螺栓带螺母 M22×90	套	—	—	—	—	0.320	—
	六角螺栓带螺母 M27×95	套	—	—	—	—	—	0.480
	镀锌铁丝 ϕ1.2～1.6	kg	0.500	0.500	1.000	1.000	1.000	1.000
	无缝钢管 ϕ22×2.5	m	0.010	0.010	0.010	0.010	0.010	0.010
	输水软管 ϕ25	m	0.020	0.020	0.020	0.020	0.020	0.020
	螺纹截止阀 J11T-16 *DN*15	个	0.020	0.020	0.020	0.020	0.020	0.020
	压力表 Y-100 0～6MPa	块	0.020	0.020	0.020	0.020	0.020	0.020
	压力表补芯	个	0.020	0.020	0.020	0.020	0.020	0.020
	水	kg	0.717	1.608	3.140	9.487	10.604	25.132
	其他材料费	%	1.000	1.000	1.000	1.000	1.000	1.000
机械	电焊机（综合）	台班	0.034	0.034	0.034	0.034	0.034	0.034
	汽车式起重机 8t	台班	0.006	0.006	0.011	0.011	0.011	0.011
	吊装机械(综合)	台班	0.034	0.034	0.068	0.068	0.068	0.068
	载重汽车 8t	台班	0.006	0.006	0.011	0.011	0.011	0.011
	试压泵 60MPa	台班	0.066	0.077	0.108	0.154	0.182	0.182
	电焊条烘干箱 60×50×75(cm^3)	台班	0.004	0.004	0.004	0.004	0.004	0.004
	电焊条恒温箱	台班	0.004	0.004	0.004	0.004	0.004	0.004

7. 安全阀门（法兰连接）

工作内容：准备工作，阀门壳体压力试验和密封试验，阀门安装。 计量单位：个

定额编号			8-3-90	8-3-91	8-3-92	8-3-93	8-3-94	8-3-95
项目			公称直径（mm 以内）					
			15	20	25	32	40	50
名称		单位	消耗量					
人工	合计工日	工日	0.701	0.701	0.701	0.734	0.734	0.768
其中	普工	工日	0.175	0.175	0.175	0.184	0.184	0.191
	一般技工	工日	0.456	0.456	0.456	0.477	0.477	0.500
	高级技工	工日	0.070	0.070	0.070	0.073	0.073	0.077
材料	安全阀门	个	1.000	1.000	1.000	1.000	1.000	1.000
	低碳钢焊条 J427 ϕ3.2	kg	0.165	0.165	0.165	0.165	0.165	0.165
	氧气	m^3	0.141	0.141	0.141	0.141	0.141	0.141
	乙炔气	kg	0.047	0.047	0.047	0.047	0.047	0.047
	石棉橡胶板 低压 δ0.8～6.0	kg	0.020	0.020	0.040	0.040	0.060	0.070
	青铅(综合)	kg	0.050	0.050	0.050	0.050	0.050	0.050
	热轧厚钢板 δ20	kg	0.008	0.009	0.010	0.014	0.016	0.020
	六角螺栓带螺母 M12×55	套	0.160	0.160	0.160	—	—	—
	六角螺栓带螺母 M16×65	套	—	—	—	0.160	0.160	—
	六角螺栓带螺母 M16×70	套	—	—	—	—	—	0.160
	镀锌铁丝 ϕ1.2～1.6	kg	0.500	0.500	0.500	0.500	0.500	0.500
	无缝钢管 ϕ22×2.5	m	0.010	0.010	0.010	0.010	0.010	0.010
	输水软管 ϕ25	m	0.020	0.020	0.020	0.020	0.020	0.020
	螺纹截止阀 J11T-16 *DN*15	个	0.020	0.020	0.020	0.020	0.020	0.020
	压力表 Y-100 0～6MPa	块	0.020	0.020	0.020	0.020	0.020	0.020
	压力表补芯	个	0.020	0.020	0.020	0.020	0.020	0.020
	二硫化钼	kg	0.002	0.003	0.004	0.006	0.006	0.006
	水	kg	0.024	0.024	0.048	0.104	0.200	0.400
	其他材料费	%	1.000	1.000	1.000	1.000	1.000	1.000
机械	电焊机（综合）	台班	0.034	0.034	0.034	0.034	0.034	0.034
	汽车式起重机 8t	台班	—	—	—	—	—	0.006
	吊装机械(综合)	台班	—	—	—	—	—	0.034
	载重汽车 8t	台班	—	—	—	—	—	0.006
	试压泵 60MPa	台班	0.023	0.023	0.023	0.026	0.041	0.046
	电焊条烘干箱 60×50×75(cm^3)	台班	0.004	0.004	0.004	0.004	0.004	0.004
	电焊条恒温箱	台班	0.004	0.004	0.004	0.004	0.004	0.004

计量单位：个

定额编号			8-3-96	8-3-97	8-3-98	8-3-99	8-3-100	8-3-101
项　目			公称直径（mm 以内）					
			65	80	100	125	150	200
名　称		单位	消耗量					
人工	合计工日	工日	1.213	1.268	1.760	2.173	2.242	3.107
人工	其中 普工	工日	0.304	0.317	0.440	0.544	0.561	0.776
人工	其中 一般技工	工日	0.788	0.824	1.144	1.412	1.457	2.020
人工	其中 高级技工	工日	0.121	0.127	0.176	0.217	0.224	0.311
材料	安全阀门	个	1.000	1.000	1.000	1.000	1.000	1.000
材料	低碳钢焊条 J427 ϕ3.2	kg	0.165	0.165	0.165	0.165	0.165	0.165
材料	氧气	m^3	0.141	0.159	0.204	0.273	0.312	0.447
材料	乙炔气	kg	0.047	0.053	0.068	0.091	0.104	0.149
材料	石棉橡胶板 低压 δ0.8～6.0	kg	0.090	0.130	0.170	0.230	0.280	0.330
材料	青铅(综合)	kg	0.050	0.050	0.050	0.050	0.050	0.050
材料	热轧厚钢板 δ20	kg	0.025	0.030	0.036	0.047	0.061	0.088
材料	六角螺栓带螺母 M16×70	套	0.320	0.320	—	—	—	—
材料	六角螺栓带螺母 M20×80	套	—	—	0.320	—	—	—
材料	六角螺栓带螺母 M22×85	套	—	—	—	0.320	—	—
材料	六角螺栓带螺母 M22×90	套	—	—	—	—	0.320	—
材料	六角螺栓带螺母 M27×95	套	—	—	—	—	—	0.480
材料	镀锌铁丝 ϕ1.2～1.6	kg	0.500	0.500	1.000	1.000	1.000	1.000
材料	无缝钢管 ϕ22×2.5	m	0.010	0.010	0.010	0.010	0.010	0.010
材料	输水软管 ϕ25	m	0.020	0.020	0.020	0.020	0.020	0.020
材料	螺纹截止阀 J11T－16 *DN*15	个	0.020	0.020	0.020	0.020	0.020	0.020
材料	压力表 Y－100 0～6MPa	块	0.020	0.020	0.020	0.020	0.020	0.020
材料	压力表补芯	个	0.020	0.020	0.020	0.020	0.020	0.020
材料	二硫化钼	kg	0.006	0.013	0.013	0.016	0.019	0.029
材料	水	kg	0.864	1.608	3.140	9.487	10.604	25.132
材料	其他材料费	%	1.000	1.000	1.000	1.000	1.000	1.000
机械	电焊机（综合）	台班	0.034	0.034	0.034	0.034	0.034	0.034
机械	汽车式起重机 8t	台班	0.006	0.006	0.011	0.011	0.011	0.011
机械	吊装机械(综合)	台班	0.034	0.034	0.068	0.068	0.068	0.068
机械	载重汽车 8t	台班	0.006	0.006	0.011	0.011	0.011	0.011
机械	试压泵 60MPa	台班	0.052	0.059	0.068	0.154	0.182	0.182
机械	电焊条烘干箱 60×50×75(cm^3)	台班	0.004	0.004	0.004	0.004	0.004	0.004
机械	电焊条恒温箱	台班	0.004	0.004	0.004	0.004	0.004	0.004

计量单位:个

定额编号			8-3-102	8-3-103	8-3-104	8-3-105	8-3-106
项目			公称直径（mm 以内）				
			250	300	350	400	450
名称		单位	消耗量				
人工	合计工日	工日	4.262	5.099	5.948	6.801	7.644
	其中 普工	工日	1.066	1.274	1.487	1.700	1.911
	其中 一般技工	工日	2.770	3.315	3.866	4.421	4.969
	其中 高级技工	工日	0.426	0.510	0.595	0.680	0.764
材料	安全阀门	个	1.000	1.000	1.000	1.000	1.000
	低碳钢焊条 J427 $\phi3.2$	kg	0.165	0.165	0.165	0.165	0.165
	氧气	m^3	0.536	0.644	0.772	0.927	1.112
	乙炔气	kg	0.179	0.215	0.257	0.309	0.371
	石棉橡胶板 低压 $\delta0.8\sim6.0$	kg	0.396	0.475	0.570	0.684	0.821
	青铅(综合)	kg	0.050	0.050	0.075	0.075	0.075
	热轧厚钢板 $\delta20$	kg	0.114	0.148	0.192	0.250	0.325
	六角螺栓带螺母 M27×105	套	0.480	—	—	—	—
	六角螺栓带螺母 M27×115	套	—	0.640	—	—	—
	六角螺栓带螺母 M27×120	套	—	—	0.640	—	—
	六角螺栓带螺母 M30×130	套	—	—	—	0.640	—
	六角螺栓带螺母 M30×140	套	—	—	—	—	0.800
	镀锌铁丝 $\phi1.2\sim1.6$	kg	1.000	1.000	1.000	1.000	1.000
	无缝钢管 $\phi22\times2.5$	m	0.010	0.010	0.010	0.010	0.010
	输水软管 $\phi25$	m	0.020	0.020	0.020	0.020	0.020
	螺纹截止阀 J11T-16 *DN*15	个	0.020	0.020	0.020	0.020	0.020
	压力表 Y-100 0~6MPa	块	0.020	0.020	0.020	0.020	0.020
	压力表补芯	个	0.020	0.020	0.020	0.020	0.020
	二硫化钼	kg	0.033	0.035	0.035	0.038	0.038
	水	kg	32.783	59.010	106.218	191.193	344.147
	其他材料费	%	1.000	1.000	1.000	1.000	1.000
机械	电焊机（综合）	台班	0.034	0.034	0.034	0.034	0.034
	汽车式起重机 8t	台班	0.011	0.011	0.026	0.033	0.034
	吊装机械(综合)	台班	0.079	0.079	0.125	0.134	0.159
	载重汽车 8t	台班	0.011	0.011	0.026	0.033	0.034
	试压泵 60MPa	台班	0.205	0.205	0.228	0.228	0.228
	电焊条烘干箱 60×50×75(cm^3)	台班	0.004	0.004	0.004	0.004	0.004
	电焊条恒温箱	台班	0.004	0.004	0.004	0.004	0.004

8. 安全阀调试定压

工作内容:准备工作,整定压力测试,打铅封,挂合格证。　　计量单位:个

定额编号			8-3-107	8-3-108	8-3-109	8-3-110	8-3-111	8-3-112
项目			公称直径(mm 以内)					
			15	20	25	32	40	50
名称		单位	消耗量					
人工	合计工日	工日	0.489	0.565	0.643	0.694	0.766	0.809
人工	其中 普工	工日	0.122	0.142	0.161	0.174	0.191	0.202
人工	其中 一般技工	工日	0.318	0.367	0.418	0.451	0.498	0.526
人工	其中 高级技工	工日	0.049	0.056	0.064	0.069	0.077	0.081
材料	二硫化钼	kg	0.002	0.002	0.003	0.003	0.004	0.004
材料	内外环缠绕垫(综合)	个	0.150	0.150	0.150	0.150	0.150	0.150
材料	破布	kg	0.021	0.021	0.023	0.023	0.030	0.035
材料	其他材料费	%	1.000	1.000	1.000	1.000	1.000	1.000
机械	电动空气压缩机 $10m^3/min$	台班	0.011	0.013	0.014	0.017	0.018	0.020
机械	安全阀试压机 YFC－A	台班	0.059	0.071	0.080	0.088	0.097	0.106

计量单位:个

定额编号			8-3-113	8-3-114	8-3-115	8-3-116	8-3-117	8-3-118
项目			公称直径(mm 以内)					
			65	80	100	125	150	200
名称		单位	消耗量					
人工	合计工日	工日	0.913	0.986	1.058	1.233	1.233	1.365
人工	其中 普工	工日	0.228	0.246	0.264	0.309	0.309	0.341
人工	其中 一般技工	工日	0.594	0.641	0.688	0.801	0.801	0.887
人工	其中 高级技工	工日	0.091	0.099	0.106	0.123	0.123	0.137
材料	二硫化钼	kg	0.006	0.007	0.010	0.014	0.014	0.017
材料	内外环缠绕垫(综合)	个	0.150	0.150	0.150	0.150	0.150	0.150
材料	破布	kg	0.049	0.063	0.070	0.112	0.112	0.140
材料	其他材料费	%	1.000	1.000	1.000	1.000	1.000	1.000
机械	叉式起重机 3t	台班	—	—	0.008	0.008	0.008	0.008
机械	电动单梁起重机 5t	台班	—	—	0.028	0.032	0.032	0.034
机械	电动空气压缩机 $10m^3/min$	台班	0.021	0.022	0.023	0.024	0.024	0.025
机械	安全阀试压机 YFC－A	台班	0.112	0.118	0.124	0.129	0.129	0.136

计量单位:个

定 额 编 号			8-3-119	8-3-120	8-3-121	8-3-122	8-3-123
项 目			公称直径(mm 以内)				
			250	300	350	400	450
名 称		单位	消 耗 量				
人工	合计工日	工日	1.504	1.656	1.821	2.002	2.204
其中	普工	工日	0.377	0.414	0.456	0.501	0.552
	一般技工	工日	0.977	1.076	1.183	1.301	1.432
	高级技工	工日	0.150	0.166	0.182	0.200	0.220
材料	二硫化钼	kg	0.020	0.023	0.027	0.030	0.034
	内外环缠绕垫(综合)	个	0.150	0.150	0.150	0.150	0.150
	破布	kg	0.154	0.175	0.196	0.217	0.238
	其他材料费	%	1.000	1.000	1.000	1.000	1.000
机械	叉式起重机 3t	台班	0.008	0.009	0.009	0.009	0.009
	电动单梁起重机 5t	台班	0.037	0.039	0.040	0.042	0.044
	电动空气压缩机 $10m^3/min$	台班	0.028	0.030	0.032	0.034	0.038
	安全阀试压机 YFC-A	台班	0.141	0.147	0.154	0.159	0.166

9. 塑料阀门

工作内容: 准备工作,阀门壳体压力试验和密封试验,管子切口,管口组对,法兰焊接,阀门安装。

计量单位:个

定额编号				8-3-124	8-3-125	8-3-126	8-3-127	8-3-128	8-3-129
项目				公称直径(mm 以内)					
				20	25	32	40	51	65
名称			单位	消耗量					
人工	合计工日		工日	0.352	0.407	0.443	0.515	0.578	0.768
	其中	普工	工日	0.088	0.102	0.111	0.128	0.144	0.192
		一般技工	工日	0.229	0.264	0.288	0.335	0.376	0.499
		高级技工	工日	0.035	0.041	0.044	0.052	0.058	0.077
材料	塑料阀门		个	1.000	1.000	1.000	1.000	1.000	1.000
	塑料法兰(带螺栓)		片	2.000	2.000	2.000	2.000	2.000	2.000
	聚氯乙烯焊条(综合)		kg	0.003	0.004	0.004	0.007	0.014	0.016
	低碳钢焊条 J427 ϕ3.2		kg	0.165	0.165	0.165	0.165	0.165	0.165
	氧气		m^3	0.141	0.141	0.141	0.141	0.141	0.141
	乙炔气		kg	0.047	0.047	0.047	0.047	0.047	0.047
	石棉橡胶板 低压 δ0.8~6.0		kg	0.020	0.040	0.040	0.060	0.070	0.090
	耐酸石棉橡胶板(综合)		kg	0.060	0.070	0.080	0.110	0.140	0.180
	电		kW·h	0.220	0.270	0.287	0.294	0.449	0.533
	电阻丝		根	0.003	0.003	0.003	0.004	0.004	0.004
	木柴		kg	0.103	0.103	0.103	0.103	0.206	0.206
	锯条(各种规格)		根	0.019	0.024	0.030	0.031	0.064	0.076
	热轧厚钢板 δ20		kg	0.009	0.010	0.014	0.016	0.020	0.025
	六角螺栓带螺母 M12×55		套	0.160	0.160	—	—	—	—
	六角螺栓带螺母 M16×65		套	—	—	0.160	0.160	—	—
	六角螺栓带螺母 M16×70		套	—	—	—	—	0.160	0.320
	无缝钢管 ϕ22×2.5		m	0.010	0.010	0.010	0.010	0.010	0.010
	输水软管 ϕ25		m	0.020	0.020	0.020	0.020	0.020	0.020
	螺纹截止阀 J11T-16 *DN*15		个	0.020	0.020	0.020	0.020	0.020	0.020
	压力表 Y-100 0~6MPa		块	0.020	0.020	0.020	0.020	0.020	0.020
	压力表补芯		个	0.020	0.020	0.020	0.020	0.020	0.020
	水		kg	0.006	0.012	0.026	0.050	0.100	0.216
	其他材料费		%	1.000	1.000	1.000	1.000	1.000	1.000
机械	电焊机(综合)		台班	0.030	0.030	0.030	0.030	0.030	0.030
	试压泵 60MPa		台班	0.010	0.010	0.010	0.020	0.020	0.023
	电动空气压缩机 0.6m^3/min		台班	0.056	0.069	0.074	0.075	0.115	0.137
	电焊条烘干箱 60×50×75(cm^3)		台班	0.003	0.003	0.003	0.003	0.003	0.003
	电焊条恒温箱		台班	0.003	0.003	0.003	0.003	0.003	0.003

计量单位：个

定额编号				8-3-130	8-3-131	8-3-132	8-3-133	8-3-134	8-3-135
项目				公称直径（mm以内）					
				76	90	114	140	166	218
名称			单位	消耗量					
人工	合计工日		工日	0.841	1.021	1.286	1.530	2.357	4.327
	其中	普工	工日	0.211	0.256	0.321	0.382	0.589	1.082
		一般技工	工日	0.546	0.663	0.836	0.995	1.532	2.812
		高级技工	工日	0.084	0.102	0.129	0.153	0.236	0.433
材料	塑料阀门		个	1.000	1.000	1.000	1.000	1.000	1.000
	塑料法兰（带螺栓）		片	2.000	2.000	2.000	2.000	2.000	2.000
	聚氯乙烯焊条(综合)		kg	0.021	0.038	0.054	0.067	0.119	0.428
	低碳钢焊条 J427 $\phi3.2$		kg	0.165	0.165	0.165	0.165	0.165	0.165
	氧气		m^3	0.159	0.204	0.273	0.312	0.447	0.627
	乙炔气		kg	0.053	0.068	0.091	0.104	0.149	0.209
	石棉橡胶板 低压 $\delta0.8\sim6.0$		kg	0.130	0.170	0.230	0.280	0.330	0.370
	耐酸石棉橡胶板(综合)		kg	0.260	0.350	0.460	0.550	0.660	1.036
	电		kW·h	0.621	0.743	1.148	1.315	1.856	2.558
	电阻丝		根	0.005	0.006	0.006	0.007	0.007	0.008
	木柴		kg	0.279	0.310	0.824	0.824	0.824	1.030
	锯条(各种规格)		根	0.102	0.153	0.247	0.323	0.397	0.600
	热轧厚钢板 $\delta20$		kg	0.030	0.036	0.047	0.061	0.088	0.128
	六角螺栓带螺母 M16×70		套	0.320	—	—	—	—	—
	六角螺栓带螺母 M20×80		套	—	0.320	—	—	—	—
	六角螺栓带螺母 M22×85		套	—	—	0.320	—	—	—
	六角螺栓带螺母 M22×90		套	—	—	—	0.320	—	—
	六角螺栓带螺母 M27×95		套	—	—	—	—	0.480	—
	六角螺栓带螺母 M27×105		套	—	—	—	—	—	0.480
	无缝钢管 $\phi22\times2.5$		m	0.010	0.010	0.010	0.010	0.010	0.010
	输水软管 $\phi25$		m	0.020	0.020	0.020	0.020	0.020	0.020
	螺纹截止阀 J11T－16 *DN*15		个	0.020	0.020	0.020	0.020	0.020	0.020
	压力表 Y－100 0～6MPa		块	0.020	0.020	0.020	0.020	0.020	0.020
	压力表补芯		个	0.020	0.020	0.020	0.020	0.020	0.020
	水		kg	0.402	0.785	1.534	2.651	6.283	12.272
	其他材料费		%	1.000	1.000	1.000	1.000	1.000	1.000
机械	电焊机（综合）		台班	0.030	0.030	0.030	0.030	0.030	0.030
	试压泵 60MPa		台班	0.026	0.030	0.055	0.080	0.080	0.080
	电动空气压缩机 $0.6m^3/min$		台班	0.159	0.190	0.295	0.338	0.477	0.626
	电焊条烘干箱 $60\times50\times75(cm^3)$		台班	0.003	0.003	0.003	0.003	0.003	0.003
	电焊条恒温箱		台班	0.003	0.003	0.003	0.003	0.003	0.003

二、中 压 阀 门

1.螺 纹 阀 门

工作内容:准备工作,阀门壳体压力试验和密封试验,管子切口,套丝,阀门安装。　　**计量单位**:个

定额编号				8-3-136	8-3-137	8-3-138	8-3-139	8-3-140	8-3-141
项目				公称直径(mm 以内)					
				15	20	25	32	40	50
名称			单位	消耗量					
人工	合计工日		工日	0.253	0.277	0.323	0.410	0.452	0.506
	其中	普工	工日	0.063	0.069	0.080	0.102	0.114	0.127
		一般技工	工日	0.139	0.153	0.178	0.226	0.248	0.278
		高级技工	工日	0.051	0.055	0.065	0.082	0.090	0.101
材料	螺纹阀门		个	1.020	1.020	1.010	1.010	1.010	1.010
	低碳钢焊条 J427 $\phi3.2$		kg	0.165	0.165	0.165	0.165	0.165	0.165
	氧气		m^3	0.141	0.141	0.141	0.141	0.141	0.141
	乙炔气		kg	0.047	0.047	0.047	0.047	0.047	0.047
	尼龙砂轮片 $\phi500\times25\times4$		片	0.008	0.013	0.016	0.020	0.024	0.036
	石棉橡胶板 中压 $\delta0.8\sim6.0$		kg	0.034	0.050	0.084	0.101	0.140	0.168
	聚四氟乙烯生料带		m	0.415	0.509	0.641	0.791	0.904	1.074
	热轧厚钢板 $\delta20$		kg	0.007	0.009	0.010	0.014	0.016	0.020
	六角螺栓带螺母 M12×55		套	0.160	0.160	0.160	—	—	—
	六角螺栓带螺母 M16×70		套	—	—	—	0.160	0.160	—
	六角螺栓带螺母 M16×65		套	—	—	—	—	—	0.160
	无缝钢管 $\phi22\times2.5$		m	0.010	0.010	0.010	0.010	0.010	0.010
	输水软管 $\phi25$		m	0.020	0.020	0.020	0.020	0.020	0.020
	螺纹截止阀 J11T-16 *DN*15		个	0.020	0.020	0.020	0.020	0.020	0.020
	压力表 中压		块	0.020	0.020	0.020	0.020	0.020	0.020
	压力表补芯		个	0.020	0.020	0.020	0.020	0.020	0.020
	机油		kg	0.007	0.009	0.011	0.014	0.017	0.021
	水		kg	0.004	0.008	0.017	0.036	0.070	0.140
	其他材料费		%	1.000	1.000	1.000	1.000	1.000	1.000
机械	电焊机(综合)		台班	0.034	0.034	0.034	0.034	0.034	0.034
	砂轮切割机 $\phi500$		台班	0.001	0.005	0.006	0.008	0.009	0.010
	试压泵 60MPa		台班	0.019	0.019	0.019	0.025	0.031	0.039
	电焊条烘干箱 60×50×75(cm^3)		台班	0.004	0.004	0.004	0.004	0.004	0.004
	电焊条恒温箱		台班	0.004	0.004	0.004	0.004	0.004	0.004
	管子切断套丝机 159mm		台班	0.032	0.032	0.032	0.035	0.035	0.035

2. 承插焊阀门

工作内容:准备工作,阀门壳体压力试验和密封试验,管子切口,管口组对,焊接,阀门安装。

计量单位:个

定额编号		8-3-142	8-3-143	8-3-144	8-3-145	8-3-146	8-3-147
项目		公称直径(mm 以内)					
		15	20	25	32	40	50
名称	单位	消耗量					
人工 合计工日	工日	0.231	0.277	0.313	0.368	0.437	0.492
其中 普工	工日	0.058	0.069	0.078	0.091	0.110	0.123
其中 一般技工	工日	0.127	0.153	0.172	0.203	0.240	0.271
其中 高级技工	工日	0.046	0.055	0.063	0.074	0.087	0.098
材料 焊接阀门	个	1.000	1.000	1.000	1.000	1.000	1.000
低碳钢焊条 J427 $\phi3.2$	kg	0.209	0.241	0.258	0.280	0.342	0.390
氧气	m^3	0.141	0.141	0.141	0.152	0.153	0.157
乙炔气	kg	0.047	0.047	0.047	0.051	0.051	0.052
尼龙砂轮片 $\phi100\times16\times3$	片	0.004	0.004	0.005	0.023	0.027	0.038
尼龙砂轮片 $\phi500\times25\times4$	片	0.008	0.013	0.026	0.032	0.038	0.058
石棉橡胶板 中压 $\delta0.8\sim6.0$	kg	0.034	0.050	0.084	0.101	0.140	0.168
磨头	块	0.020	0.026	0.031	0.039	0.044	0.053
电	kW·h	0.028	0.043	0.050	0.060	0.078	0.091
热轧厚钢板 $\delta20$	kg	0.007	0.009	0.010	0.014	0.016	0.020
六角螺栓带螺母 M16×65	套	—	—	—	0.160	0.160	—
六角螺栓带螺母 M16×70	套	—	—	—	—	—	0.160
无缝钢管 $\phi22\times2.5$	m	0.010	0.010	0.010	0.010	0.010	0.010
输水软管 $\phi25$	m	0.020	0.020	0.020	0.020	0.020	0.020
螺纹截止阀 J11T-16 *DN*15	个	0.020	0.020	0.020	0.020	0.020	0.020
压力表 中压	块	0.020	0.020	0.020	0.020	0.020	0.020
压力表补芯	个	0.020	0.020	0.020	0.020	0.020	0.020
水	kg	0.004	0.008	0.017	0.036	0.070	0.140
棉纱头	kg	0.002	0.003	0.004	0.006	0.006	0.007
其他材料费	%	1.000	1.000	1.000	1.000	1.000	1.000
机械 电焊机(综合)	台班	0.068	0.090	0.104	0.118	0.136	0.166
砂轮切割机 $\phi500$	台班	0.001	0.005	0.006	0.008	0.008	0.010
试压泵 60MPa	台班	0.019	0.019	0.019	0.025	0.031	0.039
电焊条烘干箱 $60\times50\times75(cm^3)$	台班	0.007	0.009	0.011	0.011	0.013	0.016
电焊条恒温箱	台班	0.007	0.009	0.011	0.011	0.013	0.016

3. 对焊阀门（氩电联焊）

工作内容：准备工作，阀门壳体压力试验和密封试验，管子切口，坡口加工，管口组对，焊接，阀门安装。

计量单位：个

定额编号			8-3-148	8-3-149	8-3-150	8-3-151	8-3-152	8-3-153	8-3-154
项目			公称直径（mm 以内）						
			15	20	25	32	40	50	65
	名称	单位	消耗量						
人工	合计工日	工日	0.796	0.796	0.884	0.983	0.983	1.092	1.468
人工	其中 普工	工日	0.199	0.199	0.221	0.246	0.246	0.274	0.366
人工	其中 一般技工	工日	0.438	0.438	0.486	0.540	0.540	0.600	0.808
人工	其中 高级技工	工日	0.159	0.159	0.177	0.197	0.197	0.218	0.294
材料	焊接阀门	个	1.000	1.000	1.000	1.000	1.000	1.000	1.000
材料	低碳钢焊条 J427 $\phi3.2$	kg	0.130	0.130	0.144	0.160	0.160	0.178	0.360
材料	碳钢焊丝	kg	0.028	0.035	0.060	0.080	0.100	0.043	0.044
材料	氧气	m^3	0.013	0.013	0.014	0.016	0.016	0.018	0.230
材料	乙炔气	kg	0.004	0.004	0.005	0.005	0.005	0.006	0.077
材料	氩气	m^3	0.077	0.099	0.160	0.220	0.260	0.121	0.122
材料	铈钨棒	g	0.154	0.197	0.320	0.430	0.500	0.242	0.242
材料	尼龙砂轮片 $\phi100\times16\times3$	片	0.058	0.073	0.119	0.155	0.208	0.217	0.430
材料	尼龙砂轮片 $\phi500\times25\times4$	片	0.010	0.013	0.018	0.025	0.029	0.043	0.064
材料	石棉橡胶板 中压 $\delta0.8\sim6.0$	kg	0.145	0.145	0.161	0.178	0.178	0.198	0.257
材料	磨头	块	0.020	0.026	0.031	0.039	0.044	0.053	0.070
材料	电	kW·h	0.129	0.129	0.147	0.168	0.206	0.220	0.220
材料	丙酮	kg	0.255	0.255	0.284	0.315	0.315	0.350	0.474
材料	热轧厚钢板 $\delta20$	kg	0.007	0.009	0.010	0.014	0.016	0.020	0.025
材料	六角螺栓带螺母 M12×55	套	0.160	0.160	0.160	—	—	—	—
材料	六角螺栓带螺母 M16×65	套	—	—	—	0.160	0.160	—	—
材料	六角螺栓带螺母 M16×70	套	—	—	—	—	—	0.160	0.160
材料	无缝钢管 $\phi22\times2.5$	m	0.010	0.010	0.010	0.010	0.010	0.010	0.010
材料	输水软管 $\phi25$	m	0.020	0.020	0.020	0.020	0.020	0.020	0.020
材料	螺纹截止阀 J11T－16 *DN*15	个	0.020	0.020	0.020	0.020	0.020	0.020	0.020
材料	压力表 中压	块	0.020	0.020	0.020	0.020	0.020	0.020	0.020
材料	压力表补芯	个	0.020	0.020	0.020	0.020	0.020	0.020	0.020
材料	钢丝 $\phi4.0$	kg	0.013	0.013	0.014	0.016	0.016	0.018	—
材料	破布	kg	0.017	0.017	0.019	0.021	0.021	0.023	—
材料	棉纱头	kg	0.007	0.007	0.007	0.008	0.008	0.009	0.011
材料	水	kg	0.120	0.120	0.134	0.149	0.149	0.165	0.356
材料	其他材料费	%	1.000	1.000	1.000	1.000	1.000	1.000	1.000
机械	电焊机（综合）	台班	0.137	0.137	0.152	0.169	0.169	0.188	0.266
机械	氩弧焊机 500A	台班	0.091	0.091	0.101	0.112	0.112	0.125	0.158
机械	砂轮切割机 $\phi500$	台班	0.016	0.016	0.018	0.020	0.020	0.022	0.029
机械	普通车床 630×2000	台班	0.049	0.049	0.054	0.060	0.060	0.067	0.073
机械	试压泵 60MPa	台班	0.056	0.056	0.063	0.070	0.070	0.077	0.089
机械	电焊条烘干箱 60×50×75(cm^3)	台班	0.013	0.013	0.015	0.017	0.017	0.019	0.027
机械	电焊条恒温箱	台班	0.013	0.013	0.015	0.017	0.017	0.019	0.027

计量单位：个

定额编号				8-3-155	8-3-156	8-3-157	8-3-158	8-3-159	8-3-160
项目				公称直径（mm 以内）					
				80	100	125	150	200	250
名称			单位	消耗量					
人工		合计工日	工日	1.693	1.998	2.539	2.860	4.211	5.924
	其中	普工	工日	0.423	0.499	0.634	0.715	1.053	1.481
		一般技工	工日	0.931	1.099	1.397	1.573	2.316	3.258
		高级技工	工日	0.339	0.400	0.508	0.572	0.842	1.185
材料		焊接阀门	个	1.000	1.000	1.000	1.000	1.000	1.000
		低碳钢焊条 J427 $\phi3.2$	kg	0.530	0.700	1.146	1.600	2.800	4.400
		碳钢焊丝	kg	0.046	0.062	0.070	0.086	0.120	0.152
		氧气	m^3	0.258	0.320	0.418	0.746	1.000	1.410
		乙炔气	kg	0.086	0.107	0.139	0.249	0.333	0.470
		氩气	m^3	0.130	0.174	0.200	0.240	0.340	0.420
		铈钨棒	g	0.260	0.348	0.400	0.480	0.680	0.840
		尼龙砂轮片 $\phi100\times16\times3$	片	0.568	0.758	1.090	1.521	2.345	3.382
		尼龙砂轮片 $\phi500\times25\times4$	片	0.086	0.115	0.150	—	—	—
		石棉橡胶板 中压 $\delta0.8\sim6.0$	kg	0.376	0.496	0.654	0.793	0.951	1.050
		电	kW·h	0.256	0.338	0.424	0.521	0.758	1.005
		丙酮	kg	0.558	0.716	0.838	1.000	1.380	1.720
		磨头	块	0.094	0.106	—	—	—	—
		热轧厚钢板 $\delta20$	kg	0.030	0.036	0.047	0.061	0.088	0.128
		六角螺栓带螺母 M16×70	套	3.200	—	—	—	—	—
		六角螺栓带螺母 M20×80	套	—	3.200	—	—	—	—
		六角螺栓带螺母 M22×85	套	—	—	3.200	—	—	—
		六角螺栓带螺母 M22×90	套	—	—	—	3.200	—	—
		六角螺栓带螺母 M27×95	套	—	—	—	—	4.800	—
		六角螺栓带螺母 M27×105	套	—	—	—	—	—	4.800
		无缝钢管 $\phi22\times2.5$	m	0.010	0.010	0.010	0.010	0.010	0.010
		输水软管 $\phi25$	m	0.020	0.020	0.020	0.020	0.020	0.020
		螺纹截止阀 J11T－16 *DN*15	个	0.020	0.020	0.020	0.020	0.020	0.020
		压力表 中压	块	0.020	0.020	0.020	0.020	0.020	0.020
		压力表补芯	个	0.020	0.020	0.020	0.020	0.020	0.020
		角钢(综合)	kg	—	—	—	—	0.174	0.174
		棉纱头	kg	0.014	0.016	0.019	0.024	0.032	0.039
		水	kg	0.664	1.297	2.535	4.379	10.379	20.274
		其他材料费	%	1.000	1.000	1.000	1.000	1.000	1.000
机械		电焊机（综合）	台班	0.312	0.464	0.543	0.714	1.107	1.485
		氩弧焊机 500A	台班	0.189	0.242	0.287	0.345	0.476	0.594
		汽车式起重机 8t	台班	—	0.011	0.011	0.011	0.011	0.011
		吊装机械(综合)	台班	—	0.068	0.068	0.068	0.068	0.079
		载重汽车 8t	台班	—	0.011	0.011	0.011	0.011	0.011
		半自动切割机 100mm	台班	—	—	—	0.161	0.234	0.292
		砂轮切割机 $\phi500$	台班	0.034	0.051	0.054	—	—	—
		试压泵 60MPa	台班	0.098	0.114	0.210	0.305	0.305	0.305
		普通车床 630×2000	台班	0.078	0.092	0.191	0.209	0.312	0.377
		电焊条烘干箱 60×50×75(cm^3)	台班	0.032	0.047	0.055	0.072	0.111	0.148
		电焊条恒温箱	台班	0.032	0.047	0.055	0.072	0.111	0.148

计量单位：个

定额编号			8-3-161	8-3-162	8-3-163	8-3-164	8-3-165	8-3-166
项　目			公称直径（mm 以内）					
			300	350	400	450	500	600
名　称		单位	消　耗　量					
人工	合计工日	工日	7.379	8.868	10.755	13.201	14.946	16.889
人工	其中 普工	工日	1.844	2.217	2.689	3.301	3.737	4.222
人工	其中 一般技工	工日	4.059	4.877	5.915	7.260	8.220	9.289
人工	其中 高级技工	工日	1.476	1.774	2.151	2.640	2.989	3.378
材料	焊接阀门	个	1.000	1.000	1.000	1.000	1.000	1.000
材料	低碳钢焊条 J427 ϕ3.2	kg	7.800	10.600	13.800	15.200	20.348	26.101
材料	碳钢焊丝	kg	0.180	0.212	0.260	0.300	0.391	0.505
材料	氧气	m^3	1.680	2.010	2.351	2.860	3.470	4.400
材料	乙炔气	kg	0.560	0.670	0.784	0.953	1.157	1.467
材料	氩气	m^3	0.506	0.600	0.696	0.760	1.094	1.415
材料	铈钨棒	g	1.020	1.180	1.390	1.520	2.189	2.830
材料	尼龙砂轮片 $\phi100 \times 16 \times 3$	片	4.564	5.812	7.172	8.158	9.260	13.630
材料	石棉橡胶板 中压 δ0.8～6.0	kg	1.149	1.546	1.982	2.339	2.379	2.688
材料	电	kW·h	1.252	1.565	1.840	2.111	2.659	3.585
材料	丙酮	kg	2.040	2.448	2.938	3.525	4.230	4.780
材料	热轧厚钢板 δ20	kg	0.165	0.211	0.262	—	—	—
材料	热轧厚钢板 δ30	kg	—	—	—	0.479	0.582	0.826
材料	六角螺栓带螺母 M27×115	套	0.640	—	—	—	—	—
材料	六角螺栓带螺母 M27×120	套	—	0.640	—	—	—	—
材料	六角螺栓带螺母 M30×130	套	—	—	0.640	—	—	—
材料	六角螺栓带螺母 M30×140	套	—	—	—	0.800	—	—
材料	六角螺栓带螺母 M36×150	套	—	—	—	—	0.800	—
材料	六角螺栓带螺母 M36×160	套	—	—	—	—	—	0.800
材料	无缝钢管 $\phi22 \times 2.5$	m	0.010	0.010	0.010	0.010	0.010	0.010
材料	输水软管 ϕ25	m	0.020	0.020	0.020	0.020	0.020	0.020
材料	螺纹截止阀 J11T－16 *DN*15	个	0.020	0.020	0.020	0.020	0.020	0.020
材料	压力表 中压	块	0.020	0.020	0.020	0.020	0.020	0.020
材料	压力表补芯	个	0.020	0.020	0.020	0.020	0.020	0.020
材料	角钢(综合)	kg	0.229	0.229	0.229	0.229	0.229	0.259
材料	棉纱头	kg	0.046	0.055	0.062	0.069	0.076	0.085
材料	水	kg	35.031	55.630	83.038	118.232	162.185	183.269
材料	其他材料费	%	1.000	1.000	1.000	1.000	1.000	1.000
机械	电焊机（综合）	台班	1.905	2.637	3.426	4.322	4.784	5.405
机械	氩弧焊机 500A	台班	0.708	0.821	0.927	1.045	1.163	1.314
机械	汽车式起重机 8t	台班	0.011	0.026	0.033	0.034	0.035	0.040
机械	吊装机械(综合)	台班	0.079	0.125	0.125	0.159	0.159	0.180
机械	载重汽车 8t	台班	0.011	0.026	0.033	0.034	0.035	0.040
机械	半自动切割机 100mm	台班	0.353	0.412	0.476	0.561	0.602	0.680
机械	试压泵 60MPa	台班	0.305	0.344	0.383	0.421	0.460	0.520
机械	普通车床 630×2000	台班	0.477	0.572	0.686	0.824	0.988	1.117
机械	电焊条烘干箱 60×50×75(cm^3)	台班	0.190	0.264	0.343	0.433	0.479	0.541
机械	电焊条恒温箱	台班	0.190	0.264	0.343	0.433	0.479	0.541

4.法 兰 阀 门

工作内容:准备工作,阀门壳体压力试验和密封试验,阀门安装。 **计量单位:**个

定额编号			8-3-167	8-3-168	8-3-169	8-3-170	8-3-171	8-3-172	8-3-173
项目			公称直径(mm 以内)						
			15	20	25	32	40	50	65
	名称	单位	消耗量						
人工	合计工日	工日	0.335	0.335	0.335	0.355	0.355	0.376	0.552
其中	普工	工日	0.084	0.084	0.084	0.089	0.089	0.094	0.138
	一般技工	工日	0.184	0.184	0.184	0.195	0.195	0.207	0.304
	高级技工	工日	0.067	0.067	0.067	0.071	0.071	0.075	0.110
材料	法兰阀门	个	1.000	1.000	1.000	1.000	1.000	1.000	1.000
	低碳钢焊条 J427 ϕ3.2	kg	0.165	0.165	0.165	0.165	0.165	0.165	0.165
	氧气	m^3	0.141	0.141	0.141	0.141	0.141	0.141	0.141
	乙炔气	kg	0.047	0.047	0.047	0.047	0.047	0.047	0.047
	石棉橡胶板 中压 δ0.8~6.0	kg	0.020	0.020	0.040	0.040	0.060	0.070	0.090
	热轧厚钢板 δ20	kg	0.007	0.009	0.010	0.014	0.016	0.020	0.025
	六角螺栓带螺母 M12×55	套	0.160	0.160	0.160	—	—	—	—
	六角螺栓带螺母 M16×65	套	—	—	—	0.160	0.160	—	—
	六角螺栓带螺母 M16×70	套	—	—	—	—	—	0.160	0.160
	无缝钢管 ϕ22×2.5	m	0.010	0.010	0.010	0.010	0.010	0.010	0.010
	输水软管 ϕ25	m	0.020	0.020	0.020	0.020	0.020	0.020	0.020
	螺纹截止阀 J11T-16 *DN*15	个	0.020	0.020	0.020	0.020	0.020	0.020	0.020
	压力表 中压	块	0.020	0.020	0.020	0.020	0.020	0.020	0.020
	压力表补芯	个	0.020	0.020	0.020	0.020	0.020	0.020	0.020
	二硫化钼	kg	0.004	0.004	0.004	0.006	0.006	0.006	0.006
	水	kg	0.004	0.008	0.017	0.036	0.070	0.140	0.302
	其他材料费	%	1.000	1.000	1.000	1.000	1.000	1.000	1.000
机械	电焊机(综合)	台班	0.034	0.034	0.034	0.034	0.034	0.034	0.034
	试压泵 60MPa	台班	0.019	0.019	0.019	0.025	0.033	0.039	0.044
	电焊条烘干箱 60×50×75(cm^3)	台班	0.004	0.004	0.004	0.004	0.004	0.004	0.004
	电焊条恒温箱	台班	0.004	0.004	0.004	0.004	0.004	0.004	0.004

计量单位：个

定额编号				8-3-174	8-3-175	8-3-176	8-3-177	8-3-178	8-3-179
项目				公称直径（mm 以内）					
				80	100	125	150	200	250
名称			单位	消耗量					
人工	合计工日		工日	0.597	0.792	0.964	1.485	2.112	3.134
	其中	普工	工日	0.150	0.199	0.241	0.371	0.528	0.784
		一般技工	工日	0.328	0.435	0.530	0.817	1.162	1.723
		高级技工	工日	0.119	0.158	0.193	0.297	0.422	0.627
材料	法兰阀门		个	1.000	1.000	1.000	1.000	1.000	1.000
	低碳钢焊条 J427 ϕ3.2		kg	0.165	0.165	0.165	0.165	0.165	0.165
	氧气		m^3	0.159	0.204	0.273	0.312	0.447	0.627
	乙炔气		kg	0.053	0.068	0.091	0.104	0.149	0.209
	石棉橡胶板 中压 δ0.8～6.0		kg	0.130	0.170	0.230	0.280	0.330	0.370
	热轧厚钢板 δ20		kg	0.030	0.036	0.047	0.061	0.088	0.128
	六角螺栓带螺母 M16×70		套	0.320	—	—	—	—	—
	六角螺栓带螺母 M20×80		套	—	0.320	—	—	—	—
	六角螺栓带螺母 M22×85		套	—	—	0.320	—	—	—
	六角螺栓带螺母 M22×90		套	—	—	—	0.320	—	—
	六角螺栓带螺母 M27×95		套	—	—	—	—	0.480	—
	六角螺栓带螺母 M27×105		套	—	—	—	—	—	0.480
	无缝钢管 ϕ22×2.5		m	0.010	0.010	0.010	0.010	0.010	0.010
	输水软管 ϕ25		m	0.020	0.020	0.020	0.020	0.020	0.020
	螺纹截止阀 J11T-16 *DN*15		个	0.020	0.020	0.020	0.020	0.020	0.020
	压力表 中压		块	0.020	0.020	0.020	0.020	0.020	0.020
	压力表补芯		个	0.020	0.020	0.020	0.020	0.020	0.020
	二硫化钼		kg	0.013	0.013	0.013	0.019	0.029	0.034
	水		kg	0.563	1.099	2.148	3.711	8.796	17.181
	其他材料费		%	1.000	1.000	1.000	1.000	1.000	1.000
机械	电焊机（综合）		台班	0.034	0.034	0.034	0.034	0.034	0.034
	汽车式起重机 8t		台班	—	0.011	0.011	0.011	0.011	0.011
	吊装机械(综合)		台班	—	0.068	0.068	0.068	0.068	0.080
	载重汽车 8t		台班	—	0.011	0.011	0.011	0.011	0.011
	试压泵 60MPa		台班	0.049	0.057	0.105	0.153	0.153	0.153
	电焊条烘干箱 60×50×75(cm^3)		台班	0.004	0.004	0.004	0.004	0.004	0.004
	电焊条恒温箱		台班	0.004	0.004	0.004	0.004	0.004	0.004

计量单位：个

定额编号				8-3-180	8-3-181	8-3-182	8-3-183	8-3-184
项目				公称直径（mm 以内）				
				300	350	400	450	500
名称			单位	消耗量				
人工	合计工日		工日	3.550	3.978	4.473	5.328	6.048
	其中	普工	工日	0.888	0.994	1.118	1.332	1.512
		一般技工	工日	1.952	2.188	2.460	2.930	3.326
		高级技工	工日	0.710	0.796	0.895	1.066	1.210
材料	法兰阀门		个	1.000	1.000	1.000	1.000	1.000
	低碳钢焊条 J427 $\phi3.2$		kg	0.165	0.165	0.165	0.165	0.165
	氧气		m^3	0.750	0.820	0.910	1.078	1.130
	乙炔气		kg	0.250	0.270	0.300	0.360	0.380
	石棉橡胶板 中压 $\delta0.8\sim6.0$		kg	0.400	0.540	0.690	0.810	0.830
	热轧厚钢板 $\delta20$		kg	0.165	0.211	0.262	—	—
	热轧厚钢板 $\delta30$		kg	—	—	—	0.479	0.582
	六角螺栓带螺母 M27×115		套	0.640	—	—	—	—
	六角螺栓带螺母 M27×120		套	—	0.640	—	—	—
	六角螺栓带螺母 M30×130		套	—	—	0.640	—	—
	六角螺栓带螺母 M30×140		套	—	—	—	0.800	—
	六角螺栓带螺母 M36×150		套	—	—	—	—	0.800
	无缝钢管 $\phi22\times2.5$		m	0.010	0.010	0.010	0.010	0.010
	输水软管 $\phi25$		m	0.020	0.020	0.020	0.020	0.020
	螺纹截止阀 J11T－16 *DN*15		个	0.020	0.020	0.020	0.020	0.020
	压力表 中压		块	0.020	0.020	0.020	0.020	0.020
	压力表补芯		个	0.020	0.020	0.020	0.020	0.020
	二硫化钼		kg	0.034	0.045	0.067	0.084	0.100
	水		kg	29.687	47.144	70.371	100.197	137.445
	其他材料费		%	1.000	1.000	1.000	1.000	1.000
机械	电焊机（综合）		台班	0.034	0.034	0.034	0.034	0.034
	汽车式起重机 8t		台班	0.011	0.026	0.033	0.034	0.035
	吊装机械(综合)		台班	0.080	0.125	0.125	0.159	0.159
	载重汽车 8t		台班	0.011	0.026	0.033	0.034	0.035
	试压泵 60MPa		台班	0.153	0.172	0.191	0.211	0.230
	电焊条烘干箱 60×50×75(cm^3)		台班	0.004	0.004	0.004	0.004	0.004
	电焊条恒温箱		台班	0.004	0.004	0.004	0.004	0.004

5. 齿轮、液压传动、电动阀门

工作内容：准备工作，阀门壳体压力试验和密封试验，阀门调试，阀门安装。　　　　**计量单位：**个

定额编号			8-3-185	8-3-186	8-3-187	8-3-188	8-3-189	8-3-190	8-3-191
项目			公称直径（mm 以内）						
			100	125	150	200	250	300	350
	名称	单位	消耗量						
人工	合计工日	工日	1.366	1.688	1.786	2.636	3.685	4.317	5.232
人工	其中 普工	工日	0.342	0.422	0.447	0.659	0.921	1.079	1.308
人工	其中 一般技工	工日	0.751	0.928	0.982	1.450	2.027	2.375	2.878
人工	其中 高级技工	工日	0.273	0.338	0.357	0.527	0.737	0.863	1.046
材料	齿轮、液压、电动阀门	个	1.000	1.000	1.000	1.000	1.000	1.000	1.000
材料	低碳钢焊条 J427 ϕ3.2	kg	0.165	0.165	0.165	0.165	0.165	0.165	0.165
材料	氧气	m^3	0.204	0.273	0.312	0.447	0.627	0.750	0.820
材料	乙炔气	kg	0.068	0.091	0.104	0.149	0.209	0.250	0.270
材料	石棉橡胶板 中压 δ0.8～6.0	kg	0.170	0.230	0.280	0.330	0.370	0.400	0.540
材料	热轧厚钢板 δ20	kg	0.036	0.047	0.061	0.088	0.128	0.165	0.211
材料	六角螺栓带螺母 M20×80	套	0.320	—	—	—	—	—	—
材料	六角螺栓带螺母 M22×85	套	—	0.320	—	—	—	—	—
材料	六角螺栓带螺母 M22×90	套	—	—	0.320	—	—	—	—
材料	六角螺栓带螺母 M27×95	套	—	—	—	0.480	—	—	—
材料	六角螺栓带螺母 M27×105	套	—	—	—	—	0.480	—	—
材料	六角螺栓带螺母 M27×115	套	—	—	—	—	—	0.640	—
材料	六角螺栓带螺母 M27×120	套	—	—	—	—	—	—	0.640
材料	无缝钢管 ϕ22×2.5	m	0.010	0.010	0.010	0.010	0.010	0.010	0.010
材料	输水软管 ϕ25	m	0.020	0.020	0.020	0.020	0.020	0.020	0.020
材料	螺纹截止阀 J11T－16 *DN*15	个	0.020	0.020	0.020	0.020	0.020	0.020	0.020
材料	压力表 中压	块	0.020	0.020	0.020	0.020	0.020	0.020	0.020
材料	压力表补芯	个	0.020	0.020	0.020	0.020	0.020	0.020	0.020
材料	二硫化钼	kg	0.011	0.011	0.015	0.024	0.034	0.034	0.045
材料	水	kg	1.099	2.148	3.711	8.796	17.181	29.687	47.144
材料	其他材料费	%	1.000	1.000	1.000	1.000	1.000	1.000	1.000
机械	电焊机（综合）	台班	0.034	0.034	0.034	0.034	0.034	0.034	0.034
机械	汽车式起重机 8t	台班	0.014	0.014	0.014	0.014	0.014	0.014	0.029
机械	吊装机械(综合)	台班	0.091	0.091	0.091	0.091	0.105	0.105	0.165
机械	载重汽车 8t	台班	0.014	0.014	0.014	0.014	0.014	0.014	0.029
机械	试压泵 60MPa	台班	0.057	0.105	0.153	0.153	0.153	0.153	0.172
机械	电焊条烘干箱 60×50×75(cm^3)	台班	0.004	0.004	0.004	0.004	0.004	0.004	0.004
机械	电焊条恒温箱	台班	0.004	0.004	0.004	0.004	0.004	0.004	0.004

计量单位:个

定额编号			8-3-192	8-3-193	8-3-194	8-3-195	8-3-196	8-3-197	8-3-198
项目			公称直径(mm 以内)						
			400	450	500	600	700	800	900
名称		单位	消耗量						
人工	合计工日	工日	6.462	7.524	8.356	10.045	12.039	15.009	18.083
人工	其中 普工	工日	1.616	1.881	2.089	2.511	3.010	3.752	4.521
人工	其中 一般技工	工日	3.554	4.138	4.596	5.525	6.621	8.255	9.945
人工	其中 高级技工	工日	1.292	1.505	1.671	2.009	2.408	3.002	3.617
材料	齿轮、液压、电动阀门	个	1.000	1.000	1.000	1.000	1.000	1.000	1.000
材料	低碳钢焊条 J427 ϕ3.2	kg	0.165	0.165	0.165	0.165	0.165	0.165	0.165
材料	氧气	m^3	0.910	1.078	1.130	1.275	1.455	1.590	1.785
材料	乙炔气	kg	0.300	0.360	0.380	0.425	0.485	0.530	0.595
材料	石棉橡胶板 中压 δ0.8~6.0	kg	0.690	0.810	0.830	0.840	1.030	1.160	1.300
材料	热轧厚钢板 δ20	kg	0.262	—	—	—	—	—	—
材料	热轧厚钢板 δ30	kg	—	0.479	0.582	0.826	0.969	1.217	1.468
材料	六角螺栓带螺母 M30×130	套	0.640	—	—	—	—	—	—
材料	六角螺栓带螺母 M30×140	套	—	0.800	—	—	—	—	—
材料	六角螺栓带螺母 M36×150	套	—	—	0.800	—	—	—	—
材料	六角螺栓带螺母 M36×160	套	—	—	—	0.800	—	—	—
材料	六角螺栓带螺母 M42×170	套	—	—	—	—	0.960	—	—
材料	六角螺栓带螺母 M42×180	套	—	—	—	—	—	0.960	0.960
材料	无缝钢管 ϕ22×2.5	m	0.010	0.010	0.010	0.010	0.010	0.010	0.015
材料	输水软管 ϕ25	m	0.020	0.020	0.020	0.020	0.020	0.020	0.040
材料	螺纹截止阀 J11T-16 *DN*15	个	0.020	0.020	0.020	0.020	0.020	0.020	0.020
材料	压力表 中压	块	0.020	0.020	0.020	0.020	0.020	0.020	0.020
材料	压力表补芯	个	0.020	0.020	0.020	0.020	0.020	0.020	0.020
材料	二硫化钼	kg	0.067	0.084	0.100	0.144	0.158	0.193	0.193
材料	水	kg	70.371	100.197	137.445	237.510	279.923	330.818	390.195
材料	其他材料费	%	1.000	1.000	1.000	1.000	1.000	1.000	1.000
机械	电焊机(综合)	台班	0.034	0.034	0.034	0.034	0.034	0.034	0.034
机械	汽车式起重机 8t	台班	0.036	0.038	0.039	0.058	0.071	0.114	0.130
机械	吊装机械(综合)	台班	0.165	0.210	0.210	0.376	0.451	0.526	0.601
机械	载重汽车 8t	台班	0.036	0.038	0.039	0.058	0.071	0.114	0.130
机械	试压泵 60MPa	台班	0.191	0.211	0.230	0.230	0.271	0.320	0.377
机械	电焊条烘干箱 60×50×75(cm^3)	台班	0.004	0.004	0.004	0.004	0.004	0.004	0.004
机械	电焊条恒温箱	台班	0.004	0.004	0.004	0.004	0.004	0.004	0.004

计量单位:个

定额编号				8-3-199	8-3-200	8-3-201	8-3-202	8-3-203	8-3-204
项目				公称直径(mm以内)					
				1000	1200	1400	1600	1800	2000
名称			单位	消耗量					
人工	合计工日		工日	21.522	26.796	30.575	36.305	43.234	51.740
	其中	普工	工日	5.381	6.699	7.644	9.076	10.809	12.935
		一般技工	工日	11.837	14.738	16.816	19.968	23.778	28.457
		高级技工	工日	4.304	5.359	6.115	7.261	8.647	10.348
材料	齿轮、液压、电动阀门		个	1.000	1.000	1.000	1.000	1.000	1.000
	低碳钢焊条 J427 $\phi3.2$		kg	0.165	0.292	0.292	0.292	0.567	0.567
	氧气		m^3	2.160	2.790	3.480	3.975	4.470	4.965
	乙炔气		kg	0.720	0.930	1.160	1.325	1.490	1.655
	石棉橡胶板 中压 $\delta0.8\sim6.0$		kg	1.310	1.460	2.160	2.450	2.600	2.900
	热轧厚钢板 $\delta30$		kg	1.843	2.025	2.562	3.212	3.936	4.733
	六角螺栓带螺母 M42×180		套	0.960	0.960	0.960	0.960	0.960	0.960
	无缝钢管 $\phi22\times2.5$		m	0.015	0.015	0.015	0.015	0.015	0.015
	输水软管 $\phi25$		m	0.040	0.040	0.040	0.040	0.040	0.040
	螺纹截止阀 J11T-16 *DN*15		个	0.020	0.020	0.020	0.020	0.020	0.020
	压力表 中压		块	0.020	0.020	0.020	0.020	0.020	0.020
	压力表补芯		个	0.020	0.020	0.020	0.020	0.020	0.020
	二硫化钼		kg	0.224	0.255	0.287	0.333	0.395	0.456
	水		kg	459.752	542.880	641.277	756.639	892.359	1053.527
	其他材料费		%	1.000	1.000	1.000	1.000	1.000	1.000
机械	电焊机(综合)		台班	0.034	0.604	0.604	0.604	1.173	1.173
	汽车式起重机 8t		台班	0.169	0.228	0.261	0.307	0.372	0.430
	吊装机械(综合)		台班	0.676	0.947	1.082	1.188	1.293	1.413
	载重汽车 8t		台班	0.169	0.228	0.261	0.307	0.372	0.430
	试压泵 60MPa		台班	0.444	0.525	0.620	0.731	0.862	1.018
	电焊条烘干箱 60×50×75(cm^3)		台班	0.004	0.060	0.060	0.060	0.118	0.118
	电焊条恒温箱		台班	0.004	0.060	0.060	0.060	0.118	0.118

6. 调 节 阀 门

工作内容：准备工作，阀门安装。

计量单位：个

定额编号				8-3-205	8-3-206	8-3-207	8-3-208	8-3-209	8-3-210	8-3-211
项目				公称直径（mm 以内）						
				20	25	32	40	50	65	80
名称			单位	消耗量						
人工	合计工日		工日	0.458	0.458	0.458	0.458	0.458	0.800	0.821
	其中	普工	工日	0.114	0.114	0.114	0.114	0.114	0.200	0.205
		一般技工	工日	0.252	0.252	0.252	0.252	0.252	0.440	0.452
		高级技工	工日	0.092	0.092	0.092	0.092	0.092	0.160	0.164
材料	调节阀门		个	1.000	1.000	1.000	1.000	1.000	1.000	1.000
	石棉橡胶板 中压 δ0.8～6.0		kg	0.020	0.040	0.040	0.060	0.070	0.090	0.130
	二硫化钼		kg	0.004	0.004	0.006	0.006	0.006	0.006	0.006
	其他材料费		%	1.000	1.000	1.000	1.000	1.000	1.000	1.000
机械	汽车式起重机 8t		台班	—	—	—	—	0.007	0.007	0.007
	吊装机械(综合)		台班	—	—	—	—	0.041	0.041	0.041
	载重汽车 8t		台班	—	—	—	—	0.007	0.007	0.007

计量单位：个

定额编号				8-3-212	8-3-213	8-3-214	8-3-215	8-3-216	8-3-217
项目				公称直径（mm 以内）					
				100	125	150	200	250	300
名称			单位	消耗量					
人工	合计工日		工日	1.197	1.452	1.490	2.012	2.871	3.165
	其中	普工	工日	0.300	0.363	0.372	0.503	0.718	0.791
		一般技工	工日	0.658	0.799	0.820	1.107	1.579	1.741
		高级技工	工日	0.239	0.290	0.298	0.402	0.574	0.633
材料	调节阀门		个	1.000	1.000	1.000	1.000	1.000	1.000
	石棉橡胶板 中压 δ0.8～6.0		kg	0.170	0.230	0.280	0.330	0.370	0.400
	二硫化钼		kg	0.013	0.013	0.019	0.029	0.034	0.034
	其他材料费		%	1.000	1.000	1.000	1.000	1.000	1.000
机械	汽车式起重机 8t		台班	0.014	0.014	0.014	0.014	0.014	0.014
	吊装机械(综合)		台班	0.082	0.082	0.082	0.082	0.096	0.096
	载重汽车 8t		台班	0.014	0.014	0.014	0.014	0.014	0.014

计量单位:个

定额编号			8-3-218	8-3-219	8-3-220	8-3-221
项目			公称直径(mm 以内)			
			350	400	450	500
名称		单位	消耗量			
人工	合计工日	工日	3.378	3.915	4.468	4.858
	其中 普工	工日	0.844	0.979	1.116	1.214
	其中 一般技工	工日	1.858	2.153	2.458	2.672
	其中 高级技工	工日	0.676	0.783	0.894	0.972
材料	调节阀门	个	1.000	1.000	1.000	1.000
	石棉橡胶板 中压 δ0.8～6.0	kg	0.540	0.690	0.810	0.830
	二硫化钼	kg	0.045	0.067	0.084	0.100
	其他材料费	%	1.000	1.000	1.000	1.000
机械	汽车式起重机 8t	台班	0.031	0.040	0.041	0.042
	吊装机械(综合)	台班	0.150	0.150	0.191	0.191
	载重汽车 8t	台班	0.031	0.040	0.041	0.042

7. 安全阀门（螺纹连接）

工作内容：准备工作，阀门壳体压力试验和密封试验，管子切口，套丝，阀门安装。 **计量单位**：个

		定额编号		8-3-222	8-3-223	8-3-224	8-3-225	8-3-226	8-3-227
		项目		公称直径（mm 以内）					
				15	20	25	32	40	50
		名称	单位	消耗量					
人工		合计工日	工日	0.475	0.521	0.618	0.709	0.840	0.947
	其中	普工	工日	0.119	0.130	0.154	0.177	0.210	0.237
		一般技工	工日	0.261	0.287	0.340	0.390	0.462	0.521
		高级技工	工日	0.095	0.104	0.124	0.142	0.168	0.189
材料		安全阀门	个	1.000	1.000	1.000	1.000	1.000	1.000
		低碳钢焊条 J427 $\phi3.2$	kg	0.165	0.165	0.165	0.165	0.165	0.165
		氧气	m^3	0.141	0.141	0.141	0.141	0.141	0.141
		乙炔气	kg	0.047	0.047	0.047	0.047	0.047	0.047
		尼龙砂轮片 $\phi500\times25\times4$	片	0.010	0.013	0.019	0.028	0.041	0.060
		石棉橡胶板 中压 $\delta0.8\sim6.0$	kg	0.055	0.083	0.138	0.165	0.228	0.276
		聚四氟乙烯生料带	m	0.142	0.188	0.236	0.302	0.376	0.472
		青铅(综合)	kg	0.050	0.050	0.050	0.050	0.050	0.050
		机油	kg	0.007	0.009	0.011	0.014	0.017	0.021
		热轧厚钢板 $\delta20$	kg	0.007	0.009	0.010	0.014	0.016	0.020
		六角螺栓带螺母 M12×55	套	0.160	0.160	0.160	—	—	—
		六角螺栓带螺母 M16×65	套	—	—	—	0.160	0.160	—
		六角螺栓带螺母 M16×70	套	—	—	—	—	—	0.160
		镀锌铁丝 $\phi1.2\sim1.6$	kg	0.500	0.500	0.500	0.500	0.500	0.500
		无缝钢管 $\phi22\times2.5$	m	0.010	0.010	0.010	0.010	0.010	0.010
		输水软管 $\phi25$	m	0.020	0.020	0.020	0.020	0.020	0.020
		螺纹截止阀 J11T－16 *DN*15	个	0.020	0.020	0.020	0.020	0.020	0.020
		压力表 中压	块	0.020	0.020	0.020	0.020	0.020	0.020
		压力表补芯	个	0.020	0.020	0.020	0.020	0.020	0.020
		水	kg	0.004	0.008	0.017	0.036	0.070	0.140
		其他材料费	%	1.000	1.000	1.000	1.000	1.000	1.000
机械		电焊机（综合）	台班	0.034	0.034	0.034	0.034	0.034	0.034
		汽车式起重机 8t	台班	—	—	—	—	—	0.006
		吊装机械(综合)	台班	—	—	—	—	—	0.038
		载重汽车 8t	台班	—	—	—	—	—	0.006
		砂轮切割机 $\phi500$	台班	0.001	0.005	0.008	0.014	0.024	0.043
		试压泵 60MPa	台班	0.038	0.038	0.038	0.042	0.069	0.075
		电焊条烘干箱 60×50×75(cm^3)	台班	0.004	0.004	0.004	0.004	0.004	0.004
		电焊条恒温箱	台班	0.004	0.004	0.004	0.004	0.004	0.004

8. 安全阀门(法兰连接)

工作内容:准备工作,阀门壳体压力试验和密封试验,阀门安装。　　　　**计量单位**:个

定额编号			8-3-228	8-3-229	8-3-230	8-3-231	8-3-232	8-3-233
项目			公称直径(mm以内)					
			15	20	25	32	40	50
名称		单位	消耗量					
人工	合计工日	工日	0.798	0.798	0.798	0.836	0.836	0.875
人工	其中 普工	工日	0.199	0.199	0.199	0.209	0.209	0.219
人工	其中 一般技工	工日	0.439	0.439	0.439	0.460	0.460	0.481
人工	其中 高级技工	工日	0.160	0.160	0.160	0.167	0.167	0.175
材料	安全阀门	个	1.000	1.000	1.000	1.000	1.000	1.000
材料	低碳钢焊条 J427 ϕ3.2	kg	0.165	0.165	0.165	0.165	0.165	0.165
材料	氧气	m^3	0.141	0.141	0.141	0.141	0.141	0.141
材料	乙炔气	kg	0.047	0.047	0.047	0.047	0.047	0.047
材料	石棉橡胶板 中压 δ0.8~6.0	kg	0.020	0.020	0.040	0.040	0.060	0.070
材料	青铅(综合)	kg	0.050	0.050	0.050	0.050	0.050	0.050
材料	热轧厚钢板 δ20	kg	0.008	0.009	0.010	0.014	0.016	0.020
材料	六角螺栓带螺母 M12×55	套	0.160	0.160	0.160	—	—	—
材料	六角螺栓带螺母 M16×65	套	—	—	—	0.160	0.160	—
材料	六角螺栓带螺母 M16×70	套	—	—	—	—	—	0.160
材料	镀锌铁丝 ϕ1.2~1.6	kg	0.500	0.500	0.500	0.500	0.500	0.500
材料	无缝钢管 ϕ22×2.5	m	0.010	0.010	0.010	0.010	0.010	0.010
材料	输水软管 ϕ25	m	0.020	0.020	0.020	0.020	0.020	0.020
材料	螺纹截止阀 J11T-16 *DN*15	个	0.020	0.020	0.020	0.020	0.020	0.020
材料	压力表 中压	块	0.020	0.020	0.020	0.020	0.020	0.020
材料	压力表补芯	个	0.020	0.020	0.020	0.020	0.020	0.020
材料	二硫化钼	kg	0.004	0.004	0.004	0.006	0.006	0.006
材料	水	kg	0.024	0.024	0.048	0.104	0.200	0.400
材料	其他材料费	%	1.000	1.000	1.000	1.000	1.000	1.000
机械	电焊机(综合)	台班	0.034	0.034	0.034	0.034	0.034	0.034
机械	汽车式起重机 8t	台班	—	—	—	—	—	0.006
机械	吊装机械(综合)	台班	—	—	—	—	—	0.038
机械	载重汽车 8t	台班	—	—	—	—	—	0.006
机械	试压泵 60MPa	台班	0.027	0.027	0.027	0.036	0.043	0.055
机械	电焊条烘干箱 60×50×75(cm^3)	台班	0.004	0.004	0.004	0.004	0.004	0.004
机械	电焊条恒温箱	台班	0.004	0.004	0.004	0.004	0.004	0.004

计量单位:个

定额编号				8-3-234	8-3-235	8-3-236	8-3-237	8-3-238	8-3-239
项目				公称直径（mm 以内）					
				65	80	100	125	150	200
名称			单位	消耗量					
人工	合计工日		工日	1.381	1.439	1.990	2.438	2.507	3.447
	其中	普工	工日	0.345	0.360	0.498	0.609	0.627	0.862
		一般技工	工日	0.760	0.791	1.094	1.341	1.379	1.896
		高级技工	工日	0.276	0.288	0.398	0.488	0.501	0.689
材料	安全阀门		个	1.000	1.000	1.000	1.000	1.000	1.000
	低碳钢焊条 J427 ϕ3.2		kg	0.165	0.165	0.165	0.165	0.165	0.165
	氧气		m^3	0.141	0.159	0.204	0.273	0.312	0.447
	乙炔气		kg	0.047	0.053	0.068	0.091	0.104	0.149
	石棉橡胶板 中压 δ0.8～6.0		kg	0.090	0.130	0.170	0.230	0.280	0.330
	青铅(综合)		kg	0.050	0.050	0.050	0.050	0.050	0.075
	热轧厚钢板 δ20		kg	0.025	0.030	0.036	0.047	0.061	0.088
	六角螺栓带螺母 M16×70		套	0.320	0.320	—	—	—	—
	六角螺栓带螺母 M20×80		套	—	—	0.320	—	—	—
	六角螺栓带螺母 M22×85		套	—	—	—	0.320	—	—
	六角螺栓带螺母 M22×90		套	—	—	—	—	0.320	—
	六角螺栓带螺母 M27×95		套	—	—	—	—	—	0.480
	镀锌铁丝 ϕ1.2～1.6		kg	0.500	0.500	1.000	1.000	1.000	1.000
	无缝钢管 ϕ22×2.5		m	0.010	0.010	0.010	0.010	0.010	0.010
	输水软管 ϕ25		m	0.020	0.020	0.020	0.020	0.020	0.020
	螺纹截止阀 J11T－16 *DN*15		个	0.020	0.020	0.020	0.020	0.020	0.020
	压力表 中压		块	0.020	0.020	0.020	0.020	0.020	0.020
	压力表补芯		个	0.020	0.020	0.020	0.020	0.020	0.020
	二硫化钼		kg	0.006	0.013	0.013	0.013	0.019	0.029
	水		kg	0.864	1.608	3.140	9.487	10.604	18.213
	其他材料费		%	1.000	1.000	1.000	1.000	1.000	1.000
机械	电焊机（综合）		台班	0.034	0.034	0.034	0.034	0.034	0.034
	汽车式起重机 8t		台班	0.006	0.006	0.013	0.013	0.013	0.013
	吊装机械(综合)		台班	0.038	0.038	0.075	0.075	0.075	0.075
	载重汽车 8t		台班	0.006	0.006	0.013	0.013	0.013	0.013
	试压泵 60MPa		台班	0.064	0.071	0.082	0.184	0.219	0.273
	电焊条烘干箱 60×50×75(cm^3)		台班	0.004	0.004	0.004	0.004	0.004	0.004
	电焊条恒温箱		台班	0.004	0.004	0.004	0.004	0.004	0.004

计量单位:个

定额编号			8-3-240	8-3-241	8-3-242	8-3-243	8-3-244
项目			公称直径(mm 以内)				
			250	300	350	400	450
名称		单位	消耗量				
人工	合计工日	工日	4.592	5.510	6.612	7.935	9.521
	其中 普工	工日	1.148	1.377	1.654	1.984	2.381
	一般技工	工日	2.526	3.031	3.636	4.364	5.236
	高级技工	工日	0.918	1.102	1.322	1.587	1.904
材料	安全阀门	个	1.000	1.000	1.000	1.000	1.000
	低碳钢焊条 J427 ϕ3.2	kg	0.165	0.165	0.165	0.165	0.165
	氧气	m^3	0.536	0.644	0.772	0.927	1.112
	乙炔气	kg	0.179	0.215	0.257	0.309	0.371
	石棉橡胶板 中压 δ0.8~6.0	kg	0.396	0.475	0.570	0.684	0.821
	青铅(综合)	kg	0.075	0.075	0.100	0.100	0.100
	热轧厚钢板 δ20	kg	0.114	0.148	0.192	0.250	0.325
	六角螺栓带螺母 M27×105	套	0.480	—	—	—	—
	六角螺栓带螺母 M27×115	套	—	0.640	—	—	—
	六角螺栓带螺母 M27×120	套	—	—	0.640	—	—
	六角螺栓带螺母 M30×130	套	—	—	—	0.640	—
	六角螺栓带螺母 M30×140	套	—	—	—	—	0.800
	镀锌铁丝 ϕ1.2~1.6	kg	1.000	1.000	1.000	1.000	1.000
	无缝钢管 ϕ22×2.5	m	0.010	0.010	0.010	0.010	0.010
	输水软管 ϕ25	m	0.020	0.020	0.020	0.020	0.020
	螺纹截止阀 J11T-16 *DN*15	个	0.020	0.020	0.020	0.020	0.020
	压力表 中压	块	0.020	0.020	0.020	0.020	0.020
	压力表补芯	个	0.020	0.020	0.020	0.020	0.020
	二硫化钼	kg	0.034	0.034	0.045	0.067	0.084
	水	kg	32.783	59.010	106.218	191.193	344.147
	其他材料费	%	1.000	1.000	1.000	1.000	1.000
机械	电焊机(综合)	台班	0.034	0.034	0.034	0.034	0.034
	汽车式起重机 8t	台班	0.013	0.013	0.028	0.037	0.038
	吊装机械(综合)	台班	0.087	0.087	0.138	0.157	0.175
	载重汽车 8t	台班	0.013	0.013	0.028	0.037	0.038
	试压泵 60MPa	台班	0.342	0.427	0.534	0.667	0.834
	电焊条烘干箱 60×50×75(cm^3)	台班	0.004	0.004	0.004	0.004	0.004
	电焊条恒温箱	台班	0.004	0.004	0.004	0.004	0.004

9. 安全阀调试定压

工作内容:准备工作,场内搬运,整定压力测试,打铅封,挂合格证。

计量单位:个

定额编号			8-3-245	8-3-246	8-3-247	8-3-248	8-3-249	8-3-250
项目			公称直径(mm 以内)					
			15	20	25	32	40	50
名称		单位	消耗量					
人工	合计工日	工日	0.610	0.706	0.805	0.867	0.958	1.012
	其中 普工	工日	0.152	0.177	0.201	0.217	0.239	0.254
	其中 一般技工	工日	0.336	0.388	0.443	0.477	0.527	0.556
	其中 高级技工	工日	0.122	0.141	0.161	0.173	0.192	0.202
材料	二硫化钼	kg	0.002	0.002	0.003	0.004	0.004	0.005
	内外环缠绕垫(综合)	个	0.150	0.150	0.150	0.150	0.150	0.150
	破布	kg	0.023	0.023	0.025	0.025	0.035	0.038
	其他材料费	%	1.000	1.000	1.000	1.000	1.000	1.000
机械	电动空气压缩机 $10m^3/min$	台班	0.011	0.013	0.014	0.017	0.018	0.020
	安全阀试压机 YFC-A	台班	0.065	0.078	0.087	0.097	0.107	0.117

计量单位:个

定额编号			8-3-251	8-3-252	8-3-253	8-3-254	8-3-255	8-3-256
项目			公称直径(mm 以内)					
			65	80	100	125	150	200
名称		单位	消耗量					
人工	合计工日	工日	1.142	1.233	1.589	1.850	1.850	2.049
	其中 普工	工日	0.286	0.308	0.397	0.463	0.463	0.512
	其中 一般技工	工日	0.628	0.678	0.874	1.017	1.017	1.127
	其中 高级技工	工日	0.228	0.247	0.318	0.370	0.370	0.410
材料	二硫化钼	kg	0.006	0.007	0.011	0.015	0.015	0.019
	内外环缠绕垫(综合)	个	0.150	0.150	0.150	0.150	0.150	0.150
	破布	kg	0.054	0.069	0.070	0.112	0.112	0.154
	其他材料费	%	1.000	1.000	1.000	1.000	1.000	1.000
机械	叉式起重机 3t	台班	—	—	0.008	0.008	0.008	0.008
	电动单梁起重机 5t	台班	—	—	0.031	0.034	0.034	0.039
	电动空气压缩机 $10m^3/min$	台班	0.021	0.022	0.023	0.024	0.024	0.025
	安全阀试压机 YFC-A	台班	0.123	0.129	0.136	0.144	0.144	0.149

计量单位:个

定额编号			8-3-257	8-3-258	8-3-259	8-3-260	8-3-261
项目			公称直径(mm 以内)				
			250	300	350	400	450
名称		单位	消耗量				
人工	合计工日	工日	2.256	2.528	2.831	3.172	3.551
人工	其中 普工	工日	0.564	0.632	0.708	0.793	0.888
人工	其中 一般技工	工日	1.241	1.390	1.557	1.745	1.953
人工	其中 高级技工	工日	0.451	0.506	0.566	0.634	0.710
材料	二硫化钼	kg	0.022	0.026	0.029	0.033	0.036
材料	内外环缠绕垫(综合)	个	0.150	0.150	0.150	0.150	0.150
材料	破布	kg	0.169	0.185	0.200	0.216	0.231
材料	其他材料费	%	1.000	1.000	1.000	1.000	1.000
机械	叉式起重机 3t	台班	0.008	0.008	0.008	0.009	0.009
机械	电动单梁起重机 5t	台班	0.041	0.044	0.048	0.051	0.055
机械	电动空气压缩机 $10m^3/min$	台班	0.033	0.034	0.035	0.037	0.040
机械	安全阀试压机 YFC－A	台班	0.156	0.162	0.168	0.175	0.188

三、高 压 阀 门

1.螺 纹 阀 门

工作内容:准备工作,阀门壳体压力试验和密封试验,管子切口,套丝,阀门安装。 **计量单位:**个

定额编号				8-3-262	8-3-263	8-3-264	8-3-265	8-3-266	8-3-267
项目				公称直径(mm 以内)					
				15	20	25	32	40	50
名称			单位	消耗量					
人工	合计工日		工日	0.414	0.528	0.613	0.784	0.933	1.141
	其中	普工	工日	0.082	0.106	0.123	0.156	0.187	0.229
		一般技工	工日	0.166	0.211	0.245	0.314	0.373	0.456
		高级技工	工日	0.166	0.211	0.245	0.314	0.373	0.456
材料	螺纹阀门		个	1.000	1.000	1.000	1.000	1.000	1.000
	低碳钢焊条 J427 ϕ3.2		kg	0.165	0.165	0.165	0.165	0.165	0.165
	氧气		m^3	0.141	0.141	0.141	0.141	0.141	0.141
	乙炔气		kg	0.047	0.047	0.047	0.047	0.047	0.047
	尼龙砂轮片 $\phi500\times25\times4$		片	0.012	0.020	0.030	0.043	0.051	0.075
	石棉橡胶板 高压 δ1~6		kg	0.034	0.050	0.084	0.101	0.140	0.168
	聚四氟乙烯生料带		m	0.415	0.509	0.641	0.791	0.904	1.074
	热轧厚钢板 δ20		kg	0.007	0.009	0.010	0.014	0.016	0.020
	六角螺栓带螺母 M12×55		套	0.160	0.160	0.160	—	—	—
	六角螺栓带螺母 M16×65		套	—	—	—	0.160	0.160	—
	六角螺栓带螺母 M16×70		套	—	—	—	—	—	0.160
	无缝钢管 $\phi22\times2.5$		m	0.010	0.010	0.010	0.010	0.010	0.010
	输水软管 ϕ25		m	0.020	0.020	0.020	0.020	0.020	0.020
	螺纹截止阀 J11T-16 *DN*15		个	0.020	0.020	0.020	0.020	0.020	0.020
	压力表 高压		块	0.020	0.020	0.020	0.020	0.020	0.020
	压力表补芯		个	0.020	0.020	0.020	0.020	0.020	0.020
	铁砂布		张	0.038	0.065	0.065	0.080	0.100	0.125
	皂化冷却液		kg	0.026	0.043	0.043	0.054	0.067	0.083
	水		kg	0.004	0.008	0.017	0.036	0.070	0.140
	其他材料费		%	1.000	1.000	1.000	1.000	1.000	1.000
机械	电焊机(综合)		台班	0.033	0.033	0.033	0.033	0.033	0.033
	砂轮切割机 ϕ500		台班	0.003	0.008	0.009	0.011	0.011	0.014
	普通车床 630×2000		台班	0.056	0.092	0.092	0.118	0.146	0.229
	试压泵 60MPa		台班	0.015	0.020	0.024	0.032	0.040	0.046
	电焊条烘干箱 60×50×75(cm^3)		台班	0.003	0.003	0.003	0.003	0.003	0.003
	电焊条恒温箱		台班	0.003	0.003	0.003	0.003	0.003	0.003
	管子切断套丝机 159mm		台班	0.083	0.083	0.083	0.092	0.092	0.092

2. 承插焊阀门

工作内容:准备工作,阀门壳体压力试验和密封试验,管子切口,管口组对,焊接,阀门安装。

计量单位:个

定额编号				8-3-268	8-3-269	8-3-270	8-3-271	8-3-272	8-3-273
项目				公称直径(mm 以内)					
				15	20	25	32	40	50
名称			单位	消耗量					
人工	合计工日		工日	0.334	0.419	0.500	0.619	0.752	0.881
	其中	普工	工日	0.068	0.083	0.100	0.123	0.150	0.177
		一般技工	工日	0.133	0.168	0.200	0.248	0.301	0.352
		高级技工	工日	0.133	0.168	0.200	0.248	0.301	0.352
材料	碳钢焊接阀门		个	1.000	1.000	1.000	1.000	1.000	1.000
	低碳钢焊条 J427 ϕ3.2		kg	0.298	0.318	0.336	0.365	0.385	0.434
	氧气		m^3	0.141	0.141	0.141	0.153	0.153	0.157
	乙炔气		kg	0.047	0.047	0.047	0.051	0.051	0.052
	尼龙砂轮片 $\phi100\times16\times3$		片	0.004	0.004	0.005	0.007	0.007	0.009
	尼龙砂轮片 $\phi500\times25\times4$		片	0.012	0.020	0.030	0.043	0.051	0.075
	石棉橡胶板 高压 $\delta1\sim6$		kg	0.034	0.050	0.084	0.101	0.140	0.168
	磨头		块	0.020	0.026	0.031	0.039	0.044	0.053
	电		kW·h	0.030	0.040	0.050	0.063	0.078	0.093
	丙酮		kg	0.022	0.023	0.024	0.026	0.029	0.035
	热轧厚钢板 δ20		kg	0.007	0.009	0.010	0.014	0.016	0.020
	六角螺栓带螺母 M16×65		套	—	—	—	0.160	0.160	—
	六角螺栓带螺母 M16×70		套	—	—	—	—	—	0.160
	无缝钢管 $\phi22\times2.5$		m	0.010	0.010	0.010	0.010	0.010	0.010
	输水软管 ϕ25		m	0.020	0.020	0.020	0.020	0.020	0.020
	螺纹截止阀 J11T-16 *DN*15		个	0.020	0.020	0.020	0.020	0.020	0.020
	压力表 高压		块	0.020	0.020	0.020	0.020	0.020	0.020
	压力表补芯		个	0.020	0.020	0.020	0.020	0.020	0.020
	棉纱头		kg	0.002	0.003	0.004	0.006	0.006	0.007
	水		kg	0.004	0.008	0.017	0.036	0.070	0.140
	其他材料费		%	1.000	1.000	1.000	1.000	1.000	1.000
机械	电焊机(综合)		台班	0.082	0.108	0.124	0.142	0.163	0.200
	砂轮切割机 ϕ500		台班	0.003	0.007	0.008	0.010	0.010	0.012
	试压泵 60MPa		台班	0.021	0.021	0.021	0.028	0.034	0.040
	电焊条烘干箱 $60\times50\times75(cm^3)$		台班	0.009	0.011	0.012	0.014	0.016	0.020
	电焊条恒温箱		台班	0.009	0.011	0.012	0.014	0.016	0.020

3. 对焊阀门（氩电联焊）

工作内容：准备工作，阀门壳体压力试验和密封试验，管子切口，坡口加工，管口组对，焊接，阀门安装。

计量单位：个

			定额编号	8-3-274	8-3-275	8-3-276	8-3-277	8-3-278	8-3-279	8-3-280
项目				公称直径（mm 以内）						
				15	20	25	32	40	50	65
名称			单位	消耗量						
人工	合计工日		工日	1.592	1.592	1.769	1.965	1.965	2.729	3.671
	其中	普工	工日	0.318	0.318	0.355	0.393	0.393	0.545	0.735
		一般技工	工日	0.637	0.637	0.707	0.786	0.786	1.092	1.468
		高级技工	工日	0.637	0.637	0.707	0.786	0.786	1.092	1.468
材料	碳钢焊接阀门		个	1.000	1.000	1.000	1.000	1.000	1.000	1.000
	低碳钢焊条 J427 ϕ3.2		kg	0.260	0.260	0.289	0.321	0.321	0.445	0.760
	碳钢焊丝		kg	0.054	0.054	0.060	0.067	0.067	0.093	0.118
	氧气		m^3	0.026	0.026	0.029	0.032	0.032	0.045	0.616
	乙炔气		kg	0.009	0.009	0.010	0.011	0.011	0.015	0.205
	氩气		m^3	0.152	0.152	0.169	0.188	0.188	0.261	0.330
	铈钨棒		g	0.304	0.304	0.338	0.376	0.376	0.522	0.660
	尼龙砂轮片 ϕ100×16×3		片	0.103	0.103	0.114	0.127	0.127	0.176	0.314
	尼龙砂轮片 ϕ500×25×4		片	0.060	0.060	0.067	0.074	0.074	0.103	0.159
	石棉橡胶板 高压 δ1～6		kg	0.289	0.289	0.321	0.357	0.357	0.496	0.643
	磨头		块	0.040	0.052	0.062	0.078	0.088	0.153	0.201
	电		kW·h	0.258	0.258	0.286	0.318	0.318	0.442	0.442
	丙酮		kg	0.510	0.510	0.567	0.630	0.630	0.875	1.185
	热轧厚钢板 δ20		kg	0.007	0.009	0.010	0.014	0.016	0.020	0.025
	六角螺栓带螺母 M12×55		套	0.160	0.160	0.160	—	—	—	—
	六角螺栓带螺母 M16×65		套	—	—	—	0.160	0.160	—	—
	六角螺栓带螺母 M16×70		套	—	—	—	—	—	0.160	0.320
	无缝钢管 ϕ22×2.5		m	0.010	0.010	0.010	0.010	0.010	0.010	0.010
	输水软管 ϕ25		m	0.020	0.020	0.020	0.020	0.020	0.020	0.020
	螺纹截止阀 J11T－16 *DN*15		个	0.020	0.020	0.020	0.020	0.020	0.020	0.020
	压力表 高压		块	0.020	0.020	0.020	0.020	0.020	0.020	0.020
	压力表补芯		个	0.020	0.020	0.020	0.020	0.020	0.020	0.020
	钢丝 ϕ4.0		kg	0.026	0.026	0.029	0.032	0.032	0.044	—
	破布		kg	0.033	0.033	0.037	0.041	0.041	0.057	—
	棉纱头		kg	0.013	0.013	0.015	0.016	0.016	0.023	0.029
	水		kg	0.241	0.241	0.268	0.297	0.297	0.413	0.891
	其他材料费		%	1.000	1.000	1.000	1.000	1.000	1.000	1.000
机械	电焊机（综合）		台班	0.274	0.274	0.305	0.339	0.339	0.470	0.664
	氩弧焊机 500A		台班	0.182	0.182	0.202	0.225	0.225	0.312	0.394
	试压泵 60MPa		台班	0.113	0.113	0.125	0.139	0.139	0.194	0.222
	砂轮切割机 ϕ500		台班	0.033	0.033	0.036	0.040	0.040	0.056	0.073
	普通车床 630×2000		台班	0.098	0.098	0.109	0.121	0.121	0.167	0.182
	电焊条烘干箱 60×50×75(cm^3)		台班	0.028	0.028	0.031	0.033	0.033	0.047	0.066
	电焊条恒温箱		台班	0.028	0.028	0.031	0.033	0.033	0.047	0.066

计量单位：个

定额编号			8-3-281	8-3-282	8-3-283	8-3-284	8-3-285	8-3-286
项目			公称直径（mm 以内）					
			80	100	125	150	200	250
名称		单位	消耗量					
人工	合计工日	工日	4.233	4.995	6.348	7.150	10.529	14.811
	其中 普工	工日	0.847	0.999	1.270	1.430	2.107	2.963
	其中 一般技工	工日	1.693	1.998	2.539	2.860	4.211	5.924
	其中 高级技工	工日	1.693	1.998	2.539	2.860	4.211	5.924
材料	碳钢焊接阀门	个	1.000	1.000	1.000	1.000	1.000	1.000
	低碳钢焊条 J427 ϕ3.2	kg	0.894	1.634	1.914	2.828	5.606	9.479
	碳钢焊丝	kg	0.141	0.181	0.215	0.258	0.357	0.445
	氧气	m^3	0.692	0.947	1.071	1.841	2.836	3.837
	乙炔气	kg	0.231	0.315	0.357	0.614	0.945	1.279
	氩气	m^3	0.396	0.508	0.603	0.723	0.998	1.245
	铈钨棒	g	0.792	1.016	1.205	1.446	1.996	2.491
	尼龙砂轮片 ϕ100×16×3	片	0.372	0.427	0.502	0.702	0.835	1.257
	尼龙砂轮片 ϕ500×25×4	片	0.189	0.261	0.308	—	—	—
	石棉橡胶板 高压 δ1～6	kg	0.941	1.239	1.634	1.982	2.378	2.626
	磨头	块	0.236	0.302	—	—	—	—
	电	kW·h	0.418	0.563	0.713	0.863	1.287	1.732
	丙酮	kg	1.395	1.790	2.095	2.500	3.450	4.300
	热轧厚钢板 δ20	kg	0.030	0.036	0.047	0.061	0.088	0.128
	六角螺栓带螺母 M16×70	套	0.320	—	—	—	—	—
	六角螺栓带螺母 M20×80	套	—	0.320	—	—	—	—
	六角螺栓带螺母 M22×85	套	—	—	0.320	—	—	—
	六角螺栓带螺母 M22×90	套	—	—	—	0.320	—	—
	六角螺栓带螺母 M27×95	套	—	—	—	—	0.480	—
	六角螺栓带螺母 M27×105	套	—	—	—	—	—	0.480
	无缝钢管 ϕ22×2.5	m	0.010	0.010	0.010	0.010	0.010	0.010
	输水软管 ϕ25	m	0.020	0.020	0.020	0.020	0.020	0.020
	螺纹截止阀 J11T－16 *DN*15	个	0.020	0.020	0.020	0.020	0.020	0.020
	压力表 高压	块	0.020	0.020	0.020	0.020	0.020	0.020
	压力表补芯	个	0.020	0.020	0.020	0.020	0.020	0.020
	角钢(综合)	kg	—	—	—	—	0.435	0.435
	棉纱头	kg	0.034	0.040	0.048	0.059	0.080	0.097
	水	kg	1.661	3.242	6.337	10.947	25.948	50.684
	其他材料费	%	1.000	1.000	1.000	1.000	1.000	1.000
机械	电焊机（综合）	台班	0.781	1.161	1.358	1.784	2.767	3.712
	氩弧焊机 500A	台班	0.472	0.606	0.719	0.862	1.190	1.485
	汽车式起重机 8t	台班	0.006	0.011	0.011	0.011	0.011	0.011
	吊装机械(综合)	台班	0.034	0.068	0.068	0.068	0.068	0.079
	载重汽车 8t	台班	0.006	0.011	0.011	0.011	0.011	0.011
	试压泵 60MPa	台班	0.245	0.285	0.524	0.763	0.763	0.763
	砂轮切割机 ϕ500	台班	0.086	0.127	0.136	—	—	—
	半自动切割机 100mm	台班	—	—	—	0.403	0.586	0.730
	普通车床 630×2000	台班	0.196	0.230	0.479	0.522	0.780	0.943
	电焊条烘干箱 60×50×75(cm^3)	台班	0.078	0.116	0.136	0.178	0.277	0.371
	电焊条恒温箱	台班	0.078	0.116	0.136	0.178	0.277	0.371

计量单位:个

定额编号				8-3-287	8-3-288	8-3-289	8-3-290	8-3-291
项目				公称直径(mm 以内)				
				300	350	400	450	500
名称			单位	消耗量				
人工	合计工日		工日	18.449	22.170	26.888	33.002	37.365
	其中	普工	工日	3.691	4.434	5.378	6.600	7.473
		一般技工	工日	7.379	8.868	10.755	13.201	14.946
		高级技工	工日	7.379	8.868	10.755	13.201	14.946
材料	碳钢焊接阀门		个	1.000	1.000	1.000	1.000	1.000
	低碳钢焊条 J427 ϕ3.2		kg	14.678	22.351	30.925	41.877	46.343
	碳钢焊丝		kg	0.530	0.615	0.694	0.782	0.870
	氧气		m^3	4.892	5.963	7.210	8.375	9.084
	乙炔气		kg	1.630	1.988	2.403	2.792	3.028
	氩气		m^3	1.484	1.721	1.944	2.191	2.437
	铈钨棒		g	2.968	3.442	3.887	4.382	4.875
	尼龙砂轮片 $\phi100 \times 16 \times 3$		片	1.755	2.347	3.040	3.808	4.224
	石棉橡胶板 高压 δ1~6		kg	2.873	3.865	4.956	5.847	5.947
	电		kW·h	2.200	2.662	3.289	4.019	4.445
	丙酮		kg	5.100	6.120	7.344	8.813	10.575
	热轧厚钢板 δ20		kg	0.165	0.211	0.262	—	—
	热轧厚钢板 δ30		kg	—	—	—	0.479	0.582
	六角螺栓带螺母 M27×115		套	0.640	—	—	—	—
	六角螺栓带螺母 M27×120		套	—	0.640	—	—	—
	六角螺栓带螺母 M30×130		套	—	—	0.640	—	—
	六角螺栓带螺母 M30×140		套	—	—	—	0.800	—
	六角螺栓带螺母 M36×150		套	—	—	—	—	0.800
	无缝钢管 $\phi22 \times 2.5$		m	0.010	0.010	0.010	0.010	0.010
	输水软管 ϕ25		m	0.020	0.020	0.020	0.020	0.020
	螺纹截止阀 J11T-16 *DN*15		个	0.020	0.020	0.020	0.020	0.020
	压力表 高压		块	0.020	0.020	0.020	0.020	0.020
	压力表补芯		个	0.020	0.020	0.020	0.020	0.020
	角钢(综合)		kg	0.572	0.572	0.572	0.572	0.572
	棉纱头		kg	0.114	0.137	0.155	0.172	0.189
	水		kg	87.577	139.075	207.594	295.581	405.463
	其他材料费		%	1.000	1.000	1.000	1.000	1.000
机械	电焊机(综合)		台班	4.762	6.592	8.564	10.806	11.959
	氩弧焊机 500A		台班	1.770	2.052	2.318	2.612	2.907
	汽车式起重机 8t		台班	0.011	0.026	0.033	0.034	0.035
	吊装机械(综合)		台班	0.079	0.125	0.125	0.159	0.159
	载重汽车 8t		台班	0.011	0.026	0.033	0.034	0.035
	试压泵 60MPa		台班	0.763	0.860	0.957	1.053	1.150
	半自动切割机 100mm		台班	0.882	1.029	1.190	1.402	1.504
	普通车床 630×2000		台班	1.191	1.430	1.716	2.059	2.471
	电焊条烘干箱 60×50×75(cm^3)		台班	0.477	0.659	0.857	1.080	1.196
	电焊条恒温箱		台班	0.477	0.659	0.857	1.080	1.196

4.法兰阀门

工作内容:准备工作,阀门壳体压力试验和密封试验,阀门安装,螺栓涂二硫化钼。 **计量单位:**个

定额编号			8-3-292	8-3-293	8-3-294	8-3-295	8-3-296	8-3-297
项目			公称直径(mm以内)					
			15	20	25	32	40	50
名称		单位	消耗量					
人工	合计工日	工日	0.384	0.384	0.446	0.634	0.703	0.854
人工	其中 普工	工日	0.076	0.076	0.090	0.128	0.141	0.170
人工	其中 一般技工	工日	0.154	0.154	0.178	0.253	0.281	0.342
人工	其中 高级技工	工日	0.154	0.154	0.178	0.253	0.281	0.342
材料	法兰阀门	个	1.000	1.000	1.000	1.000	1.000	1.000
材料	碳钢透镜垫	个	1.000	1.000	1.000	1.000	1.000	1.000
材料	低碳钢焊条 J427 $\phi3.2$	kg	0.165	0.165	0.165	0.165	0.165	0.165
材料	氧气	m^3	0.141	0.141	0.141	0.141	0.141	0.141
材料	乙炔气	kg	0.047	0.047	0.047	0.047	0.047	0.047
材料	石棉橡胶板 高压 $\delta1\sim6$	kg	0.034	0.050	0.084	0.101	0.140	0.168
材料	二硫化钼	kg	0.006	0.010	0.010	0.011	0.011	0.022
材料	热轧厚钢板 $\delta20$	kg	0.007	0.009	0.010	0.014	0.016	0.020
材料	六角螺栓带螺母 M12×55	套	0.160	0.160	0.160	—	—	—
材料	六角螺栓带螺母 M16×65	套	—	—	—	0.160	0.160	—
材料	六角螺栓带螺母 M16×70	套	—	—	—	—	—	0.160
材料	无缝钢管 $\phi22\times2.5$	m	0.010	0.010	0.010	0.010	0.010	0.010
材料	输水软管 $\phi25$	m	0.020	0.020	0.020	0.020	0.020	0.020
材料	螺纹截止阀 J11T-16 *DN*15	个	0.020	0.020	0.020	0.020	0.020	0.020
材料	压力表 高压	块	0.020	0.020	0.020	0.020	0.020	0.020
材料	压力表补芯	个	0.020	0.020	0.020	0.020	0.020	0.020
材料	砂纸	张	0.008	0.016	0.016	0.016	0.016	0.032
材料	破布	kg	0.008	0.016	0.016	0.016	0.016	0.032
材料	水	kg	0.004	0.008	0.017	0.036	0.070	0.140
材料	其他材料费	%	1.000	1.000	1.000	1.000	1.000	1.000
机械	电焊机(综合)	台班	0.034	0.034	0.034	0.034	0.034	0.034
机械	试压泵 60MPa	台班	0.025	0.025	0.025	0.033	0.041	0.048
机械	电焊条烘干箱 60×50×75(cm^3)	台班	0.004	0.004	0.004	0.004	0.004	0.004
机械	电焊条恒温箱	台班	0.004	0.004	0.004	0.004	0.004	0.004

计量单位：个

定额编号				8-3-298	8-3-299	8-3-300	8-3-301	8-3-302	8-3-303
项目				公称直径（mm 以内）					
				65	80	100	125	150	200
名称			单位	消耗量					
人工	合计工日		工日	1.150	1.568	2.059	3.928	4.246	5.354
	其中	普工	工日	0.230	0.314	0.411	0.786	0.850	1.070
		一般技工	工日	0.460	0.627	0.824	1.571	1.698	2.142
		高级技工	工日	0.460	0.627	0.824	1.571	1.698	2.142
材料	法兰阀门		个	1.000	1.000	1.000	1.000	1.000	1.000
	碳钢透镜垫		个	1.000	1.000	1.000	1.000	1.000	1.000
	低碳钢焊条 J427 $\phi3.2$		kg	0.165	0.165	0.165	0.165	0.165	0.165
	氧气		m^3	0.141	0.159	0.204	0.273	0.312	0.447
	乙炔气		kg	0.047	0.053	0.068	0.091	0.104	0.149
	石棉橡胶板 高压 $\delta1\sim6$		kg	0.218	0.319	0.420	0.554	0.672	0.806
	二硫化钼		kg	0.034	0.034	0.040	0.058	0.086	0.110
	热轧厚钢板 $\delta20$		kg	0.025	0.030	0.036	0.047	0.061	0.088
	六角螺栓带螺母 M16×70		套	0.320	0.320	—	—	—	—
	六角螺栓带螺母 M20×80		套	—	—	0.320	—	—	—
	六角螺栓带螺母 M22×85		套	—	—	—	0.320	—	—
	六角螺栓带螺母 M22×90		套	—	—	—	—	0.320	—
	六角螺栓带螺母 M27×95		套	—	—	—	—	—	0.480
	无缝钢管 $\phi22\times2.5$		m	0.010	0.010	0.010	0.010	0.010	0.010
	输水软管 $\phi25$		m	0.020	0.020	0.020	0.020	0.020	0.020
	螺纹截止阀 J11T-16 *DN*15		个	0.020	0.020	0.020	0.020	0.020	0.020
	压力表 高压		块	0.020	0.020	0.020	0.020	0.020	0.020
	压力表补芯		个	0.020	0.020	0.020	0.020	0.020	0.020
	砂纸		张	0.032	0.032	0.032	0.048	0.072	0.096
	破布		kg	0.032	0.032	0.032	0.048	0.072	0.096
	水		kg	0.302	0.563	1.099	2.148	3.711	8.796
	其他材料费		%	1.000	1.000	1.000	1.000	1.000	1.000
机械	电焊机（综合）		台班	0.034	0.034	0.034	0.034	0.034	0.034
	汽车式起重机 8t		台班	0.006	0.011	0.025	0.025	0.025	0.025
	吊装机械(综合)		台班	0.034	0.058	0.067	0.067	0.067	0.067
	载重汽车 8t		台班	0.006	0.011	0.025	0.025	0.025	0.025
	试压泵 60MPa		台班	0.064	0.080	0.091	0.138	0.186	0.186
	电焊条烘干箱 60×50×75(cm^3)		台班	0.004	0.004	0.004	0.004	0.004	0.004
	电焊条恒温箱		台班	0.004	0.004	0.004	0.004	0.004	0.004

计量单位:个

定额编号				8-3-304	8-3-305	8-3-306	8-3-307	8-3-308	8-3-309
项目				公称直径(mm 以内)					
				250	300	350	400	450	500
名称			单位	消耗量					
人工	合计工日		工日	5.803	6.376	7.064	7.730	8.553	9.420
	其中	普工	工日	1.161	1.276	1.414	1.546	1.711	1.884
		一般技工	工日	2.321	2.550	2.825	3.092	3.421	3.768
		高级技工	工日	2.321	2.550	2.825	3.092	3.421	3.768
材料	法兰阀门		个	1.000	1.000	1.000	1.000	1.000	1.000
	碳钢透镜垫		个	1.000	1.000	1.000	1.000	1.000	1.000
	低碳钢焊条 J427 ϕ3.2		kg	0.165	0.165	0.165	0.165	0.165	0.165
	氧气		m^3	0.627	0.750	0.820	0.910	1.078	1.130
	乙炔气		kg	0.209	0.250	0.270	0.300	0.360	0.380
	石棉橡胶板 高压 δ1~6		kg	0.890	0.974	1.051	1.128	1.211	1.308
	二硫化钼		kg	0.139	0.139	0.186	0.224	0.280	0.280
	热轧厚钢板 δ20		kg	0.128	0.165	0.211	0.262	—	—
	热轧厚钢板 δ30		kg	—	—	—	—	0.479	0.582
	六角螺栓带螺母 M27×105		套	0.480	—	—	—	—	—
	六角螺栓带螺母 M27×115		套	—	0.640	—	—	—	—
	六角螺栓带螺母 M27×120		套	—	—	0.640	—	—	—
	六角螺栓带螺母 M30×130		套	—	—	—	0.640	—	—
	六角螺栓带螺母 M30×140		套	—	—	—	—	0.800	—
	六角螺栓带螺母 M36×150		套	—	—	—	—	—	0.800
	无缝钢管 ϕ22×2.5		m	0.010	0.010	0.010	0.010	0.010	0.010
	输水软管 ϕ25		m	0.020	0.020	0.020	0.020	0.020	0.020
	螺纹截止阀 J11T-16 *DN*15		个	0.020	0.020	0.020	0.020	0.020	0.020
	压力表 高压		块	0.020	0.020	0.020	0.020	0.020	0.020
	压力表补芯		个	0.020	0.020	0.020	0.020	0.020	0.020
	砂纸		张	0.120	0.120	0.160	0.160	0.200	0.200
	破布		kg	0.120	0.120	0.160	0.160	0.200	0.200
	水		kg	17.181	29.687	32.020	34.352	36.897	39.865
	其他材料费		%	1.000	1.000	1.000	1.000	1.000	1.000
机械	电焊机(综合)		台班	0.034	0.034	0.034	0.034	0.034	0.034
	汽车式起重机 8t		台班	0.045	0.051	0.069	0.075	0.090	0.100
	吊装机械(综合)		台班	0.067	0.067	0.105	0.105	0.134	0.134
	载重汽车 8t		台班	0.045	0.051	0.069	0.075	0.090	0.100
	试压泵 60MPa		台班	0.186	0.211	0.211	0.241	0.272	0.297
	电焊条烘干箱 60×50×75(cm^3)		台班	0.004	0.004	0.004	0.004	0.004	0.004
	电焊条恒温箱		台班	0.004	0.004	0.004	0.004	0.004	0.004

5. 安全阀门（法兰连接）

工作内容：准备工作，阀门壳体压力试验和密封试验，阀门安装。 **计量单位：**个

定额编号				8-3-310	8-3-311	8-3-312	8-3-313	8-3-314	8-3-315	8-3-316
项目				公称直径（mm 以内）						
				15	20	25	32	40	50	65
名称			单位	消耗量						
人工	合计工日		工日	1.299	1.299	1.299	1.318	1.463	1.799	2.434
	其中	普工	工日	0.259	0.259	0.259	0.264	0.293	0.359	0.486
		一般技工	工日	0.520	0.520	0.520	0.527	0.585	0.720	0.974
		高级技工	工日	0.520	0.520	0.520	0.527	0.585	0.720	0.974
材料	安全阀门		个	1.000	1.000	1.000	1.000	1.000	1.000	1.000
	垫片		个	2.000	2.000	2.000	2.000	2.000	2.000	2.000
	低碳钢焊条 J427 ϕ3.2		kg	0.165	0.165	0.165	0.165	0.165	0.165	0.165
	氧气		m^3	0.141	0.141	0.141	0.141	0.141	0.141	0.141
	乙炔气		kg	0.047	0.047	0.047	0.047	0.047	0.047	0.047
	石棉橡胶板 高压 δ1～6		kg	0.010	0.020	0.040	0.040	0.060	0.070	0.090
	青铅（综合）		kg	0.050	0.050	0.050	0.050	0.050	0.050	0.050
	热轧厚钢板 δ20		kg	0.008	0.009	0.010	0.014	0.016	0.020	0.025
	六角螺栓带螺母 M12×55		套	0.160	0.160	0.160	—	—	—	—
	六角螺栓带螺母 M16×65		套	—	—	—	0.160	0.160	—	—
	六角螺栓带螺母 M16×70		套	—	—	—	—	—	0.160	0.320
	镀锌铁丝 ϕ1.6～1.2		kg	0.500	0.500	0.500	0.500	0.500	0.500	0.500
	无缝钢管 ϕ22×2.5		m	0.010	0.010	0.010	0.010	0.010	0.010	0.010
	输水软管 ϕ25		m	0.020	0.020	0.020	0.020	0.020	0.020	0.020
	螺纹截止阀 J11T－16 *DN*15		个	0.020	0.020	0.020	0.020	0.020	0.020	0.020
	压力表 高压		块	0.020	0.020	0.020	0.020	0.020	0.020	0.020
	压力表补芯		个	0.020	0.020	0.020	0.020	0.020	0.020	0.020
	二硫化钼		kg	0.007	0.007	0.007	0.009	0.009	0.019	0.029
	水		kg	0.024	0.024	0.048	0.104	0.200	0.400	0.864
	其他材料费		%	1.000	1.000	1.000	1.000	1.000	1.000	1.000
机械	电焊机（综合）		台班	0.040	0.040	0.040	0.040	0.040	0.040	0.040
	汽车式起重机 8t		台班	—	—	—	—	—	0.007	0.007
	吊装机械（综合）		台班	—	—	—	—	—	0.041	0.041
	载重汽车 8t		台班	—	—	—	—	—	0.007	0.007
	试压泵 60MPa		台班	0.032	0.032	0.032	0.043	0.051	0.064	0.075
	电焊条烘干箱 60×50×75（cm^3）		台班	0.004	0.004	0.004	0.004	0.004	0.004	0.004
	电焊条恒温箱		台班	0.004	0.004	0.004	0.004	0.004	0.004	0.004

计量单位：个

定额编号			8-3-317	8-3-318	8-3-319	8-3-320	8-3-321	8-3-322	8-3-323
项目			公称直径（mm 以内）						
			80	100	125	150	200	250	300
名称		单位	消耗量						
人工	合计工日	工日	3.335	4.402	5.817	8.530	12.134	14.560	17.474
	其中 普工	工日	0.667	0.880	1.163	1.706	2.426	2.912	3.496
	一般技工	工日	1.334	1.761	2.327	3.412	4.854	5.824	6.989
	高级技工	工日	1.334	1.761	2.327	3.412	4.854	5.824	6.989
材料	安全阀门	个	1.000	1.000	1.000	1.000	1.000	1.000	1.000
	垫片	个	2.000	2.000	2.000	2.000	2.000	2.000	2.000
	低碳钢焊条 J427 $\phi3.2$	kg	0.165	0.165	0.165	0.165	0.165	0.165	0.165
	氧气	m^3	0.159	0.204	0.273	0.312	0.447	0.536	0.644
	乙炔气	kg	0.053	0.068	0.091	0.104	0.149	0.179	0.215
	石棉橡胶板 高压 $\delta1 \sim 6$	kg	0.130	0.170	0.230	0.280	0.330	0.396	0.475
	青铅(综合)	kg	0.050	0.050	0.050	0.050	0.075	0.075	0.075
	热轧厚钢板 $\delta20$	kg	0.030	0.036	0.047	0.061	0.088	0.105	0.126
	六角螺栓带螺母 M16×70	套	0.320	—	—	—	—	—	—
	六角螺栓带螺母 M20×80	套	—	0.320	—	—	—	—	—
	六角螺栓带螺母 M22×85	套	—	—	0.320	—	—	—	—
	六角螺栓带螺母 M22×90	套	—	—	—	0.320	—	—	—
	六角螺栓带螺母 M27×95	套	—	—	—	—	0.480	—	—
	六角螺栓带螺母 M27×105	套	—	—	—	—	—	0.480	—
	六角螺栓带螺母 M27×115	套	—	—	—	—	—	—	0.640
	镀锌铁丝 $\phi1.6 \sim 1.2$	kg	0.500	1.000	1.000	1.000	1.000	1.000	1.000
	无缝钢管 $\phi22 \times 2.5$	m	0.010	0.010	0.010	0.010	0.010	0.010	0.010
	输水软管 $\phi25$	m	0.020	0.020	0.020	0.020	0.020	0.020	0.020
	螺纹截止阀 J11T-16 *DN*15	个	0.020	0.020	0.020	0.020	0.020	0.020	0.020
	压力表 高压	块	0.020	0.020	0.020	0.020	0.020	0.020	0.020
	压力表补芯	个	0.020	0.020	0.020	0.020	0.020	0.020	0.020
	二硫化钼	kg	0.029	0.049	0.061	0.070	0.080	0.096	0.100
	水	kg	1.608	3.140	9.487	10.604	18.213	32.783	59.010
	其他材料费	%	1.000	1.000	1.000	1.000	1.000	1.000	1.000
机械	电焊机（综合）	台班	0.040	0.040	0.040	0.040	0.040	0.040	0.040
	汽车式起重机 8t	台班	0.007	0.014	0.014	0.014	0.014	0.014	0.014
	吊装机械(综合)	台班	0.041	0.082	0.082	0.082	0.082	0.095	0.095
	载重汽车 8t	台班	0.007	0.014	0.014	0.014	0.014	0.014	0.014
	试压泵 60MPa	台班	0.083	0.096	0.217	0.257	0.322	0.386	0.463
	电焊条烘干箱 60×50×75(cm^3)	台班	0.004	0.004	0.004	0.004	0.004	0.004	0.004
	电焊条恒温箱	台班	0.004	0.004	0.004	0.004	0.004	0.004	0.004

6. 安全阀调试定压

工作内容:准备工作,场内搬运,整定压力测试,打铅封,挂合格证。

计量单位:个

定额编号				8-3-324	8-3-325	8-3-326	8-3-327	8-3-328	8-3-329	8-3-330
项目				公称直径(mm 以内)						
				15	20	25	32	40	50	65
名称			单位	消耗量						
人工	合计工日		工日	0.797	0.923	1.053	1.133	1.250	1.321	1.492
	其中	普工	工日	0.159	0.185	0.211	0.227	0.250	0.265	0.298
		一般技工	工日	0.319	0.369	0.421	0.453	0.500	0.528	0.597
		高级技工	工日	0.319	0.369	0.421	0.453	0.500	0.528	0.597
材料	二硫化钼		kg	0.002	0.002	0.003	0.004	0.005	0.005	0.007
	内外环缠绕垫(综合)		个	0.150	0.150	0.150	0.150	0.150	0.150	0.150
	破布		kg	0.026	0.026	0.028	0.030	0.038	0.042	0.059
	其他材料费		%	1.000	1.000	1.000	1.000	1.000	1.000	1.000
机械	叉式起重机 3t		台班	—	—	—	—	—	—	0.007
	电动单梁起重机 5t		台班	—	—	—	—	—	—	0.013
	电动空气压缩机 $10m^3/min$		台班	0.013	0.016	0.017	0.020	0.022	0.024	0.025
	安全阀试压机 YFC-A		台班	0.078	0.093	0.105	0.117	0.128	0.140	0.147

计量单位:个

定额编号				8-3-331	8-3-332	8-3-333	8-3-334	8-3-335	8-3-336	8-3-337
项目				公称直径(mm 以内)						
				80	100	125	150	200	250	300
名称			单位	消耗量						
人工	合计工日		工日	1.611	1.729	1.902	2.092	2.300	2.529	2.782
	其中	普工	工日	0.323	0.347	0.380	0.418	0.460	0.505	0.556
		一般技工	工日	0.644	0.691	0.761	0.837	0.920	1.012	1.113
		高级技工	工日	0.644	0.691	0.761	0.837	0.920	1.012	1.113
材料	二硫化钼		kg	0.008	0.012	0.015	0.017	0.021	0.024	0.029
	内外环缠绕垫(综合)		个	0.150	0.150	0.150	0.150	0.150	0.150	0.150
	破布		kg	0.076	0.085	0.104	0.135	0.169	0.186	0.204
	其他材料费		%	1.000	1.000	1.000	1.000	1.000	1.000	1.000
机械	叉式起重机 3t		台班	0.007	0.008	0.009	0.009	0.009	0.010	0.011
	电动单梁起重机 5t		台班	0.019	0.024	0.031	0.031	0.035	0.042	0.046
	电动空气压缩机 $10m^3/min$		台班	0.027	0.028	0.030	0.030	0.031	0.032	0.033
	安全阀试压机 YFC-A		台班	0.156	0.164	0.170	0.170	0.179	0.187	0.193

第四章　法 兰 安 装
（030804）

说　明

一、本章内容包括低压法兰、中压法兰、高压法兰等各种法兰安装。

二、本章不包括法兰冷紧、热紧。

三、关于下列各项费用的规定：

1. 全加热套管法兰安装，按内套管法兰径执行相应项目，定额乘以系数 2.0。

2. 单片法兰安装执行法兰安装相应项目，定额乘以系数 0.61，螺栓数量不变。

3. 中压螺纹法兰、平焊法兰安装，执行低压相应项目，定额乘以系数 1.2。

4. 节流装置，执行法兰安装相应项目，定额乘以系数 0.7。

四、有关说明：

1. 焊环活动法兰安装，执行翻边活动法兰安装相应项目，翻边短管更换为焊环。

2. 法兰安装包括一个垫片和一副法兰用的螺栓；螺栓用量按施工图设计用量加损耗量计算。

3. 法兰安装使用垫片是按石棉橡胶板考虑的，实际施工与定额不同时，可替换。

工程量计算规则

各种法兰安装按不同压力、材质、连接形式和种类,以“副”为计量单位。

一、低 压 法 兰

1. 碳钢法兰（螺纹连接）

工作内容：准备工作，管子切口，套丝，法兰连接，螺栓涂二硫化钼。　　**计量单位**：副

定额编号			8-4-1	8-4-2	8-4-3	8-4-4	8-4-5	8-4-6
项目			公称直径（mm 以内）					
			15	20	25	32	40	50
名称		单位	消耗量					
人工	合计工日	工日	0.100	0.118	0.145	0.170	0.205	0.237
	其中 普工	工日	0.025	0.029	0.037	0.043	0.050	0.059
	一般技工	工日	0.065	0.077	0.094	0.110	0.134	0.154
	高级技工	工日	0.010	0.012	0.014	0.017	0.021	0.024
材料	碳钢螺纹法兰	片	2.000	2.000	2.000	2.000	2.000	2.000
	尼龙砂轮片 ϕ500×25×4	片	0.008	0.010	0.012	0.016	0.018	0.026
	石棉橡胶板 低压 δ0.8～6.0	kg	0.010	0.020	0.040	0.040	0.060	0.070
	清油 C01－1	kg	0.020	0.020	0.020	0.020	0.020	0.020
	机油	kg	0.007	0.009	0.011	0.014	0.017	0.021
	白铅油	kg	0.040	0.040	0.040	0.040	0.040	0.040
	聚四氟乙烯生料带	m	0.415	0.509	0.641	0.791	0.904	1.074
	二硫化钼	kg	0.001	0.001	0.001	0.002	0.002	0.002
	棉纱头	kg	0.010	0.010	0.010	0.010	0.010	0.020
	其他材料费	%	1.000	1.000	1.000	1.000	1.000	1.000
机械	砂轮切割机 ϕ500	台班	0.001	0.002	0.003	0.005	0.006	0.007
	管子切断套丝机 159mm	台班	0.029	0.029	0.029	0.032	0.032	0.032

计量单位：副

定额编号			8-4-7	8-4-8	8-4-9
项目			公称直径（mm 以内）		
			65	80	100
名称		单位	消耗量		
人工	合计工日	工日	0.408	0.487	0.778
	其中 普工	工日	0.102	0.121	0.194
	一般技工	工日	0.265	0.317	0.506
	高级技工	工日	0.041	0.049	0.078
材料	碳钢螺纹法兰	片	2.000	2.000	2.000
	尼龙砂轮片 ϕ500×25×4	片	0.038	0.045	0.067
	石棉橡胶板 低压 δ0.8～6.0	kg	0.090	0.130	0.170
	清油 C01－1	kg	0.020	0.020	0.030
	机油	kg	0.025	0.027	0.035
	白铅油	kg	0.080	0.100	0.130
	二硫化钼	kg	0.002	0.003	0.003
	聚四氟乙烯生料带	m	1.031	1.201	1.371
	棉纱头	kg	0.020	0.020	0.030
	其他材料费	%	1.000	1.000	1.000
机械	砂轮切割机 ϕ500	台班	0.009	0.010	0.016
	管子切断套丝机 159mm	台班	0.035	0.035	0.035

2. 碳钢平焊法兰(电弧焊)

工作内容:准备工作,管子切口,磨平,管口组对,焊接,法兰连接,螺栓涂二硫化钼。 **计量单位**:副

定额编号				8-4-10	8-4-11	8-4-12	8-4-13	8-4-14	8-4-15	8-4-16
项目				公称直径(mm 以内)						
				15	20	25	32	40	50	65
名称			单位	消耗量						
人工	合计工日		工日	0.175	0.197	0.244	0.275	0.316	0.358	0.415
	其中	普工	工日	0.044	0.049	0.062	0.069	0.079	0.089	0.104
		一般技工	工日	0.114	0.128	0.158	0.179	0.205	0.233	0.270
		高级技工	工日	0.017	0.020	0.024	0.027	0.032	0.036	0.041
材料	碳钢平焊法兰		片	2.000	2.000	2.000	2.000	2.000	2.000	2.000
	低碳钢焊条 J427 ϕ3.2		kg	0.048	0.052	0.068	0.080	0.096	0.114	0.220
	氧气		m^3	—	—	—	0.006	0.012	0.012	0.064
	乙炔气		kg	—	—	—	0.002	0.004	0.004	0.021
	尼龙砂轮片 $\phi100\times16\times3$		片	0.024	0.026	0.033	0.038	0.056	0.058	0.189
	尼龙砂轮片 $\phi500\times25\times4$		片	0.008	0.010	0.014	0.018	0.024	0.029	—
	磨头		个	0.020	0.026	0.031	0.039	0.044	0.053	0.070
	电		kW·h	0.028	0.031	0.039	0.047	0.070	0.070	0.111
	石棉橡胶板 低压 δ0.8~6.0		kg	0.017	0.024	0.047	0.047	0.071	0.083	0.106
	白铅油		kg	0.035	0.035	0.035	0.035	0.035	0.047	0.059
	二硫化钼		kg	0.002	0.002	0.002	0.004	0.004	0.004	0.004
	破布		kg	0.012	0.012	0.012	0.012	0.024	0.024	0.024
	棉纱头		kg	0.002	0.004	0.005	0.007	0.007	0.008	0.012
	其他材料费		%	1.000	1.000	1.000	1.000	1.000	1.000	1.000
机械	电焊机(综合)		台班	0.030	0.041	0.055	0.065	0.074	0.093	0.117
	砂轮切割机 ϕ500		台班	0.002	0.002	0.004	0.006	0.007	0.008	—
	电焊条烘干箱 $60\times50\times75(cm^3)$		台班	0.003	0.004	0.005	0.007	0.008	0.009	0.012
	电焊条恒温箱		台班	0.003	0.004	0.005	0.007	0.008	0.009	0.012

计量单位：副

定额编号				8-4-17	8-4-18	8-4-19	8-4-20	8-4-21	8-4-22	8-4-23
项目				公称直径（mm 以内）						
				80	100	125	150	200	250	300
名称			单位	消耗量						
人工	合计工日		工日	0.461	0.519	0.551	0.597	0.935	1.253	1.567
	其中	普工	工日	0.116	0.130	0.138	0.149	0.234	0.313	0.392
		一般技工	工日	0.299	0.337	0.358	0.388	0.608	0.815	1.018
		高级技工	工日	0.046	0.052	0.055	0.060	0.093	0.125	0.157
材料	碳钢平焊法兰		片	2.000	2.000	2.000	2.000	2.000	2.000	2.000
	低碳钢焊条 J427 $\phi3.2$		kg	0.260	0.360	0.400	0.504	1.260	2.500	3.200
	氧气		m^3	0.079	0.107	0.138	0.160	0.217	0.304	0.342
	乙炔气		kg	0.026	0.036	0.046	0.053	0.072	0.101	0.114
	尼龙砂轮片 $\phi100\times16\times3$		片	0.302	0.342	0.462	0.577	0.898	1.322	1.840
	磨头		个	0.082	0.106	—	—	—	—	—
	电		kW·h	0.132	0.168	0.228	0.239	0.419	0.581	0.698
	石棉橡胶板 低压 $\delta0.8\sim6.0$		kg	0.153	0.201	0.271	0.330	0.389	0.437	0.472
	角钢(综合)		kg	—	—	—	—	0.236	0.236	0.236
	白铅油		kg	0.083	0.118	0.142	0.165	0.201	0.236	0.295
	二硫化钼		kg	0.006	0.006	0.013	0.013	0.013	0.019	0.029
	破布		kg	0.024	0.035	0.035	0.035	0.035	0.047	0.059
	棉纱头		kg	0.014	0.015	0.017	0.019	0.033	0.040	0.050
	其他材料费		%	1.000	1.000	1.000	1.000	1.000	1.000	1.000
机械	电焊机（综合）		台班	0.135	0.174	0.183	0.207	0.487	0.682	0.845
	汽车式起重机 8t		台班	—	0.001	0.001	0.001	0.002	0.002	0.004
	载重汽车 8t		台班	—	0.001	0.001	0.001	0.002	0.002	0.004
	电焊条烘干箱 $60\times50\times75(cm^3)$		台班	0.014	0.017	0.018	0.021	0.049	0.068	0.084
	电焊条恒温箱		台班	0.014	0.017	0.018	0.021	0.049	0.068	0.084

计量单位:副

定额编号			8-4-24	8-4-25	8-4-26	8-4-27	8-4-28	8-4-29	8-4-30
项目			公称直径(mm以内)						
			350	400	450	500	600	700	800
名称		单位	消耗量						
人工	合计工日	工日	1.744	1.985	2.347	2.681	2.786	3.103	3.797
人工	其中 普工	工日	0.436	0.496	0.586	0.670	0.696	0.776	0.949
人工	其中 一般技工	工日	1.134	1.290	1.526	1.743	1.811	2.017	2.468
人工	其中 高级技工	工日	0.174	0.199	0.235	0.268	0.279	0.310	0.380
材料	碳钢平焊法兰	片	2.000	2.000	2.000	2.000	2.000	2.000	2.000
材料	低碳钢焊条 J427 ϕ3.2	kg	4.400	5.400	6.800	7.300	9.200	8.000	9.600
材料	氧气	m^3	0.400	0.490	0.580	0.700	0.850	0.477	0.600
材料	乙炔气	kg	0.133	0.163	0.193	0.233	0.283	0.159	0.200
材料	尼龙砂轮片 $\phi100\times16\times3$	片	2.087	2.984	3.480	4.000	4.759	3.609	4.196
材料	电	kW·h	0.771	0.904	1.066	1.188	1.410	1.176	1.358
材料	石棉橡胶板 低压 δ0.8~6.0	kg	0.637	0.814	0.956	0.979	0.991	1.215	1.369
材料	黑铅粉	kg	—	—	—	—	0.071	0.071	0.083
材料	角钢(综合)	kg	0.236	0.236	0.236	0.236	0.236	0.260	0.260
材料	六角螺栓(综合)	10套	—	—	—	—	0.057	0.057	0.057
材料	白铅油	kg	0.295	0.354	0.354	0.389	—	—	—
材料	二硫化钼	kg	0.029	0.038	0.038	0.038	0.038	0.049	0.049
材料	破布	kg	0.057	0.071	0.071	0.083	0.083	0.094	0.094
材料	棉纱头	kg	0.059	0.064	0.071	0.078	0.094	0.106	0.123
材料	其他材料费	%	1.000	1.000	1.000	1.000	1.000	1.000	1.000
机械	电焊机(综合)	台班	0.898	1.015	1.209	1.276	1.305	1.241	1.687
机械	汽车式起重机 8t	台班	0.005	0.006	0.007	0.007	0.008	0.010	0.011
机械	载重汽车 8t	台班	0.005	0.006	0.007	0.007	0.008	0.010	0.011
机械	电焊条烘干箱 $60\times50\times75(cm^3)$	台班	0.090	0.102	0.121	0.127	0.130	0.124	0.169
机械	电焊条恒温箱	台班	0.090	0.102	0.121	0.127	0.130	0.124	0.169

计量单位:副

定额编号				8-4-31	8-4-32	8-4-33	8-4-34	8-4-35	8-4-36	8-4-37
项目				公称直径（mm 以内）						
				900	1000	1200	1400	1600	1800	2000
名称			单位	消耗量						
人工	合计工日		工日	4.330	5.092	5.970	8.089	9.033	11.016	12.510
	其中	普工	工日	1.083	1.273	1.493	2.022	2.258	2.754	3.127
		一般技工	工日	2.814	3.310	3.880	5.258	5.872	7.160	8.132
		高级技工	工日	0.433	0.509	0.597	0.809	0.903	1.102	1.251
材料	碳钢平焊法兰		片	2.000	2.000	2.000	2.000	2.000	2.000	2.000
	低碳钢焊条 J427 ϕ3.2		kg	10.800	12.093	16.508	24.000	30.400	34.000	38.000
	氧气		m^3	0.660	0.792	1.022	1.277	1.458	1.640	1.821
	乙炔气		kg	0.220	0.264	0.341	0.426	0.486	0.547	0.607
	尼龙砂轮片 $\phi100\times16\times3$		片	4.619	5.742	6.871	9.095	10.199	11.780	13.101
	电		kW·h	1.508	1.715	1.997	2.761	2.880	3.190	3.575
	石棉橡胶板 低压 δ0.8～6.0		kg	1.534	1.546	1.723	2.549	2.891	3.068	3.422
	清油 C01－1		kg	0.236	0.283	0.330	0.378	0.425	0.472	0.531
	黑铅粉		kg	0.083	0.083	0.094	0.094	0.106	0.118	0.130
	角钢(综合)		kg	0.260	0.260	0.347	0.347	0.420	0.420	0.420
	六角螺栓(综合)		10 套	0.057	0.057	0.057	0.057	0.111	0.111	0.111
	二硫化钼		kg	0.064	0.064	0.064	0.083	0.083	0.083	0.083
	破布		kg	0.106	0.106	0.118	0.118	0.130	0.142	0.142
	棉纱头		kg	0.137	0.151	0.182	0.210	0.241	0.269	0.300
	其他材料费		%	1.000	1.000	1.000	1.000	1.000	1.000	1.000
机械	电焊机（综合）		台班	1.892	2.297	2.573	4.048	4.160	4.676	5.191
	汽车式起重机 8t		台班	0.012	0.016	0.018	0.024	0.033	0.039	0.048
	载重汽车 8t		台班	0.012	0.016	0.018	0.024	0.033	0.039	0.048
	电焊条烘干箱 $60\times50\times75(cm^3)$		台班	0.189	0.230	0.258	0.405	0.416	0.468	0.519
	电焊条恒温箱		台班	0.189	0.230	0.258	0.405	0.416	0.468	0.519

3. 碳钢对焊法兰(电弧焊)

工作内容:准备工作,管子切口,坡口加工,坡口磨平,管口组对,焊接,法兰连接,螺栓涂二硫化钼。

计量单位:副

定额编号				8-4-38	8-4-39	8-4-40	8-4-41	8-4-42	8-4-43
项目				公称直径(mm 以内)					
				15	20	25	32	40	50
名称			单位	消耗量					
人工	合计工日		工日	0.194	0.227	0.286	0.331	0.374	0.411
	其中	普工	工日	0.049	0.057	0.071	0.083	0.094	0.103
		一般技工	工日	0.126	0.147	0.186	0.215	0.243	0.267
		高级技工	工日	0.019	0.023	0.029	0.033	0.037	0.041
材料	碳钢对焊法兰		片	2.000	2.000	2.000	2.000	2.000	2.000
	低碳钢焊条 J427 ϕ3.2		kg	0.035	0.044	0.063	0.078	0.120	0.142
	氧气		m^3	—	—	—	0.008	0.012	0.012
	乙炔气		kg	—	—	—	0.003	0.004	0.004
	尼龙砂轮片 $\phi100\times16\times3$		片	0.043	0.055	0.088	0.100	0.139	0.158
	尼龙砂轮片 $\phi500\times25\times4$		片	0.008	0.010	0.014	0.018	0.024	0.029
	磨头		个	0.020	0.026	0.031	0.039	0.044	0.053
	电		kW·h	0.080	0.088	0.116	0.127	0.164	0.168
	石棉橡胶板 低压 δ0.8~6.0		kg	0.020	0.020	0.040	0.040	0.060	0.071
	清油 C01-1		kg	0.011	0.011	0.011	0.011	0.011	0.011
	白铅油		kg	0.031	0.031	0.031	0.031	0.031	0.040
	二硫化钼		kg	0.002	0.002	0.002	0.004	0.004	0.004
	破布		kg	0.011	0.011	0.011	0.011	0.011	0.020
	棉纱头		kg	0.002	0.004	0.005	0.007	0.007	0.008
	其他材料费		%	1.000	1.000	1.000	1.000	1.000	1.000
机械	电焊机(综合)		台班	0.029	0.036	0.048	0.059	0.068	0.086
	砂轮切割机 ϕ500		台班	0.001	0.001	0.004	0.006	0.007	0.008
	电焊条烘干箱 $60\times50\times75(cm^3)$		台班	0.003	0.003	0.005	0.006	0.007	0.009
	电焊条恒温箱		台班	0.003	0.003	0.005	0.006	0.007	0.009

计量单位:副

定额编号			8-4-44	8-4-45	8-4-46	8-4-47	8-4-48	8-4-49
项目			公称直径(mm 以内)					
			65	80	100	125	150	200
名称		单位	消耗量					
人工	合计工日	工日	0.435	0.478	0.586	0.718	0.857	1.127
	其中 普工	工日	0.109	0.119	0.146	0.179	0.214	0.281
	其中 一般技工	工日	0.283	0.311	0.381	0.467	0.557	0.733
	其中 高级技工	工日	0.043	0.048	0.059	0.072	0.086	0.113
材料	碳钢对焊法兰	片	2.000	2.000	2.000	2.000	2.000	2.000
	低碳钢焊条 J427 ϕ3.2	kg	0.260	0.520	0.473	0.628	1.000	1.587
	氧气	m^3	0.220	0.352	0.387	0.438	0.520	0.720
	乙炔气	kg	0.073	0.117	0.129	0.146	0.173	0.240
	尼龙砂轮片 $\phi100\times16\times3$	片	0.321	0.576	0.282	0.782	0.977	1.498
	磨头	个	0.070	0.106	0.125	—	—	—
	电	kW·h	0.163	0.255	0.214	0.344	0.389	0.562
	石棉橡胶板 低压 δ0.8~6.0	kg	0.091	0.131	0.171	0.231	0.281	0.332
	清油 C01-1	kg	0.011	0.020	0.020	0.020	0.031	0.031
	角钢(综合)	kg	—	—	—	—	—	0.179
	白铅油	kg	0.051	0.071	0.111	0.120	0.140	0.201
	二硫化钼	kg	0.004	0.006	0.006	0.013	0.013	0.013
	破布	kg	0.020	0.020	0.031	0.031	0.031	0.040
	棉纱头	kg	0.012	0.014	0.017	0.020	0.025	0.033
	其他材料费	%	1.000	1.000	1.000	1.000	1.000	1.000
机械	电焊机(综合)	台班	0.143	0.169	0.224	0.283	0.350	0.497
	汽车式起重机 8t	台班	—	—	0.001	0.001	0.001	0.002
	载重汽车 8t	台班	—	—	0.001	0.001	0.001	0.002
	电焊条烘干箱 60×50×75(cm^3)	台班	0.015	0.017	0.022	0.028	0.035	0.050
	电焊条恒温箱	台班	0.015	0.017	0.022	0.028	0.035	0.050

计量单位:副

定额编号				8-4-50	8-4-51	8-4-52	8-4-53	8-4-54	8-4-55	8-4-56
项目				公称直径（mm 以内）						
				250	300	350	400	450	500	600
名称			单位	消耗量						
人工	合计工日		工日	1.431	1.811	2.411	2.806	3.141	3.909	5.011
	其中	普工	工日	0.358	0.453	0.603	0.701	0.786	0.977	1.253
		一般技工	工日	0.930	1.177	1.567	1.824	2.041	2.541	3.257
		高级技工	工日	0.143	0.181	0.241	0.281	0.314	0.391	0.501
材料	碳钢对焊法兰		片	2.000	2.000	2.000	2.000	2.000	2.000	2.000
	低碳钢焊条 J427 $\phi3.2$		kg	2.600	3.240	4.200	6.600	8.049	10.200	13.676
	氧气		m^3	1.004	1.142	1.360	1.750	2.040	2.300	2.774
	乙炔气		kg	0.335	0.381	0.453	0.583	0.680	0.767	0.925
	尼龙砂轮片 $\phi100\times16\times3$		片	2.192	3.127	3.461	5.096	6.010	6.900	8.206
	电		kW·h	0.731	0.897	1.061	1.252	1.451	1.688	2.074
	石棉橡胶板 低压 $\delta0.8\sim6.0$		kg	0.372	0.401	0.542	0.693	0.813	0.833	0.973
	清油 C01－1		kg	0.040	0.040	0.040	0.060	0.060	0.060	0.060
	角钢(综合)		kg	0.179	0.236	0.236	0.236	0.236	0.236	0.236
	白铅油		kg	0.201	0.251	0.251	0.301	0.301	0.332	0.363
	二硫化钼		kg	0.019	0.029	0.029	0.038	0.038	0.038	0.047
	破布		kg	0.040	0.040	0.040	0.060	0.060	0.071	0.082
	棉纱头		kg	0.040	0.047	0.057	0.064	0.071	0.078	0.092
	其他材料费		%	1.000	1.000	1.000	1.000	1.000	1.000	1.000
机械	电焊机（综合）		台班	0.707	0.843	1.049	1.188	1.258	1.545	1.901
	汽车式起重机 8t		台班	0.002	0.002	0.002	0.005	0.006	0.007	0.009
	载重汽车 8t		台班	0.002	0.002	0.002	0.005	0.006	0.007	0.009
	电焊条烘干箱 $60\times50\times75(cm^3)$		台班	0.071	0.084	0.105	0.119	0.126	0.154	0.190
	电焊条恒温箱		台班	0.071	0.084	0.105	0.119	0.126	0.154	0.190

4. 碳钢对焊法兰(氩电联焊)

工作内容:准备工作,管子切口,坡口加工,坡口磨平,管口组对,焊接,法兰连接,螺栓涂二硫化钼。

计量单位:副

			定额编号	8-4-57	8-4-58	8-4-59	8-4-60	8-4-61	8-4-62
项目				公称直径(mm 以内)					
				15	20	25	32	40	50
名称			单位	消耗量					
人工	合计工日		工日	0.205	0.241	0.302	0.357	0.397	0.458
人工	其中	普工	工日	0.051	0.060	0.076	0.089	0.099	0.114
人工	其中	一般技工	工日	0.133	0.157	0.196	0.232	0.258	0.298
人工	其中	高级技工	工日	0.021	0.024	0.030	0.036	0.040	0.046
材料	碳钢对焊法兰		片	2.000	2.000	2.000	2.000	2.000	2.000
材料	低碳钢焊条 J427 $\phi3.2$		kg	—	—	—	—	—	0.071
材料	碳钢焊丝		kg	0.018	0.023	0.040	0.044	0.061	0.032
材料	氧气		m^3	—	—	—	0.006	0.012	0.012
材料	乙炔气		kg	—	—	—	0.002	0.004	0.004
材料	氩气		m^3	0.050	0.063	0.100	0.112	0.172	0.090
材料	铈钨棒		g	0.099	0.127	0.200	0.240	0.343	0.181
材料	尼龙砂轮片 $\phi100\times16\times3$		片	0.041	0.053	0.085	0.098	0.135	0.147
材料	尼龙砂轮片 $\phi500\times25\times4$		片	0.008	0.010	0.014	0.018	0.024	0.029
材料	磨头		个	0.020	0.026	0.031	0.039	0.044	0.053
材料	电		kW·h	0.081	0.090	0.119	0.131	0.165	0.171
材料	石棉橡胶板 低压 $\delta0.8\sim6.0$		kg	0.020	0.020	0.040	0.040	0.060	0.071
材料	清油 C01-1		kg	0.011	0.011	0.011	0.011	0.011	0.011
材料	白铅油		kg	0.031	0.031	0.031	0.031	0.031	0.040
材料	二硫化钼		kg	0.002	0.002	0.002	0.004	0.004	0.004
材料	破布		kg	0.011	0.011	0.011	0.011	0.011	0.020
材料	棉纱头		kg	0.002	0.004	0.005	0.007	0.007	0.008
材料	其他材料费		%	1.000	1.000	1.000	1.000	1.000	1.000
机械	电焊机(综合)		台班	—	—	—	—	—	0.063
机械	氩弧焊机 500A		台班	0.030	0.039	0.049	0.061	0.071	0.052
机械	砂轮切割机 $\phi500$		台班	0.001	0.001	0.004	0.006	0.007	0.008
机械	电焊条烘干箱 $60\times50\times75(cm^3)$		台班	—	—	—	—	—	0.006
机械	电焊条恒温箱		台班	—	—	—	—	—	0.006

计量单位:副

定额编号				8-4-63	8-4-64	8-4-65	8-4-66	8-4-67	8-4-68
项目				公称直径（mm 以内）					
				65	80	100	125	150	200
名称			单位	消耗量					
人工	合计工日		工日	0.531	0.589	0.737	0.884	1.052	1.459
	其中	普工	工日	0.133	0.147	0.184	0.221	0.263	0.364
		一般技工	工日	0.345	0.383	0.479	0.575	0.684	0.949
		高级技工	工日	0.053	0.059	0.074	0.088	0.105	0.146
材料	碳钢对焊法兰		片	2.000	2.000	2.000	2.000	2.000	2.000
	低碳钢焊条 J427 ϕ3.2		kg	0.180	0.260	0.394	0.500	0.780	1.339
	碳钢焊丝		kg	0.043	0.050	0.065	0.076	0.092	0.127
	氧气		m^3	0.156	0.204	0.245	0.300	0.476	0.686
	乙炔气		kg	0.052	0.068	0.082	0.100	0.159	0.229
	氩气		m^3	0.120	0.140	0.181	0.210	0.256	0.356
	铈钨棒		g	0.240	0.280	0.363	0.420	0.512	0.712
	尼龙砂轮片 ϕ100×16×3		片	0.319	0.512	0.569	0.772	0.967	1.484
	尼龙砂轮片 ϕ500×25×4		片	0.047	0.065	0.079	0.108	—	—
	磨头		个	0.070	0.082	0.106	—	—	—
	电		kW·h	0.173	0.220	0.282	0.373	0.429	0.628
	石棉橡胶板 低压 δ0.8～6.0		kg	0.091	0.131	0.171	0.231	0.281	0.332
	清油 C01－1		kg	0.011	0.020	0.020	0.020	0.031	0.031
	角钢(综合)		kg	—	—	—	—	—	0.179
	白铅油		kg	0.051	0.071	0.111	0.120	0.140	0.201
	二硫化钼		kg	0.004	0.006	0.006	0.013	0.013	0.013
	破布		kg	0.020	0.020	0.031	0.031	0.031	0.040
	棉纱头		kg	0.012	0.014	0.017	0.020	0.025	0.033
	其他材料费		%	1.000	1.000	1.000	1.000	1.000	1.000
机械	电焊机（综合）		台班	0.086	0.098	0.170	0.192	0.265	0.405
	氩弧焊机 500A		台班	0.073	0.088	0.105	0.139	0.166	0.230
	砂轮切割机 ϕ500		台班	0.011	0.012	0.017	0.020	—	—
	半自动切割机 100mm		台班	—	—	—	—	0.052	0.073
	汽车式起重机 8t		台班	—	—	0.001	0.001	0.001	0.002
	载重汽车 8t		台班	—	—	0.001	0.001	0.001	0.002
	电焊条烘干箱 60×50×75(cm^3)		台班	0.009	0.009	0.017	0.019	0.027	0.040
	电焊条恒温箱		台班	0.009	0.009	0.017	0.019	0.027	0.040

计量单位：副

定额编号				8-4-69	8-4-70	8-4-71	8-4-72	8-4-73	8-4-74	8-4-75
项目				公称直径（mm 以内）						
				250	300	350	400	450	500	600
名称			单位	消耗量						
人工	合计工日		工日	1.596	1.902	2.475	2.898	3.192	4.105	5.313
	其中	普工	工日	0.399	0.475	0.619	0.724	0.798	1.025	1.328
		一般技工	工日	1.037	1.237	1.609	1.884	2.075	2.669	3.454
		高级技工	工日	0.160	0.190	0.247	0.290	0.319	0.411	0.531
材料	碳钢对焊法兰		片	2.000	2.000	2.000	2.000	2.000	2.000	2.000
	低碳钢焊条 J427 $\phi3.2$		kg	2.390	2.864	3.600	6.000	7.466	9.400	12.883
	碳钢焊丝		kg	0.156	0.190	0.220	0.249	0.281	0.310	0.371
	氧气		m^3	0.910	1.090	1.250	1.675	1.857	2.220	2.640
	乙炔气		kg	0.303	0.363	0.417	0.558	0.619	0.740	0.880
	氩气		m^3	0.440	0.532	0.620	0.696	0.786	0.870	1.038
	铈钨棒		g	0.880	1.064	1.220	1.390	1.572	1.740	2.076
	尼龙砂轮片 $\phi100\times16\times3$		片	2.172	3.104	3.437	5.060	5.975	6.866	8.160
	电		kW·h	0.831	1.006	1.195	1.408	1.632	1.888	2.318
	石棉橡胶板 低压 $\delta0.8\sim6.0$		kg	0.372	0.401	0.542	0.693	0.813	0.833	0.973
	清油 C01－1		kg	0.040	0.040	0.040	0.060	0.060	0.060	0.060
	白铅油		kg	0.201	0.251	0.251	0.301	0.301	0.332	0.332
	二硫化钼		kg	0.019	0.029	0.029	0.038	0.038	0.038	0.046
	破布		kg	0.040	0.040	0.040	0.060	0.060	0.071	0.071
	棉纱头		kg	0.032	0.038	0.045	0.053	0.059	0.064	0.069
	其他材料费		%	1.000	1.000	1.000	1.000	1.000	1.000	1.000
机械	电焊机（综合）		台班	0.574	0.684	0.892	1.009	1.101	1.309	1.809
	氩弧焊机 500A		台班	0.285	0.341	0.394	0.447	0.452	0.557	0.668
	半自动切割机 100mm		台班	0.105	0.115	0.145	0.158	0.180	0.206	0.254
	汽车式起重机 8t		台班	0.002	0.002	0.002	0.005	0.006	0.007	0.009
	载重汽车 8t		台班	0.002	0.002	0.002	0.005	0.006	0.007	0.009
	电焊条烘干箱 $60\times50\times75(cm^3)$		台班	0.058	0.068	0.090	0.101	0.110	0.131	0.181
	电焊条恒温箱		台班	0.058	0.068	0.090	0.101	0.110	0.131	0.181

5. 不锈钢平焊法兰(电弧焊)

工作内容:准备工作,管子切口,磨平,管口组对,焊接,焊缝钝化,法兰连接,螺栓涂二硫化钼。

计量单位:副

定额编号			8-4-76	8-4-77	8-4-78	8-4-79	8-4-80	8-4-81
项目			公称直径(mm 以内)					
			15	20	25	32	40	50
名称		单位	消耗量					
人工	合计工日	工日	0.222	0.244	0.264	0.306	0.448	0.493
人工	其中 普工	工日	0.056	0.062	0.066	0.076	0.112	0.124
人工	其中 一般技工	工日	0.144	0.158	0.172	0.199	0.291	0.320
人工	其中 高级技工	工日	0.022	0.024	0.026	0.031	0.045	0.049
材料	不锈钢平焊法兰	片	2.000	2.000	2.000	2.000	2.000	2.000
材料	不锈钢焊条(综合)	kg	0.038	0.050	0.063	0.080	0.092	0.116
材料	尼龙砂轮片 $\phi100\times16\times3$	片	0.033	0.043	0.054	0.064	0.073	0.099
材料	尼龙砂轮片 $\phi500\times25\times4$	片	0.012	0.014	0.021	0.024	0.030	0.030
材料	电	kW·h	0.030	0.039	0.049	0.060	0.072	0.086
材料	耐酸石棉橡胶板(综合)	kg	0.011	0.021	0.043	0.043	0.064	0.075
材料	丙酮	kg	0.015	0.017	0.024	0.028	0.032	0.039
材料	酸洗膏	kg	0.008	0.009	0.013	0.016	0.020	0.024
材料	水	t	0.002	0.002	0.004	0.004	0.004	0.006
材料	二硫化钼	kg	0.002	0.002	0.002	0.004	0.004	0.004
材料	破布	kg	0.002	0.002	0.002	0.002	0.002	0.004
材料	棉纱头	kg	0.001	0.002	0.002	0.004	0.004	0.006
材料	其他材料费	%	1.000	1.000	1.000	1.000	1.000	1.000
机械	电焊机(综合)	台班	0.019	0.021	0.029	0.038	0.063	0.070
机械	砂轮切割机 $\phi500$	台班	0.001	0.003	0.007	0.007	0.008	0.008
机械	电动空气压缩机 $6m^3/min$	台班	0.002	0.002	0.002	0.002	0.002	0.002
机械	电焊条烘干箱 $60\times50\times75(cm^3)$	台班	0.002	0.002	0.003	0.003	0.006	0.007
机械	电焊条恒温箱	台班	0.002	0.002	0.003	0.003	0.006	0.007

计量单位:副

定额编号			8-4-82	8-4-83	8-4-84	8-4-85	8-4-86	8-4-87
项目			公称直径（mm 以内）					
			65	80	100	125	150	200
名称		单位	消耗量					
人工	合计工日	工日	0.617	0.679	0.872	1.034	1.118	1.713
人工	其中 普工	工日	0.154	0.170	0.218	0.259	0.279	0.429
人工	其中 一般技工	工日	0.401	0.441	0.567	0.672	0.727	1.113
人工	其中 高级技工	工日	0.062	0.068	0.087	0.103	0.112	0.171
材料	不锈钢平焊法兰	片	2.000	2.000	2.000	2.000	2.000	2.000
材料	不锈钢焊条(综合)	kg	0.217	0.253	0.320	0.389	0.500	1.180
材料	尼龙砂轮片 $\phi100\times16\times3$	片	0.118	0.371	0.490	0.655	0.791	1.381
材料	尼龙砂轮片 $\phi500\times25\times4$	片	0.044	0.054	0.078	—	—	—
材料	电	kW·h	0.103	0.175	0.216	0.258	0.316	0.614
材料	耐酸石棉橡胶板(综合)	kg	0.082	0.139	0.182	0.246	0.300	0.353
材料	丙酮	kg	0.051	0.060	0.077	0.090	0.107	0.148
材料	酸洗膏	kg	0.033	0.039	0.050	0.077	0.103	0.134
材料	水	t	0.009	0.011	0.013	0.015	0.019	0.026
材料	二硫化钼	kg	0.004	0.006	0.006	0.013	0.013	0.013
材料	破布	kg	0.004	0.006	0.006	0.008	0.010	0.014
材料	棉纱头	kg	0.011	0.013	0.015	0.018	0.022	0.030
材料	其他材料费	%	1.000	1.000	1.000	1.000	1.000	1.000
机械	电焊机（综合）	台班	0.094	0.109	0.136	0.178	0.193	0.445
机械	砂轮切割机 $\phi500$	台班	0.015	0.016	0.027	—	—	—
机械	等离子切割机 400A	台班	—	—	—	0.025	0.037	0.043
机械	汽车式起重机 8t	台班	—	—	0.001	0.001	0.001	0.002
机械	载重汽车 8t	台班	—	—	0.001	0.001	0.001	0.002
机械	电动空气压缩机 $6m^3/min$	台班	0.002	0.002	0.002	0.002	0.002	0.002
机械	电动空气压缩机 $1m^3/min$	台班	—	—	—	0.025	0.037	0.043
机械	电焊条烘干箱 $60\times50\times75(cm^3)$	台班	0.009	0.011	0.014	0.018	0.019	0.045
机械	电焊条恒温箱	台班	0.009	0.011	0.014	0.018	0.019	0.045

计量单位:副

定额编号			8-4-88	8-4-89	8-4-90	8-4-91	8-4-92	8-4-93
项目			公称直径(mm以内)					
			250	300	350	400	450	500
名称		单位	消耗量					
人工	合计工日	工日	2.186	2.708	2.974	3.351	3.728	4.105
	其中 普工	工日	0.546	0.677	0.744	0.838	0.932	1.027
	其中 一般技工	工日	1.421	1.760	1.933	2.178	2.423	2.668
	其中 高级技工	工日	0.219	0.271	0.297	0.335	0.373	0.410
材料	不锈钢平焊法兰	片	2.000	2.000	2.000	2.000	2.000	2.000
	不锈钢焊条(综合)	kg	2.360	2.936	4.000	4.600	5.577	7.359
	尼龙砂轮片 $\phi100\times16\times3$	片	1.962	2.621	3.144	3.526	4.775	6.371
	电	kW·h	0.789	0.962	1.031	1.166	1.381	1.719
	耐酸石棉橡胶板(综合)	kg	0.396	0.428	0.578	0.738	0.898	1.058
	丙酮	kg	0.184	0.218	0.253	0.285	0.317	0.349
	酸洗膏	kg	0.203	0.242	0.265	0.328	0.391	0.454
	水	t	0.030	0.036	0.043	0.049	0.055	0.061
	二硫化钼	kg	0.019	0.029	0.029	0.038	0.047	0.056
	破布	kg	0.019	0.021	0.026	0.028	0.030	0.032
	棉纱头	kg	0.036	0.043	0.049	0.056	0.063	0.070
	其他材料费	%	1.000	1.000	1.000	1.000	1.000	1.000
机械	电焊机(综合)	台班	0.673	0.748	0.779	0.879	0.980	1.081
	等离子切割机 400A	台班	0.056	0.068	0.079	0.090	0.101	0.112
	汽车式起重机 8t	台班	0.003	0.003	0.004	0.005	0.006	0.007
	载重汽车 8t	台班	0.003	0.003	0.004	0.005	0.006	0.007
	电动空气压缩机 $6m^3/min$	台班	0.002	0.002	0.002	0.002	0.002	0.002
	电动空气压缩机 $1m^3/min$	台班	0.056	0.068	0.079	0.090	0.101	0.112
	电焊条烘干箱 $60\times50\times75(cm^3)$	台班	0.067	0.075	0.078	0.088	0.098	0.109
	电焊条恒温箱	台班	0.067	0.075	0.078	0.088	0.098	0.109

6. 不锈钢对焊法兰(电弧焊)

工作内容:准备工作,管子切口,坡口加工,坡口磨平,焊接,焊缝钝化,法兰连接,螺栓涂二硫化钼。

计量单位:副

定额编号				8-4-94	8-4-95	8-4-96	8-4-97	8-4-98	8-4-99	8-4-100
项目				公称直径(mm 以内)						
				15	20	25	32	40	50	65
名称			单位	消耗量						
人工	合计工日		工日	0.233	0.257	0.278	0.322	0.494	0.528	0.647
	其中	普工	工日	0.058	0.064	0.069	0.081	0.124	0.132	0.162
		一般技工	工日	0.152	0.167	0.181	0.209	0.321	0.343	0.420
		高级技工	工日	0.023	0.026	0.028	0.032	0.049	0.053	0.065
材料	不锈钢对焊法兰		片	2.000	2.000	2.000	2.000	2.000	2.000	2.000
	不锈钢焊条(综合)		kg	0.036	0.040	0.056	0.069	0.079	0.110	0.141
	尼龙砂轮片 $\phi100\times16\times3$		片	0.072	0.089	0.113	0.140	0.163	0.231	0.306
	尼龙砂轮片 $\phi500\times25\times4$		片	0.012	0.014	0.021	0.024	0.030	0.030	0.049
	电		kW·h	0.135	0.147	0.166	0.184	0.201	0.244	0.276
	耐酸石棉橡胶板(综合)		kg	0.018	0.018	0.036	0.036	0.055	0.064	0.082
	丙酮		kg	0.015	0.017	0.024	0.028	0.032	0.039	0.051
	酸洗膏		kg	0.008	0.009	0.013	0.016	0.020	0.024	0.033
	水		t	0.002	0.002	0.004	0.004	0.004	0.006	0.009
	二硫化钼		kg	0.002	0.002	0.002	0.004	0.004	0.004	0.004
	破布		kg	0.002	0.002	0.002	0.002	0.002	0.004	0.004
	棉纱头		kg	0.003	0.005	0.005	0.008	0.008	0.009	0.010
	其他材料费		%	1.000	1.000	1.000	1.000	1.000	1.000	1.000
机械	电焊机(综合)		台班	0.019	0.023	0.032	0.039	0.083	0.100	0.162
	砂轮切割机 $\phi500$		台班	0.001	0.002	0.005	0.007	0.008	0.008	0.018
	电动空气压缩机 $6m^3/min$		台班	0.002	0.002	0.002	0.002	0.002	0.002	0.002
	电焊条烘干箱 $60\times50\times75(cm^3)$		台班	0.002	0.003	0.003	0.004	0.009	0.010	0.016
	电焊条恒温箱		台班	0.002	0.003	0.003	0.004	0.009	0.010	0.016

计量单位:副

定额编号				8-4-101	8-4-102	8-4-103	8-4-104	8-4-105	8-4-106
项目				公称直径(mm 以内)					
				80	100	125	150	200	250
名称			单位	消耗量					
人工	合计工日		工日	0.700	0.979	1.010	1.196	1.577	2.163
	其中	普工	工日	0.175	0.245	0.253	0.299	0.394	0.541
		一般技工	工日	0.455	0.636	0.656	0.777	1.025	1.406
		高级技工	工日	0.070	0.098	0.101	0.120	0.158	0.216
材料	不锈钢对焊法兰		片	2.000	2.000	2.000	2.000	2.000	2.000
	不锈钢焊条(综合)		kg	0.221	0.275	0.504	0.603	1.060	1.712
	尼龙砂轮片 $\phi100\times16\times3$		片	0.584	0.750	1.047	1.278	2.227	3.151
	尼龙砂轮片 $\phi500\times25\times4$		片	0.054	0.078	—	—	—	—
	电		kW·h	0.254	0.316	0.421	0.516	0.818	1.053
	耐酸石棉橡胶板(综合)		kg	0.119	0.155	0.210	0.255	0.301	0.337
	丙酮		kg	0.060	0.077	0.090	0.107	0.148	0.184
	酸洗膏		kg	0.039	0.050	0.077	0.103	0.134	0.203
	水		t	0.011	0.013	0.015	0.019	0.026	0.030
	二硫化钼		kg	0.006	0.006	0.013	0.013	0.013	0.019
	破布		kg	0.006	0.006	0.009	0.011	0.015	0.019
	棉纱头		kg	0.011	0.015	0.016	0.025	0.031	0.032
	其他材料费		%	1.000	1.000	1.000	1.000	1.000	1.000
机械	电焊机(综合)		台班	0.167	0.245	0.285	0.351	0.538	0.813
	砂轮切割机 $\phi500$		台班	0.021	0.027	—	—	—	—
	等离子切割机 400A		台班	0.040	0.053	0.086	0.105	0.145	0.189
	汽车式起重机 8t		台班	—	0.001	0.001	0.001	0.002	0.002
	载重汽车 8t		台班	—	0.001	0.001	0.001	0.002	0.002
	电动空气压缩机 $1m^3/min$		台班	0.040	0.053	0.086	0.105	0.145	0.189
	电动空气压缩机 $6m^3/min$		台班	0.002	0.002	0.002	0.002	0.002	0.002
	电焊条烘干箱 $60\times50\times75(cm^3)$		台班	0.016	0.024	0.028	0.035	0.053	0.081
	电焊条恒温箱		台班	0.016	0.024	0.028	0.035	0.053	0.081

计量单位:副

定额编号				8-4-107	8-4-108	8-4-109	8-4-110	8-4-111
项目				公称直径（mm 以内）				
				300	350	400	450	500
名称			单位	消耗量				
人工	合计工日		工日	2.693	3.567	3.888	4.379	4.870
	其中	普工	工日	0.674	0.891	0.972	1.094	1.217
		一般技工	工日	1.750	2.319	2.527	2.847	3.166
		高级技工	工日	0.269	0.357	0.389	0.438	0.487
材料	不锈钢对焊法兰		片	2.000	2.000	2.000	2.000	2.000
	不锈钢焊条(综合)		kg	2.435	2.828	3.200	4.945	7.189
	尼龙砂轮片 $\phi100\times16\times3$		片	4.282	5.047	5.709	7.975	10.627
	电		kW·h	1.289	1.481	1.674	2.016	2.436
	耐酸石棉橡胶板(综合)		kg	0.364	0.491	0.628	0.765	0.902
	丙酮		kg	0.218	0.253	0.285	0.317	0.349
	酸洗膏		kg	0.242	0.265	0.328	0.391	0.454
	水		t	0.036	0.043	0.049	0.055	0.061
	二硫化钼		kg	0.029	0.029	0.038	0.046	0.055
	破布		kg	0.021	0.026	0.028	0.030	0.032
	棉纱头		kg	0.038	0.045	0.053	0.059	0.064
	其他材料费		%	1.000	1.000	1.000	1.000	1.000
机械	电焊机（综合）		台班	1.011	1.175	1.328	1.481	1.635
	等离子切割机 400A		台班	0.231	0.268	0.304	0.340	0.376
	汽车式起重机 8t		台班	0.002	0.002	0.004	0.005	0.006
	载重汽车 8t		台班	0.002	0.002	0.004	0.005	0.006
	电动空气压缩机 $1m^3/min$		台班	0.231	0.268	0.304	0.340	0.376
	电动空气压缩机 $6m^3/min$		台班	0.002	0.002	0.002	0.003	0.003
	电焊条烘干箱 $60\times50\times75(cm^3)$		台班	0.101	0.117	0.133	0.148	0.164
	电焊条恒温箱		台班	0.101	0.117	0.133	0.148	0.164

7. 不锈钢对焊法兰(氩电联焊)

工作内容:准备工作,管子切口,坡口加工,坡口磨平,管口组对,焊接,焊缝钝化,法兰连接,螺栓涂二硫化钼。

计量单位:副

定额编号			8-4-112	8-4-113	8-4-114	8-4-115	8-4-116	8-4-117	8-4-118
项目			公称直径(mm 以内)						
			50	65	80	100	125	150	200
名称		单位	消耗量						
人工	合计工日	工日	0.562	0.693	0.810	1.069	1.234	1.408	1.830
	其中 普工	工日	0.141	0.173	0.203	0.267	0.309	0.352	0.458
	其中 一般技工	工日	0.365	0.451	0.526	0.695	0.802	0.915	1.189
	其中 高级技工	工日	0.056	0.069	0.081	0.107	0.123	0.141	0.183
材料	不锈钢对焊法兰	片	2.000	2.000	2.000	2.000	2.000	2.000	2.000
	不锈钢焊条(综合)	kg	0.108	0.197	0.257	0.422	0.550	0.813	1.612
	不锈钢焊丝 1Cr18Ni9Ti	kg	0.034	0.042	0.058	0.072	0.098	0.119	0.194
	氩气	m^3	0.094	0.117	0.162	0.202	0.275	0.334	0.545
	铈钨棒	g	0.147	0.165	0.218	0.253	0.334	0.398	0.551
	尼龙砂轮片 $\phi100\times16\times3$	片	0.080	0.099	0.155	0.201	0.268	0.406	0.696
	尼龙砂轮片 $\phi500\times25\times4$	片	0.030	0.048	0.066	0.090	—	—	—
	电	kW·h	0.083	0.111	0.133	0.179	0.225	0.266	0.382
	耐酸石棉橡胶板(综合)	kg	0.056	0.072	0.104	0.136	0.184	0.224	0.264
	丙酮	kg	0.029	0.038	0.045	0.058	0.067	0.080	0.110
	酸洗膏	kg	0.024	0.033	0.039	0.050	0.077	0.103	0.134
	水	t	0.048	0.006	0.008	0.010	0.011	0.014	0.019
	二硫化钼	kg	0.004	0.004	0.006	0.006	0.013	0.013	0.013
	破布	kg	0.003	0.003	0.005	0.005	0.006	0.008	0.011
	棉纱头	kg	0.006	0.008	0.010	0.011	0.014	0.017	0.022
	其他材料费	%	1.000	1.000	1.000	1.000	1.000	1.000	1.000
机械	电焊机(综合)	台班	0.068	0.101	0.132	0.176	0.229	0.301	0.467
	氩弧焊机 500A	台班	0.074	0.083	0.103	0.123	0.157	0.183	0.251
	砂轮切割机 $\phi500$	台班	0.011	0.016	0.023	0.025	—	—	—
	普通车床 630×2000	台班	0.018	0.029	0.033	0.033	0.034	0.035	0.040
	电动空气压缩机 $6m^3/min$	台班	0.002	0.002	0.002	0.002	0.002	0.002	0.002
	电焊条烘干箱 $60\times50\times75(cm^3)$	台班	0.007	0.010	0.013	0.017	0.023	0.030	0.047
	电焊条恒温箱	台班	0.007	0.010	0.013	0.017	0.023	0.030	0.047
	等离子切割机 400A	台班	—	—	—	—	0.020	0.025	0.036
	汽车式起重机 8t	台班	—	—	—	0.001	0.001	0.001	0.002
	载重汽车 8t	台班	—	—	—	0.001	0.001	0.001	0.002
	电动空气压缩机 $1m^3/min$	台班	—	—	—	—	0.020	0.025	0.036

计量单位：副

定额编号				8-4-119	8-4-120	8-4-121	8-4-122	8-4-123	8-4-124
项目				公称直径（mm 以内）					
				250	300	350	400	450	500
名称			单位	消耗量					
人工	合计工日		工日	2.312	2.737	3.329	3.972	4.615	5.259
	其中	普工	工日	0.578	0.684	0.832	0.993	1.153	1.315
		一般技工	工日	1.503	1.779	2.164	2.582	3.000	3.418
		高级技工	工日	0.231	0.274	0.333	0.397	0.462	0.526
材料	不锈钢对焊法兰		片	2.000	2.000	2.000	2.000	2.000	2.000
	不锈钢焊条(综合)		kg	2.726	4.220	6.426	8.891	11.356	13.821
	不锈钢焊丝 1Cr18Ni9Ti		kg	0.245	0.302	0.350	0.358	0.366	0.374
	氩气		m^3	0.684	0.845	0.981	1.288	1.535	1.782
	铈钨棒		g	0.688	0.819	0.950	1.073	1.196	1.319
	尼龙砂轮片 $\phi100\times16\times3$		片	1.922	2.000	4.204	5.246	6.288	7.330
	电		kW·h	0.519	0.630	0.743	0.932	1.121	1.310
	耐酸石棉橡胶板(综合)		kg	0.296	0.320	0.432	0.552	0.672	0.792
	丙酮		kg	0.138	0.163	0.189	0.213	0.237	0.261
	酸洗膏		kg	0.203	0.242	0.265	0.328	0.391	0.454
	水		t	0.022	0.027	0.032	0.037	0.042	0.047
	二硫化钼		kg	0.019	0.029	0.029	0.038	0.046	0.054
	破布		kg	0.014	0.016	0.019	0.021	0.024	0.027
	棉纱头		kg	0.027	0.032	0.037	0.042	0.047	0.052
	其他材料费		%	1.000	1.000	1.000	1.000	1.000	1.000
机械	电焊机（综合）		台班	0.626	0.804	1.112	1.273	1.432	1.593
	氩弧焊机 500A		台班	0.324	0.381	0.385	0.418	0.426	0.434
	普通车床 630×2000		台班	0.048	0.058	0.074	0.090	0.107	0.123
	等离子切割机 400A		台班	0.048	0.060	0.072	0.076	0.081	0.085
	汽车式起重机 8t		台班	0.002	0.002	0.002	0.003	0.004	0.004
	载重汽车 8t		台班	0.002	0.002	0.002	0.003	0.004	0.004
	电动空气压缩机 $1m^3/min$		台班	0.048	0.060	0.072	0.076	0.081	0.085
	电动空气压缩机 $6m^3/min$		台班	0.002	0.002	0.002	0.002	0.002	0.002
	电焊条烘干箱 60×50×75(cm^3)		台班	0.063	0.080	0.111	0.127	0.143	0.159
	电焊条恒温箱		台班	0.063	0.080	0.111	0.127	0.143	0.159

8. 不锈钢对焊法兰(氩弧焊)

工作内容:准备工作,管子切口,坡口加工,焊接,焊缝钝化,法兰连接,螺栓涂二硫化钼。**计量单位**:副

定额编号				8-4-125	8-4-126	8-4-127	8-4-128	8-4-129	8-4-130
项目				公称直径(mm 以内)					
				15	20	25	32	40	50
名称			单位	消耗量					
人工	合计工日		工日	0.246	0.271	0.307	0.338	0.407	0.604
	其中	普工	工日	0.061	0.068	0.076	0.084	0.101	0.151
		一般技工	工日	0.160	0.176	0.200	0.220	0.265	0.393
		高级技工	工日	0.025	0.027	0.031	0.034	0.041	0.060
材料	不锈钢对焊法兰		片	2.000	2.000	2.000	2.000	2.000	2.000
	不锈钢焊丝 1Cr18Ni9Ti		kg	0.015	0.018	0.026	0.034	0.050	0.088
	氩气		m^3	0.042	0.052	0.074	0.094	0.142	0.246
	铈钨棒		g	0.080	0.098	0.144	0.179	0.275	0.478
	尼龙砂轮片 $\phi100\times16\times3$		片	0.026	0.031	0.040	0.050	0.058	0.078
	尼龙砂轮片 $\phi500\times25\times4$		片	0.008	0.010	0.019	0.022	0.027	0.032
	电		kW·h	0.012	0.016	0.020	0.024	0.034	0.053
	耐酸石棉橡胶板(综合)		kg	0.016	0.016	0.032	0.032	0.048	0.060
	丙酮		kg	0.010	0.010	0.015	0.017	0.024	0.031
	酸洗膏		kg	0.008	0.009	0.013	0.016	0.020	0.024
	水		t	0.002	0.002	0.003	0.003	0.003	0.005
	二硫化钼		kg	0.002	0.002	0.002	0.004	0.004	0.003
	破布		kg	0.002	0.002	0.002	0.002	0.002	0.003
	棉纱头		kg	0.002	0.004	0.004	0.006	0.006	0.006
	其他材料费		%	1.000	1.000	1.000	1.000	1.000	1.000
机械	氩弧焊机 500A		台班	0.032	0.039	0.048	0.059	0.079	0.126
	砂轮切割机 $\phi500$		台班	0.001	0.002	0.006	0.007	0.008	0.012
	普通车床 630×2000		台班	0.011	0.011	0.013	0.013	0.015	0.020
	电动空气压缩机 $6m^3/min$		台班	0.002	0.002	0.002	0.002	0.002	0.002

计量单位：副

定额编号				8-4-131	8-4-132	8-4-133	8-4-134	8-4-135	8-4-136
项目				公称直径（mm 以内）					
				65	80	100	125	150	200
名称			单位	消耗量					
人工	合计工日		工日	0.755	0.899	1.225	1.390	1.706	2.522
	其中	普工	工日	0.189	0.225	0.306	0.348	0.426	0.631
		一般技工	工日	0.491	0.584	0.796	0.903	1.109	1.639
		高级技工	工日	0.075	0.090	0.123	0.139	0.171	0.252
材料	不锈钢对焊法兰		片	2.000	2.000	2.000	2.000	2.000	2.000
	不锈钢焊丝 1Cr18Ni9Ti		kg	0.146	0.192	0.296	0.386	0.549	1.058
	氩气		m^3	0.411	0.539	0.829	1.080	1.538	2.962
	铈钨棒		g	0.802	1.049	1.605	2.088	2.980	5.640
	尼龙砂轮片 $\phi100\times16\times3$		片	0.111	0.147	0.190	0.248	0.337	0.578
	尼龙砂轮片 $\phi500\times25\times4$		片	0.051	0.071	0.095	—	—	—
	电		kW·h	0.077	0.101	0.145	0.190	0.261	0.473
	耐酸石棉橡胶板(综合)		kg	0.077	0.111	0.145	0.196	0.238	0.281
	丙酮		kg	0.041	0.048	0.061	0.071	0.085	0.117
	酸洗膏		kg	0.034	0.040	0.051	0.079	0.105	0.137
	水		t	0.007	0.009	0.010	0.012	0.015	0.020
	二硫化钼		kg	0.003	0.005	0.005	0.011	0.011	0.011
	破布		kg	0.003	0.005	0.005	0.007	0.009	0.012
	棉纱头		kg	0.008	0.010	0.011	0.014	0.017	0.022
	其他材料费		%	1.000	1.000	1.000	1.000	1.000	1.000
机械	氩弧焊机 500A		台班	0.177	0.229	0.328	0.425	0.580	1.050
	等离子切割机 400A		台班	—	—	—	0.023	0.029	0.041
	砂轮切割机 $\phi500$		台班	0.018	0.026	0.029	—	—	—
	普通车床 630×2000		台班	0.032	0.034	0.037	0.038	0.040	0.045
	汽车式起重机 8t		台班	—	—	0.001	0.001	0.001	0.002
	载重汽车 8t		台班	—	—	0.001	0.001	0.001	0.002
	电动空气压缩机 $1m^3/min$		台班	—	—	—	0.023	0.029	0.041
	电动空气压缩机 $6m^3/min$		台班	0.002	0.002	0.002	0.002	0.002	0.002

9. 不锈钢翻边活动法兰(电弧焊)

工作内容:准备工作,管子切口,坡口加工,坡口磨平,管口组对,焊接,焊缝钝化,法兰连接,螺栓涂二硫化钼。

计量单位:副

定额编号				8-4-137	8-4-138	8-4-139	8-4-140	8-4-141	8-4-142	8-4-143
项目				公称直径(mm 以内)						
				15	20	25	32	40	50	65
名称			单位	消耗量						
人工	合计工日		工日	0.259	0.294	0.466	0.511	0.567	0.617	0.866
	其中	普工	工日	0.065	0.074	0.116	0.128	0.141	0.154	0.216
		一般技工	工日	0.168	0.191	0.303	0.332	0.369	0.401	0.563
		高级技工	工日	0.026	0.029	0.047	0.051	0.057	0.062	0.087
材料	低压不锈钢翻边短管		个	2.000	2.000	2.000	2.000	2.000	2.000	2.000
	活动法兰		片	2.000	2.000	2.000	2.000	2.000	2.000	2.000
	不锈钢焊条(综合)		kg	0.036	0.040	0.056	0.069	0.079	0.110	0.141
	尼龙砂轮片 $\phi100\times16\times3$		片	0.072	0.089	0.113	0.140	0.163	0.231	0.306
	尼龙砂轮片 $\phi500\times25\times4$		片	0.007	0.010	0.022	0.026	0.030	0.030	0.044
	电		kW·h	0.135	0.147	0.166	0.184	0.201	0.244	0.276
	耐酸石棉橡胶板(综合)		kg	0.011	0.021	0.043	0.043	0.064	0.075	0.096
	丙酮		kg	0.015	0.017	0.024	0.028	0.032	0.039	0.051
	氢氧化钠(烧碱)		kg	0.043	0.043	0.064	0.086	0.107	0.128	0.171
	酸洗膏		kg	0.008	0.009	0.013	0.016	0.020	0.024	0.033
	水		t	0.002	0.002	0.004	0.004	0.004	0.006	0.009
	二硫化钼		kg	0.002	0.002	0.002	0.004	0.004	0.004	0.004
	破布		kg	0.045	0.045	0.045	0.056	0.066	0.068	0.079
	棉纱头		kg	0.002	0.004	0.004	0.006	0.006	0.007	0.011
	其他材料费		%	1.000	1.000	1.000	1.000	1.000	1.000	1.000
机械	电焊机(综合)		台班	0.019	0.023	0.039	0.057	0.083	0.100	0.142
	砂轮切割机 $\phi500$		台班	0.001	0.002	0.007	0.007	0.008	0.008	0.015
	电动空气压缩机 $6m^3/min$		台班	0.002	0.002	0.002	0.002	0.002	0.002	0.002
	电焊条烘干箱 $60\times50\times75(cm^3)$		台班	0.002	0.003	0.004	0.006	0.009	0.010	0.015
	电焊条恒温箱		台班	0.002	0.003	0.004	0.006	0.009	0.010	0.015

计量单位：副

定额编号				8-4-144	8-4-145	8-4-146	8-4-147	8-4-148	8-4-149	8-4-150
项目				公称直径（mm 以内）						
				80	100	125	150	200	250	300
名称			单位	消耗量						
人工	合计工日		工日	0.978	1.252	1.406	1.561	1.995	2.467	3.479
	其中	普工	工日	0.244	0.313	0.351	0.391	0.499	0.616	0.869
		一般技工	工日	0.636	0.814	0.914	1.014	1.297	1.604	2.262
		高级技工	工日	0.098	0.125	0.141	0.156	0.199	0.247	0.348
材料	低压不锈钢翻边短管		个	2.000	2.000	2.000	2.000	2.000	2.000	2.000
	活动法兰		片	2.000	2.000	2.000	2.000	2.000	2.000	2.000
	不锈钢焊条(综合)		kg	0.221	0.275	0.504	0.603	1.060	1.712	2.435
	尼龙砂轮片 $\phi100\times16\times3$		片	0.584	0.750	1.047	1.278	2.227	3.151	4.282
	尼龙砂轮片 $\phi500\times25\times4$		片	0.054	0.078	—	—	—	—	—
	电		kW·h	0.254	0.316	0.421	0.516	0.818	1.053	1.289
	耐酸石棉橡胶板(综合)		kg	0.139	0.182	0.246	0.300	0.353	0.396	0.428
	丙酮		kg	0.060	0.077	0.090	0.107	0.148	0.184	0.218
	氢氧化钠（烧碱）		kg	0.171	0.214	0.300	0.364	0.407	0.514	0.621
	酸洗膏		kg	0.039	0.050	0.077	0.103	0.134	0.203	0.242
	水		t	0.011	0.013	0.015	0.019	0.026	0.030	0.036
	二硫化钼		kg	0.006	0.006	0.013	0.013	0.013	0.019	0.029
	破布		kg	0.081	0.092	0.105	0.107	0.111	0.116	0.139
	棉纱头		kg	0.013	0.015	0.018	0.022	0.030	0.036	0.043
	其他材料费		%	1.000	1.000	1.000	1.000	1.000	1.000	1.000
机械	电焊机（综合）		台班	0.167	0.196	0.200	0.214	0.311	0.463	0.614
	等离子切割机 400A		台班	0.040	0.053	0.086	0.105	0.145	0.189	0.231
	砂轮切割机 $\phi500$		台班	0.016	0.027	—	—	—	—	—
	汽车式起重机 8t		台班	—	0.001	0.001	0.001	0.002	0.002	0.003
	载重汽车 8t		台班	—	0.001	0.001	0.001	0.002	0.002	0.003
	电动空气压缩机 $1m^3/min$		台班	0.040	0.053	0.086	0.105	0.145	0.189	0.231
	电动空气压缩机 $6m^3/min$		台班	0.002	0.002	0.002	0.002	0.002	0.002	0.002
	电焊条烘干箱 $60\times50\times75(cm^3)$		台班	0.016	0.020	0.020	0.022	0.031	0.047	0.061
	电焊条恒温箱		台班	0.016	0.020	0.020	0.022	0.031	0.047	0.061

计量单位:副

<table>
<tr><td colspan="3">定额编号</td><td>8-4-151</td><td>8-4-152</td><td>8-4-153</td><td>8-4-154</td><td>8-4-155</td><td>8-4-156</td><td>8-4-157</td></tr>
<tr><td colspan="3" rowspan="2">项目</td><td colspan="7">公称直径(mm 以内)</td></tr>
<tr><td>350</td><td>400</td><td>450</td><td>500</td><td>600</td><td>700</td><td>800</td></tr>
<tr><td colspan="2">名称</td><td>单位</td><td colspan="7">消耗量</td></tr>
<tr><td rowspan="4">人工</td><td colspan="1">合计工日</td><td>工日</td><td>3.932</td><td>4.396</td><td>4.493</td><td>4.984</td><td>6.178</td><td>7.015</td><td>7.917</td></tr>
<tr><td>其中 普工</td><td>工日</td><td>0.983</td><td>1.099</td><td>1.124</td><td>1.246</td><td>1.544</td><td>1.754</td><td>1.979</td></tr>
<tr><td>其中 一般技工</td><td>工日</td><td>2.556</td><td>2.857</td><td>2.920</td><td>3.240</td><td>4.016</td><td>4.560</td><td>5.146</td></tr>
<tr><td>其中 高级技工</td><td>工日</td><td>0.393</td><td>0.440</td><td>0.449</td><td>0.498</td><td>0.618</td><td>0.701</td><td>0.792</td></tr>
<tr><td rowspan="15">材料</td><td>低压不锈钢翻边短管</td><td>个</td><td>2.000</td><td>2.000</td><td>2.000</td><td>2.000</td><td>2.000</td><td>2.000</td><td>2.000</td></tr>
<tr><td>活动法兰</td><td>片</td><td>2.000</td><td>2.000</td><td>2.000</td><td>2.000</td><td>2.000</td><td>2.000</td><td>2.000</td></tr>
<tr><td>不锈钢焊条(综合)</td><td>kg</td><td>2.828</td><td>3.200</td><td>4.945</td><td>7.189</td><td>4.298</td><td>4.324</td><td>6.656</td></tr>
<tr><td>尼龙砂轮片 $\phi100\times16\times3$</td><td>片</td><td>5.047</td><td>5.709</td><td>7.975</td><td>10.627</td><td>8.110</td><td>7.239</td><td>10.493</td></tr>
<tr><td>电</td><td>kW·h</td><td>1.481</td><td>1.674</td><td>2.016</td><td>2.436</td><td>2.131</td><td>2.250</td><td>2.643</td></tr>
<tr><td>耐酸石棉橡胶板(综合)</td><td>kg</td><td>0.578</td><td>0.738</td><td>0.867</td><td>0.888</td><td>0.899</td><td>1.102</td><td>1.241</td></tr>
<tr><td>丙酮</td><td>kg</td><td>0.253</td><td>0.285</td><td>0.321</td><td>0.375</td><td>0.424</td><td>0.484</td><td>0.552</td></tr>
<tr><td>氢氧化钠(烧碱)</td><td>kg</td><td>0.728</td><td>0.813</td><td>0.920</td><td>0.920</td><td>1.177</td><td>1.177</td><td>1.370</td></tr>
<tr><td>酸洗膏</td><td>kg</td><td>0.265</td><td>0.328</td><td>0.369</td><td>0.418</td><td>0.506</td><td>0.636</td><td>0.811</td></tr>
<tr><td>水</td><td>t</td><td>0.043</td><td>0.049</td><td>0.056</td><td>0.060</td><td>0.073</td><td>0.081</td><td>0.094</td></tr>
<tr><td>角钢(综合)</td><td>kg</td><td>—</td><td>—</td><td>0.214</td><td>0.214</td><td>0.214</td><td>0.235</td><td>0.235</td></tr>
<tr><td>二硫化钼</td><td>kg</td><td>0.029</td><td>0.038</td><td>0.038</td><td>0.038</td><td>0.049</td><td>0.049</td><td>0.049</td></tr>
<tr><td>破布</td><td>kg</td><td>0.143</td><td>0.156</td><td>0.161</td><td>0.218</td><td>0.225</td><td>0.231</td><td>0.248</td></tr>
<tr><td>棉纱头</td><td>kg</td><td>0.049</td><td>0.056</td><td>0.064</td><td>0.075</td><td>0.086</td><td>0.096</td><td>0.111</td></tr>
<tr><td>其他材料费</td><td>%</td><td>1.000</td><td>1.000</td><td>1.000</td><td>1.000</td><td>1.000</td><td>1.000</td><td>1.000</td></tr>
<tr><td rowspan="8">机械</td><td>电焊机(综合)</td><td>台班</td><td>0.712</td><td>0.806</td><td>0.908</td><td>1.112</td><td>1.331</td><td>1.524</td><td>1.686</td></tr>
<tr><td>等离子切割机 400A</td><td>台班</td><td>0.268</td><td>0.304</td><td>0.318</td><td>0.352</td><td>0.428</td><td>0.488</td><td>0.567</td></tr>
<tr><td>汽车式起重机 8t</td><td>台班</td><td>0.004</td><td>0.005</td><td>0.007</td><td>0.007</td><td>0.008</td><td>0.009</td><td>0.010</td></tr>
<tr><td>载重汽车 8t</td><td>台班</td><td>0.004</td><td>0.005</td><td>0.007</td><td>0.007</td><td>0.008</td><td>0.009</td><td>0.010</td></tr>
<tr><td>电动空气压缩机 $1m^3/min$</td><td>台班</td><td>0.268</td><td>0.304</td><td>0.318</td><td>0.352</td><td>0.428</td><td>0.488</td><td>0.567</td></tr>
<tr><td>电动空气压缩机 $6m^3/min$</td><td>台班</td><td>0.002</td><td>0.002</td><td>0.004</td><td>0.004</td><td>0.004</td><td>0.004</td><td>0.007</td></tr>
<tr><td>电焊条烘干箱 $60\times50\times75(cm^3)$</td><td>台班</td><td>0.071</td><td>0.081</td><td>0.090</td><td>0.111</td><td>0.134</td><td>0.152</td><td>0.169</td></tr>
<tr><td>电焊条恒温箱</td><td>台班</td><td>0.071</td><td>0.081</td><td>0.090</td><td>0.111</td><td>0.134</td><td>0.152</td><td>0.169</td></tr>
</table>

计量单位:副

定额编号				8-4-158	8-4-159	8-4-160	8-4-161
项　目				公称直径（mm 以内）			
				900	1000	1200	1400
名　称			单位	消　耗　量			
人工	合计工日		工日	9.112	10.106	12.026	14.131
	其中	普工	工日	2.278	2.526	3.006	3.533
		一般技工	工日	5.923	6.569	7.817	9.185
		高级技工	工日	0.911	1.011	1.203	1.413
材料	低压不锈钢翻边短管		个	2.000	2.000	2.000	2.000
	活动法兰		片	2.000	2.000	2.000	2.000
	不锈钢焊条(综合)		kg	8.352	9.266	11.093	16.915
	尼龙砂轮片 $\phi100\times16\times3$		片	12.153	13.481	16.139	23.573
	电		kW·h	3.195	3.541	4.285	5.348
	耐酸石棉橡胶板(综合)		kg	1.391	1.402	1.562	2.311
	丙酮		kg	0.618	0.685	0.779	0.873
	氢氧化钠（烧碱）		kg	1.562	1.990	2.386	2.782
	酸洗膏		kg	1.014	1.267	1.980	3.094
	水		t	0.105	0.116	0.139	0.162
	角钢(综合)		kg	0.235	0.235	0.315	0.315
	二硫化钼		kg	0.064	0.064	0.064	0.083
	破布		kg	0.255	0.272	0.286	0.310
	棉纱头		kg	0.124	0.137	0.163	0.188
	其他材料费		%	1.000	1.000	1.000	1.000
机械	电焊机（综合）		台班	2.103	2.334	2.794	3.408
	等离子切割机 400A		台班	0.655	0.727	0.870	1.062
	汽车式起重机 8t		台班	0.011	0.014	0.016	0.022
	载重汽车 8t		台班	0.011	0.014	0.016	0.022
	电动空气压缩机 $1m^3/min$		台班	0.655	0.727	0.870	1.062
	电动空气压缩机 $6m^3/min$		台班	0.007	0.007	0.008	0.009
	电焊条烘干箱 $60\times50\times75(cm^3)$		台班	0.210	0.233	0.279	0.341
	电焊条恒温箱		台班	0.210	0.233	0.279	0.341

10. 不锈钢翻边活动法兰(氩弧焊)

工作内容:准备工作,管子切口,坡口加工,管口组对,焊接,焊缝钝化,法兰连接,螺栓涂二硫化钼。

计量单位:副

定额编号				8-4-162	8-4-163	8-4-164	8-4-165	8-4-166	8-4-167
项目				公称直径(mm 以内)					
				15	20	25	32	40	50
名称			单位	消耗量					
人工	合计工日		工日	0.331	0.375	0.504	0.556	0.652	0.761
	其中	普工	工日	0.083	0.094	0.126	0.139	0.163	0.190
		一般技工	工日	0.215	0.244	0.328	0.361	0.424	0.495
		高级技工	工日	0.033	0.037	0.050	0.056	0.065	0.076
材料	低压不锈钢翻边短管		个	2.000	2.000	2.000	2.000	2.000	2.000
	活动法兰		片	2.000	2.000	2.000	2.000	2.000	2.000
	不锈钢焊丝 1Cr18Ni9Ti		kg	0.032	0.045	0.064	0.080	0.115	0.134
	氩气		m^3	0.037	0.051	0.071	0.091	0.131	0.142
	铈钨棒		g	0.067	0.091	0.127	0.157	0.236	0.249
	尼龙砂轮片 $\phi100\times16\times3$		片	0.037	0.045	0.061	0.075	0.089	0.122
	尼龙砂轮片 $\phi500\times25\times4$		片	0.007	0.010	0.022	0.026	0.030	0.030
	电		kW·h	0.035	0.046	0.057	0.070	0.081	0.081
	耐酸石棉橡胶板(综合)		kg	0.011	0.021	0.043	0.043	0.064	0.075
	丙酮		kg	0.015	0.017	0.024	0.028	0.032	0.039
	氢氧化钠(烧碱)		kg	0.043	0.043	0.064	0.086	0.107	0.128
	酸洗膏		kg	0.008	0.009	0.013	0.016	0.020	0.024
	水		t	0.002	0.002	0.004	0.004	0.004	0.006
	二硫化钼		kg	0.002	0.002	0.002	0.004	0.004	0.004
	破布		kg	0.045	0.045	0.045	0.056	0.066	0.068
	棉纱头		kg	0.002	0.004	0.004	0.006	0.006	0.007
	其他材料费		%	1.000	1.000	1.000	1.000	1.000	1.000
机械	氩弧焊机 500A		台班	0.094	0.109	0.144	0.177	0.203	0.217
	砂轮切割机 $\phi500$		台班	0.001	0.002	0.007	0.007	0.008	0.008
	普通车床 630×2000		台班	—	—	—	—	0.016	0.018
	电动空气压缩机 $6m^3/min$		台班	0.002	0.002	0.002	0.002	0.002	0.002

计量单位:副

定额编号				8-4-168	8-4-169	8-4-170	8-4-171	8-4-172	8-4-173
项目				公称直径（mm以内）					
				65	80	100	125	150	200
名称			单位	消耗量					
人工	合计工日		工日	1.045	1.196	1.413	1.780	2.113	2.730
	其中	普工	工日	0.262	0.298	0.353	0.445	0.529	0.682
		一般技工	工日	0.679	0.778	0.919	1.157	1.373	1.775
		高级技工	工日	0.104	0.120	0.141	0.178	0.211	0.273
材料	低压不锈钢翻边短管		个	2.000	2.000	2.000	2.000	2.000	2.000
	活动法兰		片	2.000	2.000	2.000	2.000	2.000	2.000
	不锈钢焊丝 1Cr18Ni9Ti		kg	0.209	0.245	0.335	0.343	0.473	1.255
	氩气		m^3	0.154	0.190	0.265	0.322	0.398	0.567
	铈钨棒		g	0.260	0.307	0.398	0.468	0.559	0.773
	尼龙砂轮片 $\phi100\times16\times3$		片	0.157	0.212	0.272	0.384	0.494	0.775
	尼龙砂轮片 $\phi500\times25\times4$		片	0.044	0.054	0.078	—	—	—
	电		kW·h	0.102	0.132	0.156	0.188	0.242	0.350
	耐酸石棉橡胶板(综合)		kg	0.096	0.139	0.182	0.246	0.300	0.353
	丙酮		kg	0.051	0.060	0.077	0.090	0.107	0.148
	氢氧化钠（烧碱）		kg	0.171	0.171	0.214	0.300	0.364	0.407
	酸洗膏		kg	0.033	0.039	0.050	0.077	0.103	0.134
	水		t	0.009	0.011	0.013	0.015	0.019	0.026
	二硫化钼		kg	0.004	0.006	0.006	0.013	0.013	0.013
	破布		kg	0.079	0.081	0.092	0.105	0.107	0.111
	棉纱头		kg	0.011	0.013	0.015	0.018	0.022	0.030
	其他材料费		%	1.000	1.000	1.000	1.000	1.000	1.000
机械	氩弧焊机 500A		台班	0.234	0.271	0.348	0.411	0.481	0.650
	等离子切割机 400A		台班	—	—	—	0.025	0.031	0.043
	砂轮切割机 $\phi500$		台班	0.015	0.016	0.027	—	—	—
	普通车床 630×2000		台班	0.021	0.022	0.028	0.031	0.043	0.044
	电动葫芦(单速) 3t		台班	0.021	0.022	0.028	0.031	0.043	0.044
	汽车式起重机 8t		台班	—	—	0.001	0.001	0.001	0.002
	载重汽车 8t		台班	—	—	0.001	0.001	0.001	0.002
	电动空气压缩机 $1m^3/min$		台班	—	—	—	0.025	0.031	0.043
	电动空气压缩机 $6m^3/min$		台班	0.002	0.002	0.002	0.002	0.002	0.002

计量单位:副

定额编号			8-4-174	8-4-175	8-4-176	8-4-177	8-4-178	8-4-179
项目			公称直径(mm 以内)					
			250	300	350	400	450	500
名称		单位	消耗量					
人工	合计工日	工日	3.418	3.980	4.500	5.023	5.606	6.258
	其中 普工	工日	0.855	0.995	1.125	1.256	1.401	1.564
	其中 一般技工	工日	2.221	2.587	2.925	3.265	3.644	4.068
	其中 高级技工	工日	0.342	0.398	0.450	0.502	0.561	0.626
材料	低压不锈钢翻边短管	个	2.000	2.000	2.000	2.000	2.000	2.000
	活动法兰	片	2.000	2.000	2.000	2.000	2.000	2.000
	不锈钢焊丝 1Cr18Ni9Ti	kg	2.611	3.461	4.020	4.548	5.144	5.820
	氩气	m^3	0.731	0.928	1.160	1.411	1.716	2.087
	铈钨棒	g	0.957	1.138	1.329	1.508	1.711	1.942
	尼龙砂轮片 $\phi100\times16\times3$	片	0.890	1.058	1.199	1.491	1.854	2.306
	电	kW·h	0.530	0.651	0.676	0.765	0.866	0.980
	耐酸石棉橡胶板(综合)	kg	0.396	0.428	0.578	0.738	0.942	1.203
	丙酮	kg	0.184	0.218	0.253	0.285	0.321	0.362
	氢氧化钠(烧碱)	kg	0.514	0.621	0.728	0.813	0.908	1.014
	酸洗膏	kg	0.203	0.242	0.265	0.328	0.406	0.503
	水	t	0.030	0.036	0.043	0.049	0.055	0.061
	二硫化钼	kg	0.019	0.029	0.029	0.038	0.038	0.047
	破布	kg	0.116	0.139	0.143	0.156	0.169	0.182
	棉纱头	kg	0.036	0.043	0.049	0.056	0.063	0.070
	其他材料费	%	1.000	1.000	1.000	1.000	1.000	1.000
机械	氩弧焊机 500A	台班	0.836	0.978	1.087	1.236	1.407	1.600
	等离子切割机 400A	台班	0.056	0.068	0.079	0.090	0.102	0.117
	普通车床 630×2000	台班	0.048	0.051	0.054	0.055	0.057	0.059
	电动葫芦(单速) 3t	台班	0.048	0.051	0.054	0.055	0.057	0.059
	汽车式起重机 8t	台班	0.002	0.003	0.004	0.005	0.006	0.007
	载重汽车 8t	台班	0.002	0.003	0.004	0.005	0.006	0.007
	电动空气压缩机 $1m^3/min$	台班	0.056	0.068	0.079	0.090	0.102	0.117
	电动空气压缩机 $6m^3/min$	台班	0.002	0.002	0.002	0.002	0.002	0.002

11. 合金钢平焊法兰(电弧焊)

工作内容:准备工作,管子切口,磨平,管口组对,焊接,法兰连接,螺栓涂二硫化钼。　**计量单位**:副

定额编号				8-4-180	8-4-181	8-4-182	8-4-183	8-4-184	8-4-185
项　目				公称直径（mm 以内）					
				15	20	25	32	40	50
名　称			单位	消　耗　量					
人工	合计工日		工日	0.251	0.293	0.344	0.377	0.422	0.475
	其中	普工	工日	0.063	0.074	0.086	0.094	0.106	0.119
		一般技工	工日	0.163	0.190	0.224	0.245	0.274	0.309
		高级技工	工日	0.025	0.029	0.034	0.038	0.042	0.047
材料	合金钢平焊法兰		片	2.000	2.000	2.000	2.000	2.000	2.000
	合金钢焊条		kg	0.060	0.066	0.085	0.097	0.109	0.150
	氧气		m^3	0.005	0.006	0.007	0.008	0.008	0.012
	乙炔气		kg	0.001	0.002	0.002	0.002	0.002	0.004
	尼龙砂轮片 $\phi100\times16\times3$		片	0.042	0.050	0.059	0.066	0.081	0.103
	尼龙砂轮片 $\phi500\times25\times4$		片	0.007	0.009	0.014	0.019	0.021	0.031
	磨头		个	0.027	0.031	0.037	0.044	0.052	0.063
	电		kW·h	0.036	0.045	0.053	0.059	0.068	0.070
	石棉橡胶板 低压 $\delta0.8\sim6.0$		kg	0.012	0.024	0.047	0.047	0.071	0.083
	清油 C01－1		kg	0.012	0.012	0.012	0.012	0.012	0.012
	丙酮		kg	0.017	0.019	0.026	0.031	0.035	0.042
	白铅油		kg	0.035	0.035	0.035	0.035	0.035	0.047
	二硫化钼		kg	0.002	0.002	0.002	0.004	0.004	0.004
	破布		kg	0.012	0.012	0.012	0.024	0.024	0.024
	棉纱头		kg	0.002	0.005	0.005	0.007	0.007	0.009
	其他材料费		%	1.000	1.000	1.000	1.000	1.000	1.000
机械	电焊机（综合）		台班	0.039	0.047	0.057	0.065	0.072	0.081
	砂轮切割机 $\phi500$		台班	0.001	0.001	0.004	0.006	0.007	0.008
	电焊条烘干箱 $60\times50\times75(cm^3)$		台班	0.003	0.004	0.006	0.007	0.007	0.008
	电焊条恒温箱		台班	0.003	0.004	0.006	0.007	0.007	0.008

计量单位:副

定额编号			8-4-186	8-4-187	8-4-188	8-4-189	8-4-190	8-4-191
项目			公称直径(mm 以内)					
			65	80	100	125	150	200
名称		单位	消耗量					
人工	合计工日	工日	0.575	0.651	0.865	0.919	0.983	1.531
	其中 普工	工日	0.144	0.163	0.217	0.230	0.246	0.383
	其中 一般技工	工日	0.374	0.423	0.562	0.597	0.639	0.995
	其中 高级技工	工日	0.057	0.065	0.086	0.092	0.098	0.153
材料	合金钢平焊法兰	片	2.000	2.000	2.000	2.000	2.000	2.000
	合金钢焊条	kg	0.280	0.317	0.391	0.457	0.562	1.407
	氧气	m^3	0.017	0.019	0.028	0.032	0.170	0.260
	乙炔气	kg	0.006	0.006	0.009	0.011	0.057	0.086
	尼龙砂轮片 $\phi100\times16\times3$	片	0.157	0.185	0.280	0.340	0.347	0.506
	尼龙砂轮片 $\phi500\times25\times4$	片	0.045	0.053	0.077	0.084	—	—
	磨头	个	0.083	0.097	0.118	—	—	—
	电	kW·h	0.107	0.125	0.172	0.181	0.249	0.442
	石棉橡胶板 低压 $\delta0.8\sim6.0$	kg	0.106	0.153	0.201	0.271	0.330	0.389
	清油 C01-1	kg	0.012	0.024	0.024	0.024	0.035	0.035
	丙酮	kg	0.059	0.071	0.085	0.099	0.118	0.163
	白铅油	kg	0.059	0.083	0.118	0.142	0.165	0.201
	二硫化钼	kg	0.004	0.006	0.006	0.013	0.013	0.013
	破布	kg	0.024	0.035	0.035	0.035	0.035	0.047
	棉纱头	kg	0.012	0.014	0.017	0.019	0.026	0.033
	其他材料费	%	1.000	1.000	1.000	1.000	1.000	1.000
机械	电焊机(综合)	台班	0.121	0.142	0.177	0.189	0.222	0.506
	半自动切割机 100mm	台班	—	—	—	—	0.016	0.022
	砂轮切割机 $\phi500$	台班	0.011	0.012	0.017	0.020	—	—
	汽车式起重机 8t	台班	—	—	0.001	0.001	0.001	0.002
	载重汽车 8t	台班	—	—	0.001	0.001	0.001	0.002
	电焊条烘干箱 $60\times50\times75(cm^3)$	台班	0.012	0.015	0.018	0.019	0.022	0.051
	电焊条恒温箱	台班	0.012	0.015	0.018	0.019	0.022	0.051

计量单位:副

定额编号				8-4-192	8-4-193	8-4-194	8-4-195	8-4-196	8-4-197	8-4-198
项目				公称直径（mm 以内）						
				250	300	350	400	450	500	600
名称			单位	消耗量						
人工	合计工日		工日	1.995	2.404	2.566	2.832	3.335	3.927	5.023
	其中	普工	工日	0.498	0.601	0.641	0.708	0.834	0.981	1.256
		一般技工	工日	1.297	1.563	1.668	1.841	2.168	2.553	3.265
		高级技工	工日	0.200	0.240	0.257	0.283	0.333	0.393	0.502
材料	合金钢平焊法兰		片	2.000	2.000	2.000	2.000	2.000	2.000	2.000
	合金钢焊条		kg	2.859	3.539	5.289	5.977	7.433	8.914	11.851
	氧气		m^3	0.389	0.438	0.561	0.630	0.708	0.832	1.034
	乙炔气		kg	0.130	0.146	0.186	0.210	0.236	0.277	0.344
	尼龙砂轮片 $\phi100\times16\times3$		片	0.866	1.035	1.155	1.643	2.182	2.503	3.363
	石棉橡胶板 低压 $\delta0.8\sim6.0$		kg	0.437	0.472	0.637	0.814	0.956	0.979	1.144
	电		kW·h	0.609	0.730	0.766	0.867	0.941	1.220	1.573
	清油 C01－1		kg	0.047	0.059	0.071	0.083	0.094	0.094	0.105
	丙酮		kg	0.203	0.241	0.278	0.316	0.356	0.394	0.472
	白铅油		kg	0.236	0.295	0.354	0.354	0.413	0.413	0.472
	二硫化钼		kg	0.019	0.029	0.029	0.038	0.038	0.038	0.047
	破布		kg	0.047	0.059	0.071	0.083	0.094	0.094	0.105
	棉纱头		kg	0.040	0.047	0.057	0.064	0.071	0.078	0.085
	其他材料费		%	1.000	1.000	1.000	1.000	1.000	1.000	1.000
机械	电焊机（综合）		台班	0.713	0.873	0.921	1.041	1.279	1.525	2.010
	半自动切割机 100mm		台班	0.031	0.033	0.040	0.045	0.051	0.060	0.076
	汽车式起重机 8t		台班	0.002	0.004	0.005	0.006	0.007	0.007	0.008
	载重汽车 8t		台班	0.002	0.004	0.005	0.006	0.007	0.007	0.008
	电焊条烘干箱 $60\times50\times75(cm^3)$		台班	0.071	0.087	0.092	0.104	0.128	0.152	0.201
	电焊条恒温箱		台班	0.071	0.087	0.092	0.104	0.128	0.152	0.201

12. 合金钢对焊法兰(氩电联焊)

工作内容:准备工作,管子切口,坡口加工,管口组对,焊接,法兰连接,螺栓涂二硫化钼。**计量单位:**副

定额编号				8-4-199	8-4-200	8-4-201	8-4-202	8-4-203	8-4-204
项目				公称直径（mm 以内）					
				15	20	25	32	40	50
名称			单位	消耗量					
人工	合计工日		工日	0.414	0.472	0.499	0.564	0.602	0.642
	其中	普工	工日	0.104	0.118	0.124	0.142	0.151	0.161
		一般技工	工日	0.269	0.307	0.325	0.366	0.391	0.417
		高级技工	工日	0.041	0.047	0.050	0.056	0.060	0.064
材料	合金钢对焊法兰		片	2.000	2.000	2.000	2.000	2.000	2.000
	合金钢焊条		kg	—	—	—	—	—	0.132
	合金钢焊丝		kg	0.021	0.038	0.052	0.064	0.073	0.027
	氧气		m^3	0.007	0.008	0.009	0.011	0.015	0.015
	乙炔气		kg	0.002	0.002	0.004	0.004	0.005	0.005
	氩气		m^3	0.059	0.106	0.145	0.179	0.205	0.077
	铈钨棒		g	0.119	0.212	0.289	0.359	0.411	0.155
	尼龙砂轮片 $\phi100\times16\times3$		片	0.027	0.032	0.037	0.055	0.066	0.123
	尼龙砂轮片 $\phi500\times25\times4$		片	0.009	0.015	0.019	0.024	0.028	0.034
	磨头		个	0.027	0.031	0.037	0.044	0.052	0.050
	电		kW·h	0.045	0.062	0.074	0.086	0.101	0.083
	石棉橡胶板 低压 $\delta0.8\sim6.0$		kg	0.012	0.024	0.047	0.047	0.071	0.066
	清油 C01-1		kg	0.012	0.012	0.012	0.012	0.012	0.009
	丙酮		kg	0.017	0.019	0.026	0.031	0.047	0.004
	白铅油		kg	0.035	0.035	0.035	0.035	0.035	0.038
	二硫化钼		kg	0.002	0.002	0.002	0.004	0.004	0.003
	破布		kg	0.012	0.012	0.012	0.024	0.024	0.019
	棉纱头		kg	0.002	0.005	0.005	0.007	0.007	0.008
	其他材料费		%	1.000	1.000	1.000	1.000	1.000	1.000
机械	电焊机（综合）		台班	—	—	—	—	—	0.087
	氩弧焊机 500A		台班	0.029	0.040	0.055	0.068	0.078	0.043
	砂轮切割机 $\phi500$		台班	0.001	0.004	0.005	0.007	0.007	0.009
	普通车床 630×2000		台班	0.013	0.015	0.015	0.016	0.017	0.022
	电焊条烘干箱 $60\times50\times75(cm^3)$		台班	—	—	—	—	—	0.009
	电焊条恒温箱		台班	—	—	—	—	—	0.009

计量单位:副

定额编号				8-4-205	8-4-206	8-4-207	8-4-208	8-4-209	8-4-210
项　目				公称直径（mm 以内）					
				65	80	100	125	150	200
名　称			单位	消　耗　量					
人工	合计工日		工日	0.749	0.836	1.092	1.242	1.603	1.856
	其中	普工	工日	0.187	0.209	0.273	0.311	0.401	0.464
		一般技工	工日	0.487	0.543	0.710	0.807	1.042	1.206
		高级技工	工日	0.075	0.084	0.109	0.124	0.160	0.186
材料	合金钢对焊法兰		片	2.000	2.000	2.000	2.000	2.000	2.000
	合金钢焊条		kg	0.256	0.424	0.519	0.555	1.029	1.940
	合金钢焊丝		kg	0.039	0.045	0.059	0.076	0.091	0.117
	氧气		m^3	0.126	0.143	0.222	0.295	0.399	1.119
	乙炔气		kg	0.038	0.068	0.105	0.139	0.188	0.527
	氩气		m^3	0.129	0.153	0.198	0.235	0.282	0.389
	铈钨棒		g	0.218	0.255	0.330	0.407	0.493	0.645
	尼龙砂轮片 $\phi100\times16\times3$		片	0.526	0.540	0.551	0.567	0.615	0.654
	尼龙砂轮片 $\phi500\times25\times4$		片	0.052	0.065	0.086	0.102	—	—
	磨头		个	0.066	0.066	0.118	—	—	—
	电		kW·h	0.135	0.162	0.244	0.272	0.312	0.448
	石棉橡胶板 低压 $\delta0.8\sim6.0$		kg	0.085	0.123	0.160	0.217	0.264	0.312
	清油 C01－1		kg	0.009	0.019	0.019	0.022	0.028	0.028
	丙酮		kg	0.047	0.059	0.081	0.082	0.098	0.098
	白铅油		kg	0.038	0.066	0.113	0.113	0.132	0.160
	二硫化钼		kg	0.004	0.006	0.006	0.013	0.013	0.013
	破布		kg	0.019	0.019	0.033	0.033	0.033	0.033
	棉纱头		kg	0.009	0.011	0.015	0.016	0.025	0.031
	其他材料费		%	1.000	1.000	1.000	1.000	1.000	1.000
机械	电焊机（综合）		台班	0.118	0.158	0.188	0.204	0.328	0.483
	氩弧焊机 500A		台班	0.061	0.071	0.095	0.119	0.142	0.185
	砂轮切割机 $\phi500$		台班	0.012	0.013	0.019	0.020	—	—
	普通车床 630×2000		台班	0.036	0.036	0.037	0.041	0.041	0.068
	电动葫芦（单速）3t		台班	0.036	0.036	0.037	0.041	0.041	0.068
	汽车式起重机 8t		台班	—	—	0.001	0.001	0.001	0.002
	载重汽车 8t		台班	—	—	0.001	0.001	0.001	0.002
	电焊条烘干箱 $60\times50\times75(cm^3)$		台班	0.012	0.016	0.019	0.021	0.033	0.048
	电焊条恒温箱		台班	0.012	0.016	0.019	0.021	0.033	0.048

计量单位:副

定额编号				8-4-211	8-4-212	8-4-213	8-4-214	8-4-215	8-4-216	8-4-217
项目				公称直径（mm 以内）						
				250	300	350	400	450	500	600
名称			单位	消耗量						
人工	合计工日		工日	2.405	3.013	3.813	4.801	6.193	7.618	10.435
	其中	普工	工日	0.602	0.754	0.953	1.201	1.548	1.904	2.608
		一般技工	工日	1.563	1.958	2.479	3.120	4.026	4.952	6.783
		高级技工	工日	0.240	0.301	0.381	0.480	0.619	0.762	1.044
材料	合金钢对焊法兰		片	2.000	2.000	2.000	2.000	2.000	2.000	2.000
	合金钢焊条		kg	3.242	4.975	7.530	10.378	14.015	14.860	19.342
	合金钢焊丝		kg	0.146	0.175	0.190	0.228	0.258	0.274	0.320
	氧气		m^3	2.394	3.249	3.786	5.331	6.062	9.026	12.721
	乙炔气		kg	1.126	1.529	1.782	2.509	2.853	4.247	5.985
	氩气		m^3	0.484	0.578	0.669	0.756	0.853	0.949	1.142
	铈钨棒		g	0.810	0.965	1.067	1.206	1.367	1.653	2.100
	尼龙砂轮片 $\phi100\times16\times3$		片	0.669	0.757	0.805	0.849	0.954	1.144	1.439
	电		kW·h	0.597	0.723	0.902	1.099	1.359	1.502	1.905
	石棉橡胶板 低压 $\delta0.8\sim6.0$		kg	0.349	0.378	0.510	0.651	0.765	0.784	0.917
	清油 C01－1		kg	0.038	0.047	0.047	0.057	0.057	0.057	0.067
	丙酮		kg	0.168	0.198	0.230	0.261	0.295	0.325	0.389
	白铅油		kg	0.189	0.236	0.236	0.283	0.283	0.312	0.341
	二硫化钼		kg	0.019	0.029	0.029	0.038	0.038	0.038	0.047
	破布		kg	0.038	0.047	0.047	0.057	0.057	0.066	0.075
	棉纱头		kg	0.032	0.038	0.045	0.053	0.059	0.064	0.075
	其他材料费		%	1.000	1.000	1.000	1.000	1.000	1.000	1.000
机械	电焊机（综合）		台班	0.645	0.827	1.137	1.468	1.848	1.963	2.457
	氩弧焊机 500A		台班	0.231	0.275	0.318	0.360	0.406	0.451	0.543
	普通车床 630×2000		台班	0.083	0.105	0.122	0.160	0.192	0.299	0.438
	汽车式起重机 8t		台班	0.002	0.002	0.002	0.004	0.005	0.006	0.006
	载重汽车 8t		台班	0.002	0.002	0.002	0.004	0.005	0.006	0.006
	电焊条烘干箱 60×50×75(cm^3)		台班	0.065	0.083	0.114	0.146	0.185	0.196	0.245
	电焊条恒温箱		台班	0.065	0.083	0.114	0.146	0.185	0.196	0.245

13. 合金钢对焊法兰(氩弧焊)

工作内容:准备工作,管子切口,坡口加工,管口组对,焊接,法兰连接,螺栓涂二硫化钼。**计量单位:**副

定额编号				8-4-218	8-4-219	8-4-220	8-4-221	8-4-222	8-4-223
项目				公称直径(mm 以内)					
				15	20	25	32	40	50
名称			单位	消耗量					
人工	合计工日		工日	0.414	0.472	0.499	0.564	0.602	0.705
	其中	普工	工日	0.104	0.118	0.124	0.142	0.151	0.177
		一般技工	工日	0.269	0.307	0.325	0.366	0.391	0.458
		高级技工	工日	0.041	0.047	0.050	0.056	0.060	0.070
材料	合金钢对焊法兰		片	2.000	2.000	2.000	2.000	2.000	2.000
	合金钢焊丝		kg	0.021	0.038	0.052	0.064	0.073	0.097
	氧气		m^3	0.007	0.008	0.009	0.011	0.015	0.015
	乙炔气		kg	0.002	0.002	0.004	0.004	0.005	0.005
	氩气		m^3	0.059	0.106	0.145	0.179	0.205	0.271
	铈钨棒		g	0.119	0.212	0.289	0.359	0.411	0.543
	尼龙砂轮片 $\phi100\times16\times3$		片	0.027	0.032	0.037	0.055	0.066	0.074
	尼龙砂轮片 $\phi500\times25\times4$		片	0.009	0.015	0.019	0.024	0.028	0.034
	磨头		个	0.027	0.031	0.037	0.044	0.052	0.055
	电		kW·h	0.045	0.062	0.074	0.086	0.101	0.120
	石棉橡胶板 低压 $\delta0.8\sim6.0$		kg	0.012	0.024	0.047	0.047	0.051	0.066
	清油 C01-1		kg	0.012	0.012	0.012	0.012	0.012	0.012
	丙酮		kg	0.017	0.019	0.026	0.031	0.047	0.047
	白铅油		kg	0.035	0.035	0.035	0.035	0.035	0.038
	二硫化钼		kg	0.002	0.002	0.002	0.004	0.004	0.004
	破布		kg	0.012	0.012	0.012	0.014	0.014	0.019
	棉纱头		kg	0.002	0.005	0.005	0.007	0.007	0.008
	其他材料费		%	1.000	1.000	1.000	1.000	1.000	1.000
机械	氩弧焊机 500A		台班	0.029	0.040	0.055	0.068	0.078	0.124
	砂轮切割机 $\phi500$		台班	0.001	0.004	0.005	0.007	0.007	0.009
	普通车床 630×2000		台班	0.013	0.015	0.015	0.016	0.017	0.022

计量单位:副

定额编号			8-4-224	8-4-225	8-4-226	8-4-227	8-4-228	8-4-229
项目			公称直径(mm 以内)					
			65	80	100	125	150	200
名称		单位	消耗量					
人工	合计工日	工日	0.885	0.982	1.323	1.431	1.836	2.356
人工	其中 普工	工日	0.221	0.246	0.331	0.358	0.458	0.590
人工	其中 一般技工	工日	0.575	0.638	0.860	0.930	1.194	1.531
人工	其中 高级技工	工日	0.089	0.098	0.132	0.143	0.184	0.235
材料	合金钢对焊法兰	片	2.000	2.000	2.000	2.000	2.000	2.000
材料	合金钢焊丝	kg	0.179	0.221	0.361	0.361	0.593	1.035
材料	氧气	m^3	0.023	0.027	0.035	0.039	0.215	0.357
材料	乙炔气	kg	0.008	0.009	0.011	0.013	0.072	0.119
材料	氩气	m^3	0.501	0.620	1.011	1.011	1.660	2.893
材料	铈钨棒	g	1.003	1.239	2.022	2.022	3.319	3.527
材料	尼龙砂轮片 $\phi100\times16\times3$	片	0.123	0.187	0.277	0.338	0.405	1.113
材料	尼龙砂轮片 $\phi500\times25\times4$	片	0.052	0.065	0.086	0.102	—	—
材料	磨头	个	0.066	0.081	0.100	—	—	—
材料	电	kW·h	0.147	0.187	0.278	0.285	0.380	0.404
材料	石棉橡胶板 低压 $\delta0.8\sim6.0$	kg	0.085	0.129	0.160	0.217	0.264	0.331
材料	清油 C01-1	kg	0.012	0.019	0.019	0.020	0.028	0.030
材料	丙酮	kg	0.047	0.061	0.070	0.081	0.098	0.104
材料	白铅油	kg	0.038	0.069	0.113	0.113	0.132	0.171
材料	二硫化钼	kg	0.004	0.005	0.005	0.010	0.010	0.016
材料	破布	kg	0.019	0.020	0.028	0.028	0.028	0.030
材料	棉纱头	kg	0.009	0.012	0.013	0.015	0.021	0.028
材料	其他材料费	%	1.000	1.000	1.000	1.000	1.000	1.000
机械	氩弧焊机 500A	台班	0.175	0.205	0.334	0.334	0.526	0.635
机械	砂轮切割机 $\phi500$	台班	0.012	0.013	0.019	0.020	—	—
机械	普通车床 630×2000	台班	0.036	0.036	0.037	0.041	0.041	0.068
机械	电动葫芦(单速) 3t	台班	0.036	0.036	0.037	0.041	0.041	0.068
机械	半自动切割机 100mm	台班	—	—	—	—	0.017	0.032
机械	汽车式起重机 8t	台班	—	—	0.001	0.001	0.001	0.002
机械	载重汽车 8t	台班	—	—	0.001	0.001	0.001	0.002

14. 铝及铝合金翻边活动法兰(氩弧焊)

工作内容:准备工作,管子切口,坡口加工,坡口磨平,管口组对,焊前预热,焊接,焊缝酸洗,法兰连接,螺栓涂二硫化钼。

计量单位:副

定额编号				8-4-230	8-4-231	8-4-232	8-4-233	8-4-234	8-4-235
项目				管外径(mm 以内)					
				18	25	30	40	50	60
名称			单位	消耗量					
人工	合计工日		工日	0.203	0.221	0.249	0.285	0.330	0.443
	其中	普工	工日	0.051	0.055	0.062	0.071	0.082	0.111
		一般技工	工日	0.132	0.144	0.162	0.185	0.215	0.288
		高级技工	工日	0.020	0.022	0.025	0.029	0.033	0.044
材料	低压铝翻边短管		个	2.000	2.000	2.000	2.000	2.000	2.000
	活动法兰		片	2.000	2.000	2.000	2.000	2.000	2.000
	铝锰合金焊丝 丝321 $\phi1\sim6$		kg	0.013	0.015	0.018	0.033	0.040	0.075
	氧气		m^3	0.001	0.001	0.001	0.002	0.002	0.045
	乙炔气		kg	0.001	0.001	0.001	0.001	0.001	0.021
	氩气		m^3	0.013	0.016	0.020	0.037	0.046	0.083
	铈钨棒		g	0.020	0.027	0.035	0.068	0.085	0.161
	尼龙砂轮片 $\phi100\times16\times3$		片	—	—	0.012	0.017	0.022	0.026
	尼龙砂轮片 $\phi500\times25\times4$		片	0.003	0.003	0.005	0.009	0.009	0.011
	电		kW·h	—	—	0.010	0.013	0.015	0.086
	耐酸石棉橡胶板(综合)		kg	0.010	0.020	0.040	0.040	0.060	0.070
	氢氧化钠(烧碱)		kg	0.066	0.086	0.118	0.160	0.194	0.232
	硝酸		kg	0.020	0.024	0.026	0.034	0.038	0.044
	重铬酸钾 98%		kg	0.004	0.007	0.008	0.010	0.012	0.014
	水		t	0.002	0.003	0.004	0.004	0.006	0.006
	二硫化钼		kg	0.002	0.002	0.002	0.004	0.004	0.004
	破布		kg	0.022	0.022	0.022	0.024	0.044	0.044
	其他材料费		%	1.000	1.000	1.000	1.000	1.000	1.000
机械	氩弧焊机 500A		台班	0.025	0.031	0.037	0.055	0.070	0.078
	砂轮切割机 $\phi500$		台班	0.001	0.001	0.002	0.004	0.005	0.007
	电动空气压缩机 $6m^3/min$		台班	0.002	0.002	0.002	0.002	0.002	0.002

计量单位:副

定额编号			8-4-236	8-4-237	8-4-238	8-4-239	8-4-240	8-4-241
项目			管外径（mm 以内）					
			70	80	100	125	150	180
名称		单位	消耗量					
人工	合计工日	工日	0.540	0.695	0.822	1.092	1.326	1.589
	其中 普工	工日	0.135	0.173	0.206	0.273	0.331	0.397
	其中 一般技工	工日	0.351	0.452	0.534	0.710	0.862	1.033
	其中 高级技工	工日	0.054	0.070	0.082	0.109	0.133	0.159
材料	低压铝翻边短管	个	2.000	2.000	2.000	2.000	2.000	2.000
	活动法兰	片	2.000	2.000	2.000	2.000	2.000	2.000
	铝锰合金焊丝 丝321 $\phi1\sim6$	kg	0.090	0.103	0.113	0.143	0.204	0.310
	氧气	m^3	0.055	0.061	0.084	0.103	0.137	0.173
	乙炔气	kg	0.025	0.028	0.039	0.048	0.062	0.080
	氩气	m^3	0.098	0.111	0.123	0.155	0.277	0.332
	铈钨棒	g	0.189	0.216	0.234	0.294	0.526	0.633
	尼龙砂轮片 $\phi100\times16\times3$	片	0.031	0.035	0.045	0.056	0.068	0.117
	尼龙砂轮片 $\phi500\times25\times4$	片	0.013	—	—	—	—	—
	电	kW·h	0.093	0.128	0.156	0.199	0.257	0.302
	耐酸石棉橡胶板(综合)	kg	0.090	0.130	0.170	0.230	0.280	0.305
	氢氧化钠（烧碱）	kg	0.290	0.310	0.388	0.500	0.644	0.754
	硝酸	kg	0.060	0.064	0.076	0.100	0.118	0.144
	重铬酸钾 98%	kg	0.016	0.018	0.022	0.028	0.036	0.042
	水	t	0.008	0.008	0.010	0.014	0.016	0.020
	二硫化钼	kg	0.004	0.006	0.006	0.013	0.013	0.013
	破布	kg	0.044	0.056	0.068	0.068	0.070	0.077
	其他材料费	%	1.000	1.000	1.000	1.000	1.000	1.000
机械	氩弧焊机 500A	台班	0.090	0.107	0.133	0.170	0.266	0.314
	砂轮切割机 $\phi500$	台班	0.007	—	—	—	—	—
	等离子切割机 400A	台班	—	0.024	0.036	0.045	0.059	0.059
	电动空气压缩机 $1m^3/min$	台班	—	0.024	0.036	0.045	0.059	0.059
	电动空气压缩机 $6m^3/min$	台班	0.002	0.002	0.002	0.002	0.002	0.002

计量单位:副

定额编号				8-4-242	8-4-243	8-4-244	8-4-245	8-4-246
项目				管外径（mm 以内）				
				200	250	300	350	410
名称			单位	消耗量				
人工	合计工日		工日	1.808	2.249	2.876	4.205	5.427
	其中	普工	工日	0.452	0.562	0.718	1.051	1.356
		一般技工	工日	1.175	1.462	1.870	2.733	3.528
		高级技工	工日	0.181	0.225	0.288	0.421	0.543
材料	低压铝翻边短管		个	2.000	2.000	2.000	2.000	2.000
	活动法兰		片	2.000	2.000	2.000	2.000	2.000
	铝锰合金焊丝 丝321 $\phi1 \sim 6$		kg	0.325	0.518	0.723	1.428	2.298
	氧气		m^3	0.211	0.800	1.055	1.654	2.397
	乙炔气		kg	0.097	0.374	0.493	0.774	1.121
	氩气		m^3	0.349	0.554	0.779	1.556	2.520
	铈钨棒		g	0.664	1.058	1.495	3.027	4.935
	尼龙砂轮片 $\phi100 \times 16 \times 3$		片	0.130	0.220	0.270	0.310	0.470
	电		kW·h	0.357	0.443	0.611	0.954	1.306
	耐酸石棉橡胶板(综合)		kg	0.330	0.370	0.400	0.540	0.690
	氢氧化钠（烧碱）		kg	0.800	0.970	1.142	1.308	1.494
	硝酸		kg	0.172	0.200	0.252	0.276	0.320
	重铬酸钾 98%		kg	0.050	0.056	0.074	0.080	0.092
	水		t	0.020	0.024	0.034	0.038	0.044
	二硫化钼		kg	0.019	0.019	0.029	0.029	0.038
	破布		kg	0.084	0.090	0.094	0.102	0.126
	其他材料费		%	1.000	1.000	1.000	1.000	1.000
机械	氩弧焊机 500A		台班	0.334	0.465	0.627	1.097	1.677
	电动空气压缩机 $6m^3/min$		台班	0.002	0.002	0.002	0.002	0.002
	等离子切割机 400A		台班	0.074	0.075	0.112	0.137	0.169
	汽车式起重机 8t		台班	0.002	0.002	0.003	0.004	0.005
	载重汽车 8t		台班	0.002	0.002	0.003	0.004	0.005
	电动空气压缩机 $1m^3/min$		台班	0.074	0.075	0.112	0.137	0.169

15. 铝及铝合金法兰(氩弧焊)

工作内容:准备工作,管子切口,磨平,管口组对,焊前预热,焊接,焊缝酸洗,法兰连接,螺栓涂二硫化钼。

计量单位:副

定额编号			8-4-247	8-4-248	8-4-249	8-4-250	8-4-251	8-4-252
项目			管外径(mm 以内)					
			18	25	30	40	50	60
名称		单位	消耗量					
人工	合计工日	工日	0.181	0.206	0.230	0.278	0.344	0.452
人工	其中 普工	工日	0.045	0.051	0.057	0.069	0.086	0.113
人工	其中 一般技工	工日	0.118	0.134	0.150	0.181	0.224	0.294
人工	其中 高级技工	工日	0.018	0.021	0.023	0.028	0.034	0.045
材料	铝及铝合金法兰	副	2.000	2.000	2.000	2.000	2.000	2.000
材料	铝锰合金焊丝 丝321 $\phi1\sim6$	kg	0.008	0.009	0.010	0.018	0.021	0.038
材料	氧气	m^3	0.001	0.001	0.001	0.002	0.002	0.045
材料	乙炔气	kg	0.001	0.001	0.001	0.001	0.001	0.021
材料	氩气	m^3	0.011	0.013	0.017	0.034	0.043	0.080
材料	铈钨棒	g	0.023	0.027	0.035	0.068	0.085	0.161
材料	尼龙砂轮片 $\phi100\times16\times3$	片	—	—	0.012	0.017	0.022	0.026
材料	尼龙砂轮片 $\phi500\times25\times4$	片	0.003	0.003	0.005	0.009	0.009	0.011
材料	电	kW·h	—	—	0.010	0.013	0.015	0.023
材料	耐酸石棉橡胶板(综合)	kg	0.020	0.020	0.040	0.040	0.060	0.070
材料	氢氧化钠(烧碱)	kg	0.040	0.046	0.058	0.080	0.094	0.112
材料	硝酸	kg	0.012	0.014	0.016	0.024	0.028	0.034
材料	重铬酸钾 98%	kg	0.006	0.007	0.008	0.010	0.012	0.014
材料	水	t	0.003	0.003	0.004	0.004	0.006	0.006
材料	二硫化钼	kg	0.002	0.002	0.002	0.002	0.004	0.004
材料	破布	kg	0.012	0.012	0.012	0.014	0.024	0.024
材料	其他材料费	%	1.000	1.000	1.000	1.000	1.000	1.000
机械	氩弧焊机 500A	台班	0.013	0.016	0.019	0.030	0.035	0.040
机械	砂轮切割机 $\phi500$	台班	0.001	0.001	0.002	0.004	0.005	0.007
机械	电动空气压缩机 $6m^3/min$	台班	0.002	0.002	0.002	0.002	0.002	0.002

计量单位:副

定额编号			8-4-253	8-4-254	8-4-255	8-4-256	8-4-257	8-4-258	8-4-259
项目			管外径(mm 以内)						
			70	80	100	125	150	180	200
名称		单位	消耗量						
人工	合计工日	工日	0.502	0.598	0.690	0.924	1.148	1.388	1.592
人工	其中 普工	工日	0.126	0.149	0.172	0.231	0.287	0.347	0.398
人工	其中 一般技工	工日	0.326	0.389	0.449	0.601	0.746	0.902	1.035
人工	其中 高级技工	工日	0.050	0.060	0.069	0.092	0.115	0.139	0.159
材料	铝及铝合金法兰	副	2.000	2.000	2.000	2.000	2.000	2.000	2.000
材料	铝锰合金焊丝 丝321 $\phi1\sim6$	kg	0.043	0.050	0.054	0.069	0.117	0.147	0.163
材料	氧气	m^3	0.055	0.061	0.084	0.103	0.118	0.173	0.211
材料	乙炔气	kg	0.025	0.028	0.039	0.048	0.054	0.080	0.097
材料	氩气	m^3	0.095	0.108	0.117	0.147	0.263	0.316	0.332
材料	铈钨棒	g	0.189	0.216	0.234	0.294	0.526	0.633	0.664
材料	尼龙砂轮片 $\phi100\times16\times3$	片	0.031	0.035	0.045	0.056	0.068	0.117	0.130
材料	尼龙砂轮片 $\phi500\times25\times4$	片	0.013	—	—	—	—	—	—
材料	电	kW·h	0.025	0.048	0.058	0.083	0.101	0.126	0.143
材料	耐酸石棉橡胶板(综合)	kg	0.090	0.130	0.170	0.230	0.280	0.297	0.330
材料	氢氧化钠(烧碱)	kg	0.130	0.150	0.188	0.220	0.304	0.394	0.420
材料	硝酸	kg	0.040	0.044	0.056	0.070	0.088	0.104	0.122
材料	重铬酸钾 98%	kg	0.016	0.018	0.022	0.028	0.036	0.042	0.050
材料	水	t	0.008	0.008	0.010	0.014	0.016	0.020	0.024
材料	二硫化钼	kg	0.004	0.004	0.006	0.006	0.013	0.013	0.013
材料	破布	kg	0.024	0.026	0.038	0.038	0.040	0.042	0.044
材料	其他材料费	%	1.000	1.000	1.000	1.000	1.000	1.000	1.000
机械	氩弧焊机 500A	台班	0.045	0.051	0.063	0.079	0.119	0.149	0.165
机械	砂轮切割机 $\phi500$	台班	0.007	—	—	—	—	—	—
机械	电动空气压缩机 $1m^3/min$	台班	—	0.024	0.036	0.045	0.059	0.059	0.074
机械	电动空气压缩机 $6m^3/min$	台班	0.002	0.002	0.002	0.002	0.002	0.002	0.002
机械	等离子切割机 400A	台班	—	0.024	0.036	0.045	0.059	0.059	0.074

16. 铜及铜合金翻边活动法兰(氧乙炔焊)

工作内容:准备工作,管子切口,坡口加工,坡口磨平,焊前预热,焊接,法兰连接,螺栓涂二硫化钼。

计量单位:副

定额编号				8-4-260	8-4-261	8-4-262	8-4-263	8-4-264	8-4-265	8-4-266
项目				管外径(mm 以内)						
				20	30	40	50	65	75	85
名称			单位	消耗量						
人工	合计工日		工日	0.161	0.199	0.243	0.260	0.344	0.387	0.423
	其中	普工	工日	0.040	0.050	0.061	0.065	0.086	0.096	0.106
		一般技工	工日	0.105	0.129	0.158	0.169	0.224	0.252	0.275
		高级技工	工日	0.016	0.020	0.024	0.026	0.034	0.039	0.042
材料	低压铜翻边短管		个	2.000	2.000	2.000	2.000	2.000	2.000	2.000
	活动法兰		片	2.000	2.000	2.000	2.000	2.000	2.000	2.000
	铜气焊丝		kg	0.015	0.024	0.034	0.040	0.094	0.110	0.128
	氧气		m^3	0.090	0.136	0.193	0.242	0.390	0.448	0.529
	乙炔气		kg	0.035	0.052	0.074	0.093	0.150	0.172	0.203
	尼龙砂轮片 $\phi100\times16\times3$		片	0.013	0.018	0.023	0.027	0.032	0.036	0.046
	尼龙砂轮片 $\phi500\times25\times4$		片	0.005	0.011	0.017	0.025	0.028	0.032	—
	电		kW·h	0.010	0.010	0.010	0.015	0.015	0.018	0.020
	石棉橡胶板 低压 $\delta0.8\sim6.0$		kg	0.010	0.040	0.040	0.060	0.070	0.090	0.130
	硼砂		kg	0.004	0.007	0.010	0.013	0.020	0.028	0.038
	清油 C01-1		kg	0.001	0.001	0.001	0.001	0.001	0.001	0.002
	白铅油		kg	0.030	0.030	0.030	0.030	0.040	0.050	0.070
	铁砂布		张	0.014	0.018	0.030	0.038	0.056	0.066	0.066
	二硫化钼		kg	0.002	0.002	0.002	0.004	0.004	0.004	0.004
	破布		kg	0.010	0.010	0.010	0.020	0.020	0.020	0.020
	棉纱头		kg	0.001	0.001	0.002	0.002	0.004	0.004	0.006
	其他材料费		%	1.000	1.000	1.000	1.000	1.000	1.000	1.000
机械	砂轮切割机 $\phi500$		台班	0.003	0.004	0.005	0.008	0.011	0.012	—
	等离子切割机 400A		台班	—	—	—	—	—	—	0.027
	电动空气压缩机 $1m^3/min$		台班	—	—	—	—	—	—	0.027

计量单位:副

定额编号			8-4-267	8-4-268	8-4-269	8-4-270	8-4-271	8-4-272	8-4-273
项目			管外径(mm以内)						
			100	120	150	185	200	250	300
名称		单位	消耗量						
人工	合计工日	工日	0.453	0.550	0.703	0.912	1.261	1.731	2.256
	其中 普工	工日	0.114	0.137	0.176	0.228	0.315	0.433	0.564
	一般技工	工日	0.294	0.358	0.457	0.593	0.820	1.125	1.466
	高级技工	工日	0.045	0.055	0.070	0.091	0.126	0.173	0.226
材料	低压铜翻边短管	个	2.000	2.000	2.000	2.000	2.000	2.000	2.000
	活动法兰	片	2.000	2.000	2.000	2.000	2.000	2.000	2.000
	铜气焊丝	kg	0.207	0.248	0.309	0.377	0.412	0.517	0.620
	氧气	m^3	0.555	0.612	0.696	0.857	0.929	1.163	1.395
	乙炔气	kg	0.214	0.235	0.268	0.330	0.357	0.447	0.536
	尼龙砂轮片 $\phi100\times16\times3$	片	0.058	0.069	0.119	0.133	0.225	0.274	0.313
	电	kW·h	0.028	0.033	0.040	0.050	0.055	0.068	0.083
	石棉橡胶板 低压 $\delta0.8\sim6.0$	kg	0.170	0.230	0.280	0.298	0.330	0.370	0.400
	硼砂	kg	0.038	0.040	0.048	0.050	0.060	0.080	0.100
	清油 C01-1	kg	0.020	0.020	0.030	0.030	0.030	0.040	0.050
	白铅油	kg	0.100	0.120	0.140	0.153	0.170	0.200	0.250
	铁砂布	张	0.084	0.096	0.128	0.170	0.188	0.266	0.344
	二硫化钼	kg	0.006	0.006	0.013	0.013	0.013	0.019	0.029
	破布	kg	0.030	0.030	0.030	0.036	0.040	0.050	0.050
	棉纱头	kg	0.006	0.008	0.008	0.009	0.009	0.010	0.010
	其他材料费	%	1.000	1.000	1.000	1.000	1.000	1.000	1.000
机械	等离子切割机 400A	台班	0.129	0.154	0.190	0.238	0.257	0.322	0.386
	汽车式起重机 8t	台班	0.001	0.001	0.001	0.001	0.002	0.002	0.003
	载重汽车 8t	台班	0.001	0.001	0.001	0.001	0.002	0.002	0.003
	电动空气压缩机 $1m^3/min$	台班	0.129	0.154	0.190	0.238	0.257	0.322	0.386

17. 铜及铜合金法兰(氧乙炔焊)

工作内容:准备工作,管子切口,磨平,管口组对,焊前预热,焊接,法兰连接,螺栓涂二硫化钼。

计量单位:副

定额编号				8-4-274	8-4-275	8-4-276	8-4-277	8-4-278	8-4-279	8-4-280
项目				管外径(mm 以内)						
				20	30	40	50	65	75	85
名称			单位	消耗量						
人工	合计工日		工日	0.191	0.279	0.329	0.396	0.437	0.496	0.562
	其中	普工	工日	0.048	0.070	0.082	0.099	0.109	0.124	0.141
		一般技工	工日	0.124	0.181	0.214	0.257	0.284	0.322	0.365
		高级技工	工日	0.019	0.028	0.033	0.040	0.044	0.050	0.056
材料	铜法兰		片	2.000	2.000	2.000	2.000	2.000	2.000	2.000
	铜气焊丝		kg	0.020	0.031	0.040	0.070	0.099	0.157	0.182
	氧气		m^3	0.086	0.129	0.177	0.222	0.231	0.378	0.443
	乙炔气		kg	0.033	0.050	0.068	0.086	0.140	0.145	0.187
	尼龙砂轮片 $\phi100\times16\times3$		片	0.012	0.017	0.022	0.026	0.031	0.035	0.045
	尼龙砂轮片 $\phi500\times25\times4$		片	0.005	0.011	0.017	0.025	0.028	0.032	—
	电		kW·h	0.010	0.015	0.020	0.025	0.030	0.033	0.065
	石棉橡胶板 低压 $\delta0.8\sim6.0$		kg	0.010	0.040	0.040	0.060	0.070	0.090	0.130
	硼砂		kg	0.004	0.005	0.006	0.007	0.014	0.018	0.019
	清油 C01-1		kg	0.001	0.001	0.001	0.001	0.001	0.001	0.002
	铁砂布		张	0.014	0.018	0.030	0.038	0.056	0.066	0.066
	白铅油		kg	0.030	0.030	0.030	0.030	0.040	0.050	0.070
	二硫化钼		kg	0.002	0.002	0.002	0.004	0.004	0.004	0.004
	破布		kg	0.010	0.010	0.010	0.020	0.020	0.020	0.020
	棉纱头		kg	0.002	0.004	0.006	0.006	0.008	0.010	0.010
	其他材料费		%	1.000	1.000	1.000	1.000	1.000	1.000	1.000
机械	砂轮切割机 $\phi500$		台班	0.003	0.004	0.005	0.008	0.011	0.012	—
	等离子切割机 400A		台班	—	—	—	—	—	—	0.027
	电动空气压缩机 $1m^3/min$		台班	—	—	—	—	—	—	0.027

计量单位:副

定额编号				8-4-281	8-4-282	8-4-283	8-4-284	8-4-285	8-4-286	8-4-287
项目				管外径（mm 以内）						
				100	120	150	185	200	250	300
名称			单位	消耗量						
人工	合计工日		工日	0.670	0.780	1.111	1.441	1.772	2.103	2.564
	其中	普工	工日	0.167	0.195	0.278	0.360	0.443	0.526	0.641
		一般技工	工日	0.436	0.507	0.722	0.937	1.152	1.367	1.667
		高级技工	工日	0.067	0.078	0.111	0.144	0.177	0.210	0.256
材料	铜法兰		片	2.000	2.000	2.000	2.000	2.000	2.000	2.000
	铜气焊丝		kg	0.212	0.251	0.313	0.380	0.414	0.541	0.974
	氧气		m^3	0.547	0.660	0.897	1.146	1.189	1.423	1.793
	乙炔气		kg	0.210	0.254	0.345	0.441	0.457	0.547	0.689
	尼龙砂轮片 $\phi100\times16\times3$		片	0.057	0.068	0.118	0.132	0.224	0.273	0.312
	电		kW·h	0.073	0.081	0.098	0.116	0.128	0.153	0.196
	石棉橡胶板 低压 $\delta0.8\sim6.0$		kg	0.170	0.230	0.280	0.297	0.330	0.370	0.400
	硼砂		kg	0.028	0.034	0.042	0.050	0.080	0.100	0.130
	清油 C01-1		kg	0.020	0.020	0.030	0.030	0.030	0.040	0.050
	铁砂布		张	0.084	0.096	0.128	0.170	0.188	0.266	0.344
	白铅油		kg	0.100	0.120	0.140	0.153	0.170	0.200	0.250
	二硫化钼		kg	0.006	0.006	0.013	0.013	0.013	0.019	0.029
	棉纱头		kg	0.012	0.016	0.018	0.024	0.026	0.032	0.038
	破布		kg	0.030	0.030	0.030	0.036	0.040	0.050	0.050
	其他材料费		%	1.000	1.000	1.000	1.000	1.000	1.000	1.000
机械	等离子切割机 400A		台班	0.038	0.045	0.056	0.070	0.076	0.094	0.114
	汽车式起重机 8t		台班	0.001	0.001	0.001	0.001	0.002	0.002	0.003
	载重汽车 8t		台班	0.001	0.001	0.001	0.001	0.002	0.002	0.003
	电动空气压缩机 $1m^3/min$		台班	0.038	0.045	0.056	0.070	0.076	0.094	0.114

二、中 压 法 兰

1. 碳钢对焊法兰(电弧焊)

工作内容:准备工作,管子切口,坡口加工,坡口磨平,焊接,法兰连接,螺栓涂二硫化钼。**计量单位:**副

定额编号			8-4-288	8-4-289	8-4-290	8-4-291	8-4-292	8-4-293	8-4-294
项目			公称直径(mm 以内)						
			15	20	25	32	40	50	65
名称		单位	消耗量						
人工	合计工日	工日	0.223	0.272	0.307	0.334	0.377	0.414	0.488
人工	其中 普工	工日	0.055	0.068	0.077	0.083	0.095	0.103	0.122
人工	其中 一般技工	工日	0.123	0.150	0.169	0.184	0.207	0.228	0.268
人工	其中 高级技工	工日	0.045	0.054	0.061	0.067	0.075	0.083	0.098
材料	碳钢对焊法兰	片	2.000	2.000	2.000	2.000	2.000	2.000	2.000
材料	低碳钢焊条 J427 ϕ3.2	kg	0.054	0.069	0.100	0.150	0.160	0.200	0.440
材料	氧气	m^3	—	—	—	—	—	—	0.317
材料	乙炔气	kg	—	—	—	—	—	—	0.106
材料	尼龙砂轮片 $\phi100\times16\times3$	片	0.060	0.076	0.119	0.155	0.210	0.223	0.436
材料	尼龙砂轮片 $\phi500\times25\times4$	片	0.010	0.013	0.018	0.025	0.029	0.043	—
材料	磨头	个	0.020	0.026	0.031	0.039	0.044	0.053	0.070
材料	电	kW·h	0.100	0.113	0.145	0.164	0.197	0.206	0.193
材料	石棉橡胶板 低压 $\delta0.8\sim6.0$	kg	0.024	0.024	0.047	0.047	0.071	0.083	0.106
材料	清油 C01-1	kg	0.012	0.012	0.012	0.012	0.012	0.012	0.012
材料	白铅油	kg	0.035	0.035	0.035	0.035	0.035	0.047	0.059
材料	二硫化钼	kg	0.002	0.002	0.002	0.004	0.004	0.004	0.004
材料	破布	kg	0.012	0.012	0.012	0.012	0.012	0.024	0.024
材料	棉纱头	kg	0.002	0.004	0.005	0.007	0.007	0.008	0.012
材料	其他材料费	%	1.000	1.000	1.000	1.000	1.000	1.000	1.000
机械	电焊机(综合)	台班	0.031	0.049	0.066	0.081	0.093	0.113	0.174
机械	砂轮切割机 ϕ500	台班	0.001	0.004	0.006	0.009	0.009	0.010	—
机械	电焊条烘干箱 $60\times50\times75(cm^3)$	台班	0.004	0.004	0.006	0.008	0.010	0.012	0.018
机械	电焊条恒温箱	台班	0.004	0.004	0.006	0.008	0.010	0.012	0.018

计量单位：副

定额编号				8-4-295	8-4-296	8-4-297	8-4-298	8-4-299	8-4-300
项目				公称直径（mm 以内）					
				80	100	125	150	200	250
名称			单位	消耗量					
人工	合计工日		工日	0.539	0.642	0.786	0.965	1.120	1.521
	其中	普工	工日	0.134	0.161	0.196	0.241	0.280	0.381
		一般技工	工日	0.297	0.353	0.433	0.531	0.616	0.836
		高级技工	工日	0.108	0.128	0.157	0.193	0.224	0.304
材料	碳钢对焊法兰		片	2.000	2.000	2.000	2.000	2.000	2.000
	低碳钢焊条 J427 ϕ3.2		kg	0.628	0.834	1.296	1.800	3.400	5.400
	氧气		m^3	0.369	0.470	0.620	0.775	1.050	1.470
	乙炔气		kg	0.123	0.157	0.207	0.258	0.350	0.490
	尼龙砂轮片 $\phi100\times16\times3$		片	0.572	0.766	1.100	1.534	2.365	3.402
	磨头		个	0.082	0.106	—	—	—	—
	电		kW·h	0.234	0.306	0.384	0.467	0.668	0.897
	石棉橡胶板 低压 δ0.8～6.0		kg	0.153	0.201	0.271	0.330	0.389	0.437
	清油 C01－1		kg	0.024	0.024	0.024	0.035	0.035	0.047
	白铅油		kg	0.083	0.130	0.142	0.165	0.236	0.236
	二硫化钼		kg	0.006	0.006	0.013	0.013	0.013	0.019
	破布		kg	0.024	0.035	0.035	0.035	0.047	0.047
	棉纱头		kg	0.014	0.017	0.020	0.025	0.033	0.040
	其他材料费		%	1.000	1.000	1.000	1.000	1.000	1.000
机械	电焊机（综合）		台班	0.206	0.284	0.333	0.421	0.624	0.812
	汽车式起重机 8t		台班	—	0.001	0.001	0.001	0.002	0.002
	载重汽车 8t		台班	—	0.001	0.001	0.001	0.002	0.002
	电焊条烘干箱 $60\times50\times75(cm^3)$		台班	0.020	0.028	0.033	0.042	0.062	0.081
	电焊条恒温箱		台班	0.020	0.028	0.033	0.042	0.062	0.081

计量单位:副

定额编号				8-4-301	8-4-302	8-4-303	8-4-304	8-4-305	8-4-306
项目				公称直径（mm 以内）					
				300	350	400	450	500	600
名称			单位	消耗量					
人工	合计工日		工日	1.818	2.703	3.392	4.074	4.901	6.409
	其中	普工	工日	0.454	0.676	0.848	1.018	1.226	1.602
		一般技工	工日	1.000	1.486	1.866	2.241	2.695	3.525
		高级技工	工日	0.364	0.541	0.678	0.815	0.980	1.282
材料	碳钢对焊法兰		片	2.000	2.000	2.000	2.000	2.000	2.000
	低碳钢焊条 J427 ϕ3.2		kg	7.600	10.800	14.000	15.600	21.257	27.267
	氧气		m^3	1.890	2.120	2.464	3.160	3.556	4.623
	乙炔气		kg	0.630	0.707	0.821	1.053	1.185	1.541
	尼龙砂轮片 $\phi100\times16\times3$		片	4.598	5.848	7.280	8.198	9.313	13.697
	电		kW·h	1.112	1.405	1.752	1.931	2.399	3.248
	石棉橡胶板 低压 δ0.8～6.0		kg	0.472	0.637	0.814	0.956	0.979	1.144
	清油 C01－1		kg	0.047	0.047	0.071	0.071	0.071	0.071
	白铅油		kg	0.295	0.295	0.354	0.354	0.389	0.424
	二硫化钼		kg	0.029	0.029	0.038	0.038	0.038	0.047
	破布		kg	0.047	0.047	0.071	0.071	0.083	0.095
	棉纱头		kg	0.047	0.057	0.064	0.071	0.078	0.092
	其他材料费		%	1.000	1.000	1.000	1.000	1.000	1.000
机械	电焊机（综合）		台班	1.023	1.394	1.796	2.250	2.490	3.184
	汽车式起重机 8t		台班	0.002	0.002	0.005	0.006	0.007	0.008
	载重汽车 8t		台班	0.002	0.002	0.005	0.006	0.007	0.008
	电焊条烘干箱 $60\times50\times75(cm^3)$		台班	0.102	0.140	0.180	0.225	0.249	0.319
	电焊条恒温箱		台班	0.102	0.140	0.180	0.225	0.249	0.319

2. 碳钢对焊法兰(氩电联焊)

工作内容:准备工作,管子切口,坡口加工,坡口磨平,管口组对,焊接,法兰连接,螺栓涂二硫化钼。

计量单位:副

定额编号			8-4-307	8-4-308	8-4-309	8-4-310	8-4-311	8-4-312	8-4-313
项目			公称直径(mm 以内)						
			15	20	25	32	40	50	65
名称		单位	消耗量						
人工	合计工日	工日	0.271	0.329	0.381	0.446	0.521	0.575	0.685
人工	其中 普工	工日	0.068	0.082	0.096	0.112	0.130	0.144	0.171
人工	其中 一般技工	工日	0.149	0.181	0.209	0.245	0.287	0.316	0.377
人工	其中 高级技工	工日	0.054	0.066	0.076	0.089	0.104	0.115	0.137
材料	碳钢对焊法兰	片	2.000	2.000	2.000	2.000	2.000	2.000	2.000
材料	低碳钢焊条 J427 $\phi3.2$	kg	—	—	—	—	—	0.095	0.360
材料	碳钢焊丝	kg	0.028	0.035	0.060	0.080	0.100	0.043	0.044
材料	氧气	m^3	—	—	—	0.013	0.014	0.019	0.230
材料	乙炔气	kg	—	—	—	0.005	0.005	0.006	0.077
材料	氩气	m^3	0.077	0.099	0.160	0.220	0.260	0.121	0.122
材料	铈钨棒	g	0.154	0.197	0.320	0.430	0.500	0.242	0.242
材料	尼龙砂轮片 $\phi100\times16\times3$	片	0.058	0.073	0.119	0.155	0.208	0.217	0.430
材料	尼龙砂轮片 $\phi500\times25\times4$	片	0.010	0.013	0.018	0.025	0.029	0.043	0.064
材料	磨头	个	0.020	0.026	0.031	0.039	0.044	0.053	0.070
材料	电	kW·h	0.100	0.113	0.147	0.168	0.206	0.220	0.211
材料	石棉橡胶板 低压 $\delta0.8\sim6.0$	kg	0.024	0.024	0.047	0.047	0.071	0.083	0.106
材料	清油 C01-1	kg	0.012	0.012	0.012	0.012	0.012	0.012	0.012
材料	白铅油	kg	0.035	0.035	0.035	0.035	0.035	0.085	0.090
材料	二硫化钼	kg	0.002	0.002	0.002	0.004	0.004	0.004	0.004
材料	破布	kg	0.012	0.012	0.012	0.012	0.012	0.024	0.024
材料	棉纱头	kg	0.002	0.004	0.005	0.007	0.007	0.008	0.012
材料	其他材料费	%	1.000	1.000	1.000	1.000	1.000	1.000	1.000
机械	电焊机(综合)	台班	—	—	—	—	—	0.081	0.127
机械	氩弧焊机 500A	台班	0.032	0.046	0.064	0.078	0.090	0.054	0.076
机械	砂轮切割机 $\phi500$	台班	0.001	0.005	0.006	0.009	0.009	0.010	0.014
机械	电焊条烘干箱 $60\times50\times75(cm^3)$	台班	—	—	—	—	—	0.008	0.012
机械	电焊条恒温箱	台班	—	—	—	—	—	0.008	0.012

计量单位:副

定额编号			8-4-314	8-4-315	8-4-316	8-4-317	8-4-318	8-4-319
项目			公称直径(mm 以内)					
			80	100	125	150	200	250
名称		单位	消耗量					
人工	合计工日	工日	0.762	0.941	1.216	1.322	1.858	2.415
	其中 普工	工日	0.191	0.235	0.304	0.331	0.464	0.604
	其中 一般技工	工日	0.419	0.518	0.669	0.727	1.022	1.328
	其中 高级技工	工日	0.152	0.188	0.243	0.264	0.372	0.483
材料	碳钢对焊法兰	片	2.000	2.000	2.000	2.000	2.000	2.000
	低碳钢焊条 J427 ϕ3.2	kg	0.530	0.700	1.146	1.600	2.800	4.400
	碳钢焊丝	kg	0.046	0.062	0.070	0.086	0.120	0.152
	氧气	m^3	0.258	0.320	0.418	0.746	1.000	1.410
	乙炔气	kg	0.086	0.107	0.139	0.249	0.333	0.470
	氩气	m^3	0.130	0.174	0.200	0.240	0.340	0.420
	铈钨棒	g	0.260	0.348	0.400	0.480	0.680	0.840
	尼龙砂轮片 $\phi100\times16\times3$	片	0.568	0.758	1.090	1.521	2.345	3.382
	尼龙砂轮片 $\phi500\times25\times4$	片	0.086	0.115	0.150	—	—	—
	磨头	个	0.082	0.106	—	—	—	—
	电	kW·h	0.256	0.338	0.424	0.521	0.758	1.005
	石棉橡胶板 低压 δ0.8~6.0	kg	0.153	0.201	0.271	0.330	0.389	0.437
	清油 C01-1	kg	0.024	0.024	0.024	0.035	0.035	0.047
	白铅油	kg	0.083	0.130	0.142	0.165	0.236	0.236
	角钢(综合)	kg	—	—	—	—	0.179	0.179
	二硫化钼	kg	0.006	0.006	0.013	0.013	0.013	0.019
	破布	kg	0.024	0.035	0.035	0.035	0.047	0.047
	棉纱头	kg	0.014	0.017	0.020	0.025	0.033	0.040
	其他材料费	%	1.000	1.000	1.000	1.000	1.000	1.000
机械	电焊机(综合)	台班	0.150	0.223	0.260	0.343	0.531	0.711
	氩弧焊机 500A	台班	0.094	0.116	0.138	0.166	0.228	0.285
	砂轮切割机 ϕ500	台班	0.016	0.025	0.026	—	—	—
	半自动切割机 100mm	台班	—	—	—	0.077	0.112	0.140
	汽车式起重机 8t	台班	—	0.001	0.001	0.001	0.002	0.002
	载重汽车 8t	台班	—	0.001	0.001	0.001	0.002	0.002
	电焊条烘干箱 $60\times50\times75(cm^3)$	台班	0.015	0.022	0.026	0.035	0.053	0.071
	电焊条恒温箱	台班	0.015	0.022	0.026	0.035	0.053	0.071

计量单位:副

定额编号			8-4-320	8-4-321	8-4-322	8-4-323	8-4-324	8-4-325
项目			公称直径(mm 以内)					
			300	350	400	450	500	600
名称		单位	消耗量					
人工	合计工日	工日	3.073	3.608	4.409	5.244	6.201	7.994
	其中 普工	工日	0.768	0.901	1.102	1.311	1.550	1.998
	一般技工	工日	1.690	1.985	2.425	2.884	3.411	4.397
	高级技工	工日	0.615	0.722	0.882	1.049	1.240	1.599
材料	碳钢对焊法兰	片	2.000	2.000	2.000	2.000	2.000	2.000
	低碳钢焊条 J427 ϕ3.2	kg	7.800	10.600	13.800	15.200	20.348	26.101
	碳钢焊丝	kg	0.180	0.212	0.260	0.300	0.391	0.505
	氧气	m^3	1.680	2.010	2.351	2.860	3.470	4.400
	乙炔气	kg	0.560	0.670	0.784	0.953	1.157	1.467
	氩气	m^3	0.506	0.600	0.696	0.760	1.094	1.415
	铈钨棒	g	1.020	1.180	1.390	1.520	2.189	2.830
	尼龙砂轮片 $\phi100\times16\times3$	片	4.564	5.812	7.172	8.158	9.260	13.630
	电	kW·h	1.252	1.565	1.840	2.111	2.659	3.585
	石棉橡胶板 低压 δ0.8~6.0	kg	0.472	0.637	0.814	0.956	0.979	1.144
	清油 C01-1	kg	0.047	0.047	0.071	0.071	0.071	0.071
	白铅油	kg	0.295	0.295	0.354	0.354	0.389	0.424
	角钢(综合)	kg	0.236	0.236	0.236	0.236	0.236	0.236
	二硫化钼	kg	0.029	0.029	0.038	0.038	0.038	0.047
	破布	kg	0.047	0.047	0.071	0.071	0.083	0.095
	棉纱头	kg	0.047	0.057	0.064	0.071	0.078	0.092
	其他材料费	%	1.000	1.000	1.000	1.000	1.000	1.000
机械	电焊机(综合)	台班	0.913	1.263	1.642	2.072	2.293	2.943
	氩弧焊机 500A	台班	0.339	0.394	0.445	0.501	0.557	0.669
	半自动切割机 100mm	台班	0.169	0.197	0.227	0.268	0.288	0.348
	汽车式起重机 8t	台班	0.002	0.002	0.005	0.006	0.007	0.007
	载重汽车 8t	台班	0.002	0.002	0.005	0.006	0.007	0.007
	电焊条烘干箱 $60\times50\times75(cm^3)$	台班	0.092	0.126	0.165	0.207	0.230	0.295
	电焊条恒温箱	台班	0.092	0.126	0.165	0.207	0.230	0.295

3. 不锈钢对焊法兰(电弧焊)

工作内容: 准备工作,管子切口,坡口加工,坡口磨平,焊接,焊缝钝化,法兰连接,螺栓涂二硫化钼。

计量单位:副

定额编号				8-4-326	8-4-327	8-4-328	8-4-329	8-4-330	8-4-331
项目				公称直径(mm 以内)					
				15	20	25	32	40	50
名称			单位	消耗量					
人工	合计工日		工日	0.293	0.322	0.377	0.417	0.525	0.554
	其中	普工	工日	0.073	0.081	0.094	0.105	0.131	0.138
		一般技工	工日	0.161	0.177	0.208	0.229	0.289	0.305
		高级技工	工日	0.059	0.064	0.075	0.083	0.105	0.111
材料	不锈钢对焊法兰		片	2.000	2.000	2.000	2.000	2.000	2.000
	不锈钢焊条(综合)		kg	0.036	0.044	0.065	0.080	0.123	0.180
	尼龙砂轮片 $\phi100\times16\times3$		片	0.073	0.090	0.135	0.167	0.234	0.336
	尼龙砂轮片 $\phi500\times25\times4$		片	0.012	0.015	0.024	0.028	0.034	0.038
	电		kW·h	0.138	0.150	0.186	0.206	0.250	0.306
	耐酸石棉橡胶板(综合)		kg	0.020	0.020	0.040	0.040	0.060	0.070
	丙酮		kg	0.015	0.017	0.024	0.028	0.032	0.039
	酸洗膏		kg	0.010	0.011	0.016	0.019	0.024	0.029
	水		t	0.002	0.002	0.004	0.004	0.004	0.006
	二硫化钼		kg	0.002	0.002	0.002	0.004	0.004	0.004
	破布		kg	0.002	0.002	0.002	0.002	0.002	0.004
	棉纱头		kg	0.003	0.005	0.005	0.008	0.008	0.094
	其他材料费		%	1.000	1.000	1.000	1.000	1.000	1.000
机械	电焊机(综合)		台班	0.036	0.044	0.060	0.075	0.098	0.120
	砂轮切割机 $\phi500$		台班	0.001	0.003	0.007	0.008	0.011	0.014
	电动空气压缩机 $6m^3/min$		台班	0.002	0.002	0.002	0.002	0.002	0.002
	电焊条烘干箱 $60\times50\times75(cm^3)$		台班	0.004	0.004	0.006	0.007	0.010	0.012
	电焊条恒温箱		台班	0.004	0.004	0.006	0.007	0.010	0.012

计量单位:副

定额编号			8-4-332	8-4-333	8-4-334	8-4-335	8-4-336	8-4-337
项　目			公称直径(mm 以内)					
			65	80	100	125	150	200
名　称		单位	消　耗　量					
人工	合计工日	工日	0.711	0.748	1.059	1.151	1.353	1.774
人工	其中 普工	工日	0.178	0.187	0.265	0.288	0.338	0.443
人工	其中 一般技工	工日	0.391	0.411	0.582	0.633	0.744	0.976
人工	其中 高级技工	工日	0.142	0.150	0.212	0.230	0.271	0.355
材料	不锈钢对焊法兰	片	2.000	2.000	2.000	2.000	2.000	2.000
材料	不锈钢焊条(综合)	kg	0.320	0.414	0.620	0.820	1.178	2.229
材料	尼龙砂轮片 $\phi100\times16\times3$	片	0.596	0.969	1.195	1.407	2.312	3.517
材料	尼龙砂轮片 $\phi500\times25\times4$	片	0.060	0.083	0.112	—	—	—
材料	电	kW·h	0.397	0.310	0.434	0.486	0.651	0.968
材料	耐酸石棉橡胶板(综合)	kg	0.090	0.130	0.170	0.230	0.280	0.330
材料	丙酮	kg	0.051	0.060	0.077	0.090	0.107	0.148
材料	酸洗膏	kg	0.040	0.047	0.060	0.092	0.124	0.161
材料	水	t	0.008	0.010	0.012	0.014	0.018	0.024
材料	二硫化钼	kg	0.004	0.006	0.006	0.013	0.013	0.013
材料	破布	kg	0.004	0.006	0.006	0.008	0.010	0.014
材料	棉纱头	kg	0.010	0.011	0.015	0.016	0.025	0.031
材料	其他材料费	%	1.000	1.000	1.000	1.000	1.000	1.000
机械	电焊机(综合)	台班	0.169	0.222	0.291	0.379	0.473	0.702
机械	砂轮切割机 $\phi500$	台班	0.020	0.030	0.033	—	—	—
机械	等离子切割机 400A	台班	—	0.041	0.052	0.090	0.110	0.159
机械	汽车式起重机 8t	台班	—	—	0.001	0.001	0.001	0.002
机械	载重汽车 8t	台班	—	—	0.001	0.001	0.001	0.002
机械	电动空气压缩机 $1m^3/min$	台班	—	0.041	0.052	0.090	0.110	0.159
机械	电动空气压缩机 $6m^3/min$	台班	0.002	0.002	0.002	0.002	0.002	0.002
机械	电焊条烘干箱 $60\times50\times75(cm^3)$	台班	0.017	0.022	0.029	0.038	0.047	0.070
机械	电焊条恒温箱	台班	0.017	0.022	0.029	0.038	0.047	0.070

计量单位:副

定额编号			8-4-338	8-4-339	8-4-340	8-4-341	8-4-342	8-4-343
项　目			公称直径(mm以内)					
			250	300	350	400	450	500
名　称		单位	消　耗　量					
人工	合计工日	工日	2.546	3.063	3.540	4.299	4.943	5.685
	其中 普工	工日	0.637	0.765	0.885	1.075	1.235	1.421
	其中 一般技工	工日	1.400	1.685	1.947	2.364	2.719	3.127
	其中 高级技工	工日	0.509	0.613	0.708	0.860	0.989	1.137
材料	不锈钢对焊法兰	片	2.000	2.000	2.000	2.000	2.000	2.000
	不锈钢焊条(综合)	kg	3.662	5.562	8.340	11.434	15.376	17.016
	尼龙砂轮片 $\phi100\times16\times3$	片	5.381	7.115	9.178	11.577	14.431	16.036
	电	kW·h	1.313	1.641	2.056	2.490	3.007	3.330
	耐酸石棉橡胶板(综合)	kg	0.370	0.400	0.540	0.690	0.794	0.913
	丙酮	kg	0.184	0.218	0.253	0.285	0.317	0.349
	酸洗膏	kg	0.244	0.290	0.318	0.394	0.443	0.502
	水	t	0.028	0.034	0.040	0.046	0.053	0.061
	二硫化钼	kg	0.019	0.029	0.029	0.038	0.038	0.038
	破布	kg	0.018	0.020	0.024	0.026	0.030	0.034
	棉纱头	kg	0.032	0.038	0.045	0.053	0.059	0.064
	其他材料费	%	1.000	1.000	1.000	1.000	1.000	1.000
机械	电焊机(综合)	台班	0.965	1.277	1.741	2.242	2.578	2.965
	等离子切割机 400A	台班	0.208	0.262	0.316	0.376	0.432	0.497
	汽车式起重机 8t	台班	0.002	0.002	0.002	0.004	0.005	0.006
	载重汽车 8t	台班	0.002	0.002	0.002	0.004	0.005	0.006
	电动空气压缩机 $1m^3/min$	台班	0.208	0.262	0.316	0.376	0.432	0.497
	电动空气压缩机 $6m^3/min$	台班	0.002	0.002	0.002	0.002	0.002	0.003
	电焊条烘干箱 $60\times50\times75(cm^3)$	台班	0.096	0.128	0.174	0.224	0.258	0.296
	电焊条恒温箱	台班	0.096	0.128	0.174	0.224	0.258	0.296

4. 不锈钢对焊法兰(氩电联焊)

工作内容: 准备工作,管子切口,坡口加工,管口组对,焊接,焊缝钝化,法兰连接,螺栓涂二硫化钼。

计量单位: 副

		定额编号		8-4-344	8-4-345	8-4-346	8-4-347	8-4-348	8-4-349	8-4-350
		项目		公称直径(mm 以内)						
				50	65	80	100	125	150	200
		名称	单位	消耗量						
人工		合计工日	工日	0.726	0.895	1.046	1.380	1.594	1.819	2.363
	其中	普工	工日	0.182	0.224	0.262	0.345	0.398	0.455	0.590
		一般技工	工日	0.399	0.492	0.575	0.759	0.877	1.000	1.300
		高级技工	工日	0.145	0.179	0.209	0.276	0.319	0.364	0.473
材料		不锈钢对焊法兰	片	2.000	2.000	2.000	2.000	2.000	2.000	2.000
		不锈钢焊条(综合)	kg	0.135	0.246	0.321	0.528	0.688	1.016	2.015
		不锈钢焊丝 1Cr18Ni9Ti	kg	0.042	0.052	0.072	0.090	0.123	0.149	0.243
		氩气	m^3	0.117	0.146	0.202	0.252	0.344	0.418	0.681
		铈钨棒	g	0.184	0.206	0.272	0.316	0.417	0.498	0.689
		尼龙砂轮片 $\phi100\times16\times3$	片	0.100	0.124	0.194	0.251	0.335	0.508	0.870
		尼龙砂轮片 $\phi500\times25\times4$	片	0.038	0.060	0.083	0.112	—	—	—
		电	kW·h	0.103	0.138	0.166	0.224	0.282	0.332	0.478
		耐酸石棉橡胶板(综合)	kg	0.070	0.090	0.130	0.170	0.230	0.280	0.330
		丙酮	kg	0.036	0.048	0.056	0.072	0.084	0.100	0.138
		酸洗膏	kg	0.029	0.040	0.047	0.060	0.092	0.124	0.161
		水	t	0.060	0.008	0.010	0.012	0.014	0.018	0.024
		二硫化钼	kg	0.004	0.004	0.006	0.006	0.013	0.013	0.013
		破布	kg	0.004	0.004	0.006	0.006	0.008	0.010	0.014
		棉纱头	kg	0.007	0.010	0.012	0.014	0.017	0.021	0.028
		其他材料费	%	1.000	1.000	1.000	1.000	1.000	1.000	1.000
机械		电焊机(综合)	台班	0.088	0.130	0.171	0.228	0.295	0.389	0.603
		氩弧焊机 500A	台班	0.095	0.107	0.133	0.159	0.203	0.236	0.324
		砂轮切割机 $\phi500$	台班	0.014	0.020	0.030	0.033	—	—	—
		普通车床 630×2000	台班	0.023	0.037	0.042	0.042	0.043	0.046	0.052
		电动空气压缩机 $6m^3/min$	台班	0.002	0.002	0.002	0.002	0.002	0.002	0.002
		电焊条烘干箱 $60\times50\times75(cm^3)$	台班	0.009	0.013	0.017	0.023	0.029	0.039	0.061
		电焊条恒温箱	台班	0.009	0.013	0.017	0.023	0.029	0.039	0.061
		等离子切割机 400A	台班	—	—	—	—	0.026	0.033	0.047
		汽车式起重机 8t	台班	—	—	—	0.001	0.001	0.001	0.002
		载重汽车 8t	台班	—	—	—	0.001	0.001	0.001	0.002
		电动空气压缩机 $1m^3/min$	台班	—	—	—	—	0.026	0.033	0.047

计量单位：副

定额编号				8-4-351	8-4-352	8-4-353	8-4-354	8-4-355	8-4-356
项目				公称直径（mm 以内）					
				250	300	350	400	450	500
名称			单位	消耗量					
人工	合计工日		工日	2.987	3.535	4.300	5.130	5.899	6.784
	其中	普工	工日	0.747	0.884	1.075	1.283	1.474	1.696
		一般技工	工日	1.643	1.944	2.365	2.821	3.245	3.731
		高级技工	工日	0.597	0.707	0.860	1.026	1.180	1.357
材料	不锈钢对焊法兰		片	2.000	2.000	2.000	2.000	2.000	2.000
	不锈钢焊条(综合)		kg	3.407	5.275	8.033	11.114	12.781	14.698
	不锈钢焊丝 1Cr18Ni9Ti		kg	0.306	0.377	0.438	0.575	0.661	0.760
	氩气		m^3	0.855	1.056	1.226	1.610	1.852	2.129
	铈钨棒		g	0.860	1.024	1.187	1.341	1.542	1.773
	尼龙砂轮片 $\phi100\times16\times3$		片	2.402	2.500	5.255	6.558	7.542	8.673
	电		kW·h	0.649	0.788	0.928	1.165	1.340	1.541
	耐酸石棉橡胶板(综合)		kg	0.370	0.400	0.540	0.690	0.794	0.913
	丙酮		kg	0.172	0.204	0.236	0.266	0.306	0.352
	酸洗膏		kg	0.244	0.290	0.318	0.394	0.443	0.502
	水		t	0.028	0.034	0.040	0.046	0.053	0.061
	二硫化钼		kg	0.019	0.029	0.029	0.038	0.038	0.038
	破布		kg	0.018	0.020	0.024	0.026	0.030	0.034
	棉纱头		kg	0.034	0.040	0.046	0.052	0.060	0.069
	其他材料费		%	1.000	1.000	1.000	1.000	1.000	1.000
机械	电焊机（综合）		台班	0.809	1.038	1.436	1.866	2.146	2.468
	氩弧焊机 500A		台班	0.418	0.492	0.540	0.611	0.703	0.808
	等离子切割机 400A		台班	0.061	0.077	0.093	0.110	0.127	0.146
	普通车床 630×2000		台班	0.061	0.075	0.095	0.120	0.138	0.158
	汽车式起重机 8t		台班	0.002	0.002	0.002	0.004	0.005	0.006
	载重汽车 8t		台班	0.002	0.002	0.002	0.004	0.005	0.006
	电动空气压缩机 $1m^3/min$		台班	0.061	0.077	0.093	0.110	0.127	0.146
	电动空气压缩机 $6m^3/min$		台班	0.002	0.002	0.002	0.002	0.002	0.003
	电焊条烘干箱 $60\times50\times75(cm^3)$		台班	0.081	0.104	0.143	0.187	0.214	0.247
	电焊条恒温箱		台班	0.081	0.104	0.143	0.187	0.214	0.247

5. 不锈钢对焊法兰(氩弧焊)

工作内容:准备工作,管子切口,坡口加工,焊接,焊缝钝化,法兰连接,螺栓涂二硫化钼。**计量单位**:副

定额编号			8-4-357	8-4-358	8-4-359	8-4-360	8-4-361	8-4-362
项目			公称直径(mm 以内)					
			15	20	25	32	40	50
名称		单位	消耗量					
人工	合计工日	工日	0.298	0.329	0.377	0.420	0.528	0.735
人工	其中 普工	工日	0.074	0.082	0.094	0.105	0.132	0.184
人工	其中 一般技工	工日	0.164	0.181	0.208	0.231	0.290	0.404
人工	其中 高级技工	工日	0.060	0.066	0.075	0.084	0.106	0.147
材料	不锈钢对焊法兰	片	2.000	2.000	2.000	2.000	2.000	2.000
材料	不锈钢焊丝 1Cr18Ni9Ti	kg	0.019	0.023	0.033	0.042	0.063	0.109
材料	氩气	m^3	0.053	0.065	0.093	0.118	0.178	0.289
材料	铈钨棒	g	0.100	0.123	0.180	0.224	0.344	0.562
材料	尼龙砂轮片 $\phi100\times16\times3$	片	0.032	0.039	0.050	0.062	0.073	0.092
材料	尼龙砂轮片 $\phi500\times25\times4$	片	0.010	0.012	0.024	0.028	0.034	0.038
材料	电	kW·h	0.015	0.020	0.025	0.030	0.043	0.063
材料	耐酸石棉橡胶板(综合)	kg	0.020	0.020	0.040	0.040	0.060	0.070
材料	丙酮	kg	0.010	0.010	0.015	0.017	0.024	0.036
材料	酸洗膏	kg	0.010	0.011	0.016	0.019	0.024	0.029
材料	水	t	0.002	0.002	0.004	0.004	0.004	0.006
材料	二硫化钼	kg	0.002	0.002	0.002	0.004	0.004	0.004
材料	破布	kg	0.002	0.002	0.002	0.002	0.002	0.004
材料	棉纱头	kg	0.002	0.004	0.004	0.006	0.006	0.006
材料	其他材料费	%	1.000	1.000	1.000	1.000	1.000	1.000
机械	氩弧焊机 500A	台班	0.041	0.050	0.061	0.076	0.102	0.160
机械	砂轮切割机 $\phi500$	台班	0.001	0.003	0.007	0.008	0.011	0.015
机械	普通车床 630×2000	台班	0.015	0.015	0.017	0.017	0.019	0.026
机械	电动空气压缩机 $6m^3/min$	台班	0.002	0.002	0.002	0.002	0.002	0.002

计量单位:副

定额编号			8-4-363	8-4-364	8-4-365	8-4-366	8-4-367	8-4-368
项目			公称直径(mm以内)					
			65	80	100	125	150	200
名称		单位	消耗量					
人工	合计工日	工日	0.918	1.093	1.490	1.690	2.074	3.066
	其中 普工	工日	0.229	0.273	0.373	0.423	0.518	0.767
	其中 一般技工	工日	0.505	0.601	0.819	0.929	1.141	1.686
	其中 高级技工	工日	0.184	0.219	0.298	0.338	0.415	0.613
材料	不锈钢对焊法兰	片	2.000	2.000	2.000	2.000	2.000	2.000
	不锈钢焊丝 1Cr18Ni9Ti	kg	0.172	0.226	0.348	0.454	0.646	1.245
	氩气	m^3	0.483	0.634	0.975	1.270	1.809	3.485
	铈钨棒	g	0.944	1.234	1.888	2.456	3.506	6.635
	尼龙砂轮片 φ100×16×3	片	0.131	0.173	0.223	0.292	0.396	0.680
	尼龙砂轮片 φ500×25×4	片	0.060	0.083	0.112	—	—	—
	电	kW·h	0.091	0.118	0.171	0.224	0.307	0.556
	耐酸石棉橡胶板(综合)	kg	0.090	0.130	0.170	0.230	0.280	0.330
	丙酮	kg	0.048	0.056	0.072	0.084	0.100	0.138
	酸洗膏	kg	0.040	0.047	0.060	0.092	0.124	0.161
	水	t	0.008	0.010	0.012	0.014	0.018	0.024
	二硫化钼	kg	0.004	0.006	0.006	0.013	0.013	0.013
	破布	kg	0.004	0.006	0.006	0.008	0.010	0.014
	棉纱头	kg	0.008	0.010	0.011	0.014	0.017	0.022
	其他材料费	%	1.000	1.000	1.000	1.000	1.000	1.000
机械	氩弧焊机 500A	台班	0.214	0.276	0.377	0.488	0.666	1.205
	等离子切割机 400A	台班	—	—	—	0.026	0.033	0.047
	砂轮切割机 φ500	台班	0.021	0.031	0.033	—	—	—
	普通车床 630×2000	台班	0.039	0.041	0.042	0.043	0.046	0.052
	汽车式起重机 8t	台班	—	—	0.001	0.001	0.001	0.002
	载重汽车 8t	台班	—	—	0.001	0.001	0.001	0.002
	电动空气压缩机 $1m^3/min$	台班	—	—	—	0.026	0.033	0.047
	电动空气压缩机 $6m^3/min$	台班	0.002	0.002	0.002	0.002	0.002	0.002

6. 合金钢对焊法兰(电弧焊)

工作内容:准备工作,管子切口,坡口加工,管口组对,焊接,法兰连接,螺栓涂二硫化钼。**计量单位:**副

定额编号				8-4-369	8-4-370	8-4-371	8-4-372	8-4-373	8-4-374	8-4-375
项目				公称直径(mm 以内)						
				15	20	25	32	40	50	65
名称			单位	消耗量						
人工	合计工日		工日	0.458	0.519	0.548	0.617	0.659	0.732	0.896
	其中	普工	工日	0.114	0.130	0.137	0.155	0.165	0.183	0.224
		一般技工	工日	0.252	0.285	0.301	0.339	0.362	0.403	0.493
		高级技工	工日	0.092	0.104	0.110	0.123	0.132	0.146	0.179
材料	合金钢对焊法兰		片	2.000	2.000	2.000	2.000	2.000	2.000	2.000
	合金钢焊条		kg	0.044	0.078	0.105	0.131	0.150	0.232	0.430
	氧气		m^3	0.007	0.008	0.009	0.011	0.015	0.018	0.028
	乙炔气		kg	0.002	0.002	0.004	0.004	0.005	0.006	0.009
	尼龙砂轮片 $\phi100\times16\times3$		片	0.061	0.076	0.085	0.096	0.111	0.158	0.247
	尼龙砂轮片 $\phi500\times25\times4$		片	0.009	0.014	0.019	0.024	0.028	0.038	0.065
	电		kW·h	0.045	0.062	0.077	0.089	0.104	0.122	0.169
	石棉橡胶板 低压 δ0.8~6.0		kg	0.012	0.024	0.047	0.047	0.071	0.083	0.106
	清油 C01-1		kg	0.012	0.012	0.012	0.012	0.012	0.012	0.012
	丙酮		kg	0.017	0.019	0.026	0.031	0.047	0.047	0.059
	白铅油		kg	0.035	0.035	0.035	0.035	0.035	0.047	0.047
	磨头		个	0.027	0.031	0.037	0.044	0.052	0.063	0.083
	二硫化钼		kg	0.002	0.002	0.002	0.004	0.004	0.004	0.004
	破布		kg	0.012	0.012	0.012	0.024	0.024	0.024	0.024
	棉纱头		kg	0.002	0.005	0.005	0.007	0.007	0.009	0.012
	其他材料费		%	1.000	1.000	1.000	1.000	1.000	1.000	1.000
机械	电焊机(综合)		台班	0.051	0.074	0.095	0.117	0.133	0.159	0.231
	砂轮切割机 $\phi500$		台班	0.001	0.004	0.006	0.009	0.009	0.010	0.014
	普通车床 630×2000		台班	0.016	0.019	0.019	0.020	0.021	0.029	0.045
	电焊条烘干箱 $60\times50\times75(cm^3)$		台班	0.005	0.007	0.010	0.012	0.013	0.016	0.023
	电焊条恒温箱		台班	0.005	0.007	0.010	0.012	0.013	0.016	0.023

计量单位:副

定额编号				8-4-376	8-4-377	8-4-378	8-4-379	8-4-380	8-4-381	8-4-382
项目				公称直径(mm 以内)						
				80	100	125	150	200	250	300
名称			单位	消耗量						
人工	合计工日		工日	0.992	1.273	1.438	1.518	2.092	2.689	3.356
	其中	普工	工日	0.249	0.318	0.359	0.379	0.523	0.672	0.839
		一般技工	工日	0.545	0.700	0.791	0.835	1.151	1.479	1.846
		高级技工	工日	0.198	0.255	0.288	0.304	0.418	0.538	0.671
材料	合金钢对焊法兰		片	2.000	2.000	2.000	2.000	2.000	2.000	2.000
	合金钢焊条		kg	0.505	0.859	1.007	1.436	2.718	4.465	6.783
	氧气		m^3	0.032	0.044	0.048	0.269	0.420	0.586	0.759
	乙炔气		kg	0.011	0.014	0.017	0.090	0.140	0.197	0.253
	尼龙砂轮片 $\phi100\times16\times3$		片	0.289	0.446	0.523	0.734	1.315	2.018	2.856
	尼龙砂轮片 $\phi500\times25\times4$		片	0.078	0.107	0.127	—	—	—	—
	电		kW·h	0.202	0.291	0.327	0.371	0.523	0.686	0.825
	石棉橡胶板 低压 $\delta0.8\sim6.0$		kg	0.153	0.201	0.271	0.330	0.389	0.437	0.472
	清油 C01-1		kg	0.024	0.024	0.024	0.035	0.035	0.047	0.059
	丙酮		kg	0.073	0.087	0.101	0.123	0.168	0.210	0.248
	白铅油		kg	0.083	0.142	0.142	0.165	0.201	0.236	0.295
	磨头		个	0.097	0.125	—	—	—	—	—
	二硫化钼		kg	0.006	0.006	0.013	0.013	0.013	0.019	0.029
	破布		kg	0.024	0.035	0.035	0.035	0.035	0.047	0.059
	棉纱头		kg	0.014	0.017	0.019	0.026	0.033	0.040	0.047
	其他材料费		%	1.000	1.000	1.000	1.000	1.000	1.000	1.000
机械	电焊机(综合)		台班	0.273	0.378	0.439	0.540	0.794	1.037	1.288
	半自动切割机 100mm		台班	—	—	—	0.022	0.035	0.040	0.046
	砂轮切割机 $\phi500$		台班	0.016	0.025	0.026	—	—	—	—
	普通车床 630×2000		台班	0.045	0.046	0.047	0.049	0.056	0.066	0.081
	汽车式起重机 8t		台班	—	0.001	0.001	0.001	0.002	0.002	0.002
	载重汽车 8t		台班	—	0.001	0.001	0.001	0.002	0.002	0.002
	电焊条烘干箱 $60\times50\times75(cm^3)$		台班	0.028	0.037	0.044	0.054	0.079	0.103	0.129
	电焊条恒温箱		台班	0.028	0.037	0.044	0.054	0.079	0.103	0.129

计量单位：副

定额编号			8-4-383	8-4-384	8-4-385	8-4-386	8-4-387
项目			公称直径（mm 以内）				
			350	400	450	500	600
名称		单位	消耗量				
人工	合计工日	工日	4.236	5.398	7.004	8.642	11.886
人工	其中 普工	工日	1.059	1.349	1.751	2.161	2.971
人工	其中 一般技工	工日	2.330	2.969	3.852	4.753	6.538
人工	其中 高级技工	工日	0.847	1.080	1.401	1.728	2.377
材料	合金钢对焊法兰	片	2.000	2.000	2.000	2.000	2.000
材料	合金钢焊条	kg	10.170	13.943	18.750	20.749	27.555
材料	氧气	m^3	0.897	1.121	1.267	1.397	1.673
材料	乙炔气	kg	0.300	0.374	0.422	0.466	0.588
材料	尼龙砂轮片 $\phi100\times16\times3$	片	3.839	4.931	6.227	6.901	8.871
材料	电	kW·h	1.024	1.244	1.532	1.695	2.146
材料	石棉橡胶板 低压 $\delta0.8\sim6.0$	kg	0.637	0.814	0.956	0.979	1.144
材料	清油 C01－1	kg	0.059	0.071	0.071	0.071	0.071
材料	丙酮	kg	0.288	0.326	0.368	0.406	0.486
材料	白铅油	kg	0.295	0.354	0.354	0.389	0.424
材料	二硫化钼	kg	0.029	0.038	0.038	0.038	0.047
材料	破布	kg	0.059	0.071	0.071	0.083	0.095
材料	棉纱头	kg	0.057	0.066	0.073	0.080	0.094
材料	其他材料费	%	1.000	1.000	1.000	1.000	1.000
机械	电焊机（综合）	台班	1.716	2.171	2.703	2.994	3.817
机械	半自动切割机 100mm	台班	0.050	0.057	0.071	0.078	0.100
机械	普通车床 630×2000	台班	0.087	0.130	0.164	0.178	0.226
机械	汽车式起重机 8t	台班	0.002	0.005	0.006	0.007	0.008
机械	载重汽车 8t	台班	0.002	0.005	0.006	0.007	0.008
机械	电焊条烘干箱 $60\times50\times75(cm^3)$	台班	0.172	0.217	0.271	0.299	0.382
机械	电焊条恒温箱	台班	0.172	0.217	0.271	0.299	0.382

7. 合金钢对焊法兰(氩电联焊)

工作内容:准备工作,管子切口,坡口加工,管口组对,焊接,法兰连接,螺栓涂二硫化钼。**计量单位**:副

定额编号				8-4-388	8-4-389	8-4-390	8-4-391	8-4-392	8-4-393	8-4-394
项目				公称直径（mm 以内）						
				50	65	80	100	125	150	200
名称			单位	消耗量						
人工	合计工日		工日	0.754	0.923	1.024	1.326	1.502	1.927	2.224
	其中	普工	工日	0.188	0.230	0.256	0.332	0.376	0.482	0.556
		一般技工	工日	0.415	0.508	0.563	0.729	0.826	1.060	1.223
		高级技工	工日	0.151	0.185	0.205	0.265	0.300	0.385	0.445
材料	合金钢对焊法兰		片	2.000	2.000	2.000	2.000	2.000	2.000	2.000
	合金钢焊条		kg	0.165	0.314	0.368	0.674	0.789	1.166	2.312
	合金钢焊丝		kg	0.034	0.048	0.058	0.074	0.089	0.106	0.148
	氧气		m^3	0.018	0.028	0.032	0.044	0.048	0.269	0.420
	乙炔气		kg	0.006	0.009	0.011	0.014	0.017	0.090	0.140
	氩气		m^3	0.097	0.136	0.163	0.210	0.249	0.299	0.412
	铈钨棒		g	0.194	0.273	0.327	0.419	0.497	0.596	0.824
	尼龙砂轮片 $\phi100\times16\times3$		片	0.153	0.242	0.284	0.441	0.518	0.729	1.310
	尼龙砂轮片 $\phi500\times25\times4$		片	0.042	0.065	0.078	0.107	0.127	—	—
	磨头		个	0.063	0.083	0.097	0.125	—	—	—
	电		kW·h	0.104	0.143	0.172	0.258	0.288	0.330	0.475
	石棉橡胶板 低压 $\delta0.8\sim6.0$		kg	0.083	0.106	0.153	0.201	0.271	0.330	0.389
	清油 C01-1		kg	0.012	0.012	0.024	0.024	0.024	0.035	0.035
	丙酮		kg	0.005	0.059	0.073	0.087	0.101	0.123	0.123
	白铅油		kg	0.047	0.047	0.083	0.142	0.142	0.165	0.201
	二硫化钼		kg	0.004	0.004	0.006	0.006	0.013	0.013	0.019
	破布		kg	0.024	0.024	0.024	0.035	0.035	0.035	0.035
	棉纱头		kg	0.009	0.012	0.014	0.017	0.019	0.026	0.033
	其他材料费		%	1.000	1.000	1.000	1.000	1.000	1.000	1.000
机械	电焊机（综合）		台班	0.112	0.178	0.212	0.310	0.360	0.452	0.690
	氩弧焊机 500A		台班	0.056	0.078	0.095	0.122	0.145	0.173	0.239
	砂轮切割机 $\phi500$		台班	0.011	0.014	0.016	0.025	0.026	—	—
	普通车床 630×2000		台班	0.029	0.045	0.045	0.046	0.047	0.049	0.056
	电焊条烘干箱 $60\times50\times75(cm^3)$		台班	0.012	0.018	0.021	0.031	0.036	0.045	0.069
	电焊条恒温箱		台班	0.012	0.018	0.021	0.031	0.036	0.045	0.069
	半自动切割机 100mm		台班	—	—	—	—	—	0.022	0.035
	汽车式起重机 8t		台班	—	—	—	0.001	0.001	0.001	0.002
	载重汽车 8t		台班	—	—	—	0.001	0.001	0.001	0.002

计量单位:副

定额编号				8-4-395	8-4-396	8-4-397	8-4-398	8-4-399	8-4-400	8-4-401
项　目				公称直径（mm 以内）						
				250	300	350	400	450	500	600
名　称			单位	消　耗　量						
人工	合计工日		工日	2.869	3.583	4.524	5.685	7.322	8.997	12.309
人工	其中	普工	工日	0.717	0.895	1.131	1.421	1.831	2.250	3.077
人工	其中	一般技工	工日	1.578	1.971	2.488	3.127	4.027	4.948	6.770
人工	其中	高级技工	工日	0.574	0.717	0.905	1.137	1.464	1.799	2.462
材料	合金钢对焊法兰		片	2.000	2.000	2.000	2.000	2.000	2.000	2.000
材料	合金钢焊条		kg	3.909	6.053	9.217	12.752	17.269	19.110	25.468
材料	合金钢焊丝		kg	0.183	0.218	0.254	0.287	0.322	0.359	0.431
材料	氧气		m^3	0.586	0.759	0.897	1.121	1.267	1.397	1.673
材料	乙炔气		kg	0.197	0.253	0.300	0.374	0.422	0.466	0.558
材料	氩气		m^3	0.513	0.612	0.709	0.801	0.904	1.005	1.209
材料	铈钨棒		g	1.027	1.224	1.420	1.602	1.807	2.011	2.420
材料	尼龙砂轮片 $\phi100\times16\times3$		片	2.001	2.851	3.834	4.927	6.222	6.896	8.865
材料	电		kW·h	0.632	0.766	0.956	1.164	1.440	1.591	2.018
材料	石棉橡胶板 低压 $\delta0.8\sim6.0$		kg	0.437	0.472	0.637	0.814	0.956	0.979	1.144
材料	清油 C01－1		kg	0.047	0.059	0.059	0.071	0.071	0.071	0.071
材料	丙酮		kg	0.210	0.248	0.288	0.326	0.368	0.406	0.486
材料	白铅油		kg	0.236	0.295	0.295	0.354	0.354	0.389	0.424
材料	二硫化钼		kg	0.029	0.029	0.038	0.038	0.049	0.049	0.060
材料	破布		kg	0.047	0.059	0.059	0.071	0.071	0.083	0.095
材料	棉纱头		kg	0.040	0.047	0.057	0.066	0.073	0.080	0.094
材料	其他材料费		%	1.000	1.000	1.000	1.000	1.000	1.000	1.000
机械	电焊机（综合）		台班	0.925	1.004	1.391	1.807	2.279	2.522	3.238
机械	氩弧焊机 500A		台班	0.298	0.355	0.411	0.465	0.525	0.583	0.701
机械	半自动切割机 100mm		台班	0.040	0.046	0.050	0.057	0.071	0.078	0.100
机械	普通车床 630×2000		台班	0.066	0.081	0.102	0.130	0.164	0.178	0.226
机械	汽车式起重机 8t		台班	0.002	0.002	0.002	0.005	0.006	0.007	0.008
机械	载重汽车 8t		台班	0.002	0.002	0.002	0.005	0.006	0.007	0.008
机械	电焊条烘干箱 60×50×75(cm^3)		台班	0.093	0.101	0.139	0.181	0.228	0.252	0.324
机械	电焊条恒温箱		台班	0.093	0.101	0.139	0.181	0.228	0.252	0.324

8. 合金钢对焊法兰(氩弧焊)

工作内容:准备工作,管子切口,坡口加工,管口组对,焊接,法兰连接,螺栓涂二硫化钼。**计量单位**:副

定额编号				8-4-402	8-4-403	8-4-404	8-4-405	8-4-406	8-4-407
项目				公称直径(mm 以内)					
				15	20	25	32	40	50
名称			单位	消耗量					
人工	合计工日		工日	0.458	0.522	0.553	0.624	0.666	0.828
	其中	普工	工日	0.114	0.131	0.138	0.156	0.167	0.206
		一般技工	工日	0.252	0.287	0.304	0.343	0.366	0.456
		高级技工	工日	0.092	0.104	0.111	0.125	0.133	0.166
材料	合金钢对焊法兰		片	2.000	2.000	2.000	2.000	2.000	2.000
	合金钢焊丝		kg	0.022	0.040	0.055	0.067	0.077	0.122
	氧气		m^3	0.007	0.009	0.010	0.011	0.016	0.018
	乙炔气		kg	0.002	0.002	0.004	0.004	0.005	0.006
	氩气		m^3	0.062	0.112	0.152	0.188	0.216	0.339
	铈钨棒		g	0.125	0.223	0.304	0.377	0.431	0.679
	尼龙砂轮片 $\phi100\times16\times3$		片	0.028	0.033	0.038	0.058	0.069	0.092
	尼龙砂轮片 $\phi500\times25\times4$		片	0.010	0.016	0.020	0.025	0.030	0.042
	磨头		个	0.028	0.032	0.038	0.046	0.055	0.063
	电		kW·h	0.047	0.065	0.078	0.090	0.106	0.125
	石棉橡胶板 低压 $\delta0.8\sim6.0$		kg	0.012	0.025	0.050	0.050	0.074	0.083
	清油 C01-1		kg	0.012	0.012	0.012	0.012	0.012	0.012
	丙酮		kg	0.017	0.020	0.027	0.032	0.050	0.050
	白铅油		kg	0.037	0.037	0.037	0.037	0.037	0.047
	二硫化钼		kg	0.002	0.002	0.002	0.004	0.004	0.004
	破布		kg	0.012	0.012	0.012	0.025	0.025	0.025
	棉纱头		kg	0.002	0.005	0.005	0.007	0.007	0.009
	其他材料费		%	1.000	1.000	1.000	1.000	1.000	1.000
机械	氩弧焊机 500A		台班	0.035	0.049	0.067	0.082	0.095	0.160
	砂轮切割机 $\phi500$		台班	0.001	0.005	0.006	0.009	0.009	0.011
	普通车床 630×2000		台班	0.016	0.019	0.019	0.020	0.021	0.029

计量单位:副

定额编号			8-4-408	8-4-409	8-4-410	8-4-411	8-4-412	8-4-413
项目			公称直径(mm 以内)					
			65	80	100	125	150	200
名称		单位	消耗量					
人工	合计工日	工日	1.040	1.154	1.555	1.682	1.726	1.861
	其中 普工	工日	0.260	0.288	0.389	0.421	0.431	0.465
	一般技工	工日	0.572	0.635	0.855	0.925	0.950	1.024
	高级技工	工日	0.208	0.231	0.311	0.336	0.345	0.372
材料	合金钢对焊法兰	片	2.000	2.000	2.000	2.000	2.000	2.000
	合金钢焊丝	kg	0.224	0.263	0.451	0.451	0.741	1.218
	氧气	m^3	0.028	0.032	0.044	0.048	0.269	0.420
	乙炔气	kg	0.009	0.011	0.014	0.017	0.090	0.140
	氩气	m^3	0.627	0.738	1.264	1.264	2.074	3.403
	铈钨棒	g	1.253	1.475	2.528	2.528	4.149	4.149
	尼龙砂轮片 $\phi100\times16\times3$	片	0.153	0.223	0.346	0.422	0.506	1.310
	尼龙砂轮片 $\phi500\times25\times4$	片	0.065	0.078	0.107	0.127	—	—
	磨头	个	0.083	0.097	0.125	—	—	—
	电	kW·h	0.184	0.223	0.347	0.356	0.475	0.475
	石棉橡胶板 低压 $\delta0.8\sim6.0$	kg	0.106	0.153	0.201	0.271	0.330	0.389
	清油 C01－1	kg	0.012	0.024	0.024	0.024	0.035	0.035
	丙酮	kg	0.059	0.073	0.087	0.101	0.123	0.123
	白铅油	kg	0.047	0.083	0.142	0.142	0.165	0.201
	二硫化钼	kg	0.004	0.006	0.006	0.013	0.013	0.019
	破布	kg	0.024	0.024	0.035	0.035	0.035	0.035
	棉纱头	kg	0.012	0.014	0.017	0.019	0.026	0.033
	其他材料费	%	1.000	1.000	1.000	1.000	1.000	1.000
机械	氩弧焊机 500A	台班	0.226	0.265	0.431	0.431	0.679	0.690
	砂轮切割机 $\phi500$	台班	0.014	0.016	0.025	0.026	—	—
	普通车床 630×2000	台班	0.045	0.045	0.046	0.047	0.049	0.056
	半自动切割机 100mm	台班	—	—	—	—	0.022	0.035
	汽车式起重机 8t	台班	—	—	0.001	0.001	0.001	0.002
	载重汽车 8t	台班	—	—	0.001	0.001	0.001	0.002

9. 铜及铜合金对焊法兰(氧乙炔焊)

工作内容:准备工作,管子切口,坡口加工,坡口磨平,焊前预热,焊接,法兰连接,螺栓涂二硫化钼。

计量单位:副

定额编号				8-4-414	8-4-415	8-4-416	8-4-417	8-4-418	8-4-419	8-4-420
项目				管外径(mm 以内)						
				20	30	40	50	65	75	85
名称			单位	消耗量						
人工	合计工日		工日	0.287	0.390	0.406	0.510	0.546	0.580	0.624
	其中	普工	工日	0.072	0.098	0.102	0.128	0.137	0.145	0.156
		一般技工	工日	0.158	0.214	0.223	0.280	0.300	0.319	0.343
		高级技工	工日	0.057	0.078	0.081	0.102	0.109	0.116	0.125
材料	铜对焊法兰		片	2.000	2.000	2.000	2.000	2.000	2.000	2.000
	铜气焊丝		kg	0.020	0.042	0.058	0.098	0.128	0.150	0.216
	氧气		m^3	0.095	0.204	0.336	0.387	0.490	0.593	0.865
	乙炔气		kg	0.036	0.079	0.107	0.161	0.188	0.246	0.358
	尼龙砂轮片 $\phi100 \times 16 \times 3$		片	0.012	0.017	0.022	0.070	0.092	0.108	0.200
	尼龙砂轮片 $\phi500 \times 25 \times 4$		片	0.007	0.014	0.022	0.031	0.037	0.041	—
	电		kW·h	0.010	0.015	0.020	0.022	0.025	0.025	0.025
	石棉橡胶板 低压 $\delta0.8 \sim 6.0$		kg	0.010	0.040	0.040	0.060	0.070	0.090	0.130
	硼砂		kg	0.005	0.008	0.011	0.013	0.026	0.030	0.044
	清油 C01-1		kg	0.001	0.001	0.001	0.001	0.001	0.001	0.002
	铁砂布		张	0.014	0.018	0.030	0.038	0.056	0.066	0.066
	白铅油		kg	0.030	0.030	0.030	0.030	0.040	0.050	0.070
	二硫化钼		kg	0.002	0.002	0.002	0.004	0.004	0.004	0.004
	破布		kg	0.010	0.010	0.010	0.020	0.020	0.020	0.020
	棉纱头		kg	0.002	0.002	0.002	0.002	0.002	0.002	0.002
	其他材料费		%	1.000	1.000	1.000	1.000	1.000	1.000	1.000
机械	砂轮切割机 $\phi500$		台班	0.003	0.004	0.007	0.012	0.014	0.016	—
	等离子切割机 400A		台班	—	—	—	—	—	—	0.106
	电动空气压缩机 $1m^3/min$		台班	—	—	—	—	—	—	0.106

计量单位:副

定额编号			8-4-421	8-4-422	8-4-423	8-4-424	8-4-425	8-4-426	8-4-427
项目			管外径(mm以内)						
			100	120	150	185	200	250	300
名称		单位	消耗量						
人工	合计工日	工日	0.679	0.862	1.032	1.197	1.578	1.977	2.432
人工	其中 普工	工日	0.170	0.216	0.259	0.300	0.394	0.494	0.608
人工	其中 一般技工	工日	0.373	0.474	0.567	0.658	0.868	1.088	1.338
人工	其中 高级技工	工日	0.136	0.172	0.206	0.239	0.316	0.395	0.486
材料	铜对焊法兰	片	2.000	2.000	2.000	2.000	2.000	2.000	2.000
材料	铜气焊丝	kg	0.245	0.350	0.438	0.542	0.916	1.150	1.382
材料	氧气	m^3	0.978	1.387	1.740	2.154	3.436	4.311	5.182
材料	乙炔气	kg	0.404	0.575	0.721	0.892	1.414	1.772	2.132
材料	尼龙砂轮片 $\phi100\times16\times3$	片	0.281	0.402	0.507	0.630	0.902	1.136	1.371
材料	电	kW·h	0.030	0.043	0.053	0.065	0.083	0.103	0.123
材料	石棉橡胶板 低压 δ0.8~6.0	kg	0.170	0.230	0.280	0.314	0.330	0.370	0.400
材料	硼砂	kg	0.049	0.070	0.088	0.108	0.184	0.230	0.276
材料	清油 C01-1	kg	0.002	0.002	0.003	0.003	0.003	0.004	0.005
材料	铁砂布	张	0.084	0.096	0.128	0.170	0.188	0.266	0.344
材料	白铅油	kg	0.100	0.120	0.140	0.153	0.170	0.200	0.250
材料	二硫化钼	kg	0.006	0.006	0.013	0.013	0.013	0.019	0.029
材料	破布	kg	0.012	0.016	0.018	0.024	0.026	0.032	0.038
材料	棉纱头	kg	0.003	0.003	0.005	0.005	0.006	0.008	0.008
材料	其他材料费	%	1.000	1.000	1.000	1.000	1.000	1.000	1.000
机械	等离子切割机 400A	台班	0.109	0.156	0.195	0.241	0.274	0.342	0.411
机械	汽车式起重机 8t	台班	0.001	0.001	0.001	0.001	0.002	0.002	0.002
机械	载重汽车 8t	台班	0.001	0.001	0.001	0.001	0.002	0.002	0.002
机械	电动空气压缩机 $1m^3$/min	台班	0.109	0.156	0.195	0.241	0.274	0.342	0.411

三、高 压 法 兰

1. 碳钢法兰(螺纹连接)

工作内容:准备工作,管子切口,套丝,法兰连接,螺栓涂二硫化钼。 **计量单位**:副

定额编号				8-4-428	8-4-429	8-4-430	8-4-431	8-4-432	8-4-433
项目				公称直径(mm以内)					
				15	20	25	32	40	50
名称			单位	消耗量					
人工	合计工日		工日	0.143	0.180	0.204	0.231	0.274	0.374
	其中	普工	工日	0.029	0.036	0.040	0.045	0.054	0.074
		一般技工	工日	0.057	0.072	0.082	0.093	0.110	0.150
		高级技工	工日	0.057	0.072	0.082	0.093	0.110	0.150
材料	碳钢螺纹法兰		片	2.000	2.000	2.000	2.000	2.000	2.000
	碳钢透镜垫		个	1.000	1.000	1.000	1.000	1.000	1.000
	尼龙砂轮片 $\phi500\times25\times4$		片	0.012	0.020	0.030	0.043	0.051	0.075
	煤油		kg	0.360	0.400	0.440	0.540	0.640	0.740
	黑铅粉		kg	0.040	0.040	0.050	0.050	0.060	0.070
	铁砂布		张	0.038	0.052	0.065	0.080	0.100	0.125
	皂化液		kg	0.026	0.034	0.043	0.054	0.067	0.083
	砂纸		张	0.004	0.004	0.004	0.004	0.004	0.004
	聚四氟乙烯生料带		m	0.415	0.509	0.641	0.791	0.904	1.074
	二硫化钼		kg	0.001	0.001	0.001	0.002	0.002	0.002
	棉纱头		kg	0.034	0.034	0.044	0.044	0.064	0.074
	其他材料费		%	1.000	1.000	1.000	1.000	1.000	1.000
机械	砂轮切割机 $\phi500$		台班	0.003	0.007	0.009	0.011	0.011	0.014
	普通车床 630×2000		台班	0.055	0.072	0.090	0.114	0.142	0.223
	管子切断套丝机 159mm		台班	0.068	0.068	0.068	0.075	0.075	0.075

计量单位:副

定额编号				8-4-434	8-4-435	8-4-436	8-4-437	8-4-438	8-4-439
项目				公称直径（mm 以内）					
				65	80	100	125	150	200
名称			单位	消耗量					
人工	合计工日		工日	0.508	0.563	0.659	0.803	0.871	1.105
	其中	普工	工日	0.102	0.113	0.131	0.159	0.175	0.221
		一般技工	工日	0.203	0.225	0.264	0.322	0.348	0.442
		高级技工	工日	0.203	0.225	0.264	0.322	0.348	0.442
材料	碳钢螺纹法兰		片	2.000	2.000	2.000	2.000	2.000	2.000
	碳钢透镜垫		个	1.000	1.000	1.000	1.000	1.000	1.000
	氧气		m^3	—	—	0.302	0.365	0.534	0.676
	乙炔气		kg	—	—	0.101	0.122	0.178	0.225
	尼龙砂轮片 $\phi500\times25\times4$		片	0.103	0.139	—	—	—	—
	煤油		kg	0.900	1.100	1.200	1.260	1.392	1.440
	黑铅粉		kg	0.080	0.100	0.112	0.120	0.128	0.139
	铁砂布		张	0.172	0.195	0.241	0.296	0.349	0.455
	皂化液		kg	0.115	0.130	0.161	0.198	0.233	0.303
	砂纸		张	0.004	0.004	0.004	0.004	0.004	0.004
	二硫化钼		kg	0.002	0.003	0.003	0.003	0.003	0.003
	棉纱头		kg	0.074	0.074	0.084	0.101	0.102	0.116
	其他材料费		%	1.000	1.000	1.000	1.000	1.000	1.000
机械	砂轮切割机 $\phi500$		台班	0.014	0.016	—	—	—	—
	普通车床 630×2000		台班	0.307	0.348	0.428	0.530	0.624	0.805
	半自动切割机 100mm		台班	—	—	—	—	0.027	0.037
	管子切断套丝机 159mm		台班	0.083	0.083	0.083	0.090	0.090	0.090

2.碳钢对焊法兰(电弧焊)

工作内容:准备工作,管子切口,坡口加工,管口组对,焊接,法兰连接,螺栓涂二硫化钼。**计量单位:**副

定额编号			8-4-440	8-4-441	8-4-442	8-4-443	8-4-444	8-4-445	8-4-446
项目			公称直径(mm 以内)						
			15	20	25	32	40	50	65
名称		单位	消耗量						
人工	合计工日	工日	0.437	0.520	0.615	0.734	0.874	1.000	1.338
人工	其中 普工	工日	0.089	0.102	0.123	0.148	0.174	0.198	0.268
人工	其中 一般技工	工日	0.174	0.209	0.246	0.293	0.350	0.401	0.535
人工	其中 高级技工	工日	0.174	0.209	0.246	0.293	0.350	0.401	0.535
材料	碳钢透镜垫	个	1.000	1.000	1.000	1.000	1.000	1.000	1.000
材料	碳钢对焊法兰	片	2.000	2.000	2.000	2.000	2.000	2.000	2.000
材料	低碳钢焊条 J427 $\phi3.2$	kg	0.123	0.176	0.290	0.418	0.504	0.775	1.317
材料	尼龙砂轮片 $\phi100\times16\times3$	片	0.062	0.074	0.082	0.091	0.104	0.144	0.219
材料	尼龙砂轮片 $\phi500\times25\times4$	片	0.012	0.020	0.030	0.043	0.051	0.075	0.115
材料	磨头	个	0.020	0.026	0.031	0.039	0.044	0.053	0.070
材料	电	kW·h	0.040	0.050	0.065	0.083	0.101	0.121	0.148
材料	煤油	kg	0.180	0.200	0.220	0.270	0.320	0.370	0.450
材料	丙酮	kg	0.022	0.023	0.024	0.026	0.029	0.035	0.047
材料	二硫化钼	kg	0.002	0.002	0.002	0.004	0.004	0.004	0.004
材料	破布	kg	0.030	0.030	0.040	0.040	0.060	0.070	0.070
材料	棉纱头	kg	0.002	0.003	0.004	0.006	0.006	0.007	0.010
材料	其他材料费	%	1.000	1.000	1.000	1.000	1.000	1.000	1.000
机械	电焊机(综合)	台班	0.062	0.074	0.096	0.124	0.147	0.182	0.248
机械	砂轮切割机 $\phi500$	台班	0.003	0.007	0.009	0.011	0.011	0.014	0.015
机械	普通车床 630×2000	台班	0.017	0.024	0.035	0.035	0.036	0.037	0.041
机械	电动葫芦(单速) 3t	台班	—	—	—	—	—	0.037	0.041
机械	电焊条烘干箱 60×50×75(cm^3)	台班	0.006	0.007	0.010	0.013	0.014	0.018	0.025
机械	电焊条恒温箱	台班	0.006	0.007	0.010	0.013	0.014	0.018	0.025

计量单位:副

定额编号				8-4-447	8-4-448	8-4-449	8-4-450	8-4-451	8-4-452	8-4-453
项　目				公称直径（mm 以内）						
				80	100	125	150	200	250	300
名　称			单位	消　耗　量						
人工	合计工日		工日	1.598	2.156	3.168	4.306	5.078	6.729	8.910
	其中	普工	工日	0.320	0.432	0.632	0.858	1.014	1.347	1.782
		一般技工	工日	0.639	0.862	1.268	1.724	2.032	2.691	3.564
		高级技工	工日	0.639	0.862	1.268	1.724	2.032	2.691	3.564
材料	碳钢透镜垫		个	1.000	1.000	1.000	1.000	1.000	1.000	1.000
	碳钢对焊法兰		片	2.000	2.000	2.000	2.000	2.000	2.000	2.000
	低碳钢焊条 J427 $\phi3.2$		kg	1.791	2.783	4.999	7.819	12.137	17.996	28.364
	氧气		m^3	—	0.302	0.365	0.534	0.751	1.025	1.260
	乙炔气		kg	—	0.101	0.122	0.178	0.250	0.342	0.420
	尼龙砂轮片 $\phi100\times16\times3$		片	0.255	0.388	0.453	0.632	1.124	1.720	2.430
	尼龙砂轮片 $\phi500\times25\times4$		片	0.155	—	—	—	—	—	—
	磨头		个	0.082	0.106	—	—	—	—	—
	电		kW·h	0.171	0.297	0.405	0.559	0.858	1.235	1.801
	煤油		kg	0.550	0.600	0.630	0.700	0.800	0.900	1.000
	丙酮		kg	0.056	0.072	0.084	0.100	0.138	0.172	0.204
	角钢(综合)		kg	—	—	—	—	0.152	0.152	0.200
	二硫化钼		kg	0.006	0.006	0.013	0.013	0.013	0.019	0.029
	破布		kg	0.070	0.080	0.090	0.110	0.130	0.140	0.150
	棉纱头		kg	0.012	0.014	0.017	0.021	0.028	0.034	0.040
	其他材料费		%	1.000	1.000	1.000	1.000	1.000	1.000	1.000
机械	电焊机（综合）		台班	0.310	0.455	0.686	0.959	1.438	2.053	3.014
	砂轮切割机 $\phi500$		台班	0.018	—	—	—	—	—	—
	半自动切割机 100mm		台班	—	—	—	0.027	0.042	0.089	0.121
	普通车床 630×2000		台班	0.044	0.051	0.107	0.117	0.165	0.211	0.260
	电动葫芦(单速) 3t		台班	0.044	0.051	0.107	0.117	0.165	—	—
	汽车式起重机 8t		台班	—	0.001	0.001	0.001	0.011	0.020	0.031
	载重汽车 8t		台班	—	0.001	0.001	0.001	0.011	0.020	0.031
	电动单梁起重机 5t		台班	—	—	—	—	—	0.211	0.260
	电焊条烘干箱 60×50×75(cm^3)		台班	0.031	0.046	0.068	0.096	0.144	0.205	0.301
	电焊条恒温箱		台班	0.031	0.046	0.068	0.096	0.144	0.205	0.301

计量单位:副

定额编号			8-4-454	8-4-455	8-4-456	8-4-457	8-4-458
项目			公称直径（mm 以内）				
			350	400	450	500	600
名称		单位	消耗量				
人工	合计工日	工日	11.382	13.828	17.519	21.189	28.552
其中	普工	工日	2.278	2.764	3.505	4.237	5.710
	一般技工	工日	4.552	5.532	7.007	8.476	11.421
	高级技工	工日	4.552	5.532	7.007	8.476	11.421
材料	碳钢透镜垫	个	1.000	1.000	1.000	1.000	1.000
	碳钢对焊法兰	片	2.000	2.000	2.000	2.000	2.000
	低碳钢焊条 J427 $\phi3.2$	kg	38.720	46.946	67.154	82.348	117.750
	氧气	m^3	1.534	1.723	2.365	2.432	3.141
	乙炔气	kg	0.511	0.574	0.788	0.811	1.048
	尼龙砂轮片 $\phi100\times16\times3$	片	3.263	4.189	5.287	5.858	7.527
	电	kW·h	2.405	2.954	3.975	4.863	6.772
	煤油	kg	1.100	1.200	1.300	1.400	1.500
	丙酮	kg	0.236	0.266	0.300	0.330	0.394
	角钢(综合)	kg	0.200	0.200	0.200	0.200	0.200
	二硫化钼	kg	0.029	0.038	0.038	0.038	0.047
	破布	kg	0.160	0.170	0.180	0.190	0.200
	棉纱头	kg	0.048	0.054	0.060	0.066	0.078
	其他材料费	%	1.000	1.000	1.000	1.000	1.000
机械	电焊机（综合）	台班	3.603	4.368	6.249	7.662	10.957
	半自动切割机 100mm	台班	0.146	0.166	0.199	0.240	0.315
	普通车床 630×2000	台班	0.345	0.380	0.469	0.510	0.642
	汽车式起重机 8t	台班	0.035	0.045	0.061	0.082	0.120
	载重汽车 8t	台班	0.035	0.045	0.061	0.082	0.120
	电动单梁起重机 5t	台班	0.345	0.380	0.469	0.510	0.642
	电焊条烘干箱 60×50×75(cm^3)	台班	0.361	0.437	0.625	0.766	1.096
	电焊条恒温箱	台班	0.361	0.437	0.625	0.766	1.096

3. 碳钢对焊法兰(氩电联焊)

工作内容:准备工作,管子切口,坡口加工,管口组对,焊接,法兰连接,螺栓涂二硫化钼。**计量单位**:副

定额编号				8-4-459	8-4-460	8-4-461	8-4-462	8-4-463	8-4-464	8-4-465
项目				公称直径(mm 以内)						
				15	20	25	32	40	50	65
名称			单位	消耗量						
人工	合计工日		工日	0.440	0.545	0.675	0.824	0.976	1.032	1.354
人工	其中	普工	工日	0.088	0.109	0.133	0.164	0.194	0.208	0.270
人工	其中	一般技工	工日	0.176	0.218	0.271	0.330	0.391	0.412	0.542
人工	其中	高级技工	工日	0.176	0.218	0.271	0.330	0.391	0.412	0.542
材料	碳钢透镜垫		个	1.000	1.000	1.000	1.000	1.000	1.000	1.000
材料	碳钢对焊法兰		片	2.000	2.000	2.000	2.000	2.000	2.000	2.000
材料	低碳钢焊条 J427 ϕ3.2		kg	—	—	—	—	—	0.722	1.129
材料	碳钢焊丝		kg	0.050	0.086	0.143	0.197	0.227	0.024	0.030
材料	氩气		m^3	0.140	0.241	0.401	0.550	0.636	0.067	0.084
材料	铈钨棒		g	0.279	0.483	0.802	1.101	1.271	0.134	0.168
材料	尼龙砂轮片 ϕ100×16×3		片	0.058	0.070	0.078	0.087	0.100	0.140	0.215
材料	尼龙砂轮片 ϕ500×25×4		片	0.012	0.020	0.030	0.043	0.051	0.075	0.103
材料	磨头		个	0.020	0.026	0.031	0.039	0.044	0.053	0.070
材料	电		kW·h	0.043	0.063	0.093	0.123	0.146	0.151	0.161
材料	煤油		kg	0.180	0.200	0.220	0.270	0.320	0.370	0.450
材料	丙酮		kg	0.022	0.023	0.024	0.026	0.029	0.035	0.047
材料	二硫化钼		kg	0.002	0.002	0.002	0.004	0.004	0.004	0.004
材料	破布		kg	0.030	0.030	0.040	0.040	0.060	0.070	0.070
材料	棉纱头		kg	0.002	0.003	0.004	0.006	0.006	0.007	0.010
材料	其他材料费		%	1.000	1.000	1.000	1.000	1.000	1.000	1.000
机械	电焊机(综合)		台班	—	—	—	—	—	0.172	0.219
机械	氩弧焊机 500A		台班	0.051	0.079	0.126	0.174	0.201	0.037	0.047
机械	砂轮切割机 ϕ500		台班	0.003	0.007	0.009	0.011	0.011	0.014	0.014
机械	普通车床 630×2000		台班	0.017	0.024	0.035	0.035	0.036	0.037	0.041
机械	电动葫芦(单速) 3t		台班	—	—	—	—	—	0.037	0.041
机械	电焊条烘干箱 60×50×75(cm^3)		台班	—	—	—	—	—	0.017	0.022
机械	电焊条恒温箱		台班	—	—	—	—	—	0.017	0.022

计量单位:副

定额编号				8-4-466	8-4-467	8-4-468	8-4-469	8-4-470	8-4-471	8-4-472
项目				公称直径（mm 以内）						
				80	100	125	150	200	250	300
名称			单位	消耗量						
人工	合计工日		工日	1.644	2.223	3.232	4.374	5.154	6.831	8.989
	其中	普工	工日	0.328	0.445	0.646	0.874	1.032	1.367	1.797
		一般技工	工日	0.658	0.889	1.293	1.750	2.061	2.732	3.596
		高级技工	工日	0.658	0.889	1.293	1.750	2.061	2.732	3.596
材料	碳钢透镜垫		个	1.000	1.000	1.000	1.000	1.000	1.000	1.000
	碳钢对焊法兰		片	2.000	2.000	2.000	2.000	2.000	2.000	2.000
	低碳钢焊条 J427 $\phi3.2$		kg	1.717	2.691	4.630	7.296	11.343	16.888	26.727
	碳钢焊丝		kg	0.035	0.048	0.064	0.074	0.113	0.136	0.157
	氧气		m^3	—	0.272	0.329	0.534	0.676	1.025	1.120
	乙炔气		kg	—	0.091	0.110	0.178	0.225	0.342	0.373
	氩气		m^3	0.098	0.133	0.180	0.208	0.318	0.378	0.442
	铈钨棒		g	0.197	0.266	0.360	0.416	0.635	0.757	0.883
	尼龙砂轮片 $\phi100\times16\times3$		片	0.251	0.384	0.449	0.628	1.120	1.716	2.426
	尼龙砂轮片 $\phi500\times25\times4$		片	0.139	—	—	—	—	—	—
	磨头		个	0.082	0.106	—	—	—	—	—
	电		kW·h	0.166	0.292	0.387	0.536	0.820	1.185	1.726
	煤油		kg	0.550	0.600	0.630	0.700	0.800	0.900	1.000
	丙酮		kg	0.056	0.072	0.084	0.100	0.138	0.172	0.204
	角钢(综合)		kg	—	—	—	—	0.152	0.152	0.200
	二硫化钼		kg	0.006	0.006	0.013	0.013	0.013	0.019	0.029
	破布		kg	0.070	0.080	0.090	0.110	0.130	0.140	0.150
	棉纱头		kg	0.012	0.014	0.017	0.021	0.028	0.034	0.040
	其他材料费		%	1.000	1.000	1.000	1.000	1.000	1.000	1.000
机械	电焊机（综合）		台班	0.301	0.443	0.645	0.903	1.357	1.942	2.857
	氩弧焊机 500A		台班	0.056	0.075	0.101	0.118	0.178	0.213	0.248
	砂轮切割机 $\phi500$		台班	0.016	—	—	—	—	—	—
	半自动切割机 100mm		台班	—	—	—	0.027	0.037	0.089	0.108
	普通车床 630×2000		台班	0.044	0.051	0.107	0.117	0.157	0.211	0.260
	电动葫芦(单速) 3t		台班	0.044	0.051	0.107	0.117	0.157	—	—
	汽车式起重机 8t		台班	—	0.001	0.001	0.001	0.011	0.020	0.031
	载重汽车 8t		台班	—	0.001	0.001	0.001	0.011	0.020	0.031
	电动单梁起重机 5t		台班	—	—	—	—	—	0.211	0.260
	电焊条烘干箱 60×50×75(cm^3)		台班	0.030	0.044	0.065	0.090	0.136	0.194	0.286
	电焊条恒温箱		台班	0.030	0.044	0.065	0.090	0.136	0.194	0.286

计量单位:副

定额编号			8-4-473	8-4-474	8-4-475	8-4-476	8-4-477
项　目			公称直径（mm 以内）				
			350	400	450	500	600
名　称		单位	消　耗　量				
人工	合计工日	工日	11.435	13.944	17.580	20.632	27.320
人工	其中 普工	工日	2.287	2.790	3.516	4.128	5.464
人工	其中 一般技工	工日	4.574	5.577	7.032	8.252	10.928
人工	其中 高级技工	工日	4.574	5.577	7.032	8.252	10.928
材料	碳钢透镜垫	个	1.000	1.000	1.000	1.000	1.000
材料	碳钢对焊法兰	片	2.000	2.000	2.000	2.000	2.000
材料	低碳钢焊条 J427 ϕ3.2	kg	36.884	44.691	63.953	71.374	98.057
材料	碳钢焊丝	kg	0.186	0.230	0.254	0.289	0.348
材料	氧气	m^3	1.534	1.723	2.365	2.432	3.141
材料	乙炔气	kg	0.511	0.574	0.788	0.811	1.048
材料	氩气	m^3	0.519	0.644	0.711	0.809	0.974
材料	铈钨棒	g	1.039	1.288	1.423	1.619	1.815
材料	尼龙砂轮片 $\phi100 \times 16 \times 3$	片	3.259	4.185	5.283	5.854	7.523
材料	电	kW·h	2.310	2.838	3.814	4.360	5.882
材料	煤油	kg	1.100	1.200	1.300	1.400	1.500
材料	丙酮	kg	0.236	0.266	0.300	0.330	0.394
材料	角钢(综合)	kg	0.200	0.200	0.200	0.200	0.200
材料	二硫化钼	kg	0.029	0.038	0.038	0.038	0.047
材料	破布	kg	0.160	0.170	0.180	0.190	0.200
材料	棉纱头	kg	0.048	0.054	0.060	0.066	0.078
材料	其他材料费	%	1.000	1.000	1.000	1.000	1.000
机械	电焊机（综合）	台班	3.811	4.619	6.473	7.250	9.881
机械	氩弧焊机 500A	台班	0.292	0.362	0.399	0.455	0.548
机械	半自动切割机 100mm	台班	0.146	0.166	0.199	0.240	0.315
机械	普通车床 630×2000	台班	0.326	0.380	0.469	0.538	0.698
机械	汽车式起重机 8t	台班	0.035	0.045	0.061	0.082	0.120
机械	载重汽车 8t	台班	0.035	0.045	0.061	0.082	0.120
机械	电动单梁起重机 5t	台班	0.326	0.380	0.469	0.538	0.698
机械	电焊条烘干箱 60×50×75(cm^3)	台班	0.381	0.462	0.647	0.725	0.988
机械	电焊条恒温箱	台班	0.381	0.462	0.647	0.725	0.988

4. 不锈钢对焊法兰(电弧焊)

工作内容: 准备工作,管子切口,坡口加工,管口组对,焊接,焊缝钝化,法兰连接,螺栓涂二硫化钼。

计量单位:副

定额编号			8-4-478	8-4-479	8-4-480	8-4-481	8-4-482	8-4-483
项目			公称直径(mm 以内)					
			15	20	25	32	40	50
名称		单位	消耗量					
人工	合计工日	工日	0.381	0.458	0.605	0.755	0.903	1.018
人工	其中 普工	工日	0.075	0.092	0.121	0.151	0.181	0.204
人工	其中 一般技工	工日	0.153	0.183	0.242	0.302	0.361	0.407
人工	其中 高级技工	工日	0.153	0.183	0.242	0.302	0.361	0.407
材料	不锈钢透镜垫	个	1.000	1.000	1.000	1.000	1.000	1.000
材料	不锈钢对焊法兰	片	2.000	2.000	2.000	2.000	2.000	2.000
材料	不锈钢焊条(综合)	kg	0.082	0.125	0.210	0.264	0.358	0.502
材料	尼龙砂轮片 $\phi100\times16\times3$	片	0.073	0.085	0.093	0.102	0.115	0.155
材料	尼龙砂轮片 $\phi500\times25\times4$	片	0.016	0.022	0.042	0.050	0.062	0.069
材料	电	kW·h	0.023	0.030	0.043	0.055	0.065	0.078
材料	丙酮	kg	0.014	0.016	0.022	0.026	0.030	0.036
材料	氢氧化钠(烧碱)	kg	0.050	0.050	0.072	0.096	0.120	0.144
材料	酸洗膏	kg	0.012	0.014	0.020	0.024	0.030	0.036
材料	水	t	0.002	0.002	0.004	0.004	0.004	0.006
材料	二硫化钼	kg	0.002	0.002	0.002	0.004	0.004	0.004
材料	破布	kg	0.052	0.052	0.052	0.062	0.072	0.074
材料	棉纱头	kg	0.002	0.004	0.004	0.006	0.006	0.007
材料	其他材料费	%	1.000	1.000	1.000	1.000	1.000	1.000
机械	电焊机(综合)	台班	0.049	0.063	0.092	0.116	0.137	0.167
机械	砂轮切割机 $\phi500$	台班	0.005	0.009	0.012	0.014	0.019	0.022
机械	普通车床 630×2000	台班	0.019	0.024	0.032	0.036	0.043	0.043
机械	电动葫芦(单速) 3t	台班	—	—	—	—	—	0.043
机械	电动空气压缩机 $6m^3/min$	台班	0.002	0.002	0.002	0.002	0.002	0.002
机械	电焊条烘干箱 $60\times50\times75(cm^3)$	台班	0.004	0.006	0.009	0.012	0.013	0.017
机械	电焊条恒温箱	台班	0.004	0.006	0.009	0.012	0.013	0.017

计量单位：副

定额编号			8-4-484	8-4-485	8-4-486	8-4-487	8-4-488	8-4-489
项目			公称直径（mm 以内）					
			65	80	100	125	150	200
名称		单位	消耗量					
人工	合计工日	工日	1.336	1.477	2.177	2.804	3.533	4.939
	其中 普工	工日	0.268	0.295	0.435	0.562	0.707	0.989
	其中 一般技工	工日	0.534	0.591	0.871	1.121	1.413	1.975
	其中 高级技工	工日	0.534	0.591	0.871	1.121	1.413	1.975
材料	不锈钢透镜垫	个	1.000	1.000	1.000	1.000	1.000	1.000
	不锈钢对焊法兰	片	2.000	2.000	2.000	2.000	2.000	2.000
	不锈钢焊条(综合)	kg	0.921	1.441	1.982	3.597	5.153	11.065
	尼龙砂轮片 $\phi100\times16\times3$	片	0.274	0.276	0.395	0.590	0.771	1.580
	尼龙砂轮片 $\phi500\times25\times4$	片	0.125	0.174	—	—	—	—
	电	kW·h	0.143	0.148	0.204	0.315	0.420	0.820
	丙酮	kg	0.048	0.056	0.072	0.084	0.100	0.138
	氢氧化钠（烧碱）	kg	0.192	0.192	0.240	0.340	0.410	0.460
	酸洗膏	kg	0.050	0.059	0.075	0.116	0.155	0.201
	水	t	0.008	0.010	0.012	0.014	0.018	0.024
	二硫化钼	kg	0.004	0.006	0.006	0.013	0.013	0.013
	破布	kg	0.084	0.086	0.106	0.118	0.120	0.124
	棉纱头	kg	0.010	0.012	0.014	0.017	0.021	0.028
	其他材料费	%	1.000	1.000	1.000	1.000	1.000	1.000
机械	电焊机（综合）	台班	0.306	0.315	0.432	0.671	0.896	1.741
	等离子切割机 400A	台班	—	—	0.027	0.035	0.044	0.071
	砂轮切割机 $\phi500$	台班	0.034	0.042	—	—	—	—
	普通车床 630×2000	台班	0.050	0.050	0.052	0.064	0.077	0.184
	电动葫芦(单速) 3t	台班	0.050	0.050	0.052	0.064	0.077	0.184
	汽车式起重机 8t	台班	—	—	0.001	0.001	0.001	0.011
	载重汽车 8t	台班	—	—	0.001	0.001	0.001	0.011
	电动空气压缩机 $1m^3/min$	台班	—	—	0.027	0.035	0.044	0.071
	电动空气压缩机 $6m^3/min$	台班	0.002	0.002	0.002	0.002	0.002	0.002
	电焊条烘干箱 $60\times50\times75(cm^3)$	台班	0.031	0.031	0.043	0.067	0.090	0.174
	电焊条恒温箱	台班	0.031	0.031	0.043	0.067	0.090	0.174

计量单位:副

定额编号				8-4-490	8-4-491	8-4-492	8-4-493	8-4-494	8-4-495
项目				公称直径(mm 以内)					
				250	300	350	400	450	500
名称			单位	消耗量					
人工	合计工日		工日	6.495	8.779	10.244	13.082	15.045	17.301
	其中	普工	工日	1.297	1.755	2.048	2.616	3.009	3.459
		一般技工	工日	2.599	3.512	4.098	5.233	6.018	6.921
		高级技工	工日	2.599	3.512	4.098	5.233	6.018	6.921
材料	不锈钢透镜垫		个	1.000	1.000	1.000	1.000	1.000	1.000
	不锈钢对焊法兰		片	2.000	2.000	2.000	2.000	2.000	2.000
	不锈钢焊条(综合)		kg	16.728	23.618	31.837	42.488	48.861	56.190
	尼龙砂轮片 $\phi100\times16\times3$		片	2.286	3.288	4.010	5.415	6.227	7.161
	电		kW·h	1.185	1.673	2.159	2.881	3.313	3.810
	丙酮		kg	0.172	0.204	0.236	0.266	0.306	0.352
	氢氧化钠(烧碱)		kg	0.580	0.700	0.840	0.980	1.127	1.296
	酸洗膏		kg	0.305	0.363	0.398	0.492	0.554	0.627
	水		t	0.028	0.034	0.040	0.046	0.053	0.061
	二硫化钼		kg	0.019	0.029	0.029	0.038	0.038	0.038
	破布		kg	0.128	0.150	0.180	0.208	0.239	0.275
	棉纱头		kg	0.034	0.040	0.046	0.052	0.060	0.069
	其他材料费		%	1.000	1.000	1.000	1.000	1.000	1.000
机械	电焊机(综合)		台班	2.518	3.554	4.591	6.127	7.046	8.102
	等离子切割机 400A		台班	0.095	0.146	0.169	0.207	0.237	0.273
	普通车床 630×2000		台班	0.247	0.334	0.383	0.491	0.565	0.649
	电动葫芦(单速)3t		台班	0.247	—	—	—	—	—
	汽车式起重机 8t		台班	0.020	0.031	0.035	0.045	0.052	0.059
	载重汽车 8t		台班	0.020	0.031	0.035	0.045	0.052	0.059
	电动单梁起重机 5t		台班	—	0.334	0.383	0.491	0.565	0.649
	电动空气压缩机 $1m^3/min$		台班	0.095	0.146	0.169	0.207	0.237	0.273
	电动空气压缩机 $6m^3/min$		台班	0.002	0.002	0.002	0.002	0.002	0.003
	电焊条烘干箱 $60\times50\times75(cm^3)$		台班	0.252	0.355	0.459	0.612	0.705	0.810
	电焊条恒温箱		台班	0.252	0.355	0.459	0.612	0.705	0.810

5. 不锈钢对焊法兰(氩电联焊)

工作内容:准备工作,管子切口,坡口加工,管口组对,焊接,焊缝钝化,法兰连接,螺栓涂二硫化钼。

计量单位:副

定额编号			8-4-496	8-4-497	8-4-498	8-4-499	8-4-500	8-4-501
项目			公称直径(mm 以内)					
			15	20	25	32	40	50
名称		单位	消耗量					
人工	合计工日	工日	0.382	0.466	0.627	0.784	0.952	1.050
人工	其中 普工	工日	0.076	0.094	0.125	0.156	0.190	0.210
人工	其中 一般技工	工日	0.153	0.186	0.251	0.314	0.381	0.420
人工	其中 高级技工	工日	0.153	0.186	0.251	0.314	0.381	0.420
材料	不锈钢透镜垫	个	1.000	1.000	1.000	1.000	1.000	1.000
材料	不锈钢对焊法兰	片	2.000	2.000	2.000	2.000	2.000	2.000
材料	不锈钢焊条(综合)	kg	—	—	—	—	—	0.442
材料	不锈钢焊丝 1Cr18Ni9Ti	kg	0.045	0.068	0.113	0.144	0.195	0.050
材料	氩气	m^3	0.127	0.192	0.317	0.403	0.548	0.142
材料	铈钨棒	g	0.231	0.350	0.589	0.740	1.005	0.154
材料	尼龙砂轮片 $\phi100\times16\times3$	片	0.071	0.083	0.091	0.100	0.113	0.153
材料	尼龙砂轮片 $\phi500\times25\times4$	片	0.016	0.022	0.042	0.050	0.062	0.069
材料	电	kW·h	0.023	0.033	0.053	0.068	0.088	0.096
材料	丙酮	kg	0.014	0.016	0.022	0.026	0.030	0.036
材料	氢氧化钠(烧碱)	kg	0.050	0.050	0.072	0.096	0.120	0.144
材料	酸洗膏	kg	0.012	0.014	0.020	0.024	0.030	0.036
材料	水	t	0.002	0.002	0.004	0.004	0.004	0.006
材料	二硫化钼	kg	0.002	0.002	0.002	0.004	0.004	0.004
材料	破布	kg	0.052	0.052	0.052	0.062	0.072	0.074
材料	棉纱头	kg	0.002	0.004	0.004	0.006	0.006	0.007
材料	其他材料费	%	1.000	1.000	1.000	1.000	1.000	1.000
机械	电焊机(综合)	台班	—	—	—	—	—	0.150
机械	氩弧焊机 500A	台班	0.070	0.095	0.144	0.186	0.239	0.111
机械	砂轮切割机 $\phi500$	台班	0.005	0.009	0.012	0.014	0.019	0.022
机械	普通车床 630×2000	台班	0.019	0.024	0.032	0.036	0.043	0.043
机械	电动葫芦(单速) 3t	台班	—	—	—	0.036	0.043	0.043
机械	电动空气压缩机 $6m^3/min$	台班	0.002	0.002	0.002	0.002	0.002	0.002
机械	电焊条烘干箱 $60\times50\times75(cm^3)$	台班	—	—	—	—	—	0.015
机械	电焊条恒温箱	台班	—	—	—	—	—	0.015

计量单位：副

定额编号			8-4-502	8-4-503	8-4-504	8-4-505	8-4-506	8-4-507
项目			公称直径（mm 以内）					
			65	80	100	125	150	200
名称		单位	消耗量					
人工	合计工日	工日	1.381	1.579	2.197	2.804	3.525	5.199
人工	其中 普工	工日	0.275	0.315	0.439	0.562	0.705	1.041
人工	其中 一般技工	工日	0.553	0.632	0.879	1.121	1.410	2.079
人工	其中 高级技工	工日	0.553	0.632	0.879	1.121	1.410	2.079
材料	不锈钢透镜垫	个	1.000	1.000	1.000	1.000	1.000	1.000
材料	不锈钢对焊法兰	片	2.000	2.000	2.000	2.000	2.000	2.000
材料	不锈钢焊条(综合)	kg	0.768	1.029	1.769	3.290	4.746	10.258
材料	不锈钢焊丝 1Cr18Ni9Ti	kg	0.088	0.105	0.158	0.185	0.222	0.338
材料	氩气	m^3	0.246	0.293	0.443	0.519	0.623	0.946
材料	铈钨棒	g	0.280	0.298	0.304	0.342	0.417	0.775
材料	尼龙砂轮片 $\phi100\times16\times3$	片	0.270	0.272	0.387	0.577	0.755	1.546
材料	尼龙砂轮片 $\phi500\times25\times4$	片	0.125	0.174	—	—	—	—
材料	电	kW·h	0.123	0.146	0.166	0.262	0.352	0.692
材料	丙酮	kg	0.048	0.056	0.072	0.084	0.100	0.138
材料	氢氧化钠（烧碱）	kg	0.192	0.192	0.240	0.340	0.410	0.460
材料	酸洗膏	kg	0.050	0.059	0.075	0.116	0.155	0.201
材料	水	t	0.008	0.010	0.012	0.014	0.018	0.024
材料	二硫化钼	kg	0.004	0.006	0.006	0.013	0.013	0.013
材料	破布	kg	0.084	0.086	0.106	0.118	0.120	0.124
材料	棉纱头	kg	0.010	0.012	0.014	0.017	0.021	0.028
材料	其他材料费	%	1.000	1.000	1.000	1.000	1.000	1.000
机械	电焊机（综合）	台班	0.260	0.311	0.351	0.559	0.750	1.471
机械	氩弧焊机 500A	台班	0.165	0.187	0.246	0.294	0.347	0.561
机械	等离子切割机 400A	台班	—	—	0.027	0.035	0.044	0.071
机械	砂轮切割机 $\phi500$	台班	0.034	0.042	—	—	—	—
机械	普通车床 630×2000	台班	0.048	0.050	0.052	0.064	0.077	0.184
机械	电动葫芦(单速) 3t	台班	0.048	0.050	0.052	0.064	0.077	0.184
机械	汽车式起重机 8t	台班	—	—	0.001	0.001	0.001	0.011
机械	载重汽车 8t	台班	—	—	0.001	0.001	0.001	0.011
机械	电动空气压缩机 $1m^3/min$	台班	—	—	0.027	0.035	0.044	0.071
机械	电动空气压缩机 $6m^3/min$	台班	0.002	0.002	0.002	0.002	0.002	0.002
机械	电焊条烘干箱 $60\times50\times75(cm^3)$	台班	0.026	0.031	0.035	0.056	0.075	0.147
机械	电焊条恒温箱	台班	0.026	0.031	0.035	0.056	0.075	0.147

计量单位：副

定额编号			8-4-508	8-4-509	8-4-510	8-4-511	8-4-512	8-4-513
项目			公称直径（mm 以内）					
			250	300	350	400	450	500
名称		单位	消耗量					
人工	合计工日	工日	6.801	9.199	10.602	13.548	15.580	17.917
人工	其中 普工	工日	1.359	1.839	2.122	2.710	3.114	3.583
人工	其中 一般技工	工日	2.721	3.680	4.240	5.419	6.233	7.167
人工	其中 高级技工	工日	2.721	3.680	4.240	5.419	6.233	7.167
材料	不锈钢透镜垫	个	1.000	1.000	1.000	1.000	1.000	1.000
材料	不锈钢对焊法兰	片	2.000	2.000	2.000	2.000	2.000	2.000
材料	不锈钢焊条（综合）	kg	15.584	22.002	29.850	39.837	45.813	52.684
材料	不锈钢焊丝 1Cr18Ni9Ti	kg	0.423	0.550	0.594	0.734	0.844	0.971
材料	氩气	m^3	1.184	1.537	1.664	2.053	2.361	2.715
材料	铈钨棒	g	0.980	1.420	1.673	1.863	2.142	2.464
材料	尼龙砂轮片 $\phi100\times16\times3$	片	2.236	3.217	3.923	5.298	6.093	7.007
材料	电	kW·h	1.006	1.419	1.842	2.458	2.827	3.251
材料	丙酮	kg	0.172	0.204	0.236	0.266	0.306	0.352
材料	氢氧化钠（烧碱）	kg	0.580	0.700	0.840	0.980	1.127	1.296
材料	酸洗膏	kg	0.305	0.363	0.398	0.492	0.554	0.627
材料	水	t	0.028	0.034	0.040	0.046	0.053	0.061
材料	二硫化钼	kg	0.019	0.029	0.029	0.038	0.038	0.038
材料	破布	kg	0.128	0.150	0.180	0.208	0.239	0.275
材料	棉纱头	kg	0.034	0.040	0.046	0.052	0.060	0.069
材料	其他材料费	%	1.000	1.000	1.000	1.000	1.000	1.000
机械	电焊机（综合）	台班	2.136	3.015	3.917	5.228	6.012	6.914
机械	氩弧焊机 500A	台班	0.688	0.943	0.962	1.247	1.433	1.649
机械	等离子切割机 400A	台班	0.095	0.146	0.169	0.207	0.237	0.273
机械	普通车床 630×2000	台班	0.247	0.334	0.383	0.491	0.565	0.649
机械	电动葫芦（单速）3t	台班	0.247	—	—	—	—	—
机械	汽车式起重机 8t	台班	0.020	0.031	0.035	0.050	0.058	0.067
机械	载重汽车 8t	台班	0.020	0.031	0.035	0.050	0.058	0.067
机械	电动单梁起重机 5t	台班	—	0.334	0.383	0.491	0.565	0.649
机械	电动空气压缩机 $1m^3/min$	台班	0.095	0.146	0.169	0.207	0.237	0.273
机械	电动空气压缩机 $6m^3/min$	台班	0.002	0.002	0.002	0.002	0.002	0.003
机械	电焊条烘干箱 $60\times50\times75(cm^3)$	台班	0.214	0.301	0.392	0.522	0.602	0.691
机械	电焊条恒温箱	台班	0.214	0.301	0.392	0.522	0.602	0.691

6.合金钢对焊法兰(电弧焊)

工作内容：准备工作，管子切口，坡口加工，管口组对，焊接，法兰连接，螺栓涂二硫化钼。**计量单位：**副

定额编号				8-4-514	8-4-515	8-4-516	8-4-517	8-4-518	8-4-519	8-4-520
项目				公称直径（mm 以内）						
				15	20	25	32	40	50	65
名称			单位	消耗量						
人工	合计工日		工日	0.416	0.543	0.664	0.795	0.922	1.066	1.317
	其中	普工	工日	0.084	0.107	0.132	0.159	0.186	0.214	0.261
		一般技工	工日	0.166	0.218	0.266	0.318	0.368	0.426	0.528
		高级技工	工日	0.166	0.218	0.266	0.318	0.368	0.426	0.528
材料	合金钢透镜垫		个	1.000	1.000	1.000	1.000	1.000	1.000	1.000
	合金钢对焊法兰		片	2.000	2.000	2.000	2.000	2.000	2.000	2.000
	合金钢焊条		kg	0.080	0.126	0.205	0.257	0.348	0.488	0.990
	尼龙砂轮片 $\phi100\times16\times3$		片	0.068	0.079	0.088	0.099	0.110	0.149	0.243
	尼龙砂轮片 $\phi500\times25\times4$		片	0.011	0.018	0.025	0.033	0.043	0.060	0.101
	磨头		个	0.023	0.026	0.031	0.037	0.044	0.053	0.070
	电		kW·h	0.045	0.068	0.075	0.098	0.113	0.136	0.186
	煤油		kg	0.180	0.200	0.220	0.270	0.320	0.370	0.450
	丙酮		kg	0.018	0.018	0.030	0.030	0.034	0.048	0.064
	二硫化钼		kg	0.002	0.002	0.002	0.004	0.004	0.004	0.004
	破布		kg	0.030	0.030	0.040	0.040	0.060	0.070	0.070
	棉纱头		kg	0.002	0.004	0.004	0.006	0.006	0.008	0.010
	其他材料费		%	1.000	1.000	1.000	1.000	1.000	1.000	1.000
机械	电焊机（综合）		台班	0.059	0.077	0.101	0.127	0.154	0.193	0.261
	砂轮切割机 $\phi500$		台班	0.003	0.006	0.009	0.010	0.011	0.011	0.015
	普通车床 630×2000		台班	0.017	0.021	0.029	0.033	0.039	0.040	0.043
	电动葫芦(单速) 3t		台班	—	—	—	0.033	0.039	0.040	0.043
	电焊条烘干箱 $60\times50\times75(cm^3)$		台班	0.006	0.008	0.010	0.013	0.015	0.019	0.026
	电焊条恒温箱		台班	0.006	0.008	0.010	0.013	0.015	0.019	0.026

计量单位：副

定额编号				8-4-521	8-4-522	8-4-523	8-4-524	8-4-525	8-4-526	8-4-527
项　目				公称直径（mm 以内）						
				80	100	125	150	200	250	300
名　称			单位	消　耗　量						
人工	合计工日		工日	1.677	2.424	3.051	3.862	5.991	7.811	9.829
	其中	普工	工日	0.335	0.482	0.609	0.772	1.197	1.563	1.967
		一般技工	工日	0.671	0.971	1.221	1.545	2.397	3.124	3.931
		高级技工	工日	0.671	0.971	1.221	1.545	2.397	3.124	3.931
材料	合金钢透镜垫		个	1.000	1.000	1.000	1.000	1.000	1.000	1.000
	合金钢对焊法兰		片	2.000	2.000	2.000	2.000	2.000	2.000	2.000
	合金钢焊条		kg	1.475	1.927	3.323	5.011	11.050	16.412	24.397
	氧气		m^3	—	0.245	0.354	0.400	0.624	0.949	1.170
	乙炔气		kg	—	0.082	0.118	0.133	0.208	0.316	0.389
	尼龙砂轮片 $\phi100\times16\times3$		片	0.263	0.390	0.522	0.711	1.382	1.975	2.854
	尼龙砂轮片 $\phi500\times25\times4$		片	0.139	0.140	0.145	—	—	—	—
	磨头		个	0.082	0.106	—	—	—	—	—
	电		kW·h	0.219	0.350	0.453	0.596	1.021	1.432	1.960
	煤油		kg	0.550	0.600	0.630	0.655	0.680	0.765	0.850
	丙酮		kg	0.080	0.094	0.112	0.132	0.182	0.228	0.270
	二硫化钼		kg	0.006	0.006	0.013	0.013	0.013	0.019	0.029
	破布		kg	0.070	0.080	0.090	0.094	0.111	0.119	0.128
	棉纱头		kg	0.012	0.014	0.016	0.022	0.030	0.036	0.042
	其他材料费		%	1.000	1.000	1.000	1.000	1.000	1.000	1.000
机械	电焊机（综合）		台班	0.318	0.446	0.626	0.847	1.550	2.197	3.084
	砂轮切割机 $\phi500$		台班	0.018	0.019	0.022	—	—	—	—
	半自动切割机 100mm		台班	—	—	—	0.026	0.041	0.081	0.118
	普通车床 630×2000		台班	0.046	0.048	0.057	0.071	0.160	0.216	0.277
	电动葫芦(单速) 3t		台班	0.046	0.048	0.057	0.071	0.160	0.216	—
	汽车式起重机 8t		台班	—	0.001	0.001	0.001	0.011	0.020	0.031
	载重汽车 8t		台班	—	0.001	0.001	0.001	0.011	0.020	0.031
	电动单梁起重机 5t		台班	—	—	—	—	—	—	0.277
	电焊条烘干箱 60×50×75(cm^3)		台班	0.031	0.045	0.063	0.085	0.155	0.219	0.308
	电焊条恒温箱		台班	0.031	0.045	0.063	0.085	0.155	0.219	0.308

计量单位：副

定额编号			8-4-528	8-4-529	8-4-530	8-4-531	8-4-532
项目			公称直径（mm 以内）				
			350	400	450	500	600
名称		单位	消耗量				
人工	合计工日	工日	11.432	14.001	16.710	19.922	25.844
	其中 普工	工日	2.286	2.799	3.342	3.984	5.170
	其中 一般技工	工日	4.573	5.601	6.684	7.969	10.337
	其中 高级技工	工日	4.573	5.601	6.684	7.969	10.337
材料	合金钢透镜垫	个	1.000	1.000	1.000	1.000	1.000
	合金钢对焊法兰	片	2.000	2.000	2.000	2.000	2.000
	合金钢焊条	kg	33.169	44.377	56.466	68.729	93.081
	氧气	m^3	1.402	1.764	2.018	2.703	3.642
	乙炔气	kg	0.467	0.588	0.673	0.901	1.214
	尼龙砂轮片 $\phi100\times16\times3$	片	3.712	4.913	5.673	6.842	8.771
	电	kW·h	2.385	3.077	3.802	4.622	6.167
	煤油	kg	0.935	1.020	1.105	1.190	1.360
	丙酮	kg	0.286	0.312	0.312	0.358	0.404
	二硫化钼	kg	0.029	0.038	0.038	0.038	0.047
	破布	kg	0.136	0.145	0.153	0.162	0.179
	棉纱头	kg	0.050	0.058	0.062	0.070	0.082
	其他材料费	%	1.000	1.000	1.000	1.000	1.000
机械	电焊机（综合）	台班	3.486	4.541	5.779	7.035	9.545
	半自动切割机 100mm	台班	0.138	0.164	0.185	0.266	0.369
	普通车床 630×2000	台班	0.333	0.393	0.477	0.561	0.729
	汽车式起重机 8t	台班	0.035	0.045	0.061	0.082	0.120
	载重汽车 8t	台班	0.035	0.045	0.061	0.082	0.120
	电动单梁起重机 5t	台班	0.333	0.393	0.477	0.561	0.729
	电焊条烘干箱 60×50×75(cm^3)	台班	0.349	0.454	0.578	0.703	0.955
	电焊条恒温箱	台班	0.349	0.454	0.578	0.703	0.955

7. 合金钢对焊法兰(氩电联焊)

工作内容:准备工作,管子切口,坡口加工,管口组对,焊接,法兰连接,螺栓涂二硫化钼。 **计量单位:**副

定额编号			8-4-533	8-4-534	8-4-535	8-4-536	8-4-537	8-4-538	8-4-539
项目			公称直径（mm 以内）						
			15	20	25	32	40	50	65
名称		单位	消耗量						
人工	合计工日	工日	0.464	0.613	0.765	0.917	1.080	1.208	1.485
其中	普工	工日	0.094	0.123	0.153	0.183	0.218	0.242	0.295
	一般技工	工日	0.185	0.245	0.306	0.367	0.431	0.483	0.595
	高级技工	工日	0.185	0.245	0.306	0.367	0.431	0.483	0.595
材料	合金钢透镜垫	个	1.000	1.000	1.000	1.000	1.000	1.000	1.000
	合金钢对焊法兰	片	2.000	2.000	2.000	2.000	2.000	2.000	2.000
	合金钢焊条	kg	—	—	—	—	—	0.481	0.933
	合金钢焊丝	kg	0.042	0.066	0.107	0.134	0.182	0.028	0.034
	氩气	m^3	0.116	0.184	0.298	0.375	0.508	0.078	0.095
	铈钨棒	g	0.233	0.368	0.597	0.750	1.017	0.156	0.189
	尼龙砂轮片 $\phi100\times16\times3$	片	0.064	0.075	0.084	0.095	0.106	0.145	0.239
	尼龙砂轮片 $\phi500\times25\times4$	片	0.011	0.018	0.025	0.033	0.043	0.060	0.101
	磨头	个	0.023	0.026	0.031	0.037	0.044	0.053	0.070
	电	kW·h	0.045	0.073	0.088	0.113	0.141	0.153	0.174
	煤油	kg	0.180	0.200	0.220	0.270	0.320	0.370	0.450
	丙酮	kg	0.018	0.018	0.030	0.030	0.034	0.048	0.064
	二硫化钼	kg	0.002	0.002	0.002	0.004	0.004	0.004	0.004
	破布	kg	0.030	0.030	0.040	0.040	0.060	0.070	0.070
	棉纱头	kg	0.002	0.004	0.004	0.006	0.006	0.008	0.010
	其他材料费	%	1.000	1.000	1.000	1.000	1.000	1.000	1.000
机械	电焊机（综合）	台班	—	—	—	—	—	0.175	0.235
	氩弧焊机 500A	台班	0.045	0.067	0.103	0.129	0.169	0.046	0.056
	砂轮切割机 $\phi500$	台班	0.003	0.006	0.009	0.010	0.011	0.011	0.015
	普通车床 630×2000	台班	0.017	0.021	0.029	0.033	0.039	0.040	0.043
	电动葫芦(单速) 3t	台班	—	—	—	0.033	0.039	0.040	0.043
	电焊条烘干箱 60×50×75(cm^3)	台班	—	—	—	—	—	0.018	0.023
	电焊条恒温箱	台班	—	—	—	—	—	0.018	0.023

计量单位:副

定额编号			8-4-540	8-4-541	8-4-542	8-4-543	8-4-544	8-4-545	8-4-546
项目			公称直径（mm 以内）						
			80	100	125	150	200	250	300
名称		单位	消耗量						
人工	合计工日	工日	1.891	2.731	3.107	3.933	6.097	7.934	10.731
人工	其中 普工	工日	0.377	0.545	0.621	0.787	1.219	1.586	2.145
人工	其中 一般技工	工日	0.757	1.093	1.243	1.573	2.439	3.174	4.293
人工	其中 高级技工	工日	0.757	1.093	1.243	1.573	2.439	3.174	4.293
材料	合金钢透镜垫	个	1.000	1.000	1.000	1.000	1.000	1.000	1.000
材料	合金钢对焊法兰	片	2.000	2.000	2.000	2.000	2.000	2.000	2.000
材料	合金钢焊条	kg	1.394	1.820	3.158	4.748	10.471	15.567	23.189
材料	合金钢焊丝	kg	0.039	0.055	0.059	0.075	0.116	0.149	0.165
材料	氧气	m^3	—	0.245	0.354	0.400	0.624	0.949	1.170
材料	乙炔气	kg	—	0.082	0.118	0.133	0.208	0.316	0.389
材料	氩气	m^3	0.110	0.154	0.164	0.211	0.325	0.415	0.460
材料	铈钨棒	g	0.221	0.308	0.328	0.421	0.651	0.831	0.920
材料	尼龙砂轮片 $\phi100\times16\times3$	片	0.259	0.386	0.518	0.707	1.378	1.971	2.850
材料	尼龙砂轮片 $\phi500\times25\times4$	片	0.139	0.140	0.145	—	—	—	—
材料	磨头	个	0.082	0.106	—	—	—	—	—
材料	电	kW·h	0.206	0.332	0.435	0.571	0.979	1.376	1.884
材料	煤油	kg	0.550	0.595	0.600	0.630	0.680	0.765	0.850
材料	丙酮	kg	0.080	0.094	0.112	0.132	0.182	0.228	0.270
材料	二硫化钼	kg	—	0.006	0.006	0.013	0.013	0.013	0.019
材料	破布	kg	0.070	0.080	0.090	0.094	0.111	0.119	0.128
材料	棉纱头	kg	0.012	0.014	0.016	0.022	0.030	0.036	0.042
材料	其他材料费	%	1.000	1.000	1.000	1.000	1.000	1.000	1.000
机械	电焊机（综合）	台班	0.291	0.411	0.585	0.795	1.464	2.076	2.923
机械	氩弧焊机 500A	台班	0.065	0.091	0.096	0.124	0.192	0.245	0.271
机械	砂轮切割机 $\phi500$	台班	0.018	0.019	0.022	—	—	—	—
机械	半自动切割机 100mm	台班	—	—	—	0.026	0.041	0.081	0.118
机械	普通车床 630×2000	台班	0.046	0.048	0.057	0.071	0.160	0.216	0.277
机械	电动葫芦(单速) 3t	台班	0.046	0.048	0.057	0.071	0.160	0.216	—
机械	汽车式起重机 8t	台班	—	0.001	0.001	0.001	0.011	0.020	0.031
机械	载重汽车 8t	台班	—	0.001	0.001	0.001	0.011	0.020	0.031
机械	电动单梁起重机 5t	台班	—	—	—	—	—	—	0.277
机械	电焊条烘干箱 $60\times50\times75(cm^3)$	台班	0.029	0.041	0.058	0.079	0.147	0.208	0.292
机械	电焊条恒温箱	台班	0.029	0.041	0.058	0.079	0.147	0.208	0.292

计量单位:副

定额编号				8-4-547	8-4-548	8-4-549	8-4-550	8-4-551
项　目				公称直径（mm 以内）				
				350	400	450	500	600
名　称			单位	消　耗　量				
人工	合计工日		工日	12.463	15.226	18.192	21.701	28.176
	其中	普工	工日	2.493	3.046	3.638	4.339	5.636
		一般技工	工日	4.985	6.090	7.277	8.681	11.270
		高级技工	工日	4.985	6.090	7.277	8.681	11.270
材料	合金钢透镜垫		个	1.000	1.000	1.000	1.000	1.000
	合金钢对焊法兰		片	2.000	2.000	2.000	2.000	2.000
	合金钢焊条		kg	31.542	42.215	53.665	65.268	88.321
	合金钢焊丝		kg	0.192	0.218	0.282	0.349	0.480
	氧气		m^3	1.402	1.764	2.018	2.703	3.642
	乙炔气		kg	0.467	0.588	0.673	0.901	1.214
	氩气		m^3	0.538	0.610	0.791	0.977	1.344
	铈钨棒		g	1.076	1.220	1.581	1.953	2.686
	尼龙砂轮片 $\phi100\times16\times3$		片	3.708	4.909	5.669	6.838	8.767
	电		kW·h	2.290	2.959	3.648	4.436	5.913
	煤油		kg	0.935	1.020	1.105	1.190	1.360
	丙酮		kg	0.286	0.312	0.312	0.358	0.404
	二硫化钼		kg	0.029	0.038	0.038	0.038	0.047
	破布		kg	0.136	0.145	0.153	0.162	0.179
	棉纱头		kg	0.050	0.058	0.062	0.070	0.082
	其他材料费		%	1.000	1.000	1.000	1.000	1.000
机械	电焊机（综合）		台班	3.384	4.379	5.512	6.682	8.985
	氩弧焊机 500A		台班	0.317	0.358	0.464	0.575	0.790
	半自动切割机 100mm		台班	0.138	0.164	0.185	0.266	0.369
	普通车床 630×2000		台班	0.333	0.393	0.477	0.561	0.729
	汽车式起重机 8t		台班	0.035	0.045	0.061	0.082	0.120
	载重汽车 8t		台班	0.035	0.045	0.061	0.082	0.120
	电动单梁起重机 5t		台班	0.333	0.393	0.477	0.561	0.729
	电焊条烘干箱 60×50×75(cm^3)		台班	0.338	0.438	0.551	0.668	0.899
	电焊条恒温箱		台班	0.338	0.438	0.551	0.668	0.899

第五章　管道压力试验、吹扫与清洗（030805）

说　明

一、本章内容包括管道压力试验、管道系统吹扫、管道系统清洗、管道脱脂、管道油清洗。

二、本章包括临时用空压机和泵作动力进行试压、吹扫及清洗，管道连接的管线、盲板、阀门、螺栓等所用的材料摊销量，不包括管道之间的临时串通管和临时排放管线。

三、管道油清洗项目按系统循环清洗考虑，包括油冲洗、系统连接和滤油机用橡胶管的摊销。

四、管道液压试验是按普通水编制的，如设计要求其他介质，可按实计算。

工程量计算规则

本章管道压力试验、泄漏性试验、吹扫与清洗按不同压力、规格，以“100m”为计量单位。

一、管道压力试验

1. 低中压管道液压试验

工作内容：准备工作，制堵盲板，装设临时泵、管线，灌水加压，停压检查，强度试验，严密性试验，拆除临时性管线、盲板，现场清理。

计量单位：100m

定额编号				8-5-1	8-5-2	8-5-3	8-5-4	8-5-5
项目				公称直径（mm 以内）				
				50	100	200	300	400
名称			单位	消耗量				
人工	合计工日		工日	3.843	4.630	5.660	7.670	9.110
	其中	普工	工日	1.538	1.852	2.264	3.068	3.644
		一般技工	工日	1.921	2.315	2.830	3.835	4.555
		高级技工	工日	0.384	0.463	0.566	0.767	0.911
材料	水		t	0.348	0.984	3.888	8.772	14.928
	低碳钢焊条 J427 $\phi3.2$		kg	0.200	0.200	0.200	0.200	0.200
	氧气		m^3	0.156	0.300	0.460	0.460	0.610
	乙炔气		kg	0.052	0.100	0.150	0.150	0.200
	石棉橡胶板 低压 $\delta0.8\sim6.0$		kg	0.312	0.600	0.900	0.900	2.100
	热轧厚钢板 $\delta12\sim20$		kg	3.822	7.350	22.140	34.860	42.630
	无缝钢管 *DN*20		m	0.800	0.800	0.800	0.800	0.800
	橡胶软管 *DN*20		m	0.600	0.600	0.600	0.600	0.600
	截止阀 PN10 *DN*20		个	0.200	0.200	0.200	0.200	0.200
	压力表 0～16MPa		块	0.100	0.100	0.100	0.100	0.100
	压力表表弯（管）		个	0.100	0.100	0.100	0.100	0.100
	六角螺栓（综合）		10套	0.161	0.310	0.700	1.880	2.710
	其他材料费		%	1.000	1.000	1.000	1.000	1.000
机械	电焊机（综合）		台班	0.100	0.100	0.100	0.100	0.100
	立式钻床 25mm		台班	0.019	0.020	0.030	0.040	0.050
	试压泵 60MPa		台班	0.095	0.100	0.200	0.200	0.300
	电焊条烘干箱 60×50×75（cm^3）		台班	0.010	0.010	0.010	0.010	0.010
	电焊条恒温箱		台班	0.010	0.010	0.010	0.010	0.010

计量单位:100m

定额编号				8-5-6	8-5-7	8-5-8	8-5-9	8-5-10
项目				公称直径(mm 以内)				
				500	600	800	1000	1200
名称			单位	消耗量				
人工	合计工日		工日	10.890	11.720	12.986	14.298	11.720
	其中	普工	工日	4.356	4.688	5.194	5.719	4.688
		一般技工	工日	5.445	5.860	6.493	7.149	5.860
		高级技工	工日	1.089	1.172	1.299	1.430	1.172
材料	水		t	23.760	42.648	72.757	113.017	162.864
	低碳钢焊条 J427 $\phi3.2$		kg	0.200	0.300	0.300	0.400	0.400
	氧气		m^3	0.760	0.910	1.420	2.075	2.100
	乙炔气		kg	0.250	0.300	0.468	0.684	0.700
	石棉橡胶板 低压 $\delta0.8\sim6.0$		kg	2.100	2.100	3.276	4.788	5.800
	热轧厚钢板 $\delta12\sim20$		kg	54.180	62.340	79.140	94.200	113.040
	无缝钢管 *DN*20		m	0.800	—	—	—	—
	无缝钢管 *DN*50		m	—	0.800	0.800	0.800	0.800
	橡胶软管 *DN*20		m	0.600	—	—	—	—
	橡胶软管 *DN*50		m	—	0.600	0.600	0.600	0.600
	截止阀 PN10 *DN*20		个	0.200	—	—	—	—
	截止阀 PN10 *DN*50		个	—	0.200	0.200	0.200	0.200
	压力表 0~16MPa		块	0.100	0.100	0.100	0.100	0.100
	压力表表弯(管)		个	0.100	0.100	0.100	0.100	0.100
	六角螺栓(综合)		10套	2.920	4.450	6.942	10.146	14.450
	其他材料费		%	1.000	1.000	1.000	1.000	1.000
机械	电焊机(综合)		台班	0.100	0.150	0.150	0.175	0.175
	立式钻床 25mm		台班	0.060	0.060	0.060	0.060	0.060
	试压泵 60MPa		台班	0.300	0.300	0.300	0.439	0.439
	电焊条烘干箱 60×50×75(cm^3)		台班	0.010	0.015	0.015	0.018	0.018
	电焊条恒温箱		台班	0.010	0.015	0.015	0.018	0.018

2.高压管道液压试验

工作内容:准备工作,制堵盲板,装设临时泵、管线,灌水加压,停压检查,强度试验,严密性试验,拆除临时性管线、盲板,现场清理。

计量单位:100m

定额编号				8-5-11	8-5-12	8-5-13	8-5-14	8-5-15	8-5-16	8-5-17
项目				公称直径(mm以内)						
				50	100	200	300	400	500	600
名称			单位	消耗量						
人工	合计工日		工日	4.680	5.560	6.790	9.200	10.930	13.070	15.684
	其中	普工	工日	1.404	1.668	2.037	2.760	3.279	3.921	4.705
		一般技工	工日	2.340	2.780	3.395	4.600	5.465	6.535	7.842
		高级技工	工日	0.936	1.112	1.358	1.840	2.186	2.614	3.137
材料	水		t	0.348	0.984	3.888	8.772	14.928	23.760	28.512
	低碳钢焊条 J427 ϕ3.2		kg	0.200	0.200	0.200	0.200	0.200	0.200	0.240
	氧气		m^3	0.150	0.300	0.460	0.530	0.610	0.760	0.912
	乙炔气		kg	0.050	0.100	0.150	0.180	0.200	0.250	0.300
	石棉橡胶板 低压 δ0.8~6.0		kg	0.400	0.600	0.900	0.900	2.100	2.100	2.520
	热轧厚钢板 δ20~40		kg	5.800	12.240	45.210	69.720	85.260	108.360	130.032
	无缝钢管 *DN*20		m	0.800	0.800	0.800	0.800	0.800	0.800	0.800
	橡胶软管 *DN*20		m	1.000	1.000	1.000	1.000	1.000	1.000	1.000
	截止阀 PN10 *DN*20		个	0.200	0.200	0.200	0.200	0.200	0.200	0.240
	压力表 0~64MPa		块	0.100	0.100	0.100	0.100	0.100	0.100	0.100
	压力表表弯(管)		个	0.100	0.100	0.100	0.100	0.100	0.100	0.100
	六角螺栓(综合)		10套	0.160	0.310	0.700	1.880	2.710	2.920	3.504
	其他材料费		%	1.000	1.000	1.000	1.000	1.000	1.000	1.000
机械	电焊机(综合)		台班	0.100	0.100	0.100	0.100	0.100	0.100	0.120
	试压泵 60MPa		台班	0.260	0.310	0.460	0.549	0.709	0.799	0.959
	普通车床 630×2000mm		台班	0.200	0.300	0.400	0.599	0.699	0.899	1.079
	电焊条烘干箱 60×50×75(cm^3)		台班	0.010	0.010	0.010	0.010	0.010	0.010	0.012
	电焊条恒温箱		台班	0.010	0.010	0.010	0.010	0.010	0.010	0.012

3. 低中压管道气压试验

工作内容: 准备工作,制堵盲板,装设临时泵、管线,充气加压,停压检查,强度试验,严密性试验,拆除临时性管线、盲板,现场清理。

计量单位: 100m

定额编号			8-5-18	8-5-19	8-5-20	8-5-21	8-5-22	8-5-23	8-5-24
项目			公称直径(mm 以内)						
			50	100	200	300	400	500	600
名称		单位	消耗量						
人工	合计工日	工日	2.410	2.860	3.530	4.220	5.570	6.240	7.000
人工	其中 普工	工日	0.964	1.144	1.412	1.688	2.228	2.496	2.800
人工	其中 一般技工	工日	1.205	1.430	1.765	2.110	2.785	3.120	3.500
人工	其中 高级技工	工日	0.241	0.286	0.353	0.422	0.557	0.624	0.700
材料	低碳钢焊条 J427 $\phi3.2$	kg	0.200	0.200	0.200	0.200	0.200	0.200	0.300
材料	氧气	m^3	0.150	0.300	0.460	0.460	0.610	0.760	0.910
材料	乙炔气	kg	0.050	0.100	0.150	0.150	0.200	0.250	0.300
材料	石棉橡胶板 低压 $\delta0.8\sim6.0$	kg	0.400	0.600	0.900	0.900	2.100	2.100	2.100
材料	热轧厚钢板 $\delta12\sim20$	kg	1.830	7.350	22.140	34.860	42.630	54.180	60.840
材料	无缝钢管 *DN*20	m	1.000	1.000	1.000	1.000	1.000	—	—
材料	无缝钢管 *DN*50	m	—	—	—	—	—	1.000	1.000
材料	截止阀 PN10 *DN*20	个	0.200	0.200	0.200	0.200	—	—	—
材料	截止阀 PN10 *DN*32	个	—	—	—	—	0.200	0.200	0.200
材料	针型阀	个	0.100	0.100	0.100	0.100	0.100	0.100	0.100
材料	压力表 0~16MPa	块	0.200	0.200	0.200	0.200	0.200	0.200	0.200
材料	温度计 0~120℃	块	0.200	0.200	0.200	0.200	0.200	0.200	0.200
材料	六角螺栓(综合)	10套	0.160	0.310	0.700	1.880	2.710	2.920	4.450
材料	肥皂	块	0.150	0.300	0.600	0.900	1.000	1.100	1.200
材料	其他材料费	%	1.000	1.000	1.000	1.000	1.000	1.000	1.000
机械	电焊机(综合)	台班	0.100	0.100	0.100	0.100	0.100	0.100	0.150
机械	立式钻床 25mm	台班	0.010	0.020	0.030	0.040	0.050	0.060	0.060
机械	电动空气压缩机 $6m^3/min$	台班	0.090	0.100	0.110	0.120	0.130	0.140	0.150
机械	电焊条烘干箱 $60\times50\times75(cm^3)$	台班	0.010	0.010	0.010	0.010	0.010	0.010	0.015
机械	电焊条恒温箱	台班	0.010	0.010	0.010	0.010	0.010	0.010	0.015

计量单位:100m

定额编号				8-5-25	8-5-26	8-5-27	8-5-28	8-5-29	8-5-30	8-5-31
项目				公称直径(mm 以内)						
				800	1000	1200	1400	1600	1800	2000
名称			单位	消耗量						
人工	合计工日		工日	8.120	9.690	12.710	14.940	16.070	18.420	19.540
	其中	普工	工日	3.248	3.876	5.084	5.976	6.428	7.368	7.816
		一般技工	工日	4.060	4.845	6.355	7.470	8.035	9.210	9.770
		高级技工	工日	0.812	0.969	1.271	1.494	1.607	1.842	1.954
材料	低碳钢焊条 J427 ϕ3.2		kg	0.300	0.300	0.400	0.400	0.400	0.500	0.500
	氧气		m^3	1.220	1.520	1.830	2.130	2.320	2.730	3.040
	乙炔气		kg	0.410	0.510	0.610	0.710	0.770	0.910	1.010
	石棉橡胶板 低压 δ0.8~6.0		kg	3.700	3.700	4.900	5.760	6.540	7.320	8.100
	热轧厚钢板 δ12~20		kg	79.140	94.200	113.040	131.880	150.720	169.560	188.400
	无缝钢管 *DN*50		m	1.000	1.000	1.000	1.000	1.000	1.000	1.000
	截止阀 PN10 *DN*50		个	0.200	0.200	0.200	0.200	0.200	0.200	0.200
	针型阀		个	0.100	0.100	0.100	0.100	0.100	0.100	0.100
	压力表 0~16MPa		块	0.200	0.200	0.200	0.200	0.200	0.200	0.200
	六角螺栓(综合)		10 套	9.980	10.840	11.690	12.000	12.500	13.400	14.620
	肥皂		块	1.700	2.200	2.500	3.000	3.500	4.000	4.500
	温度计 0~120℃		块	0.200	0.200	0.200	0.200	0.200	0.200	0.200
	其他材料费		%	1.000	1.000	1.000	1.000	1.000	1.000	1.000
机械	电焊机(综合)		台班	0.150	0.150	0.200	0.200	0.200	0.250	0.250
	立式钻床 25mm		台班	0.070	0.100	0.100	0.100	0.120	0.120	0.120
	电动空气压缩机 6m^3/min		台班	0.170	0.190	—	—	—	—	—
	电动空气压缩机 10m^3/min		台班	—	—	0.090	0.110	0.150	0.200	0.270
	电焊条烘干箱 60×50×75(cm^3)		台班	0.015	0.015	0.020	0.020	0.020	0.025	0.025
	电焊条恒温箱		台班	0.015	0.015	0.020	0.020	0.020	0.025	0.025

计量单位:100m

定额编号			8-5-32	8-5-33	8-5-34	8-5-35	8-5-36
项目			公称直径（mm 以内）				
			2200	2400	2600	2800	3000
名称		单位	消耗量				
人工	合计工日	工日	21.900	24.120	26.380	28.730	30.970
人工	其中 普工	工日	8.760	9.648	10.552	11.492	12.388
人工	其中 一般技工	工日	10.950	12.060	13.190	14.365	15.485
人工	其中 高级技工	工日	2.190	2.412	2.638	2.873	3.097
材料	低碳钢焊条 J427 ϕ3.2	kg	0.500	0.500	0.600	0.600	0.600
材料	氧气	m^3	3.350	3.650	3.950	4.260	4.560
材料	乙炔气	kg	1.120	1.220	1.320	1.420	1.520
材料	石棉橡胶板 低压 δ0.8～6.0	kg	8.910	9.890	11.080	12.520	14.270
材料	热轧厚钢板 δ12～20	kg	207.240	226.080	244.920	263.760	282.600
材料	无缝钢管 *DN*50	m	1.000	1.000	1.000	1.000	1.000
材料	截止阀 PN10 *DN*50	个	0.200	0.200	0.200	0.200	0.200
材料	针型阀	个	0.100	0.100	0.100	0.100	0.100
材料	压力表 0～16MPa	块	0.200	0.200	0.200	0.200	0.200
材料	温度计 0～120℃	块	0.200	0.200	0.200	0.200	0.200
材料	六角螺栓(综合)	10套	17.000	18.310	20.970	22.370	25.300
材料	肥皂	块	5.000	5.500	6.000	6.500	7.000
材料	其他材料费	%	1.000	1.000	1.000	1.000	1.000
机械	电焊机（综合）	台班	0.300	0.300	0.300	0.350	0.350
机械	立式钻床 25mm	台班	0.150	0.150	0.150	0.150	0.150
机械	电动空气压缩机 $10m^3$/min	台班	0.300	0.350	0.400	0.450	0.499
机械	电焊条烘干箱 60×50×75(cm^3)	台班	0.030	0.030	0.030	0.035	0.035
机械	电焊条恒温箱	台班	0.030	0.030	0.030	0.035	0.035

4. 低中压管道泄漏性试验

工作内容：准备工作，配临时管道，设备管道封闭，系统充压，涂刷检查液，检查泄漏，放压，紧固螺栓，更换垫片或盘根，阀门处理，充压，稳压，检查，放压，拆除临时管道，现场清理。

计量单位：100m

定额编号			8-5-37	8-5-38	8-5-39	8-5-40	8-5-41	8-5-42	8-5-43
项目			公称直径（mm 以内）						
			50	100	200	300	400	500	600
名称		单位	消耗量						
人工	合计工日	工日	3.000	3.570	4.430	5.300	7.010	7.870	9.444
	其中 普工	工日	1.200	1.428	1.772	2.120	2.804	3.148	3.778
	其中 一般技工	工日	1.500	1.785	2.215	2.650	3.505	3.935	4.722
	其中 高级技工	工日	0.300	0.357	0.443	0.530	0.701	0.787	0.944
材料	低碳钢焊条 J427 $\phi3.2$	kg	0.200	0.200	0.200	0.200	0.200	0.200	0.240
	氧气	m^3	0.150	0.300	0.460	0.460	0.610	0.760	0.912
	乙炔气	kg	0.050	0.100	0.150	0.150	0.200	0.250	0.300
	石棉橡胶板 低压 $\delta0.8\sim6.0$	kg	0.400	0.600	0.900	0.900	2.100	2.100	2.520
	热轧厚钢板 $\delta12\sim20$	kg	1.830	7.350	22.140	34.860	42.630	54.180	65.016
	无缝钢管 *DN*20	m	1.000	1.000	1.000	1.000	1.000	1.000	1.200
	截止阀 PN10 *DN*20	个	0.200	0.200	0.200	0.200	0.200	0.200	0.240
	针型阀	个	0.100	0.100	0.100	0.100	0.100	0.100	0.120
	压力表 0～16MPa	块	0.200	0.200	0.200	0.200	0.200	0.200	0.240
	温度计 0～120℃	块	0.200	0.200	0.200	0.200	0.200	0.200	0.240
	六角螺栓(综合)	10 套	0.160	0.310	0.700	1.880	2.710	2.920	3.504
	肥皂	块	0.150	0.300	0.600	0.900	1.000	1.100	1.320
	其他材料费	%	1.000	1.000	1.000	1.000	1.000	1.000	1.000
机械	电焊机（综合）	台班	0.100	0.100	0.100	0.100	0.100	0.100	0.120
	立式钻床 25mm	台班	0.010	0.020	0.030	0.040	0.050	0.060	0.072
	电动空气压缩机 $6m^3/min$	台班	0.090	0.100	0.110	0.120	0.130	0.140	0.168
	电焊条烘干箱 60×50×75(cm^3)	台班	0.010	0.010	0.010	0.010	0.010	0.010	0.012
	电焊条恒温箱	台班	0.010	0.010	0.010	0.010	0.010	0.010	0.012

5. 低中压管道真空试验

工作内容:准备工作,制堵盲板,装设临时管线、试验,检查,拆除临时管线、盲板,现场清理。

计量单位:100m

		定额编号		8-5-44	8-5-45	8-5-46	8-5-47	8-5-48	8-5-49	8-5-50
		项目		公称直径(mm 以内)						
				50	100	200	300	400	500	600
		名称	单位	消耗量						
人工	合计工日		工日	3.530	4.200	5.210	6.240	8.250	9.260	11.112
	其中	普工	工日	1.412	1.680	2.084	2.496	3.300	3.704	4.445
		一般技工	工日	1.765	2.100	2.605	3.120	4.125	4.630	5.556
		高级技工	工日	0.353	0.420	0.521	0.624	0.825	0.926	1.111
材料	低碳钢焊条 J427 $\phi3.2$		kg	0.200	0.200	0.200	0.200	0.200	0.200	0.240
	氧气		m^3	0.150	0.300	0.460	0.460	0.610	0.760	0.912
	乙炔气		kg	0.050	0.100	0.150	0.150	0.200	0.250	0.300
	石棉橡胶板 低压 $\delta0.8 \sim 6.0$		kg	0.400	0.600	0.900	0.900	2.100	2.100	2.520
	热轧厚钢板 $\delta12 \sim 20$		kg	1.830	7.350	22.140	34.860	42.630	54.180	65.016
	无缝钢管 *DN*20		m	1.000	1.000	1.000	1.000	1.000	1.000	1.200
	截止阀 PN10 *DN*20		个	0.200	0.200	0.200	0.200	0.200	0.200	0.240
	针型阀		个	0.100	0.100	0.100	0.100	0.100	0.100	0.120
	压力表 0~16MPa		块	0.200	0.200	0.200	0.200	0.200	0.200	0.240
	温度计 0~120℃		块	0.200	0.200	0.200	0.200	0.200	0.200	0.240
	六角螺栓(综合)		10套	0.160	0.310	0.700	1.880	2.710	2.920	3.504
	其他材料费		%	1.000	1.000	1.000	1.000	1.000	1.000	1.000
机械	电焊机(综合)		台班	0.100	0.100	0.100	0.100	0.100	0.100	0.120
	立式钻床 25mm		台班	0.010	0.020	0.030	0.040	0.050	0.060	0.072
	电动空气压缩机 $6m^3/min$		台班	0.270	0.300	0.330	0.360	0.390	0.420	0.503
	电焊条烘干箱 $60 \times 50 \times 75(cm^3)$		台班	0.010	0.010	0.010	0.010	0.010	0.010	0.012
	电焊条恒温箱		台班	0.010	0.010	0.010	0.010	0.010	0.010	0.012

二、管道系统吹扫

1.水　冲　洗

工作内容：准备工作，制堵盲板，装设临时管线，通水冲洗检查，系统管线复位，临时管线拆除，现场清理。

计量单位：100m

定额编号			8-5-51	8-5-52	8-5-53	8-5-54	8-5-55	8-5-56	8-5-57
项　目			公称直径（mm 以内）						
			50	100	200	300	400	500	600
名　称		单位	消　耗　量						
人工	合计工日	工日	2.531	2.781	3.401	4.601	5.471	6.531	7.031
人工	其中 普工	工日	1.013	1.113	1.361	1.841	2.188	2.612	2.812
人工	其中 一般技工	工日	1.265	1.390	1.700	2.300	2.736	3.266	3.516
人工	其中 高级技工	工日	0.253	0.278	0.340	0.460	0.547	0.653	0.703
材料	水	t	2.160	11.070	43.740	98.690	167.940	267.170	394.470
材料	低碳钢焊条 J427 $\phi3.2$	kg	0.200	0.200	0.200	0.200	0.200	0.200	0.300
材料	氧气	m^3	0.150	0.300	0.460	0.460	0.610	0.760	0.910
材料	乙炔气	kg	0.050	0.100	0.150	0.150	0.200	0.250	0.300
材料	石棉橡胶板 低压 $\delta0.8\sim6.0$	kg	0.540	0.950	1.560	1.700	3.480	3.760	6.360
材料	热轧厚钢板 $\delta12\sim20$	kg	0.610	2.450	7.380	11.620	14.210	18.060	20.280
材料	无缝钢管 *DN*50	m	0.100	0.100	0.100	0.100	—	—	—
材料	无缝钢管 *DN*100	m	—	—	—	—	0.100	0.100	0.100
材料	橡胶软管 *DN*50	m	0.800	0.800	0.800	0.800	—	—	—
材料	橡胶软管 *DN*100	m	—	—	—	—	0.800	0.800	0.800
材料	截止阀 PN10 *DN*50	个	0.100	0.100	0.100	0.100	—	—	—
材料	截止阀 PN10 *DN*100	个	—	—	—	—	0.100	0.100	0.100
材料	法兰 *DN*50	片	0.100	0.100	0.100	0.100	—	—	—
材料	法兰 *DN*100	片	—	—	—	—	0.100	0.100	0.100
材料	六角螺栓(综合)	10 套	0.320	0.470	1.050	2.820	4.070	4.380	6.680
材料	其他材料费	%	1.000	1.000	1.000	1.000	1.000	1.000	1.000
机械	电焊机（综合）	台班	0.100	0.100	0.100	0.100	0.100	0.100	0.150
机械	立式钻床 25mm	台班	0.010	0.020	0.030	0.040	0.050	0.060	0.060
机械	电动单级离心清水泵 100mm	台班	0.020	0.050	0.170	0.400	—	—	—
机械	电动单级离心清水泵 200mm	台班	—	—	—	—	0.310	0.470	0.679
机械	电焊条烘干箱 60×50×75(cm^3)	台班	0.010	0.010	0.010	0.010	0.010	0.010	0.015
机械	电焊条恒温箱	台班	0.010	0.010	0.010	0.010	0.010	0.010	0.015

2.空气吹扫

工作内容:准备工作,制堵盲板,装设临时管线,充气加压,敲打管道检查,系统管线复位,临时管线拆除,现场清理。

计量单位:100m

定额编号				8-5-58	8-5-59	8-5-60	8-5-61	8-5-62	8-5-63	8-5-64
项目				公称直径(mm以内)						
				50	100	200	300	400	500	600
名称			单位	消耗量						
人工	合计工日		工日	1.450	1.720	2.120	2.531	3.341	3.741	4.201
	其中	普工	工日	0.580	0.688	0.848	1.013	1.337	1.497	1.681
		一般技工	工日	0.725	0.860	1.060	1.265	1.670	1.870	2.100
		高级技工	工日	0.145	0.172	0.212	0.253	0.334	0.374	0.420
材料	低碳钢焊条 J427 ϕ3.2		kg	0.200	0.200	0.200	0.200	0.200	0.200	0.300
	氧气		m^3	0.150	0.300	0.460	0.460	0.610	0.760	0.910
	乙炔气		kg	0.050	0.100	0.150	0.150	0.200	0.250	0.300
	石棉橡胶板 低压 δ0.8~6.0		kg	0.540	0.950	1.560	1.700	3.480	3.760	6.360
	热轧厚钢板 δ12~20		kg	0.610	2.450	7.380	11.620	14.210	18.060	20.780
	无缝钢管 *DN*32		m	0.500	0.500	—	—	—	—	—
	无缝钢管 *DN*50		m	—	—	0.500	0.500	0.500	0.500	0.500
	截止阀 PN10 *DN*32		个	0.200	0.200	—	—	—	—	—
	截止阀 PN10 *DN*50		个	—	—	0.200	0.200	0.200	0.200	0.200
	法兰 *DN*32		片	0.400	0.400	—	—	—	—	—
	法兰 *DN*50		片	—	—	0.400	0.400	0.400	0.400	0.400
	六角螺栓(综合)		10套	0.320	0.470	1.050	2.820	4.070	4.380	6.680
	其他材料费		%	1.000	1.000	1.000	1.000	1.000	1.000	1.000
机械	电焊机(综合)		台班	0.100	0.100	0.100	0.100	0.100	0.100	0.150
	立式钻床 25mm		台班	0.010	0.020	0.030	0.040	0.050	0.060	0.060
	电动空气压缩机 6m^3/min		台班	0.070	0.080	0.090	0.090	0.100	0.110	0.120
	电焊条烘干箱 60×50×75(cm^3)		台班	0.010	0.010	0.010	0.010	0.010	0.010	0.015
	电焊条恒温箱		台班	0.010	0.010	0.010	0.010	0.010	0.010	0.015

3.蒸汽吹扫

工作内容：准备工作，制堵盲板，装设临时管线，通气暖管，加压升压恒温，降温检查，反复多次吹洗，检查，系统管线复位，临时管线拆除，现场清理。

计量单位：100m

定额编号				8-5-65	8-5-66	8-5-67	8-5-68	8-5-69	8-5-70	8-5-71
项目				公称直径（mm 以内）						
				50	100	200	300	400	500	600
名称			单位	消耗量						
人工	合计工日		工日	2.100	2.781	3.451	4.131	5.001	6.001	8.152
	其中	普工	工日	0.840	1.113	1.381	1.653	2.000	2.400	3.261
		一般技工	工日	1.050	1.390	1.725	2.065	2.501	3.001	4.076
		高级技工	工日	0.210	0.278	0.345	0.413	0.500	0.600	0.815
材料	蒸汽		t	2.720	10.850	42.300	96.270	170.850	265.770	383.730
	低碳钢焊条 J427 ϕ3.2		kg	0.200	0.200	0.200	0.200	0.200	0.200	0.300
	氧气		m^3	0.150	0.300	0.460	0.460	0.610	0.760	0.910
	乙炔气		kg	0.050	0.100	0.150	0.150	0.200	0.250	0.300
	石棉橡胶板 低压 δ0.8～6.0		kg	0.140	0.350	0.660	0.800	1.380	1.660	2.660
	热轧厚钢板 δ12～20		kg	0.610	2.450	7.380	11.620	14.210	18.060	20.780
	无缝钢管 *DN*32		m	0.500	0.500	—	—	—	—	—
	无缝钢管 *DN*50		m	—	—	0.500	0.500	0.500	0.500	0.500
	截止阀 PN10 *DN*32		个	0.200	0.200	—	—	—	—	—
	截止阀 PN10 *DN*50		个	—	—	0.200	0.200	0.200	0.200	0.200
	法兰 *DN*32		片	0.400	0.400	—	—	—	—	—
	法兰 *DN*50		片	—	—	0.400	0.400	0.400	0.400	0.400
	六角螺栓(综合)		10 套	0.320	0.470	1.050	2.820	4.070	4.380	6.680
	其他材料费		%	1.000	1.000	1.000	1.000	1.000	1.000	1.000
机械	电焊机（综合）		台班	0.100	0.100	0.100	0.100	0.100	0.100	0.150
	立式钻床 25mm		台班	0.010	0.020	0.030	0.040	0.050	0.060	0.060
	电焊条烘干箱 60×50×75(cm^3)		台班	0.010	0.010	0.010	0.010	0.010	0.010	0.015
	电焊条恒温箱		台班	0.010	0.010	0.010	0.010	0.010	0.010	0.015

三、管道系统清洗

1. 碱　　洗

工作内容：准备工作，临时管线安装及拆除，配制清洗剂，清洗，检查，剂料回收，现场清理。

计量单位：100m

定额编号				8-5-72	8-5-73	8-5-74	8-5-75	8-5-76	8-5-77	8-5-78
项　目				公称直径（mm 以内）						
				50	100	200	300	400	500	600
名　称			单位	消　耗　量						
人工	合计工日		工日	2.911	3.701	5.501	8.032	11.702	15.873	19.048
	其中	普工	工日	1.165	1.481	2.200	3.213	4.681	6.349	7.619
		一般技工	工日	1.455	1.850	2.751	4.016	5.851	7.937	9.524
		高级技工	工日	0.291	0.370	0.550	0.803	1.170	1.587	1.905
材料	碱洗药剂		kg	19.670	39.330	65.040	97.090	127.570	157.600	189.120
	水		t	0.480	2.460	9.720	21.930	37.320	59.370	71.244
	低碳钢焊条 J427 $\phi3.2$		kg	0.200	0.200	0.200	0.200	0.200	0.200	0.200
	氧气		m^3	0.150	0.150	0.470	0.470	0.760	0.760	0.912
	乙炔气		kg	0.050	0.050	0.160	0.160	0.250	0.250	0.300
	耐酸石棉橡胶板(综合)		kg	0.280	0.680	1.320	1.600	2.800	3.320	3.984
	热轧厚钢板 $\delta12\sim20$		kg	0.610	2.450	7.380	11.620	14.210	18.060	21.672
	无缝钢管 *DN*25		m	0.200	—	—	—	—	—	—
	无缝钢管 *DN*50		m	—	0.200	0.200	0.200	0.200	0.200	0.200
	耐碱塑料管 *DN*25		m	1.000	—	—	—	—	—	—
	耐碱塑料管 *DN*50		m	—	1.000	1.000	1.000	1.000	1.000	1.000
	截止阀 PN10 *DN*25		个	0.200	—	—	—	—	—	—
	截止阀 PN10 *DN*50		个	—	0.200	0.200	0.200	0.200	0.200	0.200
	六角螺栓(综合)		10 套	0.160	0.310	0.700	1.880	2.710	2.920	3.504
	其他材料费		%	1.000	1.000	1.000	1.000	1.000	1.000	1.000
机械	电焊机（综合）		台班	0.100	0.100	0.100	0.100	0.100	0.100	0.120
	耐腐蚀泵 40mm		台班	0.499	0.599	0.699	—	—	—	—
	耐腐蚀泵 100mm		台班	—	—	—	0.799	0.899	0.999	1.199
	立式钻床 25mm		台班	0.010	0.020	0.030	0.040	0.050	0.060	0.072
	电焊条烘干箱 $60\times50\times75(cm^3)$		台班	0.010	0.010	0.010	0.010	0.010	0.010	0.012
	电焊条恒温箱		台班	0.010	0.010	0.010	0.010	0.010	0.010	0.012

2. 酸 洗

工作内容：准备工作，临时管线安装及拆除，配制清洗剂，清洗，中和处理，检查，剂料回收，现场清理。

计量单位：100m

定额编号			8-5-79	8-5-80	8-5-81	8-5-82	8-5-83	8-5-84	8-5-85
项目			公称直径（mm 以内）						
			50	100	200	300	400	500	600
名称		单位	消耗量						
人工	合计工日	工日	4.091	5.211	7.782	11.392	15.873	22.595	27.114
	其中 普工	工日	1.637	2.084	3.113	4.557	6.349	9.039	10.846
	其中 一般技工	工日	2.045	2.606	3.891	5.696	7.937	11.297	13.557
	其中 高级技工	工日	0.409	0.521	0.778	1.139	1.587	2.259	2.711
材料	酸洗药剂	kg	23.400	47.100	58.780	72.820	95.680	118.000	141.600
	碱洗药剂	kg	3.930	7.850	15.750	23.500	31.400	39.400	47.280
	水	t	0.640	3.280	12.960	29.240	49.760	79.160	94.992
	低碳钢焊条 J427 ϕ3.2	kg	0.200	0.200	0.200	0.200	0.200	0.200	0.200
	氧气	m^3	0.150	0.150	0.470	0.470	0.760	0.760	0.912
	乙炔气	kg	0.050	0.050	0.160	0.160	0.250	0.250	0.300
	耐酸石棉橡胶板(综合)	kg	0.280	0.680	1.320	1.600	2.800	3.320	3.984
	热轧厚钢板 δ12～20	kg	0.610	2.450	7.380	11.620	14.210	18.060	21.672
	无缝钢管 *DN*25	m	0.200	—	—	—	—	—	—
	无缝钢管 *DN*50	m	—	0.200	0.200	0.200	0.200	0.200	0.200
	耐酸塑料管 *DN*25	m	1.000	—	—	—	—	—	—
	耐酸塑料管 *DN*50	m	—	1.000	1.000	1.000	1.000	1.000	1.000
	截止阀 PN10 *DN*25	个	0.200	—	—	—	—	—	—
	截止阀 PN10 *DN*50	个	—	0.200	0.200	0.200	0.200	0.200	0.200
	六角螺栓(综合)	10套	0.160	0.310	0.700	1.880	2.710	2.920	3.504
	其他材料费	%	1.000	1.000	1.000	1.000	1.000	1.000	1.000
机械	电焊机（综合）	台班	0.100	0.100	0.100	0.100	0.100	0.100	0.120
	耐腐蚀泵 40mm	台班	0.499	0.599	0.699	—	—	—	—
	耐腐蚀泵 100mm	台班	—	—	—	0.799	0.899	0.999	1.199
	立式钻床 25mm	台班	0.010	0.020	0.030	0.040	0.050	0.060	0.072
	电焊条烘干箱 60×50×75(cm^3)	台班	0.010	0.010	0.010	0.010	0.010	0.010	0.012
	电焊条恒温箱	台班	0.010	0.010	0.010	0.010	0.010	0.010	0.012

3. 化 学 清 洗

工作内容：准备工作，临时管线安装及拆除，配制清洗剂，碱煮，水冲洗，酸洗，水冲洗，中和钝化，水冲洗，检查，充氮保护，剂料回收，现场清理。

计量单位：100m

定额编号			8-5-86	8-5-87	8-5-88	8-5-89	8-5-90	8-5-91	8-5-92
项目			公称直径（mm 以内）						
			50	100	200	300	400	500	600
名称		单位	消耗量						
人工	合计工日	工日	16.113	19.134	25.595	36.478	48.080	59.942	71.931
其中	普工	工日	6.445	7.654	10.237	14.591	19.232	23.977	28.773
	一般技工	工日	8.057	9.567	12.798	18.239	24.040	29.971	35.965
	高级技工	工日	1.611	1.913	2.560	3.648	4.808	5.994	7.193
材料	化学清洗介质	kg	50.080	157.905	556.875	1235.850	1932.975	3032.205	3638.646
	水	t	30.808	81.582	314.814	720.149	1271.580	1978.508	2374.210
	蒸汽	t	4.494	10.843	41.842	95.716	169.007	262.966	315.559
	氮气	m^3	0.832	2.853	10.911	24.458	41.859	65.489	78.587
	低碳钢焊条 J427 $\phi3.2$	kg	0.400	0.400	0.400	0.400	0.400	0.400	0.400
	氧气	m^3	0.300	0.300	0.940	0.940	1.520	1.520	1.824
	乙炔气	kg	0.100	0.100	0.313	0.313	0.507	0.507	0.608
	石棉橡胶板 中压 $\delta0.8\sim6.0$	kg	0.560	1.360	2.640	3.200	5.600	6.640	7.968
	热轧厚钢板 $\delta12\sim20$	kg	4.296	8.139	16.504	24.492	32.103	39.865	47.838
	无缝钢管 *DN*32	m	0.500	—	—	—	—	—	—
	无缝钢管 *DN*50	m	—	0.500	0.500	0.500	—	—	—
	无缝钢管 *DN*100	m	—	—	—	—	0.500	0.500	0.500
	耐酸塑料管 *DN*25	m	2.000	—	—	—	—	—	—
	耐酸塑料管 *DN*50	m	—	2.000	2.000	2.000	2.000	2.000	2.000
	截止阀 PN10 *DN*25	个	0.400	—	—	—	—	—	—
	截止阀 PN10 *DN*50	个	—	0.400	0.400	0.400	—	—	—
	截止阀 PN10 *DN*100	个	—	—	—	—	0.400	0.400	0.400
	钢板平焊法兰 1.6MPa *DN*25	片	0.400	—	—	—	—	—	—
	钢板平焊法兰 1.6MPa *DN*50	片	—	0.400	0.400	0.400	—	—	—
	钢板平焊法兰 1.6MPa *DN*100	片	—	—	—	—	0.400	0.400	0.400
	六角螺栓（综合）	10 套	0.320	0.620	1.400	3.760	5.240	5.840	7.008
	压力表 0～64MPa	块	0.200	0.200	0.200	0.200	0.200	0.200	0.200
	温度计 0～120℃	块	0.200	0.200	0.200	0.200	0.200	0.200	0.200
	转子流量计 TZB－25 1000t/min	支	0.200	0.200	0.200	0.200	0.200	0.200	0.200
	浊度计	套	0.200	0.200	0.200	0.200	0.200	0.200	0.200
	其他材料费	%	1.000	1.000	1.000	1.000	1.000	1.000	1.000
机械	电焊机（综合）	台班	0.200	0.200	0.200	0.200	0.200	0.200	0.200
	立式钻床 25mm	台班	0.025	0.050	0.075	0.100	0.125	0.150	0.180
	电动空气压缩机 $6m^3/min$	台班	0.140	0.160	0.180	0.200	0.220	0.240	0.288
	耐腐蚀泵 40mm	台班	1.249	1.498	1.748	—	—	—	—
	耐腐蚀泵 100mm	台班	—	—	—	1.998	2.248	2.497	2.997
	药剂泵	台班	0.158	0.189	0.227	0.272	0.313	0.360	0.432
	电焊条烘干箱 $60\times50\times75(cm^3)$	台班	0.020	0.020	0.020	0.020	0.020	0.020	0.020
	电焊条恒温箱	台班	0.020	0.020	0.020	0.020	0.020	0.020	0.020

四、管道脱脂

工作内容：准备工作，临时管线安装及拆除，配制脱脂剂，脱脂，检查，剂料回收，现场清理。

计量单位：100m

定额编号				8-5-93	8-5-94	8-5-95	8-5-96	8-5-97	8-5-98	8-5-99
项目				公称直径（mm 以内）						
				50	100	200	300	400	500	600
名称			单位	消耗量						
人工	合计工日		工日	1.960	2.741	4.091	6.911	10.272	11.392	13.101
	其中	普工	工日	0.784	1.097	1.637	2.764	4.109	4.557	5.240
		一般技工	工日	0.980	1.370	2.045	3.456	5.136	5.696	6.551
		高级技工	工日	0.196	0.274	0.409	0.691	1.027	1.139	1.310
材料	脱脂介质		kg	18.840	37.700	78.050	116.510	153.080	188.520	216.798
	低碳钢焊条 J427 ϕ3.2		kg	0.200	0.200	0.200	0.200	0.200	0.200	0.200
	氧气		m^3	0.150	0.150	0.470	0.470	0.760	0.760	0.874
	乙炔气		kg	0.050	0.050	0.160	0.160	0.250	0.250	0.288
	石棉橡胶板 低压 δ0.8～6.0		kg	0.280	0.680	1.320	1.600	2.800	3.320	3.818
	白布		m	4.000	7.200	13.900	16.000	18.800	23.600	27.140
	热轧厚钢板 δ12～20		kg	0.610	2.450	7.380	11.620	14.210	18.060	20.769
	无缝钢管 *DN*25		m	0.200	—	—	—	—	—	—
	无缝钢管 *DN*50		m	—	0.200	0.200	0.200	0.200	0.200	0.200
	蛇皮塑料管 *DN*25		m	1.000	—	—	—	—	—	—
	蛇皮塑料管 *DN*50		m	—	1.000	1.000	1.000	1.000	1.000	1.000
	截止阀 PN10 *DN*25		个	0.200	—	—	—	—	—	—
	截止阀 PN10 *DN*50		个	—	0.200	0.200	0.200	0.200	0.200	0.200
	六角螺栓（综合）		10 套	0.160	0.310	0.700	1.880	2.710	2.920	3.358
	其他材料费		%	1.000	1.000	1.000	1.000	1.000	1.000	1.000
机械	电焊机（综合）		台班	0.100	0.100	0.100	0.100	0.100	0.100	0.115
	立式钻床 25mm		台班	0.010	0.020	0.030	0.040	0.050	0.060	0.069
	电动空气压缩机 6m^3/min		台班	0.070	0.080	0.090	0.100	0.110	0.120	0.138
	耐腐蚀泵 40mm		台班	0.499	0.599	0.699	—	—	—	—
	耐腐蚀泵 100mm		台班	—	—	—	0.799	0.899	0.999	1.149
	电焊条烘干箱 60×50×75(cm^3)		台班	0.010	0.010	0.010	0.010	0.010	0.010	0.012
	电焊条恒温箱		台班	0.010	0.010	0.010	0.010	0.010	0.010	0.012

五、管道油清洗

工作内容：准备工作，临时管线安装及拆除、清洗，敲打管道，检查，反复清洗，检查，油回收，现场清理。

计量单位：100m

定额编号			8-5-100	8-5-101	8-5-102	8-5-103	8-5-104	8-5-105	8-5-106
项目			公称直径（mm 以内）						
			15	20	25	32	40	50	65
名称		单位	消耗量						
人工	合计工日	工日	8.422	11.282	14.173	18.164	22.685	25.565	27.146
人工	其中 普工	工日	3.369	4.513	5.670	7.266	9.075	10.225	10.858
人工	其中 一般技工	工日	4.211	5.641	7.086	9.082	11.342	12.783	13.573
人工	其中 高级技工	工日	0.842	1.128	1.417	1.816	2.268	2.557	2.715
材料	油	kg	27.000	54.000	94.500	135.000	189.000	216.000	486.000
材料	滤油纸 300×300	张	2.550	4.090	7.650	10.870	16.330	28.270	52.300
材料	耐油胶管（综合）	m	1.500	1.500	1.500	1.500	1.500	1.500	1.500
材料	镀锌铁丝 φ4.0	kg	0.290	0.310	0.340	0.370	0.410	0.460	0.520
材料	破布	kg	0.070	0.090	0.110	0.150	0.180	0.190	0.210
材料	棉纱头	kg	0.340	0.460	0.570	0.730	0.910	0.980	1.040
材料	其他材料费	%	1.000	1.000	1.000	1.000	1.000	1.000	1.000
机械	高压油泵 50MPa	台班	0.679	0.909	1.139	1.459	1.818	2.268	—
机械	高压油泵 80MPa	台班	—	—	—	—	—	—	1.728
机械	真空滤油机 6000L/h	台班	0.030	0.050	0.100	0.140	0.200	0.350	0.649

计量单位：100m

定额编号			8-5-107	8-5-108	8-5-109	8-5-110	8-5-111
项目			公称直径（mm 以内）				
			80	100	125	150	200
名称		单位	消耗量				
人工	合计工日	工日	29.816	30.576	46.920	68.734	82.897
人工	其中 普工	工日	11.926	12.230	18.768	27.494	33.158
人工	其中 一般技工	工日	14.908	15.288	23.460	34.367	41.449
人工	其中 高级技工	工日	2.982	3.058	4.692	6.873	8.290
材料	油	kg	702.000	1107.000	1634.000	2295.000	4374.000
材料	滤油纸 300×300	张	74.200	113.100	173.890	254.460	484.620
材料	耐油胶管（综合）	m	1.500	1.500	1.500	1.500	1.500
材料	镀锌铁丝 φ4.0	kg	0.590	0.670	0.750	0.860	1.080
材料	破布	kg	0.220	0.230	0.360	0.430	0.500
材料	棉纱头	kg	1.110	1.170	1.800	2.160	2.510
材料	其他材料费	%	1.000	1.000	1.000	1.000	1.000
机械	高压油泵 80MPa	台班	2.168	2.338	3.586	5.255	10.010
机械	真空滤油机 6000L/h	台班	0.929	1.409	2.168	3.177	6.054

第六章　无损检测与焊口热处理（030806）

说　　明

一、本章内容包括管材表面无损检测、焊缝无损检测、焊口预热及后热、焊口热处理、硬度测定、光谱分析。

二、本章不包括以下工作内容：

1. 固定射线检测仪器使用的各种支架制作。

2. 超声波检测对比试块的制作。

三、电加热片、电阻丝、电感应预热及后热项目，如设计要求焊后立即进行热处理，预热及后热项目定额乘以系数0.87。

四、有关说明：

1. 无损探伤定额已综合考虑了高空作业降效因素。

2. 电加热片是按履带式考虑的，实际与定额不同时可替换。

工程量计算规则

一、X 射线、γ 射线无损检测，按管材的双壁厚执行定额相应项目。

二、管材表面无损检测按规格，以“10m”为计量单位。

三、焊缝射线检测区别管道不同壁厚、胶片规格，以“10 张”为计量单位。

四、焊缝超声波、磁粉和渗透检测按规格，以“10 口”为计量单位。

五、焊口预热及后热和焊口热处理按不同材质、规格，以“10 口”为计量单位。

一、管材表面无损检测

1. 磁粉检测

工作内容:准备工作,搬运机器,接电,检测部位除锈清理,配制磁悬液,磁电、磁粉反应,缺陷处理技术报告。

计量单位:10m

定额编号				8-6-1	8-6-2	8-6-3	8-6-4
项　目				公称直径(mm 以内)			
				50	100	200	350
名　称			单位	消　耗　量			
人工	合计工日		工日	0.181	0.327	0.545	0.817
	其中	普工	工日	0.045	0.082	0.137	0.204
		一般技工	工日	0.118	0.212	0.354	0.531
		高级技工	工日	0.018	0.033	0.054	0.082
材料	变压器油		kg	0.240	0.464	0.960	1.440
	压敏胶粘带		m	0.160	0.240	0.320	0.400
	破布		kg	0.128	0.280	0.456	0.504
	煤油		kg	0.240	0.464	0.960	1.440
	磁粉		g	16.000	30.400	66.400	99.200
	尼龙砂轮片 $\phi100\times16\times3$		片	0.240	0.320	0.360	0.400
	电		kW·h	0.018	0.020	0.024	0.032
	其他材料费		%	1.000	1.000	1.000	1.000
机械	电动葫芦(单速) 3t		台班	0.007	0.012	0.019	0.029
仪表	磁粉探伤仪		台班	0.093	0.168	0.280	0.421

2. 超声波检测

工作内容:准备工作,搬运仪器,校验仪器及探头,检验部位清理除污,涂抹耦合剂,检测,检验结果,记录鉴定,技术报告。

计量单位:10m

定额编号				8-6-5	8-6-6	8-6-7	8-6-8
项　目				公称直径(mm 以内)			
				150	250	350	350 以上
名　称			单位	消　耗　量			
人工	合计工日		工日	0.728	1.042	1.232	1.300
	其中	普工	工日	0.182	0.261	0.308	0.325
		一般技工	工日	0.473	0.677	0.801	0.845
		高级技工	工日	0.073	0.104	0.123	0.130
材料	机油 $5^{\#}\sim7^{\#}$		kg	0.240	0.320	0.440	0.536
	耦合剂		kg	1.400	2.400	3.200	3.744
	直探头		个	0.020	0.034	0.047	0.054
	斜探头		个	0.025	0.043	0.059	0.067
	探头线		根	0.160	0.200	0.240	0.320
	毛刷		把	0.800	1.200	1.440	1.600
	铁砂布 $0^{\#}\sim2^{\#}$		张	6.400	10.400	13.600	16.000
	棉纱头		kg	1.200	1.440	2.000	2.400
	其他材料费		%	1.000	1.000	1.000	1.000
仪表	超声波探伤仪		台班	0.309	0.442	0.522	0.551

二、焊缝无损检测

1. X 光射线检测

(1) 80mm × 300mm

工作内容:准备工作,射线机的搬运及固定,焊缝清刷,透照位置标记编号,底片号码编排,底片固定,开机拍片,暗室处理,底片鉴定,技术报告。

计量单位:10 张

定额编号				8-6-9	8-6-10	8-6-11	8-6-12
项目				管壁厚(mm 以内)			
				16	30	42	42 以上
名称			单位	消耗量			
人工	合计工日		工日	2.031	2.522	3.152	3.924
	其中	普工	工日	0.508	0.630	0.788	0.981
		一般技工	工日	1.320	1.640	2.049	2.551
		高级技工	工日	0.203	0.252	0.315	0.392
材料	X 射线胶片 80 × 300		张	12.000	12.000	12.000	12.000
	定影剂 1000cc		瓶	0.260	0.260	0.260	0.260
	显影剂		L	0.260	0.260	0.260	0.260
	医用白胶布		m^2	0.096	0.096	0.096	0.096
	医用输血胶管 $\phi 8$		m	0.464	0.464	0.464	0.464
	压敏胶粘带		m	5.520	5.520	5.520	5.520
	白油漆		kg	0.096	0.096	0.096	0.096
	塑料暗袋 80 × 300		副	0.464	0.464	0.464	0.464
	增感屏 80 × 300		副	0.480	0.480	0.480	0.480
	阿拉伯铅号码		套	0.304	0.304	0.304	0.304
	英文铅号码		套	0.304	0.304	0.304	0.304
	像质计		个	0.464	0.464	0.464	0.464
	贴片磁铁		副	0.184	0.184	0.184	0.184
	铅板 80 × 300 × 3		块	0.304	0.304	0.304	0.304
	水		t	0.120	0.120	0.120	0.120
	电		kW·h	0.600	0.600	0.600	0.600
	其他材料费		%	1.000	1.000	1.000	1.000
机械	X 光片脱水烘干机 ZTH - 340		台班	0.045	0.056	0.070	0.086
仪表	X 射线探伤机		台班	0.645	0.803	1.005	1.246

（2）80mm×150mm

工作内容：准备工作，射线机的搬运及固定，焊缝清刷，透照位置标记编号，底片号码编排，底片固定，开机拍片，暗室处理，底片鉴定，技术报告。

计量单位：10 张

定额编号				8-6-13	8-6-14	8-6-15
项目				管壁厚（mm 以内）		
				16	30	42
名称			单位	消耗量		
人工	合计工日		工日	2.031	2.522	3.152
	其中	普工	工日	0.508	0.630	0.788
		一般技工	工日	1.320	1.640	2.049
		高级技工	工日	0.203	0.252	0.315
材料	X 射线胶片 80×150		张	12.000	12.000	12.000
	定影剂 1000cc		瓶	0.130	0.130	0.130
	显影剂		L	0.130	0.130	0.130
	医用白胶布		m^2	0.048	0.048	0.048
	医用输血胶管 ϕ8		m	0.280	0.280	0.280
	压敏胶粘带		m	5.520	5.520	5.520
	白油漆		kg	0.096	0.096	0.096
	塑料暗袋 80×300		副	0.464	0.464	0.464
	增感屏 80×300		副	0.480	0.480	0.480
	阿拉伯铅号码		套	0.304	0.304	0.304
	英文铅号码		套	0.304	0.304	0.304
	像质计		个	0.464	0.464	0.464
	贴片磁铁		副	0.184	0.184	0.184
	铅板 80×150×3		块	0.304	0.304	0.304
	水		t	0.120	0.120	0.120
	电		kW·h	0.600	0.600	0.600
	其他材料费		%	1.000	1.000	1.000
机械	X 光片脱水烘干机 ZTH－340		台班	0.045	0.056	0.070
仪表	X 射线探伤机		台班	0.645	0.803	1.005

2. γ射线检测（外透法）

工作内容：准备工作，射线机的搬运及固定，焊缝清刷，透照位置标记编号，底片号码编排，底片固定，开机拍片，暗室处理，底片鉴定，技术报告。 **计量单位：**10 张

定额编号			8-6-16	8-6-17	8-6-18	8-6-19	8-6-20
项目			管壁厚（mm 以内）				
			30	40	50	50 以上	30
名称		单位	消耗量				
人工	合计工日	工日	3.311	4.414	6.622	10.189	3.311
人工	其中 普工	工日	0.828	1.104	1.656	2.547	0.828
人工	其中 一般技工	工日	2.152	2.869	4.304	6.623	2.152
人工	其中 高级技工	工日	0.331	0.441	0.662	1.019	0.331
材料	X 射线胶片 80×300	张	12.000	12.000	12.000	12.000	—
材料	X 射线胶片 80×150	张	—	—	—	—	12.000
材料	定影剂 1000cc	瓶	0.260	0.260	0.260	0.260	0.130
材料	显影剂	L	0.260	0.260	0.260	0.260	0.130
材料	铅板 80×300×3	块	0.304	0.304	0.304	0.304	—
材料	铅板 80×150×3	块	—	—	—	—	0.304
材料	医用白胶布	m^2	0.096	0.096	0.096	0.096	0.096
材料	医用输血胶管 $\phi 8$	m	0.464	0.464	0.464	0.464	0.464
材料	白油漆	kg	0.096	0.096	0.096	0.096	0.096
材料	塑料暗袋 80×300	副	0.464	0.464	0.464	0.464	0.464
材料	增感屏 80×300	副	0.480	0.480	0.480	0.480	0.480
材料	阿拉伯铅号码	套	0.304	0.304	0.304	0.304	0.304
材料	英文铅号码	套	0.304	0.304	0.304	0.304	0.304
材料	像质计	个	0.464	0.464	0.464	0.464	0.464
材料	水	t	0.120	0.120	0.120	0.120	0.120
材料	电	kW·h	0.600	0.600	0.600	0.600	0.600
材料	其他材料费	%	1.000	1.000	1.000	1.000	1.000
机械	X 光片脱水烘干机 ZTH－340	台班	0.098	0.131	0.196	0.302	0.098
仪表	γ射线探伤仪（Ir192）	台班	1.403	1.871	2.806	4.316	1.403

3. 超声波检测

工作内容:准备工作,搬运仪器,校验仪器及探头,检验部位清理除污,涂抹耦合剂,检测,检验结果,记录鉴定,技术报告。

计量单位:10 口

定额编号				8-6-21	8-6-22	8-6-23	8-6-24
项目				公称直径(mm 以内)			
				150	250	350	350 以上
名称			单位	消耗量			
人工	合计工日		工日	0.364	0.699	1.078	1.393
	其中	普工	工日	0.091	0.174	0.269	0.349
		一般技工	工日	0.237	0.455	0.701	0.905
		高级技工	工日	0.036	0.070	0.108	0.139
材料	机油 5# ~7#		kg	0.120	0.261	0.521	0.803
	耦合剂		kg	0.800	1.628	2.842	4.282
	棉纱头		kg	0.800	1.200	1.600	2.000
	铁砂布 0# ~2#		张	4.800	7.200	10.400	13.600
	毛刷		把	0.800	1.200	1.600	1.600
	斜探头		个	0.006	0.010	0.014	0.016
	探头线		根	0.004	0.006	0.010	0.010
	其他材料费		%	1.000	1.000	1.000	1.000
仪表	超声波探伤仪		台班	0.154	0.296	0.457	0.590

4. 磁粉检测

工作内容:准备工作,搬运机器,接电,检测部位除锈清理,配制磁悬液,磁电、磁粉反应,缺陷处理,技术报告。

计量单位:10 口

定额编号				8-6-25	8-6-26	8-6-27	8-6-28
项目				普通磁粉检测(公称直径 mm 以内)			
				150	250	350	350 以上
名称			单位	消耗量			
人工	合计工日		工日	0.272	0.467	0.645	0.729
	其中	普工	工日	0.068	0.117	0.162	0.182
		一般技工	工日	0.177	0.303	0.419	0.474
		高级技工	工日	0.027	0.047	0.064	0.073
材料	表面活性剂 Oπ-20		mL	46.000	46.000	46.000	46.000
	亚硝酸钠		g	46.000	46.000	46.000	46.000
	磁粉		g	138.000	138.000	138.000	138.000
	消泡剂		g	18.400	18.400	18.400	18.400
	尼龙砂轮片 $\phi100\times16\times3$		片	0.184	0.184	0.184	0.184
	电		kW·h	0.155	0.193	0.258	0.388
	棉纱头		kg	0.184	0.184	0.184	0.184
	其他材料费		%	1.000	1.000	1.000	1.000
仪表	磁粉探伤仪		台班	0.143	0.241	0.332	0.375

计量单位:10 口

定额编号			8-6-29	8-6-30	8-6-31	8-6-32
项目			荧光磁粉检测(公称直径 mm 以内)			
			150	250	350	350 以上
名称		单位	消耗量			
人工	合计工日	工日	0.490	0.840	1.160	1.311
	其中 普工	工日	0.122	0.210	0.290	0.328
	一般技工	工日	0.319	0.546	0.754	0.852
	高级技工	工日	0.049	0.084	0.116	0.131
材料	表面活性剂 Oπ－20	mL	46.000	46.000	46.000	46.000
	亚硝酸钠	g	46.000	46.000	46.000	46.000
	荧光磁粉	g	18.400	18.400	18.400	18.400
	消泡剂	g	9.200	9.200	9.200	9.200
	尼龙砂轮片 $\phi100\times16\times3$	片	0.184	0.184	0.184	0.184
	电	kW·h	0.193	0.258	0.388	0.517
	棉纱头	kg	0.184	0.184	0.184	0.184
	其他材料费	%	1.000	1.000	1.000	1.000
仪表	磁粉探伤仪	台班	0.257	0.433	0.649	0.676

5. 渗透检测

工作内容:准备工作,领取材料,检测部位除锈清理,配制及喷涂渗透液,喷涂显像剂,干燥处理,观察结果,缺陷部位处理记录,清洗药渍,技术报告。

计量单位:10 口

定额编号			8-6-33	8-6-34	8-6-35	8-6-36
项目			普通渗透检测(公称直径 mm 以内)			
			100	200	350	500
名称		单位	消耗量			
人工	合计工日	工日	0.185	0.376	0.645	0.905
	其中 普工	工日	0.046	0.094	0.162	0.227
	一般技工	工日	0.120	0.244	0.419	0.588
	高级技工	工日	0.019	0.038	0.064	0.090
材料	渗透剂 500mL	瓶	0.542	1.101	1.894	2.659
	显像剂 500mL	瓶	1.085	2.202	3.789	5.320
	清洗剂 500mL	瓶	1.627	3.302	5.683	7.978
	尼龙砂轮片 $\phi100\times16\times3$	片	0.184	0.184	0.184	0.184
	电	kW·h	0.194	0.258	0.389	0.518
	棉纱头	kg	0.272	0.552	0.944	1.328
	其他材料费	%	1.000	1.000	1.000	1.000
机械	轴流通风机 7.5kW	台班	0.020	0.040	0.070	0.098

计量单位:10 口

定额编号			8-6-37	8-6-38	8-6-39	8-6-40
项目			荧光渗透检测(公称直径 mm 以内)			
			100	200	350	500
名称		单位	消耗量			
人工	合计工日	工日	0.222	0.451	0.774	1.086
	其中 普工	工日	0.056	0.113	0.194	0.271
	一般技工	工日	0.144	0.293	0.503	0.706
	高级技工	工日	0.022	0.045	0.077	0.109
材料	荧光渗透探伤剂 500mL	瓶	0.542	1.101	1.894	2.659
	显像剂 500mL	瓶	1.085	2.202	3.789	5.320
	清洗剂 500mL	瓶	1.627	3.302	5.683	7.978
	尼龙砂轮片 $\phi100\times16\times3$	片	0.184	0.184	0.184	0.184
	电	kW·h	0.194	0.258	0.389	0.518
	棉纱头	kg	0.272	0.552	0.944	1.328
	其他材料费	%	1.000	1.000	1.000	1.000
机械	轴流通风机 7.5kW	台班	0.024	0.049	0.084	0.118

三、焊口预热及后热

1. 低中压碳钢管电加热片

工作内容:准备工作,热电偶固定,包扎,连线,通电升温,拆除,回收材料,清理现场。　**计量单位:**10 口

定额编号			8-6-41	8-6-42	8-6-43	8-6-44	8-6-45	8-6-46	8-6-47
项目			公称直径(mm 以内)						
			50	100	200	300	400	500	600
名称		单位	消耗量						
人工	合计工日	工日	1.799	2.056	2.570	2.767	3.940	4.949	5.691
	其中 普工	工日	0.450	0.514	0.643	0.691	0.985	1.237	1.423
	一般技工	工日	1.169	1.336	1.670	1.799	2.561	3.217	3.699
	高级技工	工日	0.180	0.206	0.257	0.277	0.394	0.495	0.569
材料	岩棉板	m^3	0.116	0.133	0.167	0.267	0.418	0.563	0.647
	电加热片	m^2	0.016	0.019	0.024	0.036	0.054	0.066	0.075
	热电偶 1000℃ 1m	个	0.140	0.160	0.200	0.400	0.660	0.660	0.759
	其他材料费	%	1.000	1.000	1.000	1.000	1.000	1.000	1.000
机械	自控热处理机	台班	0.552	0.631	0.788	0.894	1.270	1.594	1.834

2. 高压碳钢管电加热片

工作内容:准备工作,热电偶固定,包扎,连线,通电升温,拆除,回收材料,清理现场。 **计量单位:**10 口

<table>
<tr><td colspan="3">定 额 编 号</td><td>8-6-48</td><td>8-6-49</td><td>8-6-50</td><td>8-6-51</td><td>8-6-52</td><td>8-6-53</td><td>8-6-54</td></tr>
<tr><td colspan="3" rowspan="2">项 目</td><td colspan="7">公称直径(mm 以内)</td></tr>
<tr><td>50</td><td>100</td><td>200</td><td>300</td><td>400</td><td>500</td><td>600</td></tr>
<tr><td colspan="2">名 称</td><td>单位</td><td colspan="7">消 耗 量</td></tr>
<tr><td rowspan="4">人工</td><td>合计工日</td><td>工日</td><td>2.698</td><td>3.084</td><td>3.855</td><td>4.151</td><td>5.910</td><td>7.423</td><td>8.536</td></tr>
<tr><td>其中 普工</td><td>工日</td><td>0.674</td><td>0.771</td><td>0.964</td><td>1.036</td><td>1.477</td><td>1.854</td><td>2.133</td></tr>
<tr><td>其中 一般技工</td><td>工日</td><td>1.754</td><td>2.004</td><td>2.505</td><td>2.699</td><td>3.842</td><td>4.826</td><td>5.549</td></tr>
<tr><td>其中 高级技工</td><td>工日</td><td>0.270</td><td>0.309</td><td>0.386</td><td>0.416</td><td>0.591</td><td>0.743</td><td>0.854</td></tr>
<tr><td rowspan="4">材料</td><td>岩棉板</td><td>m^3</td><td>0.174</td><td>0.200</td><td>0.251</td><td>0.401</td><td>0.627</td><td>0.845</td><td>0.971</td></tr>
<tr><td>电加热片</td><td>m^2</td><td>0.024</td><td>0.029</td><td>0.036</td><td>0.054</td><td>0.081</td><td>0.099</td><td>0.113</td></tr>
<tr><td>热电偶 1000℃ 1m</td><td>个</td><td>0.210</td><td>0.240</td><td>0.300</td><td>0.600</td><td>0.990</td><td>0.990</td><td>1.139</td></tr>
<tr><td>其他材料费</td><td>%</td><td>1.000</td><td>1.000</td><td>1.000</td><td>1.000</td><td>1.000</td><td>1.000</td><td>1.000</td></tr>
<tr><td>机械</td><td>自控热处理机</td><td>台班</td><td>0.828</td><td>0.946</td><td>1.183</td><td>1.340</td><td>1.905</td><td>2.392</td><td>2.750</td></tr>
</table>

3. 低中压碳钢管电阻丝

工作内容:准备工作,热电偶固定,电阻丝固定,包扎,连线,通电升温,拆除,回收材料,清理现场。

计量单位:10 口

<table>
<tr><td colspan="3">定 额 编 号</td><td>8-6-55</td><td>8-6-56</td><td>8-6-57</td><td>8-6-58</td><td>8-6-59</td><td>8-6-60</td><td>8-6-61</td></tr>
<tr><td colspan="3" rowspan="2">项 目</td><td colspan="7">公称直径(mm 以内)</td></tr>
<tr><td>50</td><td>100</td><td>200</td><td>300</td><td>400</td><td>500</td><td>600</td></tr>
<tr><td colspan="2">名 称</td><td>单位</td><td colspan="7">消 耗 量</td></tr>
<tr><td rowspan="4">人工</td><td>合计工日</td><td>工日</td><td>1.888</td><td>2.158</td><td>2.698</td><td>2.906</td><td>4.137</td><td>5.196</td><td>5.975</td></tr>
<tr><td>其中 普工</td><td>工日</td><td>0.472</td><td>0.539</td><td>0.674</td><td>0.726</td><td>1.034</td><td>1.299</td><td>1.493</td></tr>
<tr><td>其中 一般技工</td><td>工日</td><td>1.227</td><td>1.403</td><td>1.754</td><td>1.889</td><td>2.689</td><td>3.377</td><td>3.884</td></tr>
<tr><td>其中 高级技工</td><td>工日</td><td>0.189</td><td>0.216</td><td>0.270</td><td>0.291</td><td>0.414</td><td>0.520</td><td>0.598</td></tr>
<tr><td rowspan="5">材料</td><td>岩棉板</td><td>m^3</td><td>0.116</td><td>0.133</td><td>0.167</td><td>0.267</td><td>0.418</td><td>0.563</td><td>0.647</td></tr>
<tr><td>镍铬电阻丝 ϕ3.2</td><td>kg</td><td>0.280</td><td>0.350</td><td>0.700</td><td>0.700</td><td>1.050</td><td>1.150</td><td>1.400</td></tr>
<tr><td>耐热电瓷环 ϕ20</td><td>个</td><td>24.000</td><td>30.000</td><td>60.000</td><td>60.000</td><td>90.000</td><td>100.000</td><td>120.000</td></tr>
<tr><td>热电偶 1000℃ 1m</td><td>个</td><td>0.140</td><td>0.160</td><td>0.200</td><td>0.400</td><td>0.660</td><td>0.660</td><td>0.759</td></tr>
<tr><td>其他材料费</td><td>%</td><td>1.000</td><td>1.000</td><td>1.000</td><td>1.000</td><td>1.000</td><td>1.000</td><td>1.000</td></tr>
<tr><td>机械</td><td>自控热处理机</td><td>台班</td><td>0.552</td><td>0.631</td><td>0.788</td><td>0.894</td><td>1.270</td><td>1.594</td><td>1.834</td></tr>
</table>

4. 高压碳钢管电阻丝

工作内容：准备工作，热电偶固定，电阻丝固定，包扎，连线，通电升温，拆除，回收材料，清理现场。

计量单位：10 口

定额编号				8-6-62	8-6-63	8-6-64	8-6-65	8-6-66	8-6-67	8-6-68
项目				公称直径(mm 以内)						
				50	100	200	300	400	500	600
名称			单位	消耗量						
人工	合计工日		工日	2.832	3.237	4.047	4.359	6.205	7.794	8.963
	其中	普工	工日	0.707	0.808	1.011	1.088	1.550	1.948	2.240
		一般技工	工日	1.841	2.105	2.631	2.834	4.034	5.066	5.826
		高级技工	工日	0.284	0.324	0.405	0.437	0.621	0.780	0.897
材料	岩棉板		m^3	0.174	0.200	0.251	0.401	0.627	0.845	0.971
	镍铬电阻丝 φ3.2		kg	0.420	0.525	1.050	1.050	1.575	1.725	2.100
	耐热电瓷环 φ20		个	36.000	45.000	90.000	90.000	135.000	150.000	180.000
	热电偶 1000℃ 1m		个	0.210	0.240	0.300	0.600	0.990	0.990	1.139
	其他材料费		%	1.000	1.000	1.000	1.000	1.000	1.000	1.000
机械	自控热处理机		台班	0.828	0.946	1.183	1.340	1.905	2.392	2.750

5. 低中压合金钢管电加热片

工作内容：准备工作，热电偶固定，包扎，连线，通电升温，拆除，回收材料，清理现场。　计量单位：10 口

定额编号				8-6-69	8-6-70	8-6-71	8-6-72	8-6-73	8-6-74	8-6-75
项目				公称直径(mm 以内)						
				50	100	200	300	400	500	600
名称			单位	消耗量						
人工	合计工日		工日	3.000	3.333	3.633	3.878	5.030	6.564	7.545
	其中	普工	工日	0.750	0.833	0.909	0.969	1.257	1.641	1.885
		一般技工	工日	1.950	2.167	2.361	2.521	3.270	4.267	4.905
		高级技工	工日	0.300	0.333	0.363	0.388	0.503	0.656	0.755
材料	岩棉板		m^3	0.116	0.133	0.167	0.267	0.418	0.563	0.647
	电加热片		m^2	0.016	0.019	0.024	0.036	0.054	0.066	0.075
	热电偶 1000℃ 1m		个	0.200	0.200	0.200	0.400	0.660	0.660	0.750
	其他材料费		%	1.000	1.000	1.000	1.000	1.000	1.000	1.000
机械	自控热处理机		台班	0.962	1.069	1.165	1.244	1.621	2.111	2.427

6. 高压合金钢管电加热片

工作内容:准备工作,热电偶固定,包扎,连线,通电升温,拆除,回收材料,清理现场。 **计量单位**:10 口

定额编号			8-6-76	8-6-77	8-6-78	8-6-79	8-6-80	8-6-81	8-6-82
项目			公称直径(mm 以内)						
			50	100	200	300	400	500	600
名称		单位	消耗量						
人工	合计工日	工日	4.800	5.333	5.813	6.205	8.049	10.502	12.073
	其中 普工	工日	1.200	1.333	1.454	1.550	2.012	2.625	3.017
	其中 一般技工	工日	3.120	3.467	3.778	4.034	5.232	6.827	7.848
	其中 高级技工	工日	0.480	0.533	0.581	0.621	0.805	1.050	1.208
材料	岩棉板	m^3	0.186	0.213	0.267	0.427	0.669	0.901	1.035
	电加热片	m^2	0.026	0.030	0.038	0.058	0.086	0.106	0.120
	热电偶 1000℃ 1m	个	0.320	0.320	0.320	0.640	1.056	1.056	1.200
	其他材料费	%	1.000	1.000	1.000	1.000	1.000	1.000	1.000
机械	自控热处理机	台班	1.539	1.710	1.864	1.990	2.593	3.378	3.883

7. 低中压合金钢管电阻丝

工作内容:准备工作,热电偶固定,电阻丝固定,包扎,连线,通电升温,拆除,回收材料,清理现场。 **计量单位**:10 口

定额编号			8-6-83	8-6-84	8-6-85	8-6-86	8-6-87	8-6-88	8-6-89
项目			公称直径(mm 以内)						
			50	100	200	300	400	500	600
名称		单位	消耗量						
人工	合计工日	工日	3.333	3.499	3.814	4.072	5.276	6.699	7.920
	其中 普工	工日	0.833	0.874	0.954	1.018	1.319	1.675	1.980
	其中 一般技工	工日	2.167	2.275	2.479	2.647	3.429	4.354	5.148
	其中 高级技工	工日	0.333	0.350	0.381	0.407	0.528	0.670	0.792
材料	岩棉板	m^3	0.116	0.133	0.167	0.267	0.418	0.563	0.647
	镍铬电阻丝 ϕ3.2	kg	0.280	0.350	0.700	0.700	1.050	1.150	1.400
	耐热电瓷环 ϕ20	个	24.000	30.000	60.000	60.000	90.000	100.000	120.000
	热电偶 1000℃ 1m	个	0.200	0.200	0.200	0.400	0.660	0.660	0.750
	其他材料费	%	1.000	1.000	1.000	1.000	1.000	1.000	1.000
机械	自控热处理机	台班	1.069	1.069	1.165	1.244	1.621	2.111	2.427

8. 高压合金钢管电阻丝

工作内容：准备工作，热电偶固定，电阻丝固定，包扎，连线，通电升温，拆除，回收材料，清理现场。

计量单位：10 口

定额编号				8-6-90	8-6-91	8-6-92	8-6-93	8-6-94	8-6-95	8-6-96
项目				公称直径(mm 以内)						
				50	100	200	300	400	500	600
名称			单位	消耗量						
人工	合计工日		工日	5.333	5.599	6.103	6.515	8.441	10.718	12.673
	其中	普工	工日	1.333	1.399	1.527	1.629	2.110	2.680	3.169
		一般技工	工日	3.467	3.640	3.966	4.235	5.486	6.966	8.237
		高级技工	工日	0.533	0.560	0.610	0.651	0.845	1.072	1.267
材料	岩棉板		m^3	0.186	0.213	0.267	0.427	0.669	0.901	1.035
	镍铬电阻丝 $\phi3.2$		kg	0.448	0.560	1.120	1.120	1.680	1.840	2.240
	耐热电瓷环 $\phi20$		个	38.400	48.000	96.000	96.000	144.000	160.000	192.000
	热电偶 1000℃ 1m		个	0.320	0.320	0.320	0.640	1.056	1.056	1.200
	其他材料费		%	1.000	1.000	1.000	1.000	1.000	1.000	1.000
机械	自控热处理机		台班	1.710	1.710	1.864	1.990	2.593	3.378	3.883

9. 碳钢管电感应

工作内容：准备工作，热电偶固定，包扎，连线，通电升温，拆除，回收材料，清理现场。　计量单位：10 口

定额编号				8-6-97	8-6-98	8-6-99	8-6-100	8-6-101	8-6-102	8-6-103
项目				公称直径(mm 以内)						
				50	100	200	300	400	500	600
名称			单位	消耗量						
人工	合计工日		工日	1.665	1.903	2.379	2.570	3.456	4.369	5.024
	其中	普工	工日	0.416	0.476	0.595	0.643	0.864	1.092	1.256
		一般技工	工日	1.082	1.237	1.546	1.670	2.246	2.840	3.266
		高级技工	工日	0.167	0.190	0.238	0.257	0.346	0.437	0.502
材料	保温布		m^2	2.100	2.400	3.000	3.800	5.900	7.200	8.280
	硬铜绞线 TJ－120mm²		kg	2.590	2.960	3.700	5.400	7.100	8.700	10.005
	热电偶 1000℃ 1m		个	0.140	0.160	0.200	0.400	0.660	0.660	0.759
	其他材料费		%	1.000	1.000	1.000	1.000	1.000	1.000	1.000
机械	中频加热处理机 100kW		台班	0.494	0.565	0.706	0.763	1.031	1.299	1.494

10. 低中压合金钢管电感应

工作内容:准备工作,热电偶固定,包扎,连线,通电升温,拆除,回收材料,清理现场。 **计量单位:**10口

定额编号				8-6-104	8-6-105	8-6-106	8-6-107	8-6-108	8-6-109	8-6-110
项目				公称直径（mm以内）						
				50	100	200	300	400	500	600
名称			单位	消耗量						
人工	合计工日		工日	3.088	3.088	3.381	3.633	4.465	5.821	6.694
	其中	普工	工日	0.772	0.772	0.845	0.909	1.117	1.455	1.674
		一般技工	工日	2.007	2.007	2.198	2.361	2.902	3.784	4.351
		高级技工	工日	0.309	0.309	0.338	0.363	0.446	0.582	0.669
材料	保温布		m^2	2.400	2.700	3.000	3.800	5.900	7.200	8.280
	硬铜绞线 TJ－120mm²		kg	1.200	2.000	3.700	5.400	7.100	8.700	10.005
	热电偶 1000℃ 1m		个	0.210	0.210	0.300	0.400	0.660	0.660	0.759
	其他材料费		%	1.000	1.000	1.000	1.000	1.000	1.000	1.000
机械	中频加热处理机 100kW		台班	0.917	0.917	1.007	1.080	1.331	1.737	1.998

11. 高压合金钢管电感应

工作内容:准备工作,热电偶固定,包扎,连线,通电升温,拆除,回收材料,清理现场。 **计量单位:**10口

定额编号				8-6-111	8-6-112	8-6-113	8-6-114	8-6-115	8-6-116	8-6-117
项目				公称直径(mm以内)						
				50	100	200	300	400	500	600
名称			单位	消耗量						
人工	合计工日		工日	3.285	3.285	5.521	5.794	8.059	8.545	9.827
	其中	普工	工日	0.821	0.821	1.380	1.449	2.015	2.135	2.456
		一般技工	工日	2.135	2.135	3.589	3.766	5.238	5.555	6.388
		高级技工	工日	0.329	0.329	0.552	0.579	0.806	0.855	0.983
材料	保温布		m^2	2.870	3.280	4.100	5.800	8.500	11.800	13.570
	硬铜绞线 TJ－120mm²		kg	1.200	2.000	5.700	8.200	10.700	12.600	14.490
	热电偶 1000℃ 1m		个	0.210	0.210	0.300	0.400	0.600	0.660	0.759
	其他材料费		%	1.000	1.000	1.000	1.000	1.000	1.000	1.000
机械	中频加热处理机 100kW		台班	0.982	0.982	1.648	1.729	2.398	2.546	2.928

12. 碳钢管氧乙炔

工作内容：准备工作，加热。　　　　计量单位：10 口

定额编号			8-6-118	8-6-119	8-6-120	8-6-121	8-6-122	8-6-123	8-6-124
项目			公称直径(mm 以内)						
			50	100	200	300	400	500	600
名称		单位	消耗量						
人工	合计工日	工日	0.063	0.224	0.718	1.631	2.533	4.037	4.642
人工	其中 普工	工日	0.016	0.056	0.179	0.408	0.634	1.009	1.161
人工	其中 一般技工	工日	0.041	0.146	0.467	1.060	1.646	2.624	3.017
人工	其中 高级技工	工日	0.006	0.022	0.072	0.163	0.253	0.404	0.464
材料	氧气	m^3	0.259	0.984	4.351	9.970	15.705	24.836	28.561
材料	乙炔气	kg	0.122	0.463	2.048	4.692	7.391	11.688	13.441
材料	其他材料费	%	1.000	1.000	1.000	1.000	1.000	1.000	1.000

13. 合金钢管氧乙炔

工作内容：准备工作，加热。　　　　计量单位：10 口

定额编号			8-6-125	8-6-126	8-6-127	8-6-128	8-6-129	8-6-130	8-6-131
项目			公称直径(mm 以内)						
			50	100	200	300	400	500	600
名称		单位	消耗量						
人工	合计工日	工日	0.069	0.303	0.790	1.701	2.786	4.441	5.107
人工	其中 普工	工日	0.017	0.076	0.198	0.426	0.696	1.110	1.277
人工	其中 一般技工	工日	0.045	0.197	0.513	1.105	1.811	2.887	3.319
人工	其中 高级技工	工日	0.007	0.030	0.079	0.170	0.279	0.444	0.511
材料	氧气	m^3	0.286	0.900	4.786	10.396	17.276	27.320	31.418
材料	乙炔气	kg	0.134	0.424	2.253	4.892	8.130	12.857	14.785
材料	其他材料费	%	1.000	1.000	1.000	1.000	1.000	1.000	1.000

四、焊口热处理

1. 低中压碳钢电加热片

工作内容:准备工作,热电偶固定、包扎,连线,通电升温,恒温,降温,拆除,回收材料,清理现场。

计量单位:10 口

定额编号			8-6-132	8-6-133	8-6-134	8-6-135	8-6-136	8-6-137	8-6-138
项目			公称直径(mm 以内)						
			50	100	200	300	400	500	600
名称		单位	消耗量						
人工	合计工日	工日	5.136	5.870	7.337	11.465	12.386	13.624	14.243
	其中 普工	工日	1.284	1.468	1.834	2.865	3.096	3.406	3.561
	其中 一般技工	工日	3.338	3.815	4.769	7.453	8.051	8.856	9.258
	其中 高级技工	工日	0.514	0.587	0.734	1.147	1.239	1.362	1.424
材料	岩棉板	m^3	0.161	0.184	0.231	0.382	0.560	0.774	0.890
	电加热片	m^2	0.042	0.048	0.060	0.090	0.114	0.144	0.165
	热电偶 1000℃ 1m	个	0.500	0.500	0.500	1.000	1.500	1.500	1.725
	其他材料费	%	1.000	1.000	1.000	1.000	1.000	1.000	1.000
机械	自控热处理机	台班	0.976	1.116	1.395	2.187	2.362	2.598	2.716

2. 高压碳钢电加热片

工作内容:准备工作,热电偶固定、包扎,连线,通电升温,恒温,降温,拆除,回收材料,清理现场。

计量单位:10 口

定额编号			8-6-139	8-6-140	8-6-141	8-6-142	8-6-143	8-6-144	8-6-145
项目			公称直径(mm 以内)						
			50	100	200	300	400	500	600
名称		单位	消耗量						
人工	合计工日	工日	6.112	6.985	12.106	22.358	22.046	34.333	39.454
	其中 普工	工日	1.528	1.746	3.026	5.588	5.510	8.584	9.865
	其中 一般技工	工日	3.972	4.540	7.869	14.533	14.331	22.317	25.645
	其中 高级技工	工日	0.612	0.699	1.211	2.237	2.205	3.432	3.944
材料	岩棉板	m^3	0.161	0.184	0.231	0.420	0.616	0.937	1.077
	电加热片	m^2	0.042	0.048	0.060	0.099	0.125	0.174	0.200
	热电偶 1000℃ 1m	个	0.500	0.500	0.500	1.100	1.650	1.815	2.087
	其他材料费	%	1.000	1.000	1.000	1.000	1.000	1.000	1.000
机械	自控热处理机	台班	1.162	1.328	2.301	4.264	4.204	6.547	7.522

3. 低中压碳钢管电阻丝

工作内容：准备工作，热电偶固定、包扎，连线，通电升温，恒温，降温，拆除，回收材料，清理现场。

计量单位：10 口

定额编号			8-6-146	8-6-147	8-6-148	8-6-149	8-6-150	8-6-151	8-6-152
项目			公称直径（mm 以内）						
			50	100	200	300	400	500	600
名称		单位	消耗量						
人工	合计工日	工日	5.906	6.764	8.437	11.682	14.243	15.667	16.379
人工	其中 普工	工日	1.476	1.691	2.109	2.921	3.561	3.916	4.095
人工	其中 一般技工	工日	3.839	4.397	5.484	7.593	9.258	10.184	10.646
人工	其中 高级技工	工日	0.591	0.676	0.844	1.168	1.424	1.567	1.638
材料	岩棉板	m^3	0.161	0.184	0.231	0.382	0.560	0.774	0.890
材料	镍铬电阻丝 $\phi3.2$	kg	0.560	0.700	1.400	1.400	2.100	2.300	2.800
材料	耐热电瓷环 $\phi20$	个	48.000	60.000	120.000	120.000	180.000	200.000	240.000
材料	热电偶 1000℃ 1m	个	0.500	0.500	0.500	1.000	1.500	1.650	1.725
材料	其他材料费	%	1.000	1.000	1.000	1.000	1.000	1.000	1.000
机械	自控热处理机	台班	1.193	1.539	1.886	1.966	3.208	3.528	3.688

4. 高压碳钢管电阻丝

工作内容：准备工作，热电偶固定、包扎，连线，通电升温，恒温，降温，拆除，回收材料，清理现场。

计量单位：10 口

定额编号			8-6-153	8-6-154	8-6-155	8-6-156	8-6-157	8-6-158	8-6-159
项目			公称直径（mm 以内）						
			50	100	200	300	400	500	600
名称		单位	消耗量						
人工	合计工日	工日	7.028	8.049	13.922	22.780	25.353	39.482	45.370
人工	其中 普工	工日	1.757	2.013	3.480	5.696	6.339	9.869	11.344
人工	其中 一般技工	工日	4.568	5.232	9.049	14.806	16.479	25.664	29.489
人工	其中 高级技工	工日	0.703	0.804	1.393	2.278	2.535	3.949	4.537
材料	岩棉板	m^3	0.161	0.184	0.231	0.420	0.616	0.937	1.077
材料	镍铬电阻丝 $\phi3.2$	kg	0.560	0.700	1.400	1.540	2.310	2.783	3.388
材料	耐热电瓷环 $\phi20$	个	48.000	60.000	120.000	132.000	198.000	242.000	290.400
材料	热电偶 1000℃ 1m	个	0.500	0.500	0.500	1.100	1.650	1.997	2.087
材料	其他材料费	%	1.000	1.000	1.000	1.000	1.000	1.000	1.000
机械	自控热处理机	台班	1.419	1.831	3.112	3.835	5.710	8.890	10.217

5. 低中压合金钢管电加热片

工作内容：准备工作，热电偶固定、包扎，连线，通电升温，恒温，降温，拆除，回收材料，清理现场。

计量单位：10 口

定额编号			8-6-160	8-6-161	8-6-162	8-6-163	8-6-164	8-6-165	8-6-166
项目			公称直径（mm 以内）						
			50	100	200	300	400	500	600
名称		单位	消耗量						
人工	合计工日	工日	6.537	8.078	8.607	12.668	14.631	16.094	16.825
人工	其中：普工	工日	1.634	2.019	2.152	3.167	3.658	4.024	4.206
人工	其中：一般技工	工日	4.249	5.251	5.594	8.234	9.510	10.461	10.936
人工	其中：高级技工	工日	0.654	0.808	0.861	1.267	1.463	1.609	1.683
材料	岩棉板	m^3	0.161	0.184	0.231	0.382	0.560	0.774	0.890
材料	电加热片	m^2	0.042	0.048	0.060	0.090	0.114	0.114	0.165
材料	热电偶 1000℃ 1m	个	0.500	0.500	0.500	1.000	1.500	1.500	1.725
材料	其他材料费	%	1.000	1.000	1.000	1.000	1.000	1.000	1.000
机械	自控热处理机	台班	1.245	1.540	1.640	2.411	2.789	3.068	3.208

6. 高压合金钢管电加热片

工作内容：准备工作，热电偶固定、包扎，连线，通电升温，恒温，降温，拆除，回收材料，清理现场。

计量单位：10 口

定额编号			8-6-167	8-6-168	8-6-169	8-6-170	8-6-171	8-6-172	8-6-173
项目			公称直径（mm 以内）						
			50	100	200	300	400	500	600
名称		单位	消耗量						
人工	合计工日	工日	7.759	9.658	14.165	24.790	26.109	40.537	46.618
人工	其中：普工	工日	1.940	2.414	3.542	6.198	6.527	10.134	11.655
人工	其中：一般技工	工日	5.043	6.278	9.207	16.113	16.971	26.349	30.301
人工	其中：高级技工	工日	0.776	0.966	1.416	2.479	2.611	4.054	4.662
材料	岩棉板	m^3	0.161	0.184	0.231	0.382	0.560	0.774	0.890
材料	电加热片	m^2	0.042	0.048	0.060	0.120	0.156	0.258	0.296
材料	热电偶 1000℃ 1m	个	0.500	0.500	0.500	1.000	1.500	1.500	1.725
材料	其他材料费	%	1.000	1.000	1.000	1.000	1.000	1.000	1.000
机械	自控热处理机	台班	1.480	1.838	2.698	4.723	4.969	7.716	8.873

7. 低中压合金钢管电阻丝

工作内容：准备工作，热电偶固定、包扎，连线，通电升温，恒温，降温，拆除，回收材料，清理现场。

计量单位：10 口

定额编号				8-6-174	8-6-175	8-6-176	8-6-177	8-6-178	8-6-179	8-6-180
项目				公称直径（mm 以内）						
				50	100	200	300	400	500	600
名称			单位	消耗量						
人工	合计工日		工日	7.517	9.289	9.897	10.335	16.825	17.666	18.094
	其中	普工	工日	1.879	2.322	2.474	2.584	4.206	4.416	4.524
		一般技工	工日	4.886	6.038	6.433	6.718	10.936	11.483	11.761
		高级技工	工日	0.752	0.929	0.990	1.033	1.683	1.767	1.809
材料	岩棉板		m^3	0.161	0.184	0.231	0.382	0.560	0.774	0.890
	镍铬电阻丝 φ3.2		kg	0.560	0.700	1.400	1.400	2.100	2.300	2.800
	耐热电瓷环 φ20		个	48.000	60.000	120.000	120.000	180.000	200.000	240.000
	热电偶 1000℃ 1m		个	0.500	0.500	0.500	1.000	1.500	1.650	1.725
	其他材料费		%	1.000	1.000	1.000	1.000	1.000	1.000	1.000
机械	自控热处理机		台班	1.446	1.770	1.886	1.966	3.208	3.528	3.688

8. 高压合金钢管电阻丝

工作内容：准备工作，热电偶固定、包扎，连线，通电升温，恒温，降温，拆除，回收材料，清理现场。

计量单位：10 口

定额编号				8-6-181	8-6-182	8-6-183	8-6-184	8-6-185	8-6-186	8-6-187
项目				公称直径（mm 以内）						
				50	100	200	300	400	500	600
名称			单位	消耗量						
人工	合计工日		工日	8.923	11.107	16.290	28.501	30.025	46.603	53.610
	其中	普工	工日	2.231	2.776	4.073	7.125	7.507	11.651	13.402
		一般技工	工日	5.800	7.220	10.588	18.526	19.516	30.292	34.847
		高级技工	工日	0.892	1.111	1.629	2.850	3.002	4.660	5.361
材料	岩棉板		m^3	0.161	0.184	0.231	0.382	0.560	0.774	0.890
	镍铬电阻丝 φ3.2		kg	0.560	0.700	1.400	1.400	2.100	2.300	2.800
	耐热电瓷环 φ20		个	48.000	60.000	120.000	120.000	180.000	200.000	240.000
	热电偶 1000℃ 1m		个	0.500	0.500	0.500	1.000	1.500	1.650	1.725
	其他材料费		%	1.000	1.000	1.000	1.000	1.000	1.000	1.000
机械	自控热处理机		台班	1.702	2.113	3.103	5.432	5.714	8.874	10.204

9. 碳钢管电感应

工作内容:准备工作,热电偶固定、包扎,连线,通电升温,恒温,降温,拆除,回收材料,清理现场。

计量单位:10 口

定额编号				8-6-188	8-6-189	8-6-190	8-6-191	8-6-192	8-6-193	8-6-194
项目				公称直径(mm 以内)						
				50	100	200	300	400	500	600
名称			单位	消耗量						
人工	合计工日		工日	7.000	7.999	9.999	14.999	15.459	15.459	17.778
	其中	普工	工日	1.750	1.999	2.499	3.750	3.865	3.865	4.444
		一般技工	工日	4.550	5.200	6.500	9.749	10.048	10.048	11.556
		高级技工	工日	0.700	0.800	1.000	1.500	1.546	1.546	1.778
材料	保温布		m^2	0.904	1.521	2.826	3.982	5.086	9.121	10.489
	硬铜绞线 TJ-120mm^2		kg	3.827	7.060	12.939	18.869	24.530	30.356	34.909
	热电偶 1000℃ 1m		个	0.500	0.500	0.500	1.000	1.500	1.500	1.725
	其他材料费		%	1.000	1.000	1.000	1.000	1.000	1.000	1.000
机械	中频加热处理机 100kW		台班	1.237	1.413	1.767	2.650	2.728	2.728	3.137

10. 低压合金钢管电感应

工作内容:准备工作,热电偶固定、包扎,连线,通电升温,恒温,降温,拆除,回收材料,清理现场。

计量单位:10 口

定额编号				8-6-195	8-6-196	8-6-197	8-6-198	8-6-199	8-6-200	8-6-201
项目				公称直径(mm 以内)						
				50	100	200	300	400	500	600
名称			单位	消耗量						
人工	合计工日		工日	6.294	7.746	8.208	12.306	12.883	19.532	22.462
	其中	普工	工日	1.574	1.936	2.052	3.076	3.221	4.883	5.616
		一般技工	工日	4.091	5.035	5.335	7.999	8.374	12.696	14.600
		高级技工	工日	0.629	0.775	0.821	1.231	1.288	1.953	2.246
材料	保温布		m^2	1.040	1.750	3.250	4.580	5.850	10.490	12.063
	硬铜绞线 TJ-120mm^2		kg	4.402	8.120	14.880	21.700	28.210	43.640	50.186
	热电偶 1000℃ 1m		个	0.500	0.500	0.500	1.000	1.500	1.500	1.725
	其他材料费		%	1.000	1.000	1.000	1.000	1.000	1.000	1.000
机械	中频加热处理机 100kW		台班	1.115	1.367	1.448	2.169	2.273	3.449	3.966

11. 中高压合金钢管电感应

工作内容：准备工作，热电偶固定、包扎，连线，通电升温，恒温，降温，拆除，回收材料，清理现场。

计量单位：10 口

定额编号				8-6-202	8-6-203	8-6-204	8-6-205	8-6-206	8-6-207	8-6-208
项目				公称直径(mm 以内)						
				50	100	200	300	400	500	600
名称			单位	消耗量						
人工	合计工日		工日	7.487	9.672	13.478	22.949	23.612	37.151	47.031
	其中	普工	工日	1.872	2.418	3.370	5.737	5.903	9.288	11.758
		一般技工	工日	4.866	6.287	8.760	14.917	15.348	24.148	30.570
		高级技工	工日	0.749	0.967	1.348	2.295	2.361	3.715	4.703
材料	保温布		m^2	1.040	1.750	3.250	4.580	5.850	10.490	12.630
	硬铜绞线 TJ－120mm^2		kg	4.400	8.120	14.880	21.700	28.210	43.640	50.186
	热电偶 1000℃ 1m		个	0.500	0.500	0.500	1.000	1.500	1.500	1.725
	其他材料费		%	1.000	1.000	1.000	1.000	1.000	1.000	1.000
机械	中频加热处理机 100kW		台班	1.325	1.636	2.377	4.053	4.170	6.553	7.536

五、硬 度 测 定

工作内容：准备工作，测定硬度值，技术报告。

计量单位：10 个点

定额编号			8-6-209
项目			管材
名称		单位	消耗量
人工	合计工日	工日	0.327
	一般技工	工日	0.327
材料	尼龙砂轮片 $\phi100\times16\times3$	片	0.500
	电	kW·h	0.070
	铁砂布 0#～2#	张	2.500
	打印纸	箱	0.100
	色带	根	0.100
	其他材料费	%	1.000
仪表	里氏硬度计	台班	0.495

六、光 谱 分 析

工作内容：准备工作，调试机器，工件检测表面清理，测试分析，对比标准，数据记录，评定，技术报告。

计量单位：点

定额编号				8-6-210	8-6-211	8-6-212
项目				定性	半定量	全组分
名称			单位	消耗量		
人工	合计工日		工日	0.040	0.079	0.149
	其中	一般技工	工日	0.036	0.071	0.134
		高级技工	工日	0.004	0.008	0.015
材料	尼龙砂轮片 φ100×16×3		片	0.010	0.010	0.010
	电		kW·h	0.070	0.070	0.070
	铁砂布 0# ~2#		张	0.100	0.100	0.100
	破布		kg	0.001	0.001	0.001
	其他材料费		%	1.000	1.000	1.000
仪表	红外光谱仪		台班	0.099	—	—
	光谱分析仪		台班	—	0.059	0.149

第七章　其　　他
（030807）

说　明

一、本章内容包括管道支吊架制作与安装，焊口充氮保护（管道内部），冷排管制作安装，钢带退火、加氨，蒸汽分汽缸制作、蒸汽分汽缸安装、集气罐制作、集气罐安装、空气分气筒制作安装等。

二、冷排管制作与安装定额已包括钢带的轧绞、绕片工作内容。

三、本章不包括以下工作内容：

1. 分气缸、集气罐和空气分气筒的附件安装。

2. 冷排管制作与安装定额中的钢带退火和冲、套翅片。

3. 木垫式管架不包括木垫重量。

四、关于下列各项费用的规定。

1. 不锈钢管、有色金属管、非金属管的管架制作与安装，按一般管架定额乘以系数 1.1。

2. 采用成型钢管焊接的异形管架制作与安装，按一般管架定额乘以系数 1.3，如材质不同时，电焊条可以替换，消耗量不变。

五、管道支吊架制作与安装比例。

1. 一般管架：制作占 65%，安装占 35%。

2. 木垫式及弹簧式管架：制作占 78%，安装占 22%。

六、定额中场外运输子目是指材料及半成品在施工现场范围以外的水平运输，包括发包方供应仓库到场外防腐厂、场外预制厂、场外防腐厂到场外预制厂、场外预制厂到安装现场等。

工程量计算规则

一、一般管架制作与安装以“100kg”为计量单位。

二、套管制作与安装按工作管道的不同规格，以“个”为计量单位。

三、焊口充氩保护按管道不同规格，以“10 口”为计量单位。

四、冷排管制作与安装以“100m”为计量单位。

一、管道支吊架制作与安装

工作内容：准备工作，切断，煨制，钻孔，组对，焊接，打洞，固定安装，堵洞。　　**计量单位**：100kg

定额编号				8-7-1	8-7-2	8-7-3
项　目				一般管架	木垫式管架	弹簧式管架
名　称			单位	消耗量		
人工	合计工日		工日	5.998	4.619	4.083
	其中	普工	工日	1.499	1.155	1.021
		一般技工	工日	3.899	3.002	2.654
		高级技工	工日	0.600	0.462	0.408
材料	型钢(综合)		kg	106.000	102.000	102.000
	低碳钢焊条 J427 ϕ3.2		kg	2.653	1.400	1.932
	氧气		m^3	1.569	1.474	0.861
	乙炔气		kg	0.549	0.567	0.336
	尼龙砂轮片 ϕ500×25×4		片	0.560	0.581	0.665
	磨头		个	0.112	—	—
	垫圈(综合)		kg	—	0.245	0.287
	钢垫片 0.8		kg	0.700	—	—
	丙酮		kg	0.049	—	—
	机油		kg	0.112	—	—
	水		t	0.007	0.728	0.742
	六角螺栓		kg	3.226	2.464	2.534
	六角螺母		kg	1.449	1.232	1.267
	棉纱头		kg	0.294	—	—
	焦炭		kg	—	11.991	6.132
	木方		m^3	0.003	0.034	—
	水泥 P.O 42.5		kg	8.472	6.300	4.550
	钻头 ϕ6~13		个	0.560	—	—
	砂子		m^3	—	0.021	0.007
	碎石 0.5~3.2		m^3	0.014	—	—
	其他材料费		%	1.000	1.000	1.000
机械	电焊机（综合）		台班	0.660	0.298	0.595
	立式钻床 25mm		台班	0.349	0.065	0.077
	鼓风机 18m^3/min		台班	0.062	0.192	0.174
	砂轮切割机 ϕ500		台班	0.155	0.577	0.155
	普通车床 630×2000		台班	0.062	—	0.066
	电焊条烘干箱 60×50×75(cm^3)		台班	0.066	0.030	0.059
	电焊条恒温箱		台班	0.066	0.030	0.059
	吊装机械(综合)		台班	0.060	0.044	0.070
	汽车式起重机 8t		台班	0.009	0.007	0.018
	载重汽车 8t		台班	0.009	0.007	0.018

二、焊口充氩保护(管道内部)

工作内容:准备工作,装堵板,管口封闭,焊口贴胶布,接通气源,充氩,调整流量,拆除堵板。

计量单位:10 口

定额编号			8-7-4	8-7-5	8-7-6	8-7-7	8-7-8	8-7-9	8-7-10
项目			公称直径(mm 以内)						
			50	100	200	300	400	500	600
名称		单位	消耗量						
人工	合计工日	工日	0.600	0.800	1.300	2.000	2.500	3.300	4.290
人工	其中 普工	工日	0.150	0.200	0.325	0.500	0.625	0.825	1.073
人工	其中 一般技工	工日	0.390	0.520	0.845	1.300	1.625	2.145	2.788
人工	其中 高级技工	工日	0.060	0.080	0.130	0.200	0.250	0.330	0.429
材料	热轧薄钢板 δ2.0	kg	0.080	0.310	1.260	2.830	5.020	7.850	10.205
材料	氩气	m^3	0.800	1.200	2.200	3.500	4.800	5.900	7.670
材料	橡胶板 δ5~10	kg	0.020	0.110	0.360	0.770	1.320	2.020	2.626
材料	铜管	m	1.000	1.000	1.000	1.000	1.000	1.000	1.000
材料	六角螺栓 M10	套	2.000	2.000	3.000	3.000	3.000	4.000	4.000
材料	其他材料费	%	1.000	1.000	1.000	1.000	1.000	1.000	1.000

三、冷排管制作与安装

工作内容：准备工作，管材清理及外观检查，调直，煨弯，切管，挖眼，组对，焊接，绕翅片，水压试验，安装。

计量单位：100m

定额编号			8-7-11	8-7-12	8-7-13	8-7-14
项目			翅片墙排管长度（12根以内）(m)			
			7	10	16	22
名称		单位	消耗量			
人工	合计工日	工日	13.454	11.573	9.880	9.247
人工	其中 普工	工日	3.364	2.893	2.470	2.312
人工	其中 一般技工	工日	8.745	7.523	6.422	6.010
人工	其中 高级技工	工日	1.345	1.157	0.988	0.925
材料	无缝钢管（综合）	m	103.050	102.730	102.460	102.340
材料	钢带	kg	414.000	414.000	414.000	414.000
材料	低碳钢焊条 J427 ϕ3.2	kg	3.740	3.170	2.660	2.430
材料	氧气	m^3	4.114	3.490	2.930	2.670
材料	乙炔气	kg	1.370	1.160	0.980	0.890
材料	尼龙砂轮片 $\phi100\times16\times3$	片	1.500	1.270	1.060	0.970
材料	电	kW·h	0.428	0.352	0.252	0.226
材料	焦炭	kg	26.400	18.380	11.500	8.380
材料	木柴	kg	15.900	11.700	7.800	6.050
材料	其他材料费	%	1.000	1.000	1.000	1.000
机械	电焊机（综合）	台班	1.627	1.302	0.928	0.842
机械	立式钻床 25mm	台班	0.057	0.048	0.029	0.019
机械	鼓风机 $18m^3/min$	台班	0.258	0.172	0.144	0.086
机械	轧纹机	台班	1.407	1.388	1.388	1.388
机械	绕带机	台班	1.407	1.388	1.388	1.388
机械	电焊条烘干箱 $60\times50\times75(cm^3)$	台班	0.163	0.130	0.093	0.084
机械	电焊条恒温箱	台班	0.163	0.130	0.093	0.084

计量单位:100m

定额编号			8-7-15	8-7-16	8-7-17	8-7-18
项目			翅片顶排管长度(12根以内)(m)			
			7	10	16	22
名称		单位	消耗量			
人工	合计工日	工日	12.959	11.286	9.841	9.098
	其中 普工	工日	3.240	2.821	2.461	2.274
	其中 一般技工	工日	8.423	7.336	6.396	5.914
	其中 高级技工	工日	1.296	1.129	0.984	0.910
材料	无缝钢管(综合)	m	105.250	104.290	103.440	103.030
	钢带	kg	414.000	414.000	414.000	414.000
	低碳钢焊条 J427 $\phi3.2$	kg	4.210	3.470	2.980	2.670
	氧气	m^3	4.630	3.820	3.280	2.940
	乙炔气	kg	1.540	1.270	1.090	0.980
	尼龙砂轮片 $\phi100\times16\times3$	片	1.680	1.390	1.190	1.070
	电	kW·h	1.006	0.755	0.604	0.503
	焦炭	kg	19.040	13.600	8.510	6.200
	木柴	kg	10.300	7.400	4.800	3.630
	其他材料费	%	1.000	1.000	1.000	1.000
机械	电焊机(综合)	台班	1.904	1.455	1.139	0.938
	立式钻床 25mm	台班	0.316	0.220	0.134	0.048
	鼓风机 $18m^3/min$	台班	0.191	0.144	0.086	0.067
	轧纹机	台班	1.426	1.426	1.426	1.426
	绕带机	台班	1.426	1.426	1.426	1.426
	电焊条烘干箱 $60\times50\times75(cm^3)$	台班	0.190	0.145	0.114	0.094
	电焊条恒温箱	台班	0.190	0.145	0.114	0.094

计量单位:100m

定额编号			8-7-19	8-7-20	8-7-21	8-7-22	8-7-23	8-7-24	8-7-25
项目			光滑顶排管长度(60根以内)(m)						
			7	10	16	22	28	34	37
名称		单位	消耗量						
人工	合计工日	工日	8.791	7.118	5.871	5.306	4.831	4.623	4.594
	其中 普工	工日	2.198	1.779	1.468	1.326	1.208	1.156	1.149
	其中 一般技工	工日	5.714	4.627	3.816	3.449	3.140	3.005	2.986
	其中 高级技工	工日	0.879	0.712	0.587	0.531	0.483	0.462	0.459
材料	无缝钢管(综合)	m	103.840	103.280	102.800	102.580	102.510	102.420	102.390
	低碳钢焊条 J427 $\phi3.2$	kg	2.900	2.160	1.750	1.470	1.360	1.320	1.280
	氧气	m^3	3.190	2.380	1.930	1.620	1.490	1.450	1.410
	乙炔气	kg	1.060	0.790	0.640	0.540	0.500	0.480	0.470
	尼龙砂轮片 $\phi100\times16\times3$	片	1.160	0.860	0.700	0.590	0.540	0.530	0.510
	电	kW·h	0.050	0.050	0.025	0.025	0.025	0.025	0.025
	焦炭	kg	17.380	12.430	7.820	5.670	4.290	3.520	3.240
	木柴	kg	8.860	6.470	4.120	3.030	2.210	1.810	1.670
	其他材料费	%	1.000	1.000	1.000	1.000	1.000	1.000	1.000
机械	电焊机(综合)	台班	0.115	0.096	0.057	0.048	0.038	0.029	0.029
	立式钻床 25mm	台班	0.297	0.297	0.134	0.096	0.077	0.067	0.057
	鼓风机 $18m^3/min$	台班	0.172	0.124	0.077	0.057	0.048	0.038	0.038
	电焊条烘干箱 $60\times50\times75(cm^3)$	台班	0.011	0.010	0.006	0.005	0.004	0.003	0.003
	电焊条恒温箱	台班	0.011	0.010	0.006	0.005	0.004	0.003	0.003

计量单位:100m

定额编号				8-7-26	8-7-27	8-7-28	8-7-29
项目				光滑蛇形墙排管长度(20 根以内)(m)			
				7	10	16	22
名称			单位	消耗量			
人工	合计工日		工日	9.009	7.237	5.930	5.287
	其中	普工	工日	2.252	1.809	1.482	1.322
		一般技工	工日	5.856	4.704	3.855	3.436
		高级技工	工日	0.901	0.724	0.593	0.529
材料	无缝钢管(综合)		m	103.050	102.740	102.460	102.340
	碳钢气焊条 ϕ2 以内		kg	0.830	0.590	0.530	0.500
	氧气		m^3	2.540	1.790	1.570	1.450
	乙炔气		kg	0.980	0.690	0.600	0.560
	焦炭		kg	26.670	18.760	11.770	8.580
	木柴		kg	15.220	11.000	7.220	5.520
	其他材料费		%	1.000	1.000	1.000	1.000
机械	立式钻床 25mm		台班	0.067	0.038	0.019	0.019
	鼓风机 $18m^3/min$		台班	0.258	0.182	0.115	0.086

计量单位:100m

定额编号				8-7-30	8-7-31	8-7-32	8-7-33	8-7-34	8-7-35
项目				立式墙排管长度(40 根以内)(m)			搁架式排管长度(10 排以内)(m)		
				2.5	3	3.5	4.5	8	10
名称			单位	消耗量					
人工	合计工日		工日	19.058	16.355	14.513	10.454	7.227	6.386
	其中	普工	工日	4.765	4.089	3.628	2.614	1.806	1.596
		一般技工	工日	12.387	10.631	9.434	6.795	4.698	4.151
		高级技工	工日	1.906	1.635	1.451	1.045	0.723	0.639
材料	无缝钢管(综合)		m	111.180	109.400	108.560	102.600	102.350	102.280
	低碳钢焊条 J427 ϕ3.2		kg	5.600	4.640	4.000	3.020	2.420	1.940
	氧气		m^3	6.160	5.110	4.400	3.320	2.670	2.130
	乙炔气		kg	2.050	1.700	1.470	1.110	0.890	0.710
	尼龙砂轮片 ϕ100×16×3		片	2.240	1.860	1.600	1.210	0.970	0.780
	电		kW·h	0.050	0.050	0.050	0.025	0.025	0.025
	焦炭		kg	—	—	—	37.600	21.500	17.300
	木柴		kg	—	—	—	18.800	10.730	8.600
	其他材料费		%	1.000	1.000	1.000	1.000	1.000	1.000
机械	电焊机(综合)		台班	0.201	0.172	0.144	0.057	0.029	0.029
	立式钻床 25mm		台班	1.579	1.091	1.129	0.115	0.067	0.057
	鼓风机 $18m^3/min$		台班	—	—	—	0.383	0.220	0.172
	电焊条烘干箱 60×50×75(cm^3)		台班	0.020	0.017	0.014	0.006	0.003	0.003
	电焊条恒温箱		台班	0.020	0.017	0.014	0.006	0.003	0.003

四、钢带退火、加氨

工作内容：①钢带退火—准备工作，保温，冷却。②加氨—准备工作，搬运氨瓶，连接阀口，过秤记录。

计量单位：t

定额编号				8-7-36	8-7-37	8-7-38
项目				钢带退火	加氨	
				30～50	10以内	20以内
名称			单位	消耗量		
人工	合计工日		工日	5.940	5.495	4.703
	其中	普工	工日	1.485	1.375	1.176
		一般技工	工日	3.861	3.571	3.057
		高级技工	工日	0.594	0.549	0.470
材料	石棉橡胶板 低压 δ0.8～6.0		kg	—	0.010	0.010
	热轧厚钢板 δ12～20		kg	4.000	—	—
	破布		kg	10.000	0.830	0.750
	焦炭		kg	169.000	—	—
	木柴		kg	6.000	—	—
	生石灰		t	0.050	—	—
	黄色氧化铅(综合)		kg	—	0.020	0.020
	甘油		kg	—	0.020	0.020
	其他材料费		%	1.000	1.000	1.000
机械	鼓风机 18m^3/min		台班	1.196	—	—
	电动单筒慢速卷扬机 50kN		台班	—	0.258	0.258

五、蒸汽分汽缸制作

工作内容：准备工作，下料，切断，切割，卷圆，坡口，焊接，水压试验。

计量单位：100kg

定额编号				8-7-39	8-7-40	8-7-41
项目				钢管制作		钢板制作
				50kg以内	50kg以上	
名称			单位	消耗量		
人工	合计工日		工日	9.389	3.888	5.101
	其中	普工	工日	2.347	0.972	1.275
		一般技工	工日	6.103	2.527	3.316
		高级技工	工日	0.939	0.389	0.510
材料	无缝钢管(综合)		kg	93.180	93.860	6.270
	低碳钢焊条 J427 ϕ3.2		kg	4.190	2.510	3.730
	氧气		m^3	3.170	2.790	3.240
	乙炔气		kg	1.060	0.930	1.080
	尼龙砂轮片 ϕ100×16×3		片	1.680	1.000	1.300
	电		kW·h	2.113	1.258	1.635
	热轧厚钢板 δ12～20		kg	12.820	12.140	99.730
	熟铁管箍 *DN*20		个	7.000	2.000	1.000
	焦炭		kg	28.500	11.200	6.900
	其他材料费		%	1.000	1.000	1.000
机械	电焊机（综合）		台班	1.993	0.797	0.649
	鼓风机 18m^3/min		台班	0.216	0.091	0.114
	卷板机 20×2500		台班	—	—	0.114
	电焊条烘干箱 60×50×75(cm^3)		台班	0.199	0.079	0.065
	电焊条恒温箱		台班	0.199	0.079	0.065

六、蒸汽分汽缸安装

工作内容：准备工作，分汽缸安装。

计量单位：个

定额编号				8-7-42	8-7-43	8-7-44	8-7-45	8-7-46
项目				单重(kg)				
				50 以内	100 以内	150 以内	200 以内	200 以上
名称			单位	消耗量				
人工	合计工日		工日	3.735	4.854	5.737	6.126	6.527
	其中	普工	工日	0.935	1.214	1.434	1.531	1.632
		一般技工	工日	2.427	3.155	3.729	3.982	4.242
		高级技工	工日	0.373	0.485	0.574	0.613	0.653
材料	分汽缸		个	1.000	1.000	1.000	1.000	1.000
	低碳钢焊条 J427 ϕ3.2		kg	0.240	0.470	0.500	0.560	0.900
	尼龙砂轮片 $\phi100\times16\times3$		片	0.100	0.190	0.200	0.220	0.360
	电		kW·h	0.025	0.025	0.025	0.025	0.453
	其他材料费		%	1.000	1.000	1.000	1.000	1.000
机械	电焊机（综合）		台班	0.034	0.068	0.068	0.068	1.025
	电焊条烘干箱 $60\times50\times75(cm^3)$		台班	0.004	0.007	0.007	0.007	0.102
	电焊条恒温箱		台班	0.004	0.007	0.007	0.007	0.102

七、集气罐制作

工作内容：准备工作，下料，切割，坡口，焊接，水压试验。

计量单位：个

定额编号				8-7-47	8-7-48	8-7-49	8-7-50	8-7-51
项目				公称直径（mm 以内）				
				150	200	250	300	400
名称			单位	消耗量				
人工	合计工日		工日	0.663	0.891	1.139	1.515	2.000
	其中	普工	工日	0.166	0.223	0.285	0.379	0.500
		一般技工	工日	0.431	0.579	0.740	0.985	1.300
		高级技工	工日	0.066	0.089	0.114	0.151	0.200
材料	无缝钢管(综合)		m	0.300	0.320	0.430	0.430	0.450
	熟铁管箍		个	2.000	2.000	2.000	2.000	2.000
	低碳钢焊条 J427 ϕ3.2		kg	0.520	1.030	1.800	2.120	2.860
	氧气		m^3	0.530	0.770	1.120	1.320	1.860
	乙炔气		kg	0.180	0.260	0.370	0.440	0.620
	尼龙砂轮片 $\phi100\times16\times3$		片	0.210	0.410	0.720	0.850	1.140
	电		kW·h	0.050	0.050	0.050	0.075	0.101
	热轧厚钢板 $\delta12\sim20$		kg	2.000	3.500	—	—	—
	热轧厚钢板 $\delta8.0\sim20.0$		kg	—	—	9.000	12.000	22.000
	其他材料费		%	1.000	1.000	1.000	1.000	1.000
机械	电焊机（综合）		台班	0.077	0.096	0.115	0.124	0.191
	电焊条烘干箱 $60\times50\times75(cm^3)$		台班	0.008	0.010	0.011	0.012	0.019
	电焊条恒温箱		台班	0.008	0.010	0.011	0.012	0.019

八、集气罐安装

工作内容：准备工作，集气罐安装。 计量单位：个

定额编号			8-7-52	8-7-53	8-7-54	8-7-55	8-7-56
项目			公称直径（mm以内）				
			150	200	250	300	400
名称		单位	消耗量				
人工	合计工日	工日	0.267	0.376	0.475	0.574	0.762
人工	其中 普工	工日	0.066	0.093	0.118	0.144	0.191
人工	其中 一般技工	工日	0.174	0.245	0.309	0.373	0.495
人工	其中 高级技工	工日	0.027	0.038	0.048	0.057	0.076
材料	集气罐	个	1.000	1.000	1.000	1.000	1.000
材料	其他材料费	%	1.000	1.000	1.000	1.000	1.000

九、空气分气筒制作安装

工作内容：准备工作，下料，切割，焊接，安装，水压试验。 计量单位：个

定额编号			8-7-57	8-7-58	8-7-59
项目			公称直径×长度		
			100×400	150×400	200×400
名称		单位	消耗量		
人工	合计工日	工日	0.644	0.881	1.119
人工	其中 普工	工日	0.162	0.220	0.280
人工	其中 一般技工	工日	0.418	0.573	0.727
人工	其中 高级技工	工日	0.064	0.088	0.112
材料	无缝钢管(综合)	m	0.400	0.400	0.400
材料	低碳钢焊条 J427 ϕ3.2	kg	0.500	0.650	1.270
材料	氧气	m^3	0.250	0.340	0.340
材料	乙炔气	kg	0.080	0.110	0.110
材料	尼龙砂轮片 $\phi100\times16\times3$	片	0.200	0.260	0.510
材料	电	kW·h	0.101	0.151	0.176
材料	热轧厚钢板 $\delta12\sim20$	kg	1.500	1.800	2.200
材料	熟铁管箍 *DN*20	个	4.000	4.000	4.000
材料	其他材料费	%	1.000	1.000	1.000
机械	电焊机（综合）	台班	0.211	0.278	0.335
机械	电焊条烘干箱 60×50×75(cm^3)	台班	0.021	0.028	0.033
机械	电焊条恒温箱	台班	0.021	0.028	0.033

十、空气调节器喷雾管安装

工作内容：准备工作，检查，管材清理，切管，套丝，上零件，喷雾管焊接组成，支架制作，喷雾管喷嘴安装，支架安装，水压试验。

计量单位：组

定额编号				8-7-60	8-7-61	8-7-62	8-7-63	8-7-64	8-7-65
项　目				型号					
				Ⅰ	Ⅱ	Ⅲ	Ⅳ	Ⅴ	Ⅵ
名　称			单位	消　耗　量					
人工	合计工日		工日	8.049	10.544	13.028	15.909	18.968	22.424
	其中	普工	工日	2.012	2.637	3.257	3.977	4.742	5.607
		一般技工	工日	5.232	6.853	8.468	10.341	12.329	14.575
		高级技工	工日	0.805	1.054	1.303	1.591	1.897	2.242
材料	焊接钢管(综合)		m	11.410	15.270	19.110	23.060	27.800	32.650
	黑玛钢丝堵（堵头）		个	1.000	1.000	1.000	1.000	1.000	1.000
	喷嘴		个	42.000	56.000	70.000	90.000	108.000	132.000
	熟铁管箍 *DN*20		个	1.000	1.000	1.000	1.000	1.000	1.000
	熟铁管箍 *DN*32		个	6.000	8.000	10.000	10.000	12.000	12.000
	黑玛钢活接头		个	3.000	4.000	5.000	5.000	6.000	6.000
	低碳钢焊条 J427 ϕ3.2		kg	2.550	3.260	3.970	4.680	5.550	6.420
	氧气		m^3	2.810	3.590	4.370	5.150	6.110	7.060
	乙炔气		kg	0.940	1.200	1.460	1.720	2.040	2.350
	尼龙砂轮片 $\phi100\times16\times3$		片	1.420	1.500	1.590	1.870	2.220	2.570
	电		kW·h	0.101	0.101	0.101	0.101	0.101	0.101
	热轧厚钢板 δ12～20		kg	1.160	1.160	1.160	1.160	1.160	1.160
	角钢(63 以外)		kg	3.680	3.680	3.680	3.680	3.680	3.680
	圆钢 ϕ10～14		kg	0.420	0.420	0.420	0.420	0.420	0.420
	扁钢(59 以内)		kg	0.510	0.510	0.510	0.510	0.510	0.510
	六角螺母 M10		个	8.000	8.000	8.000	8.000	8.000	8.000
	其他材料费		%	1.000	1.000	1.000	1.000	1.000	1.000
机械	电焊机（综合）		台班	0.191	0.191	0.191	0.191	0.191	0.191
	电焊条烘干箱 $60\times50\times75(cm^3)$		台班	0.019	0.019	0.019	0.019	0.019	0.019
	电焊条恒温箱		台班	0.019	0.019	0.019	0.019	0.019	0.019

十一、钢制排水漏斗制作与安装

工作内容：准备工作，下料，切断，切割，焊接，安装。 计量单位：个

定额编号				8-7-66	8-7-67	8-7-68	8-7-69
项目				公称直径（mm 以内）			
				50	100	150	200
名称			单位	消耗量			
人工	合计工日		工日	0.426	0.663	0.921	1.366
	其中	普工	工日	0.106	0.166	0.231	0.341
		一般技工	工日	0.277	0.431	0.598	0.888
		高级技工	工日	0.043	0.066	0.092	0.137
材料	无缝钢管（综合）		m	0.100	0.150	0.200	0.250
	低碳钢焊条 J427 ϕ3.2		kg	0.250	0.350	0.550	1.300
	氧气		m^3	0.230	0.490	0.820	1.170
	乙炔气		kg	0.080	0.160	0.270	0.390
	尼龙砂轮片 $\phi100\times16\times3$		片	0.100	0.140	0.220	0.520
	电		kW·h	0.075	0.101	0.126	0.201
	热轧薄钢板 δ3.5～4.0		kg	1.700	7.050	—	—
	热轧厚钢板 δ4.5～7.0		kg	—	—	13.000	15.800
	其他材料费		%	1.000	1.000	1.000	1.000
机械	电焊机（综合）		台班	0.144	0.191	0.220	0.364
	电焊条烘干箱 $60\times50\times75(cm^3)$		台班	0.014	0.019	0.022	0.036
	电焊条恒温箱		台班	0.014	0.019	0.022	0.036

十二、套管制作与安装

1.柔性防水套管制作

工作内容:准备工作,放样,下料,切割,焊接,刷防锈漆。

计量单位:个

定额编号			8-7-70	8-7-71	8-7-72	8-7-73	8-7-74	8-7-75
项目			公称直径(mm以内)					
			50	80	100	125	150	200
名称		单位	消耗量					
人工	合计工日	工日	1.343	1.604	2.037	2.325	2.668	2.974
人工	其中 普工	工日	0.336	0.401	0.509	0.581	0.667	0.744
人工	其中 一般技工	工日	0.873	1.043	1.324	1.511	1.734	1.933
人工	其中 高级技工	工日	0.134	0.160	0.204	0.233	0.267	0.297
材料	焊接钢管(综合)	kg	4.400	6.540	7.520	9.720	11.800	18.190
材料	低碳钢焊条 J427 ϕ3.2	kg	1.000	1.250	1.470	1.800	2.480	4.560
材料	氧气	m^3	2.340	3.160	3.510	3.740	4.100	5.270
材料	乙炔气	kg	0.780	1.050	1.170	1.250	1.370	1.760
材料	尼龙砂轮片 $\phi100\times16\times3$	片	0.050	0.084	0.100	0.125	0.150	0.206
材料	电	kW·h	0.201	0.252	0.377	0.403	0.428	0.478
材料	热轧厚钢板 δ10~20	kg	13.500	21.400	23.900	26.920	29.460	48.170
材料	方钢(综合)	kg	0.500	0.650	0.700	0.850	1.000	1.250
材料	溶剂汽油 200#	kg	0.020	0.040	0.040	0.050	0.060	0.090
材料	醇酸防锈漆 C53-1	kg	0.100	0.120	0.140	0.200	0.250	0.400
材料	其他材料费	%	1.000	1.000	1.000	1.000	1.000	1.000
机械	电焊机(综合)	台班	0.364	0.456	0.692	0.729	0.774	0.866
机械	普通车床 630×2000	台班	0.036	0.046	0.064	0.073	0.073	0.091
机械	立式钻床 25mm	台班	0.009	0.018	0.027	0.027	0.036	0.036
机械	电焊条烘干箱 60×50×75(cm^3)	台班	0.037	0.046	0.069	0.073	0.077	0.087
机械	电焊条恒温箱	台班	0.037	0.046	0.069	0.073	0.077	0.087

计量单位:个

定额编号			8-7-76	8-7-77	8-7-78	8-7-79	8-7-80	8-7-81
项目			公称直径(mm 以内)					
			250	300	350	400	450	500
名称		单位	消耗量					
人工	合计工日	工日	3.299	3.659	4.038	4.515	5.272	5.588
	其中 普工	工日	0.825	0.915	1.010	1.128	1.318	1.397
	其中 一般技工	工日	2.144	2.378	2.624	2.935	3.427	3.632
	其中 高级技工	工日	0.330	0.366	0.404	0.452	0.527	0.559
材料	焊接钢管(综合)	kg	24.260	31.120	36.540	40.330	44.680	51.130
	低碳钢焊条 J427 ϕ3.2	kg	7.040	9.200	10.040	11.600	15.200	16.800
	氧气	m^3	6.440	6.440	6.550	6.550	6.670	6.790
	乙炔气	kg	2.150	2.150	2.180	2.180	2.220	2.260
	尼龙砂轮片 $\phi100\times16\times3$	片	0.257	0.306	0.355	0.401	0.451	0.499
	电	kW·h	0.604	0.604	0.654	0.805	1.006	1.208
	热轧厚钢板 δ10~20	kg	56.070	67.600	—	—	—	—
	热轧厚钢板 δ15~30	kg	—	—	83.790	99.390	108.820	125.220
	方钢(综合)	kg	1.500	1.750	2.000	2.220	3.050	3.620
	溶剂汽油 200#	kg	0.150	0.180	0.230	0.270	0.300	0.360
	醇酸防锈漆 C53-1	kg	0.610	0.720	0.900	1.090	1.220	1.440
	焦炭	kg	—	—	100.000	120.000	140.000	160.000
	木柴	kg	—	—	12.000	12.000	12.000	16.000
	其他材料费	%	1.000	1.000	1.000	1.000	1.000	1.000
机械	电焊机(综合)	台班	1.084	1.093	1.184	1.458	1.822	2.187
	普通车床 630×2000	台班	0.091	0.109	0.128	0.146	0.164	0.182
	立式钻床 25mm	台班	0.046	0.055	0.064	0.064	0.073	0.082
	电焊条烘干箱 60×50×75(cm^3)	台班	0.109	0.109	0.119	0.145	0.182	0.219
	电焊条恒温箱	台班	0.109	0.109	0.119	0.145	0.182	0.219
	鼓风机 18m^3/min	台班	—	—	0.182	0.182	0.219	0.255

计量单位:个

定额编号				8-7-82	8-7-83	8-7-84	8-7-85
项目				公称直径（mm以内）			
				600	700	800	900
名称			单位	消耗量			
人工	合计工日		工日	6.309	7.201	8.940	9.697
	其中	普工	工日	1.577	1.800	2.235	2.424
		一般技工	工日	4.101	4.681	5.811	6.303
		高级技工	工日	0.631	0.720	0.894	0.970
材料	焊接钢管(综合)		kg	60.350	69.670	78.800	88.360
	低碳钢焊条 J427 ϕ3.2		kg	24.000	28.000	41.600	45.600
	氧气		m^3	6.790	7.310	8.780	9.950
	乙炔气		kg	2.260	2.440	2.930	3.320
	尼龙砂轮片 $\phi100\times16\times3$		片	0.584	0.679	0.773	0.867
	电		kW·h	1.510	1.761	2.617	2.818
	热轧厚钢板 $\delta15\sim30$		kg	190.950	223.880	275.690	318.470
	方钢(综合)		kg	4.630	5.120	5.940	6.770
	溶剂汽油 200#		kg	0.420	0.500	0.690	0.770
	醇酸防锈漆 C53-1		kg	1.730	2.030	2.780	3.080
	焦炭		kg	180.000	200.000	240.000	280.000
	木柴		kg	16.000	16.000	20.000	20.000
	其他材料费		%	1.000	1.000	1.000	1.000
机械	电焊机（综合）		台班	2.733	3.189	4.738	5.102
	普通车床 630×2000		台班	0.200	0.228	0.255	0.273
	立式钻床 25mm		台班	0.091	0.109	0.128	0.146
	电焊条烘干箱 60×50×75(cm^3)		台班	0.273	0.319	0.474	0.510
	电焊条恒温箱		台班	0.273	0.319	0.474	0.510
	鼓风机 $18m^3/min$		台班	0.255	0.255	0.328	0.364

计量单位:个

定额编号				8-7-86	8-7-87	8-7-88
项目				公称直径（mm 以内）		
				1000	1200	1400
名称			单位	消耗量		
人工	合计工日		工日	11.193	15.525	20.182
	其中	普工	工日	2.798	3.881	5.046
		一般技工	工日	7.276	10.091	13.118
		高级技工	工日	1.119	1.553	2.018
材料	焊接钢管(综合)		kg	97.540	112.561	130.313
	低碳钢焊条 J427 ϕ3.2		kg	51.200	56.320	61.440
	氧气		m^3	11.700	12.870	14.040
	乙炔气		kg	3.900	4.290	4.680
	尼龙砂轮片 $\phi100\times16\times3$		片	0.961	1.057	1.153
	电		kW·h	3.422	3.764	4.106
	热轧厚钢板 $\delta15\sim30$		kg	348.830	383.713	418.596
	方钢(综合)		kg	7.050	7.755	8.460
	溶剂汽油 200#		kg	0.850	0.935	1.020
	醇酸防锈漆 C53-1		kg	3.410	3.751	4.092
	焦炭		kg	320.000	352.000	384.000
	木柴		kg	20.000	22.000	24.000
	其他材料费		%	1.000	1.000	1.000
机械	电焊机（综合）		台班	6.195	6.815	8.054
	普通车床 630×2000		台班	0.292	0.321	0.379
	立式钻床 25mm		台班	0.164	0.180	0.213
	电焊条烘干箱 60×50×75(cm^3)		台班	0.619	0.681	0.805
	电焊条恒温箱		台班	0.619	0.681	0.805
	鼓风机 $18m^3$/min		台班	0.401	0.441	0.521

2. 柔性防水套管安装

工作内容：准备工作，找标高，找平，找正，就位，安装，加添料，紧螺栓。　　**计量单位**：个

定额编号				8-7-89	8-7-90	8-7-91	8-7-92	8-7-93	8-7-94
项　目				公称直径（mm 以内）					
				50	100	150	200	300	400
名　称			单位	消　耗　量					
人工	合计工日		工日	0.351	0.376	0.397	0.541	0.595	0.730
	其中	普工	工日	0.088	0.094	0.099	0.136	0.149	0.182
		一般技工	工日	0.228	0.244	0.258	0.351	0.387	0.475
		高级技工	工日	0.035	0.038	0.040	0.054	0.059	0.073
材料	黄干油		kg	0.070	0.070	0.120	0.120	0.160	0.200
	机油 5# ~7#		kg	0.040	0.050	0.050	0.080	0.080	0.100
	橡胶石棉盘根 编织 φ11 ~25(250℃)		kg	0.110	0.170	0.230	0.290	0.420	0.540
	双头螺柱带螺母		kg	0.360	0.640	1.280	1.280	3.480	4.800
	橡胶密封圈 *DN*50		个	2.000	—	—	—	—	—
	橡胶密封圈 *DN*100		个	—	2.000	—	—	—	—
	橡胶密封圈 *DN*150		个	—	—	2.000	—	—	—
	橡胶密封圈 *DN*200		个	—	—	—	2.000	—	—
	橡胶密封圈 *DN*300		个	—	—	—	—	2.000	—
	橡胶密封圈 *DN*400		个	—	—	—	—	—	2.000
	其他材料费		%	1.000	1.000	1.000	1.000	1.000	1.000

计量单位：个

定额编号				8-7-95	8-7-96	8-7-97	8-7-98	8-7-99	8-7-100
项　目				公称直径（mm 以内）					
				500	600	800	1000	1200	1400
名　称			单位	消　耗　量					
人工	合计工日		工日	1.000	1.000	1.091	1.271	1.690	2.115
	其中	普工	工日	0.250	0.250	0.273	0.318	0.422	0.530
		一般技工	工日	0.650	0.650	0.709	0.826	1.099	1.374
		高级技工	工日	0.100	0.100	0.109	0.127	0.169	0.211
材料	黄干油		kg	0.240	0.280	0.400	0.560	0.745	0.932
	机油 5# ~7#		kg	0.150	0.200	0.250	0.350	0.466	0.582
	橡胶石棉盘根 编织 φ11 ~25(250℃)		kg	0.830	1.110	1.480	1.780	1.958	2.136
	双头螺柱带螺母		kg	5.120	7.800	17.280	20.160	22.176	24.192
	橡胶密封圈 *DN*500		个	2.000	—	—	—	—	—
	橡胶密封圈 *DN*600		个	—	2.000	—	—	—	—
	橡胶密封圈 *DN*800		个	—	—	2.000	—	—	—
	橡胶密封圈 *DN*1000		个	—	—	—	2.000	—	—
	橡胶密封圈 *DN*1200		个	—	—	—	—	2.000	—
	橡胶密封圈 *DN*1400		个	—	—	—	—	—	2.000
	其他材料费		%	1.000	1.000	1.000	1.000	1.000	1.000

3. 刚性防水套管制作

工作内容:准备工作,放样,下料,切割,组对,焊接,车制,刷防锈漆。 **计量单位**:个

定额编号			8-7-101	8-7-102	8-7-103	8-7-104	8-7-105	8-7-106
项目			公称直径(mm 以内)					
			50	80	100	125	150	200
名称		单位	消耗量					
人工	合计工日	工日	0.568	0.676	0.892	1.072	1.145	1.415
人工	其中 普工	工日	0.142	0.169	0.223	0.268	0.287	0.354
人工	其中 一般技工	工日	0.369	0.439	0.580	0.697	0.744	0.920
人工	其中 高级技工	工日	0.057	0.068	0.089	0.107	0.114	0.141
材料	焊接钢管(综合)	kg	3.260	4.020	5.140	8.350	9.460	13.780
材料	低碳钢焊条 J427 $\phi3.2$	kg	0.400	0.500	0.590	0.720	0.990	1.800
材料	氧气	m^3	1.170	1.460	1.640	1.760	1.870	1.990
材料	乙炔气	kg	0.390	0.490	0.550	0.590	0.620	0.660
材料	尼龙砂轮片 $\phi100\times16\times3$	片	0.040	0.056	0.068	0.084	0.100	0.138
材料	电	kW·h	0.075	0.101	0.151	0.151	0.176	0.201
材料	热轧厚钢板 $\delta10\sim15$	kg	3.970	4.950	6.150	7.110	8.240	12.190
材料	扁钢(59 以内)	kg	0.900	1.050	1.250	1.400	1.600	2.000
材料	溶剂汽油 200#	kg	0.010	0.020	0.020	0.030	0.030	0.040
材料	醇酸防锈漆 C53-1	kg	0.050	0.060	0.070	0.100	0.120	0.200
材料	其他材料费	%	1.000	1.000	1.000	1.000	1.000	1.000
机械	电焊机(综合)	台班	0.146	0.182	0.273	0.292	0.310	0.346
机械	普通车床 630×2000	台班	0.018	0.018	0.027	0.036	0.036	0.046
机械	电焊条烘干箱 60×50×75(cm^3)	台班	0.015	0.018	0.028	0.029	0.031	0.034
机械	电焊条恒温箱	台班	0.015	0.018	0.028	0.029	0.031	0.034

计量单位：个

定额编号			8-7-107	8-7-108	8-7-109	8-7-110	8-7-111	8-7-112
项　目			公称直径（mm 以内）					
			250	300	350	400	450	500
名　称		单位	消　耗　量					
人工	合计工日	工日	1.775	2.100	2.614	3.001	3.389	3.605
	其中 普工	工日	0.443	0.525	0.654	0.750	0.847	0.902
	其中 一般技工	工日	1.154	1.365	1.699	1.951	2.203	2.343
	其中 高级技工	工日	0.178	0.210	0.261	0.300	0.339	0.360
材料	焊接钢管(综合)	kg	18.760	21.840	27.770	31.360	34.690	37.950
	低碳钢焊条 J427 ϕ3.2	kg	2.800	3.680	3.740	4.160	5.600	6.240
	氧气	m^3	2.570	2.630	2.930	3.160	3.160	3.390
	乙炔气	kg	0.860	0.880	0.980	1.050	1.050	1.130
	尼龙砂轮片 $\phi100\times16\times3$	片	0.172	0.204	0.237	0.268	0.300	0.333
	电	kW·h	0.252	0.277	0.327	0.377	0.428	0.453
	热轧厚钢板 δ10～15	kg	15.610	29.200	37.860	45.410	53.020	61.040
	扁钢(59 以内)	kg	2.400	2.700	3.100	3.400	3.800	4.100
	溶剂汽油 200#	kg	0.070	0.090	0.110	0.130	0.150	0.180
	醇酸防锈漆 C53－1	kg	0.310	0.350	0.450	0.540	0.660	0.770
	焦炭	kg	—	—	—	70.000	80.000	90.000
	木柴	kg	—	—	—	6.000	6.000	8.000
	其他材料费	%	1.000	1.000	1.000	1.000	1.000	1.000
机械	电焊机（综合）	台班	0.437	0.510	0.610	0.683	0.765	0.802
	普通车床 630×2000	台班	0.046	0.055	0.064	0.073	0.082	0.082
	鼓风机 $18m^3/min$	台班	—	—	—	0.091	0.109	0.128
	剪板机 20×2500	台班	—	—	—	0.018	0.018	0.027
	卷板机 20×2500	台班	—	—	—	0.036	0.036	0.055
	电焊条烘干箱 60×50×75(cm^3)	台班	0.044	0.051	0.061	0.068	0.077	0.080
	电焊条恒温箱	台班	0.044	0.051	0.061	0.068	0.077	0.080

计量单位:个

定额编号			8-7-113	8-7-114	8-7-115	8-7-116
项目			公称直径(mm 以内)			
			600	700	800	900
名称		单位	消耗量			
人工	合计工日	工日	4.209	4.786	5.858	7.012
其中	普工	工日	1.052	1.196	1.464	1.753
	一般技工	工日	2.736	3.111	3.808	4.558
	高级技工	工日	0.421	0.479	0.586	0.701
材料	焊接钢管(综合)	kg	44.750	50.670	57.330	63.990
	低碳钢焊条 J427 $\phi3.2$	kg	8.800	10.000	15.600	17.600
	氧气	m^3	3.390	3.690	4.120	4.970
	乙炔气	kg	1.130	1.230	1.370	1.660
	尼龙砂轮片 $\phi100\times16\times3$	片	0.390	0.452	0.515	0.578
	电	kW·h	0.629	0.679	1.006	1.233
	热轧厚钢板 $\delta10\sim15$	kg	79.560	92.840	102.300	116.690
	扁钢 59 以内	kg	4.800	5.500	5.800	6.400
	溶剂汽油 200#	kg	0.210	0.250	0.340	0.350
	醇酸防锈漆 C53-1	kg	0.810	1.010	1.340	1.540
	焦炭	kg	110.000	130.000	150.000	170.000
	木柴	kg	8.000	8.000	10.000	10.000
	其他材料费	%	1.000	1.000	1.000	1.000
机械	电焊机(综合)	台班	1.148	1.230	1.804	2.223
	普通车床 630×2000	台班	0.100	0.109	0.128	0.137
	鼓风机 $18m^3/min$	台班	0.128	0.128	0.164	0.182
	剪板机 20×2500	台班	0.027	0.036	0.036	0.046
	卷板机 20×2500	台班	0.073	0.082	0.082	0.091
	电焊条烘干箱 60×50×75(cm^3)	台班	0.115	0.123	0.181	0.222
	电焊条恒温箱	台班	0.115	0.123	0.181	0.222

计量单位:个

定额编号				8-7-117	8-7-118	8-7-119
项目				公称直径(mm 以内)		
				1000	1200	1400
名称			单位	消耗量		
人工	合计工日		工日	7.634	10.153	13.206
	其中	普工	工日	1.909	2.539	3.301
		一般技工	工日	4.962	6.599	8.584
		高级技工	工日	0.763	1.015	1.321
材料	焊接钢管(综合)		kg	70.780	74.319	83.308
	低碳钢焊条 J427 $\phi3.2$		kg	19.600	26.068	33.320
	氧气		m^3	5.850	7.781	9.945
	乙炔气		kg	1.950	2.594	3.315
	尼龙砂轮片 $\phi100\times16\times3$		片	0.641	0.853	1.090
	电		kW·h	1.283	1.707	2.181
	热轧厚钢板 $\delta10\sim15$		kg	138.600	184.338	235.620
	扁钢 59 以内		kg	7.200	9.576	12.240
	溶剂汽油 200#		kg	0.420	0.559	0.714
	醇酸防锈漆 C53-1		kg	1.900	2.527	3.230
	焦炭		kg	200.000	266.000	340.000
	木柴		kg	15.000	19.950	25.500
	其他材料费		%	1.000	1.000	1.000
机械	电焊机(综合)		台班	2.341	3.114	3.980
	普通车床 630×2000		台班	0.146	0.194	0.248
	鼓风机 $18m^3/min$		台班	0.200	0.267	0.341
	剪板机 20×2500		台班	0.046	0.061	0.077
	卷板机 20×2500		台班	0.109	0.145	0.186
	电焊条烘干箱 60×50×75(cm^3)		台班	0.234	0.312	0.398
	电焊条恒温箱		台班	0.234	0.312	0.398

4. 刚性防水套管安装

工作内容:准备工作,找标高,找平,找正,就位,安装,加填料。 **计量单位:**个

定额编号			8-7-120	8-7-121	8-7-122	8-7-123	8-7-124	8-7-125
项目			公称直径(mm 以内)					
			50	100	150	200	300	400
名称		单位	消耗量					
人工	合计工日	工日	0.586	0.613	0.658	0.910	0.991	1.208
人工	其中 普工	工日	0.146	0.153	0.164	0.227	0.248	0.302
人工	其中 一般技工	工日	0.381	0.399	0.428	0.592	0.644	0.785
人工	其中 高级技工	工日	0.059	0.061	0.066	0.091	0.099	0.121
材料	水泥 P.O 42.5	kg	0.905	1.214	2.025	2.085	2.516	3.424
材料	填充绒	kg	0.388	0.520	0.868	0.894	1.078	1.467
材料	油麻	kg	1.200	1.600	2.040	2.440	3.860	4.710
材料	其他材料费	%	1.000	1.000	1.000	1.000	1.000	1.000

计量单位:个

定额编号			8-7-126	8-7-127	8-7-128	8-7-129	8-7-130	8-7-131
项目			公称直径(mm 以内)					
			500	600	800	1000	1200	1400
名称		单位	消耗量					
人工	合计工日	工日	1.667	1.667	1.821	2.118	2.817	3.664
人工	其中 普工	工日	0.416	0.416	0.456	0.529	0.704	0.916
人工	其中 一般技工	工日	1.084	1.084	1.183	1.377	1.831	2.382
人工	其中 高级技工	工日	0.167	0.167	0.182	0.212	0.282	0.366
材料	水泥 P.O 42.5	kg	5.072	6.340	8.340	10.376	13.800	17.950
材料	填充绒	kg	2.174	2.712	3.566	4.448	5.920	7.695
材料	油麻	kg	5.460	6.480	8.520	10.530	14.005	18.217
材料	其他材料费	%	1.000	1.000	1.000	1.000	1.000	1.000

5. 一般穿墙套管制作与安装

工作内容：准备工作，切管，焊接，除锈刷漆，安装，填塞密封材料，堵洞。　　　　**计量单位**：个

定额编号			8-7-132	8-7-133	8-7-134	8-7-135	8-7-136
项目			公称直径（mm 以内）				
			50	100	150	200	250
名称		单位	消耗量				
人工	合计工日	工日	0.166	0.402	0.683	0.832	0.883
人工	其中 普工	工日	0.041	0.101	0.171	0.208	0.221
人工	其中 一般技工	工日	0.108	0.261	0.444	0.541	0.574
人工	其中 高级技工	工日	0.017	0.040	0.068	0.083	0.088
材料	碳钢管	m	0.300	0.300	0.300	0.300	0.300
材料	圆钢 ϕ10～14	kg	0.158	0.158	0.158	0.316	0.316
材料	氧气	m^3	0.024	0.090	0.324	0.414	0.429
材料	乙炔气	kg	0.008	0.030	0.108	0.138	0.143
材料	低碳钢焊条 J427 ϕ3.2	kg	0.019	0.029	0.034	0.035	0.038
材料	酚醛防锈漆（各种颜色）	kg	0.020	0.037	0.051	0.063	0.075
材料	汽油 70#～90#	kg	0.005	0.009	0.013	0.016	0.019
材料	钢丝刷子	把	0.003	0.006	0.008	0.010	0.012
材料	破布	kg	0.003	0.006	0.008	0.010	0.012
材料	油麻	kg	0.623	2.194	3.152	3.236	3.443
材料	密封油膏	kg	0.163	0.258	0.612	0.635	0.661
材料	水泥　P.O 42.5	kg	0.245	0.440	0.800	0.953	1.087
材料	砂子	kg	0.734	1.319	2.399	2.859	3.262
材料	其他材料费	%	1.000	1.000	1.000	1.000	1.000
机械	电焊机（综合）	台班	0.009	0.009	0.009	0.009	0.009
机械	电焊条烘干箱 60×50×75（cm^3）	台班	0.001	0.001	0.001	0.001	0.001
机械	电焊条恒温箱	台班	0.001	0.001	0.001	0.001	0.001

计量单位:个

定额编号			8-7-137	8-7-138	8-7-139	8-7-140	8-7-141	8-7-142
项目			公称直径（mm 以内）					
			300	350	400	450	500	600
名称		单位	消耗量					
人工	合计工日	工日	0.985	1.136	1.349	1.517	1.686	2.023
其中	普工	工日	0.246	0.284	0.337	0.379	0.422	0.506
	一般技工	工日	0.640	0.739	0.877	0.986	1.096	1.315
	高级技工	工日	0.099	0.114	0.135	0.152	0.169	0.202
材料	碳钢管	m	0.300	0.300	0.300	0.300	0.300	0.300
	圆钢 ϕ10～14	kg	0.316	0.316	0.474	0.533	0.593	0.711
	氧气	m^3	0.486	0.619	0.825	0.928	1.031	1.238
	乙炔气	kg	0.162	0.213	0.275	0.309	0.344	0.413
	低碳钢焊条 J427 ϕ3.2	kg	0.040	0.042	0.042	0.047	0.053	0.063
	酚醛防锈漆(各种颜色)	kg	0.087	0.099	0.122	0.137	0.153	0.183
	汽油 70#～90#	kg	0.022	0.025	0.031	0.035	0.039	0.047
	钢丝刷子	把	0.014	0.016	0.020	0.023	0.025	0.030
	破布	kg	0.014	0.016	0.020	0.023	0.025	0.030
	油麻	kg	3.755	3.977	4.679	5.264	5.849	7.019
	密封油膏	kg	0.763	0.865	0.966	1.087	1.208	1.449
	水泥 P.O 42.5	kg	1.233	1.368	1.553	1.747	1.941	2.330
	砂子	kg	3.698	4.105	4.660	5.243	5.825	6.990
	其他材料费	%	1.000	1.000	1.000	1.000	1.000	1.000
机械	电焊机（综合）	台班	0.009	0.009	0.009	0.009	0.009	0.009
	电焊条烘干箱 60×50×75(cm^3)	台班	0.001	0.001	0.001	0.001	0.001	0.001
	电焊条恒温箱	台班	0.001	0.001	0.001	0.001	0.001	0.001

十三、水位计安装

工作内容:准备工作,清洗检查,水位计安装。

计量单位:组

定额编号			8-7-143	8-7-144
项目			管式（ϕ20mm 以下）	板式（δ20mm 以下）
名称		单位	消耗量	
人工	合计工日	工日	0.218	1.109
其中	普工	工日	0.054	0.277
	一般技工	工日	0.142	0.721
	高级技工	工日	0.022	0.111
材料	水位计	套	1.000	1.000
	其他材料费	%	1.000	1.000

十四、手摇泵安装

工作内容:准备工作,清洗检查,制垫,加垫,找平,找正,安装。 **计量单位:**个

定额编号				8-7-145	8-7-146	8-7-147	8-7-148
项目				公称直径(mm 以内)			
				25	32	40	50
名称			单位	消耗量			
人工	合计工日		工日	0.366	0.366	0.366	0.366
	其中	普工	工日	0.091	0.091	0.091	0.091
		一般技工	工日	0.238	0.238	0.238	0.238
		高级技工	工日	0.037	0.037	0.037	0.037
材料	手摇泵		个	1.000	1.000	1.000	1.000
	石棉橡胶板 低压 δ0.8~6.0		kg	0.070	0.080	0.110	0.140
	其他材料费		%	1.000	1.000	1.000	1.000

十五、阀门操纵装置安装

工作内容:准备工作,部件检查,组合装配,安装,固定,试动调正。 **计量单位:**100kg

定额编号				8-7-149
项目				阀门操纵装置
名称			单位	消耗量
人工	合计工日		工日	8.564
	其中	普工	工日	2.142
		一般技工	工日	5.566
		高级技工	工日	0.856
材料	阀门操纵装置		kg	100.000
	低碳钢焊条 J427 ϕ3.2		kg	0.800
	氧气		m^3	1.080
	乙炔气		kg	0.360
	尼龙砂轮片 ϕ100×16×3		片	0.320
	电		kW·h	0.025
	其他材料费		%	1.000
机械	电焊机(综合)		台班	0.316
	电焊条烘干箱 60×50×75(cm^3)		台班	0.032
	电焊条恒温箱		台班	0.032

十六、调节阀临时短管制作与装拆

工作内容:准备工作,切管,焊法兰,拆除调节阀,装临时短管,试压,吹洗后短管拆除,调节阀复位。

计量单位:个

定额编号				8-7-150	8-7-151	8-7-152	8-7-153
项目				公称直径（mm 以内）			
				50	100	150	200
名称			单位	消耗量			
人工	合计工日		工日	1.292	1.539	2.666	3.079
	其中	普工	工日	0.323	0.384	0.666	0.770
		一般技工	工日	0.840	1.001	1.733	2.001
		高级技工	工日	0.129	0.154	0.267	0.308
材料	低碳钢焊条 J427 ϕ3.2		kg	0.030	0.070	0.120	0.230
	氧气		m^3	0.080	0.180	0.310	0.590
	乙炔气		kg	0.030	0.030	0.100	0.200
	尼龙砂轮片 $\phi100\times16\times3$		片	0.010	0.030	0.050	0.090
	电		kW·h	0.025	0.025	0.025	0.025
	石棉橡胶板 低压 δ0.8～6.0		kg	0.070	0.170	0.280	0.330
	法兰 PN1.6MPa *DN*50		副	0.400	—	—	—
	法兰 PN1.6MPa *DN*100		副	—	0.400	—	—
	法兰 PN1.6MPa *DN*150		副	—	—	0.400	—
	法兰 PN1.6MPa *DN*200		副	—	—	—	0.400
	其他材料费		%	1.000	1.000	1.000	1.000
机械	电焊机（综合）		台班	0.027	0.055	0.055	0.082
	电焊条烘干箱 60×50×75(cm^3)		台班	0.003	0.006	0.006	0.008
	电焊条恒温箱		台班	0.003	0.006	0.006	0.008
	汽车式起重机 8t		台班	0.007	0.014	0.014	0.014
	吊装机械(综合)		台班	0.041	0.082	0.082	0.082
	载重汽车 8t		台班	0.007	0.014	0.014	0.014

计量单位:个

定额编号			8-7-154	8-7-155	8-7-156	8-7-157
项目			公称直径 (mm 以内)			
			300	400	500	600
名称		单位	消耗量			
人工	合计工日	工日	5.003	6.350	6.955	7.998
人工	其中 普工	工日	1.251	1.588	1.739	1.999
人工	其中 一般技工	工日	3.252	4.127	4.521	5.199
人工	其中 高级技工	工日	0.500	0.635	0.695	0.800
材料	低碳钢焊条 J427 $\phi3.2$	kg	0.540	0.880	1.440	2.448
材料	氧气	m^3	0.690	1.130	1.850	3.145
材料	乙炔气	kg	0.230	0.380	0.620	1.054
材料	尼龙砂轮片 $\phi100\times16\times3$	片	0.220	0.350	0.580	0.986
材料	电	kW·h	0.025	0.025	0.050	0.086
材料	石棉橡胶板 低压 $\delta0.8\sim6.0$	kg	0.400	0.690	0.830	1.411
材料	法兰 PN1.6MPa *DN*300	副	0.400	—	—	—
材料	法兰 PN1.6MPa *DN*400	副	—	0.400	—	—
材料	法兰 PN1.6MPa *DN*500	副	—	—	0.400	—
材料	法兰 PN1.6MPa *DN*600	副	—	—	—	0.400
材料	其他材料费	%	1.000	1.000	1.000	1.000
机械	电焊机 (综合)	台班	0.137	0.165	0.220	0.253
机械	电焊条烘干箱 $60\times50\times75(cm^3)$	台班	0.014	0.016	0.022	0.025
机械	电焊条恒温箱	台班	0.014	0.016	0.022	0.025
机械	汽车式起重机 8t	台班	0.014	0.040	0.042	0.042
机械	吊装机械(综合)	台班	0.096	0.150	0.191	0.191
机械	载重汽车 8t	台班	0.014	0.040	0.042	0.042

十七、虾体弯制作及煨弯

1. 碳钢管虾体弯制作(电弧焊)

工作内容:准备工作,管子切口,坡口加工,坡口磨平,管口组对,焊接,堆放。

计量单位:10 个

定额编号			8-7-158	8-7-159	8-7-160	8-7-161	8-7-162	8-7-163	8-7-164	8-7-165
项目			公称直径 (mm 以内)							
			200	250	300	350	400	450	500	600
名称		单位	消耗量							
人工	合计工日	工日	17.343	24.324	27.562	32.972	37.037	43.371	47.951	55.144
人工	其中 普工	工日	4.336	6.081	6.890	8.242	9.259	10.843	11.988	13.787
人工	其中 一般技工	工日	11.273	15.811	17.915	21.432	24.074	28.191	31.168	35.843
人工	其中 高级技工	工日	1.734	2.432	2.757	3.298	3.704	4.337	4.795	5.514
材料	碳钢管	m	4.860	5.860	6.670	7.420	8.230	9.070	9.120	9.120
材料	低碳钢焊条 J427 $\phi3.2$	kg	17.695	34.799	41.514	66.043	74.735	110.870	122.569	122.569
材料	氧气	m^3	26.797	40.130	45.326	59.758	65.917	76.370	88.807	102.200
材料	乙炔气	kg	8.936	13.380	15.111	19.919	21.973	25.458	29.606	34.047
材料	尼龙砂轮片 $\phi100\times16\times3$	片	4.995	6.489	7.760	11.589	13.137	17.817	19.722	22.680
材料	电	kW·h	10.605	15.075	18.132	21.662	24.506	29.249	31.204	35.885
材料	角钢(综合)	kg	2.508	2.508	3.300	3.300	3.300	3.300	3.300	3.795
材料	棉纱头	kg	0.462	0.561	0.660	0.792	0.891	0.990	1.089	1.252
材料	其他材料费	%	1.000	1.000	1.000	1.000	1.000	1.000	1.000	1.000
机械	电焊机 (综合)	台班	6.804	9.665	11.529	14.356	16.244	19.115	21.131	24.300
机械	电焊条烘干箱 $60\times50\times75(cm^3)$	台班	0.681	0.966	1.153	1.436	1.624	1.912	2.113	2.430
机械	电焊条恒温箱	台班	0.681	0.966	1.153	1.436	1.624	1.912	2.113	2.430

2. 不锈钢管虾体弯制作(电弧焊)

工作内容:准备工作,管子切口,坡口加工,坡口磨平,管口组对,焊接,焊缝钝化,堆放。

计量单位:10 个

定额编号		8-7-166	8-7-167	8-7-168	8-7-169	8-7-170	8-7-171	8-7-172
项目		公称直径(mm 以内)						
		200	250	300	350	400	450	500
名称	单位	消耗量						
人工 合计工日	工日	23.715	28.332	32.921	37.602	42.170	48.496	55.770
其中 普工	工日	5.929	7.083	8.230	9.401	10.543	12.124	13.942
其中 一般技工	工日	15.415	18.416	21.399	24.441	27.410	31.523	36.251
其中 高级技工	工日	2.371	2.833	3.292	3.760	4.217	4.849	5.577
材料 不锈钢管	m	4.860	5.760	6.750	7.430	8.230	8.230	8.230
不锈钢焊条(综合)	kg	9.362	11.685	13.916	16.147	18.252	29.989	34.129
尼龙砂轮片 $\phi100\times16\times3$	片	10.107	11.055	15.401	17.922	20.303	23.348	26.851
电	kW·h	13.898	17.650	20.677	22.584	25.575	29.411	33.823
丙酮	kg	2.277	2.838	3.366	3.894	4.389	5.047	5.805
酸洗膏	kg	0.201	0.305	0.363	0.398	0.492	0.554	0.627
水	t	0.396	0.462	0.561	0.660	0.759	0.873	1.003
破布	kg	0.231	0.297	0.330	0.396	0.429	0.493	0.567
棉纱头	kg	0.462	0.561	0.660	0.759	0.851	0.979	1.125
其他材料费	%	1.000	1.000	1.000	1.000	1.000	1.000	1.000
机械 电焊机(综合)	台班	6.685	8.345	9.939	11.533	13.037	14.992	17.241
等离子切割机 400A	台班	5.759	7.180	8.553	9.921	11.206	12.886	14.819
电动空气压缩机 $1m^3/min$	台班	5.759	7.180	8.553	9.921	11.206	12.886	14.819
电动空气压缩机 $6m^3/min$	台班	0.033	0.033	0.033	0.033	0.033	0.038	0.044
电焊条烘干箱 $60\times50\times75(cm^3)$	台班	0.669	0.834	0.994	1.154	1.304	1.499	1.724
电焊条恒温箱	台班	0.669	0.834	0.994	1.154	1.304	1.499	1.724

3. 不锈钢管虾体弯制作(氩电联焊)

工作内容:准备工作,管子切口,坡口加工,坡口磨平,管口组对,焊接,焊缝钝化,堆放。

计量单位:10 个

定额编号				8-7-173	8-7-174	8-7-175	8-7-176	8-7-177	8-7-178	8-7-179
项　目				公称直径(mm 以内)						
				200	250	300	350	400	450	500
名　称			单位	消　耗　量						
人工	合计工日		工日	24.428	29.236	33.996	38.872	45.460	52.279	60.121
	其中	普工	工日	6.107	7.308	8.499	9.718	11.365	13.069	15.031
		一般技工	工日	15.878	19.004	22.098	25.267	29.549	33.982	39.078
		高级技工	工日	2.443	2.924	3.399	3.887	4.546	5.228	6.012
材料	不锈钢管		m	4.860	5.760	6.750	7.430	8.230	8.230	8.230
	不锈钢焊条(综合)		kg	4.825	6.013	7.161	8.313	10.586	12.174	13.999
	不锈钢焊丝 1Cr18Ni9Ti		kg	2.650	3.389	4.197	5.102	6.587	7.575	8.711
	氩气		m^3	7.422	9.490	11.751	14.283	18.444	21.211	24.392
	铈钨棒		g	12.052	15.101	17.998	20.935	26.743	30.755	35.368
	尼龙砂轮片 $\phi 100\times16\times3$		片	6.753	9.429	12.735	14.838	16.821	19.344	22.246
	电		kW·h	12.054	15.407	18.009	19.482	22.566	25.951	29.844
	丙酮		kg	2.277	2.838	3.366	3.894	4.389	5.047	5.805
	酸洗膏		kg	0.201	0.305	0.363	0.398	0.492	0.554	0.627
	水		t	0.396	0.462	0.561	0.660	0.759	0.873	1.003
	破布		kg	0.231	0.297	0.330	0.396	0.429	0.493	0.567
	棉纱头		kg	0.462	0.561	0.660	0.759	0.851	0.978	1.125
	其他材料费		%	1.000	1.000	1.000	1.000	1.000	1.000	1.000
机械	电焊机(综合)		台班	3.689	4.600	5.474	6.358	8.094	9.308	10.704
	氩弧焊机 500A		台班	4.511	5.821	6.774	7.477	9.401	10.811	12.432
	等离子切割机 400A		台班	5.759	7.180	8.553	9.921	11.206	12.886	14.819
	电动空气压缩机 $1m^3/min$		台班	5.759	7.180	8.553	9.921	11.206	12.886	14.819
	电动空气压缩机 $6m^3/min$		台班	0.033	0.033	0.033	0.033	0.033	0.038	0.044
	电焊条烘干箱 $60\times50\times75(cm^3)$		台班	0.369	0.460	0.548	0.636	0.809	0.931	1.070
	电焊条恒温箱		台班	0.369	0.460	0.548	0.636	0.809	0.931	1.070

4. 铝管虾体弯制作(氩弧焊)

工作内容:准备工作,管子切口,坡口加工,坡口磨平,管口组对,焊口处理,焊前预热,焊接,焊缝酸洗。

计量单位:10 个

定额编号				8-7-180	8-7-181	8-7-182	8-7-183	8-7-184	8-7-185	8-7-186
项目				管外径(mm 以内)						
				150	180	200	250	300	350	410
名称			单位	消耗量						
人工	合计工日		工日	15.688	18.893	22.513	30.020	40.836	49.154	63.991
	其中	普工	工日	3.922	4.724	5.628	7.505	10.208	12.289	15.998
		一般技工	工日	10.197	12.280	14.633	19.513	26.544	31.950	41.594
		高级技工	工日	1.569	1.889	2.252	3.002	4.084	4.915	6.399
材料	铝管		m	4.080	4.550	4.880	5.860	6.670	7.430	8.660
	铝焊丝 丝301 $\phi3.0$		kg	1.840	2.130	2.530	3.670	4.700	8.920	14.540
	氧气		m^3	2.755	3.234	3.811	4.500	5.100	6.600	7.244
	乙炔气		kg	1.271	1.495	1.759	2.080	2.362	3.061	3.335
	氩气		m^3	5.148	5.960	7.095	10.266	13.167	24.974	40.712
	铈钨棒		g	10.296	11.920	14.190	20.533	26.334	49.949	81.424
	尼龙砂轮片 $\phi100\times16\times3$		片	1.928	2.294	2.739	4.540	4.888	6.888	10.100
	电		kW·h	3.778	4.530	5.314	8.063	10.356	11.937	14.949
	氢氧化钠(烧碱)		kg	5.610	6.600	7.399	9.266	10.362	10.362	12.111
	硝酸		kg	1.452	1.716	2.013	2.607	3.003	3.234	3.795
	重铬酸钾 98%		kg	0.594	0.693	0.825	1.056	1.221	1.320	1.518
	水		t	0.264	0.330	0.396	0.495	0.561	0.627	0.726
	破布		kg	0.660	0.693	0.726	0.891	0.990	1.023	1.089
	其他材料费		%	1.000	1.000	1.000	1.000	1.000	1.000	1.000
机械	氩弧焊机 500A		台班	1.874	2.171	2.587	3.491	4.478	7.962	12.532
	等离子切割机 400A		台班	8.469	9.912	11.791	13.625	17.439	20.071	24.659
	电动空气压缩机 $1m^3/min$		台班	8.469	9.912	11.791	13.625	17.439	20.071	24.659
	电动空气压缩机 $6m^3/min$		台班	0.033	0.033	0.033	0.033	0.033	0.033	0.033

5. 铜管虾体弯制作(氧乙炔焊)

工作内容:准备工作,管子切口,坡口加工,坡口磨平,管口组对,焊口处理,焊前预热,焊接,堆放。

计量单位:10 个

定额编号				8-7-187	8-7-188	8-7-189	8-7-190	8-7-191
项目				管外径(mm 以内)				
				150	185	200	250	300
名称			单位	消耗量				
人工	合计工日		工日	17.339	21.727	23.840	29.546	36.002
	其中	普工	工日	4.335	5.431	5.960	7.386	9.000
		一般技工	工日	11.270	14.123	15.496	19.205	23.401
		高级技工	工日	1.734	2.173	2.384	2.955	3.601
材料	铜管		m	4.200	4.670	5.050	6.050	8.330
	铜气焊丝		kg	4.950	6.600	7.430	8.940	9.930
	氧气		m^3	9.897	12.205	13.210	16.538	27.203
	乙炔气		kg	3.807	4.694	5.079	6.360	10.463
	尼龙砂轮片 $\phi100\times16\times3$		片	2.647	3.281	3.553	4.459	5.364
	电		kW·h	3.252	3.940	4.258	5.228	6.497
	铁砂布		张	2.112	2.805	3.102	4.389	5.676
	硼砂		kg	0.990	1.320	1.485	1.782	1.980
	棉纱头		kg	0.297	0.396	0.429	0.528	0.627
	其他材料费		%	1.000	1.000	1.000	1.000	1.000
机械	等离子切割机 400A		台班	8.289	10.467	11.461	14.139	16.577
	电动空气压缩机 $1m^3/min$		台班	8.289	10.467	11.461	14.139	16.577

6. 中压螺旋卷管虾体弯制作(电弧焊)

工作内容:准备工作,管子切口,坡口加工,坡口磨平,管口组对,焊接,堆放。

计量单位:10 个

定额编号				8-7-192	8-7-193	8-7-194	8-7-195	8-7-196	8-7-197
项目				公称直径(mm 以内)					
				200	250	300	350	400	450
名称			单位	消耗量					
人工	合计工日		工日	13.761	17.573	20.817	25.410	28.441	32.367
	其中	普工	工日	3.441	4.394	5.205	6.352	7.110	8.092
		一般技工	工日	8.944	11.422	13.531	16.517	18.487	21.039
		高级技工	工日	1.376	1.757	2.081	2.541	2.844	3.236
材料	螺旋卷管		m	4.890	5.860	6.670	6.780	9.050	9.810
	低碳钢焊条 J427 $\phi3.2$		kg	23.357	34.799	41.514	56.773	64.231	72.145
	氧气		m^3	30.252	37.995	41.955	50.858	55.339	60.388
	乙炔气		kg	10.088	12.665	13.986	16.948	18.450	20.131
	尼龙砂轮片 $\phi100\times16\times3$		片	4.446	6.489	7.760	10.398	11.781	13.250
	电		kW·h	9.054	11.788	13.048	17.171	19.419	21.955
	角钢(综合)		kg	3.300	3.300	3.300	3.300	3.300	3.300
	棉纱头		kg	0.462	0.561	0.693	0.792	0.891	0.990
	其他材料费		%	1.000	1.000	1.000	1.000	1.000	1.000
机械	电焊机(综合)		台班	4.406	5.800	6.919	8.473	9.586	10.767
	电焊条烘干箱 $60\times50\times75(cm^3)$		台班	0.440	0.580	0.692	0.847	0.959	1.076
	电焊条恒温箱		台班	0.440	0.580	0.692	0.847	0.959	1.076

计量单位:10 个

定额编号			8-7-198	8-7-199	8-7-200	8-7-201	8-7-202	8-7-203
项目			公称直径（mm 以内）					
			500	600	700	800	900	1000
名称		单位	消耗量					
人工	合计工日	工日	46.425	61.970	70.687	79.793	88.826	98.024
人工	其中 普工	工日	11.607	15.493	17.671	19.948	22.207	24.506
人工	其中 一般技工	工日	30.176	40.280	45.947	51.866	57.737	63.716
人工	其中 高级技工	工日	4.642	6.197	7.069	7.979	8.882	9.802
材料	螺旋卷管	m	9.880	10.430	11.610	13.940	16.510	17.930
材料	低碳钢焊条 J427 ϕ3.2	kg	78.555	86.612	99.159	113.102	127.044	140.989
材料	氧气	m^3	80.880	104.926	117.563	132.609	147.879	162.758
材料	乙炔气	kg	26.965	34.972	39.188	44.202	49.295	54.604
材料	尼龙砂轮片 $\phi100\times16\times3$	片	14.690	21.050	24.107	27.501	30.897	34.293
材料	电	kW·h	31.794	42.830	49.141	53.021	54.884	69.677
材料	六角螺栓(综合)	10 套	1.056	1.056	1.056	1.056	1.056	1.056
材料	角钢(综合)	kg	4.400	4.400	4.840	4.840	4.840	4.840
材料	棉纱头	kg	1.452	1.760	1.980	2.288	2.552	2.816
材料	其他材料费	%	1.000	1.000	1.000	1.000	1.000	1.000
机械	电焊机（综合）	台班	11.309	11.704	13.398	15.282	17.165	19.051
机械	电焊条烘干箱 $60\times50\times75(cm^3)$	台班	1.131	1.170	1.339	1.528	1.717	1.905
机械	电焊条恒温箱	台班	1.131	1.170	1.339	1.528	1.717	1.905

7. 低中压碳钢、合金钢管机械煨弯

工作内容:准备工作,管材检查,选料,号料,更换胎具,弯管成型。

计量单位:10 个

定额编号			8-7-204	8-7-205	8-7-206	8-7-207	8-7-208	8-7-209
项目			公称直径（mm 以内）					
			20	32	50	65	80	100
名称		单位	消耗量					
人工	合计工日	工日	0.210	0.310	0.930	1.300	1.760	2.200
人工	其中 普工	工日	0.052	0.078	0.233	0.325	0.440	0.550
人工	其中 一般技工	工日	0.137	0.201	0.604	0.845	1.144	1.430
人工	其中 高级技工	工日	0.021	0.031	0.093	0.130	0.176	0.220
材料	碳钢管(合金钢管)	m	1.890	2.660	3.820	4.780	5.750	7.030
材料	破布	kg	0.012	0.012	0.015	0.018	0.022	0.025
材料	其他材料费	%	1.000	1.000	1.000	1.000	1.000	1.000
机械	坡口机 2.8kW	台班	—	—	0.240	0.270	0.360	0.360
机械	电动弯管机 100mm	台班	0.100	0.140	0.190	0.310	0.430	0.620

8. 低中压不锈钢管机械煨弯

工作内容:准备工作,管材检查,选料,号料,更换胎具,弯管成型。　　**计量单位**:10 个

定额编号				8-7-210	8-7-211	8-7-212	8-7-213	8-7-214	8-7-215
项　目				公称直径（mm 以内）					
				20	32	50	65	80	100
名　称			单位	消　耗　量					
人工	合计工日		工日	0.440	0.590	1.560	2.020	2.630	3.500
	其中	普工	工日	0.110	0.147	0.390	0.505	0.657	0.875
		一般技工	工日	0.286	0.384	1.014	1.313	1.710	2.275
		高级技工	工日	0.044	0.059	0.156	0.202	0.263	0.350
材料	不锈钢管		m	1.890	2.660	3.820	4.780	5.750	7.030
	薄砂轮片 500×25×4		片	0.120	0.270	0.320	0.460	0.540	0.690
	破布		kg	0.012	0.012	0.015	0.018	0.022	0.025
	其他材料费		%	1.000	1.000	1.000	1.000	1.000	1.000
机械	坡口机 2.8kW		台班	—	—	0.300	0.350	0.450	0.450
	砂轮切割机 ϕ500		台班	0.080	0.080	0.160	0.160	0.180	0.240
	电动弯管机 100mm		台班	0.120	0.190	0.300	0.420	0.600	0.780

9. 铝管机械煨弯

工作内容:准备工作,管材检查,选料,号料,更换胎具,弯管成型。　　**计量单位**:10 个

定额编号				8-7-216	8-7-217	8-7-218	8-7-219	8-7-220	8-7-221
项　目				管外径（mm 以内）					
				20	32	50	70	80	100
名　称			单位	消　耗　量					
人工	合计工日		工日	0.200	0.300	0.840	1.150	1.570	2.110
	其中	普工	工日	0.050	0.075	0.210	0.288	0.393	0.527
		一般技工	工日	0.130	0.195	0.546	0.747	1.020	1.372
		高级技工	工日	0.020	0.030	0.084	0.115	0.157	0.211
材料	铝管		m	1.730	2.400	3.410	4.260	5.100	6.230
	破布		kg	0.012	0.012	0.015	0.018	0.022	0.025
	其他材料费		%	1.000	1.000	1.000	1.000	1.000	1.000
机械	电动弯管机 100mm		台班	0.100	0.140	0.180	0.300	0.410	0.650

10. 铜管机械煨弯

工作内容：准备工作，管材检查，选料，号料，更换胎具，弯管成型。 计量单位：10个

定额编号			8-7-222	8-7-223	8-7-224	8-7-225	8-7-226	8-7-227
项目			管外径（mm以内）					
			20	32	55	65	85	100
名称		单位	消耗量					
人工	合计工日	工日	0.220	0.340	0.880	1.230	1.670	2.260
其中	普工	工日	0.055	0.085	0.220	0.308	0.418	0.565
	一般技工	工日	0.143	0.221	0.572	0.799	1.085	1.469
	高级技工	工日	0.022	0.034	0.088	0.123	0.167	0.226
材料	铜管	m	1.730	2.400	3.690	4.260	5.380	6.230
	破布	kg	0.012	0.012	0.015	0.018	0.022	0.025
	其他材料费	%	1.000	1.000	1.000	1.000	1.000	1.000
机械	坡口机 2.8kW	台班	—	—	—	—	—	0.290
	电动弯管机 100mm	台班	0.100	0.150	0.200	0.330	0.450	0.720

11. 塑料管煨弯

工作内容：准备工作，管材检查，选料，号料，更换胎具，弯管成型。 计量单位：10个

定额编号			8-7-228	8-7-229	8-7-230	8-7-231	8-7-232
项目			管外径（mm以内）				
			20	25	32	40	51
名称		单位	消耗量				
人工	合计工日	工日	1.060	1.090	1.110	1.390	1.410
其中	普工	工日	0.265	0.273	0.277	0.347	0.353
	一般技工	工日	0.689	0.708	0.722	0.904	0.916
	高级技工	工日	0.106	0.109	0.111	0.139	0.141
材料	塑料管	m	1.730	2.010	2.400	2.850	3.410
	绿豆砂	m^3	0.010	0.010	0.020	0.020	0.040
	电阻丝	根	0.060	0.060	0.060	0.080	0.080
	电	kW·h	33.600	33.600	33.600	42.000	42.000
	破布	kg	0.160	0.168	0.214	0.245	0.253
	其他材料费	%	1.000	1.000	1.000	1.000	1.000

计量单位：10 个

定额编号				8-7-233	8-7-234	8-7-235	8-7-236
项目				管外径（mm 以内）			
				65	76	90	114
名称			单位	消耗量			
人工	合计工日		工日	1.850	1.860	2.170	2.310
	其中	普工	工日	0.462	0.465	0.543	0.577
		一般技工	工日	1.203	1.209	1.410	1.502
		高级技工	工日	0.185	0.186	0.217	0.231
材料	塑料管		m	4.260	4.880	5.660	7.010
	绿豆砂		m^3	0.060	0.080	0.130	0.160
	电阻丝		根	0.110	0.110	0.120	0.120
	电		kW·h	58.800	58.800	67.200	67.200
	其他材料费		%	1.000	1.000	1.000	1.000
机械	木工圆锯机 600mm		台班	0.020	0.020	0.020	0.030

12. 低中压碳钢管中频煨弯

工作内容：准备工作，管子切口，坡口加工，管子上胎具，加热，煨弯，成型检查，堆放。　计量单位：10 个

定额编号				8-7-237	8-7-238	8-7-239	8-7-240	8-7-241
项目				公称直径（mm 以内）				
				100	150	200	250	300
名称			单位	消耗量				
人工	合计工日		工日	3.082	3.463	4.560	5.529	7.948
	其中	普工	工日	0.771	0.866	1.140	1.381	1.987
		一般技工	工日	2.003	2.251	2.964	3.595	5.166
		高级技工	工日	0.308	0.346	0.456	0.553	0.795
材料	碳钢管		m	3.010	4.220	5.420	6.630	7.830
	电		kW·h	373.000	386.500	400.000	450.000	500.000
	其他材料费		%	1.000	1.000	1.000	1.000	1.000
机械	普通车床 630×2000		台班	0.470	0.483	0.530	0.579	0.642
	中频煨弯机 160kW		台班	0.714	0.833	1.000	1.250	—
	中频煨弯机 250kW		台班	—	—	—	—	1.667
	电动葫芦（单速）3t		台班	0.470	0.483	1.530	1.829	2.309

计量单位:10 个

定额编号			8-7-242	8-7-243	8-7-244	8-7-245
项目			公称直径（mm 以内）			
			350	400	450	500
名称		单位	消耗量			
人工	合计工日	工日	11.534	13.375	17.081	27.205
	其中 普工	工日	2.883	3.343	4.270	6.801
	其中 一般技工	工日	7.497	8.695	11.103	17.683
	其中 高级技工	工日	1.154	1.337	1.708	2.721
材料	碳钢管	m	9.040	10.250	11.450	12.660
	电	kW·h	541.665	583.333	624.980	666.600
	其他材料费	%	1.000	1.000	1.000	1.000
机械	普通车床 630×2000mm	台班	0.769	0.975	1.043	1.104
	中频煨弯机 250kW	台班	2.500	2.857	3.333	5.000
	电动葫芦(单速)3t	台班	3.269	3.832	4.376	5.770
	电动单梁起重机 5t	台班	—	—	—	0.334

13. 高压碳钢管中频煨弯

工作内容:准备工作,管子切口,坡口加工,管子上胎具,加热,煨弯,成型检查,堆放。 计量单位:10 个

定额编号			8-7-246	8-7-247	8-7-248	8-7-249	8-7-250	8-7-251
项目			公称直径（mm 以内）					
			100	150	200	250	300	350
名称		单位	消耗量					
人工	合计工日	工日	4.391	7.168	8.435	10.418	16.130	21.455
	其中 普工	工日	1.098	1.792	2.108	2.604	4.032	5.365
	其中 一般技工	工日	2.854	4.659	5.483	6.772	10.485	13.945
	其中 高级技工	工日	0.439	0.717	0.844	1.042	1.613	2.145
材料	碳钢管	m	3.010	4.220	5.420	6.630	7.830	9.040
	电	kW·h	559.500	579.750	600.000	675.000	750.000	812.500
	其他材料费	%	1.000	1.000	1.000	1.000	1.000	1.000
机械	普通车床 630×2000	台班	0.590	1.710	1.893	1.928	3.064	3.229
	中频煨弯机 250kW	台班	1.071	1.250	1.500	1.875	2.501	3.750
	电动单梁起重机 5t	台班	—	—	—	—	3.064	3.229
	电动葫芦(单速)3t	台班	1.661	2.960	3.093	3.818	4.000	4.182

计量单位:10 个

定额编号				8-7-252	8-7-253	8-7-254
项目				公称直径（mm 以内）		
				400	450	500
名称			单位	消耗量		
人工	合计工日		工日	26.276	32.797	51.666
	其中	普工	工日	6.569	8.199	12.916
		一般技工	工日	17.080	21.318	33.584
		高级技工	工日	2.627	3.280	5.166
材料	碳钢管		m	10.250	11.450	12.660
	电		kW·h	875.000	937.470	999.900
	其他材料费		%	1.000	1.000	1.000
机械	普通车床 630×2000		台班	4.568	5.151	7.086
	中频煨弯机 250kW		台班	4.286	5.000	7.500
	电动单梁起重机 5t		台班	4.568	5.151	7.086
	电动葫芦(单速)3t		台班	4.286	5.000	7.500

14. 低中压不锈钢管中频煨弯

工作内容:准备工作,管子切口,坡口加工,管子上胎具,加热,煨弯,成型检查,堆放。 计量单位:10 个

定额编号				8-7-255	8-7-256	8-7-257	8-7-258	8-7-259	8-7-260	8-7-261
项目				公称直径（mm 以内）						
				100	150	200	250	300	350	400
名称			单位	消耗量						
人工	合计工日		工日	3.580	4.160	5.445	6.636	9.690	13.689	16.050
	其中	普工	工日	0.896	1.040	1.360	1.658	2.423	3.423	4.013
		一般技工	工日	2.326	2.704	3.540	4.314	6.298	8.897	10.432
		高级技工	工日	0.358	0.416	0.545	0.664	0.969	1.369	1.605
材料	不锈钢管		m	3.010	4.220	5.420	6.630	7.830	9.040	10.250
	电		kW·h	447.600	463.800	480.000	540.000	600.000	649.998	700.000
	其他材料费		%	1.000	1.000	1.000	1.000	1.000	1.000	1.000
机械	普通车床 630×2000		台班	0.506	0.581	0.623	0.694	0.747	0.845	1.170
	中频煨弯机 160kW		台班	0.857	1.000	1.200	1.500	—	—	—
	中频煨弯机 250kW		台班	—	—	—	—	2.000	3.000	3.428
	电动葫芦(单速)3t		台班	0.506	0.581	1.823	2.194	2.847	3.845	4.598

15. 高压不锈钢管中频煨弯

工作内容:准备工作,管子切口,坡口加工,管子上胎具,加热,煨弯,成型检查,堆放。 **计量单位:**10 个

定额编号			8-7-262	8-7-263	8-7-264	8-7-265	8-7-266
项目			公称直径(mm 以内)				
			100	150	200	250	300
名称		单位	消耗量				
人工	合计工日	工日	5.271	7.012	9.426	12.267	18.034
人工 其中	普工	工日	1.319	1.754	2.356	3.067	4.508
人工 其中	一般技工	工日	3.425	4.557	6.127	7.974	11.722
人工 其中	高级技工	工日	0.527	0.701	0.943	1.226	1.804
材料	不锈钢管	m	3.010	4.220	5.420	6.630	7.830
材料	电	kW·h	559.500	579.750	600.000	675.000	750.000
材料	其他材料费	%	1.000	1.000	1.000	1.000	1.000
机械	普通车床 630×2000mm	台班	0.708	1.256	1.564	2.197	3.018
机械	中频煨弯机 250kW	台班	1.286	1.500	1.800	2.250	3.000
机械	电动单梁起重机 5t	台班	—	—	—	—	3.018
机械	电动葫芦(单速)3t	台班	1.994	2.756	3.364	4.447	4.455

计量单位:10 个

定额编号			8-7-267	8-7-268	8-7-269	8-7-270
项目			公称直径(mm 以内)			
			350	400	450	500
名称		单位	消耗量			
人工	合计工日	工日	26.149	29.675	38.741	52.332
人工 其中	普工	工日	6.538	7.419	9.685	13.084
人工 其中	一般技工	工日	16.996	19.289	25.182	34.015
人工 其中	高级技工	工日	2.615	2.967	3.874	5.233
材料	不锈钢管	m	9.040	10.250	11.450	12.660
材料	电	kW·h	812.500	875.000	937.470	999.900
材料	其他材料费	%	1.000	1.000	1.000	1.000
机械	普通车床 630×2000	台班	4.076	4.554	5.873	7.669
机械	中频煨弯机 250kW	台班	4.500	5.142	6.000	9.000
机械	电动单梁起重机 5t	台班	4.076	4.554	5.873	6.546
机械	电动葫芦(单速)3t	台班	4.500	5.142	6.000	7.000

16. 低中压合金钢管中频煨弯

工作内容:准备工作,管子切口,坡口加工,管子上胎具,加热,煨弯,成型检查,堆放。　**计量单位:**10个

定额编号			8-7-271	8-7-272	8-7-273	8-7-274	8-7-275
项目			公称直径(mm以内)				
			100	150	200	250	300
名称		单位	消耗量				
人工	合计工日	工日	3.924	4.480	5.891	7.179	10.409
	其中 普工	工日	0.981	1.120	1.473	1.795	2.603
	其中 一般技工	工日	2.550	2.912	3.829	4.666	6.765
	其中 高级技工	工日	0.393	0.448	0.589	0.718	1.041
材料	合金钢管	m	3.010	4.220	5.420	6.630	7.830
	电	kW·h	503.550	521.775	540.000	607.500	675.000
	其他材料费	%	1.000	1.000	1.000	1.000	1.000
机械	普通车床 630×2000	台班	0.516	0.553	0.584	0.636	0.705
	中频煨弯机 160kW	台班	0.964	1.125	1.350	1.688	—
	中频煨弯机 250kW	台班	—	—	—	—	2.250
	电动葫芦(单速)3t	台班	0.516	0.553	1.934	2.324	2.955

计量单位:10个

定额编号			8-7-276	8-7-277	8-7-278	8-7-279
项目			公称直径(mm以内)			
			350	400	450	500
名称		单位	消耗量			
人工	合计工日	工日	15.217	17.570	22.540	36.175
	其中 普工	工日	3.803	4.392	5.635	9.044
	其中 一般技工	工日	9.892	11.421	14.651	23.514
	其中 高级技工	工日	1.522	1.757	2.254	3.617
材料	合金钢管	m	9.040	10.250	11.450	12.660
	电	kW·h	731.248	787.500	843.723	899.910
	其他材料费	%	1.000	1.000	1.000	1.000
机械	普通车床 630×2000	台班	0.860	1.072	1.146	1.215
	中频煨弯机 250kW	台班	3.375	3.857	4.500	6.750
	电动葫芦(单速) 3t	台班	4.235	4.929	5.646	7.598
	电动单梁起重机 5t	台班	—	—	—	0.367

17. 高压合金钢管中频煨弯

工作内容:准备工作,管子切口,坡口加工,管子上胎具,加热,煨弯,成型检查,堆放。 **计量单位**:10 个

定额编号				8-7-280	8-7-281	8-7-282	8-7-283	8-7-284
项目				公称直径(mm 以内)				
				100	150	200	250	300
名称			单位	消耗量				
人工	合计工日		工日	5.529	7.694	10.307	13.292	19.414
	其中	普工	工日	1.381	1.924	2.576	3.323	4.854
		一般技工	工日	3.595	5.001	6.700	8.640	12.619
		高级技工	工日	0.553	0.769	1.031	1.329	1.941
材料	合金钢管		m	3.010	4.220	5.420	6.630	7.830
	电		kW·h	559.500	579.750	600.000	675.000	750.000
	其他材料费		%	1.000	1.000	1.000	1.000	1.000
机械	普通车床 630×2000		台班	0.596	1.315	1.610	2.216	2.958
	中频煨弯机 250kW		台班	1.446	1.688	2.025	2.532	3.375
	电动单梁起重机 5t		台班	—	—	—	—	2.958
	电动葫芦(单速)3t		台班	2.042	3.003	3.635	3.818	4.273

计量单位:10 个

定额编号				8-7-285	8-7-286	8-7-287	8-7-288
项目				公称直径(mm 以内)			
				350	400	450	500
名称			单位	消耗量			
人工	合计工日		工日	28.385	32.642	42.273	65.379
	其中	普工	工日	7.096	8.160	10.569	16.345
		一般技工	工日	18.451	21.217	27.477	42.496
		高级技工	工日	2.838	3.265	4.227	6.538
材料	合金钢管		m	9.040	10.250	11.450	12.660
	电		kW·h	812.500	875.000	937.470	999.900
	其他材料费		%	1.000	1.000	1.000	1.000
机械	普通车床 630×2000		台班	4.068	4.751	5.951	7.380
	中频煨弯机 250kW		台班	5.063	5.786	6.750	10.125
	电动单梁起重机 5t		台班	4.068	4.751	5.951	7.380
	电动葫芦(单速)3t		台班	5.063	5.786	6.750	10.125

十八、三通补强圈制作与安装

1. 低压碳钢管挖眼三通补强圈制作与安装(电弧焊)

工作内容:准备工作,画线,号料,切割,坡口加工,板弧滚压,钻孔,锥丝,组对,焊接。　**计量单位**:10 个

定额编号				8-7-289	8-7-290	8-7-291	8-7-292	8-7-293
项　目				公称直径(mm 以内)				
				100	125	150	200	250
名　称			单位	消　耗　量				
人工	合计工日		工日	4.310	5.002	5.638	8.359	9.284
	其中	普工	工日	1.077	1.250	1.409	2.090	2.321
		一般技工	工日	2.802	3.252	3.665	5.433	6.035
		高级技工	工日	0.431	0.500	0.564	0.836	0.928
材料	钢板(综合)		kg	13.360	23.430	33.710	79.920	153.380
	低碳钢焊条 J427 ϕ3.2		kg	2.570	3.760	4.480	9.629	17.749
	氧气		m^3	1.900	2.610	2.980	4.860	7.160
	乙炔气		kg	0.630	0.870	0.990	1.620	2.390
	尼龙砂轮片 $\phi100\times16\times3$		片	1.000	1.253	1.500	2.064	2.573
	电		kW·h	1.970	2.149	2.806	4.149	5.164
	机油		kg	0.003	0.003	0.003	0.003	0.003
	铅油(厚漆)		kg	0.004	0.004	0.004	0.004	0.004
	螺钉(综合)		个	1.000	1.000	1.000	1.000	1.000
	石油沥青油毡 350#		m^2	0.200	0.270	0.400	0.630	0.900
	棉纱头		kg	0.001	0.001	0.001	0.001	0.001
	其他材料费		%	1.000	1.000	1.000	1.000	1.000
机械	电焊机(综合)		台班	2.360	2.740	3.180	4.530	5.270
	卷板机 20×2500		台班	0.100	0.150	0.150	0.200	0.200
	电动葫芦(单速)3t		台班	—	—	—	0.200	0.200
	电焊条烘干箱 60×50×75(cm^3)		台班	0.236	0.274	0.318	0.453	0.527
	电焊条恒温箱		台班	0.236	0.274	0.318	0.453	0.527

计量单位:10 个

定额编号				8-7-294	8-7-295	8-7-296	8-7-297	8-7-298
项目				公称直径（mm 以内）				
				300	350	400	450	500
名称			单位	消耗量				
人工	合计工日		工日	10.958	11.902	13.530	15.100	16.232
	其中	普工	工日	2.739	2.975	3.382	3.774	4.058
		一般技工	工日	7.123	7.737	8.795	9.816	10.551
		高级技工	工日	1.096	1.190	1.353	1.510	1.623
材料	钢板(综合)		kg	201.400	319.910	384.780	528.730	704.580
	低碳钢焊条 J427 ϕ3.2		kg	20.759	34.948	38.957	50.517	64.086
	氧气		m^3	8.379	11.549	12.879	15.549	18.419
	乙炔气		kg	2.790	3.850	4.290	5.180	6.140
	尼龙砂轮片 $\phi100\times16\times3$		片	3.063	3.553	4.015	4.730	5.245
	电		kW·h	6.089	6.955	7.940	8.925	9.850
	机油		kg	0.003	0.003	0.003	0.003	0.003
	铅油(厚漆)		kg	0.004	0.004	0.004	0.004	0.004
	螺钉(综合)		个	1.000	1.000	1.000	1.000	1.000
	石油沥青油毡 350#		m^2	1.270	1.470	1.730	2.130	2.570
	棉纱头		kg	0.001	0.001	0.001	0.001	0.001
	其他材料费		%	1.000	1.000	1.000	1.000	1.000
机械	电焊机（综合）		台班	6.250	6.680	7.740	8.760	9.120
	卷板机 20×2500		台班	0.250	0.250	0.280	0.280	0.300
	电动葫芦(单速)3t		台班	0.250	0.250	0.280	0.280	0.300
	电焊条烘干箱 $60\times50\times75(cm^3)$		台班	0.625	0.668	0.774	0.876	0.912
	电焊条恒温箱		台班	0.625	0.668	0.774	0.876	0.912

2. 中压碳钢管挖眼三通补强圈制作与安装(电弧焊)

工作内容:准备工作,画线,号料,切割,坡口加工,板弧滚压,钻孔,锥丝,组对,焊接。　**计量单位**:10 个

定额编号				8-7-299	8-7-300	8-7-301	8-7-302	8-7-303
项目				公称直径(mm 以内)				
				100	125	150	200	250
名称			单位	消耗量				
人工	合计工日		工日	5.058	5.872	6.591	9.443	10.958
	其中	普工	工日	1.264	1.467	1.647	2.359	2.739
		一般技工	工日	3.288	3.817	4.285	6.139	7.123
		高级技工	工日	0.506	0.588	0.659	0.945	1.096
材料	钢板(综合)		kg	19.930	36.360	52.470	133.150	230.020
	低碳钢焊条 J427 ϕ3.2		kg	4.840	7.379	8.809	21.329	34.758
	氧气		m^3	2.430	3.290	3.930	7.040	9.949
	乙炔气		kg	0.810	1.100	1.310	2.350	3.320
	尼龙砂轮片 $\phi100\times16\times3$		片	1.188	1.462	1.748	2.408	3.002
	电		kW·h	2.388	2.865	3.343	4.985	5.970
	机油		kg	0.003	0.003	0.003	0.003	0.003
	铅油(厚漆)		kg	0.004	0.004	0.004	0.004	0.004
	螺钉(综合)		个	1.000	1.000	1.000	1.000	1.000
	石油沥青油毡 350#		m^2	0.200	0.270	0.400	0.630	0.900
	棉纱头		kg	0.001	0.001	0.001	0.001	0.001
	其他材料费		%	1.000	1.000	1.000	1.000	1.000
机械	电焊机(综合)		台班	2.830	3.290	3.820	5.440	6.320
	卷板机 20×2500		台班	0.100	0.150	0.150	0.200	0.200
	电动葫芦(单速)3t		台班	—	0.150	0.150	0.200	0.200
	电焊条烘干箱 60×50×75(cm^3)		台班	0.283	0.329	0.382	0.544	0.632
	电焊条恒温箱		台班	0.283	0.329	0.382	0.544	0.632

计量单位:10 个

定额编号				8-7-304	8-7-305	8-7-306	8-7-307	8-7-308
项目				公称直径(mm 以内)				
				300	350	400	450	500
名称			单位	消耗量				
人工	合计工日		工日	12.959	14.091	16.045	17.943	19.056
	其中	普工	工日	3.240	3.523	4.011	4.486	4.765
		一般技工	工日	8.424	9.159	10.429	11.663	12.385
		高级技工	工日	1.295	1.409	1.605	1.794	1.906
材料	钢板(综合)		kg	352.340	511.770	692.600	913.190	1232.990
	低碳钢焊条 J427 $\phi3.2$		kg	52.186	74.595	98.923	124.752	164.439
	氧气		m^3	13.339	17.419	22.118	26.758	31.918
	乙炔气		kg	4.450	5.810	7.369	8.919	10.639
	尼龙砂轮片 $\phi100\times16\times3$		片	3.880	4.501	5.086	5.994	6.610
	电		kW·h	7.313	8.328	9.522	10.716	11.850
	机油		kg	0.003	0.003	0.003	0.003	0.003
	铅油(厚漆)		kg	0.004	0.004	0.004	0.004	0.004
	螺钉(综合)		个	1.000	1.000	1.000	1.000	1.000
	石油沥青油毡 350#		m^2	1.170	1.470	1.730	2.130	2.570
	棉纱头		kg	0.001	0.001	0.001	0.001	0.001
	其他材料费		%	1.000	1.000	1.000	1.000	1.000
机械	电焊机(综合)		台班	7.500	8.020	9.290	10.510	10.940
	卷板机 20×2500		台班	0.250	0.250	0.280	0.280	0.300
	电动葫芦(单速)3t		台班	0.250	0.250	0.280	0.280	0.300
	电焊条烘干箱 $60\times50\times75(cm^3)$		台班	0.750	0.802	0.929	1.051	1.094
	电焊条恒温箱		台班	0.750	0.802	0.929	1.051	1.094

3. 碳钢板卷管挖眼三通补强圈制作与安装(电弧焊)

工作内容:准备工作,画线,号料,切割,坡口加工,板弧滚压,钻孔,锥丝,组对,焊接。　**计量单位**:10 个

定额编号			8-7-309	8-7-310	8-7-311	8-7-312	8-7-313	8-7-314
项　目			公称直径（mm 以内）					
			200	250	300	350	400	450
名　称		单位	消　耗　量					
人工	合计工日	工日	8.650	10.390	11.890	12.871	14.631	16.311
	其中 普工	工日	2.162	2.597	2.972	3.218	3.658	4.078
	其中 一般技工	工日	5.623	6.754	7.729	8.366	9.510	10.602
	其中 高级技工	工日	0.865	1.039	1.189	1.287	1.463	1.631
材料	钢板(综合)	kg	79.920	115.010	151.050	255.880	307.820	384.460
	低碳钢焊条 J427 ϕ3.2	kg	9.629	11.809	13.839	23.788	26.528	29.828
	氧气	m^3	4.860	5.930	6.940	9.609	10.689	11.999
	乙炔气	kg	1.620	1.980	2.310	3.200	3.560	4.000
	尼龙砂轮片 $\phi100\times16\times3$	片	1.754	2.187	2.604	3.020	3.413	4.021
	电	kW·h	4.089	5.044	5.731	6.656	7.582	8.477
	机油	kg	0.003	0.003	0.003	0.003	0.003	0.003
	铅油(厚漆)	kg	0.004	0.004	0.004	0.004	0.004	0.004
	螺钉(综合)	个	1.000	1.000	1.000	1.000	1.000	1.000
	石油沥青油毡 350#	m^2	0.630	0.900	1.170	1.470	1.730	2.130
	棉纱头	kg	0.001	0.001	0.001	0.001	0.001	0.001
	其他材料费	%	1.000	1.000	1.000	1.000	1.000	1.000
机械	电焊机（综合）	台班	4.450	5.520	6.200	6.630	7.690	8.700
	卷板机 20×2500	台班	0.200	0.200	0.250	0.250	0.280	0.280
	电动葫芦(单速) 3t	台班	0.200	0.200	0.250	0.250	0.280	0.280
	电焊条烘干箱 60×50×75(cm^3)	台班	0.445	0.552	0.620	0.663	0.769	0.870
	电焊条恒温箱	台班	0.445	0.552	0.620	0.663	0.769	0.870

计量单位:10 个

定额编号				8-7-315	8-7-316	8-7-317	8-7-318	8-7-319	8-7-320
项目				公称直径（mm 以内）					
				500	600	700	800	900	1000
名称			单位	消耗量					
人工	合计工日		工日	18.061	20.081	24.391	27.721	31.331	33.131
	其中	普工	工日	4.516	5.021	6.098	6.931	7.832	8.283
		一般技工	工日	11.739	13.052	15.854	18.018	20.365	21.535
		高级技工	工日	1.806	2.008	2.439	2.772	3.134	3.313
材料	钢板(综合)		kg	469.690	719.210	973.290	1246.240	1574.520	2156.890
	低碳钢焊条 J427 ϕ3.2		kg	32.858	48.617	55.946	63.536	71.325	85.104
	氧气		m^3	13.239	16.809	19.849	22.548	25.308	30.628
	乙炔气		kg	4.410	5.600	6.620	7.519	8.439	10.209
	尼龙砂轮片 $\phi100\times16\times3$		片	4.458	5.344	6.107	6.955	7.803	8.651
	电		kW·h	9.462	10.865	13.253	15.163	17.044	18.566
	机油		kg	0.003	0.003	0.003	0.003	0.003	0.003
	铅油(厚漆)		kg	0.004	0.004	0.004	0.004	0.004	0.004
	螺钉(综合)		个	1.000	1.000	1.000	1.000	1.000	1.000
	石油沥青油毡 350#		m^2	2.570	3.470	4.630	5.900	7.399	9.069
	棉纱头		kg	0.001	0.001	0.001	0.001	0.001	0.001
	其他材料费		%	1.000	1.000	1.000	1.000	1.000	1.000
机械	电焊机（综合）		台班	9.660	10.650	13.291	15.281	17.271	17.930
	卷板机 20×2500		台班	0.300	0.350	0.400	0.500	0.500	0.601
	电动葫芦(单速)3t		台班	0.300	0.350	0.400	0.500	0.500	0.601
	电焊条烘干箱 60×50×75(cm^3)		台班	0.966	1.065	1.329	1.528	1.727	1.793
	电焊条恒温箱		台班	0.966	1.065	1.329	1.528	1.727	1.793

4. 不锈钢板卷管挖眼三通补强圈制作与安装(电弧焊)

工作内容:准备工作,画线,号料,切割,坡口加工,板弧滚压,钻孔,锥丝,组对,焊接,焊缝钝化。

计量单位:10 个

定额编号				8-7-321	8-7-322	8-7-323	8-7-324	8-7-325	8-7-326
项目				公称直径(mm 以内)					
				200	250	300	350	400	450
名称			单位	消耗量					
人工	合计工日		工日	10.279	12.949	15.519	16.839	19.569	24.739
	其中	普工	工日	2.570	3.237	3.880	4.210	4.893	6.185
		一般技工	工日	6.681	8.417	10.087	10.945	12.720	16.080
		高级技工	工日	1.028	1.295	1.552	1.684	1.956	2.474
材料	不锈钢板(综合)		kg	52.580	75.680	99.430	126.350	151.900	237.230
	不锈钢焊条(综合)		kg	5.340	6.560	7.740	8.880	9.920	10.200
	尼龙砂轮片 φ100×16×3		片	2.752	3.431	4.084	4.738	5.353	5.994
	电		kW·h	3.882	5 137	5.883	6.391	7.555	10.363
	机油		kg	0.003	0.003	0.003	0.003	0.003	0.003
	铅油(厚漆)		kg	0.004	0.004	0.004	0.004	0.004	0.004
	螺钉(综合)		个	1.000	1.000	1.000	1.000	1.000	1.000
	丙酮		kg	0.163	0.203	0.240	0.240	0.317	0.354
	酸洗膏		kg	1.528	2.305	2.744	3.007	3.727	4.194
	水		t	0.029	0.033	0.040	0.047	0.054	0.062
	白垩		kg	0.970	1.190	1.390	1.580	1.750	1.950
	石油沥青油毡 350#		m^2	0.600	0.900	1.200	1.500	1.700	2.100
	棉纱头		kg	0.001	0.001	0.001	0.001	0.001	0.001
	其他材料费		%	1.000	1.000	1.000	1.000	1.000	1.000
机械	电焊机(综合)		台班	2.750	4.070	4.560	4.650	5.970	8.630
	卷板机 20×2500		台班	0.200	0.200	0.250	0.250	0.280	0.280
	剪板机 20×2500		台班	0.100	0.100	0.100	0.100	0.150	0.150
	等离子切割机 400A		台班	2.100	2.580	3.010	3.560	3.930	4.820
	电动葫芦(单速)3t		台班	0.200	0.200	0.250	0.250	0.280	0.280
	电焊条烘干箱 60×50×75(cm^3)		台班	0.275	0.407	0.456	0.465	0.597	0.863
	电焊条恒温箱		台班	0.275	0.407	0.456	0.465	0.597	0.863

计量单位:10个

定额编号				8-7-327	8-7-328	8-7-329	8-7-330	8-7-331	8-7-332
项目				公称直径(mm以内)					
				500	600	700	800	900	1000
名称			单位	消耗量					
人工	合计工日		工日	27.998	32.838	37.068	44.517	53.136	58.256
	其中	普工	工日	7.000	8.210	9.268	11.129	13.284	14.564
		一般技工	工日	18.198	21.344	24.094	28.936	34.538	37.866
		高级技工	工日	2.800	3.284	3.706	4.452	5.314	5.826
材料	不锈钢板(综合)		kg	289.800	394.530	640.560	956.970	1381.820	1703.530
	不锈钢焊条(综合)		kg	17.910	21.170	30.671	43.001	58.501	64.881
	尼龙砂轮片 $\phi100\times16\times3$		片	6.610	7.904	9.048	10.304	11.561	12.818
	电		kW·h	11.796	14.066	17.022	20.875	25.533	28.101
	机油		kg	0.003	0.003	0.003	0.003	0.003	0.003
	铅油(厚漆)		kg	0.004	0.004	0.004	0.004	0.004	0.004
	丙酮		kg	0.414	0.468	0.534	0.609	0.682	0.755
	酸洗膏		kg	4.745	5.749	7.220	9.216	10.142	11.161
	水		t	0.066	0.081	0.089	0.104	0.116	0.128
	白垩		kg	2.160	2.540	2.930	3.320	3.730	4.140
	螺钉(综合)		个	1.000	1.000	1.000	1.000	1.000	1.000
	石油沥青油毡 350#		m^2	2.600	3.500	4.600	5.900	7.400	9.100
	棉纱头		kg	0.001	0.001	0.001	0.001	0.001	0.001
	其他材料费		%	1.000	1.000	1.000	1.000	1.000	1.000
机械	电焊机(综合)		台班	10.160	12.240	14.000	15.840	21.310	23.290
	卷板机 20×2500		台班	0.300	0.350	0.400	0.500	0.500	0.500
	剪板机 20×2500		台班	0.150	0.150	0.150	0.200	0.200	0.250
	等离子切割机 400A		台班	5.360	6.440	7.560	8.680	9.810	11.030
	电动葫芦(单速)3t		台班	0.300	0.350	0.400	0.500	0.500	0.500
	电焊条烘干箱 $60\times50\times75(cm^3)$		台班	1.016	1.224	1.400	1.584	2.131	2.329
	电焊条恒温箱		台班	1.016	1.224	1.400	1.584	2.131	2.329

5. 低压合金钢管挖眼三通补强圈制作与安装(电弧焊)

工作内容:准备工作,画线,号料,切割,坡口加工,板弧滚压,钻孔,锥丝,组对,焊接。　　**计量单位:**10 个

定额编号				8-7-333	8-7-334	8-7-335	8-7-336	8-7-337
项目				公称直径（mm 以内）				
				100	125	150	200	250
名称			单位	消耗量				
人工	合计工日		工日	6.780	8.420	9.860	14.821	16.050
	其中	普工	工日	1.695	2.105	2.465	3.705	4.012
		一般技工	工日	4.407	5.473	6.409	9.634	10.433
		高级技工	工日	0.678	0.842	0.986	1.482	1.605
材料	合金钢板		kg	13.360	29.950	41.490	79.920	153.380
	合金钢焊条		kg	2.570	3.760	4.480	9.630	17.751
	氧气		m^3	6.050	9.890	11.831	22.011	30.202
	乙炔气		kg	2.020	3.300	3.940	7.340	10.071
	尼龙砂轮片 $\phi100\times16\times3$		片	1.188	1.462	1.748	2.408	3.002
	电		kW·h	2.836	3.582	4.239	6.508	8.717
	机油		kg	0.003	0.003	0.003	0.003	0.003
	铅油(厚漆)		kg	0.004	0.004	0.004	0.004	0.004
	螺钉(综合)		个	1.000	1.000	1.000	1.000	1.000
	石棉绳 $\phi11\sim25$ 烧损量 24%		10m	5.250	6.520	7.780	13.171	15.371
	石油沥青油毡 350#		m^2	0.200	0.270	0.400	0.630	0.900
	棉纱头		kg	0.001	0.001	0.001	0.001	0.001
	其他材料费		%	1.000	1.000	1.000	1.000	1.000
机械	电焊机（综合）		台班	3.340	4.089	4.869	7.239	9.509
	卷板机 20×2500		台班	0.100	0.150	0.150	0.200	0.200
	电动葫芦(单速)3t		台班	—	—	—	0.200	0.200
	电焊条烘干箱 60×50×75(cm^3)		台班	0.334	0.409	0.487	0.724	0.951
	电焊条恒温箱		台班	0.334	0.409	0.487	0.724	0.951

计量单位:10 个

定额编号				8-7-338	8-7-339	8-7-340	8-7-341	8-7-342
项目				公称直径（mm 以内）				
				300	350	400	450	500
名称			单位	消耗量				
人工	合计工日		工日	20.261	25.121	27.771	31.761	36.231
	其中	普工	工日	5.066	6.281	6.943	7.940	9.057
		一般技工	工日	13.169	16.328	18.051	20.645	23.550
		高级技工	工日	2.026	2.512	2.777	3.176	3.624
材料	合金钢板		kg	201.400	319.910	384.780	528.730	704.580
	合金钢焊条		kg	20.761	34.952	38.962	50.523	64.093
	氧气		m^3	35.092	44.232	49.122	57.663	66.573
	乙炔气		kg	11.701	14.741	16.371	19.221	22.191
	尼龙砂轮片 $\phi100\times16\times3$		片	3.880	4.501	5.086	5.994	6.610
	电		kW·h	9.672	11.433	12.747	14.657	16.807
	机油		kg	0.003	0.003	0.003	0.003	0.003
	铅油(厚漆)		kg	0.004	0.004	0.004	0.004	0.004
	螺钉(综合)		个	1.000	1.000	1.000	1.000	1.000
	石油沥青油毡 350#		m^2	1.170	1.470	1.730	2.130	3.070
	石棉绳 $\phi11\sim25$ 烧损量 24%		10m	17.871	20.361	22.591	25.321	27.971
	棉纱头		kg	0.001	0.001	0.001	0.001	0.001
	其他材料费		%	1.000	1.000	1.000	1.000	1.000
机械	电焊机（综合）		台班	10.269	11.669	13.028	14.998	17.028
	卷板机 20×2500		台班	0.250	0.250	0.280	0.280	0.300
	电动葫芦(单速) 3t		台班	0.250	0.250	0.280	0.280	0.300
	电焊条烘干箱 $60\times50\times75(cm^3)$		台班	1.027	1.167	1.303	1.500	1.703
	电焊条恒温箱		台班	1.027	1.167	1.303	1.500	1.703

6. 中压合金钢管挖眼三通补强圈制作与安装(电弧焊)

工作内容:准备工作,画线,号料,切割,坡口加工,板弧滚压,钻孔,锥丝,组对,焊接。 **计量单位:**10个

定额编号				8-7-343	8-7-344	8-7-345	8-7-346	8-7-347
项目				公称直径(mm以内)				
				100	125	150	200	250
名称			单位	消耗量				
人工	合计工日		工日	7.830	9.680	11.500	17.051	21.760
	其中	普工	工日	1.958	2.420	2.875	4.263	5.440
		一般技工	工日	5.089	6.292	7.475	11.083	14.144
		高级技工	工日	0.783	0.968	1.150	1.705	2.176
材料	合金钢板		kg	19.930	36.360	52.470	133.140	230.020
	合金钢焊条		kg	4.840	7.380	8.810	21.331	34.762
	氧气		m^3	11.321	16.441	21.721	37.492	48.242
	乙炔气		kg	3.770	5.480	7.240	12.501	16.081
	尼龙砂轮片 $\phi100\times16\times3$		片	1.426	1.754	2.098	2.890	3.602
	电		kW·h	3.463	4.388	5.254	7.971	10.448
	机油		kg	0.003	0.003	0.003	0.003	0.003
	铅油(厚漆)		kg	0.004	0.004	0.004	0.004	0.004
	螺钉(综合)		个	1.000	1.000	1.000	1.000	1.000
	石油沥青油毡 350#		m^2	0.200	0.270	0.400	0.630	0.900
	石棉绳 $\phi11\sim25$ 烧损量24%		10m	6.800	8.430	10.071	13.171	16.391
	棉纱头		kg	0.001	0.001	0.001	0.001	0.001
	其他材料费		%	1.000	1.000	1.000	1.000	1.000
机械	电焊机(综合)		台班	4.009	4.909	5.479	8.689	11.409
	卷板机 20×2500		台班	0.100	0.150	0.150	0.200	0.200
	电动葫芦(单速)3t		台班	—	0.150	0.150	0.200	0.200
	电焊条烘干箱 60×50×75(cm^3)		台班	0.401	0.491	0.548	0.869	1.141
	电焊条恒温箱		台班	0.401	0.491	0.548	0.869	1.141

计量单位:10 个

定额编号				8-7-348	8-7-349	8-7-350	8-7-351	8-7-352
项目				公称直径(mm 以内)				
				300	350	400	450	500
名称			单位	消耗量				
人工	合计工日		工日	23.931	28.741	32.101	36.751	41.582
	其中	普工	工日	5.983	7.185	8.026	9.188	10.396
		一般技工	工日	15.555	18.682	20.865	23.888	27.028
		高级技工	工日	2.393	2.874	3.210	3.675	4.158
材料	合金钢板		kg	352.340	511.770	692.600	913.190	1232.990
	合金钢焊条		kg	52.193	74.604	98.935	124.796	164.458
	氧气		m^3	59.853	72.504	85.804	99.615	115.686
	乙炔气		kg	19.951	24.171	28.601	33.202	38.562
	尼龙砂轮片 $\phi100\times16\times3$		片	4.656	5.401	6.103	7.193	7.932
	电		kW·h	11.822	13.732	15.553	17.852	20.150
	机油		kg	0.003	0.003	0.003	0.003	0.003
	铅油(厚漆)		kg	0.004	0.004	0.004	0.004	0.004
	螺钉(综合)		个	1.000	1.000	1.000	1.000	1.000
	石油沥青油毡 350#		m^2	1.170	1.470	1.730	2.130	2.570
	石棉绳 $\phi11\sim25$ 烧损量24%		10m	17.871	20.361	22.591	25.321	27.971
	棉纱头		kg	0.001	0.001	0.001	0.001	0.001
	其他材料费		%	1.000	1.000	1.000	1.000	1.000
机械	电焊机(综合)		台班	12.318	13.998	15.638	17.998	20.437
	卷板机 20×2500		台班	0.250	0.250	0.280	0.280	0.300
	电动葫芦(单速)3t		台班	0.250	0.250	0.280	0.280	0.300
	电焊条烘干箱 60×50×75(cm^3)		台班	1.232	1.400	1.564	1.800	2.044
	电焊条恒温箱		台班	1.232	1.400	1.564	1.800	2.044

7. 铝板卷管挖眼三通补强圈制作与安装(氩弧焊)

工作内容:准备工作,画线,号料,切割,坡口加工,板弧滚压,钻孔,锥丝,组对焊接。 **计量单位**:10 个

定额编号				8-7-353	8-7-354	8-7-355	8-7-356	8-7-357
项目				公称直径(mm 以内)				
				600	700	800	900	1000
名称			单位	消耗量				
人工	合计工日		工日	26.350	30.250	38.249	44.379	48.719
	其中	普工	工日	6.588	7.563	9.562	11.095	12.179
		一般技工	工日	17.128	19.662	24.862	28.846	31.668
		高级技工	工日	2.634	3.025	3.825	4.438	4.872
材料	铝板(综合)		kg	165.570	223.980	382.450	483.150	595.720
	铝锰合金焊丝 丝321 $\phi1\sim6$		kg	4.970	5.830	8.910	12.900	14.320
	氩气		m^3	13.910	16.340	24.960	36.130	40.100
	铈钨棒		g	27.820	29.050	49.910	72.260	80.200
	尼龙砂轮片 $\phi100\times16\times3$		片	3.115	3.559	4.053	4.548	5.043
	氧气		m^3	11.270	12.860	19.540	21.900	24.310
	乙炔气		kg	5.300	6.050	9.200	10.310	11.440
	其他材料费		元	202.70	240.08	274.19	309.80	359.80
机械	卷板机 20×2500		台班	0.350	0.400	0.500	0.500	0.500
	剪板机 20×2500		台班	0.150	0.150	0.200	0.200	0.250
	电动葫芦(单速)3t		台班	0.350	0.400	0.500	0.500	0.500
	氩弧焊机 500A		台班	3.640	4.270	6.350	8.860	9.840
	等离子切割机 400A		台班	12.830	14.940	17.820	20.000	22.200

十九、场 外 运 输

工作内容:准备工作,管段装车,运输,管段卸车。 **计量单位**:10t

定额编号				8-7-358	8-7-359
项目				2km 以内	每增加 1km
名称			单位	消耗量	
人工	合计工日		工日	3.780	0.283
	其中	普工	工日	1.701	0.127
		一般技工	工日	1.701	0.128
		高级技工	工日	0.378	0.028
材料	钢丝绳 ϕ19.0~21.5		kg	2.400	—
	其他材料费		%	1.000	1.000
机械	汽车式起重机 16t		台班	0.765	0.019
	载重汽车 15t		台班	0.765	0.019

附　　录

附录一　主要材料损耗率表

主要材料损耗率表

名　称	损耗率(%)
低、中压碳钢管	4.0
高压碳钢管	3.6
低、中、高压合金钢管	3.6
低、中、高压不锈钢管	3.6
不锈钢板卷管	4.0
碳钢板卷管	4.0
衬里钢管	4.0
无缝铝管	4.0
铝板卷管	4.0
无缝铜管	4.0
铜板卷管	4.0
塑料管	3.0
玻璃钢管	2.0
玻璃管	4.0
承插铸铁管	2.0
法兰铸铁管	1.0
预应力混凝土管	1.0
冷冻排管	2.0
螺纹管件	1.0
螺纹阀门 *DN*20 以下	2.0
螺纹阀门 *DN*20 以上	1.0
带帽螺栓	3.0

附录二 吊装机械(综合)表

吊装机械(综合)表

机械名称	电动单筒快速卷扬机(牵引力:kN)	汽车式起重机(提升质量:t)			
	5	8	16	25	50
比例(%)	20	10	35	25	10

附录三 焊接机械(综合)表

焊接机械(综合)表

<table>
<tr><td rowspan="2">机械名称</td><td>交流弧焊机(容量 kV·A)</td><td colspan="3">直流弧焊机(容量 kV·A)</td></tr>
<tr><td>21</td><td>14</td><td>20</td><td>32</td></tr>
<tr><td>比例(%)</td><td>30</td><td>30</td><td>30</td><td>10</td></tr>
</table>

主 编 单 位:住房和城乡建设部标准定额研究所
专业主编单位:中国建设工程造价管理协会
专业编制单位:中国石油化工集团公司工程定额管理站
中国石油工程造价管理中心
山东省工程建设标准定额站
中国石化天津分公司
中石化南京工程有限公司
中石化宁波工程有限公司
中石化第四建设有限公司
中石化第五建设有限公司
中石化第十建设有限公司
专 家 组:胡传海 谢洪学 王美林 张丽萍 刘 智 徐成高 蒋玉翠 汪亚峰 吴佐民
洪金平 杨树海 王中和 薛长立
综合协调组:王海宏 胡晓丽 汪亚峰 吴佐民 洪金平 陈友林 王中和 薛长立 王振尧
蒋玉翠 张勇胜 张德清 白洁如 李艳海 刘大同 赵 彬
编 制 人 员:龙军海 辛 烨 王东刚 蔡益荣 付永顺 廖世泉 魏家斌 邱正华 王延乾
潘昌栋 李木盛 王勤民 汪 洋 王美林 栾高阳 李为民
审 查 专 家:谢洪学 吴佐民 王中和 蒋玉翠 卢立明 司继彬 董士波 王美林 霍 晓
赵晋国 刘继合 兰有东 韩 英 王元光 刘 芳 丁为民 刘 健 陈霞娟
王钦华
软件操作人员:杜 彬 赖勇军 梁 俊 黄丽梅 焦 亮